W0027577

Lexikon der Wallfahrtsorte

Lexikon der Wallfahrtsorte

Voltmedia

ISBN 3-938478-35-7

© 2006 Voltmedia GmbH, Paderborn

Das Werk einschließlich aller seiner Teile ist urheberrechtlich geschützt. Jede Verwertung außerhalb der engen Grenzen des Urheberrechtsgesetzes ist ohne Zustimmung des Verlages unzulässig und strafbar. Das gilt insbesondere für Vervielfältigungen, Übersetzungen, Mikroverfilmungen und die Einspeicherung und Verarbeitung in elektronischen Systemen.

Autoren: Albert J. Urban (Hg.), Lucia Scheller, Roberta und Ronald Metzger
Einbandgestaltung: Oliver Wirth, Paderborn
Satz und Layout: Albert J. Urban

Geleitwort

Auch wenn Kritiker gerne Wallfahren nur als Ausdruck der Volksfrömmigkeit belächeln, so erleben wir Benediktiner von Weltenburg tagtäglich, dass die Besucher keineswegs nur der reizvollen Landschaft, der herrlichen Klosterkirche und des guten Bieres wegen den Weg zu unserem Kloster finden. Weltenburg hat selbst eine kleine Marienwallfahrt auf den Frauenberg oberhalb des Klosters. Seit mehr als 550 Jahren ist sie urkundlich bezeugt und somit älter als der größte bayerische Wallfahrtsort Altötting. Aber nicht nur hier, sondern an jedem Gnadenort bedeutet Wallfahren für viele eine Intensivierung ihres Glaubens und sie vollziehen dieses als Sinnbild der lebenslangen Pilgerfahrt des Christen:

„Denn wir haben hier keine Stadt, die bestehen bleibt,
sondern wir suchen die künftige." (Brief an die Hebräer 13,14)

Wallfahren gehört schon immer zum festen Bestand christlichen Lebens und ist nie ganz erloschen. Wie das berühmte Beispiel von Santiago de Compostela zeigt, nimmt der gezielte Besuch von Gnadenstätten sogar wieder deutlich zu. Dass sich damit auch andere wie touristische oder kunstgeschichtliche Interessen vermischen, ist völlig legitim.

Aber man muss nicht unbedingt in die Ferne schweifen. Das vorliegende Buch zeigt, wie viele in jeglicher Hinsicht lohnenswerte Ziele für eine individuelle oder gemeinschaftliche Pilgerfahrt es gerade auch in der näheren Umgebung gibt.
Welchen Ort eine Pilgerfahrt auch immer zum Ziel haben mag, als Priester und Seelsorger wünsche ich vor allem Gottes Schutz und Segen auf allen Wegen:

„Der Herr segne dich und behüte dich.
Der Herr lasse sein Angesicht über dich leuchten und sei dir gnädig.
Der Herr wende sein Angesicht dir zu und schenke dir Heil."
(Numeri 6, 24-26)

+ Thomas M. Freihart OSB

Abt des Benediktinerklosters Weltenburg an der Donau

Inhaltsverzeichnis

Die Wallfahrtsorte von A bis Z 7

Anhang 467

    Bistumsverzeichnis (Deutschland) 468

    Wallfahrtsorte in Österreich, Schweiz u.a. Ländern 476

    Homepages von Wallfahrtsorten 477

    Glossar 494

Die Wallfahrtsorte von A bis Z

Aachen/Dom

Name der Wallfahrt: Heiligtumsfahrt (auch „Heiltumsfahrt")
Ort der Pfarrei: Aachen
Kirche: Münster St. Marien
Bistum: Aachen (Deutschland)
Pilgerzeiten: Heiligtumsfahrt alle sieben Jahre, das nächste Mal 2007; Gottesdienste: Mo-Fr 7.00 und 10.00 Uhr, samstags 7.00, 8.00 und 10.00 Uhr, sonntags 7.00, 8.00, 10.00 (Hochamt mit dem Domchor) und 11.30 Uhr; tägliche Dom- und Schatzkammerführungen; Domöffnungszeiten (täglich) 7.00 bis 19.00 Uhr (Wintermonate 18.00 Uhr); während der Gottesdienste keine Besichtigung (d.h. werktags bis 11.00 Uhr, sonntags bis 12.30 Uhr)
Geschichte: Der Aachener Dom – Begräbnisstätte Karls des Großen, Krönungskirche der römisch-deutschen Könige, Wallfahrts- und Pilgerkirche, UNESCO-Weltkulturdenkmal – steht zu Recht über und im Wortsinn vor allen anderen deutschen Wallfahrtsorten. Kein anderes Bauwerk in Deutschland hat eine vergleichbare religiöse, kulturelle und, im Zeichen der europäischen Einigung, politisch-historische Bedeutung. Als erstes deutsches Denkmal wurde der Aachener Dom 1978 in die Liste des Weltkulturerbes der UNESCO aufgenommen.

Zum Verständnis der herausragenden Position Aachens und seines Domes ist es sinnvoll, sich der Person des großen Sohnes der Stadt zuzuwenden:

Karl wurde am 2. April 747 als Sohn Pippins III. des Jüngeren (bzw. des Kurzen) und der Bertrada geboren. Der Geburtsort ist umstritten und nicht zweifelsfrei belegbar, Ansprüche machen Aachen, Maria Eich (bei München), Prüm, Düren und Herstal bei Lüttich geltend.

Nach dem Tod seines Vaters 768 regierte Karl gemeinsam mit seinem Bruder Karlmann das Frankenreich und erweiterte es im folgenden Jahr um Aquitanien (Südwestfrankreich). Im Jahr 771 starb Karlmann, Karl herrschte von da an allein. 773 unterstützte er Papst Hadrian I., der von den Langobarden bedrängt wurde, zog nach Italien, besiegte den Langobardenkönig Desiderius, schickte ihn in ein fränkisches Kloster und krönte sich selbst zum König der Langobarden.

Seiner Expansion nach Südwesten war weniger Erfolg beschieden: Eine militärische Expedition in das maurische Spanien diente lediglich der Sicherung der Grenze, zwischen Pamplona und Barcelona wurde später die Spanische Mark eingerichtet, Teil eines Systems zur Befriedung der langen Grenzen des Frankenreichs. Auf dem Rückweg fiel der fränkische Heerführer Roland in einem Pyrenäental bei Roncesvalles (Rolandslied).

Die Lage an der Ostgrenze des

Reiches machte Karl am meisten zu schaffen: Seit 772 (Zerstörung des sächsischen Heiligtums Irminsul) war es immer wieder zu Auseinandersetzungen mit den heidnischen Sachsen gekommen, die sich weder vom christlichen Glauben noch von fränkischer Herrschaft vereinnahmen lassen wollten. Die Lage eskalierte, als Karl 782 im so genannten Blutgericht von Verden Tausende von Sachsen enthaupten ließ. Unter Widukind brach ein Volksaufstand los, der erst 785 mit dessen Taufe ein Ende fand. Bis 804 kam es immer wieder zu Unruhen, die u.a. durch gewaltsame Umsiedlungsaktionen (Ortsnamen mit dem Element „Sachsen-", etwa in Süddeutschland, deuten darauf hin) und Zwangsrekrutierungen für Karls Awarenfeldzüge ausgelöst worden waren. Zur entscheidenden Beruhigung nach 30 Jahren rücksichtsloser Missionierung trug letzten Endes die Einrichtung einer kirchlichen Infrastruktur in Form neuer Bistümer in Paderborn, Münster, Bremen, Minden, Verden und Osnabrück bei.

788 wurde auch das Herzogtum Bayern endgültig unter fränkische Oberhoheit gestellt. Tassilo III., der sein Lehen 757 von Pippin bekommen hatte, hatte sich mit den Langobarden verbündet, war aber wie diese von den Franken geschlagen worden. Er wurde verschont, musste aber ins Kloster gehen, und Bayern fiel endgültig dem Reich zu. Karl konnte sich nun, da das Hinterland befriedet war, dem Osten zuwenden: Zwischen 791 und 796 führte er mehrere Feldzüge gegen die Awaren an Donau und Theiss und sicherte die Ostgrenze durch die Einrichtung der Awarischen Mark.

Das Frankenreich hatte nun seine größte Ausdehnung, und weitere Feldzüge dienten nur noch der Sicherung des Erreichten. Der Ruhm Karls hatte sich bis weit über die Grenzen Europas hinaus verbreitet. Es wird z.B. berichtet, dass Harun al-Raschid, der Kalif von Bagdad, Karl einen lebenden weißen Elefanten namens Abul Abbas schickte, den ersten, der jemals nördlich der Alpen zu bewundern war. (Die Ausstellung „Ex Oriente" in Aachen hat sich übrigens 2003 dieser Geschichte angenommen.) Ob der Kalif dies aus Bewunderung oder als Geste der Anerkennung eines weiteren, weit entfernten Vasallen tat, ist nicht geklärt.

Am Weihnachtstag des Jahres 800, während des Gottesdienstes, wurde Karl von Papst Leo III. im Petersdom in Rom zum Kaiser gekrönt. 814 starb er in Aachen und wurde dort in der Pfalzkapelle in einem römischen Marmorsarg beigesetzt. Auf Anregung Kaiser Friedrich Barbarossas erfolgte 1165 die Heiligsprechung durch den

Aachen/Dom

Gegenpapst Paschalis III., die deshalb nicht offiziell anerkannt, seit 1176 aber sanktioniert ist.

In den Jahren nach seiner Kaiserkrönung hatte sich Karl verstärkt der Reform des Reiches im Inneren gewidmet, hier seien nur die Neuorganisation des Münzwesens, der Justiz, des Heerwesens, der Bildung und besonders der kirchlichen Infrastruktur auf Kosten des stets gefährlichen Adels genannt. Andere Aspekte seiner nie nachlassenden Tatkraft wie etwa das rigorose Vorgehen gegen die Sachsen und andere nichtchristliche Völker oder die barbarisch anmutende Vernichtung von als heidnisch verachteten Kulturgütern mögen heute kritischer betrachtet werden. Doch die endgültige Durchsetzung des christlichen Glaubens einerseits und die politische Vereinigung weiter Teile Europas andererseits bilden die Fundamente, auf die sich knapp 1200 Jahre nach seinem Tod der Versuch der Einigung Europas letzten Endes gründet. Folgerichtig wurde der internationale Preis der Stadt Aachen für entsprechende Verdienste nach dem großen Kaiser benannt.

Karl der Große hatte Aachen zum Mittelpunkt seines europäischen Reiches, zum „zweiten Rom", gewählt. Hier baute er an einer Stelle, an der ehemals ein römischer Tempel, danach eine Kirche und später ein fränkischer Königshof mit Reliquienkapelle gestanden hatte, seine zentrale Residenz mit der Pfalzkapelle (Marienkirche), dem Kernbau des heutigen Aachener Domes. Aachen wurde zum Ausgangspunkt neuer Staatsordnungen und Kirchenreformen, die für Jahrhunderte prägend bleiben sollten.

Der Dom, auch Marienkirche, Stiftskirche oder Münster genannt, ist eines der besterhaltenen Baudenkmäler der Karolingerzeit. Schon unter Karls Vater Pippin bestand ein kleines christliches Gotteshaus, über dessen Altar sich nun Kaiser Karls Pfalzkapelle erhob. Der Baumeister Odo von Metz setzte das religiöse und politische Gedankengut Karls des Großen in Anlehnung an west- und oströmische Bautraditionen meisterhaft in ein einzigartiges Bauwerk um. Es ist der früheste große kuppelgekrönte Bau nördlich der Alpen und bleibt hier für vier Jahrhunderte der höchste gewölbte Innenraum. Kirchen in Italien und die Grabesrotunde in Jerusalem dienten als Vorbild.

In den Jahren 786/87 ermächtigte Papst Hadrian I. Karl den Großen, Marmor und roten Porphyr aus Ravenna und Rom nach Aachen zu bringen. 798 wurden die antiken Säulen in der Kirche aufgestellt. Die in dieser Zeit zur Erhöhung der Bedeutung des Baus unbedingt erforderlichen Reliquien (Aachens Hauptreliquien sind ein gelblich-weißes, baumwollenes Mariengewand, dunkelgelbe Windeln des Erlösers, sein blutdurchtränkter Lendenschurz und das Enthauptungstuch Johannes des Täufers.) wurden 799/800 überführt, die Weihe der Kirche muss in den ersten Jahren des 9. Jahrhunderts erfolgt sein.

Karl wurde am 28. Januar 814 in seiner Marienkirche begraben. Otto I. bestimmte 936 Aachen als Ort seiner Krönung und begründete so eine 600-jährige Tradition. 1002 wurde Kaiser Otto III. auf seinen Wunsch hin in der Kirche bestattet. Kaiser Friedrich Barbarossa veranlasste die Heiligsprechung Karls des Großen am 29. Dezember 1165, seine Gebeine wurden in den im Jahre 1215 fertig gestellten Karlsschrein umgebettet, der heute im Zentrum des Chorpolygons der gotischen Chorhalle steht. Seit dieser Zeit gewann die Aachener Marienkirche eine zusätzliche Bedeutung als Wallfahrtsziel ranggleich den heiligen Stätten in Jerusalem, Rom und Santiago de Compostela. Eine Wallfahrt nach Aachen konnte als Buße etwa für Totschlag verhängt werden. Die ursprüngliche Idee Karls, die vier Hauptreliquien (aufbewahrt im Marienschrein, 1220-39) jedes Jahr am Mittwoch nach Pfingsten den Pilgern zu zeigen, musste wegen des immensen Andrangs im Hochmittelalter aufgegeben werden, da zur Marienwallfahrt noch die Verehrung der Karlsreliquien hinzugekommen war: Seit 1349 wurde die große Heiligtumsfahrt (auch „Heiltumsfahrt") nach Aachen nur noch alle sieben Jahre durchgeführt. In solchen Jahren platzte die Stadt aus allen Nähten: Bei einer Bevölkerung von nur ca. 10 000 Einwohnern füllten täglich Zehntausende von Pilgern die Straßen, die meisten mussten außerhalb der Stadt kampieren. Im 20. Jahrhundert, etwa 1936, übersprang der Pilgerstrom die Marke von zwei Millionen. Die nächste Heiligtumsfahrt wird 2007 stattfinden.

Im Laufe der Jahrhunderte wurde das ursprüngliche Oktogon der Pfalzkapelle immer wieder umgebaut und erweitert. 1355 beschloss das Stiftungskapitel den Bau eines neuen Chors. Dieses „Glashaus von Aachen" mit über 1 000 Quadratmetern Glasfläche wurde nach rund 60 Jahren Bauzeit am 28. Januar 1414 geweiht. Während des 15. Jahrhunderts entstanden mehrere Kapellen, die kranzförmig den karolingischen Zentralbau umgeben, unter ihnen die Ungarnkapelle (1367 und 1756-67) für Pilger aus dem namengebenden Land, die Matthiaskapelle (1414) mit der Sakristei und dem Archiv sowie die Annakapelle (vor 1449), vormals

Friedhofskapelle. An der Nordseite des Domes sind bis heute die Hubertuskapelle (1455-74) als herrschaftlicher Kapellentypus und die Nikolaus-/Michaelkapelle (vor 1487) als ehemalige Begräbnisstätte der Stiftgeistlichkeit erhalten. Weitere Kapellen grenzten bzw. grenzen an den Kreuzgang (Allerseelenkapelle und Allerheiligenkapelle) und den Domhof mit noch erhaltenen Taufkapellen (1200 und 1766). Dazu kommen am Westturm die Reliquienkapellen (1350 und 1879-84). Barocke Ausgestaltungen der Marienkirche sind überwiegend im 19. Jahrhundert schon wieder entfernt worden.

Kunst: Der Westteil des Doms mit der ursprünglich offenen Eingangshalle, der Kaiserloge im Obergeschoss und den beiden Wendeltreppentürmen sowie der gewaltige achteckige Kuppelbau mit seinem nach außen sechseckigen doppelgeschossigen Umgang ist der Teil des Baus, der vom Ursprungsbau erhalten ist. Das so genannte Paradies mit seinem Brunnen, dem Westbau vorgelagert, die beiden Anbauten auf der Nord- und Südseite und schließlich der östliche Anbau, der als Chorraum Platz für den Hauptaltar bot, sind verloren gegangen. Antike Kostbarkeiten, zu denen die Säulen und die römische Bärin in der Vorhalle gehören, wurden als Spolien verwendet, doch schufen karolingische Werkstätten auch eigene herausragende Kunstwerke, so die Bronzegitter der Empore und die Bronzetore der Haupt- und Nebeneingänge. Von dieser originalen Ausstattung sind heute etwa zwanzig antike Säulen, acht Bronzegitter und vier Bronzetore erhalten, darunter die große Portaltür (Wolfstür) im Westbau der Kirche. Letztere trägt entgegen dem Namen zwei Löwenköpfe als Griffe, wiegt zweimal 43 Zentner und ist in den ersten Kugellagern der Welt zu bewegen.

Der aus kostbaren Marmorplatten zusammengefügte Thronsitz selbst ist karolingerzeitlich. Über 30 Könige sollten in den auf Karl folgenden 600 Jahren nach Wahl und Weihe diesen Thron besteigen. Die Chorhalle hat ein französisches Vorbild, die Pariser Sainte-Chapelle (1243/48). Mit ihren Ausmaßen von 37 Metern Länge, 21 Metern Breite und fast 33 Metern Höhe ragt sie weit über die Kapellen hinaus, die sich mit ihr als Kapellenkranz um den Zentralbau legen. Nicht nur in den Ausmaßen, auch in technischer Hinsicht ist das monumentale Bauwerk eine Meisterleistung gotischer Baukunst. Das beträchtliche Gewicht von Dach und Gewölben ruht auf schlanken Pfeilern. Es wird nicht von Strebebögen aufgenommen, wie das konstruktionstechnisch naheliegt und bei vergleichbaren Bauwerken der Fall ist, sondern durch ein ausgeklügeltes Verankerungssystem abgefangen. Zwei gewaltige Joche mit vier 27 Meter hohen Fenstern sind dem Chorabschluss (einem Polygon mit einem 9/14-Schluss) vorgelagert.

Auch musikgeschichtlich hat Aachen etwas zu bieten: Die erste Erwähnung einer Orgel diesseits der Alpen ist mit der Stadt verbunden. Kaiser Konstantin aus Byzanz machte das Instrument im Jahr 757 dem fränkischen König Pippin dem Kleinen zum Geschenk, Karl der Große veranlasste später einen Nachbau. Wo diese Orgeln standen und ob sie für den Gebrauch im Gottesdienst bestimmt waren, ist unklar. Nach einer bewegten Geschichte unterschiedlicher Orgeln mit wechselnden Standorten wurde in den Jahren 1845/47 durch Wilhelm Korfmacher aus Linnich eine neue Orgel erbaut, bestehend aus drei Werken mit 60 Registern (3 850 Pfeifen) unter Verwendung bestehender Orgelteile. Im Jahr 1939 wurde sie durch die Orgelbauwerkstatt Johannes Klais restauriert und auf 65 Register erweitert, verteilt auf fünf Werke. Um der Schwierigkeit, die heterogenen Räume Oktogon und Chorhalle gleichmäßig mit Musik zu füllen, Rechnung zu tragen, wurden die Werke getrennt verteilt. Dieselbe Orgelbauwerkstatt schloss im Herbst 1993 die jüngste Restauration der Orgel ab.

Die Aachener Domschatzkammer weist eine einzigartige Sammlung von Kostbarkeiten aus der Geschichte des Aachener Doms auf. Sie zeigt sakrale Kunstschätze aus spätantiker, karolingischer, ottonischer, staufischer und gotischer Zeit, von denen etliche zu den größten Kunstwerken ihrer jeweiligen Epoche gehören. Weil der Aachener Dom über Jahrhunderte hinweg die Krönungskirche der römisch-deutschen Könige war – verbunden mit Stiftungen, Geschenken usw. – konnte der Domschatz seine herausragende Stellung erlangen. So gehen mehrere Exponate auf königliche Stifter zurück, andere zeigen die Bedeutung der Marienkirche als Wallfahrtskirche.

Vom Schatz des Doms seien nur das Lotharkreuz (Ende des 10. Jahrhunderts), der prachtvolle Karlsschrein (um 1200), die goldene Altartafel (1000-24), die goldene Kanzel (Ambo) Heinrichs II. (um 1024) und der Barbarossaleuchter (um 1165) erwähnt.

1995 wurde die Aachener Domschatzkammer neu angelegt. Sie zeigt nun in verschiedenen Ebenen und Räumen auf über 600 Quadratmetern mehr als 100 großartige Kunstwerke, die von fast 250 000 Besuchern pro Jahr bewundert werden.

Nach fälligen Restaurationsarbeiten ist die berühmte Aachener Karlsbüste in die Domschatzkammer zurückgekehrt. Experten hatten das aus Silber getriebene Werk gesichert und konserviert, es ist eines der bedeutendsten Stücke des Aachener Domschatzes und gehört als Reliquiar zu den wichtigsten Kunstwerken seiner Zeit. Nach einem feierlichen Pontifikalamt zum Karlsfest 2005 trug man es in einer Prozession in die Schatzkammer, wo es seitdem wieder zu besichtigen ist.

Lage: Aachen, die westlichste Großstadt Deutschlands und historisch eine der wichtigsten Städte Europas, liegt nahe der niederländischen und belgischen Grenzen in einem Talkessel an den Ausläufern von Eifel und Ardennen; am Aachener Autobahnkreuz treffen sich die Europastraßen E 40 und E 314.

Anschrift: Bischöfliches Generalvikariat, Postfach 10 03 11, D-52003 Aachen, Tel.: 0241/452-0, Fax: 0241/452-496, E-Mail: bistum-aachen@bistum-aachen.de

Abenberg

Name der Wallfahrt: Wallfahrt zur sel. Stilla von Abenberg
Ort der Pfarrei: Abenberg
Kirche: Klosterkirche St. Petrus (Kloster Marienburg)
Bistum: Eichstätt (Deutschland)
Pilgerzeiten: Am dritten Sonntag im Juli großes Stillafest mit Fußwallfahrt

Geschichte: Stilla stammte der Überlieferung nach vom Grafengeschlecht derer von Abenberg ab. (Die Burg Abenberg wurde im Jahr 1071 erstmals urkundlich erwähnt. Der heutige Bau mit seinem 30 Meter hohen Aussichtsturm entstand in seinen wesentlichen Teilen allerdings erst in der ersten Hälfte des 13. Jahrhunderts.) Zusammen mit drei Gleichgesinnten legte sie das Gelübde der Jungfräulichkeit ab und widmete ihr Leben dem Gebet und dem Dienst an Notleidenden und Kranken. Mitte des 12. Jahrhunderts, bald nachdem das von ihr in Auftrag gegebene „Peterskirchlein" auf einem Hügel unweit der väterlichen Burg fertig gestellt war, starb Stilla und wurde in ihrer Stiftung beigesetzt. Ihr Grab, an dem sich wundersame Heilungen ereignet haben sollen, entwickelte sich zur Wallfahrtsstätte. 1491 gründete der Bischof von Eichstätt neben der Kirche das Kloster Marienburg für Augustiner-Chorfrauen, das jedoch 1805 der Säkularisation zum Opfer fiel. Seit 1920 beherbergt es die Barmherzigen Schwestern von der Schmerzhaften Muttergottes. Am 12. Januar 1927 bestätigte Papst Pius XI. die Verehrung Stillas (Festtag 19. Juli), und ihr Sarkophag in der nach einem Brand im Jahr 1675 von Fürstbischof Marquard II. im Stil der Renaissance (mit Übergängen zum Barock) neu errichteten Klosterkirche St. Petrus wurde erneut Ziel von Wallfahrern. Die Tumba enthält den ersten Grabstein für die Gräfin Stilla, die mit langem, faltigen Gewand und einer Kirche mit spitzem Turm auf dem Arm dargestellt ist. Die 68 Nonnengräber (1488-1805) sind den Katakomben von Rom nachempfunden.

Lage: Abenberg, Zentrum des Spitzenklöppelns (Klöppelmuseum im Rathaus), liegt südwestlich von Nürnberg an der Burgenstraße zwischen Roth und Windsbach; Anfahrt über die Autobahn A 6: Abfahrt Schwabach-West, weiter über die Bundesstraße B 466 nach Haag, Kammerstein bzw. Abfahrt Roth, weiter über die Bundesstraße B 2 nach Roth und von dort nach Rothaurach, Aurau; markierter Wanderweg ab Roth bis Kloster Marienburg ca. 12 km/3,25 Std.

Anschrift: Katholisches Pfarramt St. Jakobus, Stillaplatz 10, D-91183 Abenberg, Tel.: 09178/206, Fax: 09178/90 45 01

Abens

Name der Wallfahrt: Wallfahrt zu „Unserer Lieben Frau"
Ort der Pfarrei: Attenkirchen
Kirche: Wallfahrtskirche „Mariä Geburt" (genannt „Liebfrauenkirche")
Bistum: München-Freising (Deutschland)
Pilgerzeiten: Mai bis September

Geschichte: In der Wallfahrtskirche „Mariä Geburt" von Abens wird ein Gnadenbild verehrt, das die Gottesmutter als gekrönte Himmelskönigin mit dem Zepter in der rechten Hand und dem Jesuskind auf dem linken Arm darstellt. Eine Legende berichtet, dass die vermutlich von einem einheimischen Künstler um das Jahr 1460 geschaffene Marienfigur in das Nachbardorf Silbertshausen gebracht werden sollte, von dort aber immer wieder nach Abens zurückkehrte. Die Kirche in Abens wurde im Jahr 759 gestiftet und war ursprünglich dem hl. Michael geweiht. Bereits 1473 wurde sie als „Liebfrauenkirche" bezeichnet. Urkundlich belegt sind ein Ausbau des Gotteshauses im Jahr 1740 und zwei Ablassbriefe aus den Jahren 1649 und 1780.

Lage: Abens gehört zur Gemeinde Au und liegt etwa 20 km nördlich von Freising (Domberg, ehemalige Benediktinerabtei Weihenstephan mit der ältesten Brauerei der Welt) im Hopfenanbaugebiet Hallertau; Anfahrt über die Autobahn A 9: Ausfahrt Pfaffenhofen, weiter auf der Landstraße über Schweitenkirchen in Richtung Au bis Abens.

Anschrift: Katholisches Pfarramt St. Vitus, Obere Hauptstraße 3, D-84072 Au i.d. Hallertau, Tel.: 08752/343

Aengenesch

*Name der Wallfahrt: Wallfahrt zur
„Schmerzensmutter"
Ort der Pfarrei: Geldern
Kirche: Kapelle „Zur Schmerzensmutter"
Bistum: Münster (Deutschland)
Pilgerzeiten: Mai bis September*
Geschichte: In Aengenesch findet sich ein Beispiel für Elemente des Vegetationskultes des einfachen Volkes, wie sie in der Verehrung von Heiligen, am häufigsten aber in der Marienverehrung vorkommen. „Aen-en-Esch" bedeutet so viel wie „an der Esche", und die Legende berichtet, dass gegen Anfang des 14. Jahrhunderts in einer Esche in einer Bauernschaft in der Nähe von Geldern ein einfaches Madonnenbild mit der Darstellung der „Schmerzensmutter" (Mater Dolorosa) gefunden wurde. Die Figur wurde mehrmals zur Hauptkirche St. Urbanus ins benachbarte Winnekendonk gebracht, soll dort aber immer wieder verschwunden und an den Ursprungsort in der besagten Esche zurückgekehrt sein.

Letztendlich errichtete man an der Esche um das Jahr 1380 eine kleine Marienkapelle aus Holz, der ein halbes Jahrhundert später eine aus Stein folgte, die am 3. Juli 1431 vom damaligen Weihbischof Conrad von Köln feierlich geweiht wurde. Die Aufsicht über den Wallfahrtsort erhielt das Karmeliterkloster in Geldern. Die Wallfahrt zur „Eschenmadonna" hatte jedoch stets nur lokale Bedeutung, da sich Aengenesch nicht mit dem nahegelegenen Kevelaer messen konnte. Zudem wurde das Gnadenbild während des Dreißigjährigen Krieges um 1630 entwendet und musste durch eine Kopie ersetzt werden.

Nach dem Ende des Zweiten Weltkriegs glaubte man, die Originalfigur in einem verlassenen Gehöft wiederentdeckt zu haben, was aber nicht bewiesen werden konnte. Dennoch steht der Fund, der auf das 16. Jahrhundert datiert wurde, heute in dem Kirchlein von Aengenesch in einer Seitennische. In dem einschiffigen Backsteinbau, der zu Anfang des 18. Jahrhunderts um ein Joch verlängert und 2005 renoviert wurde, findet sich auf dem neugotischen Altar eine weitere Marienstatue aus der Zeit um 1480. Ebenfalls aus dem 15. Jahrhundert stammt eine Skulptur der Kreuzabnahme.

Lage: Die Ortschaft Aengenesch liegt nahe der Grenze zu den Niederlanden zwischen Issum und Geldern (Schloss Haag, Spargeldorf Walbeck); Anfahrt über die Autobahn A 57: Ausfahrt Alpen, weiter auf der Bundesstraße B 58 in Richtung Geldern bis zur Abzweigung Aengenesch.

Anschrift: Katholisches Pfarramt St. Georg, Kapellener Markt 6, D-47608 Geldern-Kapellen, Tel.: 02838/21 98

Aigen am Inn

Name der Wallfahrt: Wallfahrt zum hl. Leonhard
Ort der Pfarrei: Aigen am Inn
Kirche: Wallfahrtskirche St. Leonhard
Bistum: Passau (Deutschland)
Pilgerzeiten: Der Festtag des hl. Leonhard ist der 6. November; der traditionelle „Leonhardiritt" mit Pferdesegnung findet am ersten Sonntag im November statt; die Kirche ist ganzjährig zugänglich; das Museum ist von April bis Mitte November täglich außer montags und donnerstags von 14.00-17.00 Uhr geöffnet.
Geschichte: Das Leben des hl. Leonhard ist legendenhaft: Er wurde wohl um 500 in Gallien geboren, von Erzbischof Remigius von Reims unterrichtet und getauft. Einen Bischofssitz ausschlagend, zog er sich lieber in die Wälder zurück und lebte asketisch in einer Klause, wo er die zu ihm kommenden Kranken und Hilfsbedürftigen pflegte und heilte und sich auch besonders um Gefangene kümmerte. Als eines Tages der fränkische König Theuderich und seine Frau in dem Wald jagten, hörte Leonhard diese klagen, denn sie war hochschwanger und die Wehen hatten eingesetzt. Er half ihr und brachte den Sohn des königlichen Paares auf die Welt. Der glückliche Monarch wollte den Einsiedler mit Gold und Silber überhäufen, doch dieser erbat sich lediglich so viel Wald, wie er mit seinem Esel in einer Nacht umreiten könne. So geschah es, und Leonhard gründete das Kloster Nobiliacum (heute St-Léonard-de-Noblat, östlich von Limoges, westliches Zentralfrankreich), in dem er weiter wirkte und schließlich um 559 starb. Seine Gebeine wurden im 11. Jahrhundert erhoben und in der Folge über viele Orte in Frankreich, Süddeutschland und dem späteren Österreich verteilt. Er wurde im Lauf der Zeit zum Schutzpatron der Bauern, der für ertragreiche Ernten, gesundes Vieh und alle sonstigen ländlichen Belange zuständig war. Es gab einmal über 150 regelmäßig stattfindende Wallfahrten in seinem Namen, heute sind es immerhin noch rund 50, die meist mit bzw. auf Pferden durchgeführt werden. Auch Tiersegnungen finden an seinem Tag, dem 6. November, statt.

Die Leonhardskirche von Aigen am Inn zählt zu den ältesten Gnadenstätten Bayerns, und man nimmt heute an, dass der besonders in Niederbayern verbreitete Leonhardskult hier seinen Ursprung hat. Seine Entstehung ist von einer Legende umrahmt: Eine dunkle Holzfigur wurde von Fischern im Inn gesichtet und trieb, obwohl sie sie mit ihren Rudern wegstießen, auf mysteriöse Weise immer wieder direkt auf sie zu, bis sie schließlich einer der Männer aus dem Wasser ins Boot zog und an Land brachte. Der Burgherr von Katzenberg am anderen Flussufer (heute Österreich), der schon in Frankreich gewesen war, erkannte in der Statue das Bildnis des hl. Leonhard, durch dessen Fürbitte seine geraubte Tochter kurz zuvor aus harter Gefangenschaft befreit worden war. So ließ er in der Nähe der Fundstelle zu Ehren des Heiligen ein Kirchlein errichten, auf dessen Hochaltar das Gnadenbild seinen Platz fand.

Die Wallfahrt zur Statue des hl. Leonhard wurde so populär, dass man schon bald ein größeres Gotteshaus bauen musste. Zu den häufigsten Besuchern gehörte im 19. Jahrhundert der 1934 als Konrad von Parzham heilig gesprochene Bauernsohn Johann Evangelist Birndorfer (1818-94), der vor seinem Eintritt ins Kapuzinerkloster von Altötting im Jahre 1849 fast zehn Jahre lang beinahe wöchentlich von Parzham (bei Bad Griesbach im Rottal) nach Aigen gepilgert sein soll.

Von den zahlreichen Votivgaben, die sich im Laufe der Jahrhunderte in der Aigener Wallfahrtskirche anhäuften, sind viele verloren gegangen, doch kann man im 1996 eröffneten Aigener Leonhardimuseum noch rund 200 Exemplare sehen. Dazu gehören u.a. auch Eisenfiguren in menschlicher und tierischer Form aus dem 11. und 12. Jahrhundert, was einen Hinweis auf das Alter der Wallfahrt gibt. Zu den berühmtesten (und gewichtigsten) Votivgaben zählen fünf große, „Würdinger" genannte Eisenklötze aus dem 16. Jahrhundert in menschlicher Gestalt, die früher vermutlich noch alle Kopf und Füße hatten. Möglich ist, dass sie von Adligen aus dem Geschlecht der Würdinger gestiftet wurden, oder aber, dass sie Abbilder eines gestrengen Herrn aus eben jenem Geschlecht darstellen sollten. In Aigen war es einst Brauchtum, am Leonhardstag einen dieser schwergewichtigen „Würdinger" – der größte ist rund 80 Zentimeter groß, wiegt 145 Kilogramm und wird gern auch als „Männer-Lienl" bezeichnet, der zweitschwerste, der „Weiber-Lienl", bringt es auf knapp 50 Kilogramm – zu „schutzen" (anzuheben), da dies vor Unbill und Krankheit im kommenden Jahr schützen sollte.

Mit der Zeit der Aufklärung und der Säkularisation erfuhren auch die Wallfahrten in Aigen einen Niedergang, doch die prunkvollen „Leonhardiritte" erlebten in den 1950er Jahren eine wahre Renaissance und stellen heute am ersten Sonntag im November eine überregional beachtete Veranstaltung für Einheimische und Gäste dar – mit feierlichem Festgottesdienst am Vormittag und Pferdeumritt mit Reitern aus Bayern und Österreich inklusive historisch gestaltetem Festzug und „Leonhardidult" am Nachmittag. Den Mittelpunkt des Zuges bilden der Pfarrer und die Kapläne, im kirchlichen Ornat und ebenfalls hoch zu Ross. Am Schluss folgen die Wagen, auf denen häufig so genannte lebende Bilder dargestellt werden. Unter ihnen fehlt die Wiedergabe der Ursprungslegende nie, während die anderen Gruppen alljährlich wechseln. Zuletzt findet vor der Wallfahrtskirche die feierliche Benediktion statt, wobei der Pfarrer, der mit seinem Pferd unter der gotischen Vorhalle des Gotteshauses kehrt macht, die zu beiden Seiten längs des Kirchenweges aufgestellten Reiter mit Weihbrunnen und Rauchfass segnet.

Kunst: Die gotische Wallfahrtskirche in Aigen am Inn ist eine zweischiffige, im 15. Jahrhundert erbaute Hallenkirche. Vom spätromanischen Vorgängerbau sind noch Reste im Südturm und der Südmauer zu sehen. Das Auffälligste ist der mächtige, insgesamt 60 Meter hohe Westturm mit seinem knapp 20 Meter hohen Spitzhelm. Im 17. Jahrhundert wurden die Fenster und das Kircheninnere barockisiert. Der Hochaltar stammt von 1664 und trägt eine geschnitzte Figur des hl. Leonhard aus dem 13. Jahrhundert. Eine weitere, annähernd lebensgroße Statue des Heiligen steht im Eingangsbereich und wird auf um 1480 datiert.

Lage: Aigen gehört zur Gemeinde Bad Füssing (drei Thermalbäder) im niederbayerischen Landkreis Passau und liegt am Inn, dem deutsch-österreichischen Grenzfluss (Innradweg von Passau bis in die Schweiz); Anfahrt über die Autobahn A 3: Ausfahrt Pocking, weiter auf der Bundesstraße B 12 nach Bad Füssing und von dort auf der Landstraße nach Aigen.

Anschrift: Katholisches Pfarramt St. Stephanus, Herrenstraße 12, D-94072 Bad Füssing-Aigen, Tel.: 08537/278; Leonhardimuseum, Penningerweg 7, D-94072 Bad Füssing-Aigen, Tel. und Fax: 08537/910 89, E-Mail: info@leonhardimuseum.de

Ainhofen

Name der Wallfahrt: Wallfahrt zu „Unserer Lieben Frau"
Ort der Pfarrei: Markt Indersdorf
Kirche: Wallfahrtskirche „Maria Empfängnis"
Bistum: München-Freising (Deutschland)
Pilgerzeiten: Mai bis September; Öffnungszeiten und Führungen nach Absprache
Geschichte: Vermutlich liegen die Anfänge der noch heute beliebten Marienwallfahrt nach Ainhofen im 12. Jahrhundert, denn hier wird eines der ältesten Gnadenbilder Süddeutschlands verehrt: Die aus

Lindenholz geschnitzte, knapp 40 Zentimeter große Figur entstand um 1100-50 und zeigt eine „Maria lactans", d.h. eine das Jesuskind stillende Madonna. Diese Art der Darstellung war erst nach dem dritten Ökumenischen Konzil von Ephesos in Kleinasien (heute Ruinenfeld bei Selçuk, Westtürkei) im Jahr 431 möglich geworden, seit Maria auch als „Gottesgebärerin" (und nicht nur als „Jungfrau") bezeichnet werden durfte. Allerdings ist nicht gesichert, ob es sich bei dem in einem Rokoko-Tabernakel auf dem Hochaltar der Ainhofer Kirche stehenden Gnadenbild tatsächlich um das Original oder um eine Kopie aus der ersten Hälfte des 18. Jahrhunderts handelt. Ebenso ungeklärt ist, wie die Plastik nach Ainhofen kam. Vielleicht stammt sie aus dem Augustiner-Chorherrenstift Indersdorf, das die Wallfahrt nach Ainhofen bis zur Auflösung des Klosters 1784 betreute.

Um das Gnadenbild von Ainhofen ranken sich mehrere Legenden. Eine erzählt, dass im Jahr 1519 die Figur zur Restaurierung in eine Werkstatt gebracht werden sollte, was sich aber als unmöglich erwies, weil sie sich nicht von der Stelle bewegen ließ. Als ein Priester daraufhin versuchte, die Figur mit einem Messer zu bearbeiten, erblindete er. Der Geistliche bereute seine Tat umgehend und erhielt sein Augenlicht zurück.

Kunst: Die Marienkirche von Ainhofen wird erstmals 1229 urkundlich erwähnt – aus dieser Zeit stammen heute noch Teile des Langhauses und der quadratische Turm – und wurde bereits um 1300 zum ersten Mal vergrößert. Den Dreißigjährigen Krieg (1618-48) überstand sie weitgehend unbeschadet, danach erlebte die Wallfahrt einen weiteren Höhepunkt, wovon zahlreiche Votivtafeln zeugen. Im Jahr 1700 sollen mehr als 200 Pilgermessen gelesen worden sein. Kurz zuvor war das Gotteshaus erneut umgebaut worden, um die Pilgerscharen aufnehmen zu können. Im 18. Jahrhundert wurde das Kircheninnere weiter im Stil des Barock ausgestaltet. So stammt z.B. das Deckenfresko im Altarraum aus dem Jahr 1717 (Kopie des Altarbildes der Kirche Mariä Heimsuchung in Rohrdorf), und der prachtvolle Hochaltar mit seinen sechs gewundenen Säulen wurde 1732 für die stolze Summe von 546 Gulden angefertigt.

Lage: Ainhofen gehört zur Gemeinde Markt Indersdorf (Kloster Indersdorf) im Landkreis Dachau (Schloss, KZ-Gedächtnisstätte) und liegt rund 25 km nördlich von München; Anfahrt über die Autobahn A 8 (Ausfahrt Odelzhausen, weiter auf der Landstraße über Markt Indersdorf) oder A 9 (Aus-

fahrt Allershausen, weiter auf der Landstraße über Hohenkammer, Petershausen und Weichs).
Anschrift: Katholisches Pfarramt, Marienplatz 4, D-85229 Markt Indersdorf, Tel.: 08136/809 28-0, Fax: 08136/809 28-12

Aldenhoven
Name der Wallfahrt: Wallfahrt zu „Maria, Zuflucht der Sünder"
Ort der Pfarrei: Aldenhoven
Kirche: Wallfahrtskapelle St. Marien und Pfarrkirche St. Martin
Bistum: Aachen (Deutschland)
Pilgerzeiten: Mai bis September, vor allem an den Marienhochfesten „Mariä Heimsuchung" (2. Juli), „Mariä Himmelfahrt" (15. August) und „Mariä Geburt" (8. September); Gottesdienst sonntags in der Pfarrkirche (ganzjährig) 11.00 Uhr
Geschichte: Aldenhoven (aus „alde hof", Alter Hof) wurde erstmals 922 in einer Urkunde erwähnt. Eine Kirche stand hier spätestens 1092. Marienwallfahrtsort ist Aldenhoven jedoch erst seit Mitte des 17. Jahrhunderts. Der Überlieferung nach fand ein gewisser Dietrich Mülfahrt aus Aldenhoven 1654 in einem Lindenbaum ein Bild der Muttergottes und hielt mit seinen Freunden Johann Gatzweiler und Peter Lennartz dort allabendlich eine Andacht. Dabei sahen sie ein wunderbares Leuchten. Sie benachrichtigten den Pastor, der das Marienbild daraufhin in die Pfarrkirche schaffen ließ. An der Stelle der Lichterscheinung bauten Mülfahrt und seine Freunde ein Heiligenhäuschen und Herzog Philipp Wilhelm von Jülich im Jahre 1659 nach dem Vorbild des Altöttinger Marienheiligtums eine Gnadenkapelle mit einem barocken Hochaltar und einer Kreuzigungsgruppe. 1665 siedelten sich Kapuziner hier an und betreuten die Wallfahrt. Bis heute wird das Gnadenbild in der Kapelle aufbewahrt und Maria unter dem Namen „Zuflucht der Sünder" verehrt.

Gegenüber der Kapelle steht eines der Wahrzeichen Aldenhovens, die im frühen 16. Jahrhundert errichtete katholische Pfarrkirche St. Martinus. Vorgängerbau war eine kleine Feldkirche, die einst für mehrere Dörfer als Gotteshaus gedient hatte. Der Turm der 1516 geweihten Kirche mit einer Höhe von 64 Metern war weithin im Jülicher Land zu sehen. Aus der gleichen Zeit stammt der in Antwerpen geschnitzte „Bitterleidenaltar", das wertvollste Kunstwerk in der Kirche. Im Zweiten Weltkrieg wurde er zusammen mit der Kirche zerstört, als deutsche Soldaten 1944 sie vor der Ankunft der alliierten Truppen sprengten. Nur die auf Holz gemalten Flügel des Altars und ein kleiner Teil der Schnitzereien konnten gerettet werden. Sie wurden später restauriert und lassen die Pracht und

Kostbarkeit des Altars erahnen. Die Gnadenkapelle überstand den Krieg unversehrt. Die äußerlich schmucklose, massiv wirkende Kirche selbst baute man bis 1953 wieder auf. Sie hat jetzt eine Fassade mit zwei Türmen, die allerdings nur noch 42 Meter hoch sind.
Lage: Aldenhoven (Bergbaumuseum; Anschluss zum insgesamt 365 km langen Radwanderweg „Wasserburgen-Route") liegt zwischen der Bischofsstadt Aachen (Marienmünster) und Jülich; Anfahrt über die Autobahnen A 44 (Düsseldorf-Aachen, Ausfahrt Aldenhoven) oder A 4 (aus Richtung Köln kommend, Ausfahrt Weisweiler, weiter auf der Landstraße nach Aldenhoven).
Anschrift: Katholisches Pfarramt St. Martinus, Kapellenplatz 14, D-52457 Aldenhoven, Tel.: 02464/17 34, Fax: 02464/908 98 21, E-Mail: st.martin.aldenhoven@t-online.de

Allersdorf

Name der Wallfahrt: Wallfahrt zu „Unserer Lieben Frau"
Ort der Pfarrei: Biburg
Kirche: Wallfahrtskirche „Mariä Himmelfahrt"
Bistum: Regensburg (Deutschland)
Pilgerzeiten: Mai bis Oktober; Hauptfest am 15. August (Fest „Mariä Himmelfahrt"); die Wallfahrtskirche ist ganzjährig zugänglich; Gottesdienste sonntags: Wallfahrtskirche Allersdorf 14.00 Uhr (unregelmäßig), Pfarrkirche Biburg 9.30 Uhr
Geschichte: Die Wallfahrtskirche auf dem Allersdorfer Berg ist eng verbunden mit dem ehemaligen Benediktinerkloster Biburg. Beide wurden von der sel. Berta, Gräfin von Biburg, gestiftet, die um 1060-1130 lebte. Die Legende berichtet, dass Berta sich um 1100 mit dem Bau der Kapelle für eine glückliche Geburt bei der Gottesmutter bedankte und so manchen Stein für das Marienkirchlein selbst getragen haben soll.
1560 mussten die Benediktiner das Kloster Biburg, in dessen Besitz sich auch die Wallfahrtskirche mit dem vielbesuchten Marien-Gnadenbild befand, verlassen. 1589 übernahmen die Ingolstädter Jesuiten die Betreuung der Wallfahrt. Sie bauten für den stetig wachsenden Pilgerstrom eine neue, größere Kirche auf dem Allersdorfer Berg und legten 1629 rund um den „Frauenberg" Grotten mit Heiligenstatuen an. In der Zeit des Dreißigjährigen Krieges war die „... der Gottesgebärerin geweihte Stätte in Allersdorf entsprechend dem Unheil der Zeit eine einzigartige Zufluchtsstätte für die Armen", so berichtet das Jahrbuch der Jesuiten von 1635.
1687 fasste man eine Quelle an der Nordseite des Allersdorfer Berges ein. Dem Wasser dieser „Marienquelle", an der auch eine kleine

Kapelle stand, wurde heilkräftige Wirkung nachgesagt. 1693 war die Zahl der Pilger derart angestiegen, dass ein vierter Zugang zur Wallfahrtskirche geschaffen werden musste. Bis zum Abzug der Jesuiten Ende des 18. Jahrhunderts blieb die Wallfahrt überaus populär, nicht zuletzt aufgrund von Berichten über Gebetserhörungen, wie sie in Mirakelbüchern dieser Zeit genannt sind. Dank großzügiger Spenden konnten der Pilgerweg am Allersdorfer Berg weiter ausgebaut und die einzelnen Kapellen ausgeschmückt und mit Figuren ausgestattet werden, wobei die Marienthematik dominierte.

Große Prozessionen auf den Allersdorfer Berg finden heute nicht mehr statt, und die einst aus allen Nähten platzende Wallfahrtskirche ist zu einem Ort der stillen Andacht für einzelne Pilger geworden.

Kunst: Die stattliche Wallfahrtskirche wurde um 1600 gebaut und mehrmals in Details ergänzt. Die barocke Innenausstattung (Stuckaturen, Deckenfresken) stammt größtenteils aus dem 18. Jahrhundert. Im Zentrum des prächtigen Hochaltars, der auf um 1760 datiert wird, steht das Marien-Gnadenbild inmitten eines goldenen Strahlenkranzes. Die Steinskulptur der Gottesmutter mit dem Jesuskind auf dem Arm ist von 1510/1520 und wurde um 1700 mit wertvollen Kleidern versehen. Maria ist von ihrem Mann Joseph und ihrem Vater Joachim flankiert.

Beachtenswert sind auch der Grabstein der Kirchenstiftern Gräfin Berta von Biburg in der linken Apsis sowie zahlreiche Votivtafeln an den Kirchenwänden.

Wer über genügend Zeit verfügt, sollte auch der ehemaligen Kloster- und heutigen Pfarrkirche „Maria Immaculata" im nahen Biburg einen Besuch abstatten. Das Gotteshaus mit seinen beiden mächtigen Türmen zählt zu den bedeutendsten romanischen Baudenkmälern Altbayerns.

Lage: Allersdorf liegt bei Biburg rund 40 km südwestlich der Bischofsstadt Regensburg zwischen Abensberg und Siegenburg am Rande des Abenstales (Landkreis Kelheim/Niederbayern); Anfahrt über die Autobahn A 93 (Ausfahrt Abensberg oder Siegenburg) oder (aus Richtung Regensburg kommend) auf der Bundesstraße B 16 über Bad Abbach in Richtung Ingolstadt bis zur Abzweigung Biburg; der nächstgelegene Bahnhof ist in Abensberg.

Anschrift: Katholisches Pfarramt Maria Immaculata, Eberhardplatz 5, D-93356 Biburg, Tel.: 09443/72 12, Fax: 09443/99 20 75

Altenberg bei Wetzlar

Name der Wallfahrt: Wallfahrt zur sel. Gertrud

Ort der Pfarrei: Solms

Kirche: Evangelische Pfarrkirche Altenberg
Bistum: Limburg (Deutschland)
Pilgerzeiten: Am 13. August, dem Festtag der sel. Gertrud, wird in der Altenberger Kirche ein ökumenischer Gottesdienst gefeiert; die Bezirkswallfahrt der Katholiken zum Grab der Heiligen findet zumeist Anfang September statt; die Kirche ist zur Besichtigung und stiller Besinnung täglich von 8.00-18.00 Uhr geöffnet; Führungen für Einzelbesucher und Gruppen nach vorheriger Anmeldung möglich; weitere Angebote: Orgelkonzerte und Seminare
Geschichte: Gertrud war das jüngste der drei Kinder der hl. Elisabeth (1207-31) und des Landgrafen Ludwig IV. von Thüringen. Geboren am 29. September 1227 (wenige Wochen nach dem Tod des Vaters), kam sie bereits als Zweijährige in die Obhut der Prämonstratenserinnen im Stift Altenberg bei Wetzlar. Als junges Mädchen trat Gertrud dem Orden bei, und 1248 erhob man sie zur dritten Meisterin des 1178 gegründeten Klosters. Mit ihrem ererbten Besitz ließ sie das Kloster erweitern und ein Armen- und ein Krankenhaus sowie eine neue Kirche errichten, die 1268 der Gottesmutter Maria geweiht wurde, und in der sie nach ihrem Tod am 13. August 1297 ihre letzte Ruhestätte fand.

Im Jahr 1334 wurde Gertrud von Altenberg, die ihr Leben Jesus Christus geweiht und sich wie ihre Mutter aufopfernd um Hilfsbedürftige bemüht hatte, offiziell selig gesprochen. Bis zur Auflösung des Klosters Altenberg 1802 im Zuge der Säkularisation wurden ihre Reliquien dort verehrt. Danach kamen sie zusammen mit dem einstigen Altenberger Kirchenschatz in das nahegelegene Schloss Braunfels, dem Stammsitz der Grafen von Solms, wo sie noch heute aufbewahrt werden und im Rahmen einer Führung zugänglich sind.

Das ehemalige Kloster Altenberg wurde erst nach dem Zweiten Weltkrieg wieder kirchlich genutzt, zunächst als Kinder- und Müttererholungsheim des Evangelischen Hilfswerks und ab 1955 als neue Bleibe der aus Ostpreußen vertriebenen Königsberger Diakonissen, die für die Instandsetzung der bei einem Großbrand im Jahr 1952 völlig verwüsteten Anlage sorgten und sie in ein Altenpflegeheim mit angeschlossener Schule für Krankenpflege und Hauswirtschaft umwandelten. Auch die Klosterkirche (heute evangelische Pfarrkirche) mit ihren gotischen Grundzügen und ihrer nach dem Dreißigjährigen Krieg (1618-48) und im 18. Jahrhundert entstandenen barocken Ausgestaltung sowie dem Grabmal der sel. Gertrud konnte im Laufe der Jahre umfassend restauriert werden, u.a.

dank der Unterstützung des 1983 gegründeten Vereins Kloster Altenberg e.V.
Lage: Das ehemalige Kloster Altenberg liegt etwa vier Kilometer westlich von Wetzlar (Dom, Besucherbergwerk „Grube Fortuna") auf einem Höhenrücken über dem rechten Lahnufer; Anfahrt über die Autobahnen A 45 (bis Wetzlarer Kreuz bzw. Wetzlar-Ost) oder A 3 (Ausfahrt Limburg-Nord, weiter auf der Bundesstraße B 49 in Richtung Wetzlar).
Anschrift: Königsberger Diakonissen-Mutterhaus der Barmherzigkeit auf Altenberg, D-35606 Solms-Oberbiel, Tel.: 06441/206-500, Fax: 06441/206-528, E-Mail: altenberg@ koenigsbergerdiakonie.de

Altenberg/Bergischer Dom

Name der Wallfahrt: Wallfahrt zu „Unserer Lieben Frau"
Ort der Pfarrei: Altenberg
Kirche: Pfarr- und Wallfahrtskirche „Mariä Himmelfahrt" (genannt „Altenberger" bzw. „Bergischer" Dom)
Bistum: Köln (Deutschland)
Pilgerzeiten: Ganzjährig; Hauptwallfahrtszeit Mai bis September; Gottesdienste sonntags 7.00, 10.30 und 17.15 Uhr (katholisch), 9.00 und 14.30 Uhr (evangelisch); Dommusik am Sonntag (Mai-Oktober) 11.40 Uhr; Besichtigung nur außerhalb der Gottesdienstzeiten; kostenlose öffentliche Führungen samstags 11.00 Uhr, sonntags 13.00 und 15.30 Uhr (Dezember nur samstags, Januar nur sonntags); kostenpflichtige Gruppenführungen nach Voranmeldung
Geschichte: Aus einem Waldtal unweit von Köln erhebt sich der „Bergische Dom", die ehemalige Abteikirche der Altenberger Zisterziensermönche. (Heute befindet sich auf dem einstigen Klostergelände „Haus Altenberg", Jugendbildungsstätte des Bistums Köln und des Bundes der Deutschen Katholischen Jugend.)
Unter Graf Adolf II. wurde 1133 mit dem Bau eines Klosters für eine Delegation von Mönchen aus dem Zisterzienserkloster in Morimond (Burgund) begonnen, und zwar zunächst an der Stelle der zuvor teilweise abgebrochenen Burg der Berger Grafen, die zugunsten des neuen Stammsitzes in Burg an der Wupper aufgegeben worden war. (Der heutige Name des Ortes Altenberg erklärt sich aus diesem Vorgang.) Kurze Zeit darauf wurde der Klosterbau gestoppt und ins Tal verlegt, das aufgrund der guten Bewässerung durch die Dhünn auch weitaus bessere Voraussetzungen für die Einhaltung der zisterziensischen Bau- und Lebensvorschriften bot. Nach dem Ordensgesetz durften die Mönche ihre Klöster nämlich weder auf Bergen, Burgen noch in Städten einrichten. 1145 wurde die dreischiffige Basilika schon eingeweiht,

jedoch schon 1222 durch ein Erdbeben zerstört.
1259 legte man den Grundstein zu einer neuen Klosterkirche, dem heutigen Altenberger Dom, der dann 1379 vollendet wurde. Hier fanden die Grafen von Berg ihre letzte Ruhestätte. Am 3. Juli 1379 erfolgte die Schlußweihe des Baus zu Ehren von Gottvater, Sohn und Heiligem Geist, der Gottesmutter Maria, der 11 000 Jungfrauen aus der Schar der hl. Ursula, des hl. Benedikt von Nursia und des hl. Bernhard von Clairvaux durch den Bischof Wikbold von Kulm. Offenbar wurde die Kirche ein bedeutendes Wallfahrtsziel zu den Reliquien der 11 000 Jungfrauen der hl. Ursula (die „Altenberger Gottestracht", seit dem Ende des 12. Jahrhunderts).
Mit dem Reichsdeputationshauptbeschluss 1803 wurde die Abtei aufgelöst und für andere Zwecke genutzt. Damit begann die Verwahrlosung der Anlagen sowie der Verkauf vieler Kunstschätze. 1815 zerstörte ein Brand die Klostergebäude und beschädigte die Kirche schwer. Der preußische Kronprinz (später König Friedrich Wilhelm IV.) bewahrte den Komplex vor dem völligen Verfall. Man restaurierte sie, weihte sie 1847 erneut und verfügte 1857 eine simultane Mitbenutzung des Doms durch evangelische Christen. 1894 erfolgte die Gründung des Altenberger Domvereins.
1994 begannen umfassende Renovierungsarbeiten durch das Land Nordrhein-Westfalen, die am 30. Juni 2005 abgeschlossen werden konnten.
Am 28. Juni 1998 gedachte die katholische Pfarrgemeinde des 600. Todestags des Bischofs Wikbold von Kulm, der am 3. Juli 1379 die Weihe der Altenberger Klosterkirche vollzogen hatte. Er war am 21. Juli 1398 gestorben und im Chor des Gotteshauses vor dem Hochaltar in einem prachtvollen, mit Messingplatten verzierten Hochgrab beigesetzt worden, das leider zwischen 1821 und 1830, in der Zeit der Zerstörung der Kirche, verkauft und eingeschmolzen wurde, so dass heute kein sichtbares Zeichen mehr an ihn erinnert. Seit längerem wird diskutiert, ob das Grab rekonstruiert werden soll (einige Pläne bzw. Zeichnungen der Messingplatten sind erhalten). Immerhin hat man im Jahr 2000 eine Wikbold-Gedenkplakette angebracht.
Im nordwestlichen Winkel des Klosterbezirks liegt die Markuskapelle, deren Anfänge und Zugehörigkeit im Dunkeln liegen. Sie stammt in ihrer jetzigen Form aus dem Jahre 1222, wahrscheinlich wurde sie schon 1145 oder 1147 durch Erzbischof Arnold von Köln geweiht.
Hier feierte der Konvent während

der Zeit der Errichtung der ersten romanischen Klosterkirche (1125-60) den Gottesdienst, später diente sie Kranken und Fremden als Unterkunft und wurde zuletzt als Teil einer Textilfabrik genutzt. Heute finden in ihr Veranstaltungen statt, etwa an jedem dritten Freitag im Monat um 19.00 Uhr „Gebete und Lieder aus Taizé".

Die ursprüngliche Wallfahrt zum Altenberger Dom hat sich nicht erhalten, aber in den 1920er Jahren begann auf Initiative des Bundes der Deutschen Katholischen Jugend eine noch heute bestehende Marienwallfahrt zu einem Gnadenbild der Gottesmutter mit dem nackten Jesuskind auf dem Arm. Die um 1520 im flämischen Raum geschnitzte Doppelmadonna steht, eingerahmt von einem goldenen Strahlenkranz, auf einem Podest vor dem Altar.

Vom Dom aus kann man zu Fuß bequem den weit über die Grenzen des Landes bekannten Märchenwald Altenberg mit lebensnahen Märchendarstellungen aus der Sammlung der Brüder Grimm erreichen, für Kinder meist interessanter als Führungen zu den kunsthistorischen Schätzen des Doms.

Kunst: Der Altenberger Dom, eine der größten Kostbarkeiten gotischer Baukunst auf deutschem Boden, hat die Innenmaße von 77,6 Metern Länge, 19,3 Metern Breite und 28 Metern Höhe. Er wurde nach französischen Vorbildern (etwa Royaumont nordwestlich von Paris) als turmlose Querschiff-Basilika mit Chorumgang und Kapellenkranz erbaut. In seiner Schlichtheit ist der „Bergische Dom" ein gutes Beispiel für die Zisterzienserarchitektur: eine dreischiffige Basilika mit Querschiff und leichter, schmuckloser Verstrebung. Einfache Säulen tragen anstelle gotischer Bündelpfeiler den Obergaden, nur die Kapitelle im Chor sind mit Blattwerk verziert. Auf Türme wurde bewusst verzichtet, lediglich der bescheidene Dachreiter sorgt für das Geläut.

Wertvollster Teil der Innenausstattung sind die Grisaillefenster im Chor und eine Verkündigungsgruppe aus dem 14. Jahrhundert, die ursprünglich über dem westlichen Eingang stand. Das Westfenster (Himmlisches Jerusalem) von 1400-20 zählt mit einer Fläche von 144 Quadratmetern zu den größten europäischen Kirchenfenstern überhaupt. Obwohl viele Kunstwerke nach der Säkularisation verloren gegangen sind, haben sich doch reiche Kunstschätze erhalten, genannt seien der Mariä-Krönungs-Altar (süddeutsch, zweite Hälfte 15. Jahrhundert), das Sakramentshaus von 1490, das Altarkreuz (um 1500), die flämische Doppelmadonna, der Herzogenchor und etliche Grabmäler bergischer Fürsten (bzw. deren eingemauerte Deckplatten). Seit 1980 ertönt im Gottesdienst eine Klais-Orgel mit 82 Registern und 6 034 Pfeifen.

Lage: Altenberg (Märchenwald) ist ein Ortsteil von Odenthal und liegt etwa 20 km nordöstlich der Bischofsstadt Köln zwischen Leverkusen und Bergisch Gladbach im Naturpark Bergisches Land im Waldtal der Dhünn (Talsperre); Anfahrt über die Autobahn A 1 (Köln-Münster): Ausfahrt Burscheid, weiter auf der Bundesstraße B 51 in Richtung Leverkusen bis Blecher und zur Abzweigung nach Altenberg; zwischen Dom und Märchenwald (großer Parkplatz) gibt es einen Fußweg.

Anschrift: Katholisches Pfarramt St. Mariä Himmelfahrt, Ludwig-Wolker-Straße 4, D-51519 Odenthal-Altenberg, Tel.: 02174/45 33, Fax: 02174/493 57; Jugendbildungsstätte Haus Altenberg e.V., Ludwig-Wolker-Straße 12, D-51519 Odenthal-Altenberg, Tel.: 02174/419-0, Fax: 02174/419-903; Deutscher Märchenwald, D-51519 Odenthal-Altenberg, Tel.: 02174/404 54, Fax: 02174/47 88, E-Mail: maerchenwald-altenberg@web.de

Altendorf

Name der Wallfahrt: Wallfahrt zu „Maria End"

Ort der Pfarrei: Mörnsheim
Kirche: Wallfahrtskirche „Maria End"
Bistum: Eichstätt (Deutschland)
Pilgerzeiten: Mai bis September
Geschichte: Der Mörnsheimer Stadtteil Altendorf wurde im Jahr 918 erstmals urkundlich erwähnt. Über die Entstehung der ursprünglichen Kapelle, die im 17. Jahrhundert zu einem bekannten Wallfahrtsort werden sollte, berichtet eine Legende: Ein Hirte baute auf einem Hügel aus Brettern und Schindeln eine kleine Kapelle, in die er ein Bild Marias legte und verehrte. Die Andachtsstätte soll später durch eine Steinkapelle und eine steinerne Marienfigur ersetzt worden sein. Der genaue Zeitpunkt ist nicht bekannt. Berichtet wurde von der Weihe eines Kirchleins in „Antiqua villa" im Jahr 1401 durch Bischof Seyfried. Die Kapelle fand auch um 1601 eine Erwähnung in den Notizen des Generalvikars Priefer, der auf seiner Reise durch das Bistum Eichstätt von einer berühmten Andachtsstätte der Jungfrau Maria in Altendorf berichtet, ebenso von einem reichen Reliquienschatz.

Mitte des 17. Jahrhunderts sollte die schon sehr baufällige Kapelle renoviert werden, doch das von Fürstbischof Marquard II. Schenk von Castell gestiftete und gesammelte Geld reichte wohl nicht dazu aus. Zu einem Umbau kam es erst im Jahr 1709, als ein Ausbau der

Kapelle nach den Plänen des Eichstätter Hofbaumeisters Jakob Engel begonnen und ein erster Wallfahrtsgeistlicher in Altendorf angestellt wurde.

Seine größte Verehrung erfuhr der Wallfahrtsort „Maria End" etwa ab Mitte des 17. Jahrhunderts, wie in zahlreichen Votivbildern und -tafeln dokumentiert ist, die sich auch an der Südwand im hinteren Bereich der Kirche finden. Die Altendorfer Gottesmutter wurde hauptsächlich um Gesundheit, wirtschaftlichen Wohlstand und ein seliges Ende des irdischen Lebens angefleht. Auch von Wunderheilungen wird berichtet, so soll z.B. ein neunjähriger blinder Knabe vor dem Bild Mariens wieder sehend geworden sein.

Kunst: Beim Umbau der Kapelle ab dem Jahr 1709 blieb die ursprünglich gotische Struktur erhalten, der Raum wurde aber vergrößert und erhöht. An der linken Seite findet sich der kostbare Gnadenaltar, etwa um 1680 entstanden und um 1710 weiter ausgebaut. In einer Nische des Altars steht eine vermutlich im frühen 15. Jahrhundert geschaffene Figurengruppe aus Terrakotta, die szenisch das Sterben Mariens darstellt. Um die fast einen Meter große Figur der Gottesmutter auf dem Sterbebett sind die betenden zwölf Apostel gruppiert. Sie halten Weihwedel, Sterbekerzen und Bücher (Lesen von Sterbegebeten) in den Händen.

Das Deckengemälde der Kirche wurde um 1710 von Melchior Steidl aus München ausgeführt. Es zeigt zentral die Apostel vor einem leeren Grab und darüber die in den Himmel aufgenommene heilige Jungfrau, von Engeln umgeben. In den Eckmedaillons finden sich Allegorien aus dem Marienlob. In dem Gemälde taucht auch das Wappen des Eichstätter Fürstbischofs Johann Anton Knebel von Katzenellenbogen (1705-25) auf, der ungefähr drei Viertel der Umbaukosten beisteuerte. Die Stuckarbeiten in der Kirche (u.a. Umrahmung des Deckengemäldes und der Medaillons, Kanzel) wurden im Jahr 1710 von Jakob Eck ausgeführt.

1991/92 wurde die Kirche „Maria End" umfassend restauriert.

Lage: Altendorf bei Mörnsheim liegt an der Altmühl (Radwanderweg Altmühltal!) westlich von Eichstätt in einer Flussschleife zwischen Dollnstein und Solnhofen; Anfahrt über die Autobahn A 9: Ausfahrt Altmühltal.

Anschrift: Katholisches Pfarramt St. Anna, Marktstraße 10, D-91804 Mörnsheim, Tel.: 09145/71 49, Fax: 09145/71 21

Altötting

Name der Wallfahrt: Wallfahrt zur „Schwarzen Madonna" und zum hl. Konrad

Altötting

Ort der Pfarrei: Altötting
Kirche: Gnadenkapelle St. Marien,
Basilika St. Anna, St.-Konrad-Kirche
Bistum: Passau (Deutschland)
Pilgerzeiten: Ganzjährig; Hauptpilgerzeit März bis November; Hochfest am 15. August (Fest „Mariä Himmelfahrt"); der Festtag des hl. Konrad von Parzham ist der 21. April (Todestag); Führungen nach Anmeldung möglich

Geschichte: Altötting gilt mit über einer Million Pilger pro Jahr als „der" Wallfahrtsort Deutschlands und wird oft als „bayerisches Nationalheiligtum" bezeichnet. Hauptziel der Gläubigen ist die „Schwarze Madonna" in der Gnadenkapelle, eine 65 Zentimeter große, von barockem Prunkornat umhüllte Figur der Gottesmutter mit dem Jesuskind auf dem rechten Arm, deren beider Gesichter durch das Abbrennen unzähliger Kerzen rußgeschwärzt sind.

Woher das Marien-Gnadenbild stammt, ist nicht geklärt. Die auf um 1300 datierte Figur wurde vermutlich im süddeutschen Raum geschnitzt, doch auch eine Herkunft aus Burgund ist möglich. Vielleicht brachte ein Abt aus dem Zisterzienserkloster in Raitenhaslach sie nach Altötting, vielleicht handelt es sich aber auch um eine Schenkung Ludwigs IV. des Bayern (geb. 1283, gest. 1347), mit dem zum ersten Mal ein bayerischer Herzog aus dem Geschlecht der Wittelsbacher als König (ab 1314) und Kaiser (ab 1328) an der Spitze des Heiligen Römischen Reiches Deutscher Nation stand und unter dessen Herrschaft die Grundlagen für die in Bayern besonders ausgeprägte Marienverehrung gelegt wurden. Sicher ist, dass Altötting nach Bekanntwerden von zwei im Jahr 1489 geschehenen Wundern binnen kurzer Zeit alle Wallfahrtsorte Süddeutschlands überflügelte: Ein dreijähriges Kind ertrank in einem Bach und wurde von seiner gläubigen Mutter vor die Marienfigur gelegt. „Wie das geschehen ist, fällt sie samt anderen auf die Knie nieder und bittet flehentlich um die Erlangung des Kindslebens. Alsbald wurde das Kind lebendig ..." schreibt der Jesuit Jakob Issickemer in seinem 1497 in Nürnberg gedruckten Mirakelbuch. Wenig später erwachte der Überlieferung nach auch ein von einem Fuhrwerk überrollter und für tot erklärter Sechsjähriger durch Anflehen der Madonna wieder zum Leben.

Das Gnadenbild stand schon damals in einer kleinen Kapelle, die wesentlich älter war als die Marienstatue selbst. Vermutlich wurde die „finstere uralte heylige Capel unserer lieben Frau auff der grünen Matten", deren achteckiger Grundriss (Oktogon) auf eine Nachbildung des Hl. Grabes in Jerusalem hinweist, bereits um 700 erbaut, möglicherweise als Taufkapelle der

Agilolfinger Herzöge, die dort über eine Pfalz verfügten, aus der sich das erstmals 748 als „Otinga" urkundlich erwähnte Altötting entwickelte. Ausgrabungen deuten zudem darauf hin, dass auf dem heutigen Kapellplatz ein römisches Tempelheiligtum existierte. Der Legende nach wandelte der hl. Missionsbischof Rupert von Salzburg (gest. 718) dieses in eine christliche Gebetsstätte um. Historisch gesichert ist, dass Altötting im Jahr 788 mit dem Sturz der Agilolfinger (Absetzung Tassilos III. durch Karl den Großen) samt dem Herzogtum Bayern an die Karolinger fiel und der Ostfrankenkönig Karlmann hier 876 ein Kloster stiftete, dem er einen Reliquienschatz und das Kirchlein schenkte. Seit 878 durch einen Schlaganfall gelähmt, starb Karlmann 880 in Altötting und wurde in der neben der Kapelle errichteten Stiftskirche begraben. (Seine Gebeine wurden 1965 wiedergefunden.)

Anfang des 10. Jahrhunderts wurde das Kloster von den Ungarn verwüstet, und erst Herzog Ludwig I. der Kelheimer (1183-1231) sorgte für den Wiederaufbau der Anlage. Ende des 15. Jahrhunderts erweiterte man die Kapelle um ein Langhaus mit spitzem Türmchen und einen Pilgerumgang, und die spätromanische Kirche wurde durch eine neue, 1511 geweihte Wallfahrtskirche ersetzt.

Die Reformation führte zwar zu einem starken Rückgang des Pilgerstroms – aus dem Jahr 1529 wird berichtet, dass die Gaben in den Opferstöcken nur noch rund zehn Prozent der vorreformatorischen entsprachen –, doch schon bald wurde Altötting wieder zu einem Massenwallfahrtsort, nicht zuletzt dank der Unterstützung der erzkatholischen Wittelsbacher.

Welches Ansehen Altötting genoss, sieht man u.a. daran, dass die bayerischen Herrscher die Gnadenkapelle vom 17. Jahrhundert an als Beisetzungsstätte für ihre Herzen wählten. Johann Graf von Tilly, Feldmarschall der Katholischen Liga im Dreißigjährigen Krieg, führte in seiner Regimentsfahne ein Bild der Altöttinger Kapelle und des Gnadenbildes mit sich (er wurde 1653 in der Stiftskirche begraben). 1645 stiftete Kurfürst Maximilian einen kostbaren silberbeschlagenen Tabernakel für den Altar der Kapelle. Einen weiteren Höhepunkt bildete der Besuch von Papst Pius VI. im April 1782, der ebenso vor der „Schwarzen Madonna" betete wie zwei Jahrhunderte nach ihm Papst Johannes Paul II. (18./19. November 1980).

Auch die Säkularisation 1802 konnte die Bedeutung Altöttings als Wallfahrtsort auf Dauer nicht schmälern. Bereits 1827 kamen wieder 27 große Pilgerzüge, 1866 waren es schon an die 200. 1870 wurden rund 190 000 Kommunionen ausgeteilt, 1905 etwa 290 000 und 1915 über 490 000. Nach dem Ende des Ersten Weltkriegs zählte man anfangs nur noch 26 000 Wallfahrer, aber bereits Ende der 1960er Jahre waren es über 800 000.

Dabei war (und ist) es in Altötting üblich, nicht nur die Gnadenkapelle mit der „Schwarzen Madonna" zu besuchen (nachdem man ein großes Kreuz einmal um die Kapelle getragen hat), sondern auch die anderen Gotteshäuser wie die ehemalige Stiftskirche neben der Kapelle (jetzt Pfarrkirche St. Philippus und Jakobus), wo bis zur Fertigstellung der neuen, 8 000 Gläubige fassenden Wallfahrtskirche St. Anna (päpstliche „Basilika minor") im Jahre 1912 die Pilgermessen stattfanden, die St.-Magdalena-Kirche von 1697 (einzige Barockkirche Altöttings) und vor allem die St.-Konrad-Kirche, das zweite beliebte Heiligtum Altöttings. Die Kirche ist seit 1953 dem am 20. Mai 1934 von Papst Pius XI. heilig gesprochenen Konrad von Parzham geweiht. Geboren 1818 als Johann Evangelist Birndorfer, hatte er auf die Übernahme des großen väterlichen Bauernhofs in Parzham (bei Bad Griesbach) verzichtet und war 1849 in das Kapuzinerkloster St. Anna von Altötting eingetreten. Dort versah er als Laienbruder bis zu seinem Tod am 21. April 1894 demutsvoll den Pförtnerdienst. Er war ein äußerst frommer Mann und zugleich von unermüdlicher und aufopfernder Nächstenliebe gegen Wallfahrer, Arme und Kinder. Vor der Grabeskirche des hl. Konrad, dessen Gebeine in dem Gotteshaus in einem Glasschrein ruhen (darunter auch sein Haupt, das in Prozessionen getragen wird), steht der „Bruder-Konrad-Brunnen". Das Wasser gilt bei vielen Gläubigen als „Heilwasser" z.B. gegen Augenleiden – ungeachtet der Tatsache, dass es aus der städtischen Wasserleitung kommt.

Kunst: Zentralbau des weiträumigen Kapellplatzes ist die kleine Gnadenkapelle, um die ein überdachter, mit rund 2 000 Votivtafeln aus mehreren Jahrhunderten „tapezierter" Pilgergang führt. Das Innere wird von einem reich ausgestatteten Silberaltar (vollendet 1670) beherrscht, in dessen Mitte die „Schwarze Madonna" steht. Sowohl die Gottesmutter als auch das Jesuskind tragen kostbare Gewänder, die „Gnadenröckl", und edelsteinbesetzte Kronen. An der rechten Seite des Gnadenaltars findet sich eine lebensgroße, kniende Silberfigur Maximilians III. Josephs (Regentschaft 1745-77), des Sohns des bayerischen Kurfürsten Karl Albert. Der Regent, von 1742 bis zu seinem Tod 1745 als Karl VII. Albrecht römisch-deutscher Kaiser, stiftete das vermutlich von dem Niederländer Wilhelm de Groff geschaffene Kunstwerk 1737 der Gottesmutter von Altötting, nachdem der zehnjährige Prinz von einer schweren Krankheit genesen war. Das Gegenstück zum „Silberprinzen" ist eine in den 1930er Jahren ebenfalls aus Silber gefertigte Statue des knienden hl. Bruder Konrad. Entlang der dunklen Wände der Kapelle stehen in Nischen zahllose Weihegaben sowie die silbernen Herzurnen der bayerischen Herrscher, darunter auch die von Karl VII. Albrecht und seiner Gemahlin Maria Amalia.

Das wertvollste Stück in der bereits 1510 an den Chor der doppeltürmigen Stiftskirche angebauten Schatzkammer ist das um 1400 in einer Pariser Goldschmiedewerkstatt entstandene „Goldene Rössel": König Karl VI. von Frankreich, begleitet von Ross und Knappe, kniet vor der Gottesmutter. Herzog Ludwig der Bärtige von Bayern-Ingolstadt (1413-47) hatte das Kleinod aus Frankreich mitgebracht und der Ingolstädter Liebfrauenkirche geschenkt, Herzog Albrecht IV. der Weise gab es 1508 nach Altötting.

Lage: Altötting liegt etwa 100 km östlich der bayerischen Landeshauptstadt München nahe des Inns (Innradweg von Passau bis in die Schweiz); unweit ist Marktl, der Geburtsort von Papst Benedikt XVI.; Anfahrt (von München aus) auf der Bundesstraße B 12 in Richtung Mühldorf und Simbach oder über die Autobahnen A 3 (Regensburg-Passau; Ausfahrt Straubing) bzw. A 92 (München-Deggendorf; Ausfahrt Landau), weiter auf der Bundesstraße B 20 über Landau a.d. Isar und Eggenfelden.

Anschrift: Katholisches Pfarramt St. Philippus und Jakobus, Kapellplatz 4, D-84503 Altötting, Tel: 08671/51 66, E-Mail: info@altoetting-wallfahrt.de; Wallfahrts- und Verkehrsbüro, Kapellplatz 2a, D-84503 Altötting, Tel.: 08671/50 62-10 oder -38, Fax: 08671/858 58, E-Mail: info@altoetting-touristinfo.de

Amberg

Name der Wallfahrt: Wallfahrt zu „Maria Hilf"
Ort der Pfarrei: Amberg
Kirche: Wallfahrtskirche „Maria Hilf"
Bistum: Regensburg (Deutschland)
Pilgerzeiten: Ganzjährig; das traditionelle Bergfest findet in der Woche des Hochfestes „Mariä Heimsuchung" (2. Juli) statt; Gottesdienste sonntags 7.00, 8.30 und 10.00 Uhr, Andacht 15.00 Uhr; Pilgergottesdienste und Kirchenführungen nach Anmeldung möglich
Geschichte: Im Jahr 1634 wütete in Amberg zum wiederholten Male die Pest. Mehr als 40 Menschen

starben Tag für Tag, und Teile der Stadt waren regelrecht verwaist. Kaspar Hell, Jesuitenpater und kurfürstlicher Studiendirektor, legte der verzweifelten Bevölkerung nahe, die Gottesmutter um Hilfe zu bitten. Er stiftete dafür ein Marienbildnis, das zur öffentlichen Verehrung errichtet werden sollte. So wurde es am 3. September 1634 in einer feierlichen Prozession auf den Berg getragen, auf dem noch der alte Bergfried einer mittelalterlichen Burg stand. Hier fand das Marien-Gnadenbild zunächst seinen Platz, bis die Amberger ihr Versprechen eingelöst und der Madonna ein Kirchlein gebaut hatten, das im Juli 1654 vom Regensburger Bischof Sebastian Denich geweiht wurde.

Die Wallfahrt war bald so beliebt, dass die kleine Kirche die Pilgerscharen nicht mehr fassen konnte. So begann man Ende des 17. Jahrhunderts mit einem Neubau, dessen Weihe 1711 erfolgte. Seelsorgerisch betreut wurden die auf den „Mariahilfberg" pilgernden Gläubigen von Beginn an von Franziskanern, die sich bereits 1452 in Amberg niedergelassen hatten und heute im Kloster auf dem Mariahilfberg leben.

Der Amberger Mariahilfberg gilt auch heute noch als bedeutendster Wallfahrtsort der Oberpfalz. Traditionell wird jedes Jahr das „Bergfest" zum Gedenken an das einstige Gelöbnis der Amberger Bürger gefeiert.

Kunst: Die Pläne für die barocke Mariahilfkirche stammen von dem franziskanischen Baumeister Philipp Plankh. Der 1697 begonnene Bau war 1704 im Wesentlichen vollendet, der weithin sichtbare, dreigeschossige Turm an der Stirnseite des Chors entstand jedoch erst 1720-22. Ein Kennzeichen der Kirche ist die lange und mehrfach unterbrochene Treppe zum Haupteingang, die als ein Symbol der Wallfahrt gilt.

Für die künstlerische Innenausstattung des Gotteshauses konnte man Meister ihres Fachs wie Giovanni Battista Carlone für die Stuckarbeiten und Cosmas Damian Asam für die Fresken gewinnen. Vom Münchner Meister Asam wurde berichtet, dass er sich für seine Arbeit in der Mariahilfkirche mit einem geringeren Entgelt als sonst üblich zufrieden gegeben habe und darüber hinaus noch eine Ratenzahlung akzeptierte. Dargestellt sind auf den Wandgemälden u.a. die Pestnot des Jahres 1634, die Übertragung des Gnadenbildes in die neue Kirche, der Brand der ersten Kapelle, die Weihe des Neubaus im Jahr 1711 und Wallfahrtszüge nach Mariahilf.

Am von Carlone und seinem Schüler Paolo d'Aglio bereits 1704 geschaffenen, prachtvollen Hochaltar findet sich in einem vergol-

deten Silberrahmen das verehrte Marienbild. Die in der ersten Hälfte des 17. Jahrhunderts entstandene Kopie des berühmten Passauer Gnadenbildes „Maria hülf" entspricht der Originalfassung der Mariendarstellung von Lukas Cranach dem Älteren (1474-1553). Das Ölbild zeigt die gekrönte Madonna mit dem nackten, aber ebenfalls gekrönten Jesuskind auf dem Arm, das ihre Wange liebkost.
Lage: Amberg (Stadtmauerring mit vier Toren, St.-Martin-Kirche, Erlebnisbad) liegt an der Vils in der Oberpfalz zwischen Weiden und Neumarkt; Anfahrt über die Autobahnen A 93 (aus Richtung Weiden oder Regensburg kommend, Ausfahrt Schwarzenfeld) oder A 6 (aus Richtung Nürnberg kommend, Ausfahrt Amberg-West).
Anschrift: Katholisches Pfarramt St. Martin, Rathausstraße 8, D-92224 Amberg, Tel.: 09621/124 55, Fax: 09621/146 33, E-Mail: st-martin.amberg@kirche-bayern.de; Franziskanerkloster Amberg, Auf dem Mariahilfberg 3, D-92224 Amberg, Tel.: 09621/376 06-0, Fax: 09621/376 06-20, E-Mail: amberg@franziskaner.de; Tel. Bergwirtschaft: 09621/122 48

Amöneburg

Name der Wallfahrt: Wallfahrt zur hl. Maria Magdalena
Ort der Pfarrei: Amöneburg
Kirche: Wallfahrtskapelle St. Maria Magdalena (genannt „Lindaukapelle")
Bistum: Fulda (Deutschland)
Pilgerzeiten: Festtag der hl. Maria Magdalena ist der 22. Juli; die Magdalenenoktav an der Kapelle findet vom 22.-29. Juli statt; Fußwallfahrten starten in den Nachbarorten Schröck und Rüdigheim.
Geschichte: Die Geschichte der Stadt Amöneburg geht zurück bis in das 5. vorchristliche Jahrhundert, als die Kelten auf dem Basaltberg an der „Amana" (der heutigen Ohm) ein so genanntes Oppidum, eine befestigte, stadtartige Siedlung, anlegten. Historisch genaue Überlieferungen sind erstmals aus dem Jahre 721 bekannt. Der hl. Bonifatius gründete in diesem Jahr im damaligen „Amanaburch" sein erstes Kloster, das bis in die Anfänge des 12. Jahrhunderts bestand. 1145 errichtete das Erzbistum Mainz eine Burg auf der Hochfläche, die zwanzig Jahre später zerstört, doch bald wieder neu besetzt wurde. Während des Dreißigjährigen Krieges brannten 1646 hessische und schwedische Truppen unter General Wrangel die Amöneburg nieder. Sie wurde zwar wieder aufgebaut, doch nach der erneuten Zerstörung im Siebenjährigen Krieg (1756-63) verlor die Stadt ihre militärische Bedeutung. Eine der hl. Maria Magdalena geweihte Kapelle auf der Amöne-

burg wird 1343 erstmals urkundlich erwähnt, im 14. und 15. Jahrhundert erfuhr sie durch das Einsetzen der Wallfahrt und großzügige Schenkungen einen gewissen Wohlstand. Nach den Ereignissen des Jahres 1646 blieben jedoch nur Ruinen zurück, erst 1867 wurde die jetzige Kapelle erbaut. Sie wird – da von Linden umstanden – auch „Lindaukapelle" genannt.

Die Namenspatronin Maria Magdalena soll eine der galiläischen Frauen gewesen sein, die Jesus im Kreise der Jünger begleiteten, nachdem dieser sie von der Besessenheit durch Geister und Dämonen geheilt hatte (Lukasevangelium 8,2). Gemeinsam mit den anderen Frauen sorgte sie für den Lebensunterhalt von Jesus, scheint in diesem Kreis aber eine ganz besondere Rolle gespielt zu haben. Dafür gibt es mehrere Hinweise: Mit zwei anderen Frauen flüchtete sie nach der Festnahme des Heilands nicht, sondern wohnte sowohl seiner Kreuzigung (Matthäusevangelium 27,55-56) als auch seiner Grablegung bei. Wiederum mit zwei Frauen entdeckte sie am Morgen nach dem Sabbat das leere Grab, und man trug ihr auf, dies den Jüngern mitzuteilen (Markusevangelium 16,6-7). Und schließlich war sie die erste, der Jesus als Auferstandener begegnete (Johannesevangelium 20,15-17).

Über das weitere Leben der Maria Magdalena nach der Himmelfahrt von Jesus gibt es in der Heiligen Schrift keine Hinweise. In der orthodoxen Überlieferung soll sie in Ephesos (heute Ruinenfeld bei Selçuk, Westtürkei) gestorben und auch dort begraben sein. Ihre Gebeine soll der byzantinische Kaiser Leon VI. um das Jahr 899 nach Konstantinopel gebracht haben.

Lage: Amöneburg liegt östlich von Marburg (Landgrafenschloss, Elisabethkirche) auf einem Hügel über der Ohm; Anfahrt über die Autobahn A 5: Ausfahrt Homberg, weiter in Richtung Kirchhain; die Wallfahrtskapelle steht unterhalb der Burgruinen.

Anschrift: Katholisches Pfarramt St. Johannes der Täufer, Am Johannes 1, D-35287 Amöneburg, Tel./Fax: 06422/21 03

Andechs

Name der Wallfahrt: Wallfahrt zu den „Drei Hl. Hostien" und zu „Unserer Lieben Frau"

Ort der Pfarrei: Andechs

Kirche: Kloster- und Wallfahrtskirche „Mariä Verkündigung"

Bistum: Augsburg (Deutschland)

Pilgerzeiten: Ganzjährig; die Hauptwallfahrtszeiten sind die „Kreuzwoche" in der Woche vor dem Fest „Christi Himmelfahrt" und das „Dreihostienfest" am vierten Sonntag nach Pfingsten; Kirchenführungen (ohne Anmeldung April-Oktober 14.00 Uhr, mit Anmeldung ganzjährig; sonntags keine Führungen möglich) beinhalten die Hl. Kapelle mit dem Reliquienschatz; Gottesdienste sonntags 9.00, 10.15, 11.30 und 18.00 Uhr

Geschichte: Rund eine Million Menschen besuchen jedes Jahr das Benediktinerkloster Andechs (genannt das „bayerische Monte Cassino") über dem Ostufer des Ammersees – wobei viele von ihnen eher an dem weltberühmten Klosterbier interessiert sind als an den Reliquien, dem Ziel der Wallfahrer.

Bereits im 10. Jahrhundert pilgerten Gläubige auf den „Mons Sanctus", den „Heiligen Berg" Andechs am Ostufer des Ammersees, dem vermutlich ältesten Wallfahrtsort Bayerns, zunächst zu Reliquien, die der um 954 verstorbene und später heilig gesprochene Rasso, der Stammvater des mächtige Grafengeschlechts von Dießen-Andechs, von einem Kreuzzug aus dem Heiligen Land mit nach Hause gebracht haben soll: Dabei handelte es sich u.a. um einen Partikel der Dornenkrone Jesu Christi, einen Splitter vom Hl. Kreuz und ein Stück vom Schweißtuch sowie eine Reliquie des hl. Nikolaus. Diese „Herrenreliquien" bildeten den Grundstock des Andechser „Heiltumsschatzes" und wurden in der Nikolauskapelle aufgewahrt.

Im 12. Jahrhundert kamen die „Drei Hl. Hostien" hinzu, ein Geschenk von Bischof Otto II. von Bamberg (1177-96) an seinen Bruder, Graf Berthold IV. von Andechs, den Vater der hl. Hedwig von Schlesien (und Großvater der hl. Elisabeth von Thüringen), der 1180 von Kaiser Friedrich Barbarossa den Herzogstitel von Meranien (Istrien) verliehen bekam. Zwei der Hostien sollen von Papst Gregor I. dem Großen (590-604; Hl.) geweiht worden sein und sich in seiner Hand in Fleisch verwandelt haben, die dritte hat eine ähnliche Geschichte und soll auf Papst Leo IX. (1049-54; Hl.) zurückgehen. Damit hatte Andechs eine neue Attraktion zu bieten, und der Pilgerstrom schwoll weiter an, nicht zuletzt auch aufgrund einiger Spontanheilungen nach der Verehrung der Reliquien.

Die Wallfahrten nahmen ein jähes Ende, als 1248 Otto II., der letzte Sproß des Andechser Adelsgeschlechts, starb und der Besitz in die Hände der Münchner Wittelsbacher fiel. Der Reliquienschatz verschwand und tauchte erst 1388 wieder auf: Eine Maus soll einen Priester zum Versteck geführt haben, das sich unter dem Altar der Nikolauskapelle befand. Zunächst nach München gebracht, kehrten Teile davon (u.a. die Hostien) bereits 1394 nach Andechs zurück, die restlichen Reliquien folgten Anfang des 15. Jahrhunderts. Die

Andechs

Zahl der Pilger schnellte innerhalb weniger Jahre derart in die Höhe, dass man in den 1420er Jahren mit dem Bau einer neuen, größeren Kirche begann, die 1458 geweiht wurde. Zugleich hatte Herzog Albrecht III. von Bayern zur Betreuung der Wallfahrt die Benediktinerabtei Andechs gegründet. Zu dieser Zeit war auch in Andechs die sich seit dem Ende des Mittelalters entwickelnde Marienverehrung in den Vordergrund gerückt, so dass sich zur Hostienwallfahrt die zur „Andechser Madonna" gesellte.

Im Mai 1669 zerstörte ein durch einen Blitzschlag verursachter Brand fast die komplette Klosteranlage samt Kirche, aber die Mönche begannen sofort mit dem Wiederaufbau. Bis zur 300-jährigen Gründungsfeier des Klosters im Jahr 1755 erhielt vor allem das Kircheninnere eine Ausstattung in feinstem Rokokostil.

1803 wurde das Kloster im Zuge der Säkularisation aufgehoben und kam in Privatbesitz. König Ludwig I. von Bayern erwarb den Komplex (einschließlich der dazugehörigen landwirtschaftlichen Nutzflächen) und stiftete ihn 1850 als Wirtschaftsgut der von ihm gegründeten Benediktinerabtei St. Bonifaz in München. (Heute ist das Kloster Andechs so erfolgreich, dass es die Abtei St. Bonifaz in München vollständig finanziert).

Nach dem Ersten Weltkrieg wurde der Reliquienschatz von Andechs nochmals erweitert, als der Breslauer Kardinal dem Kloster eine Kopfreliquie der hl. Hedwig überließ. Diese war 1174 auf Schloss Andechs zur Welt gekommen und als Zwölfjährige mit Herzog Heinrich I. von Polen vermählt worden. In einer Seitenkapelle der Wallfahrtskirche ist der am 29. März 1982 verstorbene Carl Orff bestattet, und jeden Sommer findet ihm zu Ehren das „Orff-in-Andechs-Festival" statt. Viele seiner Werke haben einen starken regionalen Bezug. Für den bedeutenden bayerischen Komponisten war Andechs ein Teil seiner Heimat. „Die Leut sollen merken, wo ich daheim bin und, wenn sie mein Grab besuchen, anschließend ein gutes Bier trinken können", sagte der Komponist zur Wahl seiner letzten Ruhestätte. Wer mehr über Orff erfahren möchte, sollte den nahen Ammersee halb umrunden und das Carl-Orff-Museum in Dießen besuchen.

Heute ist Andechs in vielerlei Hinsicht ein äußerst beliebtes Ausflugsziel: Neben dem Reliquienschatz und den vielen Wallfahrten wird ein umfangreiches Kulturprogramm geboten, zudem ziehen die gute Küche mit ihren vortrefflichen gegrillten Schweinshaxen und das bekannte Klosterbier die Touristen an.

Kunst: Von den ehemals über 200 Stücken (ein Verzeichnis aus dem Jahr 1715 spricht von 227) des „Heiltumsschatzes" sind noch etwa 45 erhalten. Sie werden in der spätgotischen Kapelle, einem gut gesicherten Raum über der Empore der Wallfahrtskirche, aufbewahrt. Besonders kostbar sind die über einen Meter hohe, silberne „Dreihostienmonstranz" von 1432, das Siegeskreuz Karls des Großen aus dem 12. Jahrhundert, das Brustkreuz der hl. Elisabeth von Thüringen (1207-31) und deren Brautkleid.

Das Gotteshaus mit seinem weithin sichtbaren, markanten Kuppelturm entstand im 17./18. Jahrhundert auf den Überresten einer Kirche aus der ersten Hälfte des 15. Jahrhunderts. Während sich das Äußere stark am alten Vorbild orientierte, erhielt das Innere durch berühmte Meister wie Johann Baptist Zimmermann, Johann Baptist Straub und Franz Xaver Schmädl eine prachtvolle Ausstattung im Barock- bzw. Rokokostil. Von Zimmermann stammt auch der Entwurf für den doppelgeschossigen Hochaltar. Unten thront vor einer strahlenbesetzten Nische das Gnadenbild der gekrönten Himmelskönigin Maria mit dem Jesuskind auf dem Schoß (um 1500), oben die 1608/09 von Johann Degler geschaffene Maria Immaculata (unbefleckte Maria).

Beachtenswert ist auch eine Sammlung von etwa 250 übergroßen Votivkerzen aus mehreren Jahrhunderten (die älteste stammt aus dem Jahr 1594) im „Wachsgewölbe" im Westteil der Kirche, deren farbenprächtige Fresken und goldene Stuckverzierungen in fünfjähriger Arbeit für das Jubiläumsjahr 2005 restauriert wurden.

Lage: Andechs gehört zum Landkreis Starnberg und liegt am Ostufer des Ammersees südwestlich der bayerischen Landeshauptstadt München; Anfahrt über die Autobahnen A 95 (Ausfahrt Starnberg; weiter auf der Bundesstraße B 2 in Richtung Weilheim und Ausschilderung Andechs folgen) oder A 96 (Ausfahrt Oberpfaffenhofen, weiter über Seefeld und Herrsching); Herrsching (etwa zwei Kilometer zum Kloster) ist Endstation der S-Bahn-Linie 5 (Ebersberg-Herrsching).

Anschrift: Kloster Andechs, Bergstraße 2, D-82346 Andechs, Tel.: 08152/376-154 (Führungen), 08152/376-0 (Pforte), Fax: 08152/376-143, E-Mail: fuehrungen@andechs.de; info@andechs.de

Arnoldsweiler

Name der Wallfahrt: Wallfahrt zum hl. Arnold
Ort der Pfarrei: Düren-Arnoldsweiler
Kirche: Wallfahrtskapelle St. Arnold
Bistum: Aachen (Deutschland)

Arnoldsweiler

Pilgerzeiten: Festtag des hl. Arnold ist der 18. Juli

Geschichte: Arnoldsweiler, am nördlichen Stadtrand von Düren gelegen, wurde am 1. Januar 1972 mit anderen Dörfern in die Stadt eingemeindet. Der Name leitet sich vom hl. Arnold ab, der vor 800 als fahrender Sänger und Harfenspieler vermutlich aus Griechenland (vielleicht auch aus „Graetia"/Graz in Österreich, durch einen Schreibfehler entstellt zu „Graecia"/Griechenland) an den Hof Karls des Großen in Aachen kam. Der Kaiser schätzte die Kunst Arnolds sehr und machte ihn zu seinem Hofsänger.

Eine Legende berichtet, wie der ehemalige Ort Ginnes-, Ginnizoder Genetsweiler nach dem Heiligen benannt wurde: Kaiser Karl zog mit seinem Gefolge in den Bürgewald, einem Waldstück zwischen Rur und Erft im Bereich des heutigen Braunkohle-Tagebaus Hambach (nördlich von Düren zwischen Aachen und Köln), um darin zu jagen. Arnold, der auf seinen Reisen selbst große Not erfahren hatte, bemerkte auf diesem Ausritt die Armut in den umliegenden Dörfern. Die Bauern berichteten ihm von dem Wildbann des Kaisers, der das Betreten des Waldes unter Strafe stellte, um die Bevölkerung vom Wildern abzuhalten. Dadurch mangelte es den Leuten aber auch an Brennholz. Als der Kaiser sich anschickte, bei Ginnesweiler eine Mittagsrast einzulegen, bat ihn Arnold, ihm so viel des Waldes zu überlassen, wie er während der Dauer des kaiserlichen Mahls umreiten könne. Karl mochte seinem Lieblingssänger nichts abschlagen und erfüllte ihm den Wunsch. Der clevere Arnold jedoch hatte sich zuvor schon eine List ausgedacht: In jedem der umliegenden Dörfer hatte er ein frisches Pferd bereit stellen lassen, um so möglichst den ganzen Wald umreiten zu können. Dies gelang auch, und noch bevor das Mahl des Kaisers beendet war, kehrte Arnold nach einem rasanten Ritt zurück und beichtete seine List. Der Kaiser konnte ihm nicht böse sein und bestätigte die Schenkung. Arnold aber vermachte das Waldstück den anliegenden zwanzig Gemeinden, deren Bewohner ihn aus Dankbarkeit fortan wie einen Heiligen verehrten. Er siedelte sich später dort an und starb um das Jahr 843. Das Dorf, in dem Arnold seine letzte Ruhestätte fand, wurde im Jahre 1168 von Ginnesweiler in Arnoldsweiler umbenannt und trägt heute sein Abbild im Wappen. Die Verehrung des Heiligen setzte früh ein, so ist schon 922 die Arnolduskapelle erwähnt, in der sich sein Grab befindet. Im 12. Jahrhundert kam ein Turm dazu, und im 15. Jahrhundert das bis heute erhaltene Seitenschiff. Das

Mittelschiff ist seit der Erbauung der neuen Pfarrkirche 1902 nur noch eine Ruine.

In offiziellen Schriften der Kirche wird der hl. Arnold erst im 15. Jahrhundert erwähnt, die Rechtmäßigkeit der kirchlichen Verehrung in Arnoldsweiler wurde daher lange bezweifelt. Erst im Jahre 1886 befand eine erzbischöfliche Kommission aus Köln die Reliquien des Heiligen für echt, und die Arnoldusverehrung wurde daraufhin von Papst Leo XIII. anerkannt. Er ist Patron der Musiker, Organisten und Instrumentenbauer (nicht der der Brauer, dieser ist Arnold/Arnulf von Metz, um 582-641) und steht ebenso für einen sanften und guten Tod. Im Bistum Aachen ist der Arnoldustag seit 1987 wieder als nicht gebotener Gedenktag sanktioniert, der in Arnoldsweiler jedes Jahr im Juli im Rahmen einer besonders gestalteten Festwoche, der Arnoldusoktav, gefeiert wird. In ihr hört man das alte Wallfahrtslied der Bürgewäldler „Sei gegrüßt St. Arnold hehr" und die um 1886-1933 entstandenen Dankeslieder zu Ehren des Heiligen.

Die von Arnold beschenkten Gemeinden sollten am Pfingstdienstag (seit 1785 am Pfingstmontag) eine bestimmte Menge Kerzenwachs zu seinem Grab bringen. Um 1800 erfüllten nur noch wenige Gemeinden diese Verpflichtung, die dann zwischen 1832 und 1840 durch einmalige Geldbeträge abgelöst wurde. Nicht zu den wachszinspflichtigen Dörfern gehörte Huchem-Stammeln (heute Gemeinde Niederzier). Angeblich hatte dort eine Magd Arnolds durstigem Pferd bei seinem Ritt um den Wald das Wasser vorenthalten. Das Tier aber scharrte mit den Vorderhufen eine später „Arnolduspötzsche" (Arnoldsquelle) genannte Quelle frei und trank. Arnold nahm dieses Dorf von der Nutzung seines Waldes aus. Deshalb fehlt noch heute in der Arnolduskapelle das Namensschild von Huchem-Stammeln, während alle übrigen beschenkten Dörfer dort ihre Namenstafeln haben.

Kunst: Das Hochgrab des hl. Arnold entstammt der ersten Hälfte des 15. Jahrhunderts und zeigt ihn als eher kleinen bärtigen Mann mit seiner Harfe, Messer und Gürteltasche. Einige seiner Reliquien sind in einem versilberten, lebensgroßen Büstenreliquiar mit Strahlenkranz aus dem 17./18. Jahrhundert aufbewahrt.

Lage: Arnoldsweiler liegt rund 30 km östlich der Bischofsstadt Aachen (Marienmünster) am Nordrand der Rureifel und ist seit 1972 ein Ortsteil von Düren (Annakirche und -wallfahrt, Papiermuseum; Wasserschloss Burgau im südlichen Ortsteil Niederau);

Anfahrt über die Autobahnen A 4 (Ausfahrt Düren) oder A 1 (Ausfahrt Euskirchen, weiter auf der Bundesstraße B 56 über Zülpich und Kreuzau nach Düren-Arnoldsweiler).
Anschrift: Katholisches Pfarramt St. Arnold, Rather Straße 10, D-52353 Düren-Arnoldsweiler, Tel.: 02421/39 11 67, Fax: 02421/343 91

Ast

Name der Wallfahrt: Wallfahrt zu „Unserer Lieben Frau auf dem Ast"
Ort der Pfarrei: Ast
Kirche: Pfarr- und Wallfahrtskirche „Mariä Himmelfahrt"
Bistum: Regensburg (Deutschland)
Pilgerzeiten: Mai bis Oktober; am zweiten Sonntag im September findet alljährlich eine Pferdewallfahrt statt; Gottesdienst sonntags (ganzjährig) 9.45 Uhr

Geschichte: Eine erste schriftliche Überlieferung der Wallfahrt zu „Unserer Lieben Frau auf dem Ast" ist aus dem Jahr 1409 bekannt. Vermutlich war der Ort aber schon früher Ziel von Pilgern, denn eine Kirche wurde erstmals 1265 erwähnt – in Verbindung mit dem 1143 gegründeten Zisterzienserkloster in Walderbach (1803 säkularisiert) im Regental, dem sie gehörte.

Zur Entstehung der Wallfahrt weiß die Legende zu berichten, dass eine Gräfin mit ihrer Kutsche hier durchreiste, als die Pferde – geplagt von Fliegen und Bremsen – durchgingen und nicht mehr zu bändigen waren. In ihrer Not rief die Gräfin die Gottesmutter um Hilfe an und gelobte den Bau einer Kapelle, sollte sie die Situation ohne Schaden überstehen. Die Tiere beruhigten sich, und die Gräfin ließ ein Kirchlein errichten. Beim Roden des Waldes tauchte auf dem Ast eines der gefällten Bäume ein Marienbildnis auf, das man später in das kleine Gotteshaus stellte und das der schon bald vielbesuchten Pilgerstätte ihren Namen verlieh.

Die Betreuung der Gläubigen übernahmen die Mönche des Klosters Walderbach. Als sich jedoch 1556 die Mehrzahl des Konvents zur neuen protestantischen Lehre bekannte, wurde die Wallfahrt verboten. Auch das Gnadenbild ging in dieser Zeit verloren. Erst ab Anfang des 17. Jahrhunderts begann im Zuge der Rekatholisierung der Oberpfalz allmählich wieder die Wallfahrt zur „Lieben Frau in Ast". 1626 stiftete die Pfarrei Kötzting ein neues Marien-Gnadenbild, das noch heute Ziel der Pilger ist: Eine auf um 1480 datierte rund 1,1 Meter hohe Figur, die Maria auf der Mondsichel mit dem nackten Jesuskind auf dem Arm zeigt. Ab 1665 wurde die inzwischen baufällige Kirche im Stil des Barock umgebaut. Der imposante Hochaltar, der in einem Schrein das von überlebensgroßen Steinskulpturen der Heiligen Wolfgang und Benedikt flankierte Gnadenbild birgt, sowie die beiden Seitenaltäre entstanden um 1720-30. Die Kanzel mit ihren Rokokostuckornamenten stammt von um 1770 und zeigt auf dem Schalldeckel einen Ast mit dem Gnadenbild.

Ast ist ein gutes Beispiel dafür, dass Wallfahrten in der heutigen Zeit wieder an Beliebtheit zunehmen, wenn sie sich auch von den ursprünglichen unterscheiden bzw. teilweise neue Inhalte haben. 1996 taten sich die Pfarrgemeinden Ast und Waldmünchen zusammen und führten eine erste gemeinsame Pferdewallfahrt mit der Intention durch, der Gottesmutter Maria die „Anliegen unserer Zeit" vorzutragen. Seitdem findet diese publikumswirksame Pferdewallfahrt jedes Jahr am zweiten Sonntag im September statt, also zwischen den Festen „Mariä Geburt" (8. September) und „Mariä Namen" (12. September).

Lage: Ast liegt in der Oberpfalz etwa 5 km westlich von Waldmünchen (Freilichtspiele „Trenck der Pandur") im Naturpark Oberer Bayerischer Wald (Landkreis Cham) unweit der Grenze zu Tschechien; Anfahrt von Regensburg aus auf den Bundesstraßen B 16/85 über Roding nach Cham, von dort auf der B 22 in Richtung Weiden bis nach Schönthal und dann auf der Landstraße weiter in Richtung Waldmünchen bis nach Ast.

Anschrift: Katholisches Pfarramt „Mariä Himmelfahrt", Ast 49, D-93449 Waldmünchen, Tel.: 09972/81 73, Fax: 09972/90 33 20

Augsburg/Heilig Kreuz

Name der Wallfahrt: Wallfahrt zum „Wunderbarlichen Gut von Hl. Kreuz"
Ort der Pfarrei: Augsburg
Kirche: Dominikanerkirche Heilig Kreuz
Bistum: Augsburg (Deutschland)
Pilgerzeiten: Die Festwoche des „Wunderbarlichen Gutes" wird um den 11. Mai begangen; Gottesdienste in der Dominikanerkirche Hl. Kreuz sonntags (ganzjährig) 7.00, 8.30, 10.00 und 11.30 Uhr; Öffnungszeiten Römisches Museum in der ehemaligen Dominikanerkirche St. Magdalena dienstags bis sonntags 10.00 bis 17.00 Uhr (montags geschlossen)

Geschichte: Bei dem „Wunderbarlichen Gut" handelt es sich um eine geweihte Hostie, die von einer frommen Augsburgerin im Jahr 1194 nach dem Empfang der heiligen Kommunion mit nach Hause genommen wurde. Sie umschloss die Hostie mit Wachs und legte sie in ein Wandschränkchen als privates Heiligtum, vor dem sie beten konnte. Nach fünf Jahren der stillen Verehrung übergab sie die Hostie am 11. Mai 1199 dem Probst des Augustinerklosters

Augsburg/Heilig Kreuz

Heilig Kreuz. Im Beisein des Domkapitels öffnete Probst Berthold die Wachsumhüllung und fand die Hostie seltsam verändert vor: Sie erschien blutrot, fleischförmig und wurde nach einigem Abwägen und Rücksprache mit dem Augsburger Bischof als Offenbarungszeichen der wirklichen Gegenwart Christi in Fleisch und Blut gewertet.

Hostie und Wachskapsel wurden fortan als „Wunderbarliches Gut" bezeichnet und zur Verehrung ausgesetzt. Viele Gläubige kamen, um es zu sehen und davor zu beten. Um das Jahr 1200 wurde dafür vom Grafen von Rechberg ein silberner, rechteckiger Schrein gestiftet. Später brachte man an der Vorderseite des Schreins eine Öffnung an, so dass dem Gläubigen der direkte Blick auf die Hostie möglich war. 1494 unterzog die Augsburger Geistlichkeit das Wunderbarliche Gut erneut einer eingehenden Untersuchung mit dem Ergebnis, dass eine Anbetung durchaus zu gestatten sei.

Als ein Großteil der Bevölkerung der freien Reichsstadt Augsburg im Zuge der Reformation den protestantischen Glauben annahm, wich der Augsburger Klerus im Januar 1537 nach Dillingen aus. Auch das Wunderbarliche Gut wurde vor den Reformisten in Sicherheit gebracht und kam zunächst nach Landsberg, dann nach Dillingen. Im August 1548 kehrte der vertriebene Klerus nach Augsburg zurück, und auch das Wunderbarliche Gut gelangte wieder in die Heilig-Kreuz-Kirche des Augustinerordens. Während des Dreißigjährigen Krieges, als Augsburg in die Hände der Schweden fiel, wurde die verehrte Hostie erneut aus der Stadt gebracht, diesmal für drei Jahre. Ähnliches wiederholte sich im Jahr 1800, als die Franzosen vor den Toren der Stadt standen, das Wunderbarliche Gut konnte aber schon nach knapp einem Jahr wieder zurückkehren. Im Februar 1803 wurde das Chorherrenstift Heilig Kreuz im Rahmen der Säkularisation jedoch aufgelöst und Kirche und Kloster enteignet. Die Klostergebäude dienten zunächst als Lazarett, später als Schule für Bautechniker. Die Wallfahrt zur Heilig-Kreuz-Kirche soll aber weiterhin Bestand gehabt haben, wenn auch vermutlich in stark eingeschränktem Maße. 1932 übernahm der Dominikanerorden die Betreuung der Kirche und belebte die Tradition der Verehrung des Wunderbarlichen Guts von neuem bzw. führte sie fort.

1944 wurde die Kirche Heilig-Kreuz-Kirche durch einen Bombenangriff in Schutt und Asche gelegt. Nur sehr wenige Stücke der im 17. und 18. Jahrhundert entstandenen prachtvollen barocken Innenausstattung blieben erhalten, darunter einige Gemälde (u.a. „Mariä Himmelfahrt" aus der Schule von Peter Paul Rubens), das geschnitzte Laiengestühl, ein kunstvolles Eisengitter und die Einrichtung der Sakristei sowie die Monstranz mit dem Wunderbarlichen Gut, das nach der Restaurierung des Gotteshauses 1946-49 den Gläubigen wieder zur Anbetung zur Verfügung stand.

Heutzutage findet keine Wallfahrt im ursprünglichen Sinn mehr statt, denn die Monstranz ist nun in einer Glasvitrine im Alten Kapitelsaal des im Jahr 2000 neu eröffneten Diözesanmuseums St. Afra (direkt am Dom; näheres siehe unter Augsburg/St. Ulrich und Afra) zu bewundern und kehrt nur für die alljährlich um den 11. Mai begangene „Festwoche des Wunderbarlichen Guts" in die Heilig-Kreuz-Kirche zurück.

Kunst: Im Gegensatz zur Heilig-Kreuz-Kirche blieb die zu Beginn des 16. Jahrhunderts errichtete und im 17./18. Jahrhundert barockisierte Kirche des ehemaligen Dominikanerkonvents St. Magdalena beim Bombenangriff 1944 unbeschädigt. Man hatte sie nach der Säkularisation u.a. als Lagerhalle genutzt, 1913/14 renoviert und danach zum städtischen Ausstellungsraum umfunktioniert. Seit 1966 beherbergt sie das Römische Museum, das die 450-jährige römische Stadtgeschichte dokumentiert. Der inzwischen vollkommen restaurierte Kirchenraum wird oft als „Barockwunder von Augsburg" bezeichnet.

Lage: Die Bischofsstadt Augsburg (Mariendom mit Diözesanmuseum, Basilika St. Ulrich und Afra, Renaissance-Rathaus, Schaezler-Palais, Römisches Museum, Fuggerei, Zoo, Marionettentheater „Augsburger Puppenkiste") liegt rund 50 km nordwestlich der bayerischen Landeshauptstadt München zwischen den Alpenflüssen Lech und Wertach; Anfahrt über die Autobahn A 8; vom westlich der Altstadt gelegenen Hauptbahnhof sind es per Bus bzw. Straßenbahn nur wenige Minuten zu den jeweiligen Sehenswürdigkeiten.

Anschrift: Dominikanerkloster Hl. Kreuz, Heilig-Kreuz-Straße 3, D-86152 Augsburg, Tel.: 0821/32 90 50, Fax: 0821/51 12 58, E-Mail: dominikaner-augsburg@gmx.de; Römisches Museum, Dominikanergasse 15, D-86150 Augsburg, Tel.: 0821/324 41-31, Fax: 0821/324 41-33, E-Mail: roemisches.museum@augsburg.de; Dompfarramt Augsburg, Kornhausgasse 8, D-86152 Augsburg, Tel.: 0821/316 63-53, Fax: 0821/316 63-59, E-Mail: Dompfarramt-Sekretariat@ bistum-augsburg.de

Augsburg/St. Ulrich und Afra

Name der Wallfahrt: Wallfahrt zu den hll. Ulrich und Afra
Ort der Pfarrei: Augsburg
Kirche: Basilika St. Ulrich und Afra
Bistum: Augsburg (Deutschland)
Pilgerzeiten: Ganzjährig; die „Ulrichswoche" beginnt am Samstag vor dem Festtag des hl. Ulrich (4. Juli); Festtag der hl. Afra ist der 7. August; Gottesdienste sonntags 8.00, 9.00, 10.30 und 17.30 Uhr, werktags 9.15 und 17.30 Uhr (täglich 30 Minuten vor den Abendmessen Rosenkranzgebet; Abendgottesdienste während der Sommerzeit 18.30 Uhr)
Geschichte: Das Stadtbild von Augsburg wird geprägt vom mächtigen, 113 Meter langen Dom St. Maria mit seinen beiden Spitztürmen und dem hochragenden gotischen Chor, und der Basilika St. Ulrich und Afra, deren Zwiebelturm mit 93 Metern der höchste Kirchturm Augsburgs ist.
Die Wallfahrt zur hl. Afra, Patronin von Stadt und Bistum Augsburg, gilt als die älteste der Diözese. Ihre Hinrichtung um 304 in Augsburg zur Zeit der heftigen Christenverfolgungen unter Kaiser Diokletian (284-305), von denen auch die römischen Provinzen betroffen waren, ist historisch, ihr Lebenslauf jedoch weitgehend legendär. Demnach war sie die Tochter des Königs von Zypern und kam nach dessen Ermordung mit ihrer Mutter Hilaria (Hl.) über Rom, wo sie der Liebesgöttin Venus geweiht wurde, in die römische Stadt „Augusta Vindelicorum", das heutige Augsburg. (Wahrscheinlicher ist allerdings, dass zwar die Vorfahren Hilarias aus Zypern stammten, Afra aber in Augsburg geboren wurde.) Dort führte Afra ein Freudenhaus, in dem Bischof Narzissus von Gerona (Hl.) und sein Diakon Felix (Hl.) während der Flucht aus Spanien vor den heidnischen Häschern im Jahre 303 unwissend Quartier nahmen. Narcissus bekehrte Afra, ihre Mutter und drei weitere Frauen zum Christentum und machte Afras Onkel Dionysius (Hl.) zum ersten Bischof der Stadt. Afra schloss das Bordell, was mehrere Augsburger veranlasste, sie als Christin anzuzeigen. Kurz nach der Abreise von Narcissus und Felix wurde sie verhaftet und zum Tode verurteilt, da sie nicht bereit war, den römischen Göttern zu huldigen. Afra wurde auf dem Lechfeld an einen Baum gebunden und verbrannt. (Eine weitere, jüngere Legende erzählt von ihrer Enthauptung.) Hilaria und die ehemaligen Dirnen Dignia, Eumenia und Euprepia starben wenig später – eingesperrt in Hilarias Haus, das man in Flammen aufgehen ließ – ebenfalls den Märtyrertod. Zuvor soll Hilaria ihre Tochter noch im Familiengrab beigesetzt haben. Bald nach Afras Tod wurde bei ihrem Grab eine Kapelle gebaut,

die ab Mitte des 6. Jahrhunderts als Wallfahrtsort bezeugt ist. Diese Stätte erlangte im 10. Jahrhundert zusätzliche Bedeutung, als man den hl. Ulrich neben Afra begrub.

Geboren um 890 als Sohn eines alemannischen Edelmanns, des Gaugrafen Hupald von Dillingen, besuchte Ulrich zunächst eine Klosterschule in St. Gallen in der Schweiz und wurde dann Kämmerer bei seinem Onkel Adalbero, dem Bischof von Augsburg. Im Dezember 923 wurde Ulrich selbst zum Bischof von Augsburg geweiht. Nicht nur als asketisch lebender, frommer Mann war er bei der Bevölkerung sehr beliebt, sondern auch wegen seines großen Engagements für die Stadt Augsburg: In seine Zeit als Bischof fielen die wiederkehrenden Angriffe der Magyaren (Ungarn), auf die er im Jahr 926 mit der Befestigung der Stadt mit Steinmauern (statt Palisaden) reagierte. Im Jahr 955 befehligte er selbst die erfolgreiche Verteidigung Augsburgs gegen die angreifenden Ungarn und bereitete damit den Sieg der nahenden Truppen des deutschen Kaisers vor (in der „Schlacht auf dem Lechfeld" am 10. August 955). Als Dank für seine Leistungen erhielt Ulrich von Kaiser Otto I. dem Großen (962-73) das Münzrecht für die Stadt Augsburg. Nach dem Ende der Kriegshandlungen widmete sich Ulrich dem Wiederaufbau seines zerstörten und geplünderten Bistums. Später zog er sich zunehmend aus der Verwaltung zurück und widmete sich mehr und mehr geistlichen Aufgaben. Er förderte die Ausbildung des Klerus und besuchte häufig die von ihm unterstützten Klöster. Auch pilgerte er mehrmals nach Rom. Ulrich starb am 4. Juli 973 und wurde in der von ihm wieder aufgebauten Kirche St. Afra bestattet. Er war der erste, der in einer förmlichen Kanonisation am 31. Januar 993 durch Papst Johannes XV. persönlich heilig gesprochen wurde. Bis zu diesem Zeitpunkt waren dafür die regionalen Kirchenstellen zuständig. Auch nach seinem Tod wurde der beliebte Bischof in Ehren gehalten. Heute ist er Bistums- und Stadtpatron (neben Afra und Simpert), und mit seiner Person verbinden sich viele Brauchtümer: Z.B. soll das Wasser aus einem „Ulrichsbrunnen" (von denen es in Bayern viele gibt) gegen Augenleiden helfen, und am Festtag des Heiligen wird ein besonders süffiger Wein namens „Ulrichsminne" getrunken.

Ulrich hatte noch zu Lebzeiten das im Krieg gegen die Ungarn zerstörte Kanonikerstift bei der Kapelle der hl. Afra wieder aufgebaut. 1012 wurde das Stift im Zuge der Reformen des Augsburger Bischofs Bruno (Brun) von den Benediktinern übernommen und als „Kloster Sankt Ulrich und Afra" geführt. Die Betreuung der Wallfahrt zu den Gräbern der beiden Heiligen gehörte zu den Aufgaben der Ordensbrüder. Mehrere Kirchenbauten lösten sich an Stelle der ursprünglichen Kapelle über die Jahrhunderte hinweg ab. Nach der Säkularisation wurde die Klosteranlage zunächst vom französischen Militär als Lazarett und Kriegsgefangenenlager genutzt, 1807 übernahm die königlich-bayerische Armee die Gebäude und funktionierte sie zur Kavalleriekaserne um. Diese „Ulrichskaserne" wurde im Zweiten Weltkrieg fast vollkommen zerstört, die Reste des ehemaligen Klosters wurden zwischen 1968 und 1971 abgebrochen. Die ehemalige Abteikirche, seit 1810 Pfarrkirche und seit 1937 päpstliche „Basilika minor", überstand den Zweiten Weltkrieg weitgehend unbeschadet und beherbergt heute noch die Gräber der Diözesan- und Stadtpatrone Ulrich, Afra und Simpert. Seit 1956 findet jedes Jahr die „Ulrichswoche" statt, zu deren Beginn der Ulrichsschrein feierlich erhoben wird (mit seiner Reponierung eine Woche später enden die Feierlichkeiten). In Vergessenheit geraten ist jedoch die bis ins Mittelalter zurückreichende und noch in den 1950er Jahren populäre Wallfahrt zu den „drei Marzellen", Holzskulpturen der Bischöfe Narcissus und Simpert sowie des Apostels Jakobus des Älteren in der „Schneckenkapelle" im Obergeschoss der Kirche (über der Sakristei). Der Name leitet sich von der südlich von Augsburg gelegenen Ortschaft Marzellstetten her, wo die drei ebenfalls verehrt wurden – hauptsächlich von Müttern erkrankter Kleinkinder. Es war üblich, sich beim Mesner drei kleine Kerzen in verschiedenen Farben zu kaufen und während des Gebets in der Kapelle anzuzünden, woran sich ein seltsames Orakel knüpfte: Erlosch die zuerst angezündete Kerze als erste, so gab es kaum Rettung für das Kind; bei der mittleren würde es zwar am Leben bleiben, aber einen Schaden zurückbehalten; nur wenn die letzte als erste abbrannte, durfte man auf eine vollkommene Genesung hoffen.

Kunst: Nach mehreren Vorgängerbauten begann man um 1474 mit dem Bau eines Gotteshauses, das zwar im Jahr 1500 geweiht werden konnte, seine endgültige Gestalt jedoch erst bis 1710 erhielt. Die dreischiffige Basilika St. Ulrich und Afra ist knapp 94 Meter lang und bis zu 27,5 Meter breit. Das Mittelschiff ist innen an der höchsten Stelle an die 30 Meter hoch. Blickt man auf den Hochaltar, befindet sich rechts der Ulrichsaltar (auch: Osteraltar), links der Altar der hl.

Afra (auch: Pfingstaltar). Bei allen drei Altären handelt es sich um Werke des Frühbarocks, die 1604-07 vom Weilheimer Bildhauer Hans Degler gefertigt und von Elias Greither d.Ä. gefasst wurden. Vor den Seitenaltären führt jeweils eine Treppe hinab in die 1962 neu gestaltete Krypta bzw. Unterkirche mit den Grabstätten der beiden Kirchenpatrone sowie des hl. Simpert, der ebenfalls Bischof von Augsburg war, um 807 starb und 1468 heilig gesprochen wurde (Festtag 13. Oktober). Den spätrömischen Steinsarkophag mit den angekohlten Gebeinen der hl. Afra hatte man 1064, dem Jahr von Afras offizieller Heiligsprechung durch Papst Alexander II., wieder entdeckt.

Zu den Schätzen in der 2004 geweihten „Heiltumskammer" gehören u.a. das Ulrichskreuz, das der hl. Ulrich bei seinem Sieg gegen die Ungarn bei sich getragen habe, ein Messgewand des Bischofs und der Ulrichskelch, der rund 210 Jahre nach dem Tod des Heiligen aus dessen Grab entnommen wurde und der heute noch bei besonderen Gottesdiensten Verwendung findet.

Unbedingt einen Besuch abstatten sollte man auch dem Mariendom am nördlichen Ende der Augsburger Altstadt (Frauentorstraße 1), der durch die Vielfalt seiner Baustile gekennzeichnet ist und dessen Baubeginn bis in das Jahr 807 zurückführt. Zu den zahlreichen Kunstschätzen gehören die ältesten figürlichen Glasgemälde Europas (fünf Prophetengestalten im Mittelgeschoss des romanischen Langhauses, um 1100), das gewaltige Bronzetor mit 35 Relieftafeln (biblische Szenen, um 1060) am südlichen Seitenschiff, der auf zwei Löwen stehende steinerne Bischofsthron im Westchor (um 1100) sowie Altargemälde zum Marienleben von Hans Holbein d.Ä. aus dem Jahr 1493. Wer sich für kirchliche Kunst und Kunstgeschichte interessiert, wird im Diözesanmuseum St. Afra fündig. Das im Jahre 2000 neu eröffnete Museum zeigt in fünf Räumen, die unmittelbar an den Kreuzgang an der Nordseite des Doms anschließen, Exponate aus der Zeit vom 6. bis zum 20. Jahrhundert, die nicht nur einen Einblick in die (sakrale) Kunstgeschichte vermitteln, sondern einen Blick in die Bistumsgeschichte insgesamt. Im Galeriegeschoss werden dem Besucher zudem einige der wichtigsten Pfarr-, Kloster- und Wallfahrtskirchen der Diözese Augsburg nähergebracht.

Des weiteren sehenswert ist das alte Rathaus der Stadt und, gleich daneben, der Stadtturm. Steigt man seine 250 Stufen hinauf, hat man einen herrlichen Rundblick auf Augsburg, bei gutem Wetter sogar bis zu den Alpen.

Lage: Die Bischofsstadt Augsburg (Mariendom mit Diözesanmuseum, Heilig-Kreuz-Kirche, Renaissance-Rathaus, Schaezler-Palais, Römisches Museum, Fuggerei, Zoo, Marionettentheater „Augsburger Puppenkiste") liegt rund 50 km nordwestlich der bayerischen Landeshauptstadt München zwischen den Alpenflüssen Lech und Wertach; Anfahrt über die Autobahn A 8; vom westlich der Altstadt gelegenen Hauptbahnhof sind es per Bus bzw. Straßenbahn nur wenige Minuten zu den jeweiligen Sehenswürdigkeiten.
Anschrift: Katholisches Stadtpfarramt St. Ulrich und Afra, Ulrichsplatz 19, D-86150 Augsburg, Tel.: 0821/345 56-0, Fax: 0821/345 56-640, E-Mail: ulrichsbasilika@bistum-augsburg.de oder Pfarrbuero@Ulrichsbasilika.de; Diözesanmuseum St. Afra, Kornhausgasse 3-5, D-86152 Augsburg, Tel.: 0821/316 63-33, Fax: 0821/316 63-39, E-Mail: museum.st.afra@bistum-augsburg.de

Bad Abbach

Name der Wallfahrt: Wallfahrt zur „Schmerzhaften Mutter"
Ort der Pfarrei: Bad Abbach
Kirche: Wallfahrtskirche „Zur Schmerzhaften Mutter" (genannt „Frauenbrünnlkapelle")
Bistum: Regensburg (Deutschland)

Pilgerzeiten: Mai bis Oktober; das Hochfest wird am Sonntag nach dem 15. September (Fest „Dolores", dem „Gedächtnis der Sieben Schmerzen Mariens") begangen.

Geschichte: Knapp drei Kilometer außerhalb von Bad Abbach liegt idyllisch am Waldrand die um 1721 neben einer Klause erbaute „Frauenbrünnlkapelle". An der Außenseite des frisch restaurierten Barockkirchleins mit dem Zwiebeltürmchen auf dem Dach findet sich unter dem Chor eine gemauerte Halbgrotte mit einer Madonnenstatue, wo aus einer Quelle klares Wasser sprudelt, dem man seit dem 15. Jahrhundert eine heilkräftige Wirkung vor allem gegen Augenleiden zuspricht. Auch heute noch kommen im Sommer viele Gläubige hierher, benetzen sich mit dem Wasser die Augen und füllen sich etwas davon für zu Hause ab.

Der Überlieferung nach hängten Pilger neben dem 1465 von einem Arzt gefassten „Brünnl" an einem alten Baum ein Bildnis der „Schmerzhaften Muttergottes" auf, für das man später eine Holzkapelle baute. Kurz vor dem Ende des Dreißigjährigen Kriegs ließ sich hier ein ehemaliger Soldat als Einsiedler nieder, der 1702 die offizielle Erlaubnis für die Errichtung einer Eremitage erhielt. Die Klausner in der Diözese Regensburg lebten fast alle als Laienbrüder nach den Regeln des hl. Franziskus. Als die Säkularisation zur Auflösung des „Instituts der Eremiten" führte, durfte der zu dieser Zeit dort lebende Emmeram Probst immerhin bis zu seinem Tod im Jahr 1821 im Klausnergebäude bleiben. Danach sollte es abgerissen werden, da die Dorfgemeinde vorhandene Schulden nicht zahlen wollte. Als man bereits mit dem Abbruch begonnen hatte – das Material sollte für den Bau eines Schulhauses verwendet werden –, kaufte die verwitwete Freifrau von Berchtolsheim das Anwesen auf, sorgte für die Instandsetzung von Gotteshaus und Eremitage und überließ letztere einem Ehepaar aus dem nahen Peising unentgeltlich als Wohnhaus unter der Bedingung, auch die Wallfahrtskirche zu betreuen.

1858 stand die Anlage zur Versteigerung, wurde von der inzwischen wieder zugelassenen Eremitenverbrüderung des Bistums Regensburg erworben und zur Mutterklause der Vereinigung erhoben. Auch heute noch wird die kleine Kirche von den Regensburger Eremiten betreut. Das auf dem Hochaltar stehende Marien-Gnadenbild stellt die Gottesmutter mit dem Leichnam Jesu auf dem Schoß und einem Schwert in der Brust dar. Woher die Pietà aus gebranntem Ton stammt, ist unbekannt. Man nimmt jedoch an, dass sie einer der ersten Einsiedler im 18. Jahrhundert von einer Pilgerreise aus Rom mitbrachte.

Weitere Sehenswürdigkeiten in Bad Abbach sind der mittelalterliche Heinrichsturm über dem Ort, der als Rest einer mächtigen Burg erhalten blieb (im 10. Jahrhundert Geburtsort Kaiser Heinrichs II. des Heiligen und seiner ebenfalls heilig gesprochenen Schwester Gisela, der Gemahlin König Stephans I. von Ungarn), das Museum im Untergeschoss des Rathauses (u.a. Funde aus Jungsteinzeit und Bronzezeit) und ein in den 80er Jahren ausgegrabenes römisches Gehöft (villa rustica) mit Badehaus.

Lage: Der Markt Bad Abbach (Schwefelthermalbad Kaiser-Therme, Heinrichsturm) liegt am Südufer der Donau (Donauradweg!) etwa 10 km südlich der Bischofs- und Universitätsstadt Regensburg (Dom St. Peter, Klosterkirchen St. Emmeram und St. Blasius, Schloss Thurn und Taxis, Steinerne Brücke); Anfahrt über die Autobahnen A 93 (aus Richtung München kommend; Ausfahrt Bad Abbach) oder A 3 (aus Richtung Nürnberg bzw. Passau kommend; bis Kreuz Regensburg, weiter auf der A 93 bis Regensburg-Süd, dann auf der Bundesstraße B 16 nach Bad Abbach); das Wallfahrtskirchlein steht etwa drei Kilometer außerhalb des Kurorts an der Straße nach Saalhaupt.

Anschrift: Mutterhaus der Eremiten vom regulierten Dritten Orden des heiligen Franziskus von Assisi, Frauenbrünnl 1, D-93077 Bad Abbach; Markt Bad Abbach, Raiffeisenstraße 72, D-93077 Bad Abbach, Tel.: 09405/95 90-0 oder -35 (Museum), Fax: 09405/95 90-50, E-Mail: markt@bad-abbach.de; Katholisches Pfarramt St. Nikolaus, Römerstraße 9, D-93077 Bad Abbach, Tel.: 09405/16 54, E-Mail: st-nikolaus.badabbach@kirche-bayern.de

Bad Wimpfen

Name der Wallfahrt: Wallfahrt zum Hl. Kreuz und zur hl. Anna „Selbdritt"
Ort der Pfarrei: Bad Wimpfen
Kirche: Stadtpfarrkirche zum Hl. Kreuz und Kirche St. Peter (genannt „Ritterstiftskirche")
Bistum: Mainz (Deutschland)
Pilgerzeiten: Hauptwallfahrtstag ist der Sonntag vor bzw. nach dem 14. September (Fest „Kreuzerhöhung"); Festtag der hl. Anna (und ihres Mannes Joachim) ist der 26. Juli; das Benediktinerkloster verfügt über ein Gäste- und Jugendhaus (Selbstversorgung oder Vollverpflegung) und bietet u.a. „Kloster auf Zeit" („ora et labora"/ bete und arbeite), Exerzitien, Meditationskurse sowie kreative Kurse (Ikonenmalerei, Ikebana) an; Stadtführungen sonntags 14.00 Uhr oder nach Voranmeldung; das Schutzengelmuseum ist täglich außer montags von 11.00-17.00 Uhr (Januar-April nur samstags und sonntags) geöffnet, das Glücksschweinmuseum täglich von 10.00-17.00 Uhr (Januar-April nur an Wochenenden und Feiertagen).

Geschichte: In Wimpfen (das Prädikat „Bad" erhielt die Stadt erst 1930), das in römischer Zeit Kastell, ab dem 9. Jahrhundert Besitz der Wormser Bischöfe und von Mitte des 14. Jahrhunderts bis 1803 Freie Reichsstadt war, errichteten die Hohenstaufenkaiser Ende des 12. Jahrhunderts ihre größte Pfalz nördlich der Alpen. Weite Teile der Anlage sind noch erhalten (heutiger Stadtteil Bad Wimpfen am Berg), u.a. der 55 Meter hohe „Blaue Turm" (Aussicht!) und die massige „Rote Turm", die Palasnordwand mit Arkaden, die Pfalzkapelle mit der Kaiserempore und das „Steinhaus", der größte romanische Wohnbau Deutschlands.

Wallfahrerziel in der Oberstadt ist die ehemalige Kirche eines 1264 gegründeten Dominikanerklosters und heutige Pfarrkirche zum Hl. Kreuz. Der hl. Albertus Magnus (Albert der Große; um 1195-1280), der von 1254-57 als Oberer (Provinzial) des Dominikanerordens und von 1260-62 als Bischof von Regensburg fungierte und nach der Abgabe des Bischofsamtes bis zu seinem Tod an den Universitäten von Würzburg, Straßburg und Köln lehrte, legte sein Bischofskreuz mit einem Splitter des Hl. Kreuzes Christi in das Reliquiengrab der Dominikanerkirche zum Hl. Kreuz in Wimpfen. Bei der Barockisierung des Gotteshauses im 18. Jahrhundert wurde diese Kreuzreliquie wieder entdeckt, und der Wormser Bischof Johann Baptist Gegg stellte sie 1719 in einem Festgottesdienst zur öffentlichen Verehrung aus. Zugleich gewährte Papst Clemens XI. (1700-21) allen Gläubigen, die nach Wimpfen pilgerten, einen besonderen Ablass, wodurch sich eine rege Wallfahrt entwickelte, die sogar die Zeit der Säkularisation und die damit verbundene Auflösung des Klosters im 19. Jahrhundert überstand (in den Gebäuden ist heute ein Gymnasium untergebracht) und sich bis zum heutigen Tag erhalten hat. Kunsthistorisch besonders interessant sind in der im Kern gotischen Heiligkreuzkirche eine Kreuzigungsgruppe mit Christus, Maria und Johannes sowie ein kreuztragender Christus aus der Mitte des 15. Jahrhunderts. Nur wenige Schritte von der Kirche entfernt befindet sich das Schutzengelmuseum, ein weiteres „Muss" für die meisten Wallfahrer. Dort bekommt man nicht nur etwa 600 Exponate von Schutzengeln in verschiedenen Formen und Darstellungen ab 1870 zu sehen (Figuren, Andachtsbildchen, Postkarten), sondern kann sich auch mit diversen Engel-Kunstkarten eindecken. Ebenfalls einen Besuch wert ist das originelle und weltweit einzige Glücksschweinmuseum im nahen Kronengässchen mit mehreren tausend Ausstellungsstücken. Nach dem Motto „ein bisschen Aberglauben schadet nicht", verlässt kaum einer das Gebäude, ohne eines dieser Glückssymbole erworben zu haben.

Eine weitere Wallfahrtsstätte und zugleich Hauptsehenswürdigkeit des nahezu unversehrten mittelalterlichen Stadtbildes von Bad Wimpfen im Tal ist die gotische Kirche St. Peter, genannt „Ritterstiftskirche". Gegenstand der Verehrung ist ein Gnadenbild der hl. Anna, der Mutter Mariens, in der Sakramentskapelle. Bei der Schnitzfigur von 1504 handelt es sich um eine „Selbdritt"-Darstellung, also Anna, ihre Tochter Maria und das Jesuskind.

Die in den Jahren 1269-80 unter Einbeziehung des romanischen Vorgängerbaus errichtete Kirche (endgültige Fertigstellung im 15. Jahrhundert) des ehemaligen Ritterstiftes St. Peter gilt als ein Meisterwerk der Frühgotik. Besonders sehenswert sind das mit sieben Steinskulpturen verzierte Portal und der doppelgeschossige Arkadenkreuzgang. Hauptkostbarkeiten der Kirchenausstattung sind außer dem Gnadenbild das Chorgestühl und drei Plastiken aus dem 15. Jahrhundert (eine Pietà aus gebranntem Ton sowie geschnitzte

Figuren der hl. Katharina und des hl. Sebastian).
Nach der Auflösung des Stifts im Zuge der Säkularisation im Jahre 1803 blieb der Komplex weitgehend ungenutzt und verfiel zusehends. Klösterliches Leben kehrte in das alte Gemäuer erst wieder nach dem Zweiten Weltkrieg ein, als die aus der Abtei Grüssau in Schlesien vertriebenen Benediktiner hier 1947 eine neue Heimat fanden und die Betreuung der Wallfahrt zur hl. Anna übernahmen. Sie sorgten nach und nach für die Restaurierung der Anlage und bauten außerdem einen Teil der ehemaligen Stiftsgebäude zu einer modernen Bildungs- und Begegnungsstätte aus.
Lage: Bad Wimpfen (Ruine Kaiserpfalz, Solebad, Salzbergwerk, u.a. Schutzengelmuseum) liegt im Naturpark Neckartal-Odenwald etwa 10 km nördlich von Heilbronn (gotische Kilianskirche) an der Mündung der Jagst in den Neckar; Anfahrt über die Autobahn A 6: Ausfahrt Heilbronn/Untereisesheim; am schönsten ist die Anreise per Schiff von Heilbronn aus (Personenschiffahrt April-Oktober), vorbei an Burgen und Schlössern; das Kloster mit der Ritterstiftskirche liegt im Stadtteil Bad Wimpfen im Tal direkt am Neckar (vom Bahnhof zu Fuß in knapp zehn Minuten zu erreichen), die Heiligkreuzkirche im Stadtteil Bad Wimpfen am Berg hoch über dem Fluss.
Anschrift: Katholisches Pfarramt Hl. Kreuz, Klostergasse 13, D-74206 Bad Wimpfen-Berg, Tel.: 07063/85 46, Fax: 07063/97 04 12; Benediktinerabtei Grüssau, Lindenplatz 7, D-74206 Bad Wimpfen, Tel.: 07063/97 04-0, Fax: 07063/97 04-33; Tourist-Information, Carl-Ulrich-Straße 1, D-74206 Bad Wimpfen, Tel.: 07063/97 20-0, Fax: 07063/97 20-20, E-Mail: info@badwimpfen.org; Pilgerstelle Bischöfliches Ordinariat Mainz, Domstraße 10, D-55116 Mainz, Tel.: 06131/25 34 13, Fax: 06131/22 37 97, E-Mail: pilgerstelle@Bistum-Mainz.de; Schutzengelmuseum, Schulstraße 11, D-74206 Bad Wimpfen, Tel.: 0170/300 24 76, Fax: 07156/48 08 76, E-Mail: johann-sebastian@t-online.de; Glücksschweinmuseum, Kronengässchen 2, D-74206 Bad Wimpfen, Tel.: 07063/66 89, E-Mail: info@schweinemuseum.de

Bamberg/Dom

Name der Wallfahrt: Wallfahrt zu den hll. Heinrich II. und Kunigunde und zum Hl. Nagel
Ort der Pfarrei: Bamberg
Kirche: Dom St. Peter und St. Georg
Bistum: Bamberg (Deutschland)
Pilgerzeiten: Ganzjährig; gemeinsamer Festtag der Bistumspatrone Heinrich und Kunigunde ist der 13. Juli; in Bamberg

wird zudem am 3. März Kunigundes gedacht; Gottesdienste sonntags (ganzjährig) 7.30, 8.45, 10.15 und 11.15 Uhr; der Dom ist täglich außerhalb der Gottesdienstzeiten 8.00-17.00 Uhr frei zugänglich; Domführungen montags bis freitags 14.00 Uhr, samstags 13.00 und 14.00 Uhr, sonntags 13.00 und 15.00 Uhr; das Diözesanmuseum ist täglich (außer montags sowie 1. Januar, Faschingsdienstag, Karfreitag, 24.-26., 31. Dezember) 10.00-17.00 Uhr geöffnet; kombinierte Führungen täglich (außer sonntags und montags) 10.30 Uhr oder nach Vereinbarung

Geschichte: Die von den Bomben des Zweiten Weltkriegs verschont gebliebene Bamberger Altstadt mit ihren zahlreichen Kirchen und Bürgerhäusern wurde 1993 in die Liste des UNESCO-Weltkulturerbes aufgenommen. In der „Bischofsstadt" östlich des linken Regnitzarms ist vor allem der Dom Anziehungspunkt für zahllose kunsthistorisch interessierte Besucher. Die wenigsten von ihnen besuchen aber das Grabdenkmal des heilig gesprochenen Kaiserpaares Heinrich und Kunigunde als gläubige Pilger.

Heinrich, geboren am 6. Mai 973 (oder 978) in Abbach bei Regensburg als Sohn Heinrichs des Zänkers, Herzogs von Bayern, wurde 1002 zum deutschen, zwei Jahre darauf auch zum italienischen König gewählt. 1014 setzte ihm Papst Benedikt VIII. in Rom die Kaiserkrone des Heiligen Römischen Reiches auf. Schon 999 hatte Heinrich Kunigunde, eine Tochter des Grafen Sigfried von Lützelburg (das spätere Luxemburg), geheiratet. Sie lebten in gegenseitigem Einverständnis in völliger Enthaltsamkeit, so dass die Ehe kinderlos blieb, und Heinrich II. somit der letzte Kaiser aus dem Geschlecht der Ottonen war. Heinrich galt als frommer Mann, der Bistümer und Klöster reich beschenkte, diese damit aber auch an sich band. Im Jahr 1007 gründete er das Bistum Bamberg und versah es reichlich mit Besitz. Außer kirchenpolitischen und religiösen Gründen scheint er auch eine besondere Affinität zur Stadt Bamberg gehabt zu haben, so berichtet es zumindest der Chronist Thietmar von Merseburg, der ein Zeitgenosse Heinrichs war und dessen Chronik als eine der wichtigsten Quellen dieser Zeit gilt. In den folgenden Jahrhunderten sollte sich der Bambergische Besitz durch territoriale Geschlossenheit und eine ungebrochene katholische Tradition auszeichnen.

Heinrich gab 1002 den Bau eines Doms in Auftrag. Nach einer für damalige Verhältnisse erstaunlich kurzen Bauzeit von rund zehn Jahren nahm er mit seiner Gemahlin 1012 an der feierlichen Weihe der Bischofskirche teil. Das burgartig nach allen Seiten hin abgeschlossene Bauwerk war mit seinen rund 75 Metern Länge, einer Krypta jeweils im Westen und im Osten und zwei Türmen eine imposante Kirche. Als der Kaiser am 13. Juli 1024 in Grona starb, wurde sein Leichnam nach Bamberg überführt und vor dem Altar „seines" Doms bestattet. Neben ihm legte man 1039 auch seine Gemahlin Kunigunde zur letzten Ruhe. Der Legende nach soll der tote Kaiser bereitwillig ein Stück zur Seite gerückt sein. Heinrich wurde 1146 von Papst Eugen III. heilig gesprochen, Kunigunde, zu Lebzeiten beim Volk wegen ihrer Bescheidenheit und ihrer Fürsorge für Arme und Kranke beliebt und nach ihrem Tod als jungfräuliche Kaiserin verehrt, am 3. April 1200 durch Papst Innozenz III.

1081 fielen große Teile des Bamberger Doms einem Brand zum Opfer, und nach einem erneuten Großbrand im Jahr 1185 wurden die Reste abgerissen. Bischof Eckbert von Andechs-Meranien veranlasste ab 1215 einen Neubau, der zu einem der bedeutendsten Kunstdenkmäler der Region werden sollte. Die am 6. Mai 1237 dem Apostel Petrus und dem hl. Georg geweihte Kathedrale wurde zwar im Laufe der Jahrhunderte mehrmals umgestaltet und den jeweils herrschenden Strömungen angepasst, vieles dieser Änderungen machte man später aber wieder rückgängig, so dass der heutige Dom ein typisches Bauwerk der Stauferzeit ist.

Neben dem Grabmal des kaiserlichen Paares, das der berühmte Würzburger Bildhauer Tilman Riemenschneider 1499-1501 erneuerte und ins Zentrum der Kirche versetzte, damit es von den Gläubigen umschritten werden konnte, gab es im Bamberger Dom von Beginn an noch ein zweites Heiligtum: Einen von Heinrich II. erworbenen Nagel des Hl. Kreuzes, an dem Jesus Christus einst in Jerusalem gestorben war und das der Legende nach die hl. Helena (um 257-336), Mutter des Kaisers Konstantin des Großen, gefunden hatte. Die im späten 15. Jahrhundert neu gefasste Reliquie ist nach wie vor eine der größten Kostbarkeiten des Domschatzes und wird heute noch am Freitag nach dem Weißen Sonntag anlässlich des Nagelfestes für die Gläubigen ausgestellt.

Außer der Bischofskirche gibt es in Bamberg aber noch andere Wallfahrtsstätten:

In der Dominikanerinnenkirche zum Hl. Grab wird die sel. Maria Columba Schonath (1730-87) verehrt, die selbst Dominikanerin war und ab Dezember 1763 die Wundmale Christi getragen haben soll. Auf dem Hochaltar der Oberen Pfarrkirche zu „Unserer Lieben Frau" ist ein auf um 1330 datiertes, geschnitztes Gnadenbild der thronenden Gottesmutter mit dem Jesuskind das Ziel der Gläubigen. Es wird nachweislich seit 1702 in der so genannten Großen Muttergottesprozession am Fest „Mariä Himmelfahrt" in die ehemalige Jesuitenkirche St. Martin gebracht, zur „Schmerzhaften Muttergottes", einer Pietà von um 1430. Weitere Pilgerstätten sind: St. Getreu mit dem spätgotischen Marien-Gnadenbild „Glorreiche Himmelskönigin", St. Michael mit dem Grabmal des 1102-39 amtierenden und 1189 heilig gesprochenen Bamberger Bischofs Otto I. und die Mariahilfkirche im Stadtteil Wunderburg mit dem Gnadenbild „Maria Hilf", einer plastischen Kopie des Gemäldes von Lukas Cranach d.Ä. (1447-1553), das sich in Innsbruck befindet.

Obwohl heute kaum noch organisierte große Wallfahrten zu den Bamberger Gnadenstätten stattfinden, werden sie das ganze Jahr über von vielen kleinen Gruppen oder Einzelpilgern aufgesucht.

Kunst: Der Bamberger Dom, der 1237 im Wesentlichen fertiggestellt war, ist ein typisches Bauwerk am Übergang von der (Spät-)Romanik zur (Früh-)Gotik. Es handelt sich um eine dreischiffige Basilika mit zwei Chören mit jeweils einem Turmpaar. Die Länge des Doms beträgt rund 100 Meter (Breite bis 41 Meter). Beim Hinzufügen des „Domkranzes" 1510 erhielt die Kirche einen neuen Zugang von der Stadt her. Bereits im 17. Jahrhundert wurde die Innenausstattung umgestaltet, wenig später barockisierte man die Kathedrale im Sinne des Zeitgeistes. Auf Initiative des bayerischen Königs Ludwig I. wurde diese Maßnahme in der ersten Hälfte des 19. Jahrhunderts jedoch wieder rückgängig gemacht.

Die Kathedrale weist vier große Portale auf, wobei die Gnaden- und die Adamspforte am Ostchor die „Alltagseingänge" darstellen. Ebenso wie das Fürstentor am nördlichen Seitenschiff (das nur zu besonderen Anlässen geöffnet wird) und die Veitspforte am nördlichen Querschiff, sind aber auch sie mit Figuren und Ornamentik reich ausgestattet.

Das Kircheninnere ist gekennzeichnet durch zahlreiche Steinskulpturen. Die mit Abstand bekannteste ist der „Bamberger Reiter". Dieses überlebensgroße Reiterstandbild (Höhe 2,33 Meter) entstand zwischen 1225 und 1237 und ist das Werk eines unbekannten Künstlers. Ebenso wenig weiß man, wer dargestellt sein soll – eine Frage, die die Kunsthistoriker immer wieder beschäftigt. Im Gespräch waren schon zahllose Herrscher von Rang und Namen wie z.B. Kaiser Konstantin der Große, Heinrich II. oder Friedrich

Barbarossa, doch trägt der Reiter keine Kaiser-, sondern eine Königskrone. Heute herrscht (wenn auch nicht einhellig) die Meinung vor, dass es sich um König Stephan von Ungarn handeln könnte, den 1083 heilig gesprochenen Schwager Heinrichs II., da Bischof Eckbert von Andechs-Meranien, der den Dombau in Auftrag gab, vom ungarischen Königshaus abstammte. Auch in Dokumenten aus dem 18. Jahrhundert wird der Reiter als König Stephan bezeichnet, so dass vieles für diese Annahme spricht.

Der Doppelsarkophag Heinrichs und Kundigundes befindet sich zwischen den Treppen, die zum Ostchor führen. Das Hochgrab mit den beiden Heiligen auf der Deckplatte wurde von Riemenschneider aus Solnhofer Schiefer gearbeitet. Die Reliefs der Seitenwände zeigen Szenen aus dem Leben des Kaiserpaars, von denen viele legendären Ursprung haben wie z.B. die Darstellung des „Pfennigwunders", als ein Dieb dadurch entlarvt worden sei, dass ihm der Pfennig der Kaiserin ein Loch in die Hand brannte, oder die „Pflugscharprobe", in der die einst des Ehebruchs beschuldigte Kaiserin unverletzt über glühende Pflugscharen schreitet, was als göttliche Bestätigung ihrer Unschuld gesehen wurde.

Außer dem Kaiserpaar und den in der Krypta beigesetzten Bischöfen befindet sich in der Bamberger Kathedrale das einzige vom Vatikan anerkannte Papstgrab nördlich der Alpen: Clemens II. (weltlicher Name: Suidger, Graf von Morsleben und Hornburg) amtierte seit 1040 als zweiter Bischof von Bamberg, bevor er am 25. Dezember 1046 in Rom den Heiligen Stuhl bestieg. Sein Pontifikat war jedoch nur kurz, denn er starb bereit am 9. Oktober 1047 und wurde seinem Wunsch gemäß im Bamberger Dom bestattet.

Als weiteres außerordentliches Stück der Innenausstattung ist der von dem Nürnberger Künstler Veit Stoß um 1523 angefertigte Marienaltar im linken Seitenschiff zu nennen, aufgrund der Weihnachtsszene im Mittelschrein auch Weihnachtsaltar genannt. Leider ist er nicht mehr komplett erhalten, u.a. fehlen die vier Flügeltafeln.

Berühmt ist auch der Bamberger Domschatz, der einst als einer der wertvollsten ganz Deutschlands galt. Vieles davon, z.B. die Kronen des Kaiserpaares, gelangte 1803 im Zuge der Säkularisation nach München und ist dort in der Schatzkammer der Münchner Residenz zu sehen, ein großer Teil aber wurde eingeschmolzen. Dennoch sind im Erzbischöflichen Diözesanmuseum – es ist im direkt an den Dom anschließenden, 1731 nach Plänen des Barockbaumeisters Johann Balthasar Neumann

errichteten Kapitelhaus untergebracht – noch zahlreiche Kostbarkeiten ausgestellt, darunter die „Kaisermäntel", die Heinrich II. und Kunigunde einst dem Dom vermachten, und eine wertvolle Skulpturensammlung (u.a. Adam und Eva, die ersten plastischen Akte des Mittelalters).
Lage: Bamberg, die alte fränkische Kaiser- und Bischofsstadt sowie bedeutendste Stadt Oberfrankens liegt an der Regnitz etwa 50 km nördlich von Nürnberg; Anfahrt per Bahn oder über die Autobahnen A 73 (von Süden aus Richtung Nürnberger kommend) oder A 70 (von Westen oder Osten aus Richtung Schweinfurt bzw. Bayreuth kommend).
Anschrift: Erzbischöfliches Ordinariat, Domplatz 3, D-96049 Bamberg, Tel.: 0951/502-0 oder 502-330 (Domtouristik), Fax: 0951/502-271, E-Mail: eckert@erzbistum-bamberg.de Erzbischöfliches Diözesanmuseum, Domplatz 5, D-96049 Bamberg, Tel.: 0951/502-325, Fax: 0951/502-320; Tourismus-Service, Geyerswörthstraße 3, D-96047 Bamberg, Tel.: 0951/29 76-200, Fax: 0951/29 76-222, E-Mail: touristinfo@bamberg.info

Batzhausen

Name der Wallfahrt: Wallfahrt zu „Maria Hilf"
Ort der Pfarrei: Batzhausen
Kirche: Wallfahrtskirche „Maria Hilf"
Bistum: Eichstätt (Deutschland)
Pilgerzeiten: Mai bis September; Gottesdienste samstags 19.00 Uhr, sonntags 8.00, 9.00 oder 9.30 Uhr (im 14-tägigen Wechsel)
Geschichte: Bevor in Batzhausen im Jahr 1744 eine kleine Holzkapelle erbaut wurde, stand hier zu Ehren der Gottesmutter Maria ein so genannter Bildstock. Diese im Freien aufgestellten Stätten der Verehrung hatten meist die Form einer Säule oder eines Pfeilers und beherbergten oft eine Heiligenfigur.
Der Holzkapelle „Maria Hilf" folgte 1749-55 ein steinerner Kirchenbau. Das Material dafür stammte aus einer nahen Burgruine. Der Glockenturm wurde erst 1795 aufgesetzt.
Lage: Batzhausen liegt etwa 50 km nordwestlich von Regensburg; Anfahrt über die Autobahn A 3: Ausfahrt Velburg, weiter nach Eichenhofen.
Anschrift: Katholisches Pfarramt St. Johannes, Waldhauser Straße 8, D-92358 Seubersdorf-Batzhausen, Tel.: 09497/900 28, Fax: 09497/900 29, E-Mail: batzhausen@bistum-eichstaett.de

Benediktbeuern

Name der Wallfahrt: Wallfahrt zum hl. Benedikt, zur hl. Anastasia und zum hl. Leonhard
Ort der Pfarrei: Benediktbeuern

Benediktbeuern

*Kirche: Basilika St. Benedikt
Bistum: Augsburg (Deutschland)
Pilgerzeiten: Ganzjährig; Hauptwallfahrtstage: 29. Januar (Anastasiafest), 21. März (Todestag des hl. Benedikt), 5. November (Leonhardiritt); die Kirche und ein Teil des Kloster stehen ganzjährig von 9.00 bis 17.30 Uhr zur freien Besichtigung offen; Führungen nach Anmeldung möglich; regelmäßige Gottesdienste sonntags 8.00 Uhr (Marienkirche), 9.00 Uhr (Hauskapelle des Klosters), 10.00 Uhr (Basilika; ab Palmsonntag bis Anfang November); im Kloster sind eine Jugendherberge und ein Gästehaus untergebracht.*

Geschichte: Der heutige riesige Klosterkomplex von Benediktbeuern geht auf ein um 740 unter Mitwirkung des hl. Bonifatius von dem einheimischen Adelsgeschlecht der Huosi gegründetes und zunächst dem Apostel Jakobus d.Ä. geweihtes Kloster zurück. Karl der Große (König ab 768, Kaiser 800-14; Hl.) überließ dem Kloster um 800 eine Speiche des rechten Unterarms des hl. Benedikt von Nursia (um 480-547). Durch die Schenkung der kostbaren Reliquie erhielt das Kloster seinen Namen Benediktbeuern und stieg zu einem der Zentren der Verehrung des hl. Benedikt auf. Das vom „Vater des abendländischen Mönchtums" erstellte Regelwerk „Regula Benedicti" mit dem Leitspruch „Ora et labora" (Bete und arbeite) wurde von Kaiser Karl dem Großen kurz vor seinem Tod für alle Klöster im Reich verpflichtend eingeführt.

Mitte des 10. Jahrhunderts wurde Benediktbeuern durch die Magyaren (Ungarn) zestört, aber auf Veranlassung des hl. Ulrich, der von 923 bis zu seinem Tod im Jahr 973 Bischof von Augsburg war, wieder aufgebaut. Von Anfang an war das Kloster auch ein Ort der Lehre und der Wissenschaft und verfügte um 1250 bereits über eine außerordentliche Bibliothek.

Im Jahr 1053 kamen durch den Mönch Gotschalk Reliquien der hl. Anastasia, der Patronin gegen Kopf- und Brustleiden, ins Kloster (u.a. Teile der Hirnschale). Anastasia von Sirmium wurde in der zweiten Hälfte des 3. Jahrhunderts in Rom geboren und erlitt vermutlich unter dem römischen Kaiser Diokletian um das Jahr 304 den Märtyrertod wegen ihres christlichen Glaubens. Die Verehrung der Heiligen war lange Zeit ebenso bedeutend wie die des hl. Benedikt. Das Auflegen der Anastasia-Kopfreliquie auf das Haupt des Kranken soll gegen Kopfleiden jeglicher Art geholfen haben. 1606 wurde in der Abteikirche von Benediktbeuern eine eigene Anastasiakapelle geschaffen, 1669 gründete man eine Anastasiabruderschaft. Anfang des 18. Jahrhunderts stieg das Ansehen der Heiligen nochmals enorm, schrieb man ihr doch das „Wunder vom Kochelsee" zu: Während des Spanischen Erbfolgekriegs griffen Ende Januar 1704 rund 2 000 Soldaten aus Tirol das Kloster an. Nachdem ihnen der Landweg durch den Abbau einer Brücke verwehrt war, versuchten sie, über den zugefrorenen Kochelsee vorzurücken. In ihrer Not sollen die Mönche die hl. Anastasia um Hilfe angefleht haben. Kurz darauf stieg die Temperatur wahrscheinlich aufgrund eines Föhnsturms, wie er am Alpenrand häufiger vorkommt, dermaßen an, dass das Eis zu schmelzen begann und sich die Feinde zurückziehen mussten. Für die Mönche war dies ein klares Zeichen, dass die Heilige ihre Gebete erhört und das Kloster vor Zerstörung und Plünderung gerettet hatte.

Ein dritter Heiliger wird in Benediktbeuern verehrt: der hl. Leonhard, Schutzpatron der Bauern und des Viehs, vor allem der Pferde. Im Vergleich zu Benedikt und Anastasia hatte seine Verehrung in Benediktbeuern allerdings stets nur eine untergeordnete Bedeutung. Erhalten hat sich jedoch bis heute der publikumswirksame Leonhardiritt mit Pferdesegnung.

Die Säkularisation bedeutete auch für die Abtei Benediktbeuern das Ende. Sie wurde 1803 aufgelöst. Große Teile der umfangreichen Klosterbibliothek kamen nach München, einige der Mönche wurden als Professoren an Universitäten berufen. Ab 1818 befand sich die Klosteranlage im Besitz der Bayerischen Regierung, die sie zu militärischen Zwecken (Remontendepot, Kaserne), als Genesungsheim für Kranke und Invaliden und als Gefängnis nutzte. 1930 erwarben die Salesianer Don Boscos den Komplex und bauten gemäß ihrem Vorbild eine Lehr- und Bildungsstätte für junge Menschen auf (Gründung der Philosophisch-Theologischen Hochschule). Sie betreuen aber auch die Pilger, die in die Klosterkirche zur Verehrung der Heiligen kommen. Vor allem die Anastasiakapelle zieht noch heute zahlreiche Menschen an, wobei viele der Besucher sich jedoch eher für die barocke Architektur interessieren als für die Reliquien der Heiligen.

Kunst: Die Klosteranlage Benediktbeuern in ihrer heutigen imposanten Viereckform entstand zwischen 1669 und 1679, die Basilika St. Benedikt mit ihren beiden schlanken Zwiebeltürmen, ein typisches Bauwerk des frühen Barock, 1680-86 unter der Leitung des Weilheimer Baumeisters Kaspar Feuchtmayer. Die plastischen Stuckaturen weisen italienischen Einfluss auf, die Deckenfresken malte Hans Georg Asam, und das Bild des Antoniusaltars stammt von seinem Sohn Cosmas Damian. Als ein Juwel des bayerischen

Rokoko gilt die nördlich des Chors 1750-58 nach den Plänen von Johann Michael Fischer angebaute ovale Anastasiakapelle. Die Stuckarbeiten und die Skulpturen am Hochaltar stammen von Johann Michael Feuchtmayer, die Seitenaltäre schuf Ignaz Günther, und die Malereien werden Johann Jakob Zeiller und Johann Baptist Zimmermann zugeschrieben. Die silberne, mit Edelsteinen verzierte Reliquienbüste der hl. Anastasia auf dem Altar wurde nach einem Entwurf Egid Quirin Asams angefertigt.

Lage: Benediktbeuern liegt rund 50 km südlich von München unweit von Kochel- und Walchensee am Rand des Loisach-Kochelsee-Moores; Anfahrt über die Autobahn A 95: Ausfahrt Sindelsdorf, weiter auf der Bundesstraße B 412.

Anschrift: Salesianer Don Boscos, Don-Bosco-Straße 1, D-83671 Benediktbeuern, Tel.: 08857/88-0, Fax 08857/88-199, E-Mail: info@kloster-benediktbeuern.de; Katholisches Pfarramt, Dorfplatz 4, D-83671 Benediktbeuern, Tel.: 08857/692 89-0, Fax: 08857/692 89-18, E-Mail: info@pfarramtbenediktbeuern.de

Berching

Name der Wallfahrt: Wallfahrt zu „Maria Hilf"
Ort der Pfarrei: Berching
Kirche: Wallfahrtskirche „Maria Hilf"
Bistum: Eichstätt (Deutschland)
Pilgerzeiten: Mai bis September

Geschichte: Eine kleine Marienkapelle stand schon in der zweiten Hälfte des 17. Jahrhunderts außerhalb von Berching. Als die Ortschaft vor dem Durchzug französischer Truppen verschont blieb, stifteten die Bürger im Jahr 1796 ein Votivbild zu Ehren der Gottesmutter. Dieses auf Holz gemalte Gnadenbild zeigt Maria mit dem sich an sie schmiegenden Jesuskind und ist eine Kopie des Passauer Mariahilf-Bildes. Noch im gleichen Jahr wurde die alte Feldkapelle durch eine größere ersetzt, die neben dem Gnadenbild auch ein „Schmerzensmannbild" beinhaltet, das den leidenden Jesus zeigt und aus der zweiten Hälfte des 15. Jahrhunderts stammen könnte.

Lage: Berching mit seiner vollständig erhaltenen Stadtbefestigung aus dem 15. Jahrhundert und seinen Fachwerkbauten („oberpfälzisches Rothenburg") liegt etwa 120 km nördlich von München am Main-Donau-Kanal in der Fränkischen Alb zwischen Beilngries und Neumarkt an der Bundesstraße 299; Anfahrt über die A 9: Ausfahrt Greding, weiter auf der Landstraße nach Litterz- und Fribertshofen.

Anschrift: Katholisches Pfarramt Mariä Himmelfahrt, Klostergasse 3, D-92334 Berching, Tel.: 08462/12 62, Fax: 08462/16 76, E-Mail: berching@bistum-eichstaett.de

Berchtesgaden/Maria Gern

Name der Wallfahrt: Wallfahrt zu „Unserer Lieben Frau"
Ort der Pfarrei: Berchtesgaden
Kirche: Wallfahrtskirche „Maria Gern"
Bistum: München-Freising (Deutschland)
Pilgerzeiten: Mai bis Oktober; Kirchweihfest am zweiten Sonntag im Oktober; Gottesdienst (ganzjährig) sonntags 8.30 Uhr
Geschichte: Die Wallfahrt zur Madonna von Maria Gern entwickelte sich im 17. Jahrhundert, als sich die Frömmigkeit der Menschen im Zuge der Gegenreformation vertiefte und die Marienverehrung sprunghaft zunahm.

Um 1600 wurde hier in einer kleinen Kapelle ein Marienbildnis verehrt, das die Gottesmutter Maria als Himmelskönigin darstellt und sich heute in Privatbesitz befindet. 1666 stiftete der aus der Gegend stammende Wolfgang Huber ein neues Gnadenbild der Maria, für das 1669 eine eigene Kapelle errichtet wurde. Die Wallfahrt nach Maria Gern nahm so stark zu, dass schon bald Pläne für eine größere Wallfahrtskirche und eine Eremitage für die Wallfahrtsbetreuer gemacht wurden. Der Neubau finanzierte sich aus Spenden bzw. aus Einnahmen durch die florierende Wallfahrt, und um 1710 sah eine der schönsten Barockkirchen im Berchtesgadener Land ihrer Vollendung entgegen.

Kunst: Als Baumeister der Wallfahrtskirche „Maria Gern" mit ihrem eigenwilligen Zeltdach fungierten Jakob Hilliprandt und Gabriel Wenig aus Berchtesgaden. Im Inneren fallen die zartgliedrigen Stuckaturen des Salzburger Künstlers Josef Schmidt und die darin eingefassten Fresken über das Leben Marias des Laienbruders Christoph Lehrl besonders ins Auge. Prachtvoll ist auch der 1716 fertig gestellte Hochaltar, ein Werk des Tischlers Caspar Schmid, des Bildhauers Andre Stanggassinger und des Malers Franz Thomas Schmidt. Im Zentrum tragen zwei Engel das geschnitzte, auf um 1660 datierte Gnadenbild der Himmelskönigin mit dem Jesuskind im Strahlenkranz. Je nach Kirchenfest wird die Figur mit unterschiedlichen Prunkgewändern umhängt – 24 solche Kleider gibt es insgesamt. Liebevoll gestaltet ist auch die Ganzjahreskrippe im Eingangsbereich, deren Figuren größtenteils noch aus dem 18. Jahrhundert stammen.

Im Ortskern von Berchtesgaden befinden sich drei weitere sehenswerte Gotteshäuser: Die ehemalige Stiftskirche der Augustinerchorherren St. Peter und St. Johannes der Täufer, die Pfarrkirche St. Andreas und die Franziskanerkirche, eine zweischiffige Hallenkirche, in deren barocker Gnadenkapelle eine so genannte Ährenmadonna aus der Zeit um 1500 steht, die vor allem im 18. Jahrhundert viele Pilger anzog.

Lage: Die Marktgemeinde Berchtesgaden (Salzbergwerk) liegt etwa 140 km südöstlich von München; Anfahrt über die Autobahn A 8: Ausfahrt Bad Reichenhall, weiter auf der Bundesstraße B 20 über Bad Reichenhall (romanisches Münster St. Zeno mit Schnitzgruppe „Krönung Mariens" von 1515) nach Berchtesgaden; die Wallfahrtskirche „Maria Gern" steht auf einem Hügel nördlich des Ortskerns am Eingang des Hochtales zwischen Kneifelspitze, Almbachklamm und dem südlichen Untersberg.

Anschrift: Katholisches Pfarramt St. Andreas, Nonntal 4, D-83471 Berchtesgaden, Tel.: 08652/94 68-0, Fax: 08652/94 68-10, E-Mail: pfarrer.demmelmair@t-online.de

Berg

Name der Wallfahrt: Wallfahrt zu „Maria vom Siege"
Ort der Pfarrei: Berg
Kirche: Pfarrkirche St. Vitus
Bistum: Eichstätt (Deutschland)
Pilgerzeiten: Mai bis September
Geschichte: Der erste Kirchenbau an dem Standort der heutigen Berger Pfarrkirche St. Vitus wurde vermutlich im 12. Jahrhundert errichtet. 1656 wird von einer Erneuerung des Gotteshauses berichtet, rund 100 Jahre später von einer Erweiterung. Ein Brand zerstörte im Juni 1917 einen Großteil des Innenausbaus und des Dachstuhls. In den folgenden Jahren wurde die Kirche rekonstruiert und um ein neues Querhaus und einen Chor erweitert. Aus einer anderen katholischen Kirche (Hl. Kreuz, Gundelsdorf) wurden Ältäre und eine Kanzel käuflich erworben. Das Kircheninnere wurde 1933 instand gesetzt, die Bemalung der Decken von Lang- und Querhaus stammt von 1959. Ab Mitte der 70er Jahre wurden wiederholt Sanierungsmaßnahmen vorgenommen.

Ziel der Pilger ist das gegen Ende des 15. Jahrhunderts entstandene Gnadenbild „Maria vom Siege", das sich erst seit 1845 in der Kirche befindet und ursprünglich aus der Kirche von Rasch bei Altdorf stammt. Bereits vor der Reformation wurde die auf der Mondsichel stehende Gottesmutter mit dem Zepter in der rechten Hand und dem Jesuskind auf dem linken Arm dort verehrt und es fanden Wallfahrten aus der Umgebung statt. Später wurde das Marienbildnis in der nun protestantischen Gemeinde zwar geduldet, aber an der Außenseite der Kirche angebracht und im Jahr 1845 schließlich an die katholische Gemeinde Berg verkauft. Beim Großbrand im Juni 1917 konnte es gerettet werden.

Lage: Berg liegt zwischen Nürnberg

und Neumarkt in der Oberpfalz; Anfahrt über die Autobahn A 3: aus Richtung Nürnberg kommend Ausfahrt Oberölsbach und weiter auf der Landstraße in Richtung Neumarkt bzw. aus Richtung Regensburg kommend Ausfahrt Neumarkt.
Anschrift: Katholisches Pfarramt St. Vitus, Hauptstraße 1, D-92348 Berg, Tel.: 09189/272, Fax: 09189/41 45 06

Bergen
Name der Wallfahrt: Wallfahrt zum Hl. Kreuz
Ort der Pfarrei: Bergen
Kirche: Pfarr- und Wallfahrtskirche „Heilig Kreuz"
Bistum: Eichstätt (Deutschland)
Pilgerzeiten: Zwei Kreuzfeste im Jahr; Kirche ganzjährig geöffnet
Geschichte: Um das Jahr 976 wurde an der Stelle der heutigen Wallfahrtskirche „Heilig Kreuz" von Wiltrudis, der Witwe des bayerischen Herzogs Berthold I. und späteren Äbtissin, ein Kloster gegründet. Schon zu diesem Zeitpunkt wurde ein Splitter des Kreuzes, an dem Jesus Christus starb, verehrt. Im 11. Jahrhundert wurde die Klosterkirche erstmals umgebaut, und Ende des 12. Jahrhunderts errichtete man über der großen Krypta einen dreischiffigen romanischen Hallenbau.
Im Zuge der Reformation wurde das Kloster im Jahr 1542 durch den protestantischen Pfalzgrafen Ottheinrich aufgehoben, kam aber 1635 durch den zum Katholizismus übergetretenen Pfalzgrafen Wolfgang Wilhelm an die Neuburger Jesuiten. Diese machten Bergen zu einem gut besuchten Kreuzwallfahrtsort. Wallfahrtsbüchlein aus der ersten Hälfte des 18. Jahrhunderts berichten von rund 100 000 Wallfahrern und 30 000 Kommunionen jährlich.
Kunst: Beim großen Umbau von 1755-60 durch den Eichstätter Baumeister Dominikus Barbieri erhielt die Bergener Kirche im Wesentlichen ihr heutiges Aussehen. Dabei blieben die romanische Krypta aus dem 11. Jahrhundert sowie Teile des massigen romanischen Baus (z.B. Portal, Apsiden an der Ostfront) erhalten. Die Innenausstattung entspricht dem Rokoko-Stil der zweiten Hälfte des 18. Jahrhunderts. Der Kirchenmaler Johannes Wolfgang Baumgartner aus Augsburg erhielt den Auftrag für die bildlichen Darstellungen im Innenraum, die sich alle auf die Kreuzverehrung beziehen. Dazu gehören z.B. das große Deckenfresko von der Wiedergewinnung und Erhöhung des Hl. Kreuzes durch den oströmischen Kaiser Heraklius über dem Mittelschiff der Kirche, das Bild über dem Hochaltar von der Auffindung des Kreuzes sowie eine Vielzahl kleinerer Fresken (z.B. unter der

Orgelempore die Kreuzprozession des hl. Karl Borromäus in Mailand 1576; über dem südlichen Oratorium: Vision des hl. Ignatius von Loyola). Der figürliche Schmuck stammt von J.M. Fischer aus Dillingen, die Stuckarbeiten werden einem Meister der Stuckateurschule in Wertingen zugeschrieben.

Lage: Bergen liegt etwas nördlich von Neuburg an der Donau (Donauradweg!); Anfahrt über die Autobahn A 9: von Süden kommend Ausfahrt Manching und weiter auf der Bundesstraße B 16 nach Neuburg; von Norden kommend Ausfahrt Altmühltal und weiter über Eichstätt in Richtung Neuburg.

Anschrift: Katholisches Pfarramt, Kirchplatz 3, D-86633 Neuburg, Tel.: 08431/28 21, Fax: 08431/403 06

Bergen (Kreis Celle)

Name der Wallfahrt: Wallfahrt zum „Kostbaren Blut"
Ort der Pfarrei: Bergen
Kirche: „Sühnekirche vom Kostbaren Blut"
Bistum: Hildesheim (Deutschland)
Pilgerzeiten: Ganzjährig; Eröffnung der Kreuzwoche am Sonntag vor dem Fest „Kreuzerhöhung" (14. September);
Gottesdienst sonntags 10.00 Uhr
Geschichte: 1940 errichtete man auf dem Areal eines ehemaligen Truppenübungsplatzes ein Barackenlager für zunächst französische und belgische Kriegsgefangene. Ein Teil des Lagers wurde im April 1943 an die SS übergeben. Nachdem Bergen-Belsen 1944 auch formal in ein Konzentrationslager umgewandelt worden war, erreichte es als Durchgangs- und Auffanglager eine zunehmend wichtige Sonderstellung innerhalb des KZ-Systems, je näher das Kriegsende rückte. Bei der Befreiung des Lagers am 15. April 1945 bot sich den britischen Truppen ein Bild des Grauens: 56 000 hungernde und kranke Menschen sowie über 10 000 unbeerdigte Leichen waren über das Lagergelände und im benachbarten Kasernenbereich verstreut. Die Bilder gingen um die Welt. Weitere 13 000 Kinder, Frauen und Männer starben trotz aller Anstrengungen der Ärzte im ersten Vierteljahr nach der Befreiung. Insgesamt kamen in Bergen-Belsen mindestens 30 000 sowjetische Kriegsgefangene und circa 50 000 KZ-Häftlinge ums Leben, auch die durch ihr anrührendes Tagebuch bekannte Jüdin Anne Frank, die dort im März 1945 knapp 16-jährig einer Typhus-Epidemie erlag.

1961 wurde die „Sühnekirche vom Kostbaren Blut" in Bergen als Mahn- und Gebetsstätte für die Opfer von Unrecht und Gewalt, insbesondere für die vielen zehntausend Opfer des Konzentrationslagers in Bergen-Belsen erbaut.

Sie steht jeden Tag für alle Besucher offen. In ihr wird die jährliche Eröffnung der Kreuzwoche (Sonntag vor dem Fest „Kreuzerhöhung" am 14. September) im Bistum Hildesheim begangen, beginnend mit der Eucharistiefeier in Konzelebration mit einem der Hildesheimer Bischöfe und mit dem anschließenden Sühnegang vom Sowjetischen Kriegsgefangenenfriedhof bis zum Kreuz auf dem ehemaligen KZ-Gelände endend.

Lage: Bergen liegt in der Lüneburger Heide nördlich von Celle (zahlreiche Fachwerkbauten und Renaissance-Schloss); Anfahrt über die Autobahn A 7: Ausfahrt Soltau-Süd, weiter auf der Bundesstraße B 3 nach Bergen.

Anschrift: Katholisches Pfarramt Sühnekirche vom Kostbaren Blut, Hubertusstraße 2, D-29303 Bergen, Tel.: 05051/34 46, Fax: 05051/91 28 01, E-Mail: Bergen@ dekanat-celle.de

Berlin-Mariendorf

Name der Wallfahrt: Wallfahrt zu „Maria Frieden"
Ort der Pfarrei: Berlin-Mariendorf
Kirche: Pfarr- und Wallfahrtskirche „Maria Frieden"
Bistum: Berlin (Deutschland)
Pilgerzeiten: Die Wallfahrt findet an jedem ersten Donnerstag im Monat statt (mit Rosenkranzgebet um 17.00 Uhr und Messfeier um 18.00 Uhr); Gottesdienste sonntags 9.30 Uhr, 11.00 Uhr und 18.30 Uhr

Geschichte: Der heutige Berliner Stadtteil Mariendorf wurde 1337 erstmals urkundlich erwähnt. Der Name geht auf die Marienverehrung des damals hier vertretenen Johanniterordens zurück, der bis 1317 Templerorden hieß. Bereits im frühen 13. Jahrhundert hatten die Templer hier eine Kirche gegründet.

Die katholische Kirche „Maria Frieden" wurde 1967-69 errichtet und 1988 offiziell als Wallfahrtsort anerkannt. Seit diesem Jahr ziert das Flügelbild (Triptychon) mit dem Titel „Madonna vor dem Stacheldraht", das die Gottesmutter inmitten von Stacheldraht und Trümmern zeigt, den Altar. Es stammt von Otto Dix (1891-1969), der es in französischer Kriegsgefangenschaft malte. Der Berliner Senat erwarb das Kunstwerk auf Initiative des Berliner Bischofs Meisner und stellte es der Kirchengemeinde als Dauerleihgabe zur Verfügung.

Lage: Mariendorf mit seiner Wallfahrtskirche liegt im Süden Berlins (Stadtbezirk Tempelhof-Schöneberg) und ist vom Zentrum aus schnell mit der U-Bahn U6 zu erreichen (Haltestelle Westphalweg); Anfahrt über die Autobahn A 10: Ausfahrt Rangsdorf, weiter auf der Bundesstraße B 96 in Richtung Flughafen

Berlin-Tempelhof.
Anschrift: Katholische Kirchengemeinde Maria Frieden, Kaiserstraße 27-29, D-12105 Berlin, Tel.: 030/706 55 28, Fax: 030/705 05 85, E-Mail: mariafrieden@web.de

Bethen

Name der Wallfahrt: Wallfahrt zu „Maria, Mutter der sieben Schmerzen"
Ort der Pfarrei: Bethen
Kirche: Gnadenkapelle „Zur Schmerzensmutter" und Basilika St. Marien
Bistum: Münster (Deutschland)
Pilgerzeiten: Ganzjährig, vor allem von Mai bis Oktober; Hauptfeste sind die Fronleichnamsprozession der Stadtgemeinden Cloppenburgs im Juni und die Mariä-Geburt-Prozession im September; jeden Sonntag um 10.30 Uhr Hochamt in der Basilika (oft als Pilgeramt)
Geschichte: Ziel der Wallfahrer in Bethen ist das Gnadenbild „Maria, Mutter der sieben Schmerzen", dessen Herkunft nicht bekannt ist. Die Legende erzählt, dass es auf dem kleinen Fluss Soeste stromaufwärts trieb und von Feldarbeitern an Land gezogen wurde. Als diese die Marienfigur mit dem Pferdewagen in eine Kapelle in Lethe bringen wollten, weigerten sich im Dorf Bethen die Zugtiere, weiterzugehen, und man deutete dies als Zeichen dafür, dass Maria in Bethen bleiben wollte.
Der Beginn der Wallfahrten zum Gnadenbild in Bethen ist nicht mehr festzustellen. Der älteste historische Beleg ist eine Urkunde aus dem Jahr 1448, der zu entnehmen ist, dass der Ort damals schon von vielen Pilgern besucht wurde. Von Bethen selbst weiß man, dass hier seit 1492 eines der so genannten Siechenhäuser stand, in denen vom Aussatz befallene Menschen gepflegt wurden und in deren Nähe oft eine kleine Kapelle oder ein Bildstock stand.
Im 16. Jahrhundert kam die Wallfahrt in Bethen durch die Wirren der Reformation fast zum Erliegen. Der Ort wurde zwar 1613 wieder katholisch, doch der folgende Dreißigjährige Krieg ließ keinen Raum für feierliche Prozessionen. 1633 wurde die Kapelle zerstört, das Gnadenbild aber konnte gerettet und 1652 in einem neuen Kirchlein aufgestellt werden. Die heutige Kapelle wurde 1669 gebaut und vom Fürstbischof von Münster, Christoph Bernhard von Galen, geweiht. Die Anzahl der Pilger stieg nun stetig an, nicht zuletzt durch die 1670 vom Bischof eingeführte Mariä-Geburt-Prozession. Bis zur Mitte des 18. Jahrhunderts erfreute sich Bethen als Wallfahrtsort großer Beliebtheit, dann ließ der Pilgerstrom wieder nach. Während des Ersten Weltkriegs waren es vor allem Frauen und Mütter, die die Gottesmutter um Hilfe anflehten. Nach dem Krieg nahm die Schar der Pilger erneut stark zu, und man begann, neben

der zu klein gewordenen Kapelle mit der Errichtung einer größeren Wallfahrtskirche im Barockstil (mit Krypta) als Gedenkstätte für die Gefallenen, die nach siebenjähriger Bauzeit 1929 geweiht werden konnte. 1977 erhob Papst Paul VI. die Bethener Marienkirche zur „Basilika minor".

Kunst: Das Gnadenbild von Bethen, das die Gottesmutter mit dem Leichnam Jesu auf dem Schoß zeigt (Pietà), ist eine vermutlich Ende des 14. Jahrhunderts von einem unbekannten Künstler aus Eichenholz geschnitzte, etwa 1,10 Meter große Figur. Sie steht auf dem Altar der Wallfahrtskapelle und zieht jährlich etwa 100 000 Pilger aus nah und fern an.

Lage: Bethen liegt im Oldenburger Münsterland rund 3 km nördlich des Stadtzentrums von Cloppenburg (barocke St.-Andreas-Kirche; ältestes Museumsdorf Deutschlands mitten in der Stadt mit über 80 niedersächsischen Bauernhäusern aus dem 16.-19. Jahrhundert!); Anfahrt über die Autobahn A 29 (von Norden/Oldenburg kommend): Ausfahrt Ahlhorn, weiter auf der Bundesstraße B 213 nach Cloppenburg; über die A 1 (von Süden/Osnabrück oder Osten/Bremen kommend): Ausfahrt Cloppenburg und auf der B 72 bis zur Abzweigung Bethen.

Anschrift: Katholisches Pfarramt St. Marien, Wallfahrtsweg 57, D-49661 Cloppenburg, Tel.: 04471/25 64, Fax: 04471/93 31 66, E-Mail: st.marien.bethen@ewetel.net

Bettbrunn

Name der Wallfahrt: Wallfahrt zu Christus Salvator
Ort der Pfarrei: Bettbrunn
Kirche: Pfarr- und Wallfahrtskirche St. Salvator
Bistum: Regensburg (Deutschland)
Pilgerzeiten: Ganzjährig; Hauptwallfahrtszeit April bis Oktober; Gottesdienst sonntags 9.00 Uhr
Geschichte: Eine mittelalterliche Reimhistorie, die um 1420 handschriftlich festgehalten und erstmals 1584 in einem Pilgerbüchlein abgedruckt wurde, berichtet vom Hostienwunder des Jahres 1125, das Bettbrunn zum ältesten Christuswallfahrtsort in Bayern machte: Ein Hirte aus dem Köschinger Forst nahm nach einem Ostergottesdienst eine geweihte Hostie mit nach Hause und verbarg sie in seinem ausgehöhlten Hirtenstab zur privaten Verehrung. Als er den Stab eines Tages nach dem Vieh warf – das wohl aufgrund eines Gewitters verwirrt herumlief – fiel die Hostie heraus und blieb auf einem Felsen liegen. Die Tiere sollen daraufhin plötzlich still gestanden und wie zur Anbetung in die Knie gegangen sein. Der Hirte aber war nicht in der Lage, die

Hostie wieder aufzuheben, und auch der Dorfpfarrer schaffte es nicht. Dies gelang erst dem herbeigerufenen Bischof von Regensburg, Hartwig I. von Sponheim (1105-26), nachdem er vor seinem Gefolge feierlich den Bau einer Kapelle gelobt hatte. Er ließ ein Holzkirchlein mit einem Gnadenaltar für die Hostie errichten und stiftete zugleich ein (der Legende nach aus dem Stock des Hirten) geschnitztes Gnadenbild des Christus Salvator.

Als die Kapelle 1329 abbrannte, ging die von Pilgern aus nah und fern als wundertätig verehrte Hostie verloren, das Gnadenbild des Erlösers aber konnte aus der Asche geborgen werden und war fortan Ziel der Anbetung.

Eine neue Kirche mit einer Länge von 37 Metern wurde errichtet. Schon zu Baubeginn verlieh Papst Johannes XXII. aus Avignon einen Ablass, und bereits 1374 wurde „Betbrunn" (der Name entstand im Zusammenhang mit einem heute nicht mehr existierenden Brunnen, dessen Wasser als heilkräftig galt) zur Pfarrei erhoben, was einen deutlichen Hinweis auf die Bedeutung als Wallfahrtsstätte gibt.

Seit 1650 halfen die Augustinereremiten von Ingolstadt bei der Betreuung der Wallfahrt aus, im Juni 1690 wurden sie vom Regensburger Bischof offiziell mit dieser Aufgabe betraut. Unter den Augustinern erlebte Bettbrunn seine große Blütezeit: Davon zeugen sechs Wallfahrtsbüchlein mit ca. 13 000 Gebetserhörungen, die Gründung von Bruderschaften (1653 Rosenkranzbruderschaft, 1670 Erzbruderschaft vom hlgst. Altarsakrament) und kirchliche Ablässe aus den Jahren 1693 und 1743. Das baufällig gewordene Gotteshaus konnte erneuert werden, und im Jahr 1797 zählte man rund 37 000 Wallfahrtskommunionen. Bis zur Säkularisation 1803 sammelten sich in der Kirche etwa 300 Votivkerzen an. Die älteste heute noch erhaltene stammt vermutlich von 1378 und gilt als eine der ältesten in ganz Europa. Die Popularität Bettbrunns lag u.a. daran, dass das bayerische Herrschergeschlecht der Wittelsbacher die Wallfahrt unterstützte. So waren unter den Pilgern nicht nur hohe geistliche Würdenträger, sondern z.B. auch der Kurfürst Max Emanuel.

1803 fand die Wallfahrt ein jähes Ende: Die Augustiner mussten Bettbrunn verlassen, Wallfahrten wurden verboten, und mehr als die Hälfte der Votivgaben sollen aus der Kirche entwendet worden sein. Ab Mitte des 19. Jahrhunderts begann die Wallfahrt sich langsam zu erholen, und heute kommen wieder Gläubige aus rund 60 Pfarrgemeinden regelmäßig nach Bettbrunn.

Kunst: Die heutige, 1969-80 umfassend renovierte Kirche St. Salvator enthält noch Elemente einer frühgotischen Kirche von 1330, die mehrmals um- bzw. ausgebaut worden war. 1774 wurde das Langhaus abgerissen und neu errichtet, während der geweihte Chor und der 60 Meter hohe Turm von 1684 stehen blieben. Unter der Leitung des Baumeisters Leonhard Matthäus Gießl aus Wien erhielt das Gotteshaus sein heutiges Aussehen – innen wie außen. Den Stuckdekor schuf Franz Xaver Feuchtmayer d.J. bis 1784, und die Deckenfresken im Langhaus (1777) stammen vom bayerischen Hofmaler Christian Wink. An mehreren Stellen in den farbenprächtigen Malereien nahm der Künstler Bezug auf die Geschichte der Wallfahrt. So sieht man u.a. die 1329 abgebrannte Kapelle und die triumphierende Figur des Christus, die das Feuer unbeschadet übersteht.

Das Ziel der Wallfahrer ist der Gnadenaltar, der exakt an der Stelle stehen soll, an der die Hostie einst niederfiel und vom Regensburger Bischof aufgehoben wurde. Auf dem Altar hat das aus dem Feuer gerettete Gnadenbild seinen Platz, eine rund 34 Zentimeter große Holzplastik, die Jesus Christus als den Erlöser-König in einem golddurchwirkten, roten Stoffumhang darstellt. Die einfache Schnitzfigur selbst, die noch Brandspuren aufweist, entstand um 1125, Krone, Zepter und Weltkugel sind von 1728.

Lage: Bettbrunn gehört zur Gemeinde Kösching und liegt im Naturpark Altmühltal etwa 15 km nordöstlich von Ingolstadt; Anfahrt über die Autobahn A 9: Ausfahrt Lenting, weiter auf der Landstraße über Kösching nach Bettbrunn.

Anschrift: Katholisches Pfarramt St. Salvator, Salvator-Ring 18, D-85092 Kösching-Bettbrunn, Tel.: 09446/364

Biberbach

Name der Wallfahrt: Wallfahrt zum Hl. Kreuz
Ort der Pfarrei: Biberbach
Kirche: Pfarr- und Wallfahrtskirche St. Jakobus
Bistum: Augsburg (Deutschland)
Pilgerzeiten: Ganzjährig; Hauptwallfahrtstage: Freitage und Sonntage in der Fastenzeit, erster Sonntag im Mai und der Sonntag vor bzw. nach dem 14. September (Fest „Kreuzerhöhung"); Gottesdienst sonntags (ganzjährig) 10.00 Uhr

Geschichte: In der weithin sichtbaren Pfarr- und Wallfahrtskirche St. Jakobus in Biberbach wird ein Kruzifix verehrt, das aus dem 13. Jahrhundert stammt. Im Volksmund wird es das „Liebe Herrgöttle von Biberbach" genannt. Eine Legende berichtet davon, wie es hierher gekommen ist: Im Jahr 1525 fand ein Fuhrwerker ein großes Kreuz, das er auf seinen Wagen lud. Am steilen Biberbacher Berg blieb das Gespann stehen, und weder durch zusätzliche Zugtiere noch durch Menschenkraft ließ es sich von der Stelle bewegen. Erst als der Pfarrer den Vorschlag machte, das Kreuz in die Dorfkirche zu bringen und es daraufhin vom Wagen abgeladen wurde, ging es wieder voran.

Eine Quelle von 1683 berichtet, dass das Kreuz vermutlich in den Wirren der Reformation aus einer Kirche in Württemberg entwendet wurde. Tatsache ist, dass es zu diesem Zeitpunkt auf dem Berg oder besser Hügel in Biberbach bereits eine Kirche oder Kapelle gab, die 1484 geweiht worden war. Im 16. Jahrhundert scheint die Verehrung des Kreuzes eine rein regionale Angelegenheit gewesen zu sein. Bei einer Kirchenrenovierung 1616 soll es auf den Dachboden gelangt und lange Zeit dort geblieben sein, bedingt vermutlich auch durch die Auswirkungen des Dreißigjährigen Krieges. Geschichten berichten aber auch davon, dass das Gnadenbild durch schwedische Soldaten zerschlagen wurde und die verborgenen Überreste in Vergessenheit gerieten – die genaueren Umstände werden sich nicht mehr klären lassen. Im August 1654 schlug der Blitz in den Kirchturm ein und zwei Menschen wurden getötet – die Legende deutet es als offensichtliche Strafe Gottes für das Vergessen des Kreuzes. Zwei Jahre später wurde es wieder zur Verehrung in der Kirche aufgestellt.

Das Ansehen des Gnadenbildes war wohl deutlich gestiegen, denn es erhielt schließlich einen eigenen Altar, vor dem am 3. Mai 1681 (Fest „Kreuzauffindung") zum ersten Mal die hl. Messe gelesen wurde. Im Jahr darauf begannen die Berichte von den ersten Wunderheilungen und Gebetserhörungen, und die Wallfahrt stieg sprunghaft an. Anton Ginther, der in Biberbach von 1679 bis 1725 Pfarrer war, forcierte nun auch den Bau einer größeren Kirche. Im Mai 1684 erfolgte die Grundsteinlegung, und am 15. September 1697 konnte die feierliche Weihe des neuen Gotteshaus stattfinden – zur Ehre des Kreuzes Jesu, des hl. Apostels Jakobus d.Ä. und des hl. Laurentius.

Eine Randbegebenheit sei hier noch kurz erwähnt: Im November 1766 machte die Familie Mozart in Biberbach Station, denn in der Kirche fand zwischen dem damals zehnjährigen Wolfgang Amadeus und dem zwei Jahre älteren Joseph Sigmund Eugen Bachmann ein Wettstreit im Orgelspielen statt. Für beide soll der Wettstreit „sehr rühmlich" ausgefallen sein, wie in

einer Chronik von 1790 steht.
Kunst: Die barocke Kirche von Biberbach wurde 1693/94 vollendet und 1697 geweiht. Als Baumeister war Valerian Brenner tätig. Im Inneren ist das Gotteshaus überaus prachtvoll ausgestattet. Ins Auge fallen vor allem die 1753 von Balthasar Riepps geschaffenen Deckenfresken.
Wie in anderen Wallfahrtskirchen auch, steht der Gnadenaltar mit dem auf etwa 1200 datierten Hl. Kreuz auf einer Empore, so dass das Gnadenbild auch während der Messe für die Gläubigen gut sichtbar ist.
Lage: Biberbach liegt etwa 20 km nordwestlich der Bischofsstadt Augsburg im Naturpark Augsburg-Westliche Wälder; Anfahrt über die Autobahn A 8: Ausfahrt Augsburg-West und weiter auf der Bundesstraße B 2 (Augsburg-Donauwörth) nach Langweid bis zur Abzweigung nach Biberbach oder Ausfahrt Adelsried und weiter auf der Landstraße über Welden (Votivkirche St. Thekla) nach Biberbach.
Anschrift: Katholisches Pfarramt St. Jakobus maj., Am Kirchberg 24, D-86485 Biberbach, Tel.: 08271/29 36

Billerbeck

Name der Wallfahrt: Wallfahrt zum hl. Liudger (Ludger)
Ort der Pfarrei: Billerbeck
Kirche: Dom St. Liudger (Ludgerus-Dom)
Bistum: Münster (Deutschland)
Pilgerzeiten: Ganzjährig; Festtag des hl. Liudger ist der 26. März (Todestag)
Geschichte: Liudger (Ludger), der erste Bischof von Münster, entstammte einem friesischen Adelshaus und wurde 740 oder 742 geboren. 777 empfing er in Köln die Priesterweihe und begann seine rege Missionstätigkeit zunächst in Friesland. Auf Weisung Kaiser Karls des Großen widmete er sich später der Missionierung der Sachsen auf dem Gebiet des heutigen Bistums Münster und baute eine erste kirchliche Infrastruktur aus Pfarrkirchen und Klöstern auf. 804 zum Bischof geweiht, verbrachte Liudger seine letzten Lebensjahre mit der Organisation und Verwaltung seiner neuen Diözese im späteren Münster. Er starb am 26. März 809 in Billerbeck während einer Predigt und wurde in der von ihm gegründeten Benediktinerabtei Werden an der Ruhr (heute ein Ortsteil von Essen) begraben. (1984 wurde sein Schrein nach Münster überführt.) Liudgers Sterbeort wurde zum Ziel von Wallfahrten, die jedoch wiederholt zum Erliegen kamen. Vor allem durch das Zutun der Bischöfe und bei bestimmten Anlässen (wie z.B. dem 1 050. Todestag des Heiligen im Jahr 1859) nahm der Pilgerstrom zu, ebbte aber immer wieder

ab. Seit 1984, als sich der Todestag des hl. Liudger zum 1 175. Mal jährte, erfreut sich Billerbeck als Wallfahrtsort wieder größerer Beliebtheit.

Unweit des Doms steht der „Ludgerusbrunnen", über dessen Entstehung eine Legende Folgendes berichtet: Als ihn ein Bauer wegen Wassermangels um Hilfe bat, warf Liudger zwei Gänse in dessen versiegten Brunnen. An der Stelle, an der die Tiere wieder auftauchten, sprudelte plötzlich eine Quelle. Urkundlich erwähnt wurde der Ludgerusbrunnen, an dem der Heilige gepredigt und getauft haben soll, erstmals 1541. Später fanden dort viele große Glaubenskundgebungen statt wie z.B. im Kulturkampf im Jahr 1873 mit Bischof Johann Bernhard Brinkmann oder im Dritten Reich mit Bischof Clemens August Graf von Galen (1878-1946), der an dieser historischen Stätte beim Liudgerjubiläum am 15. April 1934 vor 18 000 Menschen die erste seiner flammenden Predigten u.a. gegen Rassengesetze und Euthanasie der Nationalsozialisten hielt. (Er wurde am 9. Oktober 2005 selig gesprochen). Die 1954 von dem Billerbecker Bildhauer Bernhard Meyer geschaffene Liudgerfigur am Brunnenrand zeigt die Gesichtszüge von Galens. 1984 wurde um die Brunnenanlage mit ihrer barocken Kapelle aus dem Jahr 1702 ein Gedenkweg mit 20 Schrifttafeln angelegt, auf denen das Leben und Wirken des hl. Liudger erzählt wird.

Kunst: In Billerbeck stand bereits vor dem Tod des hl. Liudger eine erste Steinkirche. Ein Neubau von 1074 wurde durch einen Brand zerstört, und das 1234 erbaute spätromanische Gotteshaus ab 1425 gotisch umgestaltet (heutige Pfarrkirche St. Johannis).

Der prachtvolle Ludgerus-Dom wurde 1892-98 errichtet. Die neugotische Kreuzkirche mit einem hohen Quer- und Mittelschiff und niedrigeren Seitenschiffen ist 56 Meter lang und 26 Meter breit. Ihre beiden Türme, 100 Meter hoch und mit quadratischem Grundriss, sind zum Wahrzeichen von Billerbeck geworden. In den Südturm hat Dombaumeister Wilhelm Rincklake die im Jahr 1730 für den hl. Liudger an seinem Sterbeort errichtete Kapelle integriert. Sie ist das Hauptziel der Pilger. Auf dem Altar findet sich ein Relief aus weißem Carraramarmor, das den Tod des Heiligen inmitten seiner Glaubensbrüder zeigt. Unter der Altarplatte ist eine beleuchtete Nische mit einer Monstranz, die eine Reliquie des Heiligen aus dessen rechtem Fuß enthält. Das Fenster im Westen der Kapelle zeigt die Überführung des Leichnams von Billerbeck nach Werden, darunter den betenden Heiligen.

Im Chorraum des Doms steht eine Liudgerbüste von 1735. Dieses barocke Reliquiar birgt Knorpel und Asche vom Leib des Heiligen sowie von seinen Gewändern und seinem Sarg.

Das Hauptportal des Doms flankieren zwei Figuren, rechts der hl. Abt Gregor von Utrecht (ein Lehrer Liudgers) und links der hl. Nikolaus, dem die frühere romanische Kirche an dieser Stelle ursprünglich geweiht gewesen sein soll.

Lage: Billerbeck liegt im Münsterland zwischen Coesfeld und der Bischofsstadt Münster; Anfahrt über die Autobahn A 43 (Ausfahrt Nottuln) oder A 31 (Ausfahrt Gescher/Coesfeld).

Anschrift: Katholisches Pfarramt St. Johannes der Täufer und St. Liudger, Kirchstraße 4, D-48727 Billerbeck, Tel.: 02543/62 09, Fax: 02543/81 82, E-Mail: Propstei@ domsite-billerbeck.de

Bingen/Rochusberg

Name der Wallfahrt: Wallfahrt zum hl. Rochus
Ort der Pfarrei: Bingen
Kirche: Wallfahrtskirche St. Rochus
Bistum: Mainz (Deutschland)
Pilgerzeiten: Hauptwallfahrtstag ist der Sonntag vor bzw. nach dem 16. August, dem Festtag des hl. Rochus (2006: 20. August); danach eine Woche lang Gottesdienste und Volksfest auf dem Rochusberg; Gottesdienste (ganzjährig) sonntags 8.00 und 10.00 Uhr; Stadtführungen (ohne Anmeldung) von Ostern bis Ende Oktober an jedem Samstag um 10.30 Uhr (Start Tourist-Information); für Gruppen nach Anmeldung

Geschichte: Zweifellos war die Binger Gegend schon in der Stein- und Bronzezeit besiedelt. Die Römer besetzten sie in den Jahren vor Christi Geburt wegen ihrer wichtigen strategischen Lage an Rhein und Nahe und befestigten die Rheingrenze. Das Kastell in der keltischen Siedlung Bingium wurde vom Feldherrn Drusus errichtet. Die nach ihm benannte Drususbrücke über die Nahe ist eine der ältesten Steinbrücken Deutschlands. In den rechten Uferbrückenpfeiler ist eine Brückenkapelle eingebaut, in der über Jahrhunderte hinweg Reisende um einen guten Verlauf ihrer Reise gebetet haben. Nach der Zerstörung des Holzbaus 70 n.Chr. folgte die erste Steinbrücke, die den Normannen um 891 zum Opfer fiel. Erst Erzbischof Willigis errichtete gut hundert Jahre später eine neue Steinbrücke über die Nahe. 1689 von den Franzosen zerstört, wurde sie 1772 abermals aufgebaut. Im März 1945 sprengte ein Spezialkommando den Brückenbogen vor den anrückenden Truppen der Alliierten. Heute prägt die Drususbrücke wieder das Binger Stadtbild.

Ebenfalls auf Fundamenten aus der Römerzeit steht der Turm der Burg

Klopp. Auch der 52 Meter tiefe Brunnen im Burghof ist wahrscheinlich römischen Ursprungs. Seit dem 13. Jahrhundert saß hier eine Besatzung der Mainzer Erzbischöfe, die die Rheinpasssage und den Naheübergang kontrollierte. Ab 1438 residierte als Herr über Bingen ein Mainzer Domherr. 1689 waren es wiederum die Franzosen, die die Burg abbrannten, den Rest ließ das Mainzer Domkapitel 1711 sprengen, 1875-79 wurde sie wieder aufgebaut. Im Turm befindet sich das Heimatmuseum mit frühgeschichtlichen Funden.

Oberhalb der Stadt auf dem Rochus-, früher Hesselberg, von wo aus man einen schönen Blick auf den Rhein hat, erhebt sich eine erst 1895 eingeweihte neugotische Kirche, der im Jahr 1920 ein Klostergebäude für den Oblatenorden angefügt wurde. Hier stand bereits im 15. Jahrhundert eine Bethlehem-Kapelle, von einem heimgekehrten Kreuzfahrer erbaut, die im 17. Jahrhundert verfiel. 1663-67 kam es zu einer der größten Epidemien im Rhein-Main-Gebiet. Von Algerien aus durch ein Baumwollschiff eingeschleppt, breitete sich die Pest unaufhaltsam den Rhein aufwärts aus. In Köln, Bonn und Frankfurt hatte sie schon gewütet, als es Anfang 1666 zu den ersten Todesfällen im Dorf Münster bei Bingen kam. Ende April war das Binger Stadtgebiet erreicht. Nach vorsichtigen Schätzungen starben bis zum Januar 1667 etwa 450 Menschen, unter ihnen der Pfarrer und seine vier Kapläne.

Der damalige Amtmann Baron Frey von Dehrn machte dem Stadtrat den Vorschlag, dem hl. Rochus als hilfreichen Pestpatron auf jenem Hügel eine Kapelle zu errichten. Noch vor Beendigung des Baus war die Seuche erloschen. 1677 wurde die Kapelle feierlich geweiht, und alljährlich zieht seitdem am 16. August eine große Prozession von der Pfarrkirche in Bingen auf den Wallfahrtshügel. Im 18. Jahrhundert wurde eine Holzfigur des hl. Rochus angefertigt, mit kostbaren Gewändern bekleidet und während der Prozession vor dem Allerheiligsten einhergetragen. Auch eine Reliquie ihres Patrons kam in dieser Zeit in die Rochuskapelle. Die 1754 gegründete Rochusbruderschaft brachte der Wallfahrt große Volkstümlichkeit. 1795 wurde die Kapelle von den Franzosen zerstört, was die Wallfahrt aber nicht beendete, denn der Gottesdienst wurde vor einem Notaltar in den Ruinen gehalten. Nach dem Abzug der Franzosen ging es an die Wiederherstellung des Heiligtums. Die Rochusbrüder hatten so eifrig gesammelt, daß bereits im Jahre 1814 die Rochusfeier wie früher begangen werden konnte. Goethe war anwesend und hinterließ nicht nur die bekannte ausführliche Beschreibung des Rochusfestes, sondern auch ein Bild, das er der Kirche stiftete. Es wird noch heute in der so genannten Goethekapelle aufbewahrt.

Höhepunkte der wieder entstandenen Wallfahrt waren im 19. Jahrhundert die feierliche Reliquienprozession zu Ehren der heiligen Hildegard und des heiligen Rupertus am 16. Mai 1858 unter der Anwesenheit des Bischofs Emanuel von Ketteler, die Feier der Mainzer Katholikenversammlung auf dem Rochusberg am 17. Juni 1874 und die 700-Jahr-Feier des Todes der hl. Hildegard am 21. September 1879.

1889 ging die Kapelle bei einem Blitzschlag in Flammen auf. Trotz Rettungsversuchen der Binger und Kempter Bürger brannte sie bis auf das Mauerwerk vollständig nieder. Spontan entschloss man sich zum sofortigen Neubau. Ehemalige Binger in Amerika spendeten 10 000, die Binger selbst in wenigen Tagen 30 000 Goldmark. Die Pfarrgemeinde St. Martin bewilligte 100 000 Goldmark, eine Weinlotterie erbrachte nochmals 36 000 Mark. Zum Architekten der neuen Rochuskapelle berief man den Freiburger Dombaumeister Max Meckel, der den Neubau in Form der rheinischen Spätgotik entwarf. Am 18. Mai 1891 wurde durch den Mainzer Bischof Haffner der Grundstein gelegt, und schon am 17. August 1895 war der Bau vollendet und erhielt an diesem Tag durch den Mainzer Bischof in Anwesenheit der Bischöfe von Köln, Trier, Limburg, Fulda und Eichstätt unter großer Anteilnahme der Bevölkerung seine kirchliche Weihe.

Mit großen Feierlichkeiten beging man 1995 das 100-jährige Jubiläum der St.-Rochus-Kapelle. Die Wallfahrt ist nach wie vor lebendig, am Rochustag kommen hier leicht an die 15 000 Wallfahrer zusammen. Schon von 1742 bis 1788 hatte man 68 Bittfahrten gezählt. Bis 1795 wurde auch der zweite Pestheilige St. Sebastian in der Rochuskapelle durch eine jährliche Wallfahrt der Schüler des Gymnasiums in Bingen verehrt.

Die Legende berichtet, Rochus sei um 1295 in Montpellier (Südfrankreich) geboren worden, hätte früh seine Eltern verloren und das Erbe gleich an die Armen verteilt. Er pilgerte 1317 nach Rom und engagierte sich bei der Pflege der Pestkranken, wobei er sie durch Schlagen des Kreuzzeichens heilen konnte. Auf der Rückkehr nach Frankreich erkrankte er bei Piacenza selbst an der Pest, und weil ihn das örtliche Spital wegen seiner Armut nicht aufnehmen wollte, verkroch er sich in eine alte Hütte im Wald. Ein Engel pflegte ihn, ein

Hund brachte ihm Brot, und tatsächlich wurde er wieder gesund und konnte in die Heimat zurückgehen. Dort hielt man ihn aber für einen Spion und warf ihn in das Gefängnis, wo er nach fünf Jahren am 16. August 1327 starb, ohne dass er sich in seiner Bescheidenheit zu erkennen gegeben hatte. Erst nach seinem Tod fand man anhand eines kreuzförmigen Muttermals seine Identität heraus.

Ein Teil seiner Gebeine wurde 1415 nach Venedig gebracht, wo man 1485 für ihn die Kirche San Rocco erbaute. Neben Sebastian und Anna war Rochus der populärste Pestheilige, dessen Verehrung erst seit dem Ausbleiben großer Epidemien im 17. Jahrhundert langsam nachließ.

Das in Bingen mit der Wallfahrt verbundene Rochusfest beginnt alljährlich mit einer feierlichen Prozession, in der die Statue des Heiligen von der Basilika St. Martin im Herzen der Stadt Bingen in die Rochuskapelle getragen wird. Vor dem Binger Heilig-Geist-Hospital wird ein Halt eingelegt, um für all diejenigen zu beten, die wegen Krankheit ans Bett gefesselt sind. Anschließend stoppt der Zug am Altenheim St. Martin ein weiteres Mal, um derer zu gedenken, die alt und gebrechlich sind und nicht an der Prozession teilnehmen können. Ein Festgottesdienst unter freiem Himmel an der Rochuskapelle ist der krönende Abschluß der Prozession.

Wesentlich älter als die Rochuskapelle ist unten in der Stadt die Basilika St. Martin, die auf den Fundamenten eines römischen Tempels errichtet wurde. Das Schenkungsverzeichnis der Abtei Lorsch für das Jahr 793 erwähnt St. Martin erstmals urkundlich. 883 wurde das romanische Bauwerk zerstört und 1220 wieder neu geweiht. Als am 14. August 1403 ein Feuer ausbrach, fiel fast die ganze Kirche in Schutt und Asche. Dreizehn Jahre später stellte man eine neue St.-Martins-Kirche im gotischen Stil fertig. Da sie eine Stiftskirche war, wurde 1505 der Barbarabau als Volkskirche angefügt. In der folgenden Zeit erlebte die Kirche viele bauliche Veränderungen; Altäre und Kunstschätze gingen verloren oder wurden verkauft. Am 1. April 1930 verlieh Papst Pius XI. St. Martin den Titel einer „Basilika minor". Nach der Bombardierung 1944 stürzten das Gewölbe des Hauptschiffs und ein Teil des Hochaltars ein, heute erstrahlt sie wieder in alter Schönheit.

Das Wahrzeichen der Stadt ist der Mäuseturm auf einer kleinen Rheininsel vor Bingen: Weltbekannt wurde er durch die Sage, nach der Bischof Hatto zur Strafe für seine begangenen Grausamkeiten in diesem Turm von Mäusen bei lebendigem Leibe aufgefressen worden ist. Vermutlich ist der Name aber eine Verballhornung des Wortes „Mautturm", denn die Erhebung von Zöllen war im Mittelalter seine Aufgabe. Schon die Römer hatten hier eine kleine Befestigungsanlage erbaut. In der Herrschaftszeit der Franken verfiel diese aber mehr und mehr. Erst als Hatto II. 968 die Führung im Erzbistum Mainz übernommen hatte und Souverän über Bingen geworden war, setzte man den Inselturm wieder instand. 1298 integrierte man den Turm in das Zoll-Sperrsystem der Burg Ehrenfels, 1689 zerstörten französische Truppen das Bauwerk. Der Signalturm für die Schifffahrt, wie er heute noch zu sehen ist, wurde 1855 durch die Preußen errichtet.

Weiter sehenswert ist das 1997 eingeweihte Hildegard Forum auf dem Rochusberg, wo man eine ständige Ausstellung über das Leben und Werk der hl. Hildegard besuchen und Seminare belegen kann (Hildegard Forum der Kreuzschwestern, Rochusberg 1, D-55411 Bingen; Tel.: 06721/181 00-0, Fax: 06721/181 00-1).

Als Höhepunkt des Jubiläumsjahres „900 Jahre Hildegard" eröffnete die Stadt Bingen am 16. September 1998 im ehemaligen Elektrizitätswerk am Rheinufer unweit der Nahemündung das „Historische Museum am Strom – Hildegard von Bingen" (Regionalmuseum Bingen). Drei Dauerausstellungen kann man besichtigen: Die über Hildegard von Bingen stellt das Leben und Wirken einer der bedeutendsten Frauen des Mittelalters anschaulich dar. Das weltweit einzigartige (römische) Binger Ärztebesteck ist in einer individuell gestalteten Säulenarchitektur wie in einer Schatzkammer präsentiert. Die Abteilung Rheinromantik schließlich lässt in Erlebnis- und Galerieräumen die Rheinbegeisterung des 19. Jahrhunderts lebendig werden. Weiters gibt es Informationen zur Stadtgeschichte Bingens von der Römerzeit bis heute sowie Sonderausstellungen zur regionalen und mittelrheinischen Kulturgeschichte (Historisches Museum am Strom – Hildegard von Bingen, Museumstraße 3, Tel.: 06721/99 06-54, Fax: 06721/99 06-53, Öffnungszeiten täglich außer Montag von 10 bis 17 Uhr).

Lage: Bingen (Basilika St. Martin, Burg Klopp mit Heimatmuseum, „Mäuseturm" im Rhein) liegt gegenüber von Rüdesheim an der Mündung der Nahe am linken Rheinufer; Anfahrt per Bahn, mit dem Schiff oder über die Autobahnen A 60/61: Ausfahrt Bingen; die Wallfahrtskirche steht auf dem Rochusberg oberhalb der Stadt.

Anschrift: Katholisches Pfarramt St. Martin, Basilikastraße 1, D-55411 Bingen, Tel.: 06721/99 07-40, Fax:

06721/99 07-41, E-Mail: Pfarrei.Bingen@dekanat-bingen.de; Oblatenkloster St. Rupertus, Rochusberg 3, D-55411 Bingen, Tel.: 06721/142 25; Tourist-Information, Rheinkai 21, D-55411 Bingen, Tel.: 06721/18 42-05, Fax: 06721/18 42-14, E-Mail: tourist-information@bingen.de; Pilgerstelle Bischöfliches Ordinariat Mainz, Domstraße 10, D-55116 Mainz, Tel.: 06131/25 34 13, Fax: 06131/22 37 97, E-Mail: pilgerstelle@Bistum-Mainz.de

Birkenstein

Name der Wallfahrt: Wallfahrt zur „Hohen Frau vom Birkenstein"
Ort der Pfarrei: Fischbachau
Kirche: Wallfahrtskapelle „Maria Himmelfahrt" am Birkenstein
Bistum: München-Freising (Deutschland)
Pilgerzeiten: Mai bis September; die große Trachtenwallfahrt, zu der sich Trachtengruppen aus ganz Oberbayern in Birkenstein zum festlichen Gottesdienst treffen, findet im Mai an „Christi Himmelfahrt" statt; regelmäßige Gottesdienste: Sonn- und Feiertage 7.00 und 10.00 Uhr, Montag 19.00 Uhr, Dienstag-Samstag 7.00 Uhr
Geschichte: Die idyllisch gelegene Wallfahrtskapelle „Maria Himmelfahrt" am Birkenstein geht zurück auf einen Pfarrvikar von Fischbachau namens Johann Stiglmaier, den um 1663 die Madonna im Traum um eine Kapelle auf dem Birkenstein gebeten haben soll. Der Überlieferung nach sagte sie zu ihm: „An diesem Ort will ich denen, die mich verehren, meine Hilfe erweisen." Doch erst zehn Jahre später konnte der Vikar den Wunsch erfüllen und errichtete mit Hilfe eines Wirts und eines Bauern eine kleine Holzkapelle, die etwa zwölf Menschen Platz bot. Das Kirchlein wurde binnen kurzer Zeit Anziehungspunkt für viele Pilger. 1692 wurde es erweitert, war aber schon bald wieder zu klein. Deswegen begann man 1710 mit einem Neubau, wobei als Vorbild die Kapelle von Loreto in Italien (südlich von Ancona) diente. Will man der Legende aus dem 13. Jahrhundert Glauben schenken, so war die dortige „Casa Santa" (Heiliges Haus) einst das Haus der Heiligen Familie in Nazareth und wurde von Engeln aus dem Heiligen Land nach Loreto getragen. Die Wallfahrt nach Loreto wurde über die Grenzen Italiens hinaus so bekannt, dass – gefördert durch die Jesuiten in der Zeit der Gegenreformation – Nachbildungen des Gebäudes in ganz Europa entstanden. Auch die Kopie in Birkenstein wurde entsprechend als „Loretokirche" bezeichnet.
Ein durch einen Blitzschlag verursachter Brand zerstörte 1735 die Marienkapelle, doch sie wurde im gleichen Stil wieder aufgebaut und 1786 vom Freisinger Fürstbischof

Ludwig Joseph von Welden neu geweiht.

Bis zur Säkularisation 1803 wurden die zahlreichen Pilger, die nach Birkenstein kamen, von Mönchen des Benediktinerkloster Fischbachau betreut. (Die ehemalige Klosterkirche und heutige Pfarrkirche St. Martin mit ihren reichen Kunstschätzen im Inneren stammt aus der Zeit um 1100 und ist das besterhaltene romanische Gotteshaus in Südbayern. Künstler der Wessobrunner Schule schufen 1737/38 die herrlichen barocken Stuckdekorationen.) Den Mesner- und Organistendienst versah der Bewohner des direkt an das Wallfahrtskirchlein angebauten „Eremitoriums". Einen eigenen Wallfahrtspriester erhielt Birkenstein 1838 durch die großzügige Stiftung eines Münchner Fabrikanten. Seit 1848 wird die Kapelle von Armen Schulschwestern betreut, die in einem Anbau leben.

Das Birkensteiner Marien-Gnadenbild zieht auch heute noch viele Gläubige an, und die in der früheren Einsiedelei angebotenen Devotionalien finden nach wie vor ihre Käufer.

Da in der Gnadenkapelle nur wenige Menschen Platz finden, errichtete man 1926 am Hang gegenüber einen Pavillon mit einem Freialtar, wo Gottesdienste auch für größere Pilgergruppen abgehalten werden können. Vervollständigt wird die „Sakrallandschaft" durch eine plastische Ölberggruppe am Beginn des Kapellenwegs und mehrere Bildstöcke. Selbstverständlich fehlen auch die für das leibliche Wohl der Wallfahrer nötigen Gaststätten nicht.

Kunst: Als Baumeister des zweigeschossigen Wallfahrtskirchleins am Birkenstein fungierte Johann Mayr d.Ä. von der Hausstatt. Im Parterre befinden sich eindrucksvolle, um 1760 geschaffene Tafelgemälde des Kreuzwegs mit dem Heiligen Grab als letzte Station. Die eigentliche Gnadenkapelle im Obergeschoss erreicht man über eine Holzaußentreppe. In einem laubenartigen, überdachten Umgang wird auf acht Gemälden die Entstehungsgeschichte der Wallfahrt erzählt. Den reich geschmückten Innenraum beherrscht der Rokoko-Hochaltar mit dem Gnadenbild. Die Marienfigur mit dem Titel „Hohe Frau von Birkenstein" stammt aus dem 15. Jahrhundert und stand früher in der Fischbachauer Klosterkirche. Dargestellt ist die Himmelskönigin mit dem Zepter in der rechten Hand und dem ebenfalls gekrönten Jesuskind auf dem linken Arm. Beide sind umrahmt von goldenen Strahlenbündeln und einer großen Schar fröhlicher Barockengel (insgesamt 92 Figuren). An den Kapellenwänden befinden sich Bildnisse der zwölf Apostel und Figuren der Heiligen Familie sowie

unzählige Votivtafeln, die Zeugnis ablegen von den Hoffnungen und Ängsten der Pilger, die seit Jahrhunderten zur Madonna von Birkenstein kommen.
Lage: Die Wallfahrtskapelle steht im oberbayerischen Leitzachtal oberhalb des Erholungsorts Fischbachau zwischen Schliersee und Wendelstein (1 838 m); Anfahrt über die Autobahn A 8: Ausfahrt Irschenberg, weiter auf der Landstraße nach Fischbachau und Birkenstein.
Anschrift: Wallfahrtskuratie Birkenstein, Kapellenweg 11, D-83730 Fischbachau, Tel.: 08028/830; Fax: 08028/90 59 64; Pfarramt St. Martin, Martinsweg 3, D-83730 Fischbachau, Tel.: 08028/90 67-0, Fax: 08028/90 67-20, E-Mail: St-Martin.Fischbachau@ erzbistum-muenchen.de

Birnau

Name der Wallfahrt: Wallfahrt zur „Lieblichen Mutter von Birnau"
Ort der Pfarrei: Pfarrkuratie Birnau, Uhldingen-Mühlhofen
Kirche: Wallfahrtskirche „St. Maria in Birnau"
Bistum: Freiburg (Deutschland)
Pilgerzeiten: Ganzjährig, vor allem an den Marienfesten; Sonntag nach dem 2. Juli zum Patrozinium der Wallfahrt, an jedem 13. eines Monats zur Fatimawallfahrt; Gottesdienste sonntags 7:30, 9.00 und 10.45 Uhr; die Wallfahrtskirche ist jeden Tag von 9.00-18.00 Uhr geöffnet; Besuchergruppen wird empfohlen, sich zu Führungen anzumelden.
Geschichte: Am Nordufer des Überlinger Seitenarms des Bodensees, auf einer Terrasse über dem See gebaut und ganz von schnurgeraden Rebgärten umgeben, ist die schlossähnliche Kirche das am schönsten gelegene Gotteshaus der ganzen Region und eine Rokokoperle ersten Ranges. Sie wurde 1746-1749 von dem Vorarlberger Baumeister Peter Thumb für die Reichsabtei Salem errichtet. Die Kirche erhielt eine reiche barocke Ausstattung mit Fresken von Gottfried Bernhard Göz sowie Stuckaturen, Altären und Skulpturen von Joseph Anton Feuchtmayer, deren bekannteste (und zweifellos am häufigsten verkitschte) der „Honigschlecker" ist, ein Putto mit Bienenkorb (Verweis auf die „honigsüße" Rede des hl. Bernhard von Clairvaux). Das der Kirche vorgelagerte Ordensgebäude mit dem markanten Glockenturm beherbergt heute ein Priorat der Zisterzienserabtei Wettingen-Mehrerau.
Mit der Wallfahrtskirche Birnau haben wir den seltenen Fall, in dem ein Marienheiligtum im Laufe der Geschichte seinen Standort gewechselt hat: Fast 600 Jahre stand es drei Kilometer nordwestlich vom heutigen Standort auf einem Hügel östlich von Nußdorf auf Überlinger Gebiet, gehörte jedoch

zu Salem. Streitigkeiten mit der Stadt Überlingen, besonders wegen des Weinausschanks im Wirtshaus neben der Wallfahrtskirche, veranlassten Abt Stefan II., die uralte Wallfahrt auf eigenes Territorium zu verlegen. Die alte Wallfahrtskirche, die möglicherweise schon seit dem 9. Jahrhundert bestanden hatte und für die zwei Ablassurkunden aus dem frühen 14. Jahrhundert vorliegen, wurde mit höchster Genehmigung abgebrochen, das holzgeschnitzte gotische Gnadenbild unter dem Schutz von 350 Mann Heiligenberger Dragoner nach Salem gebracht. Nach der Grundsteinlegung für die neue Kirche am 12. April 1746 dauerte der Bau nur vier Jahre. Als kurz danach, am 2. Mai 1746, Abt Stephan mit nur 45 Jahren starb, sah die Bevölkerung darin eine Strafe für die „Entführung" des Gnadenbildes.

Durch die relativ kurze Bauzeit und eine optimale finanzielle Ausstattung entstand ein Ensemble von ungewöhnlicher und umso beeindruckender Geschlossenheit. Der Maler Gottfried Bernhard Göz (1708–60) schuf für die Kirche ein mariologisches Bildprogramm, das um die wundertätige Marienfigur herum geplant ist. Die meisten Darstellungen richteten sich nicht an die pilgernden Laien, sondern an ein theologisch geschultes Publikum. Dementsprechend komplex sind die theologischen Bezüge zwischen den Bildelementen. Im Mittelpunkt steht die Jungfrau Maria, der die Kirche geweiht ist. Die Marienikonografie führt von überall her auf das Gnadenbild auf dem Altar hin. Durch die leuchtend blaue Farbe sind die einzelnen Darstellungen der Gottesmutter auch optisch aufeinander bezogen. Die Decke des Chorraums und des Langhauses mit ihren gewaltigen Fresken nehmen das Marienmotiv wieder auf.

Die etwa 80 Zentimeter hohe Marienstatue, die heute das Zentrum des Hochaltars bzw. der ganzen Marienkomposition bildet, wurde um 1420 im Salzkammergut von einem unbekannten Meister geschnitzt. Es ist eine spätgotische, gekrönte Sitzmadonna mit dem Jesuskind auf dem Schoß, das ein Kruzifix in der Hand hält.

Die Wallfahrt zum als wundertätig verehrten Birnauer Gnadenbild brach trotz der üblichen Einschnitte (Reformation, Dreißigjähriger Krieg, Säkularisation, Drittes Reich) nie völlig ab – wenn es auch eine Weile dauerte, bis der neue Standort akzeptiert war – und ist heute eine der größten im südwestdeutschen Raum.

1971 wurde die Kirche von Papst Paul VI. zur „Basilika minor" erhoben. Jährlich wiederkehrende Marienwallfahrten ziehen manchmal Zehntausende von

Pilgern an. Es gibt pro Jahr 18 offizielle Wallfahrten, deren beliebteste die Fatimawallfahrten sind (jeweils am 13. jedes Monats). Das Patroziniumsfest wird am Sonntag nach dem 2. Juli (Mariä Heimsuchung) begangen. Regelmäßig finden auch Konzerte statt. Die Kirche ist wegen ihrer malerischen Lage ein sehr beliebter Ort für Hochzeiten und darüber hinaus eine der meist besuchten Sehenswürdigkeiten am See.

Erstaunlich ist die hohe Zahl von insgesamt zehn Uhren an und in der Kirche. Drei Sonnenuhren finden sich an der Nordwest- und Südostseite des Ordensgebäudes sowie am Turm. Die anderen sieben werden von einem drei Tonnen schweren schmiedeeisernen Uhrwerk angetrieben, das wahrscheinlich um 1750 in den Werkstätten des Salemer Klosters von Bruder Maurus Undersee (1708-73) geschaffen wurde. 1963 baute man es während der Restaurierung der Kirche aus, es wurde erst nach vielen Verzögerungen 1979 wieder in Betrieb genommen. Vier große Zifferblätter befinden sich an den vier Turmseiten; das größte zum See hin hat einen Durchmesser von 3,10 Metern. Im Kircheninneren sind unter der Decke des Langhauses links und rechts des Chorraumes eine Sonnenzeituhr und eine Monduhr platziert. Die Zeiger der ersteren sind als Salemer Abtstab (mit einem um den Stab geschlungenen „S") bzw. als Pfeil gestaltet, bei der Monduhr zeigt eine sich drehende Mondkugel den Tag des Mondlaufs und die Mondphase an. Beide sind mit aufwändigen goldenen Ornamenten und allegorischen Figuren verziert. Sie verweisen auf den Lauf der Gestirne als Zeichen für die göttliche Ordnung des Kosmos, sind aber genauso Mariensymbole. Die „Marienuhr" befindet sich an der Decke des Langhauses.

Weiter sehenswert in der Region sind das Feuchtmayer-Museum, der Affenberg und Schloss Salem sowie die berühmten Pfahlbauten in Unteruhldingen. Ein Denkmal aus der jüngeren Geschichte kann man von der Kirche aus zu Fuß erreichen: Vom Oktober 1944 bis April 1945 arbeitete ein Trupp von rund 800 Häftlingen aus dem Konzentrationslager Dachau westlich von Überlingen an einem unterirdischen Stollensystem, in dem die Friedrichshafener Rüstungsbetriebe Dornier, Zeppelin und Maybach vor Bomben geschützt sein sollten (Goldbacher Stollen). Mindestens 168 Häftlinge überstanden in dieser Zeit die Haft- und Arbeitsbedingungen nicht und wurden verbrannt oder in einem Massengrab verscharrt. Nach Kriegsende exhumierte man auf Befehl der französischen Militärregierung die Leichen und setzte sie

am 9. April 1946 auf dem neu geschaffenen KZ-Friedhof Birnau 600 Meter östlich der Wallfahrtskirche bei.
Lage: Birnau ist der meistbesuchte Wallfahrtsort der Bodenseeregion und liegt malerisch an der Westroute der Oberschwäbischen Barockstraße zwischen Überlingen und Meersburg; Anfahrt über die Autobahnen A 81/98 (aus Richtung Frankfurt/Stuttgart kommend): Ausfahrt Stockach-Ost, auf der Bundesstraße B 31 nach Überlingen und weiter bis zur Abfahrt Uhldingen-Mühlhofen.
Anschrift: Zisterzienspriorat Birnau, D-88690 Uhldingen-Mühlhofen, Tel.: 07556/92 03-0, Fax: 07556/92 03-22, E-Mail: birnau@web.de

Blieskastel/Gräfinthal

Name der Wallfahrt: Wallfahrt zu „Unserer Lieben Frau"
Ort der Pfarrei: Blieskastel und Bliesmengen-Bolchen
Kirche: Wallfahrtskapelle Hl. Kreuz (Blieskastel) und Kloster- und Wallfahrtskapelle St. Marien (Gräfinthal)
Bistum: Speyer (Deutschland)
Pilgerzeiten: Blieskastel: Mai bis Oktober; die Kapelle ist das ganze Jahr über täglich geöffnet; Hauptwallfahrtstage sind alle Marienfeste; an jedem 13. des Monats Fatimatag; an hohen Festtagen und/oder beim Besuch größerer Pilgergruppen findet eine Prozession bzw. eine abendliche Lichterprozession statt; Gottesdienste sonntags (ganzjährig) 7.00, 9.00 und 11.00 Uhr (Mai-Oktober zusätzlich 19.00 Uhr); Gräfinthal: 24. Mai bis 15. September; tägliche Marienfeier für Gruppen 17.00 Uhr (Anmeldung erforderlich); täglicher Gottesdienst 10.30 Uhr

Geschichte: Blieskastel kann auf eine mindestens 4 000-jährige Geschichte zurückblicken. Zeuge dafür ist der Gollenstein, ein fast sieben Meter hoher Menhir (der größte in Mitteleuropa), der sich auf dem Hohberg über der Stadt Blieskastel erhebt und zahlreiche Besucher anzieht. Am Ende des Neolithikums oder in der frühen Bronzezeit um 2000 v.Chr. errichtet, erfuhr er in jüngster Vergangenheit ein trauriges Schicksal: 1939 legte ihn die Deutsche Wehrmacht um, um der französischen Artillerie keinen Zielpunkt zu bieten. Der Stein fiel und zerbrach in vier große und mehrere kleine Teile. 1951 wurden diese wieder zusammengefügt und der Stein in seiner ursprünglichen Form aufgestellt. Die Beschädigungen sind allerdings unübersehbar. Im Mittelalter wurde eine Nische mit einem Kreuz und den Buchstaben IHS auf der Rückseite eingemeißelt. Sie diente zur Aufnahme eines christlichen Kultgegenstandes, vielleicht einer kleinen Heiligenstatue oder eines Kreuzes. Wie oft bei vergleichbaren Objekten wurde dem Stein so eine christliche Bedeutung gegeben und der ursprüngliche Sinn verdrängt. Allerdings blieb ihm so auch das Schicksal erspart, völlig zerstört oder beseitigt zu werden. Rechts unterhalb der Nische ist, allerdings nur noch sehr undeutlich, eine menschliche Figur zu erkennen, die vielleicht noch aus vorchristlicher Zeit datiert.

Die erste urkundliche Erwähnung Blieskastels entstammt dem Jahr 1098. Unter dem Geschlecht derer von Leyer, das von 1456 bis 1798 das Geschehen in Blieskastel bestimmte, wurde die Stadt im Stil von Renaissance und, nach großen Zerstörungen im Dreißigjährigen Krieg, Barock geprägt. Kurzzeitig fiel es unter französische Herrschaft, wurde aber 1816 im Zuge des Wiener Kongresses Bayern zugesprochen. Im 20. Jahrhundert kam es zum Saarland.

Hoch über der Stadt liegt die Wallfahrtskapelle „Unserer Lieben Frau mit den Pfeilen". Sie wurde 1669 errichtet und schon bald durch einen größeren Bau ersetzt. Die ursprüngliche Wallfahrt ging zu einer Kreuzreliquie, wurde aber durch die französische Besetzung 1793 beendet. Die Kapelle diente als Pulvermagazin, an den Portalsäulen sind noch Inschriften von französischen Soldaten aus diesen Jahren zu erkennen. Das heute verehrte Gnadenbild, Maria mit dem toten Christus auf ihrem Schoß, gelangte in der gleichen Zeit von Gräfinthal (s.u.) nach Blieskastel, wurde aber von den Franzosen versteigert. Es blieb in der Region und geriet 1829 in die Hl.-Kreuz-Kapelle, wo man es vergaß. 1911 wiederentdeckt, stellte man es zwei Jahre darauf in der Kapelle auf dem Hochaltar auf. 1924 baute man eine größere Wallfahrtskirche und ein Kloster der Kapuziner.

Die Pietà ist aus Eichenholz, 80 Zentimeter hoch und 47 Zentimeter breit. Fünf eiserne Pfeilspitzen stecken in ihr, eine noch mit dem Schaftende. Die Legende besagt, dass im 13. Jahrhundert ein als Eremit in der Gegend lebender Ritter das Gnadenbild in einer hohlen Eiche verehrte. Durchziehende Krieger plünderten die Kapelle und beschossen das Bild, woraufhin aus den Einschussstellen Blut geflossen sei. Ein Blinder bestrich seine Augen damit und wurde sogleich sehend. Auch die an einem Augenleiden erkrankte Gräfin von Blieskastel habe Heilung erlangt. Kloster und Kirche seien daraufhin von ihr gegründet worden.

Gebetserhörungen und Heilungen zogen lange Zeit Wallfahrer an die Gnadenstätte. Heute kommen Jahr für Jahr mehr als 50 000 Wallfahrer, vorwiegend aus der Pfalz, dem Saarland und dem benachbarten Lothringen.

Oberhalb des Blieskasteler Stadtzentrums an der Schlossbergstraße liegt ein weiteres Wahrzeichen der Stadt, die Franziskaner-Klosterkirche. Sie wurde im Auftrag von Franz Carl von der Leyen in den Jahren 1776 bis 1781 für die Franziskanermönche der Rheinischen Provinz erbaut und diente als Kirche für das Adelsgeschlecht derer von der Leyen.

Die Klosterkirche ist ein weiter Saalbau mit umlaufender Hohlkehle und fünf Fensterachsen. An der Ostseite ist er durch Abschrägung mit dem dreiseitig geschlossenen Chorraum verbunden. Flache Doppelpilaster gliedern die Wände von Chor und Schiff. Außen wiederholt sich die Pilastergliederung mit doppeltem Gebälk im frühklassizistischen Stil. Ungewöhnlich reich gestaltet ist die Westfassade, die an italienische Barockfassaden erinnert. Pilaster in Kolossalordnung schließen mit einem Triglyphengebälk ab, darüber erstreckt sich das Giebelgeschoss mit Eckvoluten, im Kontrast dazu ist das gerahmte Portal mit Dreiecksgiebel und toskanischen Doppelsäulen streng klassizistisch gehalten. Zopfige Vasen mit Medaillons erblickt man über dem Portal. In zwei Stufen krönen wiederum Vasen den Giebel, oben endet er unter einer Krone mit einem reichen Wappenarrangement des Herrscherhauses.

Während der Französischen Revolution ging die Kircheneinrichtung verloren. 1810 brachte man Altar, Kanzel und Orgel der bisherigen Pfarrkirche St. Sebastian in die alte Franziskanerkirche, die jetzt seit 1809 Pfarrkirche der Kirchengemeinde ist. Vielleicht waren das Kommuniongitter, der Taufstein, die Marienstatue am linken Seitenaltar und das Weihnachtsrelief am Eingang früher auch in der St.-Sebastian-Kirche. 1816 kamen die Seitenaltäre hinzu. Verschiedene wertvolle liturgische Geräte ergänzen die kostbare Ausstattung.

Eine Besichtigung der Kirche ist momentan nicht möglich: Im Juni 2005 stürzte ein Stück des großen Deckengemäldes vorn auf der rechten Seite in das Deckennetz, die Schlosskirche musste bis auf weiteres geschlossen werden.

Eng mit der Wallfahrt nach Blieskastel verbunden ist die nach Gräfinthal: Aus Dankbarkeit für die Heilung eines Augenleidens (s.o.) erbaute Gräfin Elisabeth von Blieskastel der Überlieferung nach 1243 in Gräfinthal ein Kloster für die Mönche der Benediktiner-Kongregation der Wilhelmiten. Über Jahrhunderte hinweg beherbergte die Kirche des Klosters das Gnadenbild „Unsere liebe Frau mit den Pfeilen", das heute in Blieskastel verehrt wird. Es zog Wallfahrer aus den Rheinlanden, aus

Lothringen und dem Elsaß zu der Gnadenstätte. Mindestens fünf Mal wurden Kirche und Kloster völlig zerstört und durch Mönche und Pilger wieder aufgebaut. Nachdem die Mönche ihren Konvent 1786 nach Blieskastel verlegt hatten, zerfiel das Kloster und die Wallfahrt kam fast zum Erliegen. 1809 wurde in den Ruinen eine neue Kapelle gebaut. Das ebenfalls 1809 gekaufte, heutige Gnadenbild ist eine aus dem 15. Jahrhundert stammende Marienstatue, zu der die Wallfahrt nach dem Zweiten Weltkrieg verstärkt wieder aufgenommen wurde. Im 750. Gründungsjahr des Klosters, 1993, berief der Bischof von Speyer wieder Benediktinermönche, die aus den Abteien Vaals (Niederlande) und Clervaux (Luxemburg) kamen, an die Gnadenstätte.

Neben einer Naturbühne und einem Freilichtmuseum sowie vielen archäologischen und anderen Sehenswürdigkeiten (etwa der Gollenstein, s.o., oder der Europäische Kulturpark Bliesbruck-Reinheim) hat die Region noch den Bliestal-Freizeitweg zu bieten: Die ehemalige Bahntrasse der Bliestal-Bahn zwischen Blieskastel und Reinheim wurde asphaltiert und ist nun ein Freizeitweg besonderer Art. Auf 15,7 Kilometern hat der Radler oder die Inline-Skaterin freie Bahn ohne motorisierten Verkehr und anstrengende Steigungen, entlang der Blies mitten durch Wiesen und Feuchtgebiete.

Lage: Das Barockstädtchen Blieskastel ist staatlich anerkannter Kneippkurort und liegt an der Blies (Fahrradweg auf alter Bahntrasse bis Reinheim) zwischen Saarbrücken und Zweibrücken (ehemaliges Residenzschloss, Rosengarten); Anfahrt über die Autobahn A 8: Ausfahrt Homburg-Einöd, weiter auf der Bundesstraße B 423; die Zufahrt zur hoch über der Stadt liegenden Wallfahrtsstätte ist ausgeschildert (großer Parkplatz und Gaststätte auf dem Klostergelände vorhanden; zu Fuß fünf Minuten in die Altstadt); Gräfinthal (Freilichtbühne) liegt bei Bliesmengen-Bolchen rund 20 km südöstlich von Saarbrücken im reizvollen Mandelbachtal (gut ausgebautes Rad-, Reit- und Wanderwegenetz) an der Grenze zu Frankreich; Anfahrt über die Autobahn A 8: Ausfahrt Homburg-Einöd, weiter auf der Bundesstraße B 423 über Blieskastel (Barockstadt, Wallfahrtsort) in Richtung Mandelbachtal.

Anschrift: Wallfahrtskloster der Kapuziner, Klosterweg 35, D-66440 Blieskastel, Tel.: 06842/23 23; Katholisches Pfarramt St. Sebastian, Schlossbergstraße 47, D-66440 Blieskastel, Tel.: 06842/23 19, Fax: 06842/53 70 29, E-Mail: kpfa.blieskastel@arcor.de; Verkehrsamt Blieskastel,

Kardinal-Wendel-Straße 56, D-66440 Blieskastel, Tel.: 06842/520-75, Fax: 06842/520-76, E-Mail: verkehrsamt@ blieskastel.de; Priorat Gräfinthal, D-66399 Mandelbachtal, Tel.: 06804/68 36 (11.30-12.30, 14.30-17.00, 18.00-19.30 Uhr); Katholisches Pfarramt Bliesmengen-Bolchen, Bliestalstraße 58a, D-66499 Mandelbachtal, Tel.: 06804/218, Fax: 06804/14 18, E-Mail: pvb.mandelbachtal@t-online.de

Bocholt

Name der Wallfahrt: Wallfahrt zum Hl. Kreuz
Ort der Pfarrei: Bocholt
Kirche: Pfarrkirche St. Georg
Bistum: Münster (Deutschland)
Pilgerzeiten: Kreuzverehrung ganzjährig, u.a. Prozessionen der umliegenden Ortschaften zum Bocholter Kreuz in St. Georg am Sonntag nach dem Fest „Kreuzerhöhung" (14. September); Gottesdienste sonntags 9.30 Uhr und 11.00 Uhr; Besichtigung der Schatzkammer jederzeit nach Absprache mit dem Pfarrbüro möglich
Geschichte: 1315 ereignete sich der Überlieferung nach in einer Kirche in Bocholt ein „Blutwunder": Vom Gnadenbild des Gekreuzigten spritzte Blut in das Gesicht eines Mannes, auf die Kleider einer Frau und an die Kirchenwand. Nur wenig später wurde das Land durch Überschwemmungen verwüstet. Das Kreuz aber wurde fortan als wundertätig verehrt. Bei Nachforschungen über das Kreuz fand man 1907 – eingenäht im Saum eines Frauenmantels – ein Pergamentstück, auf dem in lateinischer Sprache von der Begebenheit des Jahres 1315 berichtet wird.

In der Stadtgeschichte Bocholts finden sich immer wieder Hinweise auf die religiösen Feierlichkeiten, bei denen das Kreuz eine wichtige Rolle spielte. 1415 begann man mit dem Bau einer neuen Kirche, die 1486 fertig gestellt und dem hl. Georg geweiht wurde.

Während der Reformation kam die Kreuzverehrung in Bocholt allerdings fast zum Erliegen. Erst nach dem Ende des Dreißigjährigen Krieges 1648 nahm die Zahl der Gläubigen, die das Kreuz zum Vortragen ihrer Bitten aufsuchten, wieder zu.

Die Bedeutung des Bocholter Kreuzes wurde noch erhöht, als im Jahr 1788 Papst Pius VI. allen Gläubigen, die an bestimmten Feiertagen vor dem Kreuz die hl. Sakramente empfingen, einen Ablass gewährte.

Bei einem Bombenangriff im März 1945 wurden über 80% der Stadt Bocholt zerstört. Auch die Pfarrkirche St. Georg lag in Schutt und Asche, und die gesamte Innenausstattung wurde schwer beschädigt. Nur das verehrte Kreuz, das in einem Bunker an der Südseite der

Kirche aufbewahrt worden war, blieb unversehrt.

Kunst: Untersuchungen aus dem Jahr 2000 haben ergeben, dass das in Bocholt verehrte Gabelkreuz vermutlich Anfang des 14. Jahrhunderts nach einem Kölner Vorbild geschnitzt wurde. Es handelt sich um ein so genanntes Astkruzifix, bei dem die Querbalken des Kreuzes nach oben zeigen, was den leidenden Ausdruck des Gekreuzigten verstärkt.

Die gotische Hallenkirche St. Georg, in der das Kreuz steht, wurde 1415-86 auf den Fundamenten eines romanischen Vorgängerbaus errichtet. Nach der Zerstörung bei einem Luftangriff 1945 wurde sie nach altem Vorbild rekonstruiert. Obwohl ein Großteil der Kunstschätze unwiederbringlich verloren ging, sind in der Kirche bzw. in der 1980 erbauten Kunstkammer auch heute noch alte Gemälde, Handschriften, Messgewänder und Goldschmiedearbeiten zu sehen.

Lage: Bocholt (Renaissance-Rathaus) liegt im westlichen Münsterland an der Grenze zu den Niederlanden; Anfahrt über die Autobahn A 3 (Ausfahrt Bocholt/Rees oder Hamminkeln) oder A 31 (Ausfahrt Borken, weiter auf der Bundesstraße B 67 über Borken und Rhede nach Bocholt).

Anschrift: Katholisches Pfarramt St. Georg, St.-Georg-Platz 4, D-46399 Bocholt, Tel.: 02871/25 44 12, Fax: 02871/123 22, E-Mail: Rudi-Gehrmann@freenet.de

Bochum-Stiepel

Name der Wallfahrt: Wallfahrt zur „Schmerzhaften Mutter"
Ort der Pfarrei: Bochum-Stiepel
Kirche: Wallfahrtskirche St. Marien
Bistum: Essen (Deutschland)
Pilgerzeiten: Während der Hauptwallfahrtszeit von Mai bis Ende Oktober jeden Mittwoch 15.00 Uhr Wallfahrtsmesse und 17.00 Uhr Andacht; am 11. jeden Monats findet die so genannte Monatswallfahrt (Beginn 18.00 Uhr) mit Vesper, Rosenkranzgebet, Festmesse und Andacht sowie anschließendem gemütlichen Beisammensein statt; Gottesdienste sonntags 8.30 und 10.00 Uhr

Geschichte: Das Gnadenbild, das die Wallfahrer heute in Bochum-Stiepel verehren, stammt vermutlich aus der ersten Hälfte des 15. Jahrhunderts. Es stellt die Gottesmutter dar, die auf ihrem Schoß den vom Kreuz abgenommenen Jesus hält. Zu der Zeit, als die Schnitzerei entstand, gab es bereits seit mehreren hundert Jahren eine kleine Kirche in Stiepel: Man weiß um eine Erlaubnis des Kölner Erzbischofs aus dem Jahr 1008, in der dieser dem Grafen Liudger und dessen Frau Imma den Bau einer eigenen Kirche auf ihrem Hof Stiepel genehmigt. Bereits 1294 wurde die Kirche durch ein Dekret des Papstes Bonifatius VIII. als

Wallfahrtsort bestätigt und erhielt acht Ablasstage.

Anfang des 17. Jahrhunderts wurde Stiepel evangelisch, und man verkaufte oder verschenkte das gesamte Inventar der Kirche. Das Gnadenbild tauchte im 19. Jahrhundert im Besitz des Rektors Heinrich Johannes Giese wieder auf, der es in der Schlosskirche von Lütgendortmund aufstellen ließ. Erst 1920 kam es nach Stiepel zurück, wo es in der im neugotischen Stil mit sternförmigem Grundriss neu errichteten katholischen Kirche St. Marien (1930 offiziell zur Wallfahrtskirche erhoben), seinen Platz fand und heute wieder von fast 70 000 Pilgern jährlich verehrt wird.

Nach der Gründung einer Niederlassung des Zisterzienserordens der österreichischen Kongregation – angeregt durch den ersten Bischof von Essen, Kardinal Franz Hengsbach – leben seit 1988 in Stiepel wieder Mönche, die die Wallfahrt zur „Schmerzhaften Mutter" betreuen.

Kunst: Das Gnadenbild der „Schmerzhaften Mutter" von Stiepel entstand vermutlich um 1430. Die geschnitzte Plastik zeigt Maria, auf ihrem Schoß den gerade vom Kreuz abgenommenen Jesus. Diese Darstellungen, bei denen das Leiden Christi und der Gottesmutter im Vordergrund stehen, werden „Pietà" genannt.

Bei Ausgrabungen in den 1950er und 1960er Jahren konnte die Baugeschichte der ehemaligen Wallfahrtskirche in Stiepel rekonstruiert werden: Der erste Bau – von Gräfin Imma gestiftet – war vermutlich eine kleine, flachgedeckte Saalkirche. In der zweiten Hälfte des 12. Jahrhunderts entstand ein Neubau in Form einer romanischen Basilika, die später zu einer Hallenkirche ausgebaut wurde. Von dem alten Gotteshaus sind heute außer dem Turm auch noch einige sehenswerte Wand- und Gewölbemalereien erhalten.

Lage: Stiepel liegt im Süden von Bochum (Bergbaumuseum) am Kemnader See; Anfahrt über die Autobahn A 43: Ausfahrt Witten-Herbede, weiter in Richtung Hattingen und an der ersten Ampel rechts in die Kemnader Straße abbiegen; Bus/Bahn: Bochum Hauptbahnhof, dann Buslinie CE 31 oder 349 bis Haltestelle Haarstraße.

Anschrift: Katholisches Pfarramt St. Marien, Am Varenholt 15, D-44797 Bochum-Stiepel, Tel.: 0234/777 05-52, Fax: 0234/777 05-18, E-Mail: St.Marien.Bochum-Stiepel@ bistum-essen.de; Zisterzienserkloster Bochum-Stiepel, Am Varenholt 9, D-44797 Bochum-Stiepel, Tel.: 0234/777 05-0, Fax: 0234/777 05-18, E-Mail: Kloster-Stiepel@bistum-essen.de

Bockenheim a.d. Weinstraße

Name der Wallfahrt: Wallfahrt zu den hll. Petrus und Paulus
Ort der Pfarrei: Bockenheim
Kirche: Wallfahrtskapelle „St. Petrus und Paulus zu den Stufen der allerseligsten Jungfrau Maria" (genannt „Heiligenkirche / Helljeskerch")
Bistum: Speyer (Deutschland)
Pilgerzeiten: Die Hauptwallfahrten finden am Wochenende vor bzw. nach dem 29. Juni (Fest Peter und Paul) statt.
Geschichte: Über die Stiegelgasse von Bockenheim gelangt man auf einem alten Pilgerweg zu der Wallfahrtskapelle, die der Gottesmutter Maria und den Heiligen Petrus und Paulus geweiht ist und im Volksmund „Helljeskerch" genannt wird. 1496 stand dort laut urkundlicher Ersterwähnung „auf dem Petersberg" eine Wallfahrtskirche mit drei Altären und einer Quelle, deren Wasser als heilkräftig galt. Die Wallfahrer konnten hier die kranken Glieder waschen und baden. Es wurde aber auch Wasser abgefüllt und verschickt. Im Tauschhandel gab es für ein Fass des Heilwassers ein Fass Moselwein. 1565 wurde das Baden von Kindern am Petersbrunnen bei 10 Gulden Strafe verboten.

Die Anfänge der Kapelle sind nicht geklärt, sie dürften aber weit ins Mittelalter zurückreichen, wofür vor allem das Petruspatrozinium spricht. Oft wurden Peterskirchen an der Stelle heidnischer Heiligtümer errichtet, besonders wenn diese an oder über Quellen lagen. Die erste Kirche auf dem Petersberg wird wohl eine Holzkirche gewesen sein, die im Laufe des Hochmittelalters durch einen romanischen Steinbau ersetzt wurde. Das bei Planierungsarbeiten gefundene Teilstück eines Sandsteinfrieses aus frühromanischer Zeit mag ein Hinweis darauf sein. Der hl. Philipp von Zell, der in der zweiten Hälfte des 8. Jahrhunderts im Raum Worms wirkte, wurde öfter mit der Kapelle in Verbindung gebracht, konkrete Zeugnisse dafür gibt es aber nicht.

Für das Jahr 1287 ist ein Flurname „Am Heiligenborn" belegt, Quelle und Heiligenverehrung waren also schon existent. Einen weiteren Hinweis auf das Vorhandensein eines Gotteshauses könnte eine schriftliche Anordnung (Weistum) von Großbockenheim geben, wo um das Jahr 1340 von einem „Bergpfennig" die Rede ist, vielleicht der im Mittelalter erhobene Peterspfennig, den die Katholiken jährlich an den Papst abzuführen hatten.

Ob St. Peter irgendwann zuvor Ziel von Wallfahrten war, ist nicht zu klären. In der Veldenzer Fehde brannte man die Kapelle 1471 nieder. Wegen der Reformation und der daraus resultierenden Vertreibung der Katholiken aus Großbockenheim kam es lange nicht zu einem Wiederaufbau. Die häufig anzutreffende Vermutung, die Franzosen hätten 1698 oder während der Französischen Revolution die Kirche zerstört, trifft also nicht zu.

Eine nach dem Dreißigjährigen Krieg langsam wieder anwachsende katholische Gemeinde unternahm schon vor 1740 den Versuch, die Kapelle neu zu errichten. Förderer und Bauherr könnte der 1737 zum katholischen Glauben übergetretene Graf Karl-Ludwig von Leiningen-Emichsburg gewesen sein. Dieser starb jedoch 1747 ohne männliche Erben, und auf der Emichsburg zogen wieder lutherische Landesherren ein. Damit brach die Finanzierung des Projekts zusammen, und der bereits bis zur Dachhöhe hochgezogene Neubau blieb unvollendet und verfiel wieder.

1825 versteigerte man die Reste der Anlage, um sie abzureißen. Die „Krypta", ein tonnengewölbter Raum über der Quellfassung mit nach Osten geöffneten Torbogen, wurde aber gerettet. 1859 wurde der Baubestand gesichert, 1936 erhielt das Tonnengewölbe seinen jetzigen kapellenartigen Aufbau.

Mit dem Neubau auf dem Petersberg wurde auch das Patrozinium um den hl. Paulus und die Gottesmutter erweitert. Maria wurde zum eigentlichen Ziel der Wallfahrer, das Wasser des Petersbrunnen war nur noch eine willkommene Dreingabe.

1966 begannen Ausgrabungsarbeiten an den Fundamenten der Kapelle. Die freigelegten Mauern eines barocken, einschiffigen Kirchenraums von etwa 35 Metern Länge dürften mit dem vor 1740 unvollendet gebliebenen Bau identisch sein. Darunter fanden sich Reste einer kleineren Anlage, die ins Mittelalter datiert. 1970 barg man den 1851 vor der Krypta vergrabenen Taufstein aus dem 16. Jahrhundert und stellte ihn in der 1936 neu erbauten Pfarrkirche St. Lambert auf.

Die jüngste Totalrenovierung der „Helljeskerch" erfolgte in den Jahren 1984/85. Die eingestürzte Umfassungsmauer nördlich des Portals wurde wieder aufgebaut, Dach und Türmchen neu gedeckt. Seit 1987 steht die Kapelle unter Denkmalschutz.

Kunst: Die in der katholischen Pfarrkirche St. Lambert stehende „Traubenmadonna" kam mit einem um 1471 in Worms gekauften Altar nach Bockenheim. Die wertvolle Skulptur aus der Mitte des 15. Jahrhunderts ist aus Lindenholz gearbeitet und stellt Maria mit dem Jesuskind auf dem Arm dar. Das hübsch gelockte Kind hat eine blaue Dolde in seiner linken Hand, aus der es mit seiner rechten gerade eine einzelne Traube herausgelöst hat.

Die alte Lambertskirche wurde von 1700 bis 1922 als so genanntes Simultaneum, also von protestantischen und katholischen Gläubigen, genutzt. Im Jahre 1922 erhielt die katholische Pfarrei eine Abfindung, ab da war die protestantische Kirchengemeinde alleinige Eigentümerin des Gotteshauses. Der Turm der mittelalterlichen Kirche stammt ursprünglich aus dem 11. Jahrhundert.

Lage: Der Weinbauort Bockenheim liegt zwischen Alzey (Burg Alzey) und Bad Dürkheim (Klosterruine Limburg, Burgruine Hardenburg) an der Bundesstraße B 271 (Deutsche Weinstraße) rund 15 km westlich von Worms (spätromanischer Dom St. Peter, gotische Liebfrauenkirche, Nibelungenmuseum); Anfahrt per Bahn oder über die Autobahnen A 61 (Ausfahrt Worms, weiter in Richtung Weinstraße) oder A 6: Ausfahrt Grünstadt, weiter auf der B 271 bis Bockenheim.

Anschrift: Katholisches Pfarramt St. Lambert Bockenheim, Bossweiler 7, D-67280 Quirnheim, Tel.: 06359/42 23, Fax: 06359/40 92 13, E-Mail: pvb.gruenstadt@t-online.de; Gemeinde Bockenheim, Leininger Ring 51, D-67278 Bockenheim, Tel.: 06359/946 41-0, Fax: 06359/946 41-4, E-Mail: info@bockenheim.de

Bodenheim

Name der Wallfahrt: Wallfahrt zu „Unserer Lieben Frau"
Ort der Pfarrei: Bodenheim
Kirche: Wallfahrtskapelle „Maria Oberndorf"
Bistum: Mainz (Deutschland)
Pilgerzeiten: Hauptwallfahrtstag ist der Sonntag nach dem 2. Juli (Fest „Mariä Heimsuchung")
Geschichte: Die Bodenheimer Wallfahrt ist erstmals im 13. Jahrhundert urkundlich erwähnt. 1271 bestand schon eine der Gottesmutter geweihte Kapelle. Später war ein Gnadenbild von 1450 Ziel der Pilger. Die Reformation und der Dreißigjährige Krieg setzten dem Kirchlein arg zu, doch ein Ablass von 1744 durch Papst Benedikt XIV. hielt die Wallfahrt noch eine Weile am Leben. Endgültig wurde sie 1794 durch französische Freischärler zerstört und später zum Abbruch freigegeben. Das verehrte Marien-Gnadenbild aber konnte gerettet und in die Pfarrkirche überführt werden, wo es auch heute noch verehrt wird.

Die Wiedererrichtung der Kapelle wurde lange durch kirchenfeindliche Tendenzen und die Restriktionen des Kulturkampfes verzögert, bis sie 1891 endlich neu erbaut werden konnte. Heute bedarf sie dringend einer Renovierung. Der im Herbst 1999 gegründete Förderverein zum Erhalt der Wallfahrtskapelle „Maria Oberndorf"

hat sich der Aufgabe angenommen. Zuletzt wurden 2003 rund 600 000 Euro für die Sicherung der Fundamente ausgegeben. Die traditionelle Wallfahrt, die am Fest „Mariä Heimsuchung" bzw. am darauffolgenden Sonntag in Form einer Prozession von der Pfarrkirche St. Alban zur Kapelle durchgeführt wird, findet trotzdem statt. Bei einem Besuch der Albanskirche kann man eine prachtvolle gold-weiße Rokokokanzel von Johann Kaspar Hiernle aus der Mainzer Stephanskirche, zwei barocke Seitenaltäre aus dem Ostchor des Mainzer Doms und einen Hochaltar aus Worms besichtigen, auf dem das Gnadenbild der Madonna mit dem Kind seinen Platz hat.
Lage: Bodenheim liegt nahe des linken Rheinufers wenige Kilometer südlich der Bischofsstadt Mainz (Dom St. Martin und St. Stephan, Kurfürstliches Schloss mit Römisch-Germanischem Zentralmuseum); Anfahrt über die Autobahnen A 60/63/67: Ausfahrt Mainz-Laubenheim, weiter auf der Landstraße über Laubenheim nach Bodenheim.
Anschrift: Katholisches Pfarramt St. Alban, Kirchbergstraße 18, D-55294 Bodenheim, Tel.: 06135/28 77, Fax: 06135/95 18 59; Tourist-Info, Obergasse 22, D-55294 Bodenheim, Tel.: 06135/63-95, Fax: 06135/63-97; Pilgerstelle Bischöfliches Ordinariat Mainz, Domstraße 10, D-55116 Mainz, Tel.: 06131/25 34 13, Fax: 06131/22 37 97, E-Mail: pilgerstelle@Bistum-Mainz.de

Bogen/Bogenberg
Name der Wallfahrt: Wallfahrt zu „Unserer Lieben Frau"
Ort der Pfarrei: Bogenberg
Kirche: Pfarr- und Wallfahrtskirche „Mariä Himmelfahrt"
Bistum: Regensburg (Deutschland)
Pilgerzeiten: Mai bis September; die Kirche ist ganzjährig zugänglich; Gottesdienst sonntags 9.00 Uhr; die berühmte Holzkirchner Kerzenwallfahrt beginnt mit der Weihe der Kerze vor der Holzkirchner Pfarrkirche am Pfingstfreitag und endet mit dem Aufstellen in der Kirche am Bogenberg und einer Andacht am Pfingstsonntag; Öffnungszeiten Museum: mittwochs und samstags 14.00-16.00 Uhr, Sonn- und Feiertage zusätzlich 10.00-12.00 Uhr (geschlossen vom 1. November bis Ostern) oder nach vorheriger Anmeldung (Gruppen ab 10 Personen)
Geschichte: Historische Daten über die Entstehung der Marienwallfahrt auf den Bogenberg gibt es keine, aber Legenden wissen Folgendes darüber zu berichten: Zu der Zeit, als Graf Aswin von Bogen auf seiner Burg Bogenberg residierte (allgemein wird das Jahr 1104 genannt), soll ein Marienbildnis die Donau entgegen der Strömung geschwommen sein und an einem

Felsen, dem „Frauenstein", angehalten haben. Der eilends benachrichtigte Graf ließ die Figur bergen, ritt mit ihr auf dem normalerweise für ein Pferd nicht zu schaffenden steilen Pfad zur Burg hinauf, wo er sie in der Kapelle zur Verehrung aufstellte.

Beim damaligen Gnadenbild handelt es sich aller Wahrscheinlichkeit nach um die spätromanische Steinskulptur der Madonna, die noch heute in der Kirche neben dem Hochaltar ihren Platz hat. Später kam eine zweite Figur, eine „Maria in der Hoffnung", hinzu. Diese steht heute im Mittelpunkt des Interesses der Pilger.

Vielleicht gab es sogar bereits vor 1104 ein Marienheiligtum auf dem Bogenberg. Tatsache ist, dass der Bogenberg 1223 als „Berg der heiligen Maria" in Urkunden auftaucht und sich eine rege, von den Mönchen des nahen Benediktinerklosters Oberaltaich betreute Wallfahrt entwickelte. Nachdem das Geschlecht der Grafen von Bogen ausgestorben und die Burg verfallen war, errichteten die Mönche auf dem Bogenberg Ende des 13. Jahrhunderts eine größere Kirche, der 1463 ein weiterer Neubau folgte. Aus dem neben dem Gotteshaus für die Seelsorger gebauten Wohnhaus entstand später das Priorat Bogenberg. Seit der Aufhebung des Klosters Oberaltaich 1803 im Zuge der Säkularisation dient das Areal als Pfarrhof und Museum.

Schon vor dem Dreißigjährigen Krieg wurden von den Oberaltaicher Mönchen etwa zehn „Guttatenbücher" herausgegeben, die von zahlreichen Gebetserhörungen und Wunderheilungen erzählen. Auch nach dem Krieg erschienen weitere Mirakelbücher, die außer den Berichten über die wundertätige Madonna immer mehr Informationen über die verschiedenen Wallfahrten preisgeben.

In einer Ausgabe aus dem Jahr 1632 – verfasst vom Oberaltaicher Abt Veit Höser – wird auch erstmals eine Wallfahrt erwähnt, die es zu diesem Zeitpunkt schon lange gegeben haben muss und der die Gnadenstätte heute noch viel ihrer Popularität zu verdanken hat: Die Rede ist von der Holzkirchner Kerzenwallfahrt, die seit 1475, vielleicht auch „erst" seit 1492, besteht und heute als eine der ältesten Gruppenwallfahrten im gesamten deutschen Raum gilt. In der Gegend um Holzkirchen, einem kleinen Ort zwischen Vilshofen und Passau, vernichtete der Überlieferung nach um 1475 eine Borkenkäferplage soviel Wald, dass die Existenz vieler Holzkirchner gefährdet war. Daraufhin flehten diese die Gottesmutter um Hilfe an und gelobten eine jährliche Dankeswallfahrt mit einer großen Kerze zum Bogenberg. Die Käfer verschwanden, und die Holzkirchner hielten ihr Gelübde ein. Seither wird alljährlich aus einem rund 13 Meter langen Fichtenstamm und über 40 Kilo rotem Wachs eine Kerze gewickelt, die an Pfingsten in einem zweitägigen, rund 75 Kilometer langen Fußmarsch zum Bogenberg transportiert wird. Dabei schließen sich den Holzkirchner Pilgern immer mehr Gläubige aus den durchquerten Ortschaften an. Teilstrecken, insbesondere die letzten etwa 2 000 Meter vom Bogener Markplatz zur Wallfahrtskirche den Berg hinauf, muss die „lange Stang" traditionsgemäß aufrecht stehend getragen werden, abwechselnd von einem einzigen Mann alleine. Nicht nur Kraft, sondern auch Geschicklichkeit sind notwendig, um die Riesenkerze richtig auszubalancieren. Die „Ausbildung" der Kerzenträger zieht sich über mehrere Jahre hin. Bei der Kirche angekommen, geht es einmal um das Gotteshaus herum, bevor die Kerze im Inneren zu Ehren der Muttergottes aufgestellt wird, wo sie zwei Jahre lang verbleibt. Dieser Brauch hat sich bis heute erhalten und erfreut sich nicht nur bei den Holzkirchnern großer Beliebtheit, sondern zieht auch jedes Jahr Tausende von Schaulustigen an.

Kunst: In der weithin sichtbaren Wallfahrtskirche auf dem Bogenberg gibt es zwei Marien-Gnadenbilder: Neben der älteren, spätromanischen Steinskulptur, einer sitzenden Madonna mit dem Jesuskind auf dem Schoß, steht eine etwa 105 Zentimeter hohe Sandsteinplastik, die eine „Maria in der Hoffnung" (Maria Gravida) darstellt und auf ca. 1400 datiert wird. Die offensichtlich hochschwangere Maria hat beide Hände auf ihren gewölbten Bauch gelegt, darunter ist durch eine Aussparung im Kleid das Jesuskind im Leib der Mutter zu sehen. In der Entstehungszeit war das eine keineswegs ungewöhnliche Darstellung. Im Lauf der letzten sechs Jahrhunderte erlebte die Figur allerdings immer wieder einen Wandel in der Gestaltung und Bedeutung. Die Jesusfigur entspricht sicher nicht mehr der originalen, und die Sichtöffnung erhielt wiederholt unterschiedliche Formen (rund, oval, eckig). Je nach Zeitströmung wurde die schwangere Maria mit verschiedenen Kleidern behängt, zwischenzeitlich (irgendwann zwischen dem Ende des 15. und der ersten Hälfte des 17. Jahrhunderts) wurde das Gnadenbild auch zur „Ährenkleidmadonna" umdekoriert (und entsprechend umgedeutet), und ab Mitte des 19. Jahrhunderts verhüllte man es durch einen geschlossenen Mantel sogar gänzlich. Das letzte Mal wurde die Schwangerschaft im Jahr 1967 unter einem Kleid versteckt. Heute ist ein Kompromiss zu sehen: Ein weiter Umhang lässt einen kleinen Einblick frei.

Wer mehr über die Geschichte Bogens und Oberaltaichs, des Bogenbergs und die Wallfahrt erfahren möchte, sollte dem im Bogenberger Pfarrhof untergebrachten Kreis- und Heimatmuseum einen Besuch abstatten.

Lage: Bogen (Wiege des bayerischen Rautenwappens) mit dem steil aufragenden, 432 m hohen Bogenberg (Panoramablick) liegt an der Donau (Donauradweg!) zwischen Straubing und Deggendorf; Anfahrt über die Autobahn A 3: Ausfahrt Bogen, weiter auf der Landstraße in Richtung Straßkirchen bis zur Abzweigung Bogenberg (kurz vor der Donaubrücke); Parkplätze gibt es vor der Wallfahrtskirche und beim Gasthaus etwas unterhalb; der kürzeste, aber auch steilste Pfad führt vom Fuß des Bogenberges direkt zur Wallfahrtskirche hinauf; etwas weniger anstrengend ist der am Marktplatz in Bogen beginnende, rund zwei Kilometer lange Pilgerweg.

Anschrift: Katholisches Pfarramt Hl. Kreuz/Mariä Himmelfahrt, Bogenberg 10, D-94327 Bogen, Tel.: 09422/15 46 und 57 86 (Museum), Fax: 09422/61 19

Böllenborn

Name der Wallfahrt: Wallfahrt zu „Unserer Lieben Frau"

Ort der Pfarrei: Birkenhördt
Kirche: Wallfahrtskirche „Mariä Geburt"
Bistum: Speyer (Deutschland)
Pilgerzeiten: Mai bis September; Wallfahrten für Gruppen nach Anmeldung möglich; das Kirchlein ist während der Sommerzeit täglich geöffnet; Gottesdienst sonntags (ganzjährig) 9.30 Uhr

Geschichte: Mitten in einem malerischen Tal des Wasgaus zwischen Hohen Derst und Kahlenberg liegt der kleine Ort Böllenborn mit dem Kirchlein „Mariä Geburt". Es wurde 1489 an Stelle einer baufälligen Kapelle errichtet. Der 1492 vollendete Chor der Kirche ist noch original erhalten, das Langhaus wurde in den Jahren 1722, 1741 und 1768 erweitert. Über die Anfänge der Wallfahrt zu „Unserer Lieben Frau" ist nichts bekannt. Heute ist der Andrang nicht mehr sehr groß, doch finden immer noch organisierte Pilgergruppen ihren Weg nach Böllenborn.

Im knapp zwei Kilometer entfernten Birkenhördt ist die im neugotischem Stil um 1860 erbaute St.-Gallus-Kirche erwähnenswert, die für den kleinen Ort seltsam überdimensioniert wirkt. Die ungewöhnliche Größe resultiert aus der Tatsache, dass ihre Konzeption noch auf weitere Kirchenbesucher aus den Filialgemeinden Blankenborn, Böllenborn, Lauterschwan und Reisdorf ausgelegt war. Im Volksmund nennt man die Kirche

deswegen „Wasgau-Dom".
Hoch über Birkenhördt, auf dem so genannten Kapellenberg (Panoramablick!), stößt der Wanderer auf die „Friedenskapelle", deren Errichtung bereits in den 1930er Jahren geplant war, aber erst 1994 verwirklicht werden konnte. Das Kirchlein wurde 1997 der Gottesmutter Maria und dem hl. Bruder Konrad (1818-94; 1934 heilig gesprochen) geweiht und steht seither dem Besucher in den Sommermonaten am Wochenende offen.

Kunst: Das Gnadenbild der Kirche „Mariä Geburt" zeigt eine auf der Mondsichel stehende gekrönte Madonna mit dem nackten Jesuskind auf dem Arm, das mit einer Taube spielt. Die Figur kam 1517 nach Böllenborn. Sie war eine Zeit lang in Birkenhördt, der Pfarrkirche von Böllenborn, aufgestellt. 1746 erhielt sie einen Strahlenkranz.

Lage: Das Dorf Böllenborn gehört zur (Pfarr-)Gemeinde Birkenhördt/Landkreis „Südliche Weinstraße" und liegt im so genannten Wasgau im Naturpark und Biosphärenreservat Pfälzerwald vier Kilometer westlich von Bad Bergzabern und nur wenige Kilometer von der französischen Grenze entfernt; Anfahrt über die Autobahn A 65: Ausfahrt Kandel-Mitte, weiter auf der Bundesstraße B 427 über Kandel nach Bad Bergzabern, von dort in Richtung Birkenhördt bis zur Abzweigung nach Böllenborn.

Anschrift: Katholisches Pfarramt St. Gallus, Rustelstraße 5, D-76889 Birkenhördt, Tel./Fax: 06343/75 14; Pfarrverband Bad Bergzabern, Weinstraße 38, D-67887 Bad Bergzabern, Tel.: 06343/21 80, Fax: 06343/81 23, E-Mail: pvb.bad-bergzabern@t-online.de

Bornhofen
Name der Wallfahrt: Wallfahrt zur „Schmerzhaften Muttergottes von Bornhofen"
Ort der Pfarrei: Bornhofen
Kirche: Kloster- und Wallfahrtskirche „Mariä Himmelfahrt"
Bistum: Limburg (Deutschland)
Pilgerzeiten: Ganzjährig; Hauptwallfahrtszeit Mai bis Oktober; Gottesdienste sonntags 8.00, 10.00 und 11.15 Uhr

Geschichte: Von den als „feindliche Brüder" bezeichneten Burgruinen Liebenstein und Sterrenberg aus dem 13. Jahrhundert überragt, liegt idyllisch am Rhein das Marienwallfahrtskloster Bornhofen. Die erste schriftliche Erwähnung des Dorfes Bornhofen erfolgte im Jahre 1110, von 1140 bis Mitte des 13. Jahrhunderts ist ein Rittergeschlecht „von Bornhoven" nachweisbar. Am 15. Januar 1295 wird eine Kirche am Ort genannt (ecclesia in Burenhoven), während der Vorgängerbau der heutigen Wallfahrtskirche im Jahr 1311 als Kapelle bezeichnet wird. Papst Bonifatius IX. gewährte am 13. November 1389 der Marienkapelle zu Bornhofen einen unvollkommenen Ablass, und ein Pachtbrief aus dem Jahr 1393 bestätigt noch einmal, dass die Kirche „Unserer lieben Frau" (Unser Lyebin frauwen zu Burnhobin) geweiht war. 1314 war Bornhofen bei den Auseinandersetzungen um die Reichspfandschaft der Burg Sterrenberg zwischen dem Trierer Erzbischof Balduin von Luxemburg und dem Grafen Diether von Katzenelnbogen zerstört worden. 1391 begann Ritter Johann Brömser von Rüdesheim mit dem Bau einer neuen Kirche zu Bornhofen, wie er der Gottesmutter gelobt hatte. Seine Witwe Erlanda und sein Sohn Johann führten das Unternehmen nach seinem Tod bis 1435 zu Ende. Ausgrabungen von 1926 ergaben, dass an Stelle der jetzigen Kirche eine dreischiffige Basilika mit flacher Decke gestanden hatte. Auch wurden Fundamente eines Kreuzganges, der sich an die Kirche anschloss, entdeckt.

Das Kloster wurde auf Veranlassung des Erzbischofs Johann Hugo von Orsbeck 1680-84 erbaut und von Kapuzinern übernommen, da die Wallfahrt einen solchen Aufschwung genommen hatte, dass die Pilger nicht mehr alle von nur zeitweise anwesenden Priestern betreut werden konnten. Die Länge des West- und Ostflügels des barocken Klostergevierts beträgt 39 Meter, die des Süd- und Nordflügels 35 Meter. Den Innenhof umläuft der 15 mal 16 Meter große Kreuzgang.

Während der Säkularisation wurde das Kloster 1813 aufgehoben. Die Kirche sollte abgerissen werden, was aber am Widerstand der Bevölkerung scheiterte. 1827 kam Bornhofen zum neu gegründeten Bistum Limburg. Der damalige Bischof Peter Josef Blum kaufte 1850 einen Flügel des Klosters und beauftragte Redemptoristen aus Altötting mit der Betreuung der Gnadenstätte. Als 1873 der Kulturkampf ausbrach, mussten die Ordensbrüder nach nur 23 Jahren das Kloster und ihre Heimat verlassen und in die Verbannung gehen. 1890 kam es zu einer Wiederbesiedlung des Wallfahrtsklosters durch die Franziskaner der Thüringischen Ordensprovinz, die an die Tradition der Kapuziner und Redemptoristen anknüpften. Verschiedene Räume des Klosters wurden 1942-45 zur Unterbringung von „Volksdeutschen" genutzt. 1949 vernichtete ein Brand den Dachstuhl der Wallfahrtskirche sowie den oberen Stock des Klostergebäudes. Das Gnadenbild, eine Figur der Gottesmutter Maria mit dem Leichnam Christi auf dem Schoß, blieb jedoch unversehrt.

Nach über 100-jähriger Tätigkeit

wurden die Franziskaner der Thüringischen Provinz am 25. Oktober 1998 vom Kloster in Kamp-Bornhofen verabschiedet. Ihren gesamten Aufgabenbereich, insbesondere die Wallfahrten und das seesorgliche Engagement, übernahm die Franziskanerprovinz Immaculata Conceptionis B.V.M. aus Krakau, die in Polen einige Wallfahrtsorte betreut, u.a. den weltweit berühmten Wallfahrtsort Kalwaria Zebrzydowska.

Die beengte Lage des Wallfahrtsortes zwischen Rhein und steilen Schieferfelsen führte zu einer besonderen Art der Wallfahrt: Schon im Mittelalter unternahm man jedes Jahr eine Schiffsprozession von Köln-Maria Lyskirchen aus. Fußwallfahrten kamen aus dem Hunsrück, der Eifel, aus dem Taunus und dem Westerwald, von der Mosel und der Lahn.

Die Verehrung der Schmerzhaften Muttergottes vor ihrem Gnadenbild in Bornhofen ist nicht selten mit Erhörungen unterschiedlicher Art belohnt worden. Das belegt das 1681-1789 aufgezeichnete „Inventarium miraculosum", das über 50 wunderbare Heilungen benennt und näher beschreibt. Ein Ereignis ist durch ein bis heute noch erhaltenes und im Kloster aufbewahrtes Votivtäfelchen überliefert: Auf dem Gemälde ist das Bornhofener Gnadenbild und davor ein Mann mit dem Rosenkranz in der Hand kniend dargestellt. Unten rechts liest man: „Anno 1710. Zur hogsten lob und Ehr gottes und seiner heil. Mutter hab ich disses deflien (Täfelchen) machen lasen die mich von einer Wasser gefar miraculvoll gerettet und erhalten worden". Links steht der Name dessen, den die Muttergottes offenbar vor dem Ertrinken gerettet hat: „Benedictus Glöckner, steinmetz, bürger und meister in Mainz".

Bevor Votivtafeln üblich wurden, brachte man der Schmerzhaften Muttergottes aus Dankbarkeit andere Geschenke dar. Sie weisen auf die Übel und Krankheiten hin, die hier durch die Fürsprache der Gottesmutter Heilung oder Besserung gefunden haben. In einem Inventar von 1720 stehen verzeichnet: „3 grosse und 22 kleine silberne Füss, 2 silb. Händ, 12 silb. Augen, 1 silb. Kopf, 13 grosse silb. Herzen, 44 grosse und kleine silb. Agnus Dei, 27 vergoldete und 31 silberne Bildpfennig, 8 goldene und 6 silberne Ringe, 22 grosse und kleine Kreuzlein". Einen Teil der wertvollen Weihegaben verwendete man 1726 dazu, eine neue Monstranz und ein Ziborium anfertigen zu lassen. Sie hatten kaum im Tabernakel gestanden, als sie in der Nacht des 24. November 1726 gestohlen wurden, samt einem weiteren Ziborium, zwei silbernen Lampen und einer Silberkrone vom Haupte der Muttergottes.

Textile Votivgeschenke werden heute, da sie oft nicht oder nur schlecht erhalten sind, selten erwähnt. Zu ihrer Zeit stellten sie aber wertvolle Gaben dar. In Bornhofen ist die Rede von kostbaren Geweben, aus denen u.a. Gewänder für die (von Anfang des 18. bis Mitte des 19. Jahrhunderts bekleidete) Muttergottes gefertigt wurden.

Da wegen des beschränkten Platzes in Bornhofen eine Erweiterung der Kirche nicht in Frage kam, musste man eine andere Lösung für Gottesdienste, Sakramentenempfang und private Andacht für die Gläubigen der jährlich über 400 Prozessionen finden. 1912 formte man das Gelände an der Nordseite der Kirche, zu den Felsen hin, in einen Pilgerplatz um, der 1933 erweitert wurde. Zwar hatte man so Raum gewonnen, jedoch blieben die Wallfahrer nach wie vor der Witterung ausgesetzt. Nach 1945 nahm auch der Verkehr zu und beeinträchtigte das Wallfahrtsgelände. In den Jahren 1967-69 errichtete man deshalb die moderne Pilgerhalle. Der päpstliche Nuntius Bafile hielt hier am 15. Juni 1969 die erste Messe, die offizielle Einweihung nahm Weihbischof Walther Kampe am 3. Mai 1970 vor. Die umbaute Fläche hat etwa 900 Quadratmeter und weist 1 000 Sitz- und ebenso viele Stehplätze auf. Der Hauptraum besteht aus einem Quadrat mit 21,50 Metern Seitenlänge.

Kunst: Die Wallfahrtskirche „Mariä Himmelfahrt" hat eine Gesamtlänge von 37,50 Metern, die Breite des Schiffes beträgt 11,60 Meter, die des Chors 7,70 Meter. Die achteckigen Pfeiler, die die Kreuzgewölbe der vier Doppeljoche in der Mitte tragen, sind schlank geformt. Besonders schön wachsen die hochprofilierten Gewölberippen aus den Ecken dieser Pfeiler, die aus Basaltsteinen gehauen sind und einfache, achteckige Kapitelle tragen. Das erste Geschoss des Turms ist mit einem gotischen Kreuzgewölbe versehen, das aber 1702 beim Hinaufziehen der neugegossenen großen Glocke durchbrochen wurde.

Bei einer Renovierung im Jahr 1861 wurden umfangreiche Wandmalereien entdeckt, besonders am Triumphbogen, an den Chorwänden sowie an der Süd- und der Nordwand. Der gesamte Innenraum der Kirche war vermutlich einst mit spätgotischen Fresken ausgestaltet.

Die Vorgängerkirche um 1330 besaß einen Antoniusaltar. Im 17. Jahrhundert werden fünf Altäre erwähnt: der der Gottesmutter geweihte Hochaltar, der Kreuzaltar vor der Mitte des Chores, der Petrusaltar im Schiff auf der Evangelienseite, der Erasmusaltar und der Annenaltar unterhalb des Petrusaltars. Seit dem Ende des 19. Jahrhunderts existieren in Bornhofen nur noch zwei Seitenaltäre: neben der Gnadenkapelle ein Josephsaltar, auf der gegenüberliegenden Seite ein Franziskusaltar. Der ehemalige Hauptaltar im Chor war ein spätgotischer Flügelaltar von fast drei Metern Gesamthöhe. Davon besitzt das Rheinische Landesmuseum in Bonn zwei große (1,74 x 1,35 Meter) und acht kleinere Tafeln (1,05 x 0,44 Meter), und vier weitere große Tafeln von je 1,53 x 1,94 Metern befinden sich im Hessischen Landesmuseums in Darmstadt. Der jetzige marmorne Hochaltar mit einem großen Ölgemälde im Zentrum („Mariä Himmelfahrt") wurde dem Kapuzinerkloster im Jahre 1765 von Erzbischof Johann Philipp von Waldersdorff geschenkt.

Das Gnadenbild, eine 1,15 Meter hohe, geschnitzte Pietá, wird auf die zweite Hälfte des 15. Jahrhunderts datiert und dem rheinischen Kunstkreis zugerechnet. Beim Leichnam Jesu Christi fallen besonders der stark hervorgehobene Brustkorb sowie das große, dornengekrönte Haupt ins Auge. Die Krone der Gottesmutter stammt von 1854.

Die 1688-91 nördlich angebaute Gnadenkapelle wurde nach den Plänen Johann Christoph Sebastianis im Auftrag von Erzbischof Johann Hugo von Orsbeck errichtet. Der bedeutende Steinmetz Johann Theobald Weidemann war an der Ausführung des Projekts maßgeblich beteiligt. Der Gnadenaltar wurde am 26. Juli 1691 vom Trierer Weihbischof Petrus Verhorst geweiht.

Lage: Das Marienwallfahrtskloster Bornhofen liegt etwa 15 km südlich von Koblenz (Deutsches Eck, Felsenfestung Ehrenbreitstein, Schloss Stolzenfels) am rechten Rheinufer; Anfahrt von Koblenz aus auf der Bundesstraße B 42 oder per Bahn bzw. Schiff.

Anschrift: Wallfahrts- und Franziskanerkloster Bornhofen, Am Kirchplatz 2, D-56341 Kamp-Bornhofen, Tel.: 06773/959 78-0, Fax: 06773/959 78-20, E-Mail: kloster-bornhofen.ofm@t-online.de; Verkehrsamt Bornhofen, Rheinuferstraße 34, D-56341 Kamp-Bornhofen, Tel.: 06773/937-3, Fax: 06773/937-4

Breitenbrunn

Name der Wallfahrt: Wallfahrt zum hl. Sebastian
Ort der Pfarrei: Breitenbrunn
Kirche: Wallfahrtskirche St. Sebastian
Bistum: Eichstätt (Deutschland)
Pilgerzeiten: Der Festtag des hl. Sebastian ist der 20. Januar.
Geschichte: Die Wallfahrtskapelle von Breitenbrunn wurde im Jahr

1386 auf einem Hügel errichtet, an dessen Fuß eine Heilquelle entsprang, und dem hl. Sebastian geweiht. Der Heilige galt als Helfer gegen die Pest, und es ist zu vermuten, dass der Bau auf ein entsprechendes Gelöbnis während einer Seuche zurückzuführen ist.

Durch die Unterstützung des Grafen Ferdinand Lorenz von Tilly wurde die Kapelle in den Jahren 1702 bis 1708 vergrößert, eine erneute Weihe erfolgte 1720.

Zahlreiche Votivgaben in der Kirche liefern Zeugnis über die ehemalige Beliebtheit dieses Wallfahrtsortes. Eine Besonderheit sind einige bis zu 300 Jahre alte Kerzen, die von den Gläubigen gestiftet und später bei jeder Wallfahrt der Spender mitgetragen und wieder in die Kapelle zurückgebracht wurden.

Die zahlreichen Hufeisen an einer Kirchentür geben einen Hinweis darauf, dass der hl. Sebastian auch als Patron gegen Viehkrankheiten um Hilfe gebeten wurde.

Kunst: Zentrum des ursprünglich gotischen Bauwerks von 1386 ist ein reguläres Achteck (Oktogon) mit einem vorgebauten quadratischen Turm auf der Westseite. Später wurden die drei nach Osten liegenden Seiten durchbrochen und vor die östliche Öffnung ein Chor mit zwei Jochen gebaut.

Lage: Breitenbrunn liegt etwa 50 km westlich von Regensburg im Naturpark Altmühltal zwischen Dietfurt und Parsberg; Anfahrt über die Autobahn A 3: Ausfahrt Parsberg, weiter auf der Landstraße in Richtung Altmühltal; die Wallfahrtskirche liegt außerhalb von Breitenbrunn sehr malerisch auf einem ins Laabertal vorspringenden Felsen.

Anschrift: Katholisches Pfarramt Mariä Aufnahme in den Himmel, Marktplatz 4, D-92363 Breitenbrunn, Tel.: 09495/90 20 20, Fax: 09495/90 20 22

Buchenhüll

Name der Wallfahrt: Wallfahrt zu „Maria Aufnahme in den Himmel"
Ort der Pfarrei: Eichstätt (Dompfarrei)
Kirche: Katholische Filial- und Wallfahrtskirche St. Marien
Bistum: Eichstätt (Deutschland)
Pilgerzeiten: Mai bis September; Hochfest ist Mariä Himmelfahrt (15. August); vom 15. August bis 12. September pilgern Gläubige der Nachbargemeinden nach Buchenhüll; am Sonntag nach dem 12. September kommen etwa 3.000 Wallfahrer zur feierlichen Schlussandacht; Gottesdienst sonntags (ganzjährig) 9.30 Uhr
Geschichte: Buchenhüll war bereits zu Beginn des 14. Jahrhunderts ein bekannter und vielbesuchter Wallfahrtsort sowohl für das Volk als auch für den Eichstätter Klerus. In der Kirche wird ein Gnadenbild der Gottesmutter mit dem Jesuskind verehrt, das laut Legende in einer

Buche gefunden wurde. Im Jahr 1464 predigte hier der bekannte Dominikaner Peter Schwarz. Im 16. Jahrhundert stiftete Bischof Christoph von Pappenheim der Kirche ein Sakramentshaus, 1599 ließ Bischof Kaspar von Seckendorf zehn Martersäulen auf dem Weg von Eichstätt nach Buchenhüll aufstellen.

Kunst: Das frühgotische Gotteshaus stammt aus dem 13./14. Jahrhundert und wurde mehrmals umgebaut. Der Turm an der Ostseite des Chors datiert aus dem Mittelalter. Im 17. Jahrhundert wurde das Langhaus nach Westen verlängert, das heutige Obergeschoss entstand zu Beginn des gleichen Jahrhunderts. 1770 wurden die Kirchenfenster um das Doppelte vergrößert und erhielten die heutige Form. Der Hochaltar wurde 1666 vom Domdekan Franz Christoph von Heidenheim gestiftet. In der mittleren Nische der Kirche steht das verehrte Gnadenbild, eine um 1470 entstandene Marienfigur, die von Statuen des hl. Willibald und der hl. Walpurga, den Schutzpatronen der Diözese Eichstätt, flankiert ist. In einer Sakramentsnische findet sich eine Arbeit des seit 1513 in Eichstätt wirkenden Renaissance-Bildhauers Loy Hering.

Lage: Buchenhüll liegt im Altmühltal einige Kilometer östlich von Eichstätt (Radwanderweg Altmühltal!); Anfahrt über die Autobahn A 9: Ausfahrt Altmühltal, weiter über die Landstraße in Richtung Eichstätt bis Abzweigung Buchenhüll.

Anschrift: Katholische Filialkirchengemeinde, Parkhausstraße 17, D-85072 Eichstätt, Tel.: 0160/775 92 04

Buddenbaum

Name der Wallfahrt: Wallfahrt zur „Schmerzensmutter"
Ort der Pfarrei: Hoetmar
Kirche: Marienkapelle Buddenbaum
Bistum: Münster (Deutschland)
Pilgerzeiten: Mai bis September; das Hochfest wird am 2. Juli (Mariä Heimsuchung) gefeiert.

Geschichte: Über die Entstehung der Wallfahrt zur „Schmerzensmutter" nach Buddenbaum ist kaum etwas bekannt. Die kleine Kapelle wurde 1735 gebaut, eine erste Marienkapelle ist aber schon im Jahr 1550 beurkundet. Verehrt wurde ein Gnadenbild der Gottesmutter, die den gekreuzigten Jesus hält. Auch heute noch ist diese Pietà alljährlich das Ziel von Prozessionszügen aus dem Umland.

Kunst: Bei der Buddenbaumer Wallfahrtskapelle handelt es sich um einen einfachen, rechteckigen Backsteinbau mit einem Glockentürmchen an der Westseite. Der Altar stammt aus dem Spätbarock. Das Gnadenbild wurde um 1400 von einem unbekannten Künstler

aus Sandstein gefertigt. Die ursprüngliche Fassung ist jedoch durch einen Farbanstrich überdeckt.
Lage: Der kleine Ort Buddenbaum gehört zur Gemeinde Hoetmar und liegt rund 20 km östlich der Bischofsstadt Münster; Anfahrt über die Autobahn A 2: Ausfahrt Beckum, weiter auf der Bundesstraße B 475 über Neu-Beckum nach Ennigerloh und von dort auf der Landstraße nach Buddenbaum.
Anschrift: Katholisches Pfarramt St. Lambertus Hoetmar, Sendenhorster Straße 1, D-48231 Warendorf-Hoetmar, Tel.: 02585/436, Fax: 02585/93 53 37

Christkindl

Name der Wallfahrt: Wallfahrt zum „gnadenreichen Christkindl unterm Himmel"
Ort der Pfarrei: Christkindl
Kirche: Pfarr- und Wallfahrtskirche „Christkindl"
Bistum: Linz (Österreich)
Pilgerzeiten: Ganzjährig, vor allem in der Advents- und Weihnachtszeit; regelmäßige Gottesdienste sonntags 8.00 und 9.30 Uhr (Sonderzeiten u.a. während der Weihnachtszeit); Kirchenführungen ganzjährig für Gruppen ab 8 Personen nach Anmeldung möglich, für Einzelpersonen vom ersten Adventssonntag bis 6. Januar täglich 9.00-17.00 Uhr; das Christkindl-Postamt ist vom Freitag vor dem ersten Adventssonntag bis 6. Januar geöffnet, die Krippenausstellung und der Christkindlmarkt vom 1. Dezember bis 6. Januar täglich 9.00-17.00 Uhr (24., 25., 31. Dezember und 1. Januar verkürzte Öffnungszeiten; Museum und Laden für Gruppen ab 8 Personen ganzjährig nach Vereinbarung);
Geschichte: Ferdinand Sertl, Leiter der Feuerwache und Kapellmeister zu Steyr, litt seit seiner Kindheit an der Fallsucht (Epilepsie). 1695 kaufte er bei den Steyrer Nonnen ein aus Wachs geformtes Jesuskindlein. Er stellte das nur zehn Zentimeter hohe Figürchen in die Höhlung einer Fichte im „Wald Underm Himel", wie die Gegend hoch über dem rechten Steyrufer zu jener Zeit hieß. Drei Jahre lang pilgerte er dreimal die Woche zum Beten dort hinauf, und plötzlich war er völlig geheilt. Das Wunder sprach sich wie ein Lauffeuer herum, und die Wallfahrt zum „gnadenreichen Christkindl unterm Himmel" nahm ihren Anfang. Man errichtete um den Baum eine Holzkapelle, aber schon bald kamen so viele Pilger, dass man den Bau eines großen Gotteshauses in Angriff nahm. Die doppeltürmige Barockkirche mit ihrer kunstvollen Fassade, einem kreisförmigen Mittelraum mit hoher Kuppel und aufgesetzter Laterne sowie vier angefügten kleinen Rundräumen als Chor, Eingangshalle und Seitenkapellen mit Marien- und Kreuzaltar wurde 1702 auf Initiative des Abtes Anselm Angerer

vom Benediktinerkloster Garsten von Giovanni Battista Carlone begonnen und 1708-25 von Jakob Prandtauer, dem Architekten des Stifts Melk, vollendet. Das Gnadenbild des Jesuskinds, das Kreuz und Dornenkrone in Händen hält, erhielt seinen Platz am prächtigen, frei vor dem Apsishintergrund stehenden Hochaltar in einem kleinen, von einem goldenen Strahlenkranz umgebenen Schrein über dem als Weltkugel geformten Tabernakel. Zwei weitere Strahlenglorien umschließen Gottvater und den Hl. Geist in Form einer Taube. Hinter dem mit 35 Putten geschmückten Altar, vermutlich ein Werk des St. Pöltener Bildhauers und -schnitzers Leonhard Sattler, ist noch heute der originale Fichtenstamm zu sehen. Man schnitt ihn einst über dem Wurzelwerk ab und mauerte ihn in den Altarfuß ein.

In aller Welt bekannt wurde Christkindl, eine der stimmungsvollsten Gnadenorte Österreichs, durch die Einrichtung des Weihnachtspostamts im Jahr 1950. Damals wurden etwa 42 000 Sendungen gestempelt, heute werden in dem im Gasthaus Baumgartner untergebrachten Sonderpostamt über zwei Millionen Briefe und Postkarten gestempelt, seit 1965 mit zwei verschiedenen Sonderpoststempeln: vom Freitag vor dem ersten Adventssonntag an bis einschließlich 26. Dezember mit einem Weihnachtsmotiv und vom 27. Dezember bis zum 6. Januar mit einer Darstellung der Heiligen Drei Könige.

Einen Besuch wert sind auch die Loretokapelle und die gegenüberliegende Nepomukkapelle auf dem Kirchplatz, und ganz besonders die Krippenausstellung im Pfarrhof mit einer mechanischen Krippe, in der sich über die Hälfte der rund 300 Schnitzfiguren durch die biblische Landschaft bewegt, und einer orientalischen Großkrippe mit fast 800 bis zu 30 Zentimeter hohen Figuren auf einer Fläche von 58 Quadratmetern, die zu den größten Krippen der Welt zählt.

Lage: Christkindl, einer der stimmungsvollsten Wallfahrtsorte Österreichs, liegt im Süden des oberösterreichischen Steyr (Altstadt, Radwanderweg Steyrtal, Museumseisenbahn); Anfahrt über die Autobahn A 1: Ausfahrt Haag (aus Richtung Wien kommend) oder Ausfahrt Sattledt (aus Richtung Salzburg kommend); von Graz über die Pyhrnautobahn (A 9): Ausfahrt Spital/Pyhrn.

Anschrift: Katholisches Pfarramt Christkindl, Christkindlweg 69, A-4400 Steyr, Tel.: 0043/7252/546 22, Fax: 0043/7252/546 22-4, E-Mail: pfarre.christkindl@dioezese-linz.at oder kanzlei@pfarre-christkindl.at; Krippenverein Christkindl, Christkindlweg 69, A-4400 Steyr, Tel.: 0043/7252/509 35; Weihnachtspostamt Christkindl, A-4411 Christkindl, Tel.: 0043/7252/526 00; Tourismusverband der Stadt Steyr, Stadtplatz 27, A-4402 Steyr, Tel.: 0043/7252/532 29, Fax: 0043/7252/532 29-15, E-Mail: info@tourism-steyr.at

Clemenswerth

Name der Wallfahrt: Wallfahrt „Mariä Himmelfahrt"
Ort der Pfarrei: Sögel
Kirche: Schlosskapelle St. Hubertus
Bistum: Osnabrück (Deutschland)
Pilgerzeiten: Die Marienwallfahrt findet am 15. August (Mariä Himmelfahrt) statt; das Emslandmuseum ist vom 1. April bis 31. Oktober täglich außer montags von 10.00 bis 18.00 Uhr geöffnet.
Geschichte: Das Jagdschloss Clemenswerth wurde 1737-47 für den Kurfürsten und Erzbischof Clemens August von Köln erbaut. Die Anlage gilt als eines der sehenswertesten kulturgeschichtlichen Denkmäler des Spätbarock in Nordwestdeutschland.

1739 hatte Papst Clemens XII. der Gründung eines Klosters in Clemenswerth zugestimmt, rund zwei Jahre später bezogen die Mönche des Kapuzinerordens das hinter der Schlosskirche liegende Klostergebäude. Die der Gottesmutter und dem hl. Hubertus, dem Schutzpatron der Jagd, geweihte Kirche gewann an Bedeutung durch dort beigesetzte Reliquien des hl. Fructuosus. Zur Weihe im August 1741 wurde ein achttägiges Fest gefeiert. (Daraus entstand die heute noch stattfindende zweitägige Sögeler Kirmes.)

Im Mai 1783 wurde von Papst Pius VI. ein vollkommener Ablass gewährt (d.h. die Erlassung sämtlicher Sündenstrafen). Dieser Zeitpunkt gilt als Beginn der Wallfahrt nach Clemenswerth.

1812 wurde das Kloster aufgehoben, nach der Säkularisation wurden Kirche und Kloster durch Herzog von Arenberg, dem neuen Besitzer, wieder den Kapuzinern übergeben, die von dort aus im nördlichen Emsland heute noch seelsorgerisch tätig sind.

Bei Wallfahrten in den 1930er Jahren wurden mehr als 30 000 Pilger gezählt. Heute sind es rund 15 000, die jedes Jahr an Mariä Himmelfahrt nach Clemenswerth kommen.

Kunst: Der Entwurf für den Bau der gesamten Anlage Clemenswerth stammt von dem Münsteraner Architekten Johann Conrad Schlaun, der als einer der letzten bedeutenden Architekten des deutschen Barock gilt. Die Anlage besteht aus dem Jagdschloss als einem zweistöckigen Zentralgebäude und acht im Zirkel angeordneten einstöckigen Pavillons. Einer dieser Pavillons ist die

Schlosskirche, die im höfischen Rokoko-Stil ausgestattet und der Gottesmutter und dem hl. Hubertus, dem Schutzpatron der Jagd, geweiht ist. Auf dem Bild über dem Altar ist Hubertus samt einem Hirsch mit einem strahlenden Kreuz im Geweih abgebildet. Auf dem Deckengemälde von Vittorio Bigari aus Bologna ist die Aufnahme Marias in den Himmel dargestellt. Der Altar und die Kanzel stammen von dem Architekten Franz-Joseph Roth aus Mergentheim.

Lage: Clemenswerth gehört zur Stadt Sögel im Emsland (Niedersachsen) westlich von Cloppenburg; Anfahrt über die Autobahn A 1 (Ausfahrt Ahlhorn, weiter über Cloppenburg, Lastrup, Werlte) oder A 31 (Ausfahrt Lathen, weiter über Lathen und Rupennest); von Sögel zur Schlossanlage mit der Kapelle führt eine prächtige, von 200 Jahre alten Linden gesäumte Allee.

Anschrift: Katholisches Pfarramt St. Jakobus, Clemens-August-Straße 6, D-49751 Sögel, Tel.: 05952/29 52, Fax: 05952/990 91 33, E-Mail: St.Jakobus-Soegel@web.de; Kapuzinerkloster Clemenswerth, Tel.: 05952/29 68; Emslandmuseum Schloss Clemenswerth, Tel.: 05952/93 23 25, Fax: 05952/93 23 30, E-Mail: schloss@clemenswerth.de

Coesfeld

Name der Wallfahrt: Wallfahrt zum Hl. Kreuz
Ort der Pfarrei: Coesfeld
Kirche: Pfarrkirche St. Lamberti
Bistum: Münster (Deutschland)
Pilgerzeiten: Kreuzverehrung ganzjährig; große Prozession durch die Stadt u.a. an Pfingsten und am Sonntag nach dem Fest „Kreuzerhöhung" (14. September)
Geschichte: Ziel der Wallfahrer nach Coesfeld ist die St.-Lamberti-Kirche. Hier steht hinter dem Hochaltar ein frühgotisches Gabelholzkreuz aus dem 14. Jahrhundert mit einer lebensgroßen Figur des Gekreuzigten. Schon damals wurde es bei Kreuztrachten durch den Ort getragen. Im Kopfteil soll ein bereits zur Zeit Karls des Großen (König ab 768, Kaiser 800-14, Hl.) in die Kirche von Coesfeld gelangter Splitter des Kreuzes enthalten sein, an dem Jesus starb.

Die so genannte Große Kreuztracht fand früher am Pfingstdienstag statt. Diese Tradition führte der Fürstbischof von Münster, Christoph Bernhard von Galen, im Jahr 1652 ein, damit sich die von weither kommenden Pilger nicht schon am Sonntag auf den Weg begeben mussten (heute am Pfingstsonntag).

Kunst: Die ursprünglich spätromanische Hallenkirche wurde in dem Zeitraum von 1473 bis 1524 mehrmals umgebaut und ausgestaltet. Eingestürzte Teile an der Westseite der Kirche und der mächtige Turm wurden Anfang des 18. Jahrhunderts erneuert. Der von Gottfried Laurenz Pictorius gebaute Turm (Sandstein mit Backsteinverblendung) weist Einflüsse des holländischen Klassizismus auf.

Im Kircheninneren finden sich an den Pfeilern elf annähernd lebensgroße Apostelfiguren, die von dem bekannten Bildhauer Johann Düsseldorp 1506-20 geschaffen wurden. Sehenswert sind auch einige Gemälde aus der Antwerpener Schule sowie kunstvolle Schmiedeeisenarbeiten.

Lage: Coesfeld liegt im Münsterland westlich der Bischofsstadt Münster; Anfahrt über die Autobahn A 31: Ausfahrt Gescher/Coesfeld.

Anschrift: Katholisches Pfarramt St. Lamberti, Walkenbrückenstraße 8, D-48653 Coesfeld, Tel.: 02541/701 01, Fax: 025 41/886 30, E-Mail: info@lamberti-coe.de

Deggendorf/Geiersberg

Name der Wallfahrt: Wallfahrt zur „Schmerzhaften Mutter in der Rose"
Ort der Pfarrei: Deggendorf
Kirche: Wallfahrtskirche St. Marien (genannt „Geiersbergkirche")
Bistum: Regensburg (Deutschland)
Pilgerzeiten: Ganzjährig; Hauptwallfahrtszeit von Mai bis September, besonders zur Zeit des „Frauendreißiger" vom 15. August bis 15. September; der Pilgerpfad beginnt bei der Deggendorfer Stadtpfarrkirche Mariä Himmelfahrt und führt am Kreuzweg entlang den Geiersberg hinauf.

Geschichte: Über die Ursprünge der Marienwallfahrt zur im 15. Jahrhundert oberhalb von Deggendorf auf dem rund 570 Meter hohen Geiersberg (Panoramablick!) errichteten Kirche ist kaum etwas bekannt. Vermutlich kam sie durch die Wirren der Reformation bald wieder zum Erliegen. Aus dem 17. Jahrhundert weiß man, dass der Mesner Michael Heiß das der Legende nach einst in einem Geiernest gefundene und während des Dreißigjährigen Krieges offenbar versteckte kleine Gnadenbild der „Schmerzhaften Mutter in der Rose" wieder auf dem Altar aufstellte. Das auf Holz gemalte Bildnis der Gottesmutter mit dem gerade vom Kreuz abgenommenen Leichnam Jesu auf dem Schoß ist in einen runden Rosenrahmen gefasst und wird auf um 1400 datiert.

Offensichtlich fanden die Pilger auf dem Geiersberg Gehör für ihre Sorgen und Wünsche, denn die Kirche soll sich rasch mit Dankesgaben gefüllt haben. Je nach Besitz und Vermögen handelte es sich dabei um kleine Wachsteile, goldene Rosenkränze, Votivtafeln und Silbergaben bis hin zu einem kostbaren Tabernakel (gestiftet von Freifrau Maria Anna von Asch) für den Hochaltar. Ein Färbersohn aus

Deggendorf namens Caspar Aman, der es in Wien zum kaiserlicher Hofrat gebracht hatte (und 1699 fast sein gesamtes Vermögen seiner Geburtsstadt u.a. für die Ausstattung der Pfarrkirche und die Unterhaltung eines Waisenhauses vermachte), ließ 1697 entlang des Pilgerpfads hinauf zum Geiersberg lebensgroße, von einem italienischen Bildhauer in zweijähriger Arbeit geschaffene Figurengruppen aufstellen, die den Leidensweg Jesu darstellten. (Dieser Kreuzweg wurde 1830 erneuert. Von den ursprünglich 14 Steinskulpturen sind heute nur noch fünf in sehr schlechtem Zustand erhalten.)

Wesentlich bekannter (und einträglicher) als die Wallfahrt zur Geiersbergkirche war in Deggendorf Jahrhunderte lang die Wallfahrt zur „Gnad". Sie ging zurück auf die Ermordung bzw. Vertreibung der Juden im Jahr 1337 wegen eines angeblich von ihnen begangenen Hostienfrevels. An der Stelle der niedergebrannten Synagoge und legendären Wiederauffindung der Hostien wurde eine Sühnekirche errichtet, die 1360 geweihte „Heilig-Grabkirche St. Peter und St. Paul". Obwohl der wahre Grund des Pogroms die Verschuldung vieler Deggendorfer Bürger bei den jüdischen Geldverleihern war, wurde der bereits im 19. Jahrhundert kritisierte Kult erst 1992 endgültig abgeschafft. Wahrzeichen Deggendorfs ist die Kirche am Marktplatz, kurz „Grabkirche" genannt, aber geblieben – wegen ihres hohen Glockenturms, einem 1722-27 von Johann Michael Fischer erbauten Meisterwerk des Barock.

Kunst: Die Marienkirche auf dem Geiersberg wurde 1486 geweiht, der 51 Meter hohe Spitzturm war jedoch erst 1639 in seiner jetzigen Form fertig gestellt. Der zehn Meter hohe Flügelaltar im Kircheninneren stammt von 1882 und wurde vom Deggendorfer Kunstschreiner Ignaz Kiefl angefertigt. Die Reliefs (Flucht der Hl. Familie nach Ägypten, Verlust Jesu im Tempel, Kreuztragung, Kreuzigung, Grablegung, Kreuzabnahme) schuf der Münchner Bildhauer Christian Keil. Flankiert ist der Altar von Plastiken der Heiligen Anna und Joachim, den Eltern der Gottesmutter Maria.

Lage: Das niederbayerische Deggendorf (Erlebnisbad Elypso) liegt an der Donau (Donauradweg!) am „Südtor zum Bayerischen Wald" zwischen den Bischofsstädten Regensburg und Passau und nur etwa drei Kilometer von der Benediktinerabtei Metten mit ihrer berühmten Barockbibliothek entfernt; Anfahrt über die Autobahnen A 3 (aus Richtung Regensburg bzw. Passau kommend) oder A 92 (aus Richtung München kommend).

Anschrift: Katholische Kirche am Geiersberg, Findelsteiner Str. 30, D-94469 Deggendorf, Tel.: 0991/67 26; Katholisches Pfarramt Mariä Himmelfahrt, Pfarrgasse 1, D-94469 Deggendorf, Tel.: 0991/371 66-0, 0991/371 66-25, E-Mail: pfarrei@mariae-himmelfahrt.de

Dettelbach

Name der Wallfahrt: Wallfahrt zur „Schmerzhaften Muttergottes"
Ort der Pfarrei: Dettelbach
Kirche: Wallfahrtskirche „Maria im Sand"
Bistum: Würzburg (Deutschland)
Pilgerzeiten: Ganzjährig, vor allem an allen Marienfesten; Gottesdienst sonntags 10.45 Uhr; Kirchenführungen und Gottesdienste für Wallfahrergruppen sind jederzeit nach Voranmeldung möglich.
Geschichte: Ganz am Anfang der Wallfahrt nach Dettelbach stand eine Wirtshausschlägerei im Jahre 1504, bei der einer der Beteiligten namens Nikolaus Lemmerer „auf den Tode zerhauen und verwundet" wurde. Er überlebte knapp, schien aber in Folge bettlägerig gewesen zu sein, bis er im Traum den Hinweis bekam, dass ein Bittgang mit brennender Kerze zum Bildstock mit der Figur der „Schmerzhaften Muttergottes" inmitten der Weinberge von Dettelbach ihn heilen würde. Er kam diesem Aufruf nach und wurde völlig gesund. Der Stadtrat ließ daraufhin für die Madonna einen Betraum aus Holz errichten, der angesichts des rasch ansteigenden Pilgerstroms schon bald durch eine Steinkapelle ersetzt wurde.

Dass Dettelbach eine so bekannte und vielbesuchte Wallfahrtsstätte wurde, lag vor allem daran, dass der Würzburger Fürstbischof Julius Echter (reg. 1573-1617) als führende Persönlichkeit der Gegenreformation in Franken diese Wallfahrt massiv unterstützte, indem er Dettelbach zum Diözesanwallfahrtsort ernannte und 1608 eine umfangreiche Erweiterung der Gnadenkapelle in Auftrag gab. Am Tag der feierlichen Weihe der nunmehr viermal so großen Wallfahrtskirche im Jahr 1613 wurden rund 4 000 Pilger in sieben Festzelten bewirtet.

1616 zogen im neben der Kirche gebauten Kloster Franziskaner ein, die noch heute als Wallfahrtsseelsorger tätig sind. Als im Zuge der Säkularisation Anfang des 19. Jahrhunderts die meisten Klöster aufgehoben wurden, ernannte man Dettelbach zum „Aussterbekloster", d.h. die Brüder und Patres durften bleiben, aber keine Novizen mehr aufnehmen. Diese Verordnung hob erst Bayernkönig Ludwig I. im Jahre 1826 per Dekret wieder auf.

Nicht nur das einfache Volk, auch Vertreter der Häuser Habsburg und Wittelsbach pilgerten in der

Folgezeit zur Dettelsbacher Pietà, und auch heute noch ist die Wallfahrt zur Kirche „Maria im Sand" sehr lebendig und erfreut sich wachsender Besucherzahlen.
Kunst: Die 1613 geweihte Kirche wurde vom Würzburger Stadtmaurer Lazaro Augustino unter Einbeziehung einer bestehenden Kapelle in Kreuzform erbaut und ist ein typisches Beispiel für den „Juliusstil" (nach dem Fürstbischof Julius Echter), in dem sich sowohl Elemente der Gotik als auch der Renaissance und des Frühbarock finden. Das besonders aufwändig gestaltete Hauptportal und die als eine der bedeutendsten Steinplastiken der Renaissance geltende Kanzel stammen vom Würzburger Ratsbildhauer Michael Kern und wurden um 1626 angefertigt. Der frei in der Vierung des Gotteshauses stehende, ungewöhnlich große Gnadenaltar im Stil des Spätrokoko entstand erst 1778/79. Die Baldachinanlage, ein aus Stuckmarmor geschaffenes Werk Agostino Bossis, birgt in der Mitte in einem Glasschrein die spätgotische, auf um 1500 datierte Figur der Gottesmutter Maria mit dem Leichnam ihres gerade vom Kreuz abgenommen Sohnes auf dem Schoß.
Lage: Das Weinanbaustädtchen Dettelbach (Pfarrkirche St. Augustinus) liegt etwa 10 km östlich der Bischofs- und Universitätsstadt Würzburg (Festung Marienberg mit Mainfränkischem Museum, Residenz, zahlreiche Kirchen) am rechten Mainufer (Maintalradwanderweg!); Anfahrt über die Autobahnen A 7 (bis zum Kreuz Biebelried, weiter auf der Bundesstraße B 8 nach Dettelbach) oder A 3: Ausfahrt Dettelbach.
Anschrift: Franziskanerkloster, Wallfahrtsweg 18, D-97337 Dettelbach, Tel.: 09324/91 71-0, Fax: 09324/91 71-20; Stadt Dettelbach, Luitpold-Baumann-Straße 1, D-97337 Dettelbach, Tel.: 09324/304-0, Fax: 09324/304-17, E-Mail: info@dettelbach.de; Pfarramt St. Augustinus, Wallfahrtsweg 18, D-97337 Dettelbach, Tel.: 09324/91 72-31, Fax 09324/91 72-30, E-Mail: pfarramt@pfarreiengemeinschaft-dettelbach.de

Dießen/Ammersee
Name der Wallfahrt: Wallfahrt zur sel. Mechthildis
Ort der Pfarrei: Dießen
Kirche: Pfarr- und Wallfahrtskirche „Mariä Himmelfahrt"
Bistum: Augsburg (Deutschland)
Pilgerzeiten: Mai bis September; Festtag der sel. Mechthildis ist der 31. Mai; Gottesdienst sonntags (ganzjährig) 9.00 Uhr; die Kirche ist von 8.00 bis 12.00 Uhr und von 14.00 bis 18.00 Uhr zugänglich; Führungen nach Anmeldung
Geschichte: Die Ende der 1980er Jahre umfassend renovierte Dießener Pfarrkirche „Mariä Him-

melfahrt" lockt aufgrund ihrer prachtvollen Innenausstattung viele Touristen an, von denen vermutlich nur wenige wissen, dass in einer Nebenkapelle die Gebeine der sel. Mechthildis ruhen, deren Verehrung immer nur regionalen Charakter hatte. Auch heute noch wird bei einer Unwetterwarnung für den Ammersee die Mechthildisglocke geläutet, und am Mechthildisbrunnen finden Augenauswaschungen statt, da das Wasser gegen Augenleiden helfen soll.

Mechthildis wurde im Jahr 1125 als Tochter des Grafen Berthold II. von Dießen-Andechs geboren. Sie trat mit 15 Jahren in das von ihren Vorfahren gegründete Kanonissenstift St. Stephan bei Dießen ein und legte dort ihr Gelübde ab. Die Nonnen bauten auf den Feldern Weizen für die Hostienbäckerei des Klosters an. Bei einem schweren Hagelsturm soll nur das Feld der Mechthildis nicht verwüstet worden sein. Aus diesem Grund wurde Mechthildis zur „Brotmutter von Dießen" und zur Schutzpatronin gegen Unwetter. Eine andere Legende berichtet davon, wie sie eine am Auge verletzte Schwester durch Auflegen ihrer Hände heilte. 1153 ging Mechthildis auf Veranlassung von Papst Anastasius IV. nach Edelstetten in der Nähe von Günzburg, um als Äbtissin des dortigen Frauenklosters eine Reform durchzuführen. Sieben Jahre später durfte sie nach Dießen zurückkehren, wo sie jedoch schwer erkrankte und am 31. Mai 1160 starb. Man bestattete sie vor dem Johannesaltar der Klosterkirche. Ihr langes, blondes Haar, von dem sie sich auch als Nonne nicht getrennt hatte, wurde in einer Metallhülle an der bereits erwähnten Mechthildisglocke angebracht. Im 15. Jahrhundert wurden Mechthildis' Gebeine feierlich erhoben und in einem Hochgrab der erneuerten Stiftskirche beigesetzt. 1739, im Jahr der Weihe der neu gebauten Kirche zu Ehren der Gottesmutter, übertrug man sie in einen kostbaren Glasschrein, der noch heute in einer Seitenkapelle des Dießener Marienmünsters steht und das Ziel von Wallfahrtsgruppen und Einzelpilgern ist.

Kunst: Das auf dem höchsten Punkt über dem See gelegene Dießener Marienmünster mit seiner geschwungenen Giebelfassade und dem dreigeschossigen, hohen Turm war einst die Stiftskirche der Augustinerchorherren. Mit dem Bau wurde 1720 auf den Überresten der Klosterkirche von 1464 begonnen, doch nachdem der Rohbau beinahe fertig war, ließ ihn der neue Probst 1728 bis auf die Grundmauern wieder abreissen und nach den Plänen des Münchner Baumeisters Johann Michael Fischer weiterführen. Unter dessen

Leitung entstand bis 1739 ein Gotteshaus, das heute zu den bedeutendsten Schöpfungen des Spätbarock im süddeutschen Raum zählt.

An dem überaus prachtvollen Kircheninneren mit seinen zwischen mächtigen Pfeilern zu einer Prozessionsstraße angelegten Altären haben die besten Künstler jener Zeit mitgewirkt: Die feinen Stuckaturen stammen von Franz Xaver und Johann Michael Feuchtmayer und Johann Georg Üblher. Die Deckengemälde schuf größtenteils Johann Georg Bergmüller, darunter auch den „Dießener Himmel" in der Kuppel über dem Altarraum, ein Fresko, das Christus auf der Weltkugel zeigt, umringt von Heiligen. Besonders sehenswert ist auch die Kanzel von Johann Baptist Straub. Glanzstück aber ist der von François de Cuvilliés d.Ä. entworfene und von dessen Mitarbeitern ausgeführte Hochaltar, den überlebensgroße Statuen der vier Kirchenväter Augustinus, Ambrosius, Hieronymus und Gregor I. des Großen umstehen. Das von Balthasar Augustin Albrecht gemalte Altarbild – es stellt die Aufnahme Mariens in den Himmel dar – ist versenkbar. Dahinter befindet sich eine Bühne, die – den Festtagen entsprechend – mit wechselnden Szenen ausgestattet werden kann (theatrum sacrum).

Lage: Dießen gehört zum Landkreis Landsberg am Lech und liegt am südlichen Westufer des Ammersees; Anfahrt über die Autobahn A 96: Ausfahrt Greifenberg, weiter auf der Landstraße über Utting nach Dießen.

Die schönste Anfahrt nach Dießen ist übrigens die im 1908 gebauten Schaufelraddampfer „RMS Dießen", z.B. von Herrsching her kommend. Das läßt sich auch gut mit einem Besuch des Klosters Andechs verbinden.

Anschrift: Katholisches Pfarramt Mariä Himmelfahrt, Klosterhof 10, D-86911 Dießen, Tel.: 08807/948 94-0, Fax: 08807/948 94-20

Dietershausen

Name der Wallfahrt: Wallfahrt zur „Dreimal Wunderbaren Mutter" („Mater Ter Admirabilis")
Ort der Pfarrei: Dietershausen
Kirche: Schönstattkapelle und Gott-Vater-Kirche
Bistum: Fulda (Deutschland)
Pilgerzeiten: Mai bis Oktober; am 2. Juli offizieller Frauenwallfahrtstag; Hauptwallfahrtstag am letzten Sonntag im August; ganzjährig Einkehrtage und Exerzitienkurse (Gästehaus)
Geschichte: Im Naturpark Rhön, zwischen Wasserkuppe, der Milseburg und der Barockstadt Fulda liegt die Marienhöhe in Dietershausen. Die Schönstätter Marienschwestern aus mehreren Diözesen haben hier ihr geistiges Zentrum.

Wallfahrtsziele sind die Schönstattkapelle und die sich auf dem Gelände befindliche Gott-Vater-Kirche.

Die Schönstattbewegung, benannt nach einem Ortsteil von Vallendar bei Koblenz, wurde von Pater Josef Kentenich (1885-1968) 1914 begründet. Er verbrachte mehrere Jahre im Konzentrationslager Dachau und die Jahre von 1951 bis 1965 im Exil in Milwaukee/USA, wo er als Seelsorger für deutsche Migranten tätig war. 1967 richtete er Dietershausen als Zentrum der mitteldeutschen Provinz der Organisation ein. Weltweit gibt es heute etwa 160 Schönstattzentren in über 80 Ländern, deren Mittelpunkt eine Kopie des Gnadenbildes der Gottesmutter Maria mit dem Jesuskind von Schönstatt mit dem Titel „Mater Ter Admirabilis" (Dreimal wunderbare Mutter) ist.

Am 10. Februar 1975 wurde der Seligsprechungsprozeß für Pater Josef Kentenich eröffnet, dessen letzte Ruhestätte in der Dreifaltigkeitskirche von Schönstatt alljährlich von Tausenden besucht wird. Von Rom offiziell anerkannter Marienwallfahrtsort ist Schönstatt bereits seit 1947.

Lage: Der staatlich anerkannte Erholungsort Dietershausen (historische Wehrkirche) ist ein Ortsteil von Künzell und liegt nur wenige Kilometer östlich der Bischofsstadt Fulda (u.a. Dom St. Salvator und Bonifatius, Barockviertel, Stadtschloss) im Naturpark Hessische Rhön (Wanderparadies!); Anfahrt über die Autobahn A 7: Ausfahrt Fulda-Nord oder -Süd, weiter auf der Bundesstraße B 27 bis Künzell, dann auf der Landstraße über Dirlos nach Dietershausen und nach dem Ortsschild erste Straße rechts zur Marienhöhe. *Anschrift:* Schönstätter Marienschwestern, Provinzhaus, Marienhöhe 4, D-36093 Künzell-Dietershausen, Tel.: 06656/981-0, Fax: 06656/981-50, E-Mail: schoenstatt.dietershausen@t-online.de

Dingelstädt

Name der Wallfahrt: Wallfahrt zur „Schmerzensmutter"
Ort der Pfarrei: Dingelstädt
Kirche: Wallfahrtskirche „Maria im Busch"
Bistum: Erfurt (Deutschland)
Pilgerzeiten: Hauptwallfahrtstag ist der Sonntag nach dem Fest „Mariä Geburt" (8. September) mit großer Lichterprozession am Vorabend; Gottesdienst sonntags 10.00 Uhr
Geschichte: Die Dingelstädter Wallfahrtskirche „Maria im Busch" ist seit jeher eines der beliebtesten Pilgerziele des Eichsfeldes. Zur Vesper am Vorabend des Sonntags nach dem Fest „Mariä Geburt" und

Dingelstädt

der anschließenden Lichterprozession kommen auch heute noch stets einige Tausend Gläubige.

Erstmals erwähnt wird die Kirche in einer Urkunde am 10. Mai 1424, doch bestand sie wohl schon bedeutend länger. Eine Legende berichtet, dass an der Stelle, wo jetzt die Marienkirche steht, im Jahre 1232 einem Hirtenknaben in einem Buschwerk aus wilden Rosen die Gottesmutter erschien und man ihr zu Ehren ein Kirchlein erbaute, das wegen der großen Zahl von Wallfahrern schon bald erweitert werden musste. Im Dreißigjährigen Krieg wurde die Wallfahrtsstätte verwüstet, und auch bei den verheerenden Stadtbränden von 1688 und 1838 hat sie so gelitten, dass bei dem 1840 wieder errichteten Gotteshaus nur einige bauliche Reste Wiederverwendung finden konnten.

Eine schöne Tradition ist das so genannte Osterreiten der Vorschulkinder um die Marienkirche am Ostermontag. Nach dem Startschuss durch den Ortspfarrer um 14.00 Uhr reiten sie mit – oft schon von den Großvätern gefertigten – Steckenpferden um die Kirche. Früher füllten die Metzger und die Bäcker des Ortes die Spankiepen der Kinder mit Würsten und Plätzchen, heute stecken ihnen die Erwachsenen Süßigkeiten in ihre Rucksäcke.

Zum Ursprung dieses eigentümlichen Brauches existieren mehrere Legenden:

Im Dreißigjährigen Krieg wollten schwedische Soldaten die kleine Kirche stürmen und ausplündern, doch vor dem Gotteshaus bäumte sich das Pferd des Anführers auf und versuchte, seinen Reiter abzuwerfen. Während das Ross nach allen Seiten ausschlug, lösten sich die Hufeisen und flogen mit solcher Gewalt gegen die Kirchentür, dass sie wie angenagelt hängen blieben. Die Schweden nahmen dies für ein schlechtes Vorzeichen und zogen ab. Die Hufeisen blieben bis zum großen Brand im Jahre 1838 an der Tür hängen.

Eine andere Version berichtet, dass im Juni 1587 in Dingelstädt eine Pferdeseuche ausbrach, an der viele Pferde eingingen. In ihrer Not führten die Besitzer ihre Tiere dreimal um die kleine Kirche, woraufhin die Rösser wieder gesund wurden. Seitdem machten dies die dankbaren Leute Jahr für Jahr. Die Kinder sollen später den Brauch der Erwachsenen nachgeahmt haben.

Eine dritte Ursprungslegende ist wohl die wahrscheinlichste: Der Brauch des Pferdereitens ist ein Überbleibsel der früheren Flurumritte oder Grenzbegehungen, die mit religiösen Feierlichkeiten verbunden waren. Vor der schriftlichen Fixierung der Grenzen im Kataster wurde so jedes Jahr der

Umfang der Gemeindegröße durch Grenzbegehungen den Bewohnern (und ihren Nachbarn) deutlich gemacht. 1669 verfügte der kurfürstliche Landesherr aus Mainz die Einstellung der Grenzbegehungen und Flurprozessionen am Ostermontag zu Pferde wegen häufiger Unglücksfälle. Die widerborstigen Dingelstädter setzten dann aus Trotz ihre Kinder auf die Steckenpferde und schickten sie um die Kirche.

Kunst: Die romanische bauliche Grundform der Marienkirche, die trotz vieler An- und Umbauten in ihrer Ursprünglichkeit erhalten blieb, weist auf eine Entstehung im 13. oder 14. Jahrhundert hin. Das heute in der Wallfahrtskirche verehrte Gnadenbild der Schmerzensmutter – eine aus Lindenholz gefertigte Pietà – stammt allerdings erst aus der Mitte des 15. Jahrhunderts.

Lage: Dingelstädt liegt an der Unstrut im Naturpark Eichsfeld zwischen Heiligenstadt (traditionelle große Leidensprozession durch die Stadt am Palmsonntag) und Mühlhausen; Anfahrt über die Autobahn A 7: Ausfahrt Friedland, dann über Friedland nach Heiligenstadt (auf der Bundesstraße B 80 die Leine entlang; 2006 soll die bislang nur in Teilabschnitten fertige Südharzautobahn A 38, eine wichtige mitteldeutsche West-Ost-Achse zwischen den Ballungsräumen Göttingen/Kassel und Halle/Leipzig bzw. den Autobahnen A 7 und A 9, durchgehend befahrbar sein), von dort auf der Landstraße über Geisleden und Kreuzebra nach Dingelstädt.

Anschrift: Katholisches Pfarramt St. Gertrud, Pfarrgasse 2, D-37351 Dingelstädt, Tel.: 036075/306 65, Fax: 036075/606 27, E-Mail: info@kath-kirche-dingelstaedt.de

Donauwörth

Name der Wallfahrt: Wallfahrt zum Hl. Kreuz
Ort der Pfarrei: Donauwörth
Kirche: Pfarr- und Wallfahrtskirche Hl. Kreuz
Bistum: Augsburg (Deutschland)
Pilgerzeiten: Ganzjährig; Hauptwallfahrtstage sind die Heilig-Kreuz-Feste (u.a. das Fest „Kreuzerhöhung" am 14. September); Gottesdienste sonntags 7.00, 8.30 und 10.00 Uhr
Geschichte: Die Heilig-Kreuz-Kirche in Donauwörth zählt zu den bekanntesten Pilgerzielen des Bistums Augsburg. Die Entstehung der Stadt ist untrennbar mit der des Wallfahrtsortes verbunden: Alles fing damit an, dass Graf Mangold I. von Werd im Jahr 1028 als Gesandter des deutschen Kaisers Konrad II. bzw. als Heiratsvermittler für dessen Sohn mit der Tochter des byzantinischen Kaisers Konstantin VIII. in Konstantinopel weilte und von dort eine besonders wertvolle Kreuzreliquie

mitbrachte. Ein Splitter des Hl. Kreuzes, an dem Jesus Christus einst in Jerusalem gestorben war und das der Legende nach die hl. Helena (um 257-336), Mutter des Kaisers Konstantin des Großen, gefunden hatte, war in eine mit vergoldetem Silberblech beschlagene Tafel eingelassen und hatte in etwa die Form eines griechischen Kreuzes. Der Graf ließ die Kostbarkeit in seine Burg Mangoldstein unweit des heutigen Donauwörth bringen, wo sie 1049 in einer eigens gebauten Kapelle ihren Platz fand und von Mangolds Schwester Irmengard, einer Benediktinerin, und einigen weiteren Nonnen verehrt wurde, für die er ein kleines Kloster gestiftet hatte. Zwei Jahre später erklärte Papst Leo IX. auf seinem Rückweg von der Mainzer Synode nach Rom die Kreuzreliquie für echt, weihte am 3. Dezember 1051 Kapelle und Kloster und erhob Mangolds Tochter zur Äbtissin.

Bald kamen ganze Pilgerscharen zur Verehrung des Kreuzheiligtums, und man baute außerhalb der Burganlage eine größere Kirche und ein neues Kloster, in das zur Betreuung der Wallfahrer Benediktinermönche aus St. Blasien im Schwarzwald einzogen. Die Bedeutung der bis Mitte des 14. Jahrhunderts mehrfach umgebauten und vergrößerten Gnadenstätte wird offensichtlich, wenn man die Namen der Pilger betrachtet: Unter ihnen befanden sich z.B. Kaiser Friedrich Barbarossa (1152, 1190), König Albrecht I. (der den Kreuzpartikel als das größte Heiligtum seines Landes bezeichnete; 1300), Kaiser Sigismund (1418) und Kaiser Maximilian I., der die Klosterkapelle mehrmals besuchte und 1512 die große „Kaisermonstranz" stiftete. (Sie befindet sich heute in der Kunstkammer auf Schloss Harburg.)

Doch nicht nur dieser hohe Besuch verhalf der Wallfahrt zur Popularität, sondern auch die legendäre wundertätige Wirkung der Reliquie. So wurde berichtet, dass sie zweimal, 1312 und 1402, geraubt wurde, die Diebe aber vor lauter Angst so gelähmt waren, dass man ihrer schnell habhaft werden konnte und die Kreuztafel unversehrt zurück an ihren Platz gelangte.

Im Zuge der Reformation wurde „Schwäbischwörth" protestantisch. Die Wallfahrten ließen stark nach, doch wurden immer noch Prozessionen zur Klosterkirche durchgeführt, an denen allerdings fast ausschließlich Geistliche teilnahmen. Immer wieder kam es zum Streit zwischen den Klosterinsassen und den Städtern, und ein Aufruhr mit diesem Hintergrund führte dazu, dass Kaiser Rudolf II. im Jahr 1607 die Reichsacht über die (seit 1465 freie) Reichsstadt verhängte. 1608 wurde sie von

Donauwörth

Maximilian I. (1573-1651) erobert und als „Donauwörth" in sein Herzogtum Bayern eingegliedert. Unter der Herrschaft des tiefgläubigen Katholiken kehrte die (verbliebene) Bevölkerung gezwungenermaßen zum katholischen Glauben zurück. Die Wallfahrt zur Kreuzreliquie in der Klosterkirche blühte erneut auf, und Abt Amandus Röls (Amtszeit 1691-1748) ließ Kloster und Kirche nahezu völlig neu bauen.

Im Zuge der Säkularisation wurde das Benediktinerkloster Ende 1802 aufgehoben. Das Gotteshaus wurde fortan von der kleinen Pfarrei Heilig Kreuz genutzt, der Rest jedoch war dem Verfall preisgegeben. Der französische Kaiser Napoleon funktionierte bei seinen beiden Aufenthalten in Donauwörth (1805, 1809) sogar die Kirche zum Pferdestall um.

Um die baufällige Anlage vor dem Abbruch zu retten, erwarb der Volksschullehrer Ludwig Auer aus dem oberpfälzischen Laaber 1877 das gesamte Areal, sorgte für die Restaurierung der einsturzgefährdeten Heilig-Kreuz-Kirche sowie für die Neubelebung der Wallfahrt und 1910, vier Jahre vor seinem Tod, für die Umwandlung der übrigen Gebäude in eine pädagogische Stiftung namens „Cassianeum". 1935 wurde die Betreuung von Knabenschule, Pfarrei und Wallfahrt den Herz-Jesu-Missionaren übertragen. Drei Jahre später wurde die Schule von den Nationalsozialisten geschlossen, nach dem Krieg aber wieder eröffnet und schließlich zu einer Realschule mit Internat und einem Kindergarten mit Ganztagsbetreuung ausgebaut.

Kunst: Die Donauwörther Pfarr- und Wallfahrtskirche Hl. Kreuz gründet auf einen romanischen Bau von 1125, von dem die Untergeschosse des Turms noch erhalten sind. Der Barockbau entstand 1717-25 unter der Leitung von Joseph Schmuzer aus Wessobrunn nach den Plänen von Franz Beer. Der Turm wurde erst 1747 vollendet.

Im Mittelpunkt der prachtvollen Innenausstattung – die Deckenfresken stammen von Karl Stauder aus Konstanz und die Altarbilder überwiegend von dem Augsburger Künstler Johann Georg Bergmüller – steht der mächtige Hochaltar. Er wurde 1724 von Franz Schmuzer, einem Bruder des Baumeisters, errichtet. Sehenswert sind aber auch das Chorgestühl, die Kanzel und die Seitenaltäre sowie die bereits Ende des 17. Jahrhunderts ausgestaltete Gruftkapelle unter der Orgelempore, die Gnadenkapelle des Gotteshauses. Dort befindet sich das Hauptziel der Pilger, die Kreuzreliquie. Die byzantinische Kreuzpartikeltafel (17,5 x 13,5 cm) ist seit 1716 in eine aufwändig gearbeitete Barockmonstranz gefasst. Sie wird in einem Doppelaltar aus dem 19. Jahrhundert aufbewahrt – zusammen mit einem um 1510 geschaffenen Gnadenbild der Schmerzhaften Muttergottes. Die Pietà wurde um 1680 neben der Kreuzreliquie aufgestellt, um der zunehmenden Beliebtheit von Marienwallfahrten dieser Zeit gerecht zu werden.

In der Unterkirche liegt außerdem das Grab der Herzogin Maria von Brabant und Lothringen, die ihr Gemahl, Ludwig II. von Wittelsbach (L. der Strenge; 1229-94) im Januar 1256 auf der Burg Mangoldstein nach eineinhalbjähriger Ehe unschuldig enthaupten ließ. Der Bayernherzog hatte irrtümlich angenommen, seine Frau habe ihn betrogen. Die Grabplatte mit dem Brabanter, dem Bayerischen und dem Pfälzer Wappen entstand Ende des 13. Jahrhunderts.

Lage: Donauwörth (Reste der alten Stadtbefestigung, stattliche Giebelhäuser, Käthe-Kruse-Puppenmuseum) liegt an der Mündung der Wörnitz in die Donau (Donauradweg!) rund 40 km nördlich der Bischofsstadt Augsburg an der Bundesstraße B 2.

Anschrift: Katholisches Pfarramt, Hl.-Kreuz-Straße 19, D-86609 Donauwörth, Tel.: 0906/50 69; Städtische Tourist-Information, Rathausgasse 1, D-86609 Donauwörth, Tel.: 0906/789-151, Fax: 0906/789-159, E-Mail: tourist-info@donauwoerth.de

Dreifaltigkeitsberg/Niederbayern

Name der Wallfahrt: Wallfahrt zur Hl. Dreifaltigkeit
Ort der Pfarrei: Ottering
Kirche: Wallfahrtskirche Hl. Dreifaltigkeit
Bistum: Regensburg (Deutschland)
Pilgerzeiten: Mai bis September; das Hochfest wird am Dreifaltigkeitssonntag (Sonntag nach Pfingsten) gefeiert (mit großer Dult); von März bis Oktober jeden letzten Sonntag im Monat Gottesdienst (wechselnde Zeiten); außerhalb der Gottesdienstzeiten ist die Kirche verschlossen, man kann sich aber im Gasthaus nebenan (Tel.: 08733/321) oder beim Mesner (08733/716) gegenüber den Schlüssel holen.

Geschichte: Ab Mitte des 17. Jahrhunderts, auf dem Höhepunkt der Gegenreformation, bis etwa 1720 entstanden in Süddeutschland gehäuft Wallfahrten zur Hl. Dreifaltigkeit. Nur wenige konnten auf Dauer existieren, ohne dass ein anderer Wallfahrtsinhalt – meist in Form eines Marienkultes – hinzukam. Eine der wenigen Ausnahmen ist der Dreifaltigkeitsberg bei Rimbach in Niederbayern.

Über den Ursprung der Wallfahrt wird berichtet, ein Richter habe sich 1687 in dem großen Waldgebiet hoffnungslos verirrt und sei immer wieder an einem Baum

vorbei gekommen, an dem ein kleines Dreifaltigkeitsbildchen hing. Er versprach ein neues Gemälde samt Gebetshäuschen, sollte er je wieder aus dem Wald herauskommen. Da er tatsächlich sogleich den Heimweg fand, ließ er ein Bild malen und ein Holzkirchlein bauen, dem bald die Errichtung einer gemauerten Kapelle folgte. Der Bau einer großen, aus Spenden finanzierten und 1714 nach 20-jähriger Bauzeit durch den Regensburger Weihbischof Albert Ernst Graf von Wartenberg der Hl. Dreifaltigkeit geweihten Kirche zeigt, dass viele Pilger gekommen sein müssen. Ein von Papst Clemens XII. (1730-40) gewährter vollkommener Ablass trug weiter zur Popularität des Dreifaltigkeitsberges bei. Der Überlieferung nach waren 1747 fast 40 Priester damit beschäftigt, den Gläubigen die Beichte abzunehmen. Später wurde während der Hauptfeiertage der Hl. Dreifaltigkeit ein ganz den weltlichen Freuden gewidmeter Jahrmarkt abgehalten. So überstand die Wallfahrt auch die Säkularisation und konnte bereits 1816 wieder großen Zulauf verzeichnen. Auch heute noch findet am Dreifaltigkeitssonntag eine Dult statt und alljährlich wallfahren zehn niederbayerische Pfarrgemeinden auf den Dreifaltigkeitsberg.
Die Wallfahrtskirche mit ihrem hohen, 1739 fertig gestellten Zwiebelturm und ihrer barocken Ausstattung ist außerhalb der Gottesdienstzeiten verschlossen (wegen fehlender Alarmanlage), man kann aber durch ein Gitter einen Blick ins helle Innere werfen (oder sich im Gasthaus gleich neben der Kirche den Schlüssel holen), u.a. auf den Hochaltar mit seinen vielen Figuren und dem von einem goldenen Strahlenkranz umgebenen Gnadenbild über dem Tabernakel sowie auf alte Votivbilder und Prozessionsfahnen.
Lage: Der Dreifaltigkeitsberg ist eine Anhöhe in der Nähe der niederbayerischen Ortschaft Rimbach (Gemeinde Moosthenning, Landkreis Dingolfing); Anfahrt über die Autobahn A 92: Ausfahrt Dingolfing, weiter auf der Landstraße in Richtung Mengkofen bis zur Abzweigung nach Rimbach.
Anschrift: Expositur Dreifaltigkeitsberg, c/o Katholisches Pfarramt St. Johannes, Ottering, Kirchenring 5, D-84164 Moosthenning, Tel.: 08731/96 46 oder 39 49-60, Fax: 08731/39 49-61, E-Mail: info@pfarrei-ottering.de oder pfarrbuero.dornwang@vr-web.de

Düren

Name der Wallfahrt: Wallfahrt zur hl. Anna
Ort der Pfarrei: Düren
Kirche: Pfarr- und Wallfahrtskirche St. Anna

Düren

Bistum: Aachen (Deutschland)
Pilgerzeiten: Die einwöchige Annaoktav dauert vom Sonntag nach dem Festtag der hl. Anna (26. Juli) bis zum Sonntag darauf; gleichzeitig findet die Annakirmes statt; Gottesdienste sonntags (ganzjährig) 8.00, 10.00, 11.30 und 18.00 Uhr
Geschichte: Am Anfang der Geschichte Dürens steht eine kleine Ansiedlung namens Durum, d.h. Burg (ein häufiger keltischer Bestandteil von Ortsnamen). Germanenstämme drangen später in dieses Gebiet ein, wurden aber von den Römern unter Julius Cäsar besiegt. Eine römische Siedlung hat es hier wohl nicht gegeben, aber wichtige römische Verkehrswege führten an Durum vorbei (z.B. die Straßen Köln-Jülich-Tongeren und Köln-Zülpich-Trier). In den Fränkischen Reichsannalen (Metzer Annalen) ist für das Jahr 747 das erste Mal eine Ortschaft „in villa, quae dicitur Duria" erwähnt. Der fränkische Hausmeier Karlmann hielt im Hofgut Düren eine Reichsversammlung und Synode ab, später hielt sich Karl der Große öfter in der Pfalz von Düren auf.

Düren erhielt Anfang des 13. Jahrhunderts das Stadtrecht. Um 1200 wurde auch mit der Errichtung der Stadtmauer mit zwölf Stadttürmen und fünf Stadttoren begonnen. 1501 kam es zu einem Zwischenfall, durch den Düren letztlich ein bekannter Wallfahrtsort werden sollte: Der Steinmetz Leonhard aus Kornelimünster entwendete ein Kästchen mit einer Kopfreliquie der hl. Anna aus der Mainzer Stiftskirche St. Stephan und brachte sie in seine Heimatstadt. Seine Mutter soll ihn überredet haben, das Stück zurückzubringen, doch als er auf dem Weg durch Düren kam, ließ man ihn dort mit der Reliquie nicht mehr die Stadt verlassen. Eine Mainzer Delegation forderte vergeblich die Rückgabe und wandte sich an Papst Alexander VI., der der Stadt kirchliche Strafen androhte, doch ohne Erfolg. Letzten Endes entschied Papst Julius II. am 18. März 1506, dass die Reliquie in Düren bleiben sollte. Sie wurde in der Martinskirche, die 1505 in Annakirche umbenannt worden war, aufbewahrt. Die hl. Anna wurde zur Schutzpatronin Dürens, und die Wallfahrt setzte ein.

Nachdem Herzog Wilhelm IV. [V.] von Jülich 1542 einen Krieg gegen den deutschen Kaiser Karl V. begonnen hatte, wurde Düren 1543 von den „Kaiserlichen" belagert. Sie drangen in die Stadt ein, raubten und plünderten und zündeten sie an. Nur 100 Häuser überstanden die Feuersbrunst. Düren wurde 1642 auch in den Dreißigjährigen Krieg verwickelt und wiederum zerstört. Nachdem 1648 der Krieg endlich zu Ende war, brach die Pest aus und forderte viele Menschenleben. Eine zweite Pestepidemie ereignete sich nochmals 1665.

Im Jahre 1794 wurde Düren durch französische Revolutionstruppen besetzt und war von 1798 bis 1814 Hauptort eines gleichnamigen Kantons im Arrondissement Aachen des französischen Roerdepartements. Durch die Beschlüsse des Wiener Kongresses kam es 1815 zu Preußen.

Um 1900 galt Düren mit seiner Metall-, Papier- und Textilindustrie als eine der reichsten Städte Deutschlands. Am 16. November 1944 zerstörten alliierte Bomber Düren völlig, 3 000 Menschen starben, die Stadt wurde geräumt. Auch das Wahrzeichen der Stadt, die Annakirche mit ihrem 100 Meter hohen Turm, ehedem an Stelle der karolingischen Pfalz erbaut, fiel in Schutt und Asche.

Ihre Namenspatronin Anna war gemäß den Apokryphen (nicht anerkannte Schriften der Bibel) des 2. bis 6. Jahrhunderts die Mutter der Gottesmutter Maria und damit die Großmutter Jesu von Nazareth. Ihre legendäre Vita ist dem alttestamentarischen Vorbild von Hanna und ihrem Sohn Samuel nachgebildet (1 Samuel 1-2): Annas Ehe mit Joachim blieb zwei Jahrzehnte kinderlos, bis sie im hohen Alter Maria zur Welt brachte. Eine andere Legende berichtet, dass Anna nach Joachims Tod noch zweimal geheiratet und zwei weitere Töchter namens Maria bekommen habe, von denen die eine die späteren Apostel Jakobus den Jüngeren und Johannes den Evangelisten gebar.

Annas Verehrung als Mutter der Gottesmutter war schon im 4. Jahrhundert weit verbreitet. Der byzantinische Kaiser Justinian I. (527-65) ließ für sie in Konstantinopel im Jahre 550 eine Kirche errichten, und Justinian II. (695-711) eine weitere, nach deren Fertigstellung Annas Gebeine von Palästina nach Konstantinopel überführt worden sein sollen. Im 13. Jahrhundert bildeten sich St.-Annen-Bruder- und -Schwesternschaften. In Europa erreichte der Annenkult mit der wachsenden Marienverehrung im Spätmittelalter seinen Höhepunkt und wurde vor allem von den Orden der Karmeliten und Kapuziner gefördert. Ihr zu Ehren wurden zahlreiche Kirchen und Kapellen gebaut, die sich zu stark besuchten Wallfahrtsorten entwickelten (z.B. im österreichischen Annaberg, in Nantes und Anne d'Aury in Frankreich). In Deutschland wurde das Anna-Wasser aus Anna-Brunnen für alle möglichen Nöte geweiht. 1481 nahm Papst Sixtus IV. den 26. Juli als Gedenktag der Anna in den römischen Kalender auf. Seit Anfang des 16. Jahrhunderts befinden sich angebliche Reliquien der Anna neben Düren in Wien, in Frankreich und Italien.

1584 ordnete Gregor XIII. den 26. Juli weltweit zu ihrem Festtag (Annentag) an. Durch die Reformation erfuhr die Verehrung der hl. Anna eine Zeit lang einen Rückgang, blühte aber im 17. Jahrhundert vor allem in Italien und Spanien wieder auf. Während des Dreißigjährigen Krieges, der französischen Besetzung und des Dritten Reiches nahm sie in Düren jeweils stark ab, erholte sich aber immer wieder. Jedes Jahr feiert man den Namenstag der hl. Anna (26. Juli) eine Woche lang mit der Annaoktav, einer kirchlichen Feier und der Annakirmes, einem der größten Volksfeste Deutschlands.

Kunst: Die heutige Annakirche in Düren wurde 1954-56 unter Verwendung von Bruchsteinen der zerstörten Kirche neu erbaut. Die kostbare Reliquienbüste, die alle Wirren überstanden hat und deren Weg bis ins Mainz des 15. Jahrhunderts zurückverfolgt werden kann (s.o.), ist eine Arbeit des 14. Jahrhunderts und enthält angeblich ein Stück der Hirnschale der hl. Anna.

Lage: Düren (Papiermuseum, Wasserschloss Burgau im südlichen Ortsteil Niederau, Wallfahrt zum hl. Arnold im nördlichen Ortsteil Arnoldsweiler) liegt rund 30 km östlich der Bischofsstadt Aachen (Marienmünster) am Nordrand der Rureifel; Anfahrt über die Autobahnen A 4 (Ausfahrt Düren) oder A 1 (Ausfahrt Euskirchen, weiter auf der Bundesstraße B 56 über Zülpich und Kreuzau nach Düren). *Anschrift:* Katholisches Pfarramt St. Anna, Annaplatz 8, D-52349 Düren, Tel.: 02421/12 39-0, Fax: 02421/12 39-19

Ebersberg

Name der Wallfahrt: Wallfahrt zum hl. Sebastian
Ort der Pfarrei: Ebersberg
Kirche: Pfarrkirche St. Sebastian
Bistum: München-Freising (Deutschland)
Pilgerzeiten: Der Festtag des hl. Sebastian ist der 20. Januar; das Titularfest der Sebastianbruderschaft wird am ersten Sonntag im Juli mit einem Festgottesdienst begangen; Gottesdienste sonntags (ganzjährig) 8.00, 10.00 und 19.00 Uhr; Kirchenführungen nach Absprache möglich

Geschichte: Ebersberg stieg zum Zentrum der Verehrung des hl. Sebastian in Bayern auf, nachdem Hunfried, der Abt des 934 hier von den Grafen Eberhard und Adalbero gestifteten Augustinerklosters die Hirnschale des Heiligen aus Rom mitgebracht hatte.

Die Lebensdaten des hl. Sebastian basieren auf einer Legende aus dem 5. Jahrhundert: Demnach war er Hauptmann in der Prätorianergarde Kaiser Diokletians (284-305) und wurde aufgrund seines christlichen Glaubens gefangengenommen, verurteilt und von Pfeilen durchbohrt. Dieses Martyrium überlebte er, doch nach seiner Genesung wurde er aufs Neue verhaftet und schließlich zu Tode gepeitscht (oder mit Keulen erschlagen). Man begrub ihn in den Katakomben an der Via Appia, über denen im 4. Jahrhundert die Apostelbasilika entstand, heute die Kirche San Sebastiano. Seit seine Gebeine – bei einer Prozession durch die Stadt getragen – im 7. Jahrhundert eine Pestepidemie in Rom zum Erliegen gebracht haben sollen, gilt Sebastian u.a. als Schutzpatron gegen Seuchen.

In der Ebersberger Klosterkirche stellte die Reliquie einen großen Anziehungspunkt für die Gläubigen dar. Im Hochmittelalter war der Ort Ziel der berühmtesten Sebastianswallfahrt im Heiligen Römischen Reich Deutscher Nation. Die Betreuung der zahlreichen Pilger oblag ab 1007 den Benediktinern, bis das Kloster Ende des 16. Jahrhunderts an die Jesuiten überging. Diese belebten die 1446 vom Benediktinerabt Eckhard als Gebetsgemeinschaft und zur Förderung der Verehrung des hl. Sebastian gegründete Sebastiansbruderschaft neu.

Der Höhepunkt der Sebastiansverehrung und damit auch der Wallfahrt nach Ebersberg war im 17. Jahrhundert, als der Dreißigjährige Krieg und die Pest Land und Leuten schwer zusetzten. Auch im 18. Jahrhundert war die Gnadenstätte noch sehr gut besucht, bis 1781 ein Brand einen Großteil der Klostergebäude zerstörte und auch zu schweren Schäden in der Wallfahrtskirche führte. Nachdem der Jesuitenorden bereits 1773 durch Papst Clemens XIV. aufgehoben worden war, übernahmen nun die Malteser die Anlage. Sie bemühten sich um den Wiederaufbau, doch im Zuge der Säkularisation erfolgte 1808 die endgültige Schließung der Abtei, und die Klosterkirche wurde zur Pfarrkirche von Ebersberg.

Obwohl Sebastian heute nicht mehr als Helfer gegen die Pest angerufen wird, hat er in jüngster Zeit eine zunehmende Bedeutung als Schutzheiliger der Homosexuellen und Aids-Erkrankten. Ebersberg ist bis heute die Hauptverehrungsstätte dieses Heiligen in Bayern geblieben. Seit Beginn des 20. Jahrhunderts gibt es zwar keine großen Wallfahrten mehr, und auch der einstige Brauch, dass die Gläubigen aus der versilberten Hirnschale mittels silberner Röhrchen geweihten Wein trinken durften, ist längst abgeschafft, doch die angebotenen Andenken sind noch die gleichen: kleine „Sebastianspfeile" (typische Attribute des Heiligen), die als eine Art Amulett getragen vor Krankheiten und Glaubenszweifeln schützen sollen.

Ob es sich bei der Hirnschale in Ebersberg wirklich um die des hl. Sebastian handelt, kann nicht mehr festgestellt werden, doch wurde 1928 auf Anregung des bayerischen Kardinals Faulhaber eine wissenschaftliche Untersuchung mit dem Ergebnis durchgeführt, dass die Bruchkante des Knochens exakt an die des in Rom verehrten Kopfreliquiars passt.

Kunst: Die Ebersberger Pfarrkirche St. Sebastian geht in ihren ältesten Teilen auf einen Bau von 1231 zurück (u.a. der untere Teil des Südturms), der 1305 nach einem Brand erneuert wurde. 1450-55 erfolgte u.a. die Erweiterung des Chorraums, 1668-81 der Einbau der Sebastianskapelle (über der Sakristei) und schließlich im 18. Jahrhundert die Umgestaltung des Kircheninneren im Stil des Rokoko.

Der Hochaltar von 1773 zeigt den hl. Sebastian zwischen den Aposteln Petrus und Paulus und den Jesuitenheiligen Ignatius von Loyola und Franz Xaver. Die Epitaphien in der sich an den Chor anschließenden Grabkapelle zählen zu den bedeutendsten plastischen Kunstwerken der bayerischen Spätgotik. Besonders sehenswert sind auch die Rotmarmortumba des Kirchenstifterpaares Graf Ulrich von Sempt-Ebersberg und Gräfin Richardis von Kärnten im Eingangsbereich (1501), die das Leben des hl. Sebastian behandelnden Deckenfresken und die reich mit Schnitzfiguren ausgestattete Sakristei. Als Prunkstück aber gilt die darüber liegende, von Fürstbischof Albert Sigmund von Freising entworfene und finanzierte Sebastianskapelle mit ihrer üppigen, von Michael Schmuzer aus Wessobrunn geschaffenen und erst 1699 fertig gestellten Stuckdekoration. Das Ölgemälde des Marmoraltars von 1671 zeigt den von Pfeilen durchbohrten hl. Sebastian. Darunter befindet sich ein verglaster Schrein mit der silbernen Reliquienbüste des Heiligen. Die auf um 1480 datierte Kostbarkeit ist rund 60 Zentimeter hoch und 45 Zentimenter breit und steht auf vier Löwenköpfen. In der Brust des Heiligen stecken drei Pfeile, und in den abnehmbaren Fürstenhut ist die Schädelreliquie integriert.

Lage: Ebersberg (Ebersberger Forst, Eggelburger See) liegt rund 20 km östlich von München an den Bundesstraßen B 304 und B 12 und ist Endstation der Münchner Schnellbahnlinie S5.

Anschrift: Katholisches Pfarramt St. Sebastian, Bahnhofstraße 7, D-85560 Ebersberg, Tel.: 08092/853 39-0, Fax: 08092/853 39-25, E-Mail: St-Sebastian.Ebersberg@erzbistum-muenchen.de

Eggerode

Name der Wallfahrt: Wallfahrt zu „Maria, Unsere Liebe Frau vom Himmelreich"
Ort der Pfarrei: Schöppingen-Eggerode
Kirche: Wallfahrtskapelle „Maria Königin"
Bistum: Münster (Deutschland)
Pilgerzeiten: Mai bis September/Oktober; Hauptfest ist die Mariä-Geburt-Prozession im September
Geschichte: Das älteste Dokument, das die Wallfahrt nach Eggerode bezeugt, ist ein von Papst Benedikt XII. im Jahr 1338 gewährter Ablass für die Pilger. Vermutlich wurde das Gnadenbild der Gottesmuter aber schon früher verehrt. Der Ort Eggerode und die Pfarrkirche „Mariä Geburt" wurden erstmals 1151 urkundlich erwähnt und gehen zurück auf die Ritter von Eckenroth, genannt Stryck. Ein Mitglied dieser Gründerfamilie soll es auch gewesen sein, das die Marienfigur einst von einem Kreuzzug mitbrachte.

Eine Legende berichtet, dass die Skulptur einmal in die Kirche von Schöppingen geschafft werden sollte und beim Abtransport auf einem Pferdewagen immer schwerer wurde, bis die Tiere schließlich nicht mehr weiter konnten und eine Himmelsstimme anordnete, dass vier Jungfrauen das Gnadenbild wieder zurückbringen sollten. Aus diesem Grund wird es noch heute bei der Prozession am Hochfest Mariä Geburt von vier jungen Mädchen getragen.

Während den Wirren der Reformation und des Dreißigjährigen Krieges kam die einst bedeutende Wallfahrt nach Eggerode fast gänzlich zum Erliegen, doch dann nahm die Anzahl der Pilger wieder sprunghaft zu, nicht zuletzt durch die starke Förderung des Fürstbischofs von Münster, Christoph Bernhard von Galen (1650-78).

Kunst: Die heutige Wallfahrtskapelle „Maria Königin" wurde 1843/44 nach dem Vorbild von Kevelaer in Form eines Sechsecks mit Haubendach und aufgesetzter Laterne errichtet und 1851 feierlich vom Bischof von Münster geweiht. 1951 kam ein Choranbau hinzu, dem in jüngster Zeit noch eine Kerzenkapelle folgte.

Im Innenraum dominiert ein Barockaltar aus dem 17. Jahrhundert. Auf ihm steht das Gnadenbild „Maria, Unsere Liebe Frau vom Himmelreich", eine rund 70 Zentimeter große Holzplastik, die Maria auf dem Thron sitzend zeigt, auf ihrem Schoß das Jesuskind. Beide tragen eine Krone, Jesus zusätzlich ein Zepter. In den Kopf der Gottesmutter ist eine Silberkapsel eingelassen, die ein Fingerglied und ein Stoffstück eines Frauenkleides enthält. Die Herkunft des Gnadenbildes ist nicht geklärt. Man ging lange davon aus, dass es von einem Kreuzzug aus

dem Orient mitgebracht wurde und begründete dies mit byzantinischen Stilelementen. Die Statue wird dem 11. Jahrhundert zugerechnet und bestand ursprünglich aus Zedernholz, inzwischen aber aufgrund wiederholter Überarbeitungen zum Großteil aus Lindenholz.
Lage: Der Marienwallfahrtsort Eggerode ist ein Ortsteil von Schöppingen im Münsterland etwa 35 km nordwestlich der Bischofsstadt Münster; Anfahrt über die Autobahn A 31: Ausfahrt Legden/Ahaus, weiter über Legden auf der Landstraße nach Eggerode oder Ausfahrt Heek, weiter Richtung Münster über Heek und Schöppingen.
Anschrift: Katholisches Pfarramt St. Mariä Geburt, Marienplatz 7, D-48624 Schöppingen-Eggerode, Tel.: 02545/580, Fax: 02545/80 34; Wallfahrtsbüro Tel.: 02545/93 41 73, E-Mail: wolf@bistum-muenster.de

Eichstätt/Abtei St. Walburg

Name der Wallfahrt: Wallfahrt zur hl. Walburga (Walpurga)
Ort der Pfarrei: Eichstätt
Kirche: Pfarr- und Klosterkirche St. Walburg
Bistum: Eichstätt (Deutschland)
Pilgerzeiten: Hochfest der hl. Walburga am 25. Februar; am ersten Sonntag im Mai wird in Eichstätt ihre Heiligsprechung gefeiert, am 4. August in der Abtei ihre Ankunft aus England auf dem Festland, und am 12. Oktober wird der Beisetzung ihrer Gebeine in der heutigen Begräbnisstätte gedacht; die Klosterkirche ist täglich bis 19.00 Uhr geöffnet (keine Besichtigung während der Gottesdienste); Führungen möglich

Geschichte: Walburga (Walpurga) wurde um 710 in England als Tochter des hochadligen Richard von Wessex geboren und in einem Kloster in Südengland erzogen. Der hl. Bonifatius, der Apostel Deutschlands, war der Überlieferung nach mit ihr verwandt, vielleicht ein Bruder ihrer Mutter Wunna. Walburgas ältester Bruder Willibald (700-87) war der erste Bischof von Eichstätt, und der um ein Jahr jüngere Wunibald (701-61), Abt des Benediktinerklosters Heidenheim. Wie diese verließ Walburga ihre Heimat, um in Deutschland zu missionieren. Zunächst lebte sie als Nonne im Kloster Tauberbischofsheim in Württemberg, das von einer ihrer ehemaligen Lehrerinnen, der Äbtissin Lioba, geführt wurde. Nach dem Tode Wunibalds in Heidenheim übernahm Walburga als Äbtissin die Leitung des dortigen Benediktiner-Doppelklosters.

Durch das so genannte Lichtwunder und die Heilung eines kranken Mädchens wurde sie schnell berühmt.

Walburga starb am 25. Februar 779 im Kloster Heidenheim, das sie zu einem bedeutenden religiösen

Zentrum Süddeutschlands gemacht hatte. Ihre Verehrung setzte – im Gegensatz zu der ihrer Brüder – erst hundert Jahre später ein. An einem 21. September zwischen 870 und 879 ließ der Eichstätter Bischof Otgar die Gebeine Walburgas von Heidenheim nach Eichstätt übertragen. Angeblich war zuvor die Nordmauer des Klosters Heidenheim eingestürzt, für die Bevölkerung ein Zeichen, dass sich die verstorbene Äbtissin über die nachlässige Behandlung ihres Grabes beschwerte. In Eichstätt setzte man sie in einer neu erbauten Kirche bei. Von da an wurde Walburga als Heilige verehrt. Neben der Kirche entstand ein Kanonissenstift.

Im Jahre 1035 stiftete der Edle Liutger von Lechsgmünd-Graisbach auf Anregung von Bischof Heribert von Eichstätt den Neubau der Benediktinerinnenabtei St. Walburg, des ehemaligen Kanonissenstifts. Walburgas Gebeine wurden am 12. Oktober 1042 erhoben und unter dem Hochaltar der Klosterkirche beigesetzt. Die Nonnen des Klosters fangen seitdem am Grab der Heiligen eine helle, geruchs- und geschmacksneutrale Flüssigkeit auf, der eine starke Heilkraft beigemessen wird. Im Lauf der Zeit wurde das „Walburgisöl" (z.B. neben dem Quirinöl des hl. Quirin vom Tegernsee) eines der populärsten heiligen Öle. In der Barockzeit hatten viele Reisende – die über ein bestimmtes Vermögen verfügten – einen so genannten Walburgaklappaltar bei sich, der sowohl ein Fläschen des Wunderöls als auch ein Löffelchen zur Einnahme beinhaltete. Ein Stück Tuch zum Einreiben, das am besten noch das Grab der Heiligen berührt hatte, machte die Ausrüstung perfekt: So war der Reisende vor Husten, Hundebissen, Tollwut, Augenkrankheiten und Frauenleiden bestens geschützt.

Zusätzlich zu den Wundertaten, die bald nach Anwendung des Öls bekannt wurden, förderten Ablässe aus den Jahren 1274, 1298 und 1307 die Wallfahrt zur hl. Walburga. Diese Heiligenwallfahrt war eine der wenigen, die im Lauf der Jahrhunderte lebendig blieben und dabei überregionale Bedeutung hatten.

Das Grab der hl. Walburga ist heute noch Anziehungspunkt für viele Gläubige. Auch das Öl ist nach wie vor sehr beliebt und wird, in winzige Glasfläschchen abgefüllt, an Gläubige in die ganze Welt versandt. Seit dem späten 15. Jahrhundert wird Walburga mit einem Ölfläschchen, ihrem individuellen Attribut, das auf eben diese wundertätige Flüssigkeit hinweist, dargestellt.

Die „Walpurgisnacht", die jedes Jahr vom 30. April auf den 1. Mai stattfindet und in der sich im alten Volksglauben alle Hexen versammeln, hat ihren Namen von der hl. Walburga, die der Überlieferung nach an einem 1. Mai heilig gesprochen wurde. Mit dem Treiben in der Walpurgisnacht, das auf altes Brauchtum zurückgeht, hat die Heilige allerdings nichts zu tun, obwohl auch hier manche Legenden Zusammenhänge schaffen.

Kunst: Die Klosterkirche St. Walburg ist nach dem Dom das beherrschende Bauwerk Eichstätts. Sie wurde in ihrer heutigen Gestalt 1626-31 von Martin Barbieri im Stil des Frühbarock errichtet. Als wenige Jahre darauf die Schweden im Lauf des Dreißigjährigen Krieges das Kloster niederbrannten, blieb die Kirche verschont. Nach dem Wiederaufbau des Klosters gestaltete man das Gotteshaus 1664-1740 im Stil des Barock um, und seit 1746 thront auf dem Dach des Kirchturms eine lebensgroße, vergoldete Statue der hl. Walburga. Das Innere des einschiffigen Saalbaus ist mit Wessobrunner Stuck reich verziert. Hinter dem Hochaltar von 1664 befindet sich die Confessio der hl. Walburga (Gruftaltar), eine seltene Mischung aus Grabmal und Altar. Die Gruft selbst ist mit Votivbildern behängt, gilt die Heilige doch als Helferin bei Unfällen und insbesondere bei Augenleiden aller Art. In die steinerne Rückwand des Hochaltars ist eine Nische eingelassen, die einst die Reliquien Walburgas enthielt. Diese sind jetzt darüber in einem Steinsarkophag beigesetzt, an dessen Boden sich jedes Jahr etwa vom 12. Oktober (Tag der endgültigen Übertragung der Gebeine) bis zum 25. Februar (Todestag der Heiligen) das begehrte „Walburgisöl" sammelt.

Das zweigeteilte monumentale Altargemälde von Joachim Sandrart stellt unten Fürstbischof Marquard II. und oben die hl. Walburga dar. Die Seitenaltäre wurden 1675/76 gestiftet. Gegenüber im Westen fällt der verglaste vorgewölbte Nonnenchor auf.

Besonders sehenswert sind die Deckenfresken: Außer Walburga als Fürbitterin finden sich ihr Bruder Wunibald mit einem Modell der Heidenheimer Klosterkirche, der hl. Bonifatius und die Hl. Dreifaltigkeit mit Maria und vielen weiteren Heiligen.

Lage: Die Barock-, Bischofs- und Universitätsstadt Eichstätt ist der Mittelpunkt des romantischen Altmühltals (Radwanderweg Altmühltal!); Anfahrt über die Autobahn A 9: Ausfahrt Altmühltal bzw. Ingolstadt-Nord (aus Richtung München kommend).

Anschrift: Katholisches Pfarramt St. Walburg, Walburgiweg 2, D-85072 Eichstätt, Tel.: 08421/16 80, Fax: 08421/93 66 96, E-Mail: st.walburg.ei@bistum-eichstaett.de

Eichstätt/Dom

Name der Wallfahrt: Wallfahrt zum Grab des hl. Willibald
Ort der Pfarrei: Eichstätt
Kirche: Dom St. Willibald
Bistum: Eichstätt (Deutschland)
Pilgerzeiten: Der Festtag des hl. Willibald wird am 7. Juli begangen; zahlreiche Gläubige aus der nahen und weiteren Umgebung wallfahren an diesem Tag (bzw. dem Sonntag davor oder danach) nach Eichstätt; Domöffnungszeiten: montags-freitags 9.45 bis 13.00 Uhr und 14.30 bis 16.00 Uhr (freitags nur bis 15.30 Uhr), sonntags 12.30 bis 18.00 Uhr, samstags (nur nach Rücksprache mit dem Dompfarramt) 9.45 bis 15.00 Uhr; Führungen möglich

Geschichte: Willibald, der heutige Patron des Bistums Eichstätt, wurde um 700 als Sohn des angelsächsischen Edelmanns Richard von Wessex geboren und wie seine jüngeren Geschwister, der hl. Wunibald und die hl. Walburga (Walpurga), in einem Kloster in Südengland erzogen. Im Jahr 720 ging er mit Vater und Bruder auf Pilgerfahrt nach Rom. Nach dem Tod des Vaters in Lucca (Toskana) blieben die beiden in Italien, traten in Rom in ein Kloster ein und studierten Theologie. Nach einer Reise ins Heilige Land kehrte Wunibald zunächst in die Heimat zurück, während Willibald für zwei Jahre nach Konstantinopel ging und dann bis 739 im vom hl. Benedikt gegründeten Kloster auf dem Monte Cassino bei Neapel als Mönch lebte. Auf der Rückreise nach England wurde er in Rom von Papst Gregor III. auf Veranlassung von Bonifatius (organisierte von 738 bis zu seinem Märtyrertod 754 als päpstlicher Legat u.a. die mitteldeutsche und fränkische Kirche), der Überlieferung nach ein Bruder von Willibalds Mutter Wunna, in die deutsche Mission berufen und zog nach „Eihstat" (Eichstätt), wo er einen verlassenen Ort mit einer jedoch unversehrten Marienkirche vorfand. Dort erhielt er 740 die Priesterweihe, und am 21. Oktober 741 wurde er in Sülzenbrücken bei Erfurt von Bonifatius zum ersten Bischof von Eichstätt geweiht.

Willibald ließ ein Missionskloster sowie die erste Eichstätter Bischofskirche errichten und missionierte, unterstützt von einer schnell wachsenden Zahl von Mönchen und Priestern, sehr erfolgreich im bayerischen, fränkischen und schwäbischen Raum. 751 gründete er zusammen mit seinem Bruder Wunibald, der seit 740 in Thüringen und in der Oberpfalz missioniert sowie als Seelsorger in Mainz gewirkt hatte, das Benediktinerkloster Heidenheim, das sich zu einem bedeutenden religiösen Zentrum Süddeutschlands entwickelte und nach Wunibalds Tod im Jahr 761 von ihrer Schwester Walburga geführt wurde.

Willibald starb am 7. Juli 787 in

Eichstätt – acht Jahre nach Walburga – und wurde in „seiner" Kirche beigesetzt. Schon bald wurde er als Heiliger verehrt und sein Grab zum Pilgerziel. Um 870 überführte man die Gebeine von Wunibald und Walburga nach Eichstätt, und Mitte des 12. Jahrhunderts wurden auch die Reliquien ihres Vaters Richard von Lucca dorthin gebracht.

989 erhob Bischof Reginold die Gebeine Willibalds und setzte sie in einem Sarkophag in der Krypta des Doms bei. Bischof Heinrich übertrug die Reliquien 1256 auf den Hochaltar des Ostchors und stellte sie vier Monate öffentlich aus, was zahlreiche Pilger nach Eichstätt brachte. Als der Westchor des Doms (der so genannte Willibaldschor) von Bischof Hildebrand erbaut worden war, wurden die Gebeine am 7. Juli 1269 dort in einem Marmorschrein beigesetzt. Zum tausendjährigen Bestehen des Bistums öffnete man den Sarkophag und trug die Reliquien des hl. Willibald am 4. September 1745 in einer feierlichen Prozession durch die Straßen Eichstätts.

Das Fest ihres Patrons und ersten Bischofs begeht die Diözese Eichstätt am 7. Juli. Pfarreien, Gruppen und einzelne Gläubige wallfahren an diesem Tag (bzw. dem Sonntag davor oder danach) nach Eichstätt. Den Gläubigen werden Reliquien des hl. Willibald aufgelegt.

Kunst: Die von Willibald errichtete Eichstätter Bischofskirche war wohl noch eine einfache, etwa zwölf Meter breite Saalkirche. Unter den Bischöfen Gebhard I. (1042-57) und Gundekar II. (1057-75) entstand der frühromanische Dom mit einer Krypta (Unterkirche) im Ostchor. Dieser Bau hatte schon fast die Länge des heutigen Doms. Unter Bischof Berthold Burggraf von Nürnberg (1351-65) begann der Neubau des spätgotischen Doms, der um 1396 weitgehend vollendet war und im Wesentlichen bis heute erhalten geblieben ist.

An der Südostseite entstand ab 1480 das zweischiffige Mortuarium als Begräbnisstätte des Domkapitels. 1714-18 gestaltete Gabriel de Gabrieli die prächtige Westfassade im Barockstil, was im sonst rein mittelalterlichen Erscheinungsbild des Doms mit seinen mächtigen romanischen Türmen einen eigenwilligen Akzent setzt.

Die kunsthistorische Bedeutung des Doms beruht auf der reichen Innenausstattung. Viele Kunstwerke des Mittelalters und der frühen Neuzeit haben die Jahrhunderte überdauert: So sind im Willibaldschor noch heute das Grabmal des hl. Willibald (Willibaldstumba) aus dem Jahr 1269 und eine steinerne Muttergottes von 1297 zu bewundern.

Der spätgotische Flügelaltar im

Hauptchor wurde im Barock ersetzt. Seit 1883 steht dort ein neugotisches Werk, in das jedoch die Schnitzfiguren des ersten Altars integriert sind.

Als Glanzstück gilt der fast zehn Meter hohe Pappenheimer Altar im nördlichen Querschiff, benannt nach seinem Stifter, dem Domherrn Kaspar von Pappenheim. Der figurenreiche, steinerne Altar wurde 1490-95 vermutlich von dem Nürnberger Steinmetz Veit Wirsberger geschaffen, einem der berühmtesten Künstler seiner Zeit. Der Willibaldsaltar von 1514 wurde 1745, dem Zeitgeschmack entsprechend, durch einen barocktypischen ersetzt. Die einst von dem ortsansässigen Bildhauer Loy Hering aus Jurakalkstein geschaffene Sitzfigur des hl. Willibald im Bischofsornat behielt allerdings ihren Platz. Sie zählt zu den bedeutendsten plastischen Kunstwerken der Renaissance. Ebenfalls Loy Hering zugeschrieben wird der heute an der Westwand des südlichen Seitenschiffes stehende so genannte Wolfsteinsche Altar.

Lage: Die Barock-, Bischofs- und Universitätsstadt Eichstätt ist der Mittelpunkt des romantischen Altmühltals (Radwanderweg Altmühltal!); Anfahrt über die Autobahn A 9: Ausfahrt Altmühltal bzw. Ingolstadt-Nord (aus Richtung München kommend).

Anschrift: Katholisches Dompfarramt, Pater-Philipp-Jenningen-Platz 4, D-85072 Eichstätt, Tel.: 08421/16 32, Fax: 08421/803 22, E-Mail: dompfarrei.ei@bistum-eichstaett.de

Eichstätt/Frauenbergkapelle

Name der Wallfahrt: Wallfahrt zur Gottesmutter Maria
Ort der Pfarrei: Eichstätt
Kirche: Frauenbergkapelle Eichstätt
Bistum: Eichstätt (Deutschland)
Pilgerzeiten: Mai bis September

Geschichte: Auf einem Bergrücken thront über Eichstätt malerisch die Frauenbergkapelle. Der Eichstätter Fürstbischof Johann Anton I. Knebel von Katzenellenbogen (1705-25) ließ östlich seiner Residenz, der Willibaldsburg, 1720 eine Marienfigur aufstellen. Der Legende nach wurde sie aus einem Holzstamm geschnitzt, der lange vor dem Eingang der Hofschreinerei gelegen und plötzlich einen Zweig mit frischen Blättern ausgetrieben hatte. Die am 28. Oktober 1723 geweihte und bald von der Bevölkerung verehrte Skulptur der Gottesmutter war zunächst nur durch einen einfachen Bretterverschlag vor dem Wetter geschützt. Erst Fürstbischof Johann Anton II. von Freyberg (1736-57) ließ eine Kapelle für das Gnadenbild errichten, die 1751 geweiht wurde.

Kunst: Der Stil der Frauenbergkapelle verweist auf den Eichstätter

Hofbaudirektor Gabriel de Gabrieli (1671-1747): Sie besteht aus einem kleinen rechteckigen Zentralraum mit abgerundeten Ecken und Doppelkuppel, im Osten ergänzt durch einen flachgedeckten Vorraum mit später eingebauter Orgelempore. Der Innenraum wird durch je zwei Stichbogenfenster an der Nord- und Südseite mit Tageslicht versorgt. Bemerkenswert ist die Anlage der Doppelkuppel, zu der Gabrieli vielleicht durch die 1716-1718 erbaute Klosterkirche der Gebrüder Asam zu Weltenburg angeregt wurde: Die Scheitelfläche des sanft ansteigenden Hauptraumgewölbes ermöglicht durch einen rechteckigen Ausschnitt den Blick auf ein weiteres Spiegelgewölbe, das durch zwei Ovalfenster beleuchtet wird, die von unten nicht zu sehen sind. Die Altarnische und die untere Kuppelwölbung sind mit eleganten Stuckaturen aus Bandel- und Muschelwerk im Stil des frühen Rokoko versehen.

Die Deckengemälde von Joseph Dietrich (1696-1745) zeigen Leben und Verehrung der Jungfrau Maria. Die obere Kuppel hat die himmlische Szene der Krönung Mariens durch die Hl. Dreifaltigkeit zum Thema. Weitere Szenen aus dem Marienleben sind an der unteren Kuppel in drei ovalen Medaillons zu sehen: Mariä Geburt, Verkündigung und Aufnahme in den Himmel. Andere Medaillons zeigen Putten, die Kränze aus Rosen, Lilien, Palmzweigen und Sternen emportragen.

In der Altarnische steht das verehrte Gnadenbild: Maria als gekrönte Himmelskönigin mit Zepter in der linken Hand und dem Jesuskind auf dem rechten Arm. Ihr Kopf ist vom Zwölf-Sterne-Kranz der Apokalypse umgeben. Das ursprünglich barocke Erscheinungsbild der Skulptur ist jedoch durch mehrere Überarbeitungen seit Mitte des 19. Jahrhunderts beeinträchtigt. So wurden etwa Marias Wangen für ein strengeres und hoheitsvolleres Aussehen abgeschliffen.

Lage: Die Barock-, Bischofs- und Universitätsstadt Eichstätt ist der Mittelpunkt des romantischen Altmühltals (Radwanderweg Altmühltal!); Anfahrt über die Autobahn A 9: Ausfahrt Altmühltal bzw. Ingolstadt-Nord (aus Richtung München kommend).

Anschrift: Katholisches Dompfarramt, Pater-Philipp-Jenningen-Platz 4, D-85072 Eichstätt, Tel.: 08421/16 32, Fax: 08421/803 22, E-Mail: dompfarrei.ei@bistum-eichstaett.de

Einsiedeln

Name der Wallfahrt: Wallfahrt zur „Schwarzen Madonna von Einsiedeln"
Ort der Pfarrei: Einsiedeln

Einsiedeln

Kirche: Kloster- und Wallfahrtskirche „Mariä Himmelfahrt"
Bistum: Territorialabtei Maria Einsiedeln (Schweiz)
Pilgerzeiten: Ganzjährig, vor allem an den Marienfesten; das Fest der „Engelweihe" wird am 14. September (Fest „Kreuzerhöhung") und das Patrozinium am 15. August (Fest „Mariä Himmelfahrt") gefeiert; Gottesdienste sonntags 6.15 (Gnadenkapelle), 8.00, 9.30, 10.00, 11.00 und 17.30 Uhr; tägliche Messen in der Gnadenkapelle 5.30, 6.15, 7.00, 8.30, 9.30, 11.00 und 17.30 Uhr (Dauer etwa 30 Minuten); die Klosterkirche ist jeden Tag von 5.30-20.30 Uhr geöffnet; tägliche Führungen an Werktagen durch Kirche und Stiftsbibliothek ohne Voranmeldung durch das Tourismusbüro (Treffpunkt Hauptstraße 85); Anmeldung für Pilgergruppen: Tel.: 0041/55/418 62-70, Fax: 0041/55/418 62-69

Geschichte: Der Ursprung des Ortes Einsiedeln und der imposanten, in der ersten Hälfte des 18. Jahrhunderts errichteten Benediktinerabtei Maria Einsiedeln, des meistbesuchten Wallfahrtsorts in der Schweiz, liegt in der Einsiedelei des hl. Meinrad, einem Benediktiner des Klosters auf der Bodenseeinsel Reichenau. Er hatte sich um 830 in den „Finstern Wald" oberhalb des Zürichsees zurückgezogen und war dort im Jahre 861 Raubmördern zum Opfer gefallen. Zunächst in Reichenau bestattet, kamen seine Reliquien 1039 nach Einsiedeln.

Auf Meinrad folgten weitere fromme Männer, darunter 934 der sel. Eberhard, der zuvor Domherr zu Straßburg war. Er stammte vermutlich aus einer adligen schwäbischen Familie und verwendete sein Vermögen zum Bau einer Klosteranlage auf vom schwäbischen Herzog Herman I. geschenktem Grund. Eberhard fungierte bis zu seinem Tod 958 als erster Abt des Klosters, dessen Rechte 947 von Kaiser Otto I. anerkannt wurden und das sich rasch zu einem bedeutenden geistlichen und kulturellen Zentrum entwickelte. Zu Eberhards Schülern und z.T. Nachfolgern als Klostervorsteher zählten u.a. Thietland, der Bruder des alemannischen Herzogs Burkhard, der sel. Gregorius von England sowie der hl. Wolfgang, der spätere Bischof von Regensburg.

Im Jahr 948 soll der hl. Bischof Konrad von Konstanz zur Weihe der Klosterkirche gekommen sein. Die Legende, dass Christus selbst im Beisein von Engeln am Kreuzerhöhungstag (14. September) eine Kapelle seiner Mutter Maria geweiht und dies im Traum dem Bischof in der Nacht zuvor mitgeteilt habe, die „Engelweihlegende", wird allerdings erstmals schriftlich im 12. Jahrhundert erwähnt. Die Wallfahrten galten ursprünglich Christus als Erlöser und beruhten möglicherweise auf einer Nachbildung des Hl. Grabes. Die Umwandlung der Salvator- in eine Marienwallfahrt muss jedoch schon im 13. Jahrhunderts erfolgt sein, denn zu dieser Zeit war das Kloster bereits nicht nur ein wichtiger Sammelpunkt für Wallfahrtszüge nach Santiago de Compostela, sondern dank eines als wundertätig verehrten Marien-Gnadenbildes auch selbst Ziel großer Pilgerscharen.

Die romanische Figur einer sitzenden Madonna verbrannte jedoch 1465 bei einem Feuer im Kloster und wurde durch eine gotische Plastik, das heutige gekrönte und in kostbare Gewänder gehüllte Gnadenbild, ersetzt. Die ursprünglich hellen Gesichter der stehenden Gottesmutter und des Jesuskinds auf ihrem linken Arm waren im Laufe der Zeit durch den Ruß der Kerzen schwarz geworden. Dies führte zu der Legende, welche das weit verbreitete Thema von der wunderbaren Behütung im Feuer verschiedentlich abwandelt. Nach ihr soll das Gnadenbild schon im 15. Jahrhundert nicht verbrannt, sondern nur schwarz geworden sein. Das Motiv taucht in den Glaubenskämpfen der Reformationszeit wieder auf: Man wollte die Figur durch das Anzünden einer mit Pulver gefüllten Kerze zerstören, doch auch damals sei sie nur leicht angekohlt.

Die alte, der Überlieferung nach auf die „Meinradszelle" zurückgehende Gnadenkapelle, die 1617 auf Veranlassung Erzbischofs Marcus Sitticus von Salzburg eine kostbare schwarze Marmorverkleidung erhalten hatte, wurde beim Franzoseneinfall 1798 zerstört. Der Wiederaufbau 1815-17 ließ sie noch wesentlich prunkvoller werden. In Form und Gestaltung des Marienheiligtums innerhalb der 1719-35 unter der Leitung von Kaspar Moosbrugger gebauten barocken Abteikirche mit ihrer doppeltürmigen Fassade und der überaus prachtvollen, von berühmten Künstlern wie Joseph Anton Feuchtmayer und den Brüdern Cosmas Damian und Egid Quirin Asam geschaffenen Innenausstattung wirkt auch die Tradition des Hl. Hauses Mariens von Loreto in Italien mit.

Zum klassischen Wallfahrtsort gehören auch ein Kreuzweg und ein Brunnen mit heilkräftigem Wasser. Der heutige Kreuzweg von Einsiedeln mit seinen zwölf, von in- und ausländischen Pilgergruppen gestifteten Stationen entstand 1930-39 und ist ein Werk des Bildhauers Alois Payer aus Einsiedeln. Er beginnt im Südosten des Klosterplatzes und steigt auf zum Kreuzberg mit einer dreizehn Meter hohen Kreuzigungsgruppe. Im Zentrum des großen Kirchplatzes steht der „Frauenbrunnen" von 1686 mit einer goldenen

Marienstatue in der Mitte, aus dessen vierzehn Röhren – sie entsprechen den Vierzehn Nothelfern – viele Pilger trinken.
Lage: Einsiedeln, „nur" der zweitälteste, aber meistbesuchte Schweizer Wallfahrtsort, liegt im Kanton Schwyz südlich des Zürichsees am Jakobsweg und ist eigentlicher Ausgangspunkt aller Pilgerreisen nach Santiago de Compostela; von Einsiedeln nach Zürich besteht eine S-Bahn-Verbindung im 30-Minuten-Takt.
Anschrift: Benediktinerabtei Einsiedeln, CH-8840 Einsiedeln, Tel.: 0041/55/418 61-11, Fax: 0041/55/418 61-12, E-Mail: kloster@kloster-einsiedeln.ch; Einsiedeln Tourismus, Hauptstraße 85, CH-Einsiedeln, Tel.: 0041/55/418 44-88, Fax: 0041/55/418 44-80, E-Mail: info@einsiedeln.ch

Erfurt/Dom

Name der Wallfahrt: Wallfahrt zu „Unserer Lieben Frau"
Ort der Pfarrei: Erfurt
Kirche: Katholischer Dom St. Marien (Mariä Himmelfahrt)
Bistum: Erfurt (Deutschland)
Pilgerzeiten: Ganzjährig; Gottesdienste sonntags 11.00 und 18.00 Uhr; Führungen durch den Dom und zur Glocke Gloriosa nach vorheriger Anmeldung; Bistumswallfahrt zum Dom am Sonntag nach dem 15. September (Fest „Gedächtnis der Sieben Schmerzen Mariens")
Geschichte: Erfurt, die „Turmreiche" (da sie im Mittelalter 80 Kirchen und 36 Klöster besaß), blickt auf eine lange Besiedlungsgeschichte zurück. An der wichtigen Furt durch die Gera (ehemals Erpha, daher der Name) siedelten schon in vorgeschichtlicher Zeit Menschen. Von 729 datiert die erste urkundliche Erwähnung. Bonifatius, der Apostel der Deutschen, machte die Stadt 742 zu einem Bistum, doch nachdem er 746 Bischof von Mainz geworden war, wurde 755 das Kirchengebiet des ersten Bistums Erfurt in das Bistum Mainz integriert. Im frühen 9. Jahrhundert wurde Erfurt zu einem Zentrum des Handels mit den Slawen. Etwa 1167 legte man eine erste Stadtmauer an, und bald war Erfurt eine der wichtigsten und größten Städte Deutschlands. Der Grund dafür war vor allem seine Lage an wichtigen Handelsstraßen vom Rhein in den Osten. In die Zeit der Blüte fällt 1379 die Gründung der Universität, die 1816 geschlossen (allerdings 1994 neu gegründet) wurde, und an der Martin Luther von 1501-05 lehrte. Sie war damals nach Prag die zweitgrößte deutsche Hochschule. Beherrschendes Wahrzeichen Erfurts ist heute das mittelalterliche Kirchenensemble des St.-Marien-Doms und der St.-Severi-Kirche im Herzen der Stadt. Man erreicht die

beiden Gotteshäuser über eine breite Freitreppe, die „Gerade", vom Domplatz aus, wo sich alljährlich Mitte September zur großen Bistumswallfahrt rund 10 000 Menschen versammeln.

Der Dom, die Bischofskirche des Bistums Erfurt, ist nicht nur wegen seiner Architektur und einmaligen Lage über der Stadt weltberühmt, sondern insbesondere auch für die „Gloriosa", die größte frei schwingende, mittelalterliche Glocke der Welt, die in seinem mittleren Glockenturm hängt und mit einem unnachahmlichen Klang beeindruckt. (Wegen eines Haarrisses musste sie 2004 in einer spektakulären Aktion aus dem Dom ausgebaut und geschweißt werden.)

Bald nach Gründung des Bistums muss auf dem Domberg eine erste Kirche entstanden sein, von der allerdings keine Spuren erhalten sind. 1154 war Baubeginn einer romanischen, 1182 geweihten Basilika, wobei man die letzten Ruhestätten der beiden Mitarbeiter des hl. Bonifatius wieder entdeckte: Das Grab des hl. Eoban (Bischof von Utrecht) und des hl. Adolar, der als erster Bischof von Erfurt verehrt wird. Der Südturm war 1201 fertig, der Nordturm 1237. 1290 erweiterte man den Chor östlich des romanischen Sanktuariums. Der Mittelturm muss vor 1307 errichtet worden sein. Nach mehreren Erweiterungen im 14. Jahrhundert (Kavaten, Triangel-Portalvorbau an der Nordseite des nördlichen Querhauses, Hoher Chor) riss man 1455 das Langhaus der romanischen Basilika ab und ersetzte sie durch die spätgotische Halle. 1707 wurde ein barocker Hochaltar aufgestellt. 1968 demontierte man die im 19. Jahrhundert gebaute neugotische Dachkonstruktion und restaurierte das Dach in der ursprünglichen spätgotischen Form.

Kunst: Der Erfurter Domschatz weist eine bedeutende Sammlung sakraler Kunst auf, etwa romanische und barocke Plastiken, Reliquiare und Textilien (Tristanteppich, um 1380).

Die Pietà im St.-Marien-Dom ist eine der frühesten vollplastischen Darstellungen der Schmerzensmutter, die ihren gerade vom Kreuz abgenommenen Sohn beweint. Die Skulptur wurde um 1350 von einem thüringischen Künstler geschaffen.

Noch rund 200 Jahre älter ist die romanische Madonna „Thron der Weisheit", eine Arbeit mit unverkennbar byzantinischem Einfluss: Hoheitsvoll sitzt die Himmelskönigin auf einem Thron. Marias Schoß wiederum bildet einen Thron für Christus, der zwar noch als Kind, aber mit bereits männlichen Gesichtszügen dargestellt ist.

In einem romanischen Büstenreliquiar aus der zweiten Hälfte des 12.

Jahrhunderts befinden sich Reliquien des hl. Bonifatius und des hl. Kilian (gestorben um 689), beides Mitpatrone des Bistums Erfurt. Reliquien der hl. Elisabeth von Thüringen (1207-31), der Hauptpatronin des Bistums Erfurt, befinden sich in einem gotischen Reliquiar aus dem Ende des 13. Jahrhunderts. Daneben ist eine Kopie der Heiligsprechungsurkunde von 1235 zu sehen und über der Nische eine um 1490 geschnitzte Elisabeth-Plastik.

Von der farbigen Verglasung der 15 gotischen Fenster (18 x 2,50 m) im Chorraum, die zwischen 1380 und 1420 angefertigt wurden, sind fast drei viertel im Original erhalten. Sie erzählen biblische Geschichten und das Leben von Heiligen. Der Hochaltar (1697) ist mit zwölf lebensgroßen Heiligenfiguren ein Werk barocker Holzschnitzkunst. Besonders reich geschmückt ist auch das eichene Chorgestühl (um 1360): Darstellungen musizierender Engel und Menschen, aber auch Bilder aus dem Winzerleben spiegeln das frohe, so gar nicht sittenstrenge Lebensgefühl des Mittelalters wider.

Besonders sehenswert sind im Dom auch ein Tafelgemälde von Lukas Cranach d.Ä. („Die Verlobung der heiligen Katharina", um 1522), drei Wandreliefs aus einem spätgotischen Schnitzaltar (um 1470), die die Geburt Christi, die Anbetung durch die Weisen aus dem Morgenland (Epiphanie) und die Ausgießung des Heiligen Geistes (Pfingsten) schildern, das Triptychon „Die Einhornjagd" (um 1420), der um 1160 vermutlich in Magdeburg gegossene und nach seinem Stifter benannte Bronzeleuchter „Wolfram" sowie das turmartige Sakramentshaus (um 1590), ein Meisterwerk der Steinmetzkunst der Renaissance. Beachtenswert ist zudem das monumentale Wandgemälde des hl. Christophorus (8,80 x 5,95 m). Es wurde 1499 mit Ölfarbe auf den Sandstein gemalt und zeigt den Patron der Reisenden, wie er das Jesuskind über einen reißenden Fluss trägt. Über der Schulter des Heiligen ist außerdem der Erfurter Dom dargestellt.

Auch die St.-Severi-Kirche, das zweite bestimmende Element der großartigen Erfurter Innenstadtkulisse, lohnt den Besuch: Die breite, fünfschiffige Hallenkirche wurde ab 1278 als Stiftskirche für die Augustinerchorherren auf den Überresten eines erstmals 1121 urkundlich erwähnten Gotteshauses errichtet. Der Turm mit erhöhtem Mittelteil und drei Spitzhelmen sowie die Gewölbe wurden erst 1495 vollendet. Im Inneren sind außer den Altären vor allem der um 1365 entstandene Sarkophag des hl. Severus und der

Taufstein mit seinem 15 Meter hohen Überbau von 1467 beachtenswert.

Lage: Die Bischofsstadt Erfurt mit dem Mariendom liegt in Thüringen zwischen Eisenach (Wartburg) und Weimar (Goethehaus); Anfahrt über die Autobahn A 4: Ausfahrt Erfurt-West, weiter auf der Bundesstraße B 4 ins Stadtzentrum zum Domplatz.

Anschrift: Dompfarramt St. Marien, Domstraße 9, D-99084 Erfurt, Tel.: 0361/561 57 61, Fax: 0361/657 24 02, E-Mail: dompfarramt@ dom-erfurt.de; Dom-Information (Anmeldung von Führungen), Domstufen 1, D-99084 Erfurt, Tel.: 0361/646 12 65, Fax: 0361/566 89 16, E-Mail: domfuehrung@ dom-erfurt.de

Eschweiler-Nothberg

Name der Wallfahrt: Wallfahrt zur „Schmerzhaften Muttergottes"
Ort der Pfarrei: Eschweiler-Nothberg
Kirche: Pfarr- und Wallfahrtskirche St. Cäcilia
Bistum: Aachen (Deutschland)
Pilgerzeiten: Mai bis September; Hochfest „Mariä Himmelfahrt" (15. August); jährlich nach „Mariä Namen" (12. September) eine Oktavwoche, während der viele Prozessionen aus anderen Ortschaften nach Nothberg kommen; Gottesdienst sonntags (ganzjährig) 9.45 Uhr
Geschichte: Nothberg ist einer der ältesten Wallfahrtsorte in Nordrhein-Westfalen und seit 1932 zusammen mit Bohl, Hastenrath, Scherpenseel und Volkenrath ein südöstlicher Stadtteil der Stadt Eschweiler. Bis dahin gehörte Nothberg zum Kreis Düren.

Die Ortsnamensgeschichte ist im Falle von Nothberg besonders interessant: 1361 wird zum ersten Male ein Hof mit dem Namen „hoff van Berghen" urkundlich erwähnt. Vermutlich ist dies der heutige Nothberger Hof, der später auch „Kirchhof" genannt wurde, da hier schon früh eine Kapelle stand, aus der später die Pfarrkirche entstand. 1382 taucht der Name „Noitberg/Nothberg" auf, abgeleitet von dem Gnadenbild der Schmerzhaften Mutter, zu dem die Menschen ihre Not hintrugen und Erhörung fanden. Noch heute nennt man die alteingesessenen Bewohner des Ortes im Gegensatz zu den Zugewanderten die „Berger".

Gegen Mitte des 14. Jahrhunderts erbaute ein Besitzer des Nothberger Hofs im Auftrag des Jülicher Grafen die Nothberger Burg, und 1425 wurde dort eine Kirche aus Bruchsteinen errichtet und der Gottesmutter Maria geweiht.

Neben den Heimsuchungen der Pest und des Dreißigjährigen Krieges litt das Nothberger Umland in den Jahren 1755 bis 1759 unter zahllosen Erdbeben, hervorgerufen durch die gleichen Verschiebungen der Kontinentalplatten, die am 1. November 1755 auch das große Erdbeben in Lissabon mit seinen enormen Zerstörungen verursachten. Unter der Bevölkerung brach Angst und Schrecken aus, doch kam es nicht zu Todesfällen, nur an ihrem Besitz entstanden große Schäden.

Der genaue Beginn der Wallfahrt ist unklar. Den ersten großen Aufschwung erfuhr sie dadurch, dass das Kölner Provinzialkonzil 1423 die Verehrung der Gottesmutter unter dem Titel der „Schmerzhaften Mutter" den Gläubigen als Heilmittel gegen die Irrlehre der Hussiten empfahl, die behaupteten, die Verehrung Mariens sei unnütz und verwerflich.

Am 17. Oktober 1454 überführte man die Reliquien des hl. Stadtpatrons Vitus aus Mönchengladbach und weitere Reliquien in feierlicher Prozession nach Nothberg. Aus dem Jahr 1502 berichtet ein Pfarrer aus Aachen-Burtscheid von einer seit 30 Jahren durchgeführten Wallfahrt am Freitag in der Passionswoche zum Gnadenbild der verehrten Noith-Gottesmutter.

Am 12. November 1784 schenkte Papst Pius VI. der Nothberger Kirche für „ewige Zeiten" bedeutende Gnadenzuwendungen und Ablassprivilegien, die die Andacht zur Schmerzhaften Mutter fördern sollten. Ebenso erteilte Papst Leo XIII. am 22. Februar 1893 der Wallfahrtskirche zu Nothberg Ablässe.

Als im Jahr 1866 durch den preußisch-österreichischen Krieg die Cholera in die Region eingeschleppt worden war, hielt man eine feierliche Prozession mit dem Gnadenbild der Schmerzhaften Muttergottes ab. Die Prozession fand am ersten Sonntag im Oktober statt, ungefähr 5 000 Menschen nahmen nach dem Bericht der Pfarrchronik daran teil. Das „Eschweiler Sonntagsblatt" vom 21. Oktober konnte berichten, die furchtbare Seuche sei fast ganz verschwunden. Die Prozession wurde danach jährlich wiederholt und später vom Oktober auf den Sonntag nach Mariä Himmelfahrt gelegt.

1907 baute man eine neue Kirche, und am 22. Dezember wurde das Gnadenbild der Schmerzhaften Mutter in Begleitung von über 2 000 Pilgern dort hin übertragen.

Kunst: Das Gnadenbild von Nothberg ist eine 1,20 Meter hohe Pietà aus Lindenholz und steht in einem breiten spätgotischen Schrein aus der Wende zum 15. Jahrhundert. Aus der gleichen Zeit stammen auch die vierteiligen Flügelgemälde. Die Türen zeigen innen die vier Marien, nämlich Maria Salome, Maria Cleophe, Maria Jakoba und Maria Magdalena, und außen eine sehr lebendige Kreuztragungsszene. Der Aufsatz

über dem Schrein besteht aus einem dreiteiligen spätgotischen Baldachin. Die drei kleinen Skulpturen, um 1500 entstanden, stellen eine Pietà zwischen Maria und Johannes dar.
1999 wurde die Nothberger Pfarr- und Wallfahrtskirche mit ihrem weithin sichtbaren, hohen Spitzhelmturm einer umfassenden Renovierung unterzogen.

Lage: Nothberg (teilrestaurierte Burganlage) ist ein Stadtteil von Eschweiler (großer Stadtwald mit ca. 20 km Wander- und Radwegen; romanische Kirche St. Peter und Paul mit lederner Pietà aus dem 14. Jahrhundert) und liegt nur wenige Kilometer östlich der Bischofsstadt Aachen; Anfahrt über die Autobahn A 4: Ausfahrt Eschweiler; seit 2004 verfügt Nothberg über einen eigenen Bahnhof auf der Linie Aachen-Köln.

Anschrift: Katholisches Pfarramt St. Cäcilia, Cäcilienstraße 3, D-52249 Eschweiler-Nothberg, Tel.: 02403/253 19, Fax: 02403/80 21 84, E-Mail: genten@onlinehome.de

Essen/Münster (Dom)

Name der Wallfahrt: Wallfahrt zur „Goldenen Madonna"
Ort der Pfarrei: Essen
Kirche: Münster von Essen (ehemalige Stiftskirche St. Marien, Kosmas und Damian)
Bistum: Essen (Deutschland)
Pilgerzeiten: Ganzjährig; Führungen durch Dom und Schatzkammer: sonntags 11.45 Uhr und mittwochs 18.30 Uhr; jeden ersten Sonntag im Monat 15.30 Uhr Kinderführung; Öffnungszeiten Schatzkammer: Di-Sa 10.00-17.00 Uhr, So 11.30-17.00 Uhr

Geschichte: Die Geschichte der Stadt Essen ist eng verknüpft mit dem von dem sächsischen Adligen und Bischof von Hildesheim, dem hl. Altfrid, um das Jahr 850 auf seinem Besitz „Astnidhi" gegründeten hochadeligen Damenstift, in dem er seine Schwester Gerswit als erste Äbtissin einsetzte. In der nach fast 20-jähriger Bauzeit 870 der Gottesmutter Maria und den Heiligen Kosmas und Damian geweihten Stiftskirche fand Altfrid 874 seine letzte Ruhestätte.

Bis ins 17. Jahrhundert stand Essen, das sich allmählich um das Kloster herum entwickelte, unter der Herrschaft des reichsunmittelbaren Stifts. Noch 1372 bestätigte Kaiser Karl IV. der Äbtissin des Essener Klosters ihre Hoheitsrechte über die Stadt, den Räten und Bürgern der Stadt wiederum bescheinigte er 1377 ihre Unabhängigkeit vom Kloster, so dass bis zur Auflösung des Klosters im Jahr 1803 reichlich Konfliktstoff vorhanden war.

Den Fürstäbtissinnen verdankt das erst 1958 errichtete Bistum Essen einen Domschatz von außerordentlichem kunst- und kirchengeschichtlichen Wert.

Essen/Münster (Dom)

Unter der Äbtissin Mathilde (gestorben 1011), einer Enkelin Kaiser Ottos I. des Großen, und ihren Nachfolgerinnen erwarb das Stift viele wertvolle Kunstwerke, die noch heute erhalten sind. Dazu gehört das um 980 aus Pappelholz geschnitzte und völlig mit Goldblech überzogene Gnadenbild der „Goldenen Madonna" mit dem Titel „Mutter vom Guten Rat". Dargestellt ist die sitzende Gottesmutter, auf ihrem Schoß das Jesuskind, dem sie einen Apfel reicht. Das Kind hält ein Buch in der Hand. Nachdem Papst Johannes XXIII. Maria 1959 zur Patronin des Bistums Essen erhoben hatte, wurde die rund 70 Zentimeter hohe und vermutlich älteste vollplastische Marienfigur des Abendlandes feierlich in das Essener Münster überführt, wo sie seither in der nördlichen Seitenkapelle das Ziel der Pilger ist.

Kunst: Das Essener Münster ist eine dreischiffige gotische Hallenkirche, die in den Jahren 1276-1327 auf den Fundamenten der ersten Stiftskirche aus dem 9. Jahrhundert erbaut wurde. In der Krypta befindet sich das Grab des hl. Altfrid. Der reichverzierte, steinerne Sarkophag ist eine Arbeit des 14. Jahrhunderts. Dreimal wurde die Kirche zerstört (das letzte Mal im Zweiten Weltkrieg), dreimal wurde sie wieder aufgebaut.

Der Domschatz mit seinen überwiegend aus dem 10. und 11. Jahrhundert stammenden Kunstwerken gilt als einer der wertvollsten in ganz Europa. Neben der „Goldenen Madonna" gehören dazu u.a. ein 2,25 Meter hoher siebenarmiger Bronzeleuchter und eine Vielzahl von Goldschmiedearbeiten aus ottonischer Zeit, darunter ein reich mit Edelsteinen besetztes Krönchen, das einst Otto III. trug, als er nach dem Tod seines Vaters Otto II. 983 als Dreijähriger zum König gekrönt wurde (Kaiser ab 996). Er schenkte es später dem Essener Stift, wo es über Jahrhunderte hinweg am Fest „Mariä Lichtmess" (2. Februar) das Haupt der „Goldenen Madonna" zierte.

Lage: Essen ist das Zentrum des Ruhrgebiets; das Essener Münster befindet sich am Burgplatz im Stadtzentrum; Anfahrt über die Autobahn A 52: bis zum Dreieck Essen-Ost, weiter auf der A 40 bis zur Ausfahrt Essen-Zentrum; ab Hauptbahnhof ca. zehn Minuten Fußweg.

Anschrift: Domkapitel Essen, An St. Quintin 3, D-45127 Essen, Tel.: 0201/22 04-490, E-Mail: domkapitel@bistum-essen.de; Essener Domschatzkammer, Burgplatz 2, D-45127 Essen, Tel.: 0201/22 04-206

Essen-Werden

Name der Wallfahrt: Wallfahrt zum hl. Liudger (Ludger, Ludgerus)
Ort der Pfarrei: Essen-Werden
Kirche: Basilika St. Ludgerus
Bistum: Essen (Deutschland)
Pilgerzeiten: Ganzjährig; Festtag des hl. Liudger ist der 26. März (Todestag); das Patronatsfest wird in Werden jedoch am zweiten Sonntag nach Ostern gefeiert; am Sonntag vor Pfingsten wird das Fest der „Ankunft der Gebeine des hl. Liudger" begangen; als Hauptfest gilt das „Fest der Umtragung der Gebeine des hl. Liudger" am ersten Sonntag im September; die Schatzkammer ist täglich außer montags 10.00-12.00 Uhr und 15.00-17.00 Uhr geöffnet; Führungen durch Kirche und Schatzkammer nach Anmeldung möglich (Tel.: 0201/40 42 81, Fax: 0201/40 42 87, E-Mail: fuehrungen@st.ludgerus-werden.de)
Geschichte: Liudger (Ludger), der erste Bischof von Münster (und heutige Patron des Bistums Münster sowie zweiter Patron des erst 1958 errichteten Bistums Essen nach der Gottesmutter Maria), entstammte einem friesischen Adelshaus und wurde 740 oder 742 geboren. 777 empfing er in Köln die Priesterweihe und begann seine rege Missionstätigkeit zunächst in Friesland. Auf Weisung Kaiser Karls des Großen widmete er sich später der Missionierung der Sachsen auf dem Gebiet des heutigen Bistums Münster und baute eine erste kirchliche Infrastruktur aus Pfarrkirchen und Klöstern auf. Dazu gehörte das im Jahr 799 gegründete Benediktinerkloster in Werden an der Ruhr, dessen erster Abt er wurde. 804 zum Bischof geweiht, verbrachte Liudger seine letzten Lebensjahre mit der Organisation und Verwaltung seiner neuen Diözese im späteren Münster. Am 26. März 809 verstarb er in Billerbeck während einer Predigt, bestattet wurde er auf seinen Wunsch hin aber in Werden, wo sein Grab in der Krypta der nach ihm benannten Kirche noch heute das Ziel von Wallfahrern ist.

1960 wurde die Kirche St. Ludgerus von Papst Johannes XXIII. zur Propstei erklärt, 1993 wurde sie von Johannes Paul II. zur päpstlichen Basilika erhoben.

Kunst: Die heutige Kirche St. Ludgerus geht auf einen Bau von 1256-75 zurück, der auf den Fundamenten des ersten, 804 geweihten und 1256 abgebrannten Gotteshauses errichtet wurde. Die neue Kirche integrierte die noch erhaltene Krypta von 875 und das romanische Westwerk von 943, wo eine lebensgroße Statue des Kirchenpatrons aus dem 15. Jahrhundert steht.

Die vom mächtigen Hochaltar beherrschte Innenausstattung stammt überwiegend aus dem Spätbarock (Anfang 18. Jahrhundert).

Obwohl vieles während der Säkularisation verloren ging, birgt die Schatzkammer von St. Ludgerus (im Ostflügel der ehemaligen Abteigebäude) auch heute noch Exponate von unschätzbarem Wert, darunter den so genannten Liudger-Kelch aus vergoldetem Kupfer, der den Heiligen auf seinen Missionsreisen begleitet haben soll, und ein Bronzekruzifix („Werdener Kruzifix"), das ungefähr auf das Jahr 1060 datiert wird und zu den schönsten weltweit gehört.

Lage: Werden liegt im Süden von Essen nahe des Baldeneysees; Anfahrt über die Autobahn A 52: Ausfahrt Essen-Haarzopf; die Basilika befindet sich in der Brückstraße; vom Hauptbahnhof Essen mit der S6 bis Bahnhof Werden oder mit dem Schnellbus (SB) bis Werden-Markt.

Anschrift: Katholisches Propsteipfarramt St. Ludgerus, Brückstraße 54, D-45239 Essen, Tel.: 0201/49 15 65 oder 49 18 01

Ettal

Name der Wallfahrt: Wallfahrt zu „Unserer Lieben Frau"
Ort der Pfarrei: Ettal
Kirche: Kloster- und Pfarrkirche „Mariä Himmelfahrt"
Bistum: München-Freising (Deutschland)
Pilgerzeiten: Ganzjährig; Hauptfest an „Mariä Himmelfahrt" (15. August); Gottesdienste sonntags 7.00, 9.30 und 11.00 Uhr; Wallfahrtsgottesdienste für Pilgergruppen; Kloster- und Kirchenführungen sowie die Besichtigung der Brauerei nach Absprache möglich

Geschichte: Die meisten Menschen, die heute das Benediktinerkloster Ettal besuchen, kommen weniger wegen des Marien-Gnadenbildes, sondern wegen des Kirchenbaus, der in seiner Architektur in Deutschland einzigartig ist. Doch ist die Entstehung der Abtei eng mit der Ettaler Madonna verknüpft: Der römisch-deutsche Kaiser Ludwig IV., genannt der „Baier", brachte die Marienfigur von seinem Italienfeldzug 1328 mit, auf dem er sich in Rom zum Kaiser hatte krönen lassen. Auf seiner Heimreise zog er mit seinem Tross auch durch das Ammertal. Was ihn tatsächlich dazu bewog, rund zwei Jahre später am 28. April 1330 an einer bestimmten Stelle höchstpersönlich den Grundstein für das Kloster Ettal zu legen, darüber gibt es verschiedene Meinungen: Wahrscheinlich sollte die zu diesem Zeitpunkt nur dünn besiedelte Gegend erschlossen werden, um die Verkehrswege von Augsburg über die Alpen nach Verona sichern zu können. Andere sprechen von einem Gelöbnis des Kaisers, und die Legende schließlich berichtet, dass das kaiserliche Pferd just an dieser Stelle dreimal in die Knie gegangen sei, was der Herrscher als Zeichen für die Stiftung eines Gotteshauses deutete.

Im Kloster sollten nach dem Willen Ludwigs IV. nicht nur Benediktinermönche leben, sondern auch geistlich gesinnte Ritter samt ihren Frauen und einigen Witwen. Zwar verlor der Ritterkonvent bald nach dem Tod des Kaisers im Jahr 1347 an Bedeutung und wurde aufgelöst, doch die Benediktiner blieben und sorgten u.a. für die Fertigstellung der Klosterkirche. Am 5. Mai 1370 konnte der nach dem Vorbild der Jerusalemer Grabeskirche errichtete, zwölfeckige Zentralbau mit der einst vom Kaiser aus Italien mitgebrachten Marienfigur als Gnadenbild geweiht werden.

Die Wallfahrten zur Ettaler Madonna begannen jedoch erst ab dem 15. Jahrhundert, als die Marienverehrung zunehmend an Bedeutung gewann. Im 16. und 17. Jahrhundert stieg der Pilgerstrom stetig an, und zu Beginn des 18. Jahrhunderts war Ettal mit jährlich bis zu 70 000 Besuchern das wichtigste Wallfahrtsziel im Voralpenland. Sogar am bayerischen Hof wurde das Gnadenbild als so wertvoll erachtet, dass es Kurfürst Max Emanuel während der Kriegswirren 1704 nach München in Sicherheit bringen und in der Hofkapelle zur Verehrung aufstellen ließ. Dann kam es in den Freisinger Dom und von dort erst im Frühjahr 1705 wieder zurück nach Ettal. Zu dieser Zeit genoss das Kloster hohes Ansehen, so dass hier 1709 eine „Ritterakademie" eingerichtet wurde, eine Mischung aus Gymnasium und Universität. Diese geistig-religiöse Aufbruchsstimmung unter Abt Placidus II. Seiz zog eine umfangreiche Neugestaltung und Erweiterung an Klostergebäuden und Kirche im Stil des Barock nach sich. Die erste Umbauphase wurde nach den Entwürfen des aus Graubünden stammenden Münchner Hofbaumeisters Enrico Zuccalli (um 1642-1724) durchgeführt und gab dem Komplex seine heutige Gestalt. 1744 jedoch legte ein Brand große Teile der Abtei und der noch nicht fertig gestellten Kirche in Schutt und Asche, wodurch sich die wegen der Baumaßnahmen ohnehin angespannte wirtschaftliche Lage des Klosters zusehends verschlechterte und man die Ritterakademie, die überregionale Bedeutung erlangt hatte, auflösen musste. Dennoch ging der Kirchenbau weiter, dieses Mal unter der Leitung des Wessobrunner Stiftsarchitekten Joseph Schmuzer (1683-1752), der Zuccallis Pläne vollendete, d.h. die gewaltige Barockkuppel, die reich verzierte, von zwei Türmen flankierte Fassade und einen weiteren Chorraum schuf. 1762 war auch das Innere mit dem Hochaltar und sechs Seitenaltären so weit gediehen, dass die neue Kirche zu Ehren der Gottesmutter geweiht werden konnte. Vollendet war die Ausstattung jedoch erst Ende des Jahrhunderts.

Im Zuge der Säkularisation wurde das Kloster Ettal im Jahr 1803 aufgehoben, Gebäude und Grundbesitz gingen an das Königreich Bayern über und wurden veräußert, die Kirche zur Pfarrkirche deklariert. Die Wallfahrten kamen fast völlig zum Erliegen, und lebten erst Anfang des 20. Jahrhunderts wieder auf, nachdem die Benediktiner im Jahr 1900 zurückgekehrt waren. Zum Kloster gehören heute landwirtschaftliche Betriebe, eine Buchhandlung und ein Kunstverlag, mehrere Gasthöfe und ein Hotel. Außerdem beherbergt Kloster Ettal wieder ein Gymnasium mit Internat sowie eine Destillerie (Klosterlikör) und eine Brauerei samt Brauereimuseum, das neben der 1920 zur päpstlichen „Basilika minor" erhobenen Kirche und dem Bibliothekssaal das ganze Jahr über zahlreiche Besucher anzieht.

Kunst: Im Inneren der reich ausgestatteten Klosterkirche beeindruckt besonders das riesige, 1748-52 geschaffene Kuppelfresko. Das Hauptwerk des Malers Johann Jakob Zeiller aus Reutte in Tirol (1708-83) stellt die Gründungsgeschichte Ettals dar. Die nicht weniger sehenswerten Wandmalereien im Chorraum, das Hochaltarbild (Mariä Himmelfahrt) sowie die Gemälde von drei Nebenaltären schuf der Tiroler Martin Knoller (1725-1804), die herrliche Stuckdekoration stammt größtenteils von den beiden bedeutenden Vertretern der Wessobrunner Stuckatorenschule Johann Georg Üblher (1703-63) und Franz Xaver Schmuzer (1713-75), und das Altarensemble in der Rotunde sowie die Kanzel gestaltete der Münchner Bildhauer und „Vater der bayerischen Rokokoplastik" Johann Baptist Straub (1704-84).

Das Ettaler Gnadenbild, eine sitzende Madonna mit goldener Krone und dem ebenfalls gekrönten Jesuskind auf dem Schoß, hat seinen Platz in der Tabernakelnische des prachtvollen Hochaltars gefunden. Die Statuette ist aus weißem Carraramarmor gemeißelt und stammt aus Pisa, angefertigt um 1327 von dem Bildhauer Giovanni Pisano bzw. einem seiner Schüler. Experten vermuten, dass die Plastik ursprünglich bemalt war.

Lage: Der oberbayerische Luftkurort Ettal liegt in einem Hochtal des Ammergebirges am Fuß des 1 634 m hohen Ettaler Mandls etwa 5 km von Oberammergau (staatliche Holzschnitzschule, Passionsfestspiele) und 11 km von Schloss Linderhof entfernt; Anfahrt von München aus über die Autobahn A 95 bis zum Autobahnende (Vorsicht, erhöhte

Staugefahr!), weiter auf der Bundesstraße B 2 in Richtung Garmisch-Partenkirchen bis Oberau, dann auf der B 23 nach Ettal.
Anschrift: Katholisches Pfarramt Mariä Himmelfahrt, Kaiser-Ludwig-Platz 1, D-82488 Ettal, Tel.: 08822/74-205, 08822/74-0 (Klosterpforte), Fax: 08822/74-206, E-Mail: mariae-himmelfahrt.ettal@erzbistum-muenchen.de; pforte@kloster-ettal.de

Etzelsbach

Name der Wallfahrt: Wallfahrt zur „Schmerzensmutter"
Ort der Pfarrei: Steinbach
Kirche: Wallfahrtskirche St. Marien
Bistum: Erfurt (Deutschland)
Pilgerzeiten: vier große Wallfahrten jährlich im Juli, August (Feste „Mariä Schnee" und „Mariä Himmelfahrt") und September (Fest „Mariä Geburt"); die berühmte Pferdewallfahrt findet am zweiten Sonntag nach dem Fest „Mariä Heimsuchung" (2. Juli) statt; zusätzlich eine Kranken- und Behindertenwallfahrt am Dreifaltigkeitssonntag, dem Sonntag nach Pfingsten; außerhalb der Wallfahrtszeiten ist die Kirche geschlossen.
Geschichte: Bei dem Dorf Steinbach steht in einem Lindenwäldchen die neugotische Wallfahrtskapelle von Etzelsbach. Die erste Erwähnung als Wallfahrtsort enthält der Schadensbericht des Zisterzienserinnenklosters in Beuren aus dem Jahr des Bauernkrieges 1525, worin die Zerstörung der Kapelle durch Brand beklagt wird. Als die Pest 1555 wieder grassierte, begannen die Wallfahrten von neuem, obwohl in Etzelsbach nur noch ein Bildstock existierte. Sie dauerten bis zum Dreißigjährigen Krieg (1618-48) und wurden danach wieder aufgenommen.

Von den vier Wallfahrten jedes Jahr ist die berühmteste und am besten besuchte die „Pferdewallfahrt" am zweiten Sonntag nach Mariä Heimsuchung (2. Juli). Nach dem Wallfahrtshochamt werden die Pferde und auch andere Tiere, die die Bewohner aus den umliegenden Dörfern und Städten mitführen, gesegnet und dreimal um die Kapelle herum geführt. Für den mittel- und norddeutschen Raum ist dieser Brauch eine Besonderheit.

Kunst: Das Etzelsbacher Gnadenbild ist eine Holz-Pietà aus dem 16. Jahrhundert. Die trauernde Gottesmutter mit dem gerade vom Kreuz abgenommenen Jesus auf dem Schoß steht über dem rechten Seitenaltar der aufwändig renovierten Marienwallfahrtskirche. Eine weitere Madonnenfigur – Maria mit dem Jesuskind auf dem Arm – befindet sich auf dem linken Seitenaltar.

Sehenswert sind auch die bunten Glasfenster im Chorraum mit seinem schlichten, von einem Kruzifix dominierten Hauptaltar.

Lage: Der Gnadenort Etzelsbach liegt im Eichsfeld beim Dorf Steinbach rund 10 km nordöstlich von Heiligenstadt (traditionelle große Leidensprozession durch die Stadt am Palmsonntag); Anfahrt über die Autobahn A 7: Ausfahrt Friedland, dann über Friedland nach Heiligenstadt (auf der Bundesstraße B 80 die Leine entlang; 2006 soll die bislang nur in Teilabschnitten fertige Südharzautobahn A 38, eine wichtige mitteldeutsche West-Ost-Achse zwischen den Ballungsräumen Göttingen/Kassel und Halle/Leipzig bzw. den Autobahnen A 7 und A 9, durchgehend befahrbar sein), weiter in Richtung Leinefelde bis zur Abzweigung Bodenrode/Steinbach.

Anschrift: Katholisches Pfarramt St. Mauritius, Dorfstraße 32, D-37308 Steinbach, Tel.: 036085/403 05, Fax: 036085/45 99 11, E-Mail: kath.pfa.steinbach@t-online.de

Fátima

Name der Wallfahrt: Wallfahrt zu „Unserer Lieben Frau von Fátima" (Nossa Senhora de Fátima)
Ort der Pfarrei: Fátima
Kirche: Wallfahrtsbasilika „Unserer Lieben Frau vom Rosenkranz", Erscheinungskapelle (Capela das Apariçoes) und Kirche zur Hl. Dreifaltigkeit (im Bau)
Bistum: Leiria-Fátima (Portugal)
Pilgerzeiten: Ganzjährig, vor allem an allen Marienfesten; Hauptwallfahrtstage sind der 12. (Lichterprozession) und der 13. eines jeden Monats; nur an diesen Tagen trägt die Gnadenstatue die kostbare Krone.

Geschichte: Wie Lourdes in den französischen Pyrenäen geht auch Fátima, Portugals populärste Marien-Gnadenstätte und mit jährlich mehreren Millionen Besuchern aus aller Welt einer der bedeutendsten Wallfahrtsorte der katholischen Glaubensgemeinschaft, auf Visionen von Kindern zurück:

1916, also zu einer Zeit, als die Kirche in Portugal hart unterdrückt war, soll den Geschwistern Francisco und Jacinta Marto und ihrer Cousine Lucia dos Santos, während sie in der „Cova da Iria", einer Mulde in der Nähe des einst von den Mauren gegründeten Dorfes (Fátima hieß die Lieblingstochter des Propheten Mohammed) die Schafe ihrer Familien hüteten, mehrmals zunächst ein Engel, der sich als Schutzengel Portugals vorstellte, und dann von Mai bis Oktober 1917 jeweils am 13. eines jeden Monats die Gottesmutter Maria in einer Steineiche erschienen sein, und eindringlich zu täglichem Rosenkranzgebet und Buße aufgerufen haben. Bei allen „wunderbaren" Ereignissen soll Lucia, das älteste der drei Hirtenkinder, eine Vorrangstellung eingenommen haben, d.h. sie allein führte die Gespräche mit der

Gottesmutter, während Jacinta Augen- und Ohrenzeugin war und Francisco die „weißgekleidete Dame" zwar „sah", aber lediglich Lucias Worte hören konnte. Im Juni soll Maria zu Lucia gesagt haben, sie werde ihre beiden Gefährten „bald in den Himmel holen", und im Monat darauf sollen Lucia von der Gottesmutter „drei Geheimnisse" anvertraut worden sein. Am 13. Oktober, dem letzten Erscheinungstag, sollen die Kinder die ganze Hl. Familie gesehen und zugleich Zehntausende von Schaulustigen das „Sonnenwunder" erlebt haben, d.h. sie konnten problemlos die einer Silberscheibe ähnelnde Sonne betrachten, während sich diese wie ein Feuerrad drehte.

Francisco Morto starb am 4. April 1919 knapp elfjährig an den Folgen der Spanischen Grippe, und seine um zwei Jahre jüngere Schwester Jacinta erlag am 20. Februar 1920 einer Rippenfellentzündung.

Eine bereits 1919 am Erscheinungsort gebaute kleine Kapelle wurde 1922 von Kirchengegnern gesprengt, die damit jedoch nur bewirkten, dass immer mehr Menschen nach Fátima pilgerten. Als 1926 ein kirchenfreundliches Regime an die Regierung kam, konnte sich die Wallfahrt ungestört entfalten und nahm riesige Ausmaße an. Nach jahrelanger Prüfung wurden die Erscheinungen am 13. Mai 1930 durch den Bischof von Leiria für glaubwürdig erklärt und die öffentliche Verehrung der „Lieben Frau von Fátima" gestattet. An der nun offiziellen Gnadenstätte entstanden ein Krankenhaus, Pilgerherbergen und eine neue Erscheinungskapelle (Capela das Apariçoes), zu der noch heute viele Gläubige als Buße auf den Knien rutschen – über den langen Weg eines riesigen Wallfahrtsplatzes (Esplanade), der mehreren hunderttausend Menschen Platz bietet. Zudem begann man mit dem Bau einer großen Basilika im Stil des Neobarock mit hohem Turm und ausgedehntem Säulengang mit Kreuzwegstationen, die 1950 ihrer Vollendung entgegenging. Beim Anlegen einer Zisterne stieß man auf Wasser, und das Volk war davon überzeugt, die Quelle sei durch die Gnade der Madonna gefunden worden und besitze ebensolche Heilkraft wie das Wasser von Lourdes. Ein erster Höhepunkt in der Geschichte Fátimas war eine große Dankwallfahrt von rund 30 000 Pilgern unter der Leitung von Portugals Kardinal-Patriarchen am 30. Mai 1931. Drei Jahre später wurde die Vereinigung der „Kreuzfahrer von Fátima" ins Leben gerufen, die 1938 bereits eine halbe Million Mitglieder zählte.

Am 13. Mai 1942 beging man in Fátima das 25-jährige Jubiläum der ersten Marienerscheinung. Die Feierlichkeiten waren besonders glanzvoll, weil sie mit dem 25-jährigen Bischofsjubiläum von Pius XII. zusammenfielen. Bei dieser Gelegenheit vollzog der Papst die Weltweihe an das „Unbefleckte Herz Mariens". Vier Jahre später, am 13. Mai 1946, wurde die nach der Beschreibung Lucias angefertigte Marienskulptur feierlich gekrönt, und 1947 trug man das Gnadenbild anlässlich eines großen Festes in die Hauptstadt Lissabon.

1948 trat Lucia dos Santos mit päpstlicher Genehmigung in das Karmelitinnenkloster der hl. Theresa zu Coimbra ein, um sich dort als Sr. Maria Lucia vom Unbefleckten Herzen ganz dem kontemplativen Leben zu widmen. Sie hatte ab 1921 im Kolleg der Schwestern der hl. Dorothea von Villar bei Porto eine umfassende Schulbildung erhalten, war schließlich dem Orden beigetreten und hatte 1934 in Tuy (Spanien) ihr ewiges Gelübde abgelegt.

Lucia starb am 13. Februar 2005 in Coimbra im Alter von 97 Jahren, zwei Monate vor dem Tod von Papst Johannes Paul II. (2. April), mit dem zusammen sie 2003 ein letztes Mal in der Öffentlichkeit aufgetreten war. Sie wurde zuerst im Karmel begraben, aber dann am 19. Februar 2006 nach Fátima überführt und in der dortigen Wallfahrtsbasilika beigesetzt, in der Nähe ihrer beiden, am 13. Mai 2000 vom Pontifex in der Erscheinungskapelle selig gesprochenen Verwandten Francisco und Jacinta, die schon 1951/52 in der Basilika zur letzten Ruhe gebettet worden waren. Anlässlich der Seligsprechung hatte man auch das letzte, bereits 1944 von Lucia niedergeschriebene, bis dahin aber im Vatikan sorgsam gehütete „Dritte Geheimnis von Fátima" gelüftet: In der dritten Prophezeiung, so wurde bei einem Gottesdienst vor rund 600 000 Gläubigen verkündet, gehe es um die „prophetische Vision" von einem „Bischof in Weiß", der für alle Gläubigen bete und getroffen von mehreren Kugeln wie tot zu Boden falle. (Die beiden anderen, schon am 13. Mai 1942 veröffentlichten Marienbotschaften, betrafen den Ausbruch des Zweiten Weltkriegs sowie Aufstieg und Fall des Kommunismus in Russland.) Viele brachten die Enthüllung mit dem Attentat auf Johannes Paul II. auf dem Petersplatz in Rom am 13. Mai 1981, dem Jahrestag der Erscheinungen, in Verbindung. Sogar der zu lebenslanger Haft verurteilte, im Juni 2000 aber auf ausdrücklichen Wunsch des Papstes begnadigte und in die Türkei abgeschobene Attentäter Ali Agça, soll sich in einem Gespräch mit dem Papst auf die Erscheinungen bezogen haben.

Auch Johannes Paul II. selbst soll sein Überleben nach dem Anschlag auf die Madonna von Fátima zurückgeführt haben. Am 13. Mai 1982 kam er zum ersten Mal als Pilger nach Fátima, am 13. Mai 1991 zum zweiten Mal, wobei er die aus seinem Bauch herausoperierte Kugel dem Bischof von Leiria-Fátima zur Aufbewahrung im Heiligtum übergab. Dieser ließ das Geschoss in die mit über 300 Perlen und 2 700 Edelsteinen besetzte Goldkrone des Gnadenbildes einarbeiten, das auf dem in Marmor gefassten Baumstumpf jener Steineiche steht, wo die Gottesmuter 1917 den Hirtenkindern Lucia, Francisco und Jacinta erschienen sein soll.

Lage: Fátima liegt rund 130 km nördlich der portugiesischen Hauptstadt Lisboa/Lissabon (internationaler Flughafen) auf einer felsigen Hochebene.

Anschrift: Santuário de Nossa Senhora de Fátima, Apartado 31, P-2496 Fátima, Tel.: 00351/249/539 60-0, Fax: 00351/249/539 60-5, E-Mail: sepe@santuario-fatima.pt; Deutscher Lourdes Verein Köln, Schwalbengasse 10, D-50667 Köln, Tel.: 0221/99 22 21-0, Fax: 0221/99 22 21-29, E-Mail: info@lourdes-verein.de; Bayerisches Pilgerbüro e.V., Postfach 20 05 42, D-80005 München, Tel.: 089/545 81-10, Fax: 089/545 81-169, E-Mail: bp@pilgerreisen.de

Freckenhorst

Name der Wallfahrt: Wallfahrt zum Hl. Kreuz
Ort der Pfarrei: Freckenhorst
Kirche: Pfarrkirche St. Bonifatius
Bistum: Münster (Deutschland)
Pilgerzeiten: Gottesdienst sonntags 10.30 Uhr; die Freckenhorster St.-Bonifatius-Gemeinde feiert alljährlich das „Krüßingfest" in Verbindung mit dem früheren gesamtkirchlichen Fest der Kreuzauffindung und begleitet in feierlicher Prozession am Sonntag nach dem 3. Mai das Kreuz durch die geschmückten Straßen.

Geschichte: Die dem hl. Bonifatius geweihte katholische Pfarrkirche in Freckenhorst war ursprünglich die Kirche eines um 861 gegründeten adligen Damenstifts, das bis zur Säkularisation Anfang des 19. Jahrhunderts ein Kanonissenstift blieb. Zu den Stiftsdamen gehörte auch die Mutter der Dichterin Annette von Droste-Hülshoff (1797-1848), die nach den Erzählungen der Mutter einige Kapitel für Levin Schückings Roman „Das Stiftsfräulein" (1842) schrieb.

Es ist nicht bekannt, seit wann Wallfahrten zum Hl. Kreuz der Stiftskirche stattfanden. Vielleicht war dies schon im 9. Jahrhundert der Fall, sicher aber seit dem 12. Jahrhundert. Ziel der Pilger war ein steinernes Kreuz mit einer wertvollen Kreuzreliquie in Form eines Splitters von dem Kreuz, an dem Jesus starb. Das verehrte Kreuz, von dem viele Wunderheilungen berichtet wurden, war während der Reformation eine Zeit lang verschollen. Man fand es schließlich wieder, aber ohne die Reliquie, weshalb die Wallfahrten nach Freckenhorst stark abnahmen. Als 1743 die damalige Leiterin des Stifts aus Rom eine neue Kreuzreliquie erhielt, hatten sie aber bereits wieder eingesetzt.

Kunst: Die Freckenhorster Bonifatiuskirche ist nicht nur für Wallfahrer ein beliebtes Ziel, sondern auch für kunsthistorisch Interessierte, denn es handelt sich um ein in dieser Gegend herausragendes Denkmal frühromanischen Baustils. Ein Großteil der Kirche stammt noch aus dem frühen 12. Jahrhundert. Das wegen seiner Ausmaße auch „Dom des Münsterlandes" genannte Gotteshaus wurde als dreischiffige Pfeilerbasilika mit fünf Türmen angelegt, 1129 geweiht und im Laufe der Jahrhunderte erweitert. 1670 erhielt der Hauptturm seine barocke Haube aufgesetzt.

Im Inneren ist vor allem der romanische Taufstein aus der Zeit der Kirchenweihe (Inschrift 1129) zu nennen. Der meisterhaft behauene Stein zeigt u.a. Szenen aus dem Leben Jesu.

Das steinerne, in Silber gefasste und mit Halbedelsteinen besetzte Kreuz, das Ziel der Wallfahrer, ist vermutlich byzantinischen Ursprungs und etwa 44 Zentimeter groß. Der hölzerne, mit Silber beschlagene Fuß, in dem hinter einem Bergkristall die 1743 aus Rom erhaltene Kreuzreliquie aufbewahrt wird, stammt aus dem 18. Jahrhundert und wurde von einem Stiftsfräulein angefertigt. Seit Mitte der 1980er Jahre können die Kirchenbesucher das kostbare Kreuz jederzeit hinter einem Schutzgitter bewundern. Zuvor wurde es nur zu besonderen Anlässen aus dem Safe geholt.

Lage: Freckenhorst ist ein Ortsteil von Warendorf (Mittelpunkt der westfälischen Pferdezucht) und liegt rund 20 km östlich der Bischofsstadt Münster; Anfahrt über die Autobahn A 2: Ausfahrt Beckum, weiter auf der Bundesstraße B 475 über Neu-Beckum und Ennigerloh bis Westkirchen und von dort auf der Landstraße nach Freckenhorst.

Anschrift: Katholisches Pfarramt St. Bonifatius, Stiftshof 2, D-48231 Warendorf-Freckenhorst, Tel.: 02581/98 00 77, Fax: 02581/98 00 79, E-Mail: pfarrbüro@ bonifatius.info

Freising/Dom St. Maria und St. Korbinian

Name der Wallfahrt: Wallfahrt zum hl. Korbinian

Freising/Dom St. Maria und St. Korbinian

Ort der Pfarrei: Freising
Kirche: Dom St. Maria und St. Korbinian
Bistum: München-Freising (Deutschland)
Pilgerzeiten: Ganzjährig; Festtag des hl. Korbinian ist der 8. November; das Korbiniansfest wird in Freising um den 20. November begangen; seit Ende Juni 2004 bis voraussichtlich November 2006 ist der Dom wegen umfassender Restaurierungsarbeiten im Innenraum geschlossen; Krypta, Kreuzgang und Benediktuskirche sind zugänglich, und in der eingerichteten Dombauhütte können u.a. originale Altarbilder und Skulpturen besichtigt werden (geöffnet samstags und sonntags 14.00-16.00 Uhr und auf Anfrage).
Geschichte: Der Freisinger Dom ist der Gottesmutter Maria und dem Hauptpatron des Bistums München-Freising, dem hl. Korbinian geweiht.

Korbinian wurde um 680 in der Nähe von Chartres (Frankreich) geboren und lebte lange Zeit als Einsiedler, bevor er nach Rom ging, vom damaligen Papst Konstantin I. zum Bischof geweiht und auf Missionsreise geschickt wurde. Im Jahr 714 wurde er der erste Bischof von Freising. Eine Legende berichtet, dass Korbinians Lasttier auf einer seiner Alpenüberquerungen von einem Bären angegriffen wurde, der dann aber selbst das Gepäck des frommen Mannes trug. Der Bär als Attribut Korbinians ziert noch heute das Stadtwappen Freisings. Am 8. September 725 (oder 730) starb Korbinian in Freising, und gemäß seinen eigenen Wünschen wurde er zunächst in dem von ihm gegründeten Kloster Kains in der Nähe von Meran (Südtirol) bestattet. 769 wurden seine Gebeine jedoch nach Freising überführt und waren fortan Anziehungspunkt für viele Gläubige.

Der erste Vorgängerbau des Freisinger Doms entstand in der ersten Hälfte des 8. Jahrhunderts, rund 100 Jahre später folgte eine dreischiffige Basilika, die 1159 einem Brand zum Opfer fiel. 1160 begann man mit einem Neubau, der die Basis für den heutigen zweitürmigen Dom darstellt, auch wenn er nach seiner Weihe im Jahr 1205 noch mehrmals erweitert und umgestaltet wurde. Bis heute original erhalten ist die romanische Krypta mit dem Steinsarkophag des hl. Korbinian, dessen Gebeine in einem wertvollen Schrein aus dem Jahr 1863 ruhen. Die Verehrung des Heiligen riss im Laufe der Jahrhunderte nie ganz ab. Heute ist es vor allem die jährliche Jugendkorbinianswallfahrt, die sich großer Beliebtheit erfreut. Rund 8 000 Jugendliche aus dem gesamten Bistum München-Freising kommen dazu jedes Jahr im November für zwei Tage auf den Freisinger Domberg.

Weitere Pilgerziele im Dom sind außer den Korbiniansreliquien ein auf 1480 datiertes Gnadenbild der Gottesmutter mit dem Titel „Maria auf den Stiegen" auf dem Marienaltar im linken Seitenschiff und die Grabmäler des hl. Lambert und des hl. Nonnosus in der Unterkirche. Lambert wirkte im 10. Jahrhundert zwei Jahrzehnte lang als Bischof von Freising, und Nonnosus war im 6. Jahrhundert Abt im Benediktinerkloster auf dem Monte Seratto nördlich von Rom. Er war für seine Geduld und Demut berühmt und starb um 590. Ein Großteil seiner Gebeine kam unter Bischof Nitker (1039-52) nach Freising. Sie galten lange Zeit als verschollen, bis man sie bei der Neugestaltung von Dom und Krypta im Jahr 1708 wiederfand.

Kunst: Die verschwenderische Barockausstattung (Fresken und Stuckarbeiten) des Freisinger Doms schufen die Brüder Cosmas Damian und Egid Quirin Asam aus München ab 1723. Der Hochaltar mit dem Gemälde „Das Apokalyptische Weib" (eine Kopie des Originalbildes von Peter Paul Rubens) stammt von 1624 und ist ein Werk des Freisinger Bildhauers Philipp Dirr.

Ein Kreuzgang mit zahlreichen Grabsteinen aus dem 14. bis 18. Jahrhundert führt vom Chor (Gestühl aus dem 15. Jahrhundert) in die kleine Benediktuskirche, den „Alten Dom", aus dem 14. Jahrhundert (Innenausstattung 18. Jahrhundert), und in die barocke Dombibliothek (wertvolle Handschriften und Holzschnittbücher). An der Westseite des Doms befindet sich die Johanniskirche, eine hochgotische dreischiffige Basilika (erbaut 1319-21), die wiederum durch den 1862 angelegten „Fürstengang" mit der ehemaligen Fürstbischöflichen Residenz (heute Bildungszentrum) verbunden ist.

Ein Juwel in der im 12. Jahrhundert errichteten vierschiffigen Domkrypta ist die weltberühmte „Bestiensäule", eine sehr seltene Säulenform der romanischen Baukunst (und die einzige auf deutschem Boden), auf der Ritter im Kampf mit dämonischen Wesen dargestellt sind.

Nach dem Ersten Weltkrieg wurde der Freisinger Dom in dreijähriger Arbeit 1919-22 vollständig restauriert. 1962-73 erfolgte eine Außenrenovierung, und im Juni 2004 begann man mit einer umfassenden Renovierung des Kircheninneren, die bis November 2006 abgeschlossen sein soll.

Lage: Freising mit dem Domberg und der ehemaligen Benediktinerabtei Weihenstephan mit der ältesten Brauerei der Welt liegt rund 40 km nordöstlich der bayerischen Landeshauptstadt München an der Isar (Isarradweg) und an der Autobahn A 92 (Ausfahrt

Freising-Süd, -Mitte oder -Ost) bzw. ist Endstation der Münchner S-Bahn (S1).
Anschrift: Dompfarramt Mariä Geburt, Domberg 27, D-85354 Freising, Tel.: 08161/181-0, 08161/487 90 (Diözesanmuseum), Fax: 08161/181-205

Freystadt

Name der Wallfahrt: Wallfahrt zu "Maria Hilf"
Ort der Pfarrei: Freystadt
Kirche: Wallfahrtskirche "Maria Hilf"
Bistum: Eichstätt (Deutschland)
Pilgerzeiten: Mai bis September/Oktober; Hochfest ist Mariä Himmelfahrt (15. August)
Geschichte: Die Idee für eine Wallfahrtskirche in Freystadt soll auf zwei Hirtenbuben zurückgehen, die kurz vor dem Ende des Dreißigjährigen Kriegs einen Bildstock aus Lehm formten, ein Marienbild hinein und einen Spendenkrug daneben stellten. Tatsächlich muss diese einfache Stätte der Anbetung in den harten Kriegszeiten bei der Bevölkerung auf viel Zustimmung gestoßen sein. Etwa 20 Jahre später, im Jahr 1664, wurde mit dem Bau einer Kapelle begonnen, für die der Freystädter Bürgermeister Friedrich Kreichwich das noch heute erhaltene Gnadenbild, eine geschnitzte Figur der Gottesmutter mit Kind, in Auftrag gab. 1670 wurde die inzwischen ausgebaute Kirche geweiht.

Bald gab es aufgrund der mangelhaften Bauqualität und des ungünstigen Standorts Pläne für eine neue Kirche. 1699 beauftragte Graf Ferdinand Lorenz von Tilly, Großneffe des berühmten gleichnamigen Generals, den für ihn tätigen Architekten Giovanni Antonio Viscardi mit der Leitung des Baus für ein neues Gotteshaus. Der Auftrag für die Stuckierung ging an Pietro Francesco Appiani, für die Freskierung wurde Georg Asam aus München verpflichtet. Die Bauzeit dauerte an die zehn Jahre, die Weihe der neuen Kirche fand am 3. August 1710 statt. Mönche aus dem Franziskanerorden übernahmen das in der Nähe der Kirche gebaute Kloster und kümmerten sich um die zahlreichen Wallfahrer und Pilger, die in diesem Jahrhundert die Kirche besuchten. Die Säkularisation führte nicht nur zur Aufhebung des Klosters und einem jähen Ende der Pilgerfahrten, sondern beinahe auch zum Abriss der Kirche. Freiherr Carl Ernst von Griessenbeck von Griessenbach, für den sie eine Gedenkstätte an seinen Großonkel darstellte, verhinderte dies. 1836 kamen die Franziskaner zurück nach Freystadt, wo sie auch heute noch wirken. Die Innenausstattung der Kirche hatte jedoch stark gelitten, und 1876 musste sie wegen Einsturzgefahr geschlossen werden. Umfangreiche Restaurierungsarbeiten sicherten zwar den Erhalt des Gotteshauses, hinterließen aus heutiger Sicht aber nicht wieder gut zu machende Schäden an der Innenausstattung: So wurden z.B. der barocke Hochaltar und die Seitenaltäre beseitigt und durch Neubauten ersetzt sowie die kunstvollen Deckenfresken teilweise übermalt. Teile dieser Renovierung konnten in den 1950er und 1980er Jahren wieder rückgängig gemacht werden.

Kunst: Die Wallfahrtskirche „Maria Hilf" ist eine der bedeutendsten Bauten des von Italien geprägten bayerischen Hochbarock und geht auf Pläne des Maurermeisters Georg Martin Puchtler aus Lengenfeld zurück. Unter der Leitung des Architekten Giovanni Antonio Viscardi aus München bzw. dessen Vetter Antonio Andreota entstand in den Jahren 1700 (Grundsteinlegung) bis 1710 (Weihe) ein Zentralbau mit großer Kuppel nach italienischem Vorbild. Die Kirche hat als Grundriss die Form eines griechischen Kreuzes, ist knapp über 36 Meter lang und 26 Meter breit. Die Holzkuppel, ein Werk des Zimmermanns Kaspar Hölzl aus Lengenfeld, ist heute mit Kupferblech gedeckt. Ihre innere Höhe beträgt rund 36 Meter, ihr Durchmesser ca. 16 Meter.

Das Stuckdekor der Kirche wurde von Pietro Francesco Appiani angefertigt, der überwiegend Pflanzenmotive wie Akanthus, Eichenlaub, Palmwedel usw. auswählte und diese mit figürlichen Motiven ergänzte. Auch die heute noch erhaltene Stuckkanzel stammt von Appiani. Die Fresken, von Georg Asam und seinen Söhnen Egid Quirin und Cosmas Damian in den Jahren 1708/09 ausgeführt, stellten ursprünglich wahrscheinlich einen Zyklus von 40 bis 50 Wand- und Deckengemälden mit Szenen aus dem Leben Marias und der Entstehungsgeschichte der Wallfahrtskirche dar. Nur noch rund 33 dieser Fresken sind heute erhalten bzw. konnten rekonstruiert werden.

Der heute in der Kirche stehende Hochaltar wurde von Hans Osel 1957 angefertigt und geht auf den 1865 beseitigten barocken Hochaltar zurück. Der ebenfalls neue rechte Seitenaltar wurde 1975 zum Gnadenaltar umgestaltet und enthält in einem Schrein die um 1670 entstandene Marienfigur.

Lage: Freystadt liegt knapp 40 km südlich von Nürnberg; Anfahrt über die Autobahn A 9: von Süden kommend Ausfahrt Hilpoltstein, von Norden kommend Ausfahrt Allersberg.

Anschrift: Franziskanerkloster Freystadt, Allersberger Straße 33, D-92342 Freystadt, Tel.: 09179/94 00-0, Fax: 09179/94 00-33, E-Mail: freystadt@franziskaner.de; pfarramt@kirche-freystadt.de

Fuchsmühl

Name der Wallfahrt: Wallfahrt zu „Maria Hilf" und zur hl. Rita von Cascia
Ort der Pfarrei: Fuchsmühl
Kirche: Wallfahrtskirche „Maria Hilf"
Bistum: Regensburg (Deutschland)
Pilgerzeiten: Hauptzeiten Mai bis September; Festtag der hl. Rita von Cascia ist der 22. Mai; Gottesdienste sonntags (ganzjährig) 8.30 und 10.00 Uhr
Geschichte: Der Beginn der Wallfahrt zur Kirche „Maria Hilf" auf dem Hahnenberg oberhalb der Ortschaft Fuchsmühl liegt in der zweiten Hälfte des 17. Jahrhunderts. Vor dem Bau einer ersten Wallfahrtskapelle im Jahr 1688 soll sich laut Legende Folgendes ereignet haben: Dem Freiherrn von Froschheim erschienen bei seinen Ausritten wiederholt zwei strahlende Lichter an einer Linde. Eine innere Stimme sagte ihm, er solle hier eine Kapelle stiften und ihr den Namen „Maria Hilf" geben. Er schaffte dies aber Zeit seines Lebens nicht, und erst auf dem Sterbebett bat er seinen Sohn, den Auftrag auszuführen. Auch diesem scheint die Angelegenheit zunächst nicht so wichtig gewesen zu sein, aber als er eines Tages am kurfürstlichen Hof in München weilte und seine Anliegen dort zunächst negativ beschieden wurden, besann er sich auf die Gottesmutter und flehte sie um Hilfe an. Diese sollte ihm erteilt werden, sagte ihm eine innere Stimme, wenn er die einst versprochene Kapelle bauen lasse. Er legte ein entsprechendes Gelübde ab, erledigte seine Geschäfte zu voller Zufriedenheit und reiste zurück nach Fuchsmühl. Im Gepäck hatte er eine geweihte Kopie des berühmten Passauer Gnadenbildes „Maria Hilf", die er in der wenig später auf dem Hahnberg in Fuchsmühl errichteten Wallfahrtskapelle zur Verehrung aufstellen ließ.

Erste Gebetserhörungen führten dazu, dass die Zahl der Pilger aus nah und fern rasch anstieg, so dass das kleine Gotteshaus, das gerade mal acht bis zehn Leuten Platz bot, schon 1690 erweitert werden musste. 1694 wurde die größere Kirche „Maria Hilf" feierlich geweiht, doch auch sie stieß bald an die Grenzen ihrer Kapazität.

Die Grundsteinlegung für die heutige doppeltürmige Marienwallfahrtskirche fand am 3. Juli 1712 statt, die Weihe jedoch erst 1726, da sich die Fertigstellung wegen Geldmangels – die Froschheimer Schlossherren zeigten sich nicht besonders freigiebig, und der Bau musste zum großen Teil aus den Spenden der Wallfahrer finanziert werden – immer wieder verzögerte. Das in einem kostbaren Rahmen gefasste Gnadenbild, Maria mit dem ihr zugeneigten Jesuskind auf dem Arm, fand seinen Platz letztlich unter einem geschnitzten Baldachin auf dem Altar der Gnadenkapelle innerhalb der Kirche, wo es noch heute steht. Die Gebetserhörungen häuften sich, und in den ab 1731 geführten Mirakelbüchern wurden bis 1800 über 200 wundersame Heilungen festgehalten. So soll z.B. ein Kind, das bei einer Pockenepidemie erblindet war, am Marienaltar wieder sein Sehvermögen zurückerhalten haben.

Nach der Säkularisation kam die Wallfahrt fast zum Erliegen und erholte sich erst wieder, als 1898 die Augustiner die Pilgerseelsorge übernahmen. Zuvor waren die Gläubigen vom ortsansässigen Pfarrer betreut worden, der nur an den Hauptwallfahrtstagen Unterstützung von anderen Pfarreien sowie Franziskaner- und Prämonstratensermönchen aus der Umgebung erhalten hatte. Die Augustiner führten in Fuchsmühl neben dem dominierenden Marienkult auch die Verehrung der 1628 selig und im Mai 1900 von Papst Leo XIII. heilig gesprochenen Augustinernonne Rita von Cascia (um 1370/80-1447/54) ein, die als Helferin in aussichtslosen Nöten angerufen wird. Da der Legende nach in ihrem Garten im Kloster von Roccaporena bei Cascia (östlich von Spoleto, Mittelitalien) sogar im Winter Rosen blühten, werden an ihrem Festtag (22. Mai) Rosen geweiht. Seit 1977 ist eine Seitenkapelle der Kirche der Heiligen geweiht. Dort steht seitdem auch eine von dem Würzburger Bildhauer Oskar Müller geschaffene Ritafigur.

Lage: Der Markt Fuchsmühl liegt etwa 15 km südlich von Marktredwitz in der nördlichen Oberpfalz im Naturpark Steinwald im südlichen Fichtelgebirge; Anfahrt über die Autobahn A 93: Ausfahrt Wiesau, weiter auf der Landstraße über Wiesau nach Fuchsmühl.

Anschrift: Katholisches Pfarramt „Maria Hilf" (Augustinerkloster), Marienstraße 48, D-95689 Fuchsmühl, Tel.: 09634/92 06-0, Fax: 09634/92 06-19; Tourist-Info, Rathausstraße 14, D-95689 Fuchsmühl, Tel.: 09634/92 09-0, Fax: 09634/92 09-30, E-Mail: info@Fuchsmuehl.de

Fulda/Dom

Name der Wallfahrt: Wallfahrt zum hl. Bonifatius
Ort der Pfarrei: Fulda
Kirche: Dom St. Salvator und Bonifatius
Bistum: Fulda (Deutschland)
Pilgerzeiten: Der Festtag des hl. Bonifatius ist der 5. Juni, sein Grab im Fuldaer Dom jedoch ganzjährig Pilgerziel; im Mai, Juni, September, Oktober und in der Adventszeit finden regelmäßig geistliche Orgelmatineen (samstags 12.05 bis 12.35 Uhr) statt; Gottesdienste sonntags 8.00, 9.30, 11.30 und 18.30 Uhr; die Besichtigung des Doms ist kostenpflichtig

und nur außerhalb der Gottesdienste und der Orgelkonzerte möglich.
Geschichte: Stadt und Bistum Fulda gehen auf das im Jahre 744 durch den hl. Bonifatius gegründete Kloster St. Salvator zurück. Auch der erste Abt, Sturmius (um 715-779; Hl.), wurde von Bonifatius selbst ernannt.

Nachdem Bonifatius' Leichnam – auf seinen Wunsch hin – nach Fulda überführt worden war, entwickelte sich der Ort rasch zur Wallfahrtsstätte, und Bonifatius und Sturmius wurden zu Schutzpatronen der Abtei. Schon vor 761 findet man in den Urkunden den Namen „monasterium sacti Bonifatii".

Durch Schenkungen vergrößerte sich das unter dem hl. Hrabanus Maurus (780-856), dem „Lehrmeister der Deutschen", zum wissenschaftlichen Zentrum des Reiches gewordene Fuldaer Kloster in den folgenden Jahrhunderten erheblich. Von 968 an war sein Abt Primas aller deutschen Benediktiner, und 1220 machte Kaiser Friedrich II. das Kloster zur Fürstabtei. 1571 siedelten sich Jesuiten in Fulda an und bekämpften von hier aus die Reformation, und 1752 erhob Papst Benedikt XIV. Fulda zum Bistum. Im Jahre 1802 erfolgte zwar die Auflösung des geistlichen Fürstentums mit seinen Klöstern, doch bis heute entspricht das Gebiet des Bistums in etwa dem des einstigen Kurfürstentums Hessen.

Bonifatius, Patron der Diözese Fulda, aber auch der Bierbrauer, Feilenmacher und Schneider, wurde 672 oder 673 als Winfried („Freund des Friedens") in der Grafschaft Devonshire in Wessex in England als Spross einer Adelsfamilie geboren. Bereits mit sechs Jahren trat er ins Benediktinerkloster Adescancastre (Exeter) ein, sehr zum Missfallen seines Vaters, der für den Knaben eine weltliche Laufbahn vorgesehen hatte. Mit 30 Jahren wurde er Priester und arbeitete als Lehrer für Grammatik und Dichtung, schrieb Bibelauslegungen und Gedichte sowie die erste englische Grammatik der lateinischen Sprache. 716 brach er zur Mission der heidnischen Friesen auf. Zunächst war ihm wenig Erfolg beschieden, und er kehrte bald darauf nach England zurück. 717 wurde ihm die Leitung seines Heimatklosters angetragen, was er aber unter Verweis auf seine Missionstätigkeit ablehnte. Bei seinem ersten Romaufenthalt 719 beauftragte ihn Gregor II., als Heidenapostel in Hessen und Thüringen tätig zu sein, und stattete ihn – den Bräuchen der Zeit folgend – mit Empfehlungsbriefen und Reliquien aus. Hier soll er auch den Namen Bonifatius erhalten haben, nach anderer Quelle hatte er ihn bereits beim Eintritt ins Kloster gewählt.

Ab 721 begann Bonifatius seine Mission in Hessen und Thüringen, in diese Zeit fällt auch die Gründung des Klosters Amanaburch (Amöneburg bei Marburg). Nach dem Tod des Friesenkönigs Radbots konnte auch die Missionstätigkeit dort wieder aufgenommen werden, diesmal an der Seite des Bischofs Willibrord und mit mehr Erfolg. 722 rief ihn der Papst nach Rom, weihte ihn am 30. November zum Missionsbischof (Episcopus regionarius) und schickte ihn 723 mit der Order zurück, die Kirche in Germanien zu ordnen. Bonifatius ging wiederum nach Hessen, wo sich die bekannteste der mit seinem Namen verknüpften Geschichten ereignet haben soll: In der Gegend von Geismar fällte er eine große, dem Donar geweihte Eiche, ein großes heidnisches Heiligtum. Aus dem Holz des Baumes errichtete er eine Kapelle, um die herum später das Kloster Fritzlar entstand. Weitere Klostergründungen erfolgten in Hessen, Thüringen und Sachsen. Davon beeindruckt erhob ihn Papst Gregor III. 732 zum Erzbischof und 738 während seines dritten Romaufenthaltes zum apostolischen Legaten (Legatus Germanicus) für das ostfränkische Missionsgebiet und erteilte ihm die Erlaubnis, Bischofssitze einzurichten. In der Folge wirkte Bonifatius zunächst in Bayern – wo er mit Unterstützung des Herzogs Odilo die vier Bistümer Freising, Passau, Salzburg und Regensburg neu organisierte – und später in Würzburg und Erfurt. 744 gründete er sein Lieblingskloster Fulda. Einen eigenen Bischofssitz hatte er bis dahin noch nicht innegehabt. 745 scheiterte seine Berufung als Erzbischof von Köln am Widerstand des fränkischen Adels, 747 schließlich ernannte ihn Papst Zacharias, der im Jahre 741 auf Gregor III. gefolgt war, zum Erzbischof von Mainz.

In hohem Alter zog es Bonifatius noch einmal nach Norden, und er widmete sich erneut der Mission der Friesen. Während eines Überfalls am Fluss Borne bei Dokkum (heute Niederlande) wurde er am 5. Juni 754 zusammen mit 52 seiner Begleiter erstochen. Seinen Leichnam brachte man erst nach Mainz, später setzte man ihn in der Domkrypta in Fulda bei. Bald erfolgte seine Heiligsprechung. Seine Reliquien spielen bei der jährlich abgehaltenen deutschen Bischofskonferenz in Fulda, die erstmalig 1867 stattfand, eine Rolle: Die Bischöfe werden beim feierlichen Schlussgottesdienst im Dom einzeln mit der Bonifatius-Reliquie gesegnet.

Bonifatius' geschichtliche Bedeutung liegt in seinem Handeln als nachhaltiger Reformer und Organisator der ostfränkischen Kirche. Sein enger Kontakt zu den Päpsten und ihre Beauftragung bzw. Absegnung seiner Missions- und Verwaltungstätigkeit brachte (ohne handfeste politische und wirtschaftliche Interessen vernachlässigen zu wollen) Schritt für Schritt auch die Unterstützung des fränkischen Adels, ohne die die erreichten Reformen nicht durchsetzbar gewesen wären. Nach englischem Vorbild legte er besonderes Gewicht auf eine straffe Struktur und Verwaltung in den (neu-)christianisierten Gebieten, ein Aspekt, der den Karolingern die Ausweitung des fränkischen Reiches nach Osten erheblich erleichtern sollte.

Gleichzeitig leitete dies einerseits eine engere Bindung des fränkischen Adels bzw. des Königtums an Rom ein und verschob andrerseits den Fokus päpstlicher weltlicher Politik in Richtung West- und Mitteleuropa, eine Entwicklung, die für das Hoch- und Spätmittelalter bestimmend werden sollte.

Früher als „Apostel der Deutschen" apostrophiert, steht heute eher gesamteuropäisches Wirken Bonifatius' im Vordergrund. Sein 1 250. Todestag im Juni 2004 wurde mit zahlreichen Veranstaltungen in seinem Geburtsort Crediton, in Dokkum und Fulda begangen. Es wurde sogar ein Musical komponiert, das sein Leben zum Inhalt hat und seinen Namen trägt. Ebenfalls 2004 wurde ein neuer Wander- und Pilgerweg, die Bonifatius-Route, eröffnet. Der 175 km lange Weg führt von Mainz nach Fulda und folgt dabei den Spuren des Trauerzuges von Bonifatius.

Kunst: Über dem Grab des Bonifatius war schon im 9. Jahrhundert mit einer Länge von 219 Metern die größte Kirche nördlich der Alpen errichtet worden. 1704 war sie indessen so baufällig geworden, dass Fürstabt Adalbert von Schleifras seinen Hofbaumeister Johann Dientzenhofer mit einem Neubau beauftragte. Dieser war kurz zuvor von einer Romfahrt zurückgekehrt, und der gewaltige Dom, schon 1712 beendet und geweiht, ist – abgesehen von den beiden Doppeltürmen – erkennbar nach dem Vorbild des Petersdom in Rom gestaltet.

Das Kircheninnere wird beherrscht von der gewaltigen Kuppel, durch die das Licht in den Raum fällt. Außer dem Hochaltar, der auf schwarzen Marmorsäulen eine geschnitzte Himmelfahrtsgruppe von Johann Neudecker trägt, ist der von Johann Wolfgang Fröhlicher aus rotem und schwarzen Marmor, Alabaster und Achat geschaffene Dreikönigsaltar in der ersten Kapelle besonders sehenswert. Die beiden Alabasterfiguren stellen Bonifatius und Sturmius dar, und das von Johann Ignaz Albin gemalte Altarbild gilt als das schönste des Gotteshauses.

In der Krypta des Doms befindet sich das Bonifatiusgrab. Johannes Neudecker der Ältere gestaltete den barocken Steinaltar, auf dem die Todesstunde des Heiligen drastisch gezeigt wird: Von einem Messerstich des heidnischen Friesen in den Kopf getroffen, sinkt er nieder, das Buch in seiner Hand erinnert an die Legende, er habe eine seiner heiligen Schriften abwehrend über den Kopf erhoben. Als im Zuge einer Restaurierung des Grabmals die Gebeine des Heiligen 1964 untersucht wurden, stellte sich heraus, dass er mit ca. 1,90 Meter ein für die damalige Zeit ungewöhnlich großer und beeindruckender Mann gewesen sein muss. Das untere Relief zeigt den Moment seiner Auferstehung.

Im Dommuseum sind die Kopfreliquie des hl. Bonifatius, der durch Hiebe oder Stiche beschädigte Ragyntrudis-Codex und Fragmente seiner Gewänder zu besichtigen.

Lage: Fulda (Barockviertel, Altstadt, zahlreiche Kirchen, Stadtschloss und Schloss Fasanerie 6 km südlich der Stadt) liegt an der Fulda (Fulda-Radweg R1/194 km von Hannoversch Münden bis Gersfeld) zwischen den Höhen von Vogelsberg und Naturpark Hessische Rhön (Wanderparadies!); Anfahrt über die Autobahn A 7: Ausfahrt Fulda-Nord oder -Süd.

Anschrift: Bischöfliches Generalvikariat, Paulustor 5, D-36037 Fulda, Tel.: 0661/87-0, Fax: 0661/87-578, E-Mail: presse@bistum-fulda.de

Fulda/Frauenberg

Name der Wallfahrt: Wallfahrt zu „Unserer Lieben Frau"
Ort der Pfarrei: Fulda
Kirche: Klosterkirche St. Marien
Bistum: Fulda (Deutschland)
Pilgerzeiten: Mai bis September; die Klosterkirche ist täglich von 7.30 bis 18.30 Uhr geöffnet; der Klostergarten ist mittwochs und samstags zugänglich, ausgewählte Klosterräume und die Bibliothek nach vorheriger Anmeldung am Mittwochnachmittag; seit 2004 ist ein Teil des Klosters zum Gästehaus umgebaut.

Geschichte: Die Stadtsilhouette Fuldas beherrschend erhebt sich im Zentrum der Frauenberg (ehemals nach Bonifatius „Bischofsberg" genannt), auf dem schon im 9. Jahrhundert eine Kirche sowie ein Benediktinerkloster standen. Beide wurden während der Bauernkriege 1525 geplündert und niedergebrannt. 1623 übergab der Fürstabt Bernhard Schenk zu Schweinsberg das Gelände an die Franziskaner, die ein neues Kloster errichteten. Nach einem verheerenden Brand 1757 ging man an den Wiederaufbau im spätbarocken Stil, der 1765 abgeschlossen wurde. 1940 lösten die Nationalsozialisten das Kloster auf, und die Mönche mussten den Berg verlassen, konnten nach dem Krieg allerdings zurückkehren. Heute wird das Refektorium, der barocke Speisesaal des Klosters, von der Ordensgemeinschaft der Franziskaner für besondere Veranstaltungen zur Verfügung gestellt. Teile des Klosters sind inzwischen in ein Gästehaus umgewandelt.

Kunst: Die schlichte Fassade der Klosterkirche St. Marien ist mit drei Sandsteinstatuen geschmückt, in dem unteren Nischenpaar der hl. Bonifatius (672-754), der „Apostel der Deutschen" und heutige Hauptpatron des Bistums Fulda, und der hl. Hrabanus Maurus (780-856), der „Lehrmeister der Deutschen", in der Giebelnische eine Madonna. Im Inneren überrascht die reiche barocke Ausstattung. Die Wandflächen sind durch stark betonte Pilaster und die dazwischen liegenden großen Fenster gegliedert, die Decke hat ein Tonnengewölbe.

Den Hochaltar beherrscht das spätgotische Gnadenbild der Madonna, das über dem Tabernakel in einer reich ausgestatteten, baldachinartigen Nische steht. Die aus Holz geschnitzte Gottesmutter mit dem Jesuskind auf dem Arm kehrte erst 1923 in die Kirche zurück, nachdem sie während der Säkularisation verloren gegangen war. Statuen der Heiligen Benedikt und Bonifatius stehen rechts bzw. links von Tabernakel und Gnadenbild. Eine von Engeln und Putten gerahmte Dreifaltigkeitsglorie bildet den Abschluss des Altars nach oben. Darüber sieht man das Wappen des Stifters, des Fürstbischofs Heinrich von Bibra.

Lage: Das Kloster Frauenberg liegt auf einem der sieben Hügel der Bischofsstadt Fulda (Panoramablick) und ist etwa zehn Minuten vom Dom entfernt; Anfahrt über die Autobahn A 2: Ausfahrt Fulda-Nord, weiter auf der B 27 in Richtung Stadtmitte, Leipziger Straße, nach der Bahnunterführung die zweite Straße rechts abbiegen (Adalbertstraße) und geradeaus den Berg hinauf bis zum Kloster.

Anschrift: Franziskanerkloster Frauenberg, Am Frauenberg 1, D-36039 Fulda, Tel.: 0661/10 95-217 oder 10 95-45, Fax: 0661/10 95-18, E-Mail: gaestehaus@kloster-frauenberg.de

Gaimersheim

Name der Wallfahrt: Wallfahrt zur „Wundertätigen Medaille"
Ort der Pfarrei: Gaimersheim
Kirche: Wallfahrtskirche „Mariä Unbefleckte Empfängnis"
Bistum: Eichstätt (Deutschland)
Pilgerzeiten: September/Oktober; Hauptfest ist das Rosenkranzfest am zweiten Sonntag im Oktober
Geschichte: Die „Wundertätige Medaille", Gegenstand der Verehrung bei der gleichnamigen Wallfahrt, kam im Jahr 1836 durch

Thomas Kratzer nach Gaimersheim, der sie aus Paris mitgebracht hatte, wo Medaillen dieser Art nach der folgenden Begebenheit seit 1832 angefertigt wurden: Einer Angehörigen des Vinzentinerinnen-Ordens, der hl. Catherine Labouré (1806-76), war mehrmals die Gottesmutter Maria erschienen. Diese gab der jungen Frau die Herstellung einer Medaille mit einem bestimmten Aussehen in Auftrag. Trotz anfänglicher Widerstände wurde die Prägung 1832 vom Bischof von Paris genehmigt. Die ersten 1 500 Stück verbreiteten sich sehr schnell (auch außerhalb Frankreichs), und bald wurde von wundersamen Begebenheiten bei der Anbetung dieser Medaillen berichtet.

Thomas Kratzer brachte seine Medaille zunächst an seinem eigenen Haus in Gaimersheim an. Später wurde sie an einem Bildstock befestigt, und hier soll es noch im Jahr 1836 zu einer Spontanheilung gekommen sein, als ein an einer als unheilbar geltenden Augenkrankheit leidender Tagelöhner nach einem Gebet genas. Die wundertätige Medaille wurde zum Anziehungspunkt für immer mehr Pilger. Zum Schutz der Betenden vor dem Wetter baute man um den Bildstock eine Holzhütte, der 1842 eine kleine Steinkapelle folgte.

Eine der dort vorhandenen Votivtafeln erzählt von einer weiteren Wunderheilung: Eine Schreinerstochter aus Ingolstadt namens Elise Prugger wurde nach über zehnjähriger Lähmung plötzlich gesund, so dass sie geheilt nach Hause gehen konnte.

Obwohl Gaimersheim nur einer der kleineren Wallfahrtsorte ist, erfreut sich die Verehrung der „Wundertätigen Medaille" noch immer einer gewissen Beliebtheit.

Kunst: Die Gaimersheimer Kapelle wurde 1899 vergrößert und zur Kirche im neuromanischen Stil umgebaut. In der Apsis befindet sich ein Flügelaltar, in dessen Mittelteil in einer Nische in einem reich ausgestatteten Schrein eine Marienfigur steht. Der linke Flügel des Altars zeigt eine Darstellung von Mariä Heimsuchung, der rechte die Geburt Jesu. Die Deckengemälde der Kirche mit weiteren Szenen des Marienlebens wurden von einem Münchner Künstler namens Bonifaz Locher gemalt.

Lage: Gaimersheim liegt einige Kilometer nordwestlich von Ingolstadt (Donauradweg!); Anfahrt über die Autobahn A 9: von Norden kommend Ausfahrt Lenting, weiter in Richtung Wettstetten; von Süden kommend Ausfahrt Ingolstadt Nord, weiter in Richtung Eichstätt und in Friedrichshofen nach Gaimersheim abbiegen.

Anschrift: Katholisches Pfarramt

Mariä Aufnahme in den Himmel, Untere Marktstraße 11, D-85080 Gaimersheim, Tel.: 08458/327 30, Fax: 08458/32 73 18, E-Mail: gaimersheim@bistum-eichstaett.de

Ganacker

Name der Wallfahrt: Wallfahrt zum hl. Leonhard
Ort der Pfarrei: Pilsting
Kirche: Pfarrkirche St. Leonhard
Bistum: Regensburg (Deutschland)
Pilgerzeiten: Der Festtag des hl. Leonhard ist der 6. November; die Kirche ist täglich geöffnet.
Geschichte: Die Wallfahrt zum hl. Leonhard in Ganacker ist so gut wie erloschen, nur noch einzelne Gläubige kommen hierher, um ihre Anliegen vorzutragen. Und doch ist die Kirche noch sehr bekannt, denn sie ist eine der wenigen noch „umgürteten" Kirchen: Eine Eisenkette mit einer Länge von knapp 100 Metern führt außen auf halber Höhe der Fenster um die gesamte Kirche herum. Eiserne Ketten sind das am häufigsten dargestellte Attribut des hl. Leonhard und erfuhren im Laufe der Jahrhunderte eine mehrfache Umdeutung: Erst stellten sie die Ketten von Gefangenen dar, dann die von Geisteskranken, ab der Reformation wurden sie als Viehketten gesehen. (Vermutlich galt der Heilige erst ab dieser Zeit auch als Schutzpatron für Vieh und Pferde.) Früher waren zahlreiche Leonhardskirchen in Bayern von Ketten umspannt, belegt sind diese so genannten Gürtungen seit dem 15. Jahrhundert. Die Kette um die Kirche in Ganacker wurde 1828 wieder angebracht, nachdem sie kurze Zeit von den Franzosen abgehängt worden war. Ihr genaues Alter ist nicht bekannt, vermutlich ist sie um die 300 Jahre alt. Angeblich soll ein Fuhrmann sie gestiftet haben, nachdem sein auf der Straße nach Landau im Morast steckengebliebenes Fuhrwerk wieder vorangekommen war.

Über das Leben des hl. Leonhard weiß man nicht viel und ist auf Legenden angewiesen. Er wurde wohl um 500 in Gallien geboren, von Erzbischof Remigius von Reims unterrichtet und getauft. Einen Bischofssitz ausschlagend, zog er sich lieber in die Wälder zurück und lebte asketisch in einer Klause, wo er die zu ihm kommenden Kranken und Hilfsbedürftigen pflegte und heilte und sich auch besonders um Gefangene kümmerte. Als eines Tages der fränkische König Theuderich und seine Frau in dem Wald jagten, hörte Leonhard diese klagen, denn sie war hochschwanger und die Wehen hatten eingesetzt. Er half ihr und brachte den Sohn des königlichen Paares auf die Welt. Der glückliche Monarch wollte den Einsiedler mit Gold und Silber überhäufen, doch dieser erbat sich lediglich so viel Wald, wie er mit seinem Esel in einer Nacht umreiten könne. So geschah es, und Leonhard gründete das Kloster Nobiliacum (heute St-Léonard-de-Noblat, östlich von Limoges, westliches Zentralfrankreich), in dem er weiter wirkte und schließlich um 559 starb. Seine Gebeine wurden im 11. Jahrhundert erhoben und in der Folge über viele Orte in Frankreich, Süddeutschland und dem späteren Österreich verteilt. Er wurde im Lauf der Zeit zum Schutzpatron der Bauern, der für ertragreiche Ernten, gesundes Vieh und alle sonstigen ländlichen Belange zuständig war. Es gab einmal über 150 regelmäßig stattfindende Wallfahrten in seinem Namen, heute sind es immerhin noch rund 50, die meist mit bzw. auf Pferden durchgeführt werden. Auch Tiersegnungen finden an seinem Tag, dem 6. November, statt.

Kunst: Die spätgotische St-Leonhard-Kirche von Ganacker stammt aus der Mitte des 15. Jahrhunderts. Die Sakristei wurde 1679 erbaut, und Mitte des 18. Jahrhunderts erhielt der Turm seine Rokokospitze. Das Innere des Gotteshauses ist schlicht gehalten und überwiegend modern. Ausnahmen sind ein Leonhardrelief und mehrere alte Heiligenfiguren wie eine fast lebensgroße Holzplastik des Heiligen rechts vor dem Chor, die früher auf dem Hochaltar stand und auf das Jahr 1480 datiert wird, sowie eiserne Votivgaben in Form von Pferden und Kühen. Von den einst zahlreich vorhandenen Votivfiguren ist allerdings nur noch ein Bruchteil in Ganacker zu sehen. Die meisten werden heute im Museum in Landau aufbewahrt.

Lage: Ganacker gehört zur Gemeinde Pilsting und liegt rund vier Kilometer nördlich von Landau/Isar (Isarradweg); Anfahrt über die Autobahn A 92: Ausfahrt Landau, weiter auf der Bundesstraße B 20 in Richtung Straubing bis zur Abzweigung Ganacker.

Anschrift: Katholisches Pfarramt, Landauer Weg 9a, D-94431 Pilsting, Tel.: 09953/93 02-0, Fax: 09953/93 02-22, E-Mail: pfarrer@pfarramt-pilsting.de

Gebrontshausen

Name der Wallfahrt: Wallfahrt zur „Schwarzen Madonna", zur hl. Hedwig von Bayern und Schlesien und zum hl. Pater Maximilian Kolbe
Ort der Pfarrei: Wolnzach
Kirche: Pfarrkirche „Maria auf dem Weißen Berg"
Bistum: Regensburg (Deutschland)
Pilgerzeiten: April bis Oktober; Festtag der hl. Hedwig von Schlesien ist der 16. Oktober und der des hl. Maximilian Kolbe am 14. August; Gottesdienste sonntags (ganzjährig) 8.30 oder 9.45 Uhr (abwechselnd mit den Pfarrorten Ober- und Niederlauterbach)

Geschichte: Im 18. Jahrhundert wurde in der Gebrontshausener Pfarrkirche „Maria auf dem Weißen Berg" ein Gnadenbild der Gottesmutter Maria verehrt, von dem es hieß, es sei wundertätig. 1810 gewährte Papst Pius VII. dem vielbesuchten Wallfahrtsort sogar einen vollkommenen Ablass für das Fest der Unbefleckten Empfängnis am 8. Dezember. Doch die Wallfahrt schlief ein, vermutlich weil das Gnadenbild verschwand. Erneut zum Pilgerziel wurde das Gotteshaus im 20. Jahrhundert, als im Mai 1972 ein neues Gnadenbild nach Gebrontshausen kam, und zwar eine Kopie der berühmten „Schwarzen Madonna" von Tschenstochau in Polen.

Neben diesem Marienbild am Hauptaltar werden in Gebrontshausen aber auch Reliquien der hl. Hedwig von Bayern und Schlesien sowie ein Bild und eine Reliquie des polnischen Paters Maximilian Kolbe verehrt.

Hedwig, geboren 1174 auf Schloss Andechs am Ammersee in Bayern als Tochter des Grafen Berthold IV. von Meran, wurde im Kloster Kitzingen von ihrer Tante, die dort Äbtissin war, erzogen und mit 12 Jahren mit Herzog Heinrich I. von Schlesien verheiratet, mit dem sie sieben Kinder hatte. Als Herzogin bemühte sie sich um die Pflege und Vertiefung des christlichen Glaubens bei der schlesischen Bevölkerung, holte mehrere Orden ins Land und unterstützte diese. Um 1201 stiftete sie das Zisterzienserinnenkloster Trebnitz (nördlich von Breslau), in das sie nach dem Tod ihres Mannes 1238 selbst eintrat, allerdings ohne das Ordensgelübde abzulegen. Erzählt wird von Hedwig, dass sie nicht nur äußerst fromm und mildtätig, sondern sich selbst gegenüber streng war und auf jegliche Bequemlichkeiten verzichtete. Im kältesten Winter soll sie sich durch Barfußgehen selbst kasteit haben (als ihr der Bischof Schuhe verordnete, trug sie diese gehorsam – allerdings in der Hand). Sie starb am 15. Oktober 1243 und wurde bereits 1267 von Papst Clemens IV. heilig gesprochen. Das Kloster Trebnitz und die dortige Begräbnisstätte der hl. Hedwig, die u.a. Patronin der Brautleute ist, weil sie Mädchen in den Ehestand verhalf und ihnen eine genügende Aussteuer schenkte, sind heute in Schlesien ein bekannter Wallfahrtsort.

Maximilian Kolbe, geboren 1894 in Polen und auf den Namen Rajmund getauft, trat 1911 dem Franziskanerorden bei, wurde Priester und erwarb den Doktortitel der Philosophie und Theologie. In Wort und Schrift kämpfte er für die „Bekehrung der Sünder, der Häretiker, der Schismatiker, besonders aber der Freimaurer" und wirkte u.a. als Missionar in Japan (1930-36). Kurz nach dem Einmarsch der Deutschen in Polen (1. September 1939) wurde er von den Nationalsozialisten verhaftet, im Dezember wieder auf freien Fuß gesetzt, aber im Februar 1941 erneut festgenommen und schließlich ins Konzentrationslager Auschwitz deportiert. Dort opferte er sich Ende Juli bei einer Strafaktion für einen jüdischen Mithäftling, der Frau und Kinder hatte, und starb an dessen Stelle am 14. August. Pater Maximilian Kolbe wurde im Oktober 1971 von Papst Paul VI. selig gesprochen, die Heiligsprechung folgte am 10. Oktober 1982 durch Johannes Paul II. Bei der Zeremonie in Rom war auch Franz Gajowniczek, der Mann, dem Kolbe in Auschwitz das Leben gerettet hatte, anwesend. Er schenkte der Kirche von Gebrontshausen eine Reliquie des neuen Heiligen. Gajowniczek starb 1995 im Alter von 95 Jahren.

Lage: Gebrontshausen gehört zur Gemeinde Wolnzach und liegt etwa 50 km nördlich der bayerischen Landeshauptstadt München im Hopfenanbaugebiet Hallertau; Anfahrt über die Autobahnen A 9 und A 93: Ausfahrt Wolnzach, weiter auf der Landstraße in Richtung Au/Hallertau bis Jebertshausen und von dort nach Gebrontshausen.

Anschrift: Katholisches Pfarramt Gebrontshausen, Angerstraße 3, D-85283 Wolnzach-Oberlauterbach, Tel.: 08442/35 12, Fax: 08442/20 39

Germershausen

Name der Wallfahrt: Wallfahrt zu „Maria in der Wiese"
Ort der Pfarrei: Germershausen
Kirche: Wallfahrtskirche „Maria in der Wiese"
Bistum: Hildesheim (Deutschland)
Pilgerzeiten: Ende März bis Ende Oktober; Haupttage: letzter Sonntag im März (Kleine Wallfahrt), erster Sonntag im Mai (Frauenwallfahrt), erster Sonntag im Juli (Große Wallfahrt), erster Sonntag im September (Männerwallfahrt); weitere Wallfahrten von Gruppen nach Anmeldung und Absprache möglich; Gottesdienste sonntags: 9.00 Uhr (letzter Sonntag im Monat 10.30 Uhr)
Geschichte: 1013 wurde Germershausen erstmals urkundlich erwähnt. Das Ortswappen zeigt eine goldene Madonna auf grünem Grund. Seit der Öffnung der innerdeutschen Grenze 1990, die Ober- und Untereichsfeld voneinander trennte, ist die Gemeinde in der Mitte Deutschlands wieder vereint.

Über die Entstehung der Germershausener Marienwallfahrt gibt es eine schöne Sage: Ein Schäfer sah nachts aus einer Weide ein helles Licht leuchten, er traute sich im Dunkeln aber nicht, an den Baum heranzutreten und nachzu-

Germershausen

sehen. Am nächsten Tag fand er in der hohlen Weide ein Bildnis der Gottesmutter mit dem Jesukind. An dieser Stelle wurde für die Muttergottesstatue eine Kapelle erbaut, und bald kamen die Leute von nah und fern, um diese anzubeten. Da allerdings die Kapelle durch ihre Nähe zum Fluss Suhla des öfteren unter Hochwasser zu leiden hatte, fasste man den Plan, eine neue, größere Kapelle an einer höher gelegenen Stelle von Germershausen zu bauen. Man begann die Materialien dafür auf den Hügel zu schaffen, doch jeden Morgen lagen sie wunderbarer Weise in der Niederung bei der alten Kapelle. Nachdem dies mehrmals geschehen war, vermuteten die Leute einen Streich, und ein paar mutige Männer verbargen sich bei dem Bauplatz, um zu sehen, wer dafür verantwortlich sei. Sie erblickten eine weiß gekleidete Frauengestalt, die eine Schnur an einen Quader band und ihn in Richtung auf die alte Kapelle zog. Alle anderen Steine und Balken folgten ihm. Als das ganze Material wieder am Fluss war, verschwand die Frau. Die Bewohner des Orts waren nun überzeugt und bauten das neue Kirchlein am Standplatz des alten. Die heutige Wallfahrtskirche „Maria in der Wiese" wurde in den 1880er Jahren errichtet.

Eine Wallfahrt schon im Mittelalter ist geschichtlich nicht bezeugt. Die erste Nachricht dazu datiert aus einer Germershausener Kirchenrechnung von 1678. Die „Große Wallfahrt" findet jährlich am ersten Sonntag im Juli statt. An diesem Tag strömen bis zu 15 000 Wallfahrer aus allen Himmelsrichtungen „in der Wiese" zusammen. Betreut wird die Marienwallfahrt von den Augustinern, die in Germershausen seit 1864 mit ihrem nördlichsten Kloster in Deutschland vertreten sind.

Kunst: Das Gnadenbild „Maria in der Wiese" ist aus Holz geschnitzt und stellt die gekrönte Gottesmutter sitzend dar. Sie hält das Zepter in der rechten Hand und trägt das Jesuskind auf dem linken Arm. Die Figur entstammt etwa der Mitte des 15. Jahrhunderts und wurde wohl schon in einer vor 1500 bestehenden Kapelle aufgestellt und verehrt. Bis 1876 trug die Statue Kleider.

Lage: Germershausen gehört zur Gemeinde Rollshausen und liegt östlich von Göttingen im Eichsfeld; Anfahrt über die Autobahn A 7: Ausfahrt Göttingen, weiter auf den Bundesstraßen B 27 und B 446 in Richtung Duderstadt bis zur Abzweigung Seeburg/Seeburger See, dann auf der Landstraße über Bernhausen nach Germershausen.

Anschrift: Augustinerkloster Germershausen, Pater Lukas, Klosterstraße 26, D-37434 Rollshausen-Germershausen, Tel.: 05528/92

39-22, Fax: 05528/92 39-25,
E-Mail: lukas@
augustiner.de

Glosberg

*Name der Wallfahrt: Wallfahrt zu
„Maria Hilf"
Ort der Pfarrei: Glosberg
Kirche: Pfarr- und Wallfahrtskirche
„Mariä Geburt"
Bistum: Bamberg (Deutschland)
Pilgerzeiten: Mai bis Oktober; das
Hochfest „Mariä Geburt" (8. September)
wird am zweiten Sonntag im September
gefeiert.
Geschichte:* Über die Anfänge der noch immer sehr beliebten Wallfahrt nach Glosberg ist nur wenig bekannt, doch soll hier bereits zu Beginn des 16. Jahrhunderts in einer Marienkapelle ein Gnadenbild verehrt worden sein. Bedeutung bekam der Ort erst 1727, als Gläubige beobachteten, dass die Madonnenfigur blutige Tränen vergoss. Dieses Phänomen, das ab Ende des 17. Jahrhunderts in mehreren deutschen Wallfahrtsorten in ähnlicher Form (Bluten, Tränen, Augenwenden) aufgetreten sein soll, wiederholte sich in Glosberg noch zweimal. So groß die Aufregung bei der Bevölkerung war, so skeptisch war die kirchliche Obrigkeit, denn mit der beginnenden Aufklärung wurde auch diese gegenüber den diversen Berichten von Mirakeln zunehmend kritischer. Der Bamberger Bischof Lothar Franz von Schönborn (reg. 1693-1729) wollte ein Tränenwunder in Glosberg nicht anerkennen. Die Frage wurde aufgeworfen, ob es sich nicht vielleicht um herunterlaufende Farbe handeln könnte, schließlich war das Gnadenbild 1724 restauriert worden. Das wiederum wies der Restaurator empört zurück. So beschloss man, das Gnadenbild zunächst im Pfarrhof in Kronach in Verwahrung zu nehmen. Eine solche Maßnahme seitens der katholischen Kirche wurde auch in anderen Wallfahrtsorten ergriffen, z.B. 1732 in der Münchner Frauenkirche, als nach einer wunderbaren Augenwende das entsprechende Gnadenbild über Nacht entfernt und weggeschlossen wurde. Auf der anderen Seite ließ sich die Volksgläubigkeit nicht einfach unterdrücken: Die Glosberger weigerten sich, auf ihr wunderbares Gnadenbild zu verzichten, und so verblieb die Madonna in dem Kirchlein.
Der Strom der Pilger – auch aus entfernteren Gegenden – nahm so stark zu, dass Fürstbischof Friedrich Karl von Schönborn (reg. 1729-1746) schließlich dem Franziskanerorden den Bau eines Hospizes und die Übernahme der Wallfahrtsseelsorge genehmigte. Ab 1730 wurde die Kirche entsprechend erweitert und neu ausgestattet. Sogar der bekannte

Würzburger Baumeister Johann Balthasar Neumann wurde dafür herangezogen (Turmaufbau von 1733). Das auf um 1460 datierte, knapp einen Meter große Gnadenbild der Madonna mit dem Jesuskind erhielt – gekleidet in prächtige Gewänder – seinen Platz auf dem barocken Hochaltar, wo es noch heute steht und alljährlich das Ziel vieler Pfarrgemeindewallfahrten ist. Mancher Pilger nimmt auch noch den schweißtreibenden Aufstieg auf den Rauschenberg in Angriff, zur Waldkapelle St. Maria, die man Mitte des 19. Jahrhunderts errichtete, nachdem einem Hirtenbuben dort oben Maria erschienen sein soll und ein Gebetshäuschen forderte, um Glosberg vor Unglück zu bewahren.

Lage: Glosberg gehört zur Stadt Kronach (Festung Rosenberg) im Naturpark Frankenwald (Wanderparadies) etwa 100 km nordöstlich der Bischofsstadt Bamberg; Anfahrt von Bamberg aus auf der Bundesstraße B 173 den Main entlang über Staffelstein (Wallfahrtskirche Vierzehnheiligen) und Lichtenfels nach Kronach und von dort auf der B 85 in Richtung Sonneberg bis zur Abzweigung nach Glosberg.

Anschrift: Katholisches Pfarramt „Mariä Geburt", Glosberg 14, D-96317 Kronach, Tel.: 09261/618 50 oder 33 73; Katholisches Pfarramt St. Johannes, Melchior-Otto-Platz 9, D-96317 Kronach, Tel.: 09261/34 42, E-Mail: pfarrei-kronach@erzbistum-bamberg.de; Tourismus-Information Kronach, Marktplatz 5, D-96317 Kronach, Tel.: 09261/97-236, Fax: 09161/97-310, E-Mail: info@kronach.de

Gößweinstein

Name der Wallfahrt: Wallfahrt zur „freudenreichen Dreifaltigkeit"
Ort der Pfarrei: Gößweinstein
Kirche: Pfarr- und Wallfahrtskirche zur Heiligsten Dreifaltigkeit
Bistum: Bamberg (Deutschland)
Pilgerzeiten: Mai bis Oktober; das Patronatsfest wird am Dreifaltigkeitssonntag (erster Sonntag nach Pfingsten) begangen; Gottesdienste sonntags (ganzjährig) 7.30, 9.00 und 10.30 Uhr
Geschichte: In Gößweinstein wird seit mehreren hundert Jahren das Gnadenbild der „freudenreichen Dreifaltigkeit" verehrt, das die Hl. Dreifaltigkeit (Gottvater, Gottsohn und die Taube des Hl. Geistes) bei der Krönung der Gottesmutter Maria darstellt.
Da im Dreißigjährigen Krieg beinahe alle Akten über Gößweinstein verloren gingen und somit schriftliche Unterlagen erst ab 1650 vorhanden sind, liegen die Anfänge der Wallfahrt im Dunkeln. Überlieferungen berichten jedoch von Pilgern, die bereits im 13. Jahrhundert die 1240 von Konrad I.

Gößweinstein

von Schlüsselberg errichtete Kirche aufsuchten. Ein Hinweis dafür findet sich auch in einer Notiz des Gößweinsteiner Pfarrers Dr. Martin Ludovici von 1684: „Alte Rechnungen von 400 Jahren her bezeugen sattsam, dass die Wallfahrt der Hlst. Dreifaltigkeit dahier jährlich auch in denen Kriegszeiten von frommen Wallfahrern seien besucht und mit reichlichen Opfern beschenkt worden."

Mit Sicherheit fanden jedoch ab Mitte des 15. Jahrhunderts Wallfahrten nach Gößweinstein statt. In der ersten Hälfte des 16. Jahrhunderts war die Zahl der Wallfahrten generell rückläufig, wobei der Einbruch bei den Dreifaltigkeits- und den Marienwallfahrten noch am geringsten war. Zudem gewährte Papst Julius II. 1511 einen Ablass für Gößweinstein, was den Gnadenort nur noch beliebter machte. Als dann auch noch die Türken 1523 bei Seitenstetten (Österreich) zurückgeschlagen wurden, was von vielen Gläubigen auf die Hilfe der Hl. Dreifaltigkeit zurückgeführt wurde, stieg die Anzahl der Pilger nicht nur in Seitenstetten, wo es nachweislich seit dem 15. Jahrhundert Prozessionen zu Ehren der Hl. Dreifaltigkeit gab, sondern auch in Gößweinstein sprunghaft an, und es entwickelte sich zum bedeutendsten Dreifaltigkeitswallfahrtsort in ganz Deutschland.

Mitte des 17. Jahrhunderts war der Pilgerstrom so angewachsen, dass die Gemeinde Pfarrer und Mönche der verschiedenen Orden aus Bamberg zur Unterstützung der Geistlichen nach Gößweinstein rufen musste. Auch der Bau einer größeren Wallfahrtskirche wurde unumgänglich, scheiterte aber zunächst an den Finanzen. Erst 1730 erfolgte im Auftrag des Bamberger Fürstbischofs Friedrich Carl von Schönborn die Grundsteinlegung für ein neues Gotteshaus, das 1739 geweiht, aber erst 1765 vollendet wurde.

Nach einem kurzen Rückgang der Wallfahrten im Zeitalter der Aufklärung und der Säkularisation blieb die Zahl der Pilger konstant hoch. Auch heute noch ist Gößweinstein der bedeutendste Dreifaltigkeitswallfahrtsort Deutschlands. Zwischen Mai und Oktober gibt es kein Wochenende ohne Wallfahrtsgruppen, die feierlich über die große Freiterrasse zum Haupteingang der Kirche schreiten. Der Betrieb ist so groß, dass jede Pilgergruppe ihre Andacht im Inneren der 1948 von Papst Pius XII. zur „Basilika minor" erhobenen Kirche auf eine Viertelstunde beschränken muss, denn die nächste wartet schon vor der Tür. Betreut werden die Wallfahrer von Franziskanern, deren Kloster hinter der Basilika liegt. Fürstbischof Lothar Franz von Schönborn hat es 1723 auf eigene Kosten errichten lassen.

Kunst: An Planung, Bau und Ausgestaltung der Gößweinsteiner Wallfahrtskirche mit ihren beiden mächtigen Türmen und der herrlichen Fassade waren berühmte Barockbaumeister und -künstler wie Johann Dientzenhofer, Johann Balthasar Neumann, Johann Jacob Michael Küchel und Franz Jakob Vogel beteiligt. 1730 wurde der Grundstein gelegt, die Weihe erfolgte 1739, wobei ein großer Teil der Kirche zu diesem Zeitpunkt noch nicht fertig war. Ein Brand im August 1746 verzögerte den Bau, doch 1765 war das Gotteshaus mit dem Grundriss eines lateinischen Kreuzes vollendet.

Das reich mit Stuckwerk und Fresken ausgeschmückte Kircheninnere wird vom majestätischen, pyramidenförmigen Hochaltar mit seinen zahlreichen Heiligenfiguren und Engeln beherrscht, in dessen Zentrum das Gößweinsteiner Gnadenbild seinen Platz in einem Glasschrein über einer goldenen Weltkugel hat. Bei der aus Lindenholz geschnitzten Gruppe der Hl. Dreifaltigkeit handelt es sich vermutlich um die Arbeit eines Bamberger Künstlers aus dem Jahr 1510.

Sehenswert sind auch der Kreuz- und der Marienaltar, die Kanzel und die zahlreichen Votivtafeln im Eingangsbereich sowie der Orgelaufbau von 1725 und die Deckengemälde. Diese gestaltete der Kirchenmaler Waldemar Kolmsberger jedoch erst 1928 nach barockem Programm, da im 18. Jahrhundert das Geld dafür gefehlt hatte.

Lage: Der Markt und Luftkurort Gößweinstein (Burg) liegt auf einem aussichtsreichen Hochplateau über dem Wiesentthal im Herzen der romantischen Fränkischen Schweiz rund 45 km nördlich von Nürnberg; Anfahrt über die Autobahnen A 73 (Ausfahrt Forchheim, weiter auf der Bundesstraße B 470 über Ebermannstadt) oder A 9: Ausfahrt Pegnitz, weiter auf der B 470 über Wannberg und Pottenstein (Burg, Tropfsteinhöhle).

Anschrift: Katholisches Pfarramt, Balthasar-Neumann-Straße 2, D-91327 Gößweinstein, Tel.: 09242/264, Fax: 09242/18 33, E-Mail: pfarrei.goessweinstein@erzbistum-bamberg.de; Franziskanerkloster, Viktor-von-Scheffel-Straße 1, D-91327 Gößweinstein, Tel.: 09242/991 00

Griesstetten

Name der Wallfahrt: Wallfahrt zu den „Drei elenden Heiligen"
Ort der Pfarrei: Altmühlmünster
Kirche: Wallfahrtskirche St. Martin
Bistum: Regensburg (Deutschland)
Pilgerzeiten: Gruppenwallfahrten finden nicht mehr statt; Gottesdienst sonntags

Griesstetten

(ganzjährig) 9.00 Uhr; Festtag des hl. Martin von Tours, des Patrons der Kirche, ist der 11. November; die Kirche ist außerhalb der Gottesdienstzeiten verschlossen, man kann sich für eine Besichtigung jedoch den Schlüssel im benachbarten Anwesen holen.

Geschichte: Das barocke Wallfahrtskirchlein in Griesstetten wird nur noch vereinzelt von Pilgern besucht, und die Griesstettener selbst wallfahren nach Breitenbrunn. Dennoch soll die Wallfahrt zu den „Drei elenden Heiligen" hier genannt sein, denn sie war die älteste und lange Zeit auch bedeutendste im Altmühltal. Das „elend" steht für „fremd" bzw. „auswärtig" (abgeleitet vom althochdeutschen „elilenti", das erst später einen Bedeutungswandel zu „arm" bzw. „notleidend" durchmachte), denn Zimius und Vimius, die sich in der ersten Hälfte des 12. Jahrhunderts bei Griesstetten als Einsiedler niederließen (der Ort heißt heute noch Einsiedel), waren iroschottische Benediktinermönche des Klosters St. Jakob in Regensburg. Mit Erlaubnis ihres Abtes erbauten sie eine kleine Kapelle, und wenig später schloss sich ihnen Pater Marinus, ehemals Prior von St. Jakob, an. Bei der Bevölkerung wurden die drei „Elenden" bald wegen ihrer Frömmigkeit und Weisheit sehr beliebt.

Als Marinus 1153 starb, begruben ihn seine Gefährten bei ihrer Kapelle. Doch bald kamen so viele Menschen aus den umliegenden Ortschaften zu der Grabstätte, dass sich die beiden verbliebenen Eremiten in ihrem einfachen, ruhigen Leben gestört fühlten. So wurde der Leichnam in ein Kirchlein im nahen Griesstetten umgebettet, das man eigens zu seinen Ehren erbaut hatte. Die Legende berichtet, dass seine Gebeine die Altmühl flussaufwärts bis auf Höhe von Griesstetten schwammen.

Als bald darauf auch Zimius und Vimius starben, wurden sie neben Marinus bestattet, und der Pilgerstrom nahm stetig zu. 1633, als der Dreißigjährige Krieg tobte, wurde die Kirche jedoch geplündert und schwer beschädigt. Gegen Ende des 17. Jahrhunderts lebte die Wallfahrt wieder auf, da die drei „elenden Heiligen" beim Regensburger Weihbischof Albert Ernst Graf von Wartenburg auf Interesse stießen. Er ließ eine Legende der drei Mönche in deutscher Sprache schreiben, ihre Gebeine heben und in einen großen gemeinsamen Sarg betten, der hinter der Mauer des Hochaltars der notdürftig instandgesetzten Kirche eingefügt wurde. Bald schon wurde das Gotteshaus zu klein für die vielen Gläubigen, und man begann 1740 mit der Errichtung einer größeren Wallfahrtskirche, die nach rund zehn Jahren ihrer Vollendung entgegen ging. Der ursprünglich gebaute Turm musste jedoch wieder abgerissen werden, da er sich als zu schwer für das Chorgewölbe erwies. So konnte man die Überreste der drei „elenden Heiligen", die während der Bauzeit ins Franziskanerkloster im nahen Dietfurt „ausgelagert" worden waren, erst 1766 nach Griesstetten zurückholen.

Die offizielle Genehmigung für den Verehrungskult der drei „Regionalheiligen" ließ jedoch noch fast 100 Jahre auf sich warten und erfolgte erst 1862. Schon über zehn Jahre zuvor hatte man drei große Schreine mit Wachsfiguren der Mönche anfertigen lassen, doch der Versuch, einen eigenen Festtag für sie einzuführen, scheiterte, denn dafür hätte ein kostspieliger Heiligsprechungsprozess in Rom angestrengt werden müssen. Dennoch wurde schließlich gestattet, die Reliquien neu fassen zu lassen und zur öffentlich Verehrung aufzustellen, und 1862 übertrug man sie feierlich ein zweites Mal vom Dietfurter Franziskanerkloster in die dem hl. Martin von Tours geweihte Griesstettener Kirche. Dort stehen die Schreine mit den Wachsfiguren von Marinus, Zimius und Vimius, die in der Brust die kostbar gefassten Reliquien bergen, noch heute an der linken Wand der unlängst liebevoll restaurierten hochbarocken Wallfahrtskirche, deren Deckenfresken u.a. Szenen aus dem Leben der „Drei elenden Heiligen" darstellen.

Obwohl Griesstetten inzwischen eigentlich zur Pfarrgemeinde Altmühlmünster gehört, wird es seelsorgerisch von Franziskanern betreut, die in ihrem Kloster in Dietfurt Meditationskurse anbieten.

Lage: Das kleine Dorf Griesstetten ist ein Ortsteil von Dietfurt („Chinesenfasching") an der Altmühl (Radwanderweg Altmühltal!) im Landkreis Neumarkt in der Oberpfalz etwa 25 km westlich der Bischofsstadt Regensburg; Anfahrt über die Autobahn A 9: Ausfahrt Altmühltal, weiter auf der Landstraße über Beilngries nach Dietfurt und Griesstetten.

Anschrift: Franziskanerkloster und Meditationshaus Dietfurt, Klostergasse 8, D-92345 Dietfurt, Tel.: 08464/652-0, Fax: 08464/652-22, E-Mail: dietfurt@franziskaner.de; Tourismus-Information, Hauptstraße 26, D-92345 Dietfurt, Tel.: 08464/64 00-19, Fax: 08464/64 00-33, E-Mail: info@dietfurt.de

Großheubach/Engelberg

Name der Wallfahrt: Wallfahrt zum Erzengel Michael und zur „Maria von der Freude"
Ort der Pfarrei: Großheubach
Kirche: Kloster- und Wallfahrtskirche St. Michael
Bistum: Würzburg (Deutschland)

Pilgerzeiten: Ganzjährig; besonders feierlich mit Prozessionen begangen werden alle Marienfeste, Christi Himmelfahrt und das Schutzengelfest; Gottesdienste sonntags (ganzjährig) 9.00 und 10.30 Uhr (1. April bis 31. Oktober zusätzlich 7.30 Uhr); Gaststätte ganzjährig außer November und montags 10.00-18.00 Uhr geöffnet

Geschichte: Etwa um 1300 errichtete man auf dem Rulesberg eine erste Holzkapelle und weihte sie dem Erzengel Michael, dem Kämpfer gegen heidnische Götter, wodurch die Anhöhe zum „Engelberg" wurde. Einige Jahre später stellten Unbekannte in dem Kirchlein eine Holzfigur der Gottesmutter, der „Königin der Engel" auf. Erstmals urkundlich erwähnt wurde die offenbar bereits sehr beliebte Wallfahrt 1406 im Zusammenhang mit einer Ablassverleihung. Eine um 1450 gebaute Steinkirche wurde aufgrund der rasch steigenden Pilgerzahlen Mitte des 17. Jahrhunderts erweitert. Das Kloster für die Wallfahrtsseelsorger entstand ab 1630 (zunächst Kapuziner, seit 1828 Franziskaner), und 1699-1701 wurde die Gnadenkapelle an die Kirche angebaut. In dieser steht heute im Zentrum des Altars das auf um 1310 datierte gotische Gnadenbild „Maria von der Freude", eine etwa 75 Zentimeter große geschnitzte und bemalte Madonna mit dem Jesuskind auf dem linken Arm und dem Zepter in der rechten Hand. In der gegenüberliegenden, zeitgleich mit der Marienkapelle angebauten Antoniuskapelle steht der 1909 geschaffene Altar mit dem hl. Antonius von Padua in der Mitte. Er hält das Jesuskind auf dem Arm und ist von den Statuen der hl. Elisabeth und des hl. Ludwig von Toulouse flankiert.

Interessant ist auch die 1845 errichtete Fürstengruft mit den sterblichen Überresten von Mitgliedern der Familie Löwenstein aus dem auf der anderen Mainseite gelegenen Schloss Kleinheubach. Hier ruhte über ein Jahrhundert lang der portugiesische Exkönig Miguel I. von Bragança (1802-1866), der mit Prinzessin Ada zu Löwenstein verheiratet war. Erst 1967 überführte man die Gebeine des 1834 vertriebenen Königs wieder in seine Heimat Portugal und bestattete sie in der Königsgruft in Lissabon.

Ihre endgültige Gestalt erhielt die Wallfahrtskirche St. Michael Ende des 19. Jahrhunderts durch eine letzte Verlängerung. Den Patron des Gotteshauses, den Erzengel Michael, findet man außen als drei Meter hohe Sandsteinskulptur in einer Muschelnische an der Giebelseite (über einem Steinrelief der Gottesmutter mit dem Kind auf dem Arm und zwei schwebenden Engeln) sowie im Kircheninneren auf dem steineren, triumphbogen-

artigen Hochaltar von 1909. Das Relief zeigt ihn als Patron der Sterbenden und Seelenbegleiter. Ihm zur Seite stehen der hl. Sebastian und der hl. Wendelin.
Auch die beiden Seitenaltäre (Kreuzaltar mit Kreuzigungsgruppe und Franziskusaltar) stammen von Anfang des 20. Jahrhunderts, ebenso die Deckenfresken. Das farbenprächtige Hauptgemälde im Zentrum des Langhauses zeigt, wie Michael den abtrünnigen Luzifer in die Tiefe stürzt. Der „Engelssturz" leitet über zum zweiten großen Fresko über dem Musikchor mit der Vertreibung aus dem Paradies.
Die heutige große, behindertengerechte Gaststätte auf dem Engelberg – sie bietet bis zu 300 Gästen Platz und ist somit dem Ansturm der alljährlich etwa 100 organisierten Wallfahrten mit insgesamt über 8 000 Teilnehmern durchaus gewachsen – hat ihren Ursprung im Jahr 1916, während der schöne Meditationsgarten mit marianischer Kerzenkapelle und einer Brunnenanlage von den Franziskanerbrüdern erst in den Jahren 1997/98 gestaltet wurde.
Lage: Der Engelberg mit Kloster und Wallfahrtskirche gehört zur Weinanbaugemeinde Großheubach und liegt etwa 60 km westlich der Bischofsstadt Würzburg hoch über dem rechten Mainufer (Maintalradwanderweg!) im Südosten des Naturparks Bayerischer Spessart (Wanderparadies; u.a. „Eselsweg") unweit von Miltenberg; Anfahrt über die Autobahn A 3: Ausfahrt Wertheim, weiter auf der Landstraße den Main entlang über Wertheim und Freudenberg nach Miltenberg; zur Wallfahrtsstätte gibt es eine Autostraße (großer Parkplatz beim Kloster); direkt von Großheubach aus führt die steile, von sechs Wegkapellen mit Passionsszenen und 14 Kreuzwegstationen gesäumte „Engelsstaffel" (612 Steinstufen) auf den Engelberg mit seiner grandiosen Aussicht.
Anschrift: Franziskanerkloster Engelberg, Engelberg1, D-63920 Großheubach, Tel.: 09371/948 94-0 und 948 94-20 (Klosterschänke), Fax: 09371/948 94-29, E-Mail: engelberg@ franziskaner.de; Tourist-Information, Kirchstraße 4, D-63930 Großheubach, Tel. und Fax: 09371/650 04 70, E-Mail: info@info-grossheubach.de

Großlellenfeld

Name der Wallfahrt: Wallfahrt zu „Unserer Lieben Frau"
Ort der Pfarrei: Großlellenfeld
Kirche: Pfarrkirche „Mariä Heimsuchung"
Bistum: Eichstätt (Deutschland)
Pilgerzeiten: Hauptwallfahrtstage sind der 2. Juli (Mariä Heimsuchung) und der Sonntag nach dem 8. September (Mariä

Geburt); Gottesdienste sonntags 9.30 Uhr oder 10.30 Uhr (im Wechsel mit Arberg)
Geschichte: Urkundlich belegt ist die Weihe einer Kirche in Lellendorf für das Jahr 1075 durch den Eichstätter Bischof Gundekar II. Die heutige Pfarrkirche „Mariä Heimsuchung" wurde ab dem Jahr 1446 unter der Aufsicht von Bischof Johannes III. erbaut. Über die Entstehung der einst bedeutenden Marienwallfahrt ist nichts bekannt. Vermutlich pilgerten aber schon im ausgehenden Mittelalter Gläubige zum Gnadenbild der Gottesmutter.
Kunst: Das Äußere der in der zweiten Hälfte des 15. Jahrhunderts fertig gestellten Kirche aus unverputzten Sandsteinquadern blieb im Wesentlichen unverändert. Lediglich der Turm erhielt eine barocke Kuppel.
Im Kircheninneren beeindruckt der neugotische Hochaltar mit dem um 1460 von einem unbekannten Künstler geschaffenen Gnadenbild in der Mitte: Maria auf der Mondsichel stehend und von zwei Engeln gekrönt, mit dem nackten Jesuskind auf dem linken Arm und einem Apfel in der rechten Hand.
Der nördliche Seitenaltar entstand um 1500 und wurde in der zweiten Hälfte des 19. Jahrhunderts angekauft. Die prachtvolle Barockkanzel von 1734 ist vermutlich ein Werk des Eichstätter Bildhauers Matthias Seybold und stammt aus dem Kloster Rebdorf, das 1806 im Zuge der Säkularisation aufgehoben wurde. Auch das Ölbild von der Aufnahme des hl. Augustinus in den Himmel zierte ursprünglich die Kirche dieses Klosters.
Lage: Großlellenfeld gehört zur Gemeinde Arberg und liegt rund 50 km südwestlich von Nürnberg bei Gunzenhausen (Altmühlsee/ Fränkisches Seenland; Beginn Radwanderweg Altmühltal!); Anfahrt von Nürnberg aus auf der Bundesstraße B 466 nach Gunzenhausen und weiter auf der Landstraße nach Arberg-Großlellenfeld.
Anschrift: Katholisches Pfarramt Mariä Heimsuchung Großlellenfeld, Schlossweg 14a, D-91722 Arberg-Großlellenfeld, Tel.: 09822/74 46, Fax: 09822/60 79 97

Guadalupe
Name der Wallfahrt: Wallfahrt zur „Virgen de Guadalupe" (Jungfrau von Guadalupe) bzw. „Nuestra Señora de Guadalupe" (Unserer Lieben Frau von Guadalupe) und zum hl. Juan Diego Cuauhtlatoatzin
Kirche: Basílica de Guadalupe
Bistum: Mexico-City (Mexiko)
Pilgerzeiten: Ganzjährig, vor allem an allen Marienfesten; das Hochfest der Patronin Mexikos wird am 12. Dezember begangen (Nationalfeiertag).
Geschichte: Guadalupe ist seit dem 16. Jahrhundert Hauptwallfahrtsort Mexikos und heute mit Abstand die

meistbesuchte Wallfahrtsstätte der Erde. Rund 20 Millionen Menschen pilgern alljährlich zur „Virgen de Guadalupe" in die Basilika nördlich der mexikanischen Hauptstadt. Allein an den Wallfahrten zum Hochfest der Patronin Mexikos am 12. Dezember nehmen jedes Jahr mehrere Millionen Gläubige teil und wohnen dem Höhepunkt, einer vom Erzbischof Mexiko-Stadts zelebrierten Festmesse, bei.

Die Verehrung der „Jungfrau von Guadalupe" ist untrennbar verbunden mit dem Kult um den Indio Juan Diego Cuauhtlatoatzin (1474-1548), der von Papst Johannes Paul II. am 6. Mai 1990 in den Stand der Seligen erhoben und während seiner 97. Auslandsreise und seines fünften Besuchs in Mexiko am 31. Juli 2002 in der Kathedrale von Mexiko-City heilig gesprochen und damit zum ersten indianischen Heiligen der Kirchengeschichte wurde. Der Überlieferung nach (niedergeschrieben Mitte des 16. Jahrhunderts in der Indiosprache Nahuatl) war die Gottesmutter dem kurz zuvor Getauften Juan Diego, dessen indianischer Name „der sprechende Adler" bedeutet, vom 9. bis 12. Dezember 1531 auf dem Tepeyac, einem Hügel bei der ein Jahrzehnt zuvor von den Spaniern unter Hernán Cortés eroberten Azteken-Hauptstadt Tenochitlán (ab 1535 als „Ciudad de México" Hauptstadt des Vizekönigreichs Neu-Spanien) vier Mal als „wunderschöne, dunkelhäutige Frau" erschienen. Sie hatte sich ihm als „Maria, die Mutter aller Menschen" zu erkennen gegeben und ihn zum Bischof geschickt, um ihn aufzufordern, am Ort des Geschehens eine Kapelle zu bauen. Da man dem Bauern jedoch nicht glaubte, bat er Maria, die sich „Virgen de Guadalupe" nannte, um ein sichtbares Zeichen. So ließ sie auf der Anhöhe, wo sonst nur Kakteen gediehen, Rosen erblühen, die Juan Diego in seinem Umhang in die Stadt trug. Als er das Gewand mit den Blumen vor dem Bischof, einem Franziskaner namens Juan de Zúmarraga, ausbreitete, zeichnete sich darauf das Bildnis Marias ab, in Gestalt eines jungen Mädchens in roséfarbenem Kleid und blaugrünem, von Sternen übersätem Mantel. Nun errichtete man auf dem Tepeyac in aller Eile eine erste kleine Kirche und überführte das „Wunderbild" in einer prunkvollen Prozession dorthin. Damit begann der Triumphzug der „Virgen de Guadalupe" bzw. „Nuestra Señora de Guadalupe" (Unsere Liebe Frau von Guadalupe), die nunmehr zur eigentlichen Eroberin des Landes wurde, da ihr gelang, was alle Missionare zusammen bislang nicht vermocht hatten: Innerhalb weniger Jahre gewann

Maria in Mexiko die Herzen von rund neun Millionen Ureinwohnern für den katholischen Glauben. Diese riesige, in der Kirchengeschichte einzigartige Bekehrungswelle fand zu einer Zeit statt, als der katholischen Kirche in Europa durch die Reformation fünf Millionen Gläubige verlorengingen.
1576 gewährte Papst Gregor XIII. (1572-85) den zum Heiligtum nach Guadalupe pilgernden Gläubigen einen Ablass. Seither haben viele Oberhäupter der katholischen Kirche die „Virgen de Guadalupe" in besonderer Weise geehrt: Benedikt XIV. (1740-58) erklärte sie 1754 zur Patronin Mexikos und zeichnete das am 12. Dezember begangene Erscheinungsfest durch ein eigenes Messformular und Offizium aus, Leo XIII. (1878-1903) dehnte die Feier des Festes auf alle lateinamerikanischen Länder aus, Johannes XXIII. (1958-63; Sel.) rief ihr zu Ehren vom 12. Dezember 1960 bis zum 12. Dezember 1961 ein marianisches Jahr aus und pries sie als „Mutter beider Amerika" und als „Missionarin der Neuen Welt", und als erster Papst überhaupt besuchte Johannes Paul II. (1978-2005) am 27. Januar 1979 während seiner ersten Auslandsreise das Heiligtum von Guadalupe. Zu diesem Anlass stellte er sein Pontifikat unter den Schutz Marias, weihte ihr Nord- und Südamerika und verfasste zur Erinnerung an dieses Ereignis eigens ein Weihegebet.

Der aus Kaktusfasern gewebte Umhang von Juan Diego, die „Tilma", mit dem „Wunderbild", das nicht von Menschenhand gemalt sein kann und die Wissenschaft vor Fragen stellt, ähnlich wie dies beim Turiner Grabtuch Jesu Christi der Fall ist, wird noch heute in der Basilika von Guadalupe als größtes mexikanisches Heiligtum verehrt. Kopien des Marienbildes sind in Mexiko allgegegenwärtig, sogar in Fabrikhallen.

Die heutige moderne Wallfahrtskirche von Guadalupe verfügt über 10 000 Sitzplätze und kann insgesamt bis zu 40 000 Besucher aufnehmen. Damit zählt sie zu den größten Kirchenbauten der Welt. Das an ein überdimensionales Zirkuszelt erinnernde Gotteshaus, in dem die Gläubigen auf einem Rollband an dem verehrten Marien-Gnadenbild vorbeifahren können, wurde 1974-76 nach den Plänen des mexikanischen Architekten Pedro Ramírez Vázquez neben der alten, 1709 geweihten Basilika errichtet, nachdem diese wegen des Absinkens des Untergrunds nach einem Erdbeben und der damit verbundenen Einsturzgefahr gesperrt werden musste. Inzwischen ist die alte Kirche gesichert und zum Museum umgestaltet.

Lage: Guadalupe ist ein nördlicher

Vorort von Mexico-City.
Anschrift: Basílica de Guadalupe, Plaza de las Américas, Núm.1, Col. Villa de Guadalupe, México D.F., C.P. 07050

Habsberg

Name der Wallfahrt: Wallfahrt zu „Maria, Heil der Kranken"
Ort der Pfarrei: Velburg
Kirche: Wallfahrtskirche „Mariä Heimsuchung"
Bistum: Eichstätt (Deutschland)
Pilgerzeiten: Wallfahrtshauptzeiten Mai bis September; Fatimatag 13. Oktober; Gottesdienste sonntags 7.30 Uhr und 9.30 Uhr; Diözesanjugend- und Tagungshaus auf dem Habsberg ganzjährig geöffnet; Gaststätte Mittwoch-Sonntag ab 10.00 Uhr geöffnet; Kirchen- und Turmführungen (Rundblick) auf Anfrage möglich; die 3 km von Velburg entfernte, 1895 entdeckte König-Otto-Tropfsteinhöhle bei St. Colomann kann von April-Oktober täglich besichtigt werden.
Geschichte: Johann Panzer, Amtspfleger auf der nahe dem Habsberg gelegenen Burg Helfenberg, erbaute im Jahre 1680 als Dank für seine Genesung von einer schweren Gichterkrankung auf dem Habsberg eine Kapelle. In dem Kirchlein stellte er eine bislang in seinem Haus verehrte Marienfigur auf. Das Gnadenbild der Madonna mit dem Jesuskind auf dem Arm war bald weithin als heilkräftig bekannt und wurde zum Ziel einer großen Pilgerschar. 1688 erhielt der Wallfahrtsort einen Ablassbrief für das Fest Mariä Heimsuchung. 1731 wurde eine größere Kapelle gebaut. Die heutige, überwiegend von einheimischen Künstlern reich mit Stuckaturen und Fresken ausgestattete Wallfahrtskirche mit ihrem mächtigen Hauptaltar entstand 1760-69 neben der Gnadenkapelle nach den Plänen des Münchner Hofbaumeisters Matthäus Gießl.
Auch heute noch gehört der Habsberg zu den großen und lebendigen Wallfahrtsorten der Diözese Eichstätt, nicht zuletzt dank eines modernen Diözesanjugend- und Tagungshauses.
Lage: Der Habsberg liegt nördlich von Velburg (Burgruine aus dem 12. Jahrhundert), etwa 40 km südöstlich von Nürnberg; Anfahrt über die Autobahn A 3: Ausfahrt Velburg; in Velburg der Ausschilderung „Wallfahrtskirche Habsberg" folgen.
Anschrift: Wallfahrtsbüro und Diözesanjugendhaus Habsberg, Habsberg 4, D-92355 Velburg, Tel.: 09186/282, Fax: 09186/630, E-Mail: habsberg@bistum-eichstaett.de

Haindling

Name der Wallfahrt: Wallfahrt zu „Unserer Lieben Frau"
Ort der Pfarrei: Haindling
Kirche: Wallfahrtskirche „Mariä Himmelfahrt"
Bistum: Regensburg (Deutschland)

Haindling

Pilgerzeiten: Ganzjährig jeden ersten Samstag im Monat um 9.00 Uhr Pilgergottesdienst mit Predigt und anschließendem Imbiss im Pfarrsaal; das Hochfest wird am 15. August (Mariä Himmelfahrt) begangen, und ein weiterer Hauptwallfahrtstag ist der Dreifaltigkeitssonntag im Mai; beide Haindlinger Kirchen sind ganzjährig zugänglich; Führungen und Gottesdienste nach Anmeldung möglich; per E-Mail gesandten persönlichen Gebetsanliegen wird in einem Gebetskreis einmal im Monat in besonderer Weise gedacht.

Geschichte: Die Wallfahrt zu „Unserer Lieben Frau von Haindling" wurde bereits 1333 urkundlich erwähnt und ist somit eine der ältesten in Bayern. Über Ursprung und Entstehung ist allerdings nichts bekannt. Der Ort selbst war seit Ende des 9. Jahrhunderts im Besitz des Regensburger Benediktinerklosters St. Emmeram, das die Wallfahrt förderte und betreute. Dass Haindling über Jahrhunderte hinweg eine Wallfahrtsstätte mit überregionaler Bedeutung war, zeigen u.a. die zahlreichen gewährten Ablässe und die häufigen Erweiterungen und Umbauten der Marienkirche. Einen drastischen Rückgang brachte Anfang des 19. Jahrhunderts die Säkularisation und die damit verbundene Aufhebung der Abtei St. Emmeram. Heute werden in Haindling jedoch jährlich wieder rund 11 000 Pilger gezählt.

Direkt neben der Marienkirche steht die 1480 errichtete und im Laufe der Zeit ebenfalls mehrfach veränderte Kreuzkirche mit Arkadenumgang. Bis zur Säkularisation gab es dort eine blühende Wallfahrt zum Hl. Kreuz, die allerdings vollkommen erloschen ist. Der 1733 angelegte, von der Marienkirche zur Grablegungskapelle im Untergeschoss der Kreuzkirche führende Kreuzweg (mit in den 1990er Jahren geschaffenen neuen Reliefs) existiert jedoch noch, ebenso das Ziel der Wallfahrer, ein rund 30 Zentimenter hohes Silberkreuz mit einem Splitter des Hl. Kreuzes Christi. Die Kostbarkeit kam Ende des 17. Jahrhunderts als Geschenk des Regensburger Weihbischofs Albert Ernst Graf von Wartenberg (1635-1715) in die Haindlinger Kreuzkirche.

Unweit der Haindlinger Gotteshäuser liegt eine alte Dorfwirtschaft, Geburtsort und Wohnhaus des Musikers Hans-Jürgen Buchner, besser bekannt unter seinem Pseudonym „Haindling". Er unterhält dort mit seiner Frau neben einem Tonstudio auch eine Töpferei, deren Erzeugnisse man vor Ort erwerben kann.

Kunst: Die Haindlinger Marienkirche in ihrer heutigen barocken Form entstand ab 1720 nach den Plänen des Regensburgers Johann Georg Endres auf den Grundmauern eines abgerissenen gotischen Vorgängerbaus aus der Mitte des 15. Jahrhunderts, dessen Ursprung wiederum bis ins 9. Jahrhundert zurückging. Obwohl ein Teil der prunkvollen, von Künstlern aus dem Straubinger Raum geschaffenen Ausstattung 1816 bei einem Gewölbeeinsturz zerstört wurde (u.a. die meisten Deckenfresken), ist das Kircheninnere mit seinen insgesamt neun Altären überaus sehenswert.

Der Hochaltar mit einem großen Gemälde der Aufnahme Mariens in den Himmel mit Christus und dem Hl. Geist sowie Gott Vater im Bild darüber symbolisiert die Hl. Dreifaltigkeit. Zwischen den flankierenden Säulen stehen Statuen des hl. Joachim und der hl. Anna, den Eltern der Gottesmutter.

Der linke vordere Seitenaltar ist dem hl. Sebastian geweiht, der rechte ist der Gnadenaltar, das Ziel der Wallfahrer, mit der Hl. Dreifaltigkeit im Hauptbild, dem hl. Josef darüber und dem auf um 1300 datierten Marien-Gnadenbild im Zentrum des Tabernakels. Die gekrönte Madonna steht vor einem Strahlenkranz auf der Mondsichel und trägt das Jesuskind auf dem rechten Arm. Dieses hält in der Linken die Weltkugel und segnet mit der Rechten. Zeugnisse von der tiefen Verehrung des Haindlinger Gnadenbildes sind zahlreiche alte und neue Votivtafeln und -kerzen sowie silberne Dankesgaben in einer Nische neben dem Marienaltar.

Eine weitere kostbare Marienfigur birgt der Andreasaltar. Zu Füßen der Gottesmutter mit dem nackten Knaben auf dem linken Arm stehen zwei kleine Engel neben der Mondsichel und einem Haupt, genannt „Türkenkopf". Die Statue stammt aus der Kirche St. Michael von Haindlingberg, einer Nebenkirche der Wallfahrt, die 1924 wegen Einsturzgefahr abgebrochen werden musste.

Hauptsehenswürdigkeit in der benachbarten Kreuzkirche ist der frühbarocke Kreuzaltar mit einem großen Kruzifix und fast einem Dutzend, um 1620 von Regensburger Künstlern geschnitzten Heiligenfiguren.

Lage: Haindling mit den zwei weithin sichtbaren Zwiebeltürmen seiner beiden Kirchen gehört zur Gemeinde Geiselhöring und liegt im fruchtbaren Gäuboden knapp 15 km westlich von Straubing; Anfahrt über die Autobahnen A 3 (Regensburg-Deggendorf; Ausfahrt Straubing, von dort weiter auf der Landstraße über Alburg in Richtung Geiselhöring bis zur Abzweigung nach Haindling) oder A 92 (München-Deggendorf): Ausfahrt Landshut-Essenbach, weiter auf der Bundesstraße B 15 in Richtung Regensburg bis zur Abzweigung nach Straubing.

Anschrift: Katholisches Pfarramt St.

Johannes, Haindling 16c, D-94333
Geiselhöring, Tel.: 09423/90 22-57,
Fax: 09423/90 22-56, E-Mail:
pfarramt@
marienwallfahrt-haindling.de

Haltern

*Name der Wallfahrt: Wallfahrt zur hl.
Anna „Selbdritt"*
Ort der Pfarrei: Haltern
Kirche: Wallfahrtskapelle St. Anna
Bistum: Münster (Deutschland)
*Pilgerzeiten: Ganzjährig; Gottesdienst
samstags 17.00 Uhr und sonntags 9.30
Uhr; jeden Dienstag um 16.15 Uhr
Pilgergottesdienst; Pilger- und Wallfahrtsgruppen können nach vorheriger
Anmeldung hl. Messen und Andachten
nach eigener Wahl abhalten; Festtag der
hl. Anna ist der 26. Juli*
Geschichte: Der Überlieferung nach war Anna die Mutter Marias und damit die Großmutter von Jesus Christus. Der byzantinische Kaiser Justinian I. (527-65) errichtete für sie in Konstantinopel im Jahre 550 eine Kirche, Kaiser Justinian II. (695-711) ließ ihre Gebeine von Palästina dorthin überführen. Im 13. Jahrhundert bildeten sich in Europa St.-Annen-Bruder- und -Schwesterschaften, und im Spätmittelalter erreichte der Annenkult gemeinsam mit der wachsenden Marienverehrung einen seiner Höhepunkte. Ihr zu Ehren wurden zahlreiche Kirchen und Kapellen gebaut, die sich zu stark besuchten Wallfahrtsorten entwickelten.

Das Wallfahrtskirchlein auf dem Annaberg bei Haltern stammt aus der Mitte des 17. Jahrhunderts, doch weiß man um eine schon viel ältere Verehrung der hl. Anna. Vermutlich stand hier schon im 14. Jahrhundert eine Wegkapelle, zu der gepilgert wurde (damals hieß der Annaberg noch Königsberg).

Heute ist ein Gnadenbild der hl. Anna „Selbdritt" Ziel der jährlich etwa 90 000 Wallfahrer. Der Name „Selbdritt" stammt aus dem mittelalterlichen Deutsch („selbst die dritte" oder „zu dreien") und bezieht sich auf die Darstellungsart: Gezeigt wird die hl. Anna, auf deren Schoß ihre Tochter Maria und auf deren Schoß wiederum das Jesuskind sitzt.

Wie bei den meisten anderen Wallfahrtsorten auch ließ der Pilgerstrom während des 16. Jahrhunderts stark nach und nahm erst nach dem Ende des Dreißigjährigen Krieges 1648 wieder zu. Einer der Höhepunkte war 1730, als dem Ort angebliche Reliquien der hl. Anna geschenkt wurden. Die Gläubigen sollen so zahlreich gekommen sein, dass jeden Tag bis zu zwölf Beichtväter im Einsatz waren.

Nach dem Zweiten Weltkrieg wurde der Annaberg auch für viele Schlesier, die aus ihrer Heimat flüchten mussten, ein beliebter Wallfahrtsort.

Kunst: Das Gnadenbild, das in einer Nische auf der rechten Seite der mehrfach erweiterten Wallfahrtskapelle seinen Platz gefunden hat, ist eine in der zweiten Hälfte des 15. Jahrhunderts von einem niederrheinischen Bildhauer geschaffene Holzplastik und zeigt die hl. Anna, die auf dem Schoß ihre Tochter Maria mit dem Jesuskind hält. Die Figur wurde im Barock bemalt, bei einer Restaurierung in den 1920er Jahren aber wieder in den ursprünglichen Zustand zurückgeführt. Auf der linken Kapellenseite steht seit 1981 eine Pietà (die trauernde Gottesmutter mit dem toten Christus auf dem Schoß) aus Holz, die ebenfalls aus dem 15. Jahrhundert stammt und sich lange Zeit in Privatbesitz befand.

Die in Stein gehauenen Stationen des im 19. Jahrhundert auf dem Annaberg angelegten rund 1,5 Kilometer langen Kreuzwegs sind eine Arbeit des Bildhauers Joseph Krautwald aus Rheine. Hier errichteten die Schlesier 1981 eine weitere „Anna Selbdritt". Die beeindruckende, vier Meter hohe Bronzestatue ist ein Werk des Franziskaners Pater Laurentius Englich.

Lage: Haltern (Stausee) liegt nördlich von Recklinghausen an der Autobahn A 43 (Ausfahrt Haltern); der Annaberg mit der Wallfahrtskirche liegt südwestlich der Stadt in der Ortschaft Berghaltern und bildet hier den südlichen Ausläufer der Hohen Mark.

Anschrift: Katholisches Pfarramt St. Sixtus, Markt 10, D-45721 Haltern am See, Tel.: 02364/24 64, Fax: 02364/92 00 76, E-Mail: pfarrgemeinde@st-sixtus.de

Hamburg-Billstedt

Name der Wallfahrt: Wallfahrt zur „Jungfrau der Armen"
Ort der Pfarrei: Hamburg-Billstedt
Kirche: Pfarrkirche St. Paulus
Bistum: Hamburg (Deutschland)
Pilgerzeiten: Ganzjährig; Gottesdienste sonntags 10.30 Uhr und 19.00 Uhr
Geschichte: In den ersten Jahrzehnten des 20. Jahrhunderts wuchs die Anzahl der Katholiken im Norden Deutschlands deutlich an. In der Gemeinde Schiffbek (später Billstedt) in der Nähe von Hamburg zählte die katholische Gemeinde im Jahr 1914 rund 5 000 Mitglieder. Diesen stand für ihre Gottesdienste nur eine kleine Kapelle zur Verfügung, in der sonntags drei heilige Messen gefeiert wurden. 1912 erwarb die Gemeinde ein geeignetes Grundstück für eine neue Kirche. Aufgrund des Ersten Weltkriegs und dessen Folgen konnte jedoch erst 1929 mit dem Bau begonnen werden. Nach nur acht Monaten wurde die St.-Paulus-Kirche am 24. November 1929 geweiht.

Das Gotteshaus, im Bauhausstil errichtet, war als Gemeindezentrum konzipiert worden und umfasste neben der eigentlichen Kirche samt Glockenturm auch ein Pfarrhaus, Versammlungsräume und ein Schwesternhaus. Im Laufe der nächsten Jahre erhielt die Kirche eine Orgel (1932), eine Marienstatue (1933, Bildhauer C. Walter, München), eine farbige Christusfigur (1937) und drei aus Stahl gegossene Glocken (1938).

1943 und 1944 erlitt die Kirche schwere Bombenschäden, der Gemeindesaal wurde fast völlig zerstört. Die Renovierung begann unmittelbar nach Kriegsende und dauerte rund vier Jahre.

1952 erhielt die Gemeinde Billstedt von Bischof Kerkhoff von Lüttich eine Kopie der Marienstatue der „Jungfrau der Armen von Banneux" geschenkt, die am 20. Mai desselben Jahres geweiht wurde und im Pfarrgarten ihren Platz fand, wo das Gnadenbild seitdem von den Gläubigen verehrt und um Hilfe gebeten wird.

Lage: Der Stadtteil Billstedt liegt im Osten Hamburgs (U-Bahn U3 bis Bahnhof Billstedt); Anfahrt über die Autobahn A 1: Ausfahrt Billstedt.

Anschrift: Katholische Kirchengemeinde St. Paulus, Öjendorfer Weg 10, D-22111 Hamburg-Billstedt; Tel.: 040/731 38 35, Fax: 040/733 04 85, E-Mail: st.paulus@tiscali.de

Heek

Name der Wallfahrt: Wallfahrt zum „Gnadenkreuz"
Ort der Pfarrei: Heek
Kirche: Pfarrkirche St. Ludgerus
Bistum: Münster (Deutschland)
Pilgerzeiten: Das Heeker „Gnadenkreuz" wird ganzjährig von Pilgern besucht.

Geschichte: Gesichert sind Wallfahrten zum „Gnadenkreuz" von Heek seit 1333, wahrscheinlich fanden sie aber schon viel früher statt. Die Herkunft des vermutlich um 1200 entstandenen „Hilghe Cruc van Heek" mit dem geschnitzten Christus ist unbekannt. Eine Legende berichtet von einem führerlosen, von Ochsen gezogenen Wagen mit dem Kreuz, der vor der Kirche des Dorfes stehen blieb. Eine von der Bevölkerung durchgeführte Bittprozession mit dem Kreuz (Kreuztracht) ließ den schon lange anhaltenden, sinflutartigen Regen, der großen Schaden angerichtet hatte, aufhören, und so wurde das Dorf gerettet.

Das wundertätige Heeker Kreuz in der katholischen Pfarrkirche St. Ludgerus ist auch heute noch Ziel vieler Pilger.

Lage: Heek liegt im Münsterland etwa 40 km nordwestlich der Bischofsstadt Münster und rund 15 km südöstlich von Enschede (Niederlande); Anfahrt über die Autobahn A 31: Ausfahrt Heek.

Anschrift: Katholisches Pfarramt

Heilig Kreuz, Kirchplatz 8,
D-48619 Heek, Tel.: 02568/12 36,
Fax: 02568/963 95

Heimbach

Name der Wallfahrt: Wallfahrt zur „Schmerzhaften Muttergottes von Heimbach"
Ort der Pfarrei: Heimbach
Kirche: Pfarr- und Wallfahrtskirche St. Salvator und St. Clemens
Bistum: Aachen (Deutschland)
Pilgerzeiten: Mai bis September, vor allem während der jährlichen Wallfahrtsoktav, die am Samstag nach dem Fest „Mariä Heimsuchung" (2. Juli) beginnt; Kirchenführungen nach Absprache möglich, ebenso Einkehrtage und „Kloster auf Zeit" in der Abtei Mariawald
Geschichte: Heimbach mit den Stadtteilen Blens, Düttling, Hasenfeld, Hausen, Hergarten und Vlatten ist die südlichste Gemeinde des Kreises Düren und liegt im Deutsch-Belgischen Naturpark Hohes Venn/Eifel. Heimbach selbst wurde zum ersten Mal im Jahr 673 in Schenkungsurkunden des fränkischen Königs Theoderich I., Vlatten und Hergarten im 9. Jahrhundert erwähnt. Der in Vlatten bestehende Königshof wurde im 10. Jahrhundert auf die Burg Hengebach, auf einem Felsen in der Heimbacher Talmulde, verlegt. 1288 machte man die Burg zum Sitz des Jülicher Burggrafen, dessen Wappentier, der Löwe, noch heute das Stadtwappen des Ortes ziert. Heimbach erhielt um 1300 eine Befestigung und gewann einen stadtähnlichen Charakter. 1614 ging Heimbach mit Beendigung des Jülich-Klevischen Erbfolgestreits an Wolfgang Wilhelm, Pfalzgraf von Pfalz-Neuburg, ab 1815 gehörte es zu Preußen.

Seit über 500 Jahren pilgern Menschen zur Pietà der „Schmerzhaften Muttergottes nach Heimbach". Die Wallfahrt begann mit dem Strohdecker Heinrich Fluitter aus Heimbach, der 1460 bei einem Besuch in Köln eine spätgotische Marienpietà entdeckte. Das Bildnis der trauernden Gottesmutter mit dem Leichnam Jesu auf dem Schoß berührte ihn so, dass er sich Geld lieh, um die Statue erwerben zu können. Er stellte sie im Kermeter, einer bewaldeten Hochebene zwischen den tief eingeschnittenen Tälern der Urft und der Rur oberhalb von Heimbach, auf und errichtete kurze Zeit darauf eine kleine hölzerne Kapelle sowie eine einfache Unterkunft für sich selbst, in der er fortan als Einsiedler lebte. Die Geschichte von der Figur der Madonna im Wald sprach sich schnell herum, und bald kamen Leute aus der näheren und weiteren Umgebung, um in der kleinen Kapelle zu beten. Als die Zahl der Pilger immer größer wurde, siedelten sich auf Veranlassung des damaligen Heimbacher Pfarrers

Zisterzienser aus Bottenbroich (bei Bergheim) an, um sich um die Betreuung der Wallfahrt zu kümmern. 1487 wurde das Kloster Mariawald offiziell begründet, um 1511 die Klosterkirche geweiht. Die Marienstatue fand nun ihren Platz in dem kostbaren Antwerpener Schnitzaltar, in dem sie sich bis heute befindet.

Die Zahl der Pilger nahm in den folgenden Jahrhunderten stetig zu, für 1760 werden 25 000 angegeben. 1795 wurde das Kloster Mariawald im Zuge der Säkularisation aufgehoben. Die Mönche mußten gehen, das Inventar wurde entwendet oder verkauft. Der Schnitzaltar mit dem Gnadenbild wurde am 22. Juni 1804 in die Heimbacher Pfarrkirche überführt, die fortan das Ziel der Pilger wurde. Auch während der Zeit des Nationalsozialismus riss die Wallfahrt nicht ab. Am 8. Juli 1945, als Heimbach noch weitgehend in Trümmern lag, wurden bereits wieder fast 6 000 Pilger während der Wallfahrtsoktav gezählt. Die alte Heimbacher St.-Clemens-Kirche erwies sich rasch als zu klein für die große Zahl der Besucher, so dass die neue Salvatorkirche gebaut und 1981 geweiht wurde. Der Schnitzaltar und das Gnadenbild fanden dort ihren Platz.

Heute kommen jedes Jahr rund 60 000 Pilger nach Heimbach, allein ca. 10 000 während der Wallfahrtsoktav, die am Samstag nach dem Fest Mariä Heimsuchung (2. Juli) beginnt. Manche gehen zu Fuß nach Heimbach und legen dabei bis zu 40 Kilometer zurück. In vielen Orten der näheren und weiteren Umgebung gibt es Heimbach-Bruderschaften, die teilweise seit mehreren Jahrhunderten die jährliche Wallfahrt ihrer Gemeinde organisieren und die Wallfahrtstradition pflegen.

Das Kloster Mariawald, zu dem von Heimbach aus ein vier Kilometer langer, alter Kreuzweg führt, wurde erst 1860 von Zisterziensern aus der Abtei Oelenberg, die in der Tradition des Klosters La Trappe in Nordfrankreich leben (Trappisten), neu gegründet. 1909 wurde Mariawald in den Rang einer Abtei erhoben. 1941 vertrieb man die Mönche, das Kloster wurde zum großen Teil zerstört. Im April 1945 kehrten sie zurück und begannen mit dem Wiederaufbau. Kunstschätze und Bauwerke sind wegen der turbulenten Geschichte des Ortes nur wenige erhalten. Die mittelalterlichen Bauten sind für Besucher nicht zugänglich, nur die Kirche steht zum Gebet und zur Besichtigung offen. Bei Wanderern und Touristen sind besonders die hervorragende Erbsensuppe und der ausgezeichnete Kräuterlikör des Klosters beliebt, den die derzeit noch zwölf Mönche selbst herstellen.

Die Burg Hengbach ist heute eine Touristenattraktion des Kurortes Heimbach. Im Sommer werden Konzerte mit bekannten Solisten, Musikseminare, Kurkonzerte und monatlich wechselnde Kunstausstellungen abgehalten.

Lage: Der staatlich anerkannte Luftkurort Heimbach (Burg Hengebach, Trappistenkloster Mariawald) liegt rund 30 km südöstlich der Bischofsstadt Aachen in der Rureifel im Nationalpark Eifel (Rurstausee Schwammenauel, Urfttalsperre); Anfahrt über die Autobahn A 1: Ausfahrt Euskirchen, weiter Abzweigung Zülpich, dann auf der Bundesstraße B 265 über Langendorf und Vlatten bis zur Abzweigung nach Heimbach; Fußweg vom Bahnhof Heimbach (vom Hauptbahnhof Düren fährt die Rurtalbahn alle 30 Minuten bis Heimbach) bis zur Kirche im Ortskern etwa fünf Minuten.

Anschrift: Pfarr- und Wallfahrtsamt St. Clemens, Am Eichelberg 18, D-52396 Heimbach, Tel.: 02446/493, Fax: 02446/80 51 93, E-Mail: Heimbachpilger@aol.com; Pfarrbüro St. Clemens, Teichstraße 9a, D-52396 Heimbach, Tel. und Fax: 02446/52 30 84; Abtei Mariawald, Mariawalder Straße, D-52396 Heimbach, Tel.: 02446/95 06-0, Fax: 02246/95 06-30, E-Mail: info@kloster-mariawald.de

Helfta/Eisleben

Name der Wallfahrt: Wallfahrt zu „Unserer Lieben Frau"
Ort der Pfarrei: Eisleben
Kirche: Klosterkirche St. Marien
Bistum: Magdeburg (Deutschland)
Pilgerzeiten: Mai bis September; Gottesdienst sonntags (ganzjährig) 8.30 Uhr; einwöchige Fußwallfahrt von Magdeburg nach Helfta Ende Mai; die traditionelle Frauenwallfahrt findet Ende Juni statt (2006: 24. Juni); Tage der Stille und „Kloster auf Zeit" sind nach Anmeldung möglich (Gästehaus).

Geschichte: Das Mitte des 13. Jahrhunderts gegründete Zisterzienserinnenkloster zu Helfta war lange Zeit ein Zentrum spätmittelalterlicher Frauenmystik im Deutschen Reich und beherbergte in seinen Mauern u.a. die hl. Gertrud die Große: Geboren am 6. Januar 1256 (wahrscheinlich) in Thüringen, kam Getrud mit fünf Jahren – vermutlich als Waisenkind – nach Helfta, wo sich die Äbtissin Gertrud von Hackeborn ihrer annahm und ihr eine solide humanistische und theologische Ausbildung vermittelte. Gertrud übersetzte Teile der Heiligen Schrift ins Deutsche und nahm schließlich selbst den Schleier. 1281 erschien der häufig kranken und hochgebildeten jungen Frau zum ersten Mal Jesus Christus, mit dem sie fortan in ständiger geistiger Verbindung stand. 1289 begann sie ihre Visionen in lateinischer Sprache zu

Papier zu bringen und bekannt zu geben. Mit ihren beiden Hauptwerken „Legatus divinae pietatis" (Gesandter der göttlichen Liebe) und „Exercitia spiritualia" (Geistliche Übungen) trug sie entscheidend zur Verehrung Jesu Christi und vor allem seines Herzens im Mittelalter bei. In der Herz-Jesu-Litanei sind die meisten Anrufungen aus ihren Schriften entnommen. Gertrud, die stets auch ein Ohr für die Sorgen und Nöte anderer gehabt hatte und ihrem Kloster zuletzt als Äbtissin vorgestanden haben soll, starb am 13. November 1302 (nach anderen Quellen 1334) in Helfta, wo sie auch begraben wurde. Im Zuge der Gegenreformation im 16. Jahrhundert wurden Gertruds Schriften vor allem in romanischen Ländern weit verbreitet und gelangten bis nach Südamerika, wo sie noch heute Patronin von Peru ist. Heilig gesprochen wurde Gertrud, die als größte deutsche Mystikerin ihrer Zeit gilt und deshalb den Beinamen „die Große" erhielt, jedoch erst 1678 von Papst Innozenz XI.

Das einst weithin berühmte Kloster St. Marien zu Helfta, wo im 14. Jahrhundert rund 200 Nonnen lebten, ging 1525 in den Wirren von Reformation und Bauernkriegen unter. Es wurde erst nach dem Ende der DDR neu begründet und wieder von einigen Zisterzienserinnen besiedelt, die sich seither mit Unterstützung der Diözese Magdeburg und einem Förderverein um die Restaurierung der inzwischen unter Denkmalschutz gestellten Gemäuer bemühen. Bereits wieder hergestellt sind Klosterkirche und Konventsgebäude, und auch ein Gästehaus ist fertig. Kurz vor dem Abschluss stehende Projekte sind die Einrichtung eines Kindergartens und eines Krippenmuseums.

Lage: Helfta liegt im Süden der Lutherstadt Eisleben; Anfahrt über die Autobahn A 38: Ausfahrt Eisleben.

Anschrift: Kloster St. Marien zu Helfta, Zisterzienserinnen-Priorat, Lindenstraße 36, D-06295 Lutherstadt Eisleben, Tel.: 03475/711-400, Fax: 03475/711-444, E-Mail: pforte@kloster-helfta.de; gaestehaus@kloster-helfta.de

Herzfeld

Name der Wallfahrt: Wallfahrt zur hl. Ida
Ort der Pfarrei: Herzfeld
Kirche: Pfarr- und Wallfahrtskirche St. Ida
Bistum: Münster (Deutschland)
Pilgerzeiten: Mai bis September; Hochfeste am 4. September (Todestag) und am 26. November (Tag der Heiligsprechung); die Woche nach dem 4. September wird als „St.-Ida-Woche" gefeiert.

Geschichte: Wallfahrten zum Grab der hl. Ida gibt es seit dem 9. Jahrhundert. Somit ist Herzfeld der älteste Wallfahrtsort Westfalens.

Ida, eine fränkische Grafentochter und Verwandte Kaiser Karls des Großen, war mit dem Sachsenherzog Ekbert verheiratet. Auf einer Reise übernachteten die beiden an der Stelle des heutigen Herzfeld, und hier soll Ida im Traum ein Engel erschienen sein, der ihr den Auftrag zum Bau einer Kirche gab. Tatsächlich ließ sie dort Ende des 8. Jahrhunderts eine der ersten Steinkirchen östlich des Rheins errichten, und als im Jahr 811 ihr Gemahl Ekbert starb, wurde er an der Südseite des dem hl. Germanus geweihten Gotteshauses begraben. Darüber ließ Ida eine Zelle bauen, in der sie fortan lebte und von wo aus sie jeden Tag die Armen speiste. Aufgrund ihres sozialen Engagements erhielt Ida den Beinamen „Mutter der Armen" und wurde schon zu Lebzeiten als Heilige verehrt. Unmittelbar nach Idas Tod (4. September 825) begann die Wallfahrt zu der Kirche, in der ihr Leichnam in einem Sarkophag ruhte.

Nach ihrer Heiligsprechung am 26. November 980 wurden Idas Gebeine in einen kostbaren Schrein gelegt, der von nun an das Ziel der Pilger darstellte. Ihre einstige Wohnstätte wurde zur Idakapelle geweiht. Später erhielt auch die im 13. Jahrhundert neu erbaute Kirche ihren Namen. Diese wurde in den folgenden Jahrhunderten mehrmals geplündert, so z.B. 1445 während der „Soester Fehde" und 1634 im Dreißigjährigen Krieg. Dabei wurde der (zweite) Idaschrein von 1510 zerstört. Der Verehrung der Heiligen tat dies jedoch keinen Abbruch, und der Strom der Pilger nahm stetig zu. 1805 gewährte Papst Pius VII. einen für alle Zeiten geltenden vollkommenen Ablass für die Gläubigen, die am 4. September oder am 26. November die hl. Ida in ihrer Kirche verehren.

Auch heute noch ist die Wallfahrt zur hl. Ida sehr lebendig. In der jährlich stattfindenen „St.-Ida-Woche" wird der Reliquienschrein der Heiligen feierlich von der Krypta in die Oberkirche überführt und später bei einer großen Prozession („Identracht") zusammen mit dem Kopfreliquiar durch Herzfeld getragen.

Kunst: Die heutige, neugotische Idakirche in Herzfeld, im Volksmund auch „Der weiße Dom an der Lippe" genannt, wurde in den Jahren 1900 bis 1903 genau an der Stelle erbaut, an der die erste, um 800 fertig gestellte Kirche und der Nachfolgebau aus dem 13. Jahrhundert gestanden hatten. Bei Ausgrabungen wurden 1975 Fundamentreste der ersten Kirche und der im Jahr 811 angebauten Vorhalle (Idakapelle) freigelegt und der leere Steinsarg gefunden.

Hauptpilgerziel in der Idakirche ist die Grabkrypta der hl. Ida mit wertvollen Kunstwerken und den Reliquien der Heiligen. Hier befindet sich u.a. die „Idenrast", eine geschnitzte, liegende Frauenfigur mit weit geöffneten Augen, die Idas Traumvision symbolisieren. Eine vergoldete Plastik aus dem 15. Jahrhundert enthält die Kopfreliquie der Heiligen. Diese kam erst 1803 nach Auflösung des Benediktinerklosters Werden an der Ruhr nach Herzfeld.

Zentrales Stück in der Krypta ist die „Confessio", eine Konstruktion aus Stahl und Glas von 1980, die den Steinsarg und den Reliquienschrein der Heiligen mit dem Hauptaltar der Oberkirche verbindet. Der vergoldete Schrein wurde 1882 angefertigt. Besonders wertvoll ist sein Dach aus Platten des alten Schreins von 1510 mit Szenen aus Idas Leben. Im südlichen Teil der Krypta weist ein dunkles Holzkreuz auf die Stelle hin, an der die Heilige von 825 bis 980 bestattet war.

Lage: Herzfeld liegt im Lippetal zwischen Hamm und Paderborn; Anfahrt über die Autobahn A 44 (Ausfahrt Soest-Ost, weiter auf der Bundesstraße B 475 über Soest bis Oestinghausen und von dort auf der Landstraße über Hovestadt [Barockschloss und -garten] nach Herzfeld), A 2 (Ausfahrt Beckum, weiter auf der Landstraße) oder A 33 (Ausfahrt Paderborn-Zentrum, auf der B 1 bis Salzkotten, von dort weiter über Lippstadt).

Anschrift: Katholisches Pfarramt St. Ida, Kirchplatz 3a, D-59510 Lippetal-Herzfeld, Tel.: 02923/508, Fax: 02923/65 91 07, E-Mail: info@st-ida-herzfeld.de

Hildesheim/Dom

Name der Wallfahrt: Wallfahrt zu „Unserer Lieben Frau"
Ort der Pfarrei: Hildesheim
Kirche: Dom „Mariä Himmelfahrt"
Bistum: Hildesheim (Deutschland)
Pilgerzeiten: Ganzjährig; Festtag des hl. Bernward ist der 20. November; Gottesdienste sonntags 7.00 und 10.00 Uhr
Geschichte: Der Hildesheimer Mariendom wie auch die Kirche St. Michael (nun evangelische Hauptkirche von Hildesheim), ein Musterbeispiel ottonischer Baukunst der Romanik, sind von der UNESCO 1985 zum Weltkulturerbe erhoben worden. Beide Gotteshäuser sind untrennbar mit dem „Multitalent" der Jahrtausendwende, dem hl. Bernward, verbunden, der nicht nur Initiator eines neu entwickelten, mathematischen Baustils war, sondern auch für kostbare Bronzebildwerke, sakrale Gold- und Silberarbeiten sowie bedeutende Handschriften und Buchmalereien in den Domwerkstätten verantwortlich war. Nicht umsonst ist er sowohl der

Schutzpatron der Diözese Hildesheim als auch der der Goldschmiede.

Um 960 geboren und aus sächsischem Hochadel abstammend, besuchte Bernward ab 975 die Domschule in Hildesheim. Dort schon sollen sich sein Interesse und seine Begabung für die schönen Künste gezeigt haben. 992 wurde er Bischof von Hildesheim.

Neben seiner Wohltätigkeit gegenüber Armen und Kranken und den Aufgaben der Verwaltung seiner Diözese war Bernward um die Bildung des Klerus bemüht. Zum Schutz gegen Angriffe ließ er Stadtmauern und Burgen erbauen. In Hildesheim selbst führte sein Sinn für die schönen Künste dazu, dass die Hildesheimer Werkstätten gegründet wurden, die die Stadt zu einem Kunstzentrum jener Epoche machten. Berühmte Werke aus der Malerei, Gießerei, der Bau-, Goldschmiede- und Buchkunst entstammen diesen Werkstätten. Für die von ihm gegründete Michaelskirche wurden die berühmten „Bernwardstüren" gefertigt, zwei Bronzetüren, auf denen in 16 Reliefs Bibelszenen für das leseunkundige Volk dargestellt waren und bei denen der Bischof selbst Hand angelegt haben soll. Diese Meisterwerke der Gußtechnik (je 4,70 x 1,15 m) wurden 1015 ausgeführt. (Auch die Bernwardstüren, heute am Westportal des Doms, gehören zusammen mit der Bernwardssäule zum Weltkulturerbe.)

Der Sarkophag, in den Bernwards sterbliche Überreste nach seinem Tod am 20. November 1022 gelegt wurden, und die Grabplatte sollen nach seinen eigenen Entwürfen gestaltet und laut seinem Biographen Thangmar „zu Lebzeiten von ihm selbst angefertigt" worden sein. (Der Sarkophag in der Michaelskirche ist seit 1803 leer. Der Großteil von Bernwards Gebeinen befindet sich heute in der Hildesheimer Magdalenenkirche in einem silbernen Prunksarg von 1750.)

Der Dom, dessen Baugeschichte bis ins 11. Jahrhundert zurückreicht, wurde mit der barocken Ausstattung am 22. März 1945 völlig zerstört, jedoch nach alten Plänen wieder aufgebaut. Seine Abmessungen sind streng mathematisch: nach Osten ein Kreuzgrundriss mit barockem Dachreiter über der Vierung, im Westen ein mächtiger Westriegel mit überhöhtem Glockenhaus. Das Quadrat der Vierung wiederholt sich in Chor, Querarm und Langhaus insgesamt sechsmal; dazu kommt der sogenannte niedersächsische Stützenwechsel (Pfeiler-Säule-Säule). Außer den Kapellen in den Seitenschiffen (14. Jahrhundert) und dem „Paradies" am nördlichen Querarm ist der Baustil romanisch. Als Dompatronin ist Maria am Eingang des Hochchores am südwestlichen Vierungspfeiler ein besonderer Ehrenplatz eingeräumt. Die aus dem Anfang des 15. Jahrhunderts stammende Figur der gekrönten Gottesmutter mit dem nackten Jesuskind auf dem Arm stand einst im Sitzungszimmer des Domkapitels und wird „Tintenfassmadonna" genannt.

Berühmt ist der „Tausendjährige Rosenstock", eine wilde Hecken- oder Hundsrose, im doppelgeschossigen romanischen Kreuzgang an der Domapsis. Er geht bis auf die Gründungsgeschichte des Bistums Hildesheim um das Jahr 815 zurück: Ludwig der Fromme, Sohn und Nachfolger Kaiser Karls des Großen, fand zwischen den Blüten ein kostbares Marienreliquiar, das er auf der Jagd verloren hatte. Zu Ehren der Gottesmutter ließ Ludwig an Ort und Stelle eine Kapelle bauen, um die später die neue Bischofsstadt entstand. Einige Wochen nach der Zerstörung des Doms im Zweiten Weltkrieg, bei der auch der Rosenstock verbrannt war, kamen neue Triebe hervor.

Kunst: Bedeutende Kunstschätze finden sich heute wieder im Dom: Ein weiterer monumentaler Bronzeguss, den Bischof Bernward in Auftrag gab, ist die 3,80 Meter hohe Christus- oder Bernwardssäule, stilistisch beeinflusst durch die Trajansäule in Rom. Sie wurde um 1020 für den Ostchor von St. Michael geschaffen, wo sie bis zum 18. Jahrhundert stand. Um sie vor dem Schmelzofen zu retten, wurde die Säule 1810 von historisch interessierten Hildesheimer Bürgern als mittelalterliches Kunstdenkmal auf dem Domhof aufgestellt und von dort aus konservatorischen Gründen Ende des 19. Jahrhunderts in den Dom überführt. Auf ihrem spiralig aufsteigenden Reliefband zeigt die Säule vierundzwanzig Szenen aus dem Leben Jesu, beginnend mit seiner Taufe im Jordan. Es schließen sich Szenen des öffentlichen Wirkens Jesu, vor allem Wundertaten, an. Den Schlusspunkt bildet der triumphale Einzug des Herrn in die Stadt Jerusalem. Als Bekrönung diente ursprünglich ein Kreuz, das aber schon 1544 eingeschmolzen wurde.

Ein Nachfolger Bernwards stiftete um 1061 den nach ihm benannten Heziloleuchter, einen mächtigen Radleuchter von sechs Metern Durchmesser, aus vergoldetem Blech getrieben, das die Zinnen und Türme des himmlischen Jerusalem darstellt. Das Bronzetaufbecken aus dem 13. Jahrhundert, von vier knieenden Männern mit Wasserkrügen (den Paradiesströmen) getragen, zeigt biblische und symbolische Taufszenen.

In der Krypta – sie war Jahrhunderte lang Wallfahrtsort, dient heute aber vornehmlich als Sakramentskapelle – werden in zwei hausförmigen, vergoldeten Reliquienschreinen die Gebeine der Heiligen Epiphanius und Godehard (Gotthard) bewahrt. Sie werden auf die erste Hälfte des 12. Jahrhunderts datiert und gehören somit zu den ältesten erhaltenen Reliquienschreinen des Mittelalters. Unbedingt sehenswert ist der im Verlauf von 1 000 Jahren angesammelte Domschatz, der zu den beeindruckendsten in Deutschland gehört. Er enthält u.a. das älteste Stück der Sammlung, das 815 von Ludwig dem Frommen gestiftete Marienreliquiar, Bernwards Silberkreuz (1007) und die „Goldene Madonna" (1010), eine der ältesten Marienfiguren der abendländischen Kunst und wahrscheinlich das ursprüngliche Gnadenbild des Doms. Die sitzende Gottesmutter mit dem Jesuskind auf dem Schoß ist aus Holz gearbeitet, aber gänzlich mit Goldblech überzogen, so dass man glaubt, eine Skulptur aus purem Gold vor sich zu haben.

Kunstwerke von unschätzbarem Wert sind auch das Oswaldreliquiar (um 1160), das Bernwardreliquiar (um 1000), der silberne Bernwardleuchter (vor 1022), Scheibenkreuze, Evangeliare und Kultgeräte (meist Werke der bernwardischen Werkstatt).

Lage: Die Bischofsstadt Hildesheim liegt etwa 40 km südlich von Hannover an der Autobahn A 7 (Ausfahrt Hildesheim).
Anschrift: Dompfarramt, Domhof 9, D-31134 Hildesheim, Tel.: 05121/343 70; Tourist-Information Hildesheim, Rathausstraße 20, D-31134 Hildesheim, Tel.: 05121/17 98-0, Fax: 05121/17 98-88, E-Mail: tourist-info@hildesheim.de

Hitzhofen

Name der Wallfahrt: Wallfahrt zu „Unserer Lieben Frau"
Ort der Pfarrei: Hitzhofen
Kirche: Wallfahrtskirche „Mariä Heimsuchung"
Bistum: Eichstätt (Deutschland)
Pilgerzeiten: Hauptfest ist Mariä Heimsuchung (2. Juli); Gottesdienste sonntags 8.30 Uhr oder 10.00 Uhr (abwechselnd mit Hofstetten)
Geschichte: Über die Ursprünge der Hitzhofener Marienkirche ist bekannt, dass der Eichstätter Bischof Otto sie als 38. Kirche während seiner Amtszeit (1182-95) weihte und deren Turm gegen Ende des 16. Jahrhunderts den heutigen Abschluss mit den originellen Zinnengiebeln erhielt. Das heutige Langhaus wurde 1722 unter der Leitung des Eichstätter Hofbaudirektors Gabriel de Gabrieli (1671-1747) auf dem Mauerwerk der mittelalterlichen Anlage neu erbaut. Aufgrund der Abrechnungen Gabrielis, die im Diözesanarchiv erhalten sind, weiß man sogar noch, welche Hand-

werker aus Hitzhofen und Umgebung beim Kirchenbau beteiligt waren.

Schon um 1600 war Hitzhofen zusammen mit den Dörfern Pettenhofen und Appertshofen ein sehr bekannter Marienwallfahrtsort. Beginn und Entstehung der Wallfahrt sind nicht geklärt. An ihren Namen „Dreimessenwallfahrt" er- innert der alte Spruch: „Appertshofen am See, Hitzhofen im Klee, Pettenhofen am Sand, sind drei Kirchen wohl bekannt."

Im Zuge der Säkularisation wurde die Wallfahrt 1803 verboten, was jedoch keineswegs ihr endgültiges Aus bedeutete. Im Jahre 1856 berichtet der Hitzhofener Pfarrer Sandtner: „Am 2. Juli ist der gemeine Dreimessgang, am Pfingstdienstag kommt Appertshofen, am Freitag in der Fronleichnamsoktav kommt Pettenhofen und am Dienstag in der Fronleichnamsoktav geht Hitzhofen". Appertshofen wurde später durch Möckenlohe ersetzt, und die so abgewandelte Dreimessenwallfahrt bestand bis 1964, als sie wegen mangelnder Beteiligung eingestellt wurde. Seit 1981 wird versucht, die Wallfahrt wieder zu beleben.

Kunst: Gabrieli und sein graubündnerischer Landsmann Johann Rigalia gestalteten die Kirche als „barocken Festsaal Gottes". Das Zentrum bildet der Hochaltar mit dem Gnadenbild, eine spätgotische Madonnenfigur aus der Zeit um 1480. Neben der gekrönten Gottesmutter auf der Mondsichel mit dem nackten Jesuskind auf dem Arm haben die um 1590 entstandenen Figuren der hl. Magdalena und der hl. Margareta ihren Platz gefunden.

Die Deckengemälde zeigen Mariä Himmelfahrt und Mariä Verkündigung. Die in Stuck gefasste hochbarocke Kanzel stammt vom sonst kaum bekannten Stuckateur und Bildhauer Josef Venino, dem Gabrieli am 17. Mai 1723 den Betrag von 50 Gulden für seine „in dem lobwürdigen Gotteshaus zu Hützhoffen verrichtete Arbeith" auszahlte.

Die heutigen Bilder der Seitenaltäre, die den hl. Sebastian und die hl. Katharina darstellen, entstanden erst Mitte des 19. Jahrhunderts. Die ursprünglichen Altarblätter sind offenbar verloren gegangen. Die Ölgemälde an der Hochwand neben der Empore stellen Mariä Verkündigung und die Anbetung der Hirten mit dem Jesuskind in der Krippe dar und kamen möglicherweise nach der Aufhebung des Klosters Marienstein um 1830 nach Hitzhofen.

Lage: Hitzhofen liegt zwischen Eichstätt und Ingolstadt; Anfahrt über die Autobahn A 9: von Norden kommend Ausfahrt Lenting und weiter über Gaimersheim; von Süden kommend Ausfahrt Ingol-

stadt-Nord, weiter auf der Bundesstraße B 13 in Richtung Eichstätt und ab Eitensheim auf der Landstraße nach Hitzhofen.
Anschrift: Katholisches Pfarramt St. Nikolaus, Kirchweg 2, 85122 Hitzhofen, Tel.: 08458/380 03, Fax: 08458/380 04, E-Mail: PfarreiHitzhofen@altmuehlnet.de

Hopsten

Name der Wallfahrt: Wallfahrt zur hl. Anna „Selbdritt"
Ort der Pfarrei: Hopsten
Kirche: Wallfahrtskapelle St. Anna
Bistum: Münster (Deutschland)
Pilgerzeiten: Mai bis November; Festtag der hl. Anna ist der 26. Juli; Wallfahrtshöhepunkt ist die St.-Anna-Woche in der zweiten Augusthälfte
Geschichte: Der Beginn der Wallfahrt zur hl. Anna „Selbdritt" in Hopsten liegt im 17. Jahrhundert: 1677 wurde beim Fällen einer Eiche eine kleine Statue der hl. Anna, der Mutter Marias und damit Großmutter von Jesus, gefunden, die dort vermutlich in den Wirren der Reformation versteckt worden war. Der Name „Selbdritt" („selbst die dritte" oder „zu dreien") bezieht sich auf die Art der Darstellung der Heiligen in einer Dreiergruppe: Anna hält ihre Tochter Maria auf dem rechten Arm, auf deren Schoß wiederum das Jesuskind steht.
1694 wurde zu Ehren der hl. Anna eine kleine Kapelle errichtet, über deren Entstehung eine Legende Folgendes berichtet: Zwei aus der Gemeinde stammende Leinenhändler (Tödden) gerieten in Seenot und gelobten, im Falle ihrer Rettung der hl. Anna, der Schutzpatronin der Kaufleute und Schiffer, eine kleine Kapelle zu stiften. Nach ihrer Rückkehr hielten sie ihr Versprechen, und so wurde in Hopsten ein Kirchlein errichtet, das man 1728 aufgrund der zahlreichen Pilger, die das darin aufgestellte Gnadenbild sehen wollten, abriss und durch eine größere Kapelle ersetzte. 1849 wurde diese nochmals erweitert. In der Inschrift über dem Eingang wird u.a. von der Entdeckung des Gnadenbildes berichtet.

Von 1730 bis etwa 1770 war die Blütezeit der Wallfahrt zur hl. Anna in Hopsten. Nach dem Niedergang in der Zeit der Aufklärung kam es durch den Pfarrer Wilhelm Emanuel von Ketteler, der 1846-49 die Gemeinde betreute und 1850 zum Bischof von Mainz erhoben wurde, zu einer Wiederbelebung. Nach dem Zweiten Weltkrieg erhielt die Annakapelle noch einen Seitenflügel, und um die Kapelle legte man einen Pilgerplatz und einen Kreuzweg an. Höhepunkt der Wallfahrt ist heute die „St.-Anna-Woche" im August. Insgesamt kommen jährlich rund 12 000 Pilger nach Hopsten.
Lage: Hopsten liegt im Münsterland an den Ausläufern des Teutoburger

Waldes etwa 35 km nordwestlich von Osnabrück; Anfahrt über die Autobahn A 30: aus Richtung Niederlande kommend Ausfahrt Ibbenbühren und weiter auf der Bundesstraße B 65 über den Mittellandkanal nach Hopsten; aus Richtung Osnabrück kommend Ausfahrt Rheine und auf der Landstraße über Dreierwalde nach Hopsten.
Anschrift: Katholisches Pfarramt St. Georg, Marktstraße 4, D-48496 Hopsten, Tel.: 05458/70 78, Fax: 05458/98 56 05

Hülfensberg/Geismar

Name der Wallfahrt: Wallfahrt zum Hl. Kreuz und zum hl. Bonifatius
Ort der Pfarrei: Geismar
Kirche: Wallfahrtskirche "Christus der Erlöser" und -kapelle St. Bonifatius
Bistum: Erfurt (Deutschland)
Pilgerzeiten: 1. Mai bis 31. Oktober mittwochs 16.00 Uhr Wallfahrtsmesse; Gottesdienste sonntags (ganzjährig) 10.00 Uhr; vier große Sonntags-Fußwallfahrten von Geismar (Kreuzwegsprozession 8.00 Uhr) zum Hülfensberg (Hochamt 10.00 Uhr) im Mai, Juni und September; Bittwallfahrt am Sonntag vor dem Fest "Christi Himmelfahrt"; Bonifatiustag am 5. Juni; Hauptwallfahrt "Dreifaltigkeit" am Sonntag nach Pfingsten; Michaelswallfahrt am letzten Sonntag im September; die Wallfahrtskirche ist ganzjährig geöffnet, ebenso das "Kloster zum Mitleben" (acht Gästezimmer).

Geschichte: Der Hülfensberg in der Nähe des Ortes Geismar in Thüringen ist der älteste und bedeutendste Wallfahrtsort im Eichsfeld. Da zwischen dem Hülfensberg und dem Werratal in Hessen die innerdeutsche Grenze verlief, war der Gnadenort über 40 Jahre lang nur unter großen Schwierigkeiten erreichbar.

Bedingt durch seine exponierte Lage war der Hülfensberg einst eine germanische Kult- und Opferstätte. Belegt ist dies durch archäologische Funde aus der Zeit um Christi Geburt. Der ältere Name des Berges, „Stuffenberg", wurde im 14. Jahrhundert in „Hülfensberg" geändert, nach dem „Hülfenskreuz", das als Wallfahrtskreuz noch heute große Bedeutung besitzt.

Um das Jahr 1350 kam der Hülfensberg in den Besitz des Zisterzienserinnenklosters Anrode, von wo aus die Wallfahrt zum Hülfenskreuz organisiert wurde. 1429 wird berichtet, dass die Bewohner der Hansestädte Lübeck, Hamburg und Bremen zahlreich zum Hülfensberg pilgerten. Aber auch aus Lüneburg, Braunschweig, Hildesheim und Bamberg kamen Prozessionen hierher. Während der Reformation und des Dreißigjährigen Krieges nahm der Pilgerstrom ab, um im 18. Jahrhundert wieder anzuschwellen. Säkularisation und damit einhergehend die Enteignung des Hülfensbergs unterbrachen die Wallfahrt bis in die Mitte des 19. Jahrhunderts, als sich die Franziskaner hier niederließen und die Pilger versorgten. Nach dem Fall der Mauer und der Wende nahm die Wallfahrt einen ungeahnten Aufschwung.

1995 gründete man den Förderkreis Hülfensberg, der das Ziel hat, die Wallfahrtsstätte finanziell zu unterstützen und die seelsorgerische und gesellschaftliche Arbeit des Franziskanerklosters Hülfensberg zu fördern.

Wallfahrtskirche „Christus der Erlöser":

Anstelle einer früheren Kirche baute man um 1360-67 die Erlöserkirche St. Salvator. Schwedische Truppen zerstörten sie im Dreißigjährigen Krieg. Nach dem Wiederaufbau wurde sie im Laufe der Jahrhunderte mehrfach erweitert und verändert, etwa im 17. Jahrhundert teilweise barockisiert. 1890 wurde das Gotteshaus durch den Franziskaner-Baumeister Paschalis Gratze im neugotischen Stil erweitert.

Bonifatiuskapelle:

Auf dem Hülfensberg steht außerdem die im 18. Jahrhundert gebaute und Anfang des 20. Jahrhunderts neugotisierte Bonifatiuskapelle. An dieser Stelle soll der hl. Bonifatius der Legende nach einst die Donareiche gefällt haben.

Bonifatius wurde 672 oder 673 als Winfried („Freund des Friedens") in der Grafschaft Devonshire in Wessex in England als Spross einer Adelsfamilie geboren. 716 brach er zur Mission der heidnischen Friesen auf, doch war ihm vorerst kein Erfolg beschieden. Bei seinem ersten Romaufenthalt 719 beauftragte ihn Gregor II., als Heidenapostel in Hessen und Thüringen tätig zu sein, und stattete ihn – den Bräuchen der Zeit folgend – mit Empfehlungsbriefen und Reliquien aus. 722 rief ihn der Papst erneut nach Rom, weihte ihn am 30. November zum Missionsbischof (Episcopus regionarius) und schickte ihn 723 mit der Order zurück, die Kirche in Germanien zu ordnen. In der Gegend von Geismar fällte er eine große, dem Donar geweihte Eiche, ein bedeutendes heidnisches Heiligtum. Aus dem Holz des Baumes errichtete er eine Kapelle, um die ein Kloster entstand. Weitere Klostergründungen erfolgten in Hessen, Thüringen und Sachsen. Davon beeindruckt erhob ihn Papst Gregor III. 732 zum Erzbischof und 738 – während seines dritten Romaufenthaltes – zum apostolischen Legaten (Legatus Germanicus) für das ostfränkische Missionsgebiet und erteilte ihm die Erlaubnis, Bischofssitze einzurichten. In der Folge wirkte Bonifatius zunächst in Bayern und später in Würzburg und Erfurt. 744 gründete er sein

Lieblingskloster Fulda. Einen eigenen Bischofssitz hatte er bis dahin noch nicht innegehabt. 745 scheiterte seine Berufung als Erzbischof von Köln am Widerstand des fränkischen Adels, 747 schließlich ernannte ihn Papst Zacharias, der im Jahre 741 auf Gregor III. gefolgt war, zum Erzbischof von Mainz. In hohem Alter zog es Bonifatius noch einmal nach Norden, und er widmete sich erneut der Mission der Friesen. Während eines Überfalls am Fluss Borne bei Dokkum (heute Niederlande) wurde er am 5. Juni 754 zusammen mit 52 seiner Begleiter erstochen. Sein 1 250. Todestag im Juni 2004 wurde mit zahlreichen Veranstaltungen in seinem Geburtsort Crediton, in Dokkum und Fulda begangen. Es wurde sogar ein Musical komponiert, das sein Leben zum Inhalt hat und seinen Namen trägt.

Schon im Juni 1848 hatte man 14 Tage lang auf dem Hülfensberge das 1 100-jährige Jubiläum der Einführung des Christentums auf dem Eichsfeld durch den hl. Bonifatius gefeiert, zu dem Papst Pius IX. am 19. Januar 1847 die Jubiläumsablässe verliehen hatte. Tausende von Gläubigen kamen in zahlreichen Prozessionen, begleitet von vielen Geistlichen, zu feierlichen Gottesdiensten, Levitenämtern und nachmittäglichen Vespern.

Dr.-Konrad-Martin-Kreuz: 1933 wurde auf einem Plateau an der Nordseite des Berges ein knapp 20 Meter hohes Kreuz zum Andenken an den Paderborner Bekennerbischof Dr. Konrad Martin errichtet, der in der Nähe in Geismar, geboren wurde. Er hatte Anteil an der Gründung der Franziskaner-Niederlassung auf dem „Berg der heiligen Hülfe" im Jahre 1860. Eine Gedenktafel zur Erinnerung an das Unrecht der vergangenen Jahrzehnte wurde 1990 angebracht.

Kunst: Das in der Wallfahrtskirche verehrte Hülfenskreuz ist das älteste und bedeutendste Sakralkunstwerk des Eichsfeldes. Seine Herkunft ist nicht geklärt. Der Legende nach brachte es der heimkehrende Kreuzritter Henning von Bartloff von seiner Reise ins Heilige Land mit. Kunsthistoriker sind der Ansicht, es sei vielleicht nach dem Vorbild des „Volto Santo" im Dom zu Lucca in Italien entstanden. In der Mitte des 12. Jahrhunderts geschaffen, stellt es Christus als goldbekrönten König und Sieger über den Tod dar. Das Kreuz mit der Inschrift „SALVE CRUX PRETIOSA!" (Sei gegrüßt, kostbares Kreuz!) ist von neugotischen Reliefs in den Altarseitenflügeln mit vier Stationen aus dem Leidensweg Christi umgeben.

In der Bonifatiuskapelle erinnert ein von Professor Albermann

(Köln) geschaffenes Relief an die Fällung der Donareiche, die sich vielleicht auf dem Hülfensberg abgespielt hat. (Allerdings beanspruchen mehrere Orte in Deutschland diese Geschichte für sich.) Weitere Skulpturen und Reliquiare in der Wallfahrtskirche greifen die mit dem Berg verbundene Bonifatiustradition wieder auf: Allein auf dem Hülfensberg gibt es vier Reliquiare und zwei Monstranzen, eine barocke und eine neugotische Plastik, ein historisches Eichenstück, den Rest eines Gewölbefreskos aus dem 16. Jahrhundert, eine Kasel, eine Glocke und ein „Bonifatiusstein" genanntes Sühnekreuz bei der 12. Kreuzwegstation.

Lage: Der 488 Meter hohe Hülfensberg liegt bei Geismar im südlichen Eichsfeld; Anfahrt über die Autobahn A 4: Ausfahrt Eisenach, weiter auf der „Deutschen Fachwerkstraße" (Bundesstraßen B 7 und B 250) über Creuzburg und Tretfurt nach Wanfried, dann auf der Landstraße über Döringsdorf bis zum großen Waldparkplatz; Anfahrt über die Autobahn A 7: Ausfahrt Friedland, weiter auf der B 27 entlang der Werra über Bad-Sooden-Allendorf bis Eschwege, von dort auf der B 249 in Richtung Mühlhausen über Schwebda, Frieda, Großtöpfer und Bebendorf.

Anschrift: Franziskanerkloster Hülfensberg, D-37308 Geismar-Hülfensberg, Tel.: 036082/45 50-0, Fax: 036082/45 50-10, E-Mail: Kloster-Huelfensberg@t-online.de; Katholisches Pfarramt St. Ursula, Kirchgasse 9, D-37308 Geismar, Tel.: 036082/404 08; Fax: 036082/400 15

Huysburg

Name der Wallfahrt: Wallfahrt zur „Muttergottes vom Huy"
Ort der Pfarrei: Huysburg
Kirche: Klosterkirche St. Maria
Bistum: Magdeburg (Deutschland)
Pilgerzeiten: Mai bis September; große Familienwallfahrt des Bistums Magdeburg am ersten Sonntag im September; Führungen durch Kirche und Kloster sowie Tage der Besinnung nach Anmeldung ganzjährig möglich (Bildungs- und Erholungshaus der Diözese); Gottesdienst sonntags 10.00 Uhr

Geschichte: Nördlich von Halberstadt erstreckt sich ein bewaldeter Höhenrücken, der Huy. Er steigt bis zu einer Höhe von 314 Metern an. Hier befindet sich auf dem Gelände einer alten Wallburg der wichtigste Wallfahrtsort im Bistum Magdeburg, die Huysburg.

Ekkehard von Huysburg war Domherr zu Halberstadt und wurde um 1070 vom Halberstädter Bischof Burchard zum geistlichen Beistand der Benediktinerin Pia bestimmt, die auf dem Huy bei einer jüngst errichteten Kapelle lebte. Bald sammelten sich hier weitere fromme Männer und Frauen. Ekkehard gründete daraufhin im Jahre 1080 das Doppelkloster Huysburg (Männer- und Frauenkonvent) und wurde von den Benediktinermönchen zum ersten Abt gewählt. Nach drei Jahren verzichtete er auf das Amt und starb bald darauf am 28. Juni 1084. 1121 wurde er selig gesprochen, im selben Jahr wurde die neu erbaute Klosterkirche St. Maria geweiht.

In den Kriegen des 17. und 18. Jahrhunderts wurde die Anlage stark in Mitleidenschaft gezogen und in der Folge, dem Zeitgeschmack entsprechend, im barocken Stil restauriert. 1804 wurde das Kloster im Zuge der Säkularisation aufgelöst, nur das Gotteshaus und einige angrenzende Gebäude blieben Eigentum der Kirche. Die anderen Bauten schenkte der Preußenkönig Friedrich Wilhelm III. seinem General Friedrich von dem Knesebeck für dessen Verdienste im Krieg gegen Napoleon. 1949 gingen sie in den Besitz der DDR über. Als die Nachfahren Knesebecks zu Beginn der 90er Jahre Besitzansprüche geltend machten, kaufte die Kirche die Alte Bibliothek und das Gästehaus zurück. Seit 1992 gehört das Benediktinerkloster Huysburg wieder ganz der katholischen Kirche.

1951 begann die Wallfahrt zum Huy, als Wallfahrtsplatz dient ein Teil des fast ein Hektar großen Pfarrgartens. Seit 1959 steht in der Huysburger Kirche eine große Madonnenfigur. Die von Kardinal Lorenz Jaeger gestiftete Plastik der gekrönten Himmelskönigin mit dem Jesuskind auf dem Arm ist eine Kopie einer Steinskulptur aus dem 13. Jahrhundert am Eingang des Paderborner Domes. Die „Mutter Gottes vom Huy" wurde anlässlich einer großen Wallfahrt, an der mehr als 22 000 Gläubige teilnahmen, geweiht. Bereits seit 1972 leben auf dem Huy wieder Benediktiner, die die Pilger betreuen.

Kunst: Ursprünglich war die Kirche eine dreischiffige Basilika mit kreuzförmigem Grundriss. Zunächst sollten im Osten drei Apsiden, deren Ansätze im Querschiff noch zu sehen sind, erbaut werden. Noch während des Baus änderte man den Plan und setzte anstelle der Apsiden einen langen Chorraum. Die 1487 erhöhten Westtürme ergänzte man durch gotische Turmhelme, auf den Turmspitzen drehen sich kupferne Wetterfahnen, auf denen Maria und der hl. Benedikt dargestellt sind.

Die Deckengemälde von 1729 sind nicht mehr original, man übermalte sie 1815, 1930 wurden sie teilweise restauriert. Den Hochaltar schuf 1787 der Halberstädter Bildhauer Stubenitzky. In der Mitte ist der Tabernakel in Form eines Tempels mit dem Lamm und dem Buch mit den sieben Siegeln. Das Altarbild von der Aufnahme Mariens in den Himmel malte Anton Joseph Stratman aus Paderborn. Gekrönt wird der Altar von den Gestalten der heiligen Dreifaltigkeit: Rechts Gottvater mit Zepter und Erdkugel in den Händen, links der Sohn mit dem Kreuz, in der Mitte der Heilige Geist in Gestalt einer Taube.

Die Chorschranken, die beiden Nebenaltäre sowie der Beichtstuhl wurden vom Tischler Eikenköller und dem Bildhauer Hinse bis 1793 angefertigt.

Orgel und Kanzel datieren von 1760 bzw. 1767, den Orgelprospekt schnitzte der Halberstädter Bildhauer Bartholdi, die Orgel ist von Adolar Papenius. 1983 musste sie durch eine neue ersetzt werden. Ekkehard, der erste Abt des Klosters, ist im nördlichen Querhausarm beigesetzt. Eine gipserne Platte wird durch einen Bronzeabguss bedeckt. In der Westapsis steht der frühbarocke Taufbrunnen: Das Unterteil ist aus Sandstein, der Deckel aus Holz ist mit einer Darstellung der Taufe Jesu durch Johannes geschmückt. Abt Nikolaus von Zitzewitz hat seine letzte Ruhestätte im südlichen Querhausarm. Er gilt als zweiter Begründer des Klosters nach den Wirren des Dreißigjährigen Krieges.

Lage: Das Kloster Huysburg gehört zur „Straße der Romanik" und liegt 12 km nordwestlich von Halberstadt (ehemalige Bischofskirche mit bedeutendem Domschatz, Liebfrauenkirche) auf dem Huy, einem 20 km langen, bewaldeten Höhenzug im Harzvorland; Anfahrt über die Autobahn A 14: aus Richtung Magdeburg (Kathedrale St. Sebastian) kommend Ausfahrt Magdeburg-Sudenburg, weiter auf der Bundesstraße B 81 über Langenwedding, Egeln, Kroppenstadt und Gröningen nach Halberstadt und von dort auf der Landstraße in Richtung Röderhof; aus Richtung Halle (u.a. Dom, Marktkirche, Burg Giebichenstein, Moritzburg) kommend Ausfahrt Bernburg (Renaissanceschloss), weiter auf der B 185 nach Aschersleben, von dort auf der B 6 nach Quedlinburg (mittelalterliche Altstadt, Schloss, romanische Basilika mit Märtyrerkrypta und Grabmal König Heinrichs I.) und weiter auf der B 79 nach Halberstadt.

Anschrift: Benediktinerpriorat Huysburg, Huysburg 2, D-38838 Röderhof, Tel.: 039425/961-0, Fax: 961-98, E-Mail: mail@huysburg.de

Inchenhofen

Name der Wallfahrt: Wallfahrt zum hl. Leonhard
Ort der Pfarrei: Inchenhofen
Kirche: Pfarr- und Wallfahrtskirche St. Leonhard
Bistum: Augsburg (Deutschland)

Pilgerzeiten: Der Festtag des hl. Leonhard ist der 6. November; der traditionelle „Leonhardiritt" mit Pferdesegnung und großem Festumzug findet am Sonntag vor oder danach statt (Lichterprozession am Vorabend); ein weiterer Hauptwallfahrtstag ist der Pfingstmontag (Hauptfest der 1659 von Papst Alexander VII. genehmigten Erzbruderschaft zum hl. Leonhard); Gottesdienst (ganzjährig) sonntags 9.45 Uhr; Führungen durch Kirche und Wallfahrtsmuseum für Gruppen nach Anmeldung möglich.

Geschichte: Inchenhofen war lange Zeit das Zentrum der Verehrung des hl. Leonhard in Süddeutschland und hat heute eine der wenigen aktiven Leonhardswallfahrten. Über das Leben des Heiligen weiß man nicht viel und ist auf Legenden angewiesen: Er soll um 500 in Gallien geboren worden sein und ein Eremitenleben dem eines Bischofs vorgezogen haben. Zum Schutzpatron für eine glückliche Geburt wurde er, weil er der Frau des fränkischen Königs Theuderich beigestanden haben soll. Statt Gold und Silber als Belohnung erbat er sich vom König nur ein größeres Stück Wald, in dem er später ein Kloster (heute St-Léonard-de-Noblat, östlich von Limoges, westliches Zentralfrankreich) gründete. Die Gebeine des Heiligen wurden im 11. Jahrhundert erhoben und über viele Orte in Frankreich und Süddeutschland verteilt. Hier wurde er vor allem von den Bauern verehrt, da er für fast alle Aspekte des ländlichen Lebens zuständig war. Eines seiner am häufigsten dargestellten Attribute sind Ketten, die im Laufe der Jahrhunderte eine mehrfache Umdeutung erfuhren: Ketten für Gefangene (für diese hatte sich Leonhard besonders eingesetzt), später für Geisteskranke, ab der Reformation Ketten für das Vieh (vermutlich galt er erst ab dieser Zeit auch als Schutzpatron des Viehs und der Pferde). In Bayern wurden viele Kirchen, in denen der hl. Leonhard besonders verehrt wurde, mit Ketten umgürtet, heute ist das kaum noch zu sehen (z.B. noch im oberbayerischen Bad Tölz und im niederbayerischen Ganacker). Diese Kettengürtungen stellten eine Art kultische Umschlingung des geweihten Kirchenraumes dar, das Böse sollte so von außen nicht eindringen können.

In Inchenhofen soll der hl. Leonhard bereits um 1100 in einer Holzkapelle verehrt worden sein. Überregionale Bedeutung erlangte der Wallfahrtsort, als der bayerische Herzog Ludwig der Strenge die Pfarrei Hollenbach – zu der auch Inchenhofen gehörte – dem Zisterzienserkloster Fürstenfeld schenkte. Die Zahl der Pilger nahm sprunghaft zu, 1289 wurde die Wallfahrt durch mehrere Ablässe aus Rom zusätzlich gefördert. 1332 wurde eine neue Kirche geweiht, doch sie erwies sich bald als zu klein für die vielen Gläubigen, die nach Inchenhofen strömten, um dem hl. Leonhard ihre Anliegen vorzutragen, und so errichtete man Mitte des 15. Jahrhunderts eine große Hallenkirche. Im Kunstführer aus dem Jahr 1977 liest man über Inchenhofen, der Ort sei Jahrhunderte lang nach Jerusalem, Rom und Santiago de Compostela der viertwichtigste Wallfahrtsort weltweit gewesen. Zumindest war Inchenhofen unbestritten deutschlandweit der bedeutendste Leonhardswallfahrtsort. Bis zur Säkularisation zu Beginn des 19. Jahrhunderts sollen an die 167 Pfarreien jedes Jahr hierher gekommen sein. Zu den zahlreichen Votivgaben, die die Gläubigen zurückließen, gehörten neben Kerzen u.a. Nägel, Hufeisen und kleine, eiserne Figuren von Pferden und Kühen. Wegen der großen Menge schmolz man viele dieser Eisenopfer ein und verarbeitete sie zu Ketten, die sowohl im Kircheninneren als auch außen aufgehängt wurden. Auch „Leonhardsnägel" mit einem Gewicht von mehr als 200 Pfund stellte man her, die dann von den Wallfahrern zum Zeichen der Buße hochgehoben und soweit wie möglich getragen wurden.

1803 bereitete die Auflösung des Zisterzienserklosters Fürstenfeld der blühenden Wallfahrt in Inchenhofen ein jähes Ende, doch unter König Ludwig I. kam es um 1825 zu einer Neubelebung. Bis heute ist die Wallfahrt zu diesem kleinen Ort im Landkreis Aichach-Friedberg lebendig geblieben, verzeichnet sogar steigende Teilnehmerzahlen. Das größte Wallfahrtsfest ist das alljährliche Leonhardifest am Sonntag vor bzw. nach dem 6. November. Neben einer großen Lichterprozession am Vorabend und mehreren Gottesdiensten findet der von Abt Paul Herzmann 1459 eingeführte Leonhardiritt mit Pferdesegnung statt, der in Inchenhofen zelebriert wird wie an kaum einem anderen Ort in Deutschland. Ursprünglich wurde dabei in der Kirche um den Hochaltar geritten, später dann um die Kirche herum. An die 200 Pferde, mehrere Musikkapellen, Trachtengruppen und politische und geistliche Prominenz begleiten den Zug. Auf prachtvoll geschmückten Festwagen werden in „lebenden Bildern" Szenen aus dem Leben des hl. Leonhard und die Wallfahrtsgeschichte nachgestellt. Vermutlich stammt dieser Brauch aus dem 19. Jahrhundert.

Kunst: Die St.-Leonhard-Kirche von Inchenhofen wurde 1450-57 im spätgotischen Stil erbaut und im Laufe der Jahrhunderte mehrfach umgestaltet. Aus dem 17. Jahrhundert stammen die beiden Seitenaltäre der Schmerzhaften Muttergottes und des hl. Martin, auch das Gnadenbild des hl. Leonhard auf dem Hochaltar ist aus dieser Zeit. Ab Mitte des 18. Jahrhunderts erhielt die Kirche, die 1704 im Spanischen Erbfolgekrieg schwer beschädigt und bis 1714 wieder hergestellt worden war, ihre heutige Rokokoausstattung. Der prachtvolle Hochaltar wurde 1755 von dem Schrobenhausener Kunstschreiner Anton Wiest gefertigt, die Pläne könnten von dem berühmten Münchner Künstler Egid Quirin Asam stammen. Im Zentrum des Altars steht die Statue des hl. Leonhard inmitten eines goldenen Strahlenkranzes und zahlreichen Putten, ihm zu Füßen rechts und links zwei andächtige Pilger. Die Altargemälde und die bunten Deckenfresken, die sich mit dem Leben und Wirken des hl. Leonhard befassen, schuf Ignaz Baldauf, gebürtiger Inchenhofener und Hofmaler des Fürstbischofs von Augsburg. Besonders kostbar ist eine kleine, eiserne Leonhardsfigur, die auf das Jahr 1420 datiert wird und heute als Kopie in einer Nische der Kirche steht. Das Original wird nur bei den Prozessionen und dem Leonhardiritt mitgetragen.

Überaus stolz ist man in Inchenhofen auch auf eine große, von Papst Johannes Paul II. im Petersdom geweihte Votivkerze, die seit Ostern 1982 in der Wallfahrtskirche einen Ehrenplatz hat. Noch jüngeren Datums ist der am 11. Juli 1999 feierlich geweihte Zelebrationsaltar, der Reliquien des hl. Leonhard, der hl. Christina, der hl. Theresia von Lisieux und der seligen Anna Schäfer von Mindelstetten birgt. Aus demselben Jahr stammt ein Silberschrein mit weiteren Reliquien des Kirchenpatrons.

Lage: Inchenhofen liegt rund 15 km nordöstlich der Bischofsstadt Augsburg im Landkreis Aichach-Friedberg; Anfahrt über die Autobahn A 8: Ausfahrt Augsburg-West, weiter auf der Bundesstraße B 300 nach Aichach und von dort auf der Landstraße weiter nach Inchenhofen.

Anschrift: Katholisches Pfarramt St. Leonhard, Zisterzienserplatz 1, D-86570 Inchenhofen, Tel.: 08257/12 20, Fax: 08257/99 72 38, E-Mail: info@pfarrei-inchenhofen.de

Ingolstadt/Franziskanerkirche

Name der Wallfahrt: Wallfahrt zur „Schuttermadonna"
Kirche: Franziskaner- bzw. Minoritenkirche „Mariä Himmelfahrt"
Bistum: Eichstätt (Deutschland)
Pilgerzeiten: Marienfeiertage
Geschichte: Die 1275 nach den strengen Formen der frühen Gotik als dreischiffige, flachgedeckte Basilika erbaute Franziskanerkirche „Mariä Himmelfahrt" und das dazu gehörige Kloster waren eine Stif-

tung des bayerischen Herzogs Ludwig II. des Strengen. Die Kirche wurde in den folgenden Jahrhunderten mehrfach umgestaltet. Im 14. Jahrhundert schuf man z.B. den Chorraum, und im 18. Jahrhundert erhielt sie ein Tonnengewölbe sowie eine barocke Austattung mit einem mächtigen, den Innenraum beherrschenden Hochaltar (1755). Nach der Säkularisation 1802 konnten die Franziskaner die Klostergebäude weiter bewohnen. 1827 zogen sie in das ehemalige Augustinerkloster „an der Schutter" in der Stadtmitte (heute Viktualienmarkt) um. Das alte Kloster stand jahrelang leer und wurde geplündert. 1837 wurde es zur Kaserne umfunktioniert, und die Kirche diente fortan als Garnisonskirche. Nach dem Zweiten Weltkrieg ging die gesamte baufällige Anlage wieder in den Besitz des Franziskanerordens über, der sie in jahrelanger Arbeit restaurierte.

Das frühere Augustinerkloster mit seiner herrlichen, 1739 an Stelle einer viel besuchten Marienwallfahrtskirche aus dem 14. Jahrhundert errichteten Barockkirche war 1945 bei einem Bombenangriff völlig zerstört worden. Das dort verehrte Gnadenbild der Gottesmutter aus dem 14. Jahrhundert konnte jedoch unversehrt aus den Trümmern geborgen werden und kam in die Franziskanerkirche. Die „Schuttermadonna" fand ihren Platz in der ersten rechten Seitenkapelle und wurde erneut zum Pilgerziel. Der Legende nach hatten Kirchenräuber die Figur einst gestohlen, ihr den Kopf abgesägt und sie im Donaumoos verborgen. Doch bald kam sie von allein und unversehrt in die Stadt zurückgeschwommen, wo sie von den Bürgern begeistert empfangen wurde. Die Geschichte des Gnadenbildes war auf dem Deckenfresko in der zerbombten Augustinerkirche dargestellt.

Kunst: Von besonderer Bedeutung ist die Franziskanerkirche, weil sie als Grabstätte von Professoren, Statthaltern, Militärs und reichen Bürgern viele gut erhaltene Epitaphe aus der Zeit zwischen 1472 und 1800 birgt. Besonders sehenswert sind das Grabmal von Elisabeth und Dorothea Esterreicher am Eingang (1522) und die von dem berühmten Eichstätter Bildhauer Loy Hering geschaffenen Epitaphe Tettenhammer (1543) und Helmhauser (1548) an der Südwand. Das Preysing-Epitaph in der 1601 angebauten rechten Seitenkapelle (Ölberg- oder Lichtenauerkapelle) ist eine Arbeit von Ignatz Günther, der es 1770 für die 1945 zerstörte Augustinerkirche schuf.

Lage: Ingolstadt liegt an der Donau (Donauradweg!) auf halbem Weg zwischen München und Nürnberg; Anfahrt über die Autobahn A 9:

Ausfahrt Ingolstadt-Süd oder -Nord.
Anschrift: Franziskanerkloster Ingolstadt, Harderstraße 4, D-85049 Ingolstadt, Tel.: 0841/93 47 50

Ingolstadt/Liebfrauenmünster

Name der Wallfahrt: Wallfahrt zur „Dreimal Wunderbaren Mutter"
Ort der Pfarrei: Ingolstadt
Kirche: Münster „Zur Schönen Unserer Lieben Frau"; „Liebfrauenmünster" genannt
Bistum: Eichstätt (Deutschland)
Pilgerzeiten: Jeden dritten Donnerstag im Monat Wallfahrtsgottesdienst; Hochfest am 15. August (Mariä Himmelfahrt); jeden dritten Samstag im Monat Weihemesse; Gottesdienste an Sonn- und Feiertagen: 8.00, 10.00, 11.15, 19.00 (Winter 18.00) Uhr
Geschichte: Das Liebfrauenmünster, das zu den schönsten und größten gotischen Hallenkirchen in Süddeutschland gehört, ist das Wahrzeichen Ingolstadts. Der Name „Zur Schönen Unserer Lieben Frau" basiert auf einer mit Edelsteinen besetzten Marienfigur, die Herzog Ludwig der Bärtige aus Frankreich mitgebracht hatte. Sie gehörte zu einem außergewöhnlichen Schatz von Goldschmiedearbeiten, von dem außer einigen Kleinteilen heute nur noch das Goldene Rössel (jetzt in Altötting) erhalten ist. Die im Volksmund „Die Gnad" genannte Madonna mit dem Jesuskind auf dem Schoß wurde 1801 zerschlagen, nur noch eine Kopie wird in der Schatzkammer aufbewahrt. Das Bildnis Marias auf dem Thron erscheint auch im Wappen der 1472 in Ingolstadt gegründeten (später nach Landshut und dann München verlegten) Universität und ziert noch heute das Siegel der Münchner Ludwig-Maximilians-Universität. Ludwig hatte das Münster zur Grabkirche seiner Familie bestimmt. Die ihm zugedachte Funktion konnte es allerdings nie erfüllen, da Ludwig in Gefangenschaft in Burghausen starb und im Kloster Raitenhaslach begraben wurde. Die für seine letzte Ruhestätte vorgesehene Rotmarmorplatte ist jetzt hinter dem Volksaltar des Ingolstädter Münsters im Boden eingelassen.

Die Kirche wurde von den Ingolstädter Herzögen, einer Seitenlinie der Wittelsbacher, finanziert. Herzog Stephan der Kneißel, der erste Vertreter dieser Linie, stimmte 1407 der Stiftung und dem Bau einer zweiten Pfarrkirche anstelle einer provisorischen Holzkirche in Ingolstadt zu. Nach der Grundsteinlegung am 18. Mai 1425 wurde im Osten der Hallenchor mit Umgang begonnen. Ab 1429 zog man hier die Seitenkapellen hoch. Hans Multscher zeichnete 1435 einen berühmt gewordenen Entwurf für das Hochgrab, der heute im Bayerischen Nationalmuseum in München gezeigt wird. 1439 wurde der Chor geweiht, war aber 1441 immer noch nicht fertig. Nach dem Tod Herzog Ludwigs 1447 und dem Erlöschen der Seitenlinie (sein Sohn Ludwig der Höckrige war bereits zwei Jahre zuvor ohne Nachkommen gestorben) fiel Ingolstadt an Landshut, und die Ingolstädter Bürger mussten sich selbst um den Weiterbau der Kirche kümmern. Die Finanzierung erfolgte zum Teil durch Ablass- und so genannte Butterbriefe, die potentiellen Stiftern erlaubte, auch an Fastentagen Milch, Butter und Käse zu essen, was sonst nicht zulässig war. Martin Luther hat diese Praxis heftig angeprangert. Ein Viertel des eingenommenen Geldes ging an die Peterskirche in Rom, drei Viertel an das Ingolstädter Münster und an St. Martin in Landshut. 1520 wurde der Bau abgeschlossen, die beiden Türme wurden nicht mehr vollendet.

Kunst: Die Ausmaße des Ingolstädter Münsters mit 96 Metern Länge und 37 Metern Breite sind außergewöhnlich. Die große, dreischiffige Halle wird auf 89 Metern Länge von einem riesigen Dach überspannt. Der Dachstuhl ist 31,5 Meter breit und hat sieben Stockwerke, die eine Höhe von 25 Metern ergeben. Die Firsthöhe beträgt 48,5 Meter. Es ist eine der größten Dachkonstruktionen ganz Deutschlands.

Von außen fallen die im Vergleich zum Dachfirst des Langhauses eher niedrigen Türme auf, sie stehen nämlich nicht gerade in der Westfassade, sondern im 45-Grad-Winkel gedreht. Sie blieben ebenso wie andere Teile der Kirche (z.B. die Portale und die Frontfassade) unvollendet. Im Stadtarchiv Ingolstadt existiert ein Plan des Südturms (um 1520), der für die Errichtung der Türme bis zu einer Höhe von 86 Metern maßgebend sein sollte. Die beiden letzten Etagen wurden aber nicht mehr aufgesetzt. Das oberste Stockwerk des 62 Meter hohen Nordturms wurde erst 1779 errichtet, die Finanzierung übernahm die Bierbrauerswitwe Walburga Geiselmaier. Die Höhe des Südturms bis zum Knauf beträgt 69 Meter.

Im Kircheninneren bemerkt man zuerst die kostbaren Glasfenster im Chorumgang, besonders die Verkündigungsszene, die sich über das ganze Fenster hinter dem Hochaltar erstreckt.

Der gewaltige, neun Meter hohe Hochaltar von 1560/72 wurde zum 100-jährigen Bestehen der Ingolstädter Universität von Herzog Albrecht V. in Auftrag gegeben und ist ein bedeutendes Werk der späten Renaissance. Es handelt sich um einen Wandelaltar mit doppelten Seitenflügeln, der nur die

gerade zum Kirchenjahr passenden Bilder der insgesamt 91 Gemälde aus der Werkstatt des Münchner Malers Hans Mielich zeigt.
Von den vielen Kapellen an den Seitenwänden des Münsters sei hier nur die Kapelle der „Dreimal Wunderbaren Mutter" als Hauptziel der Wallfahrten zum Liebfrauenmünster erwähnt. Das gleichnamige Gnadenbild ist eine von mehreren Kopien des berühmten Bildes „Maria Schnee" aus der Kirche Santa Maria Maggiore in Rom und kam im 16. Jahrhundert an das Ingolstädter Jesuitenkolleg. Pater Jakob Rem, der es als Begründer der Marianischen Kongregation auf deutschem Boden besonders verehrte, hielt unter ihm Colloquien ab, bei denen es der Überlieferung nach am 16. April 1604 zu einer wunderbaren Erscheinung kam: Der kniende Pater schwebte plötzlich in der Luft und sah die Gottesmutter in überirdischem Glanz, die ihm mitteilte, dass ihr der Titel „Mater admirabilis" besonders lieb sei. Daraufhin ließ er diese Anrufung noch zweimal wiederholen. So entstand der Name „Dreimal Wunderbare Mutter" für das Gnadenbild, das 1800 im Zuge der Verlegung der Universität nach Landshut gebracht wurde und in Vergessenheit geriet. Erst zu Mariä Himmelfahrt 1881 fand es endgültig seinen heutigen Platz im Liebfrauenmünster und wurde wieder zum Pilgerziel.
Die prächtige, ganzjährig im Münster aufgestellte Barockkrippe wurde ab 1722 geschaffen. Sie besteht aus über 260 Figuren und wurde erst jüngst umfassend renoviert.
In der Schatzkammer des Liebfrauenmünsters sind viele kostbare Kelche, Reliquien, Figuren und Zunftstangen ausgestellt, u.a. die Nachbildung der Marienfigur „Die Gnad" aus Holz.
Lage: Ingolstadt liegt an der Donau (Donauradweg!) auf halbem Weg zwischen München und Nürnberg; Anfahrt über die Autobahn A 9: Ausfahrt Ingolstadt-Nord oder -Süd.
Anschrift: Katholisches Münsterpfarramt, Kupferstraße 34, D-85049 Ingolstadt, Tel.: 0841/93 41 50, Fax: 0841/93 41 599

Ingolstadt/Maria vom Siege
Name der Wallfahrt: Wallfahrt zu „Maria Himmelskönigin"
Ort der Pfarrei: Ingolstadt
Kirche: Asamkirche „Santa Maria de Victoria"
Bistum: Eichstätt (Deutschland)
Pilgerzeiten: Wallfahrt erloschen; Öffnungszeiten der Kirche: Dienstag-Sonntag 10.00-12.00 Uhr und 12.00-16.00 Uhr; Führungen nach Absprache möglich
Geschichte: Die Kirche „Santa Maria de Victoria" (Maria vom Siege), ein Juwel des bayerischen Rokoko, wurde 1732-36 nach den Plänen

Egid Quirin Asams von Michael Anton Prunthaler als Betsaal der Marianischen Studentenkongregation gebaut. Deshalb hat sie keine Türme und ist somit in der Ingoldstädter Altstadt nicht leicht zu finden.

Verehrt wurde das (seit der Säkularisation verschwundene) Gnadenbild „Maria Himmelskönigin" auf dem 1763 von Johann Michael Fischer geschaffenen Hochaltar: Die in den Wolken schwebende gekrönte Gottesmutter mit dem Zepter in der linken Hand und dem Jesuskind auf dem rechten Arm.

Kunst: Im nur zehn Meter hohen Kircheninneren beeindruckt vor allem das wunderbare Deckenfresko, ein Werk von ungewöhnlicher Farbenpracht, zu dem es nichts Vergleichbares gibt. Cosmas Damian Asam hat es 1734 in angeblich nur acht Wochen gemalt und dafür 10 000 Gulden erhalten, die er allerdings anschließend gespendet haben soll.

Über die gesamte Decke und eine Fläche von 42 mal 16 Metern erstreckt sich das Kolossalgemälde, das Maria als Himmelskönigin und Mittlerin der göttlichen Gnaden sowie die damals vier bekannten Erdteile darstellt. Die perspektivische Wirkung des Bildes läßt sich am besten im Gehen entlang des Mittelgangs erfahren.

Ein weiteres Meisterwerk ist die silberne „Türkenmonstranz" in der Sakristei. Die um 1708 nach 30-jähriger Arbeit vollendete Silbermonstranz des Augsburger Goldschmieds Johann Zeckl stellt unglaublich detailliert die Seeschlacht im Golf von Lepanto am 7. Oktober 1571 dar: Papst Pius V. (1566-72) war ein Bündnis mit Spanien und Venedig eingegangen, was den entscheidenden Sieg ermöglichte und so die Expansion der Osmanen (Türken) im Mittelmeer zum Stillstand brachte. In Erinnerung daran führte das Kirchenoberhaupt das Fest „Unserer Lieben Frau vom Siege" (heute Rosenkranzfest, 7. Oktober) ein.

Lage: Ingolstadt liegt an der Donau (Donauradweg!) auf halbem Weg zwischen München und Nürnberg; Anfahrt über die Autobahn A 9: Ausfahrt Ingolstadt-Süd oder -Nord.

Anschrift: Kirche Santa Maria de Victoria, Neubaustraße 1, D-85049 Ingolstadt, Tel. 0841/175 18

Kälberau

Name der Wallfahrt: Wallfahrt zu „Unserer Lieben Frau zum rauhen Wind"
Ort der Pfarrei: Kälberau
Kirche: Pfarr- und Wallfahrtskirche „Mariä Geburt"
Bistum: Würzburg (Deutschland)
Pilgerzeiten: Mai bis Oktober; besondere Wallfahrtstage sind Pfingsten (Krankenwallfahrt), der Sonntag nach dem 2. Juli (Fest „Mariä Heimsuchung"), der

erste Sonntag im September vor dem Fest „Mariä Geburt" (8. September) sowie das Fest „Mariä Schmerzen" (15. September); entlang des Wallfahrtsweges zwischen Alzenau und Kälberau (Wiesengrund) stehen sieben Bildstöcke von 1710, die auf die Sieben Schmerzen Mariens hinweisen; Gottesdienste sonntags (ganzjährig) 9.30 und 18.30 Uhr; die alte Kirche mit dem Marien-Gnadenbild ist ganzjährig tagsüber geöffnet.

Geschichte: Das als wundertätig verehrte Kälberauer Marien-Gnadenbild, eine etwa 50 Zentimeter große Schnitzfigur der gekrönten Gottesmutter mit dem lachenden Jesuskind auf dem rechten Arm, wird auf um 1380 datiert. Vermutlich geht auch die Wallfahrt, die Reformation und Säkularisation überstand und noch heute sehr beliebt ist, auf diese Zeit zurück. Die im Kern aus dem 15. Jahrhundert stammende Wallfahrtsstätte mit ihrem spitzen Turm erhielt 1955/57 unter der Leitung des Würzburger Dombaumeisters Hans Schädel einen großzügigen Anbau in Kleeblattform. Insgesamt stehen in der von Patres des Pallotinerordens betreuten Doppelkirchenanlage mehrere barocke Heiligenfiguren (Rochus, Wendelin, Antonius, Joachim und Anna) und vier Madonnen: Das Gnadenbild „Maria zum rauhen Wind" auf einem Steinaltar im Chor der alten Kirche, eine lebensgroße Holzmadonna hinter dem Altar von 1966, der das Zentrum der neuen Halle bildet, eine Pietà von um 1780 und eine moderne thronende Gottesmutter.

Lage: Kälberau ist ein Ortsteil von Alzenau und liegt in Unterfranken zwischen Frankfurt am Main und Aschaffenburg (Schloss Johannisburg) nahe der Wandergebiete Kahltal und Hahnenkamm; Anfahrt über die Autobahn A 3: Ausfahrt Aschaffenburg-West, weiter auf der Bundesstraße B 8 in Richtung Hanau bis Dettingen und zur Abzweigung nach Kälberau.

Anschrift: Katholische Kuratie Kälberau „Mariä Geburt", Michelbacher Straße 16, D-63755 Alzenau, Tel.: 06023/15 60, Fax: 06023/95 55 32

Kaufbeuren

Name der Wallfahrt: Wallfahrt zur hl. Crescentia (Kreszentia) Höss von Kaufbeuren
Ort der Pfarrei: Kaufbeuren
Kirche: Klosterkirche des Crescentiaklosters
Bistum: Augsburg (Deutschland)
Pilgerzeiten: Ganzjährig; Hauptwallfahrtstag ist das Crescentiafest am 30. April (das Datum wurde gewählt, da Crescentias Todes- und offizieller Gedenktag, der 5. April, oft in die Fastenzeit und Karwoche fällt); die Klosterkirche mit dem Glassarkophag der Heiligen ist ganzjährig jeden Tag zugänglich, die Crescentia-Gedenkstätte im Kloster

mittwochs und jeden letzten Samstag im Monat ab 15.00 Uhr (oder nach Voranmeldung); angeboten werden auch Einkehrtage und „Kloster auf Zeit".
Geschichte: Mitten in der Altstadt von Kaufbeuren liegt ein Franziskanerinnenkloster, das seinen heutigen Namen der hl. Maria Crescentia (lateinisch „die Wachsende") Höss verdankt. Das Kloster war aus einer Kaufbeurer Frauengemeinschaft entstanden, die auf kirchliche Anordnung hin im Jahr 1315 die Regeln des hl. Franz von Assisi annahm und sich damit der Leitung des Franziskanerordens unterstellte. 1325 wurde das Kloster bei einem Stadtbrand zerstört und erst rund 150 Jahre später wieder aufgebaut. Im Zuge der Reformation trat ein Großteil der Bevölkerung Kaufbeurens ab 1544 zum protestantischen Glauben über. Das kleine Kloster hatte einen schweren Stand, blieb aber unter der Auflage bestehen, zunächst keine neuen Schwestern aufzunehmen. Als während des Dreißigjährigen Krieges die Stadt wiederholt von marodierenden Heeren heimgesucht wurde, war das Kloster „zum Meierhof" oft Zufluchtsort für Mensch und Vieh. Wirkliche Bedeutung über die Grenzen der Stadt hinaus erlangte es aber erst durch eine Frau, die im Jahr 1703 dem Kloster beitrat: Anna Höss, geboren am 20. Oktober 1682 in Kaufbeuren als Tochter armer Weberseleute, erlernte ebenfalls das Weberhandwerk, bewarb sich dann aber um die Aufnahme im Franziskanerinnenkloster. Sie wurde mehrmals abgewiesen, weil ihre Eltern nicht in der Lage waren, die geforderte Mitgift aufzubringen. Schließlich intervenierte der (protestantische) Bürgermeister zu ihren Gunsten, und im Jahr 1703 wurde sie eingekleidet. Die misstrauische Oberin, die das Mädchen für eine Nutznießerin hielt, verzögerte ihre endgültige Aufnahme in den Orden, konnte aber keinen Tadel finden, so dass Anna am 18. Juni 1704 als Schwester Maria Crescentia endlich das Gelübde ablegen konnte. Bis zum Tod der Oberin im Jahr 1707 musste sie unter deren Strenge und Schikanen leiden und die niedersten Arbeiten verrichten. In diese Zeit fällt die Geschichte mit dem „Wunderbaren Sieb": Die Oberin soll Crescentia mit einem großlöchrigen Sieb zum Wasserholen am Klosterbrunnen geschickt haben, und der Glaube der jungen Frau war so stark, dass ihr das tatsächlich gelang.

1710 übernahm Crescentia den Pforten- und Krankendienst, 1717 berief man sie zur Novizenmeisterin, d.h. sie kümmerte sich um die neu eingetretenen Schwestern. Der Ruf von Crescentias mystischer Frömmigkeit – sie pflegte besonders die Verehrung des leidenden und des eucharistischen Heilands – und zugleich weltzugewandter Klugheit verbreitete sich rasch, und immer mehr Menschen aus nah und fern baten um ihren Rat und ihr Gebet, darunter auch viele hochgestellte Persönlichkeiten wie der Erzbischof Clemens August von Köln, die bayerische Kurfürstin Maria Amalia und deren Schwester, die spätere Kaiserin Maria Theresia (1745-80). Sie alle schätzten sie als verständnisvolle und auch kritische Gesprächspartnerin, die zur Vernunft aufforderte und von einer tiefen Gläubigkeit durchdrungen war, ohne dabei zu frömmeln. 1741 wurde Crescentia von ihren Mitschwestern einstimmig zur Oberin des Klosters gewählt und prägte es die nächsten drei Jahre, bis sie am 5. April 1744 nach schwerer, mit Geduld ertragener Krankheit starb und unter dem Choraltar der Klosterkirche bestattet wurde.

Unmittelbar nach Crescentias Tod wurden Berichte von wundersamen Heilungen an ihrem Grab bekannt, und immer mehr Pilger kamen, um hier ihre Anliegen und Bitten vorzubringen. Die Klosterchronik berichtet von bis zu 70 000 Wallfahrern jährlich. Bereits 1746 wurde der Seligsprechungsprozess eingeleitet, der sich aber infolge von Aufklärung und Säkularisation immer wieder verzögerte. Dank der Fürsprache des Stadtrats von Kaufbeuren blieb das Kloster zwar bestehen, durfte aber keine neuen Schwestern aufnehmen, was über kurz oder lang das Aus für den Konvent bedeutet hätte. Mit dem Vorschlag, das Kloster als Bildungsstätte für Mädchen zu nutzen, hatte das halbe Dutzend der verbliebenen Ordensschwestern Erfolg: 1831 gestattete der bayerische König Ludwig I. per Dekret wieder die Aufnahme von Novizinnen.

Am 7. Oktober 1900 schließlich wurde Maria Crescentia Höss von Papst Leo XIII. in Rom offiziell selig gesprochen. Ihre Gebeine wurden in Wachs gefasst und in einen gläsernen Prunksarg umgebettet, der später im Eingangsbereich der Klosterkirche seinen Platz fand und noch heute Ziel vieler Pilger ist.

Das Crescentiakloster überstand beide Weltkriege, auch wenn die Zahl der Schwestern stark abnahm. Nachdem sich Vertreter der Stadt, des Klosters und des Bistums Augsburg immer wieder für die Heiligsprechung Crescentias eingesetzt hatten, wurde diese am 25. November 2001 von Papst Johannes Paul II. in Rom vorgenommen – vor 10 000 Gläubigen, darunter 3 500 Pilgern aus Bayern. Die erste deutsche Heilige des dritten Jahrtausends habe, so Johannes Paul II., Gott die Ehre und den Menschen durch ihr großes Einfühlungsvermögen ihr Recht – auch gegen Widerstände aus der eigenen Umgebung – gegeben. Sie sei geduldig in ihrem Dienst an den Menschen gewesen und habe Feindseligkeiten durch Liebe überwunden.

Seit 2003 gibt es den 88 Kilometer langen „Crescentia-Pilgerweg", der von Kaufbeuren aus durch das Ost- und Unterallgäu nach Ottobeuren und Mindelheim führt und auf der Wegstrecke angelegt wurde, auf der die Heilige einst mehrmals zu den jeweiligen Klöstern unterwegs gewesen war. Ein ausführliches Faltblatt mit detaillierten Informationen zu den Sehenswürdigkeiten am Weg und einer Karte ist bei der Tourist-Information in Kaufbeuren (im Rathaus) kostenlos erhältlich.

Kunst: Hauptziel der Wallfahrer ist der Sarkophag mit den Gebeinen der hl. Maria Crescentia Höss im Eingangsbereich der öffentlich zugänglichen Kirche des Franziskanerinnenklosters. Im Kloster selbst ist eine Führung möglich, bei der nicht nur die Zelle der Ordensschwester mit noch originalen Möbeln (Bett, Kommode, Tischchen und Betstuhl) zu sehen ist, sondern auch zahlreiche alte und neue Votivgaben wie z.B. Rosenkränze, wertvoller Silberschmuck, Wachs- und Eisenvotive sowie Kerzen. Prunkstück ist das im Stil des späten 18. Jahrhunderts gekleidete „Wächserne Mädle", eine lebensgroße und knapp 50 Kilogramm schwere Wachsfigur der Tochter eines wohlhabenden Fürstenfeldbrucker Braumeisters. Das Mädchen litt an Epilepsie, woraufhin ihre Eltern im Jahr 1778 eine Wallfahrt zum Grab der Crescentia unternahmen und versprachen, im Falle der Genesung ein Wachsbildnis ihres Kindes zu stiften.

In Kaufbeuren nicht entgehen lassen sollte man sich außerdem die St.-Blasius-Kirche (Blasiusberg), die 1436-84 an der Stadtmauer erbaut wurde. Der ursprüngliche Wehrgang führt durch das Langhaus hindurch, und der Turm ist eigentlich ein Wehrturm. Sehenswert sind vor allem der 1518 von Jörg Lederer geschnitzte Hochaltar und die spätgotischen Wandmalereien. Weitere wertvolle Schnitzarbeiten und Ölgemälde, darunter auch ein Portrait der hl. Crescentia, findet der Kunstinteressierte in der Stadtpfarrkirche St. Martin (Kirchplatz).

Lage: Kaufbeuren liegt im Allgäu an der Wertach; Anfahrt über die Autobahn A 96: Ausfahrt Jengen/Kaufbeuren und weiter auf der Bundesstraße B 12 (aus Richtung München kommend) oder Mindelheim (aus Richtung Memmingen kommend) und weiter auf der B 16; von Augsburg und von München aus bestehen stündliche

Zugverbindungen in Richtung Kaufbeuren.
Anschrift: Franzikanerinnen des Crescentiaklosters, Obstmarkt 5, D-87600 Kaufbeuren, Tel.: 08341/907-0, Fax: 08341/907-102, E-Mail: crescentiakloster@web.de; Tourist-Information, Kaiser-Max-Straße 1 (im Rathaus), D-87600 Kaufbeuren, Tel.: 08341/404 05, Fax: 08341/739 62, E-Mail: tourist-info@kaufbeuren.de

Kefferhausen

Name der Wallfahrt: Wallfahrt zum hl. Cyriacus
Ort der Pfarrei: Steinbach
Kirche: Werdigeshäuser Kirche St. Cyriacus
Bistum: Erfurt (Deutschland)
Pilgerzeiten: Hauptwallfahrtstage (Prozessionen von Kefferhausen aus) sind der Dreifaltigkeitssonntag (Sonntag nach Pfingsten) und der Sonntag vor dem 8. August (Festtag des hl. Cyriacus)
Geschichte: Kefferhausen liegt am westlichen Rand einer Mulde im oberen Unstruttal. Das Dorf, erstmals in einer Urkunde des Mainzer Erzbischofs Heinrich I. vom 12. August 1146 über die Schenkung einer „Hufe Landes" an das Erfurter Peterskloster erwähnt, dürfte aber wesentlich älter sein, wie archäologische Funde an der Dietrichschen Mühle bestätigen.

Etwa zwei Kilometer von Kefferhausen entfernt, die alte Heuthener Landstraße entlang, liegt versteckt unter zahlreichen Linden die Werdigeshäuser Kirche, im Volksmund auch die „Neue Kirche" genannt. Hier müssen sich Gehöfte eines Ortes befunden haben, der seit dem 13. Jahrhundert mit Wergershausen, Wedigeshausen, Werdigeshusen u.a. angegeben wird. Urkundliche Überlieferungen zu diesem Dorf gibt es kaum, man weiß aber, dass es vor 1556 aufgelassen worden sein muss. Die Wüstung befindet sich östlich der heutigen Wallfahrtskirche.

Der Dingelstädter Pfarrer Cyriakus Frankenberg errichtete im Jahr 1756 auf dem Fundament der ehemaligen Pfarrkirche des untergegangenen Dorfes die Wallfahrtskapelle. Sie ist – wie vermutlich auch schon ihr Vorgängerbau – dem hl. Cyriacus geweiht. Gleichzeitig pflanzte man um die Kirche einige Lindenbäume. Alljährlich findet im August die Cyriacuswallfahrt statt. Diese und die Kirche werden von der Pfarrgemeinde Kefferhausen betreut.

Der Namenspatron Cyriacus war Diakon unter Papst Marcellinus (296-304). Während der Christenverfolgungen des Kaisers Diokletian wurde er verhaftet und zum Erde tragen beim Bau der Thermen des Diokletian gezwungen. Später in den Kerker geworfen, heilte er die besessene Tochter des Kaisers, Artemia. Man ließ ihn frei, und der

Kaiser schickte ihn zu Sapor, dem König von Persien, dessen Tochter Jobia er ebenfalls von der Besessenheit befreien konnte. Davon beeindruckt ließ sich diese mit ihrem Vater und weiteren persischen Edlen taufen, worauf Cyriacus wieder nach Rom zurückkehrte. Nach der Abdankung des Diokletian kam Maximinus Daia an die Macht. Cyriacus wurde 305 verhaftet, verurteilt und unter Martern getötet. Man begrub ihn an der Straße nach Ostia. Er ist einer der Vierzehn Nothelfer und wird besonders in der Pfalz als Patron des Weinbaus, aber auch als Patron der Zwangsarbeiter verehrt.
Lage: Die Wallfahrtsstätte liegt bei Kefferhausen westlich von Dingelstädt im Naturpark Eichsfeld zwischen Heiligenstadt (traditionelle große Leidensprozession durch die Stadt am Palmsonntag) und Mühlhausen; Anfahrt über die Autobahn A 7: Ausfahrt Friedland, dann über Friedland nach Heiligenstadt (auf der Bundesstraße B 80 die Leine entlang; 2006 soll die bislang nur in Teilabschnitten fertige Südharzautobahn A 38, eine wichtige mitteldeutsche West-Ost-Achse zwischen den Ballungsräumen Göttingen/Kassel und Halle/Leipzig bzw. den Autobahnen A 7 und A 9, durchgehend befahrbar sein), von dort auf der Landstraße weiter in Richtung Dingelstädt.

Anschrift: Katholisches Pfarramt St. Gertrud, Pfarrgasse 2, D-37351 Dingelstädt, Tel.: 036075/306 65, Fax: 036075/606 27, E-Mail: info@kath-kirche-dingelstaedt.de; Filialgemeinde St. Johannes der Täufer, Herwig 1, D-37351 Dingelstädt-Kefferhausen, Tel.: 036075/625 65, Fax: 036075/56 06 02, E-Mail: St-Johannes.Kefferhausen@t-online.de

Kerbscher Berg/Dingelstädt
Name der Wallfahrt: Wallfahrt zum Hl. Kreuz
Ort der Pfarrei: Dingelstädt
Kirche: Klosterkirche St. Petrus Baptista Blázques und Gefährten
Bistum: Erfurt (Deutschland)
Pilgerzeiten: Die traditionelle große Frauenwallfahrt findet am Sonntag nach dem Fest „Christi Himmelfahrt" statt. Gottesdienst sonntags (ganzjährig) 8.30 Uhr
Geschichte: Zwischen Dingelstädt und Kefferhausen liegt der Kerbsche Berg (aus „Kirchbergscher Berg"), ein Hügel, der zum Stadtgebiet Dingelstädt gehört und einer der bekanntesten Wallfahrtsorte des Eichsfeldes ist. 974 wird er in einer Urkunde Kaiser Ottos II. als „Chirichberg" vielleicht schon zum ersten Mal genannt, mit Sicherheit aber 1134 als „Kirchberc". Schon in frühgeschichtlicher Zeit bestand hier eine Wallburg, und vor 800 gab

Kerbscher Berg/Dingelstädt

es eine kleine, dem hl. Martin geweihte Kirche.

Zu Anfang des 16. Jahrhunderts wurde das ehemalige Dorf Kirchberg im Nordwesten des Hügels aufgegeben, eine Kirche ist allerdings noch erwähnt. 1701 stiftete man hier eine Kapelle und errichtete 1752-64 einen Kreuzweg aus Sandstein um den Kerbschen Berg herum. 1763/64 pflanzte man 80 Linden, die heute eine beeindruckende Größe erreicht haben. 1824 weihte man eine neue Kapelle „Zum Heiligen Kreuz", und 40 Jahre später begann der Bau für ein Franziskanerkloster, dessen Weihe Bischof Konrad Martin 1866 vollzog. Der Bau der heutigen Kirche erfolgte Ende des 19. Jahrhunderts durch den Franziskaner-Baumeister Paschalis Graze. Sie ist dem hl. Petrus Baptista Blázques, dem spanischen Franziskanermissionar und Anführer der „Japanischen Märtyrer" von 1597, und seinen 25 Gefährten geweiht (Festtag 5. Februar).

Die Nationalsozialisten beschlagnahmten 1944 das Kloster, doch nach dem Krieg konnten die Franziskaner zurückkehren und wirkten dort bis 1994. Danach übernahm das Bistum Erfurt das Areal und richtete ein Familienzentrum ein, das 1997 nach größeren Umbau- und Renovierungsmaßnahmen eingeweiht werden konnte. In einem Teil der Anlage leben seit 1995 Ursulinen in kleiner Gemeinschaft.

Spätestens 1754 ist eine „heilige Wallfahrt in andächtiger Besuchung des schmerzhaften Creuzwegs unseres Erlösers Christi Jesu zu dem über dem Marktflecken Dingelstädt im Eichsfelde gelegenen Calvari-Berg" bezeugt. Seit 1961 finden sich alljährlich am Sonntag nach Christi Himmelfahrt Tausende von Frauen zur Frauenwallfahrt ein.

Kunst: Der Kreuzweg um den Berg herum besteht aus Halbreliefs in barocken Steingehäusen mit einem grottenförmigen Abschluss. Den Aufgang zur Kirche schmücken zwei Ölberg- und eine Lourdesgrotte sowie eine Statue des hl. Franziskus von Assisi. An der Klosterfront findet man eine Kreuzigungsgruppe in mittelalterlicher Stuckarbeit. Das Innere der Kirche überrascht mit erstaunlich vielen figürlichen Darstellungen, etwa die „Beweinung Christi" (um 1500), die Vierzehn Nothelfer, sowie eine „Anna Selbdritt" und weitere Heilige. Die Kreuzgruppe mit Szenen aus dem Leiden Christi um den Tabernakel entstammt der Erbauungszeit der Kirche.

Lage: Dingelstädt liegt an der Unstrut im Naturpark Eichsfeld zwischen Heiligenstadt (traditionelle große Leidensprozession durch die Stadt am Palmsonntag) und Mühlhausen; Anfahrt über die

Autobahn A 7: Ausfahrt Friedland, dann über Friedland nach Heiligenstadt (auf der Bundesstraße B 80 die Leine entlang; 2006 soll die bislang nur in Teilabschnitten fertige Südharzautobahn A 38, eine wichtige mitteldeutsche West-Ost-Achse zwischen den Ballungsräumen Göttingen/Kassel und Halle/Leipzig bzw. den Autobahnen A 7 und A 9, durchgehend befahrbar sein), von dort auf der Landstraße über Geisleden und Kreuzebra nach Dingelstädt; der Kerbsche Berg (375 m) liegt am Ortsausgang in Richtung Kefferhausen.

Anschrift: Katholisches Pfarramt St. Gertrud, Pfarrgasse 2, D-37351 Dingelstädt, Tel.: 036075/306 65, Fax: 036075/606 27, E-Mail: info@kath-kirche-dingelstaedt.de; Familienzentrum „Kloster Kerbscher Berg", Kefferhäuser Straße 24, D-37351 Dingelstädt, Tel.: 036075/69 00 72, Fax: 036075/69 00 73, E-Mail: Familienzentrum@ Kerbscher-Berg.de

Kevelaer

Name der Wallfahrt: Wallfahrt zu „Unserer Lieben Frau von Luxemburg" (Trösterin der Betrübten/ Consolatrix Afflictorium)
Ort der Pfarrei: Kevelaer
Kirche: Basilika und Gnadenkapelle St. Marien
Bistum: Münster (Deutschland)

Pilgerzeiten: Die Pilgerzeit beginnt mit der Öffnung des Pilgerportals der Basilika am 1. Mai und endet am 1. November; täglich 10.00 Uhr Pilgeramt mit Predigt, 15.00 Uhr Pilgerpredigt und Andacht; größere Pilgergruppen können nach Absprache mit der Wallfahrtsleitung eigene Gottesdienste in der Basilika feiern.

Geschichte: Rund 800 000 Gläubige aus aller Welt kommen jedes Jahr in den zweitgrößten Wallfahrtsort Deutschlands (nach Altötting) und einen der bedeutendsten im nordwestlichen Europa. Schon im 18. Jahrhundert wurden an die 100 000 Wallfahrer gezählt, die zum Gnadenbild der Jungfrau Maria pilgerten, um dort um Unterstützung und Hilfe zu beten. Dabei handelt es sich um einen kaum postkartengroßen Kupferstich auf Pergament, auf dem die gekrönte Gottesmutter in weitem Kleid und Mantel mit dem Jesuskind auf dem linken Arm und einem Zepter in der rechten Hand vor der Stadt Luxemburg dargestellt ist. Das Bild wurde im 17. Jahrhundert als kleine Kopie eines Gnadenbildes aus Luxemburg angefertigt, das aufgrund des Spruchbands im oberen Bildteil den Namen „Trösterin der Betrübten" („Consolatrix afflictorum") erhielt.

Über die Entstehung der Wallfahrt in Kevelaer wird Folgendes erzählt: Ein Handelsreisender aus Geldern namens Hendrik Busman betete im Jahr 1641 um die Weihnachtszeit unter einem Hagelkreuz bei der kleinen Ortschaft Kevelaer, als er eine Stimme vernahm, die ihm auftrug: „An dieser Stelle sollst du mir ein Kapellchen bauen!" Als sich dies ein paar Tage später wiederholte, nahm er sich vor, tatsächlich für ein kleines Bethäuschen zu sparen. Ein paar Monate später sah seine Frau im Traum eine kleine Kapelle und darin das Andachtsbild „Unserer Lieben Frau von Luxemburg", das ihr kurz zuvor ein Soldat zum Kauf angeboten hatte. Davon angespornt, baute Busman ein zwei Meter hohes und 70 Zentimeter breites Ziegelhäuschen, in dem das Bild vom Kevelaer Pfarrer am 1. Juni 1642 aufgestellt wurde.

Nachdem sich Berichte von wundertätigen Heilungen rasch verbreitet hatten, erfreute sich Kevelaer wachsender Beliebtheit, und schon 1643 begann man mit dem Bau einer ersten Wallfahrtskirche nahe des Bildstocks.

Bereits 1647 wurde Kevelaer offiziell als Gnadenort anerkannt, nicht zuletzt wegen der geografischen Lage: Der Klerus hatte Interesse daran, den Ort zusammen mit Luxemburg und Scherpenheuvel (bei Löwen im heutigen Belgien) als katholische Bastion gegen den sich in der Nachbarschaft ausbreitenden Protestantismus auszubauen.

Die Betreuung der Pilger vertraute man Priestern der Gemeinschaft der Oratorianer an, die als Pfarrherren und Wallfahrtsrektoren bis 1802 in Kevelaer wirkten. 1654 schließlich umbaute man das Heiligenhäuschen mit dem Gnadenbild mit einer sechseckigen Kapelle unter geschweiftem Kuppeldach nach dem Vorbild der Marienkapelle von Scherpenheuvel.

Während in vielen Wallfahrtsorten Deutschlands im Zeitalter der Reformation, während des Dreißigjährigen Krieges und später infolge der Säkularisation der Strom der Pilger versiegte, ließ dieser in Kevelaer zwar nach, riss aber nie ganz ab. Mitte des 19. Jahrhunderts kamen wieder so viele Gläubige, dass die alte Wallfahrtskirche nicht mehr genug Platz bot und mit einem Neubau begonnen wurde. Diesen erhob Pius XI. 1923 zur päpstlichen Basilika St. Marien. Am 2. Mai 1987 betete auch Papst Johannes Paul II. in Kevelaer.

Kunst: Das Wallfahrtszentrum Kevelaer besteht heute aus mehreren Gebäuden: Neben dem im 17. Jahrhundert für die Wallfahrtsbetreuer errichteten Priesterhaus liegt die neugotische, dreischiffige Backsteinbasilika St. Marien, die nach den Plänen des Baumeisters Vincenz Statz in den Jahren 1858-64 gebaut wurde. Der 91 Meter hohe, viergeschossige Turm entstand 1883/84. Zum Jubiläumsjahr 1892 wurde ein Kreuzweg angelegt, ein Klarissenkloster gegründet und mit der farbenprächtigen Ausmalung der Marienkirche begonnen.

Auf dem Kapellenplatz steht noch die alte, aufgrund der vielen Votivkerzen „Kerzenkapelle" genannte Wallfahrtskirche von 1643/45. Daneben findet sich die Gnadenkapelle von 1654, die durch einen torähnlichen Durchbruch den Blick auf das in einen Silberrahmen eingefügte Gnadenbild freigibt und die 1888-92 im Inneren aufwändig ausgestaltet wurde. Die Malereien entstanden nach den Entwürfen von Friedrich Stummel (1850-1919) und befassen sich vor allem mit Mariendarstellungen (Restaurierung 1978-80). Der Altar stammt von 1874 und wurde im Stil des Neubarock erbaut. Auch hier finden sich reiche Verzierungen in Form von Figuren und Blumenschmuck.

Lage: Kevelaer, das „norddeutsche Altötting", liegt zwischen Kleve und Geldern unweit der Grenze zu den Niederlanden; Anfahrt über die Autobahn A 57: Ausfahrt Goch (aus Richtung Niederlande kommend) bzw. Sonsbeck.

Anschrift: Wallfahrtsleitung St. Marien, Kapellenplatz 35, D-47623 Kevelaer, Tel.: 02832/933 80, Fax: 02832/707 26, E-Mail: info@wallfahrt-kevelaer.de

Kleinlüder/Bimbach

Name der Wallfahrt: Wallfahrt zum Hl. Kreuz und zur „Schmerzhaften Muttergottes"
Ort der Pfarrei: Kleinlüder und Bimbach
Kirche: Wallfahrtskapelle Kleinheiligkreuz und „Schnepfenkapelle"
Bistum: Fulda (Deutschland)
Pilgerzeiten: Die Hauptwallfahrt zur Kapelle Kleinheiligkreuz findet am Sonntag vor bzw. nach dem Fest „Kreuzerhöhung" (14. September) statt; Marienprozessionen zur „Schnepfenkapelle" bei Bimbach gibt es im Mai und im September.

Geschichte: Eine Urkunde aus dem Jahre 1348 erwähnt die erste Kirche Kleinlüders, eine Kapelle zu Ehren des Hl. Kreuzes. Neben der Kapelle wurde eine Einsiedelei errichtet, und die Wallfahrt scheint schon bald eingesetzt zu haben. Reformationswirren und der Dreißigjährige Krieg zerstörten den Ort gründlich, und erst ein Ablassbrief von Papst Alexander VII. gab der Wallfahrt ab 1655 neuen Aufschwung. 1692 entstand unter Fürstabt Adalbert von Schleifras ein Neubau.

Im Zuge der Säkularisation sollte die Kirche abgerissen, das Inventar verkauft werden. Die am Ort ansässige Familie Wehner erwarb den Besitz und richtete dort 1850 eine Hauskapelle ein. Erst 1909 kaufte die Kirche Kleinheiligkreuz zurück, und man begann mit der Restauration, die mit der Weihe am

12. Oktober 1913 und der Aufstellung einer Kreuzreliquie abgeschlossen wurde. Die Wallfahrt wurde bald wieder aufgenommen. Der Legende nach soll der Leichenzug des hl. Bonifatius, der diesen auf seinen Wunsch hin von Fulda nach Mainz brachte, an der Kleinheiligkreuz-Kapelle eine Rast eingelegt haben. Zum 1 250. Todestag von Bonifatius, dem „Apostel der Deutschen", wurde im Juli 2004 ein neuer Wander- und Pilgerweg, die Bonifatius-Route, eröffnet.

Wie Kleinlüder gehört auch das nahe gelegene Bimbach zur Gemeinde Großenlüder. Der „Bienbach" (Grenzbach) wurde im Jahre 743 als Westgrenze der „Karlmannschen Schenkung" ausdrücklich genannt, der Ort Bimbach war also von Anfang an Teilgebiet des Klosters Fulda. Die Wallfahrt geht hier zur „Schnepfenkapelle". Der Name leitet sich von einer Legende ab: Ein Mann verirrte sich bei der Schnepfenjagd im Wald, es wurde dunkel und er stand Todesängste aus. Für den Fall seiner Rettung versprach er der Gottesmutter eine Kapelle, die dann auch am Bimbach gebaut wurde. Möglich ist auch, dass sich die Benennung der Kapelle vom nahe gelegenen Schnepfenhof ableitet, dessen Besitzer den Unterhalt der Kapelle versprach, bis sich diese selbst erhalten könne. 1775 wurde jedenfalls eine Kapelle auf dem Grund des Schnepfenhofs erbaut, und zum Ende des Jahrhunderts ist bereits die Wallfahrt zur „Schmerzhaften Muttergottes" nachzuweisen, die bis heute besteht. Bei dem verehrten Gnadenbild handelt es sich um eine vermutlich Ende des 15. Jahrhunderts geschnitzte kleine Holzplastik, die Maria mit dem gerade vom Kreuz abgenommenen Jesus auf dem Schoß darstellt.

Lage: Kleinlüder und Bimbach gehören zur Großgemeinde Großenlüder (Heimatmuseum und Internationale Krippenausstellung) und liegen wenige Kilometer westlich der Bischofsstadt Fulda (u.a. Dom St. Salvator und Bonifatius, Barockviertel, Stadtschloss) im Tal der Lüder am Nordrand des Vogelsberg; Anfahrt über die Autobahn A 7: Ausfahrt Fulda-Nord, weiter auf der Landstraße nach Kleinlüder bzw. auf der Bundesstraße B 254 nach Bimbach. *Anschrift:* Katholisches Pfarramt St. Johannes der Täufer, Scharfe Ecke 4, D-36137 Großenlüder-Kleinlüder, Tel.: 06650/267; Katholisches Pfarramt St. Laurentius, Am Kirchborn 9, D-36137 Großenlüder-Bimbach, Tel.: 06648/616 17, Fax: 0648/91 98 17; Katholisches Pfarramt St. Georg, Herrengasse 6, D-36137 Großenlüder, Tel.: 06648/74 61, Fax: 06648/84 73, E-Mail: HlGeorg@

t-online.de; Gemeindeverwaltung Großenlüder, St.-Georg-Straße 2, D-36137 Großenlüder, Tel.: 06648/95 00-0, Fax: 06648/95 00-95, E-Mail: rathaus@grossenlueder.de; krippen@grossenlueder.de

Kleinsassen

Name der Wallfahrt: Wallfahrt zum hl. Gangolf
Ort der Pfarrei: Kleinsassen
Kirche: Kapelle St. Gangolf auf dem Milseburg
Bistum: Fulda (Deutschland)
Pilgerzeiten: Festtag des hl. Gangolf ist der 11. Mai; auch am 1. Mai, am Pfingstmontag und am Schutzengelfest, dem ersten Sonntag im September finden Wallfahrtsgottesdienste in der Milseburgkapelle statt.

Geschichte: Auf dem Gebiet der Gemeinde Hofbieber, zu der Kleinsassen gehört, liegt die 835 Meter hoch gelegene Milseburg, die größte und bedeutendste Ringwallanlage innerhalb des Rhöngebietes und nach Alexander von Humboldt „der schönste Berg der Rhön". Sie ist ein mächtiger, aus Phonolith aufgebauter Kegelstumpf der so genannten Kuppenrhön, einer Reihe von Vulkanstümpfen, die der eigentlichen Hochrhön im Westen vorgelagert sind.

Um den markanten Berg ranken sich viele Sagen. Die bekannteste besagt, dass die mächtigen Mauern die Burg des Riesen Mils umgaben, der dort zur Zeit der Christianisierung gehaust und immer wieder Felsbrocken gegen das Zentrum der Christen auf dem nahe gelegenen Kreuzberg geschleudert haben soll. Schließlich sank er erschöpft am Fuße des Berges zu Boden und wurde vom Teufel unter seiner eigenen Burg begraben.

Archäologische Funde lassen auf eine intensive Besiedlung ab dem 5. vorchristlichen Jahrhundert schließen. Das terrassenartige Plateau ist mindestens dreimal befestigt worden, drei Zugänge führen in den Ringwall. Hier entstand im frühen Mittelalter eine Burg, die um 1120 vom Abt von Fulda zerstört und danach nicht wieder aufgebaut wurde.

1375 wurde Kleinsassen unter dem Namen „Sassen" erstmals urkundlich erwähnt, ist aber wahrscheinlich schon viel älter. Die Siedlung entstand wohl im 8. oder 9. Jahrhundert.

Unterhalb des Gipfels steht seit dem 15. Jahrhundert eine Kapelle, die verschiedentlich erneuert und umgebaut wurde. Ein Sandsteinrelief stellt den hl. Gangolf dar. Die Entstehung der Wallfahrt ist nicht geklärt, man weiß jedoch von zwei Ablässen für 100 Tage, die 1492 und 1493 für die Kapelle verliehen wurden.

Der hl. Gangolf (andere Namensformen sind Gengulf, Gangulph, Gengolf, Gandulph) ist wohl identisch mit dem Gangvulfus, der 716/731 als Besitzer eines Eigenklosters in Varennes-sur-Amance bei Langres (Ostfrankreich) erwähnt wird. Die Legende erzählt, dass seine Gemahlin ein Verhältnis mit einem Kleriker gehabt haben soll und dieser den Gangolf ermordete (um 760). Seine Verehrung ist bereits im 9. Jahrhundert nachweisbar, wurde im französisch-deutschen Sprachraum besonders durch die Benediktiner und die Ritter gefördert und erreichte im 10. bis 12. Jahrhundert ihren Höhepunkt.

Die Kreuzigungsgruppe auf dem Gipfel der Milseburg stammt aus dem Jahr 1756. Unweit davon befindet sich unter hohen Bäumen eine bewirtschaftete Schutzhütte des Rhönklubs.

1886 kam der Kunstmaler Julius von Kreyfelt nach Kleinsassen, siedelte sich an und wurde neben Friedrich Preller zum Mitbegründer einer Malerkolonie. Dank der attraktiven landschaftlichen Lage kamen immer mehr Maler, und so entwickelte sich Kleinsassen zum Malerdorf der Rhön. Zu diesem Ruf trug auch Paul Klüber bei. Er wurde 1904 in Kleinsassen geboren und ist heute neben Julius von Kreyfelt der bekannteste Maler Kleinsassens.

Jedes Jahr im August findet in den Straßen und Häusern, in Scheunen und Höfen die gutbesuchte Kunstwoche statt, bei der Künstler ihre Arbeiten ausstellen. Die hier ansässige Kunststation Kleinsassen zeigt ganzjährig Ausstellungen von in- und ausländischen Künstlern.

2004 wurde der Milseburg-Radweg eingeweiht. Dieser neue Radweg entstand auf der ehemaligen Bahntrasse Petersberg-Götzenhof über Langenbieber nach Hilders. Er ist deshalb ohne größere Steigungen und relativ leicht zu befahren. Die einfache Streckenlänge beträgt 27 Kilometer. Auf einer Strecke von 1,2 Kilometern führt er durch den „Milseburg-Tunnel", der tagsüber beleuchtet und videoüberwacht ist (vom 1. November bis 31. März geschlossen).

Lage: Kleinsassen (Künstler- und Malerdorf; Puppentheater) gehört zur Gemeinde Hofbieber und liegt rund 10 km östlich der Bischofsstadt Fulda (u.a. Dom St. Salvator und Bonifatius, Barockviertel, Stadtschloss) im Naturpark Hessische Rhön (Wanderparadies!) im Biebertal; Anfahrt über die Autobahn A 7: Ausfahrt Fulda-Nord, weiter auf der Bundesstraße B 458 bis Friesenhausen, von dort auf der Landstraße über Wolferts nach Kleinsassen; die Wallfahrtskapelle auf der 835 Meter hohen Milseburg („Perle der Rhön"; Panoramablick!) ist vom Parkplatz am Fuß des

Berges nur zu Fuß zu erreichen.
Anschrift: Katholisches Pfarramt, Ludwig-Nüdling-Straße, D-36145 Hofbieber-Kleinsassen, Tel.: 06657/66 82; Tourist-Information Hofbieber, Schulweg 5, D-36145 Hofbieber, Tel.: 06657/987-20, Fax: 06657/987-4031, E-Mail: touristinformation@hofbieber.de

Klosterlechfeld

Name der Wallfahrt: Wallfahrt zu „Unserer Lieben Frauen Hilf"
Ort der Pfarrei: Klosterlechfeld
Kirche: Pfarr- und Wallfahrtskirche „Maria Hilf"
Bistum: Augsburg (Deutschland)
Pilgerzeiten: Mai bis September; Hauptwallfahrtstage sind Pfingsten, der Sonntag nach dem 2. Juli (Fest „Mariä Heimsuchung") und der Sonntag nach dem 8. September (Fest „Mariä Geburt"); Gottesdienst (ganzjährig) sonntags 9.00 Uhr
Geschichte: Die Wallfahrtskirche, das Kloster und letztlich auch das Dorf Klosterlechfeld verdanken ihre Entstehung einem Gelübde der Schlossherrin Regina von Imhof, die gegen Ende des 16. Jahrhunderts auf dem Heimweg von Augsburg nach Untermeitingen mit ihrer Kutsche in die Dunkelheit geriet und sich in den nebligen Ebenen des Lechfeldes verirrte. In ihrer Verzweiflung soll sie die Jungfrau Maria um Hilfe angefleht und versprochen haben, eine Kapelle an der Stelle zu errichten, an der sie den Weg wieder finden würde. Kaum hatte sie dies gelobt, riss die Nebelwand auf und sie sah ihr hell erleuchtetes Schloss.

Der Bischof von Augsburg gestattete den Bau eines Kirchleins zu Ehren „Unserer Lieben Frauen Hilf". Die Grundsteinlegung ist für den 7. April 1603 urkundlich belegt. Nachdem der Sohn der Schlossherrin kurz zuvor von einer Italienreise zurückgekehrt war und voll Begeisterung von den beindruckenden Sakralbauten in der Heiligen Stadt berichtet hatte, errichtete der Augsburger Stadtbaumeister Elias Holl das Gotteshaus nach dem Vorbild von Santa Maria Rotunda (Pantheon) in Rom. Bereits am Dreifaltigkeitstag des Jahres 1604 (13. Juni) fand die feierliche Weihe der Rundkapelle zu Ehren der Gottesmutter statt. Da schon bald eine rege Wallfahrt einsetzte, ließ Regina von Imhof 1606 für die Franziskanermönche, die die Pilger betreuen, ein kleines Kloster errichten, und noch im selben Jahre eröffnete man – wie an vielen anderen gut besuchten Wallfahrtsorten auch – ein Gasthaus. Als die Kapelle die Zahl der Gläubigen nicht mehr fassen konnte, wurde 1610 an der Außenseite eine Predigtkanzel angebaut. Gleichzeitig erhöhte man den Rundbau und krönte ihn mit einer Laterne, die nach dem Willen der Stifterin allen Reisenden auf dem

Lechfeld als Wegweiser dienen sollte.

Mitte des 17. Jahrhunderts war der Pilgerstrom derart angewachsen, dass man den Entschluss für eine erneute Vergrößerung der Wallfahrtsstätte fasste und 1656-59 ein Langhaus anfügte. 1690/91 kamen unter der Leitung von Kaspar Feuchtmayer seitlich zwei Rundkapellen mit Zwiebeltürmchen hinzu, wodurch die Kirche ihre heutige äußere Form erhielt. Komplettiert wurde die Anlage 1719 auf Initiative des Ordensprovinzials Sebastian Höß durch den Bau eines steinernen Kalvarienbergs mit 14 Kreuzwegstationen und der Kreuzigungsgruppe unweit der Kirche.

Neben dem Gnadenbild, das Jesus Christus, die Jungfrau Maria und den Erzengel Michael zeigt, wurden in Klosterlechfeld ab 1671 Reliquien des hl. Severus verehrt, 1748 kamen Reliquien des hl. Felix dazu, eines römischen Soldaten, der den Märtyrertod gestorben war. Im Rahmen der Säkularisation wurde Klosterlechfeld 1803 zum Zentralkloster der bayerischen Franziskaner bestimmt, einem „Aussterbekloster", weil keine Novizen mehr aufgenommen werden durften. Dadurch waren zwar Klostergebäude und Kirche vor dem drohenden Abriss gerettet, doch der gesamte Besitz einschließlich des Kirchenschatzes wurde der bayerischen Regierung übereignet. Als König Ludwig I. von Bayern 1830 den Fortbestand des Konvents zusicherte, lebten nur noch vier Mönche und ein Laienbruder im Kloster. 1843 erhielt Klosterlechfeld das Marktrecht, und auch heute noch finden in der Wallfahrtshochsaison vier große Märkte statt. Klösterliches Leben gibt es in Klosterlechfeld jedoch nicht mehr: Wegen Nachwuchsmangels kehrten 1993 die letzten Franziskanermönche dem Ort den Rücken.

Kunst: An der Umgestaltung des Kircheninneren in der ersten Hälfte des 18. Jahrhunderts im Stil des Rokoko waren Franz Xaver Kleinhans (Maurerarbeiten) und Johann Georg Lederer (Fresken) aus Augsburg sowie die Brüder Johann Baptist und Ignaz Finsterwalder aus Wessobrunn (Stuckdekor) maßgeblich beteiligt. Zu den Höhepunkten der reichen Ausstattung gehört die geschnitzte Kanzel des Augsburger Bildhauers Ehrgott Bernhard Bendel mit den vier Evangelisten und den vier abendländischen Kirchenvätern.

Das Zentrum des 1748 umgearbeiteten Hochaltars bildet das Gnadenbild „Maria Hilf". Dabei handelt es sich nicht wie sonst üblich um eine Kopie des von Lukas Cranach d.Ä. (1472-1553) geschaffenen Gemäldes der Gottesmutter mit dem Jesuskind, sondern um eine 1604 von dem Augsburger Bildhauer Christoph Murmann d.J. geschnitzte Figurengruppe: Jesus Christus als Weltenrichter, flankiert vom Erzengel Michael mit Flammenschwert und Schicksalswaage sowie Maria, die ihren Sohn um Gnade für die Menschen bittet.

Unzählige Votivtafeln an den Wänden der 1980 umfassend restaurierten Wallfahrtskirche „Maria Hilf" bezeugen, wie viele Menschen im Lauf der Jahrhunderte nach Klosterlechfeld gepilgert sind und in ihren vielfältigen Anliegen Erhörung und Trost gefunden haben. Insgesamt wurden bis 1803 knapp 8 000 wundersame Begebenheiten aufgezeichnet. Bis auf eine Lücke von wenigen Jahren sind alle Mirakelbücher im Archiv des Bistums Augsburg bzw. des Franziskanerklosters St. Anna in München erhalten.

Lage: Klosterlechfeld liegt zwischen den Flüssen Wertach und Lech rund 20 km südlich der Bischofsstadt Augsburg; Anfahrt über die Autobahn A 96: Ausfahrt Landsberg/Lech-Nord, weiter auf der Bundesstraße B 17 in Richtung Augsburg.

Anschrift: Katholisches Pfarramt Maria Hilf, Franziskanerplatz 6, D-86836 Klosterlechfeld, Tel.: 08232/96 19-0, Fax: 08232/96 19-20, E-Mail: pg.klosterlechfeld@bistum-augsburg.de

Köln/Dom St. Peter und Maria

Name der Wallfahrt: Wallfahrt zu den Hl. Drei Königen (Caspar, Melchior, Balthasar)
Ort der Pfarrei: Köln
Kirche: Hohe Domkirche St. Peter und Maria
Bistum: Köln (Deutschland)
Pilgerzeiten: Ganzjährig; Hauptwallfahrtstag ist das Dreikönigsfest am 6. Januar; der Dom ist täglich von 6.00 bis 19.30 Uhr zugänglich; während der Gottesdienste keine Besichtigung möglich; Gottesdienste sonntags 7.00, 8.00, 9.00, 10.00, 12.00, 17.00 und 18.30 Uhr; Turmbesteigung 9.00 bis 16.00 Uhr (Sommer 18.00 Uhr); Schatzkammer täglich 10.00 bis 18.00 Uhr; Führungen Schatzkammer, hohes Dach und Grabungen nach telefonischer Anmeldung (Dombauverwaltung); ohne Anmeldung (nur Schatzkammer) dienstags 11.00 Uhr, donnerstags 15.00 Uhr; Domführungen mit Binnenchor und Dreikönigenschrein (45 Min.) montags bis samstags 11.00, 12.30, 14.00, 15.30 Uhr, sonntags 14.00 und 15.30 Uhr (Gruppen nur nach Anmeldung)

Geschichte: Der Beginn der Geschichte der Stadt Köln ist ein blutiger. Gaius Julius Caesar, der ab 58 v.Chr. damit begonnen hatte, ganz Gallien zu erobern, besiegte auch den keltisch-germanischen Stamm der Eburonen, der zwischen Rhein und Maas lebte. Zunächst unterwarfen sich die Eburonen, aber im Winter 55/54 v.Chr. erhoben sie sich plötzlich zusammen mit ihren Nachbarstämmen unter der Führung ihrer Häuptlinge Ambiorix und Catavolcus. Sie vernichteten ein ganzes römisches Winterlager mit anderthalb Legionen (ca. 9 000 Mann), einer der schwersten Rückschläge, die Caesar je hinnehmen musste. Mit in Norditalien neu ausgehobenen Legionen kehrte er in die Rheinlande zurück und begann einen Vernichtungsfeldzug gegen die Eburonen. Sein drastisches Vorgehen hatte sich schon bei der Ausrottung der Nervier und im Jahr zuvor durch die Vernichtung der Usipeten und Tenkterer samt Frauen und Kinder gezeigt, für die er später sogar von Cato dem Jüngeren vor dem Senat angeklagt wurde, wobei es wohl weniger um den Genozid an sich als um die für die Anhänger der Republik zu stark gewordene Position Caesars ging.

Die geballte römische Militärmacht von insgesamt zehn Legionen traf den unglücklichen Stamm. Wer nicht getötet oder versklavt worden war, fiel der Rache der Nachbarstämme zum Opfer oder flüchtete über den Rhein zu den Sugambrern und den Ubiern. Danach waren die Eburonen aus der Geschichte verschwunden und das linksrheinische Gebiet weitgehend entvölkert.

Die ostrheinischen Ubier sollten das Erbe antreten. Sie hatten Caesar bei seiner ersten Rheinüberquerung 55 v.Chr. um Schutz vor den Sueben gebeten, woraufhin sie zu Freunden des römischen Staates erklärt worden waren. Nun wurden die Ubier im Rahmen der Neuordnung Galliens unter der Statthalterschaft Agrippas (ab 38 v.Chr.) in das ehemalige Stammesgebiet der Eburonen umgesiedelt. Das Gebiet der Ubier reichte im Süden bis zum Vinxtbach, der Grenze der späteren niedergermanischen Provinz, im Westen bis zur Rur und im Norden bis in die Gegend von Krefeld. Hauptort war zunächst Bonna (Bonn). Eine planmäßige Ansiedlung der Ubier in der Kölner Bucht fand wahrscheinlich erst nach Agrippas zweitem Aufenthalt als Statthalter, 19 v.Chr., statt. Ein Vertrag sicherte den Ubiern den Status von Bundesgenossen der Römer zu. Als zentralen Ort für ihr Stammesgebiet wählten sie ein hochwasserfreies Plateau am Rhein, das sich gut verteidigen ließ und außerdem einen natürlichen, durch eine Rheininsel geschützten Hafen besaß. Die Rheininsel entspricht etwa der heutigen Altstadt, der Rheinarm floß dort, wo sich heute Altermarkt und Heumarkt erstrecken. Wann genau das Oppidum Ubiorum angelegt wurde, ist unbekannt. Die ältesten archäologischen Zeugnisse reichen aber nur wenig über die Zeitenwende hinaus. Die neue Stadt nahm einen raschen Aufstieg als regionale Hauptstadt und Veteranenkolonie. Agrippina die Jüngere, Mutter des Nero, veranlasste ihren Gemahl Claudius 50 n.Chr., ihre Geburtsstadt, das Oppidum Ubiorum, zu einer Kolonie römischen Rechts zu erheben, die fortan den klangvollen Namen „Colonia Claudia Ara Agrippinensium" führte. Das CCAA, Monogramm der Stadt, erscheint immer wieder auf alten Römersteinen und Inschriften. Köln wurde später Sitz des vom Kaiser eingesetzten Statthalters von Niedergermanien und damit Hauptstadt der neugeschaffenen Provinz. Davon zeugen heute noch die Ausgrabungen des Prätorium genannten Statthalterpalastes, die unter dem neuen Rathaus zu besichtigen sind. In Köln waren zwar keine Legionen stationiert, aber die römische Rheinflotte (Altenburger Flottenkastell im Süden der Stadt) und die Garde des Statthalters.

Das Christentum etablierte sich wahrscheinlich in der ersten Hälfte des 3. Jahrhunderts. 310 n.Chr. kam Konstantin der Große (306-37), der seit 306 n.Chr. als Kaiser im Westen des Römischen Reiches für die Verteidigung der Rheingrenze zuständig war, nach Köln und ließ von den Soldaten der XXII. Legion eine feste Rheinbrücke aus Holz mit steinernen Pfeilern errichten. Ihr rechtsrheinischer Brückenkopf wurde durch das 150 Quadratmeter große Kastell Divitia gesichert, aus dem sich im Laufe der Jahrhunderte der Stadtteil Deutz entwickeln sollte. Brücke und Kastell ermöglichten eine schnelle Verlegung von Truppen auf die andere Rheinseite. Die Konstantinsbrücke war bereits um 400 verfallen. Bis 1855 sollte es keine feste Rheinbrücke mehr in Köln geben.

Der erste überlieferte Kölner Bischof ist Maternus im Jahre 313. Die Lage seiner Bischofskirche ist unbekannt. 355 n.Chr. erhob sich der fränkische Heeresmeister Silvanus, der die Aufgabe hatte, die römische Grenzverteidigung in Germanien zu organisieren, in Köln zum Kaiser, wurde aber bald darauf ermordet. Die ripuarischen Franken, ein Konglomerat aus verschiedenen, hier bereits erwähnten Germanenstämmen, nutzten das Machtvakuum und eroberten noch im gleichen Jahr das römische Köln. Die Stadt wurde geplündert und teilweise zerstört. Schon ein Jahr später, 356 n.Chr., gelang es jedoch dem Feldherrn Julian Apostata, ab 360 Kaiser, die Franken zu besiegen und wieder aus dem Rheinland zu vertreiben. Er ließ das verwüstete Köln wieder aufbauen und reorganisierte die Grenzverteidigung. 402 zogen die Römer den Großteil der Grenztruppen aus dem Rheinland ab, um Oberitalien gegen die Westgoten Alarichs zu

Köln/Dom St. Peter und Maria

verteidigen. Kölns römische Zeit war damit endgültig abgelaufen: 410 setzten sich die Franken in Deutz fest, 425 wird zum letzten Mal ein römischer Statthalter in Köln urkundlich erwähnt.

Seit etwa 795 führten die Bischöfe von Köln den Titel eines Erzbischofs. Im Hochmittelalter endeten die jahrelangen Kämpfe der Kölner Erzbischöfe mit den Patriziern 1288 vorläufig durch die Schlacht bei Worringen, bei der das Heer des Erzbischofs gegen das des Grafen von Berg und der Kölner Bürger unterlag. Seitdem gehörte die Stadt nicht mehr zum Erzstift, der Erzbischof durfte sie nur noch zu religiösen Handlungen betreten. 1475 wurde Köln dann offiziell freie Reichsstadt. Napoleon löste 1794 das Erzbistum Köln auf, 1821 wurde es durch Papst Pius VII. neu gegründet. Dabei gingen das Sauerland, das Siegerland und die Soester Börde an Paderborn über. 1930 spaltete sich das Gebiet des heutigen Bistums Aachen vom Erzbistum Köln ab, 1958 verlor das Erzbistum Teile seiner Diözese an das neu gegründete Bistum Essen.

Wo heute der Dom St. Peter und Maria steht, war seit spätrömischer Zeit Versammlungsort der ersten Christen in Köln. Mehrere Gotteshäuser wechselten sich an dieser nahe der Stadtmauer gelegenen Stelle ab. Der 870 vollendete und bis ins 13. Jahrhundert existierende karolingische Dom hatte an beiden Enden des Langhauses je ein Querhaus und einen Chor. Der östliche Altar war der Gottesmutter Maria geweiht, der im Westen dem hl. Petrus.

Im Jahre 1164 ließ Erzbischof Rainald von Dassel die Reliquien der Hl. Drei Könige nach Köln überführen, wodurch der Dom zu einer der wichtigsten Wallfahrtskirchen Europas wurde und bald dem Ansturm der Gläubigen nicht mehr genügte. 1248 brannte beim Versuch, zunächst nur den Ostchor mit Brandabbruch niederzulegen, das ganze Gotteshaus ab, der nötige Bauplatz war nun also auch so frei. Die Westteile stellte man provisorisch wieder her, um in ihnen die hl. Messe feiern zu können. Als Architekten des gotischen Doms fungierte Meister Gerhard, gefolgt von Meister Arnold (1271-1308) und dessen Sohn Johann (1308-31).

1322 konnte der Chor eingeweiht werden. Bedeutende Kunstwerke und Reliquiare, die bereits im Alten Dom ihren Platz hatten, wie das Gerokreuz und der Schrein der Hl. Drei Könige, übertrug man in den Neubau, der nun auch zur endgültig letzten Ruhestätte u.a. von Erzbischof Philipp von Heinsberg oder der hl. Irmgardis wurde. Danach errichtete man bis etwa 1530 die Seitenschiffe des Langhauses und zwei Stockwerke des Südturms. Geldmangel führte dann aber zum Baustopp. Das Mittelschiff des Langhauses erhielt ein Notdach, und der Kran auf dem halbvollendeten Südturm sollte jahrhundertelang zur typischen Stadtsilhouette von Köln gehören. Lediglich das Kircheninnere wurde in der Folgezeit reich ausgestattet.

Ab 1794 nutzten die Revolutionstruppen den Kölner Dom einige Jahre für profane Zwecke, etwa als Lagerraum. Erst 1801 wurde er wieder zum Gotteshaus geweiht, und 1842 entschloss man sich zum Weiterbau. Etwa die Hälfte des Geldes kam aus der preußischen Staatskasse, die andere Hälfte brachte der von engagierten Kölner Bürgern gegründete Zentral-Dombau-Verein auf. Man hielt sich zwar genau an die mittelalterlichen Pläne, konnte sich aber modernster Bautechnik bedienen. So waren die beiden Querhausfassaden und die Obergadenzone von Langhaus und Querschiff schon 1864 fertig. Der Holzdachstuhl über dem mittelalterlichen Chor wurde durch eine Eisenkonstruktion über dem Gesamtbau ersetzt, eine der fortschrittlichsten dieser Zeit. 1880 gingen auch die Türme ihrer Vollendung entgegen, und am 15. Oktober jenes Jahres konnte der Dom in Gegenwart Kaiser Wilhelms I. geweiht werden. Mit den 156 Meter hohen Türmen war er nicht nur das damals höchste Bauwerk der Welt, sondern ist bis heute auch eine der größten Kirchen überhaupt. Die beeindruckenden Maße sind: 144 Meter Länge, 45 Meter Breite, 43 Meter Innenhöhe und 75 Meter Länge der Querschiffe.

Der südliche Turm ist bis zu einer Höhe von 95 Metern zu besteigen. Hier schwingen die größten Kirchenglocken der Welt; die St.-Peters-Glocke allein hat ein Gewicht von 500 Zentnern.

Obwohl von vierzehn schweren Fliegerbomben getroffen, überstand das Gotteshaus den Zweiten Weltkrieg, allerdings mit schweren Schäden, von denen einige bis heute nicht behoben sind. Der Kölner Dom ist eine „ewige" Baustelle, nicht zuletzt aufgrund der zunehmenden Umweltbelastung.

Am 5. Juli 2004 setzte das UNESCO-Welterbekomitee den Kölner Dom auf die Liste des Welterbes in Gefahr. Das Komitee tat dies wegen der Gefährdung der visuellen Integrität des Doms und der einzigartigen Kölner Stadtsilhouette durch die Hochhausplanungen auf der dem Dom gegenüberliegenden Rheinseite, die dann auch heftig in die Kritik gerieten. Im Juli 2005 entschied das Komitee in Durban, den Kölner Dom vorerst auf der Liste des gefährdeten Welterbes (der so genannten „Roten Liste") zu belassen. Auf der nächsten Tagung im Sommer 2006 soll erneut über den Welterbestatus des Doms beraten werden. Die 21 Mitglieder des Welterbekomitees geben der Stadt Köln damit die Möglichkeit, ihre Hochhauspläne im Sinne der Welterbekonvention nachzubessern.

Wallfahrten nach Köln sind seit dem Mittelalter belegt, zunächst zu den Reliquien von St. Gereon und St. Ursula, dann aber ab 1164 vor allem zu den Gebeinen der Hl. Drei Könige. Kaiser Friedrich Barbarossa hatte diese Reliquien seinem Kanzler, dem Kölner Erzbischof Rainald von Dassel, zum Dank für dessen Hilfe bei der Eroberung Mailands im Jahre 1162 geschenkt. Zur Krönungsreise der deutschen Kaiser nach Aachen gehörte ab dann auf dem Rückweg ein Besuch am Dreikönigsschrein in Köln.

Die Pilgermassen brachten viel Geld mit in die Stadt, was auch zu einer verstärkten Ansiedlung und einem sprunghaften Anstieg der Stadtbevölkerung führte. Im Mittelalter war Köln zeitweise die größte Stadt Europas.

An den vorher sehr populären Kult der hl. Ursula erinnern die elf schwarzen Flammen, die seit dem 16. Jahrhundert im Kölner Stadtwappen auftauchen. Ursula war eine bretonische Prinzessin, die auf der Rückfahrt von einer Pilgerreise nach Rom mitsamt ihren elf oder 11 000 Gefährtinnen von den Hunnen ermordet wurde, die damals gerade Köln belagerten. Die legendären Jungfrauen werden im Stadtwappen durch die elf tropfenförmigen Hermelinschwänze symbolisiert, die wiederum an das Wappen der Bretagne erinnern, dort heute allerdings durch bourbonische Lilien ersetzt.

Als einer der Höhepunkte des „Heiligen Kölns" in der zweitausendjährigen christlichen bzw. katholischen Geschichte ist sicher der XX. Weltjugendtag vom 15. bis 21. August 2005 zu erwähnen. Rund 26 000 Freiwillige aus 160 Staaten begrüßten Gäste aus 196 Staaten in den Städten Köln, Bonn und Düsseldorf. Zu diesem Großereignis waren bis zur Abschlussmesse auf dem Marienfeld, einem stillgelegten Tagebau nahe dem Vorort Frechen, über 1 000 000 Menschen im Kölner Großraum zu Gast. Der neue Papst Benedikt XVI. unternahm zu diesem Anlass seine erste Pontifikalreise nach seiner Inthronisation und besuchte die Stadt vom 18. bis 21. August. Bei dieser Gelegenheit bestätigte er noch einmal den Titel „Heiliges Köln".

Kunst: Der Kölner Dom ist nach dem Vorbild der Kathedrale von Amiens angelegt, im Unterschied zu dieser aber mit fünf Schiffen und einem dreischiffigen Umgang um den Chor, der im Chorhaupt in einen Umgang mit einem Kranz von sieben Kapellen mündet, an die sich zwei weitere im Vorchor anschließen. Die Weite der Räume und Umgänge waren auf die Pilgerströme zugeschnitten, die den Dreikönigsschrein in der Kreuzung von Langhaus und Querarm umwandern sollten.

In der Marienkapelle (die letzte am südlichen Chorumgang) findet man das berühmte Bild Stephan Lochners, die „Anbetung der Könige" mit den Heiligen Gereon und Ursula und ihren Jungfrauen (1440).

Der Hochaltar (um 1320) ist ein Block mit allseitigem Figurenschmuck. Hinter ihm ist der kostbare Dreikönigsschrein aufgestellt, dessen Holzkern mit Gold- und Silberblech überzogen (2,10 Meter lang) ist. Meister Nikolaus von Verdun fertigte zwischen 1180 und 1220 diesen größten und reichsten Schrein der Stauferzeit: An den Langseiten sitzen die Apostel und Propheten, an der Stirnseite thront Christus. Die Hl. Drei Könige kommen mit ihren Geschenken, König Otto IV. als Stifter dieser Schaufront hat sich ihnen angeschlossen. Gegenüber ist die Taufe Christi zu sehen. Die Rückseite zeigt die Figur Rainald von Dassels. Der Schrein, lange Zeit im Chorumgang verwahrt, steht jetzt im Chor hinter dem Hochaltar. Bei der letzten Restaurierung (1961-73) stellte man ihn weitgehend in der ursprünglichen Form wieder her.

Die Schatzkammer des Doms gehört mit ihren Handschriften, liturgischen Gewändern und Gerät zu den reichsten in Europa. Schon seit dem 9. Jahrhundert ist für den Kölner Dom ein kostbarer Kirchenschatz bezeugt. Zunächst in der bereits 1212 erwähnten „Goldenen Kammer" aufbewahrt, wurde der Domschatz Mitte des 19. Jahrhunderts in Räumen des nördlichen Querhauses erstmals öffentlich ausgestellt. Seit Herbst 2000 ist er in den ausgebauten historischen Kellergewölben des 13. Jahrhunderts an der Nordseite des Domes zu bewundern. Auf rund 500 Quadratmetern bekommt der Besucher u.a. wertvolle Reliquiare, liturgische Geräte und Gewänder vom 4. bis zum 20. Jahrhundert und mittelalterliche Skulpturen sowie fränkische Grabfunde zu sehen.

Zu den wichtigsten Stücken des Domschatzes gehören der Petrusstab und die Petrusketten. Bis zur Übertragung der Gebeine der Hl. Drei Könige waren sie die Hauptreliquien des Doms. Weitere Teile des Reliquienschatzes sind auch noch zwei Kreuzreliquientriptychen, zwei Büstenreliquiare des 15. und 19. Jahrhunderts und der barocke Schrein des hl. Engelbert (1633).

Der wohl zur Weihe des Chores im

Jahre 1322 geschaffene gotische Bischofsstab und ein auf um 1480 datiertes Kurzschwert sind Zeichen der geistlichen und weltlichen Macht der Kölner Erzbischöfe.

Zu einer archäologischen Sensation kam es, als Otto Doppelfeld am 10. April 1959 sechs Meter unter der Domschatzkammer im Bereich des Hochchores ein reiches Frauengrab aus der Merowingerzeit entdeckte. Die Grablege eines sechsjährigen Knaben kam dazu. Doppelfeld vermutete in der Dame Wisigarde, die Tochter des Langobardenkönigs Wacho und Frau Theudeberts I., und einen namentlich nicht bekannten Prinzen, beide um 550 bestattet. Dass der Knabe auch königlichen Blutes war, beweist der goldene Stempelarmreif. Die Fundstücke waren außergewöhnlich: Gold- und Edelsteinschmuck, darunter Bügelfibeln, Goldmünzen, Ohrringe, Broschen, Ketten, Ringe und ein Armreif, Reste einer golddurchwirkten Stirnbinde, ein Schmuckkästchen, ein Bronzebecken sowie zahlreiche Glasgefäße, darunter eine Flasche mit einer unbekannten Flüssigkeit. Für die Archäologen sensationell war aber vor allem, dass die beiden Gräber über 1 400 Jahre lang unentdeckt geblieben und damit seit dem Tag der Beisetzung bis zum Tag des Fundes völlig unberührt und unzerstört waren. Dies ermöglicht u.a. die Datierung vergleichbarer Funde, hat man hier doch ausnahmsweise die genaue Zeit der Grablege erfasst. Auch die Tragweise von Trachtteilen wie etwa den Bügelfibeln kann so geklärt werden. Wissenschaftliche Analysen der jüngsten Zeit beweisen, dass die edle Dame und der Junge nicht – wie zunächst vermutet – miteinander verwandt waren, und dass beide höchstwahrscheinlich einer Blei-/Molybdän-Vergiftung erlagen, also ermordet worden waren.

Der um 1442 von dem Kölner Maler Stefan Lochner (gestorben 1451) für die Ratskapelle der Stadt Köln gemalte Flügelaltar ist das wichtigste Werk der spätgotischen Kölner Malerschule. Er wurde 1810 auf Veranlassung des Kölner Gelehrten, Geistlichen und Kunstsammlers F.F. Wallraf in den Dom übertragen, nachdem man ihn 1794 vor den französischen Revolutionstruppen versteckt hatte. Er steht heute auf dem Altar der Marienkapelle. Schließt man den Altar, ist die Verkündigung des Engels an Maria zu sehen. Das Erscheinungsbild ist einheitlich, obwohl es auf zwei eigens gerahmte Tafeln verteilt ist.

An den Pfeilern des Binnenchores stellte man um 1280 überlebensgroße Figuren der Zwölf Apostel mit Christus und Maria im Chorscheitel auf. Darüber erheben sich Engel mit verschiedenen Musikinstrumenten. Der Gedanke, der dahintersteht, die Apostel als Stützen der Kirche mit den Säulen des Kirchenbaus gleichzusetzen, ist 1248 erstmals aus der Sainte-Chapelle in Paris bekannt, die vielleicht als Vorbild gedient haben mag.

Das Gerokreuz, die erste erhaltene Monumentalfigur des gekreuzigten Christus, wurde von Erzbischof Gero (gestorben 976) gestiftet. Im Alten Dom stand es an der Begräbnisstätte des Stifters. Im neuen Dom findet man es seit etwa 1350 an der heutigen Stelle an der Ostwand der Kreuzkapelle. Die Strahlensonne hinter dem Kreuz und der Mamoraltar kamen erst 1683 hinzu, vom Domherrn Heinrich Mering gestiftet.

Um 1280/90 entstand als ein Werk der Kölner Dombauhütte die hochgotische Figur der Mailänder Madonna. Ursprünglich stand dieses älteste Mariengnadenbild des Doms, eine farbig gefasste Holzfigur, unter einem giebelbekrönten Baldachin auf dem Altar der Marienkapelle. Es ist den Chorpfeilerfiguren sehr ähnlich und hat wohl ebenfalls französische Vorbilder. Die Farben der Figur sowie Zepter und Krone sind aus der Zeit um 1900.

Im Zentrum des Chorhauptes steht der mächtige Block des mittelalterlichen Hochaltars, der am 27. September 1322 zu Ehren des hl. Apostels Petrus geweiht wurde. Der gemauerte Altartisch ist außen mit schwarzem Marmor verschalt. Die an einem Stück gearbeitete Deckplatte ist der größte Stein des Doms.

Im Binnenchor des Kölner Doms steht eines der größten erhaltenen mittelalterlichen Chorgestühle mit 104 Sitzen. Seine Unterkonstruktion konnte dendrochronologisch auf etwa 1308 bis 1311 datiert werden. Das Gestühl war nicht nur für die 24 Domkapitulare und ihre 27 Vertreter vorgesehen, sondern diente auch weltlichen und geistlichen Besuchern des Domkapitels zum Sitzen. Eigene Plätze waren für den Papst und den deutschen Kaiser reserviert.

Die so genannte Schmuckmadonna ist von einem überlangen Kleid aus weißer Seide eingehüllt, aus dem nur Hände und Köpfe Marias und des Jesuskindes herausragen. Unter dem 1991 erneuerten Gewand verbirgt sich eine zierliche Holzfigur, deren farbige Bemalung und Teilvergoldung gut erhalten ist. Die barocke Skulptur stammt wahrscheinlich aus dem späten 17. Jahrhundert. Maria steht auf der Mondsichel, auf ihrem rechten Arm das Kind tragend, das seine linke Hand auf die Weltkugel stützt. Vor 1991 war die Figur mit zahlreichen Geschmeiden dicht behängt, zum größten Teil persönliche Schmuckstücke wie Gold- und

Perlenketten, kleine Kreuze, Ringe, Armreifen, Ohrschmuck und Uhren aus Gold. Am 4. Januar 1969 zertrümmerte jemand die Scheibe vor der Madonna und stahl einen Teil der Votivgaben.

In der Agneskapelle findet sich das Reliquiengrab der hl. Irmgard von Zutphen (Süchteln), eine Station auf dem Weg der Pilger durch den Chorumgang bildend. Irmgard hatte dem Erzstift Köln ihre Burg Aspel überlassen. Diese Schenkung stellt auch das Wandbild an der Nordwand der Kapelle dar. Im Mittelfeld steht die Heilige auf der linken Seite, rechts als Empfänger der hl. Petrus als Patron des Doms und in der Mitte ein Gebilde, das die Burg Aspel darstellen soll.

Erst 1893 gelangte die aus Holz geschnitzte Figur der hl. Ursula aus der Sammlung des Frankfurter Stadtpfarrers Ernst Franz August Münzenberger in den Dom. Die modern anmutend gekleidete Heilige hält in ihrer linken Hand einen Pfeil, der auf ihr in Köln stattgefundenes Martyrium hinweist. Ihre Rechte schützt eine Gruppe von zehn Jungfrauen, die bei ihr Zuflucht gefunden haben. Im 15. und 16. Jahrhundert war der Typ der Schutzmantel-Ursula innerhalb der Kölner Ursulaverehrung besonders beliebt.

Lage: Der weithin sichtbare Kölner Dom (zahlreiche weitere Kirchen; nahe beim Dom u.a. Römisch-Germanisches Museum) liegt im Herzen der Rheinmetropole nahe am linken Flussufer und in unmittelbarer Nähe des Hauptbahnhofs; Autofahrern sei empfohlen, ihr Fahrzeug auf einem Park-and-Ride-Parkplatz vor den Toren der Stadt abzustellen und mit der Bahn in die Innenstadt zu fahren.

Anschrift: Dombauverwaltung, Roncalliplatz 2, D-50667 Köln, Tel.: 0221/179 40-555 (Führungen Schatzkammer), E-Mail: info@domschatzkammer-koeln.de; Domforum, Domkloster 3, D-50667 Köln, Tel.: 0221/92 58 47-20 (Domführungen), Fax: 0221/92 58 47-31; Dompropstei, Margarethenkloster 5, D-50667 Köln, Tel.: 0221/179 40-100, Fax: 0221/179 40-199, E-Mail: dompropstei@metropolitankapitel-koeln.de; Katholisches Dompfarramt, Domkloster 3, D-50667 Köln, Tel.: 0221/179 40-200, , Fax: 0221/179 40-299, E-Mail: pfarrbuero@dompfarramt-koeln.de; Pilgerbüro, Schwalbengasse 10, D-50667 Köln, Tel.: 0221/25 76-246, Fax: 0221/25 76-189, E-Mail: info@lourdes-verein.de

Kornelimünster

Name der Wallfahrt: Wallfahrt zum hl. Cornelius (Kornelius)
Ort der Pfarrei: Kornelimünster
Kirche: Abteikirche St. Kornelius

Bistum: Aachen (Deutschland)
Pilgerzeiten: Hochfest am 16. September (Festtag des hl. Cornelius); Gottesdienst sonntags in der Abteikirche (ganzjährig) 10.30 Uhr (Hochamt)
Geschichte: Cornelius, ein gebürtiger Römer, war nach der ältesten römischen Bischofsliste der 20. Nachfolger des Petrus in der Leitung der etwa 30 000 Mitglieder umfassenden römischen Christengemeinde, in Anbetracht der Gesamtbevölkerung der Stadt von ca. einer Million immer noch eine verschwindend geringe Minderheit. Sein Vorgänger Fabianus (Hl.) war am 20. Januar 250 eines der ersten Opfer der Christenverfolgungen unter Kaiser Decius (249-51) geworden. Erst nach dem Abklingen der Verfolgung wurde der Presbyter (Gemeindeälteste) Cornelius im März 251 von der Mehrheit zum neuen Bischof von Rom gewählt.

Cornelius wurde im Juni 253 von Kaiser Gallienus (253-68), der wieder gegen die Christen vorging, nach Centumcellae westlich von Rom (heute Civitavecchia) verbannt, wo er am 14. September des gleichen Jahres starb – wahrscheinlich eines natürlichen Todes und nicht als Märtyrer durch das Schwert, wie die Legende erzählt. Bestattet wurde Cornelius in der Calixtus-Katakombe an der Via Appia (Katakomben San Callisto), wie auch sein Nachfolger Lucius (bis März 254), der ebenfalls durch eine spätere Legende zum Märtyrer erhoben wurde.

Reliquien des hl. Cornelius befinden sich heute in St. Severin zu Köln, sein Haupt in der Benediktiner-Reichsabtei Kornelimünster. Cornelius ist Kanonheiliger, d.h. ein Heiliger der katholischen Kirche, dessen Name im Messkanon, dem Hochgebet, genannt wird. Außerdem ist er einer der so genannten vier hl. Marschälle – neben Quirinus von Neuß, der um 130 in Rom den Märtyrertod starb, Antonius dem Großen (um 251-356), dem Vater des christlichen Mönchtums, und Bischof Hubertus von Lüttich (um 655-727). Man wähnte sie – wie weltliche Hofmarschälle vor dem Thron des Fürsten – besonders nahe bei Gott, weshalb ihre Fürbitte bei Seuchen und allen persönlichen Nöten als besonders wirksam galt. Sie wurden vor allem im Rheinland hauptsächlich vom 14. bis 17. Jahrhundert, aber auch heute wieder im Kölner Raum verehrt.

Die schnelle Verbreitung des Kults des Cornelius in Gallien, das auf dem Land noch bis zum Ende der Antike keltisch geprägt war, mag mit dem Gleichklang seines Namens mit dem des keltischen Waldgottes Kernunnos (der griechische Pan) zusammenhängen. Der gehörnte Gott des grünen Waldes und seiner Tiere diente paradoxer Weise später auch als Vorbild für das christliche Bild des Teufels.

Kornelimünster, zehn Kilometer südlich von Aachen gelegen, wird wegen seines noch intakten mittelalterlichen Siedlungsbildes auch das „Kleinod an der Inde" genannt. Im historischen Ortskern leben heute etwa 500 Einwohner. Seit 1972 gehört Kornelimünster zur kreisfreien Stadt Aachen. Die Siedlungsgeschichte reicht bis in die Zeit um Christi Geburt zurück, ausgegrabene römische Tempelanlagen datieren aus dem Jahr 260. Als „monasterium ad Indam", das Kloster am Fluß Inde, wurde Kornelimünster um 814 vom Abt Benedikt von Aniane (750-821), einem Berater und Freund von Kaiser Ludwig dem Frommen, gegründet und bald ein bedeutender Wallfahrtsort. Grund dafür war, dass der Herrscher zur Einweihung des Klosters das Schürztuch, das Grabtuch und das Schweißtuch Christi aus der Aachener Pfalzkapelle als Reliquienschatz stiftete. Durch einen Reliquientausch mit St.-Corneille-de-Compiègne (bei Paris) sollen im 9. Jahrhundert unter Kaiser Karl dem Kahlen, dem Enkel Karls des Großen, die Reliquien von Papst Cornelius nach Kornelimünster gekommen sein. Die Verehrung des Heiligen nahm schnell zu und verdrängte im 11. Jahrhundert das ursprüngliche Salvator-Patrozinium des Klosters. Ab dem 12. Jahrhundert bürgerte sich der heutige Name ein. Im 16. Jahrhundert war der Andrang der Pilger so groß, dass die Kirche erweitert werden musste. 1802 löste Napoleon im Zuge der Säkularisation das Kloster auf und funktionierte es in eine Fabrik um. Der Abriss der Abteimauern veränderte auch das historische Ortsbild. 1906 kamen die Benediktiner nach Kornelimünster zurück, siedelten allerdings nicht mehr in den alten, nun profanisierten Klostergebäuden. Die Weltkriege verschonten die Stadt weitgehend, deshalb prägen noch heute die Bürgerhäuser des 17. und 18. Jahrhunderts Kornelimünster. Die Kirche des neuen Klosters wurde erst nach dem Zweiten Weltkrieg 1951-56 errichtet.

Die Tradition der Kornelioktav um den Festtag des Heiligen am 16. September wurde nach der Aufhebung der Reichsabtei von der Pfarrgemeinde Kornelimünster weitergeführt und ist auch heute noch sehr lebendig. Der Konvent der Benediktiner lässt am Schlusstag der Oktav das Hochamt und die Vesper in der Abteikirche ausfallen und nimmt an den Abschlussfeiern der Oktav in der Pfarrgemeinde teil. Auch ein historischer Jahrmarkt findet in dieser Woche statt und zieht viele Menschen an. Während der alle sieben Jahre durchgeführ-

ten Aachener Heiligtumsfahrt zeigt man in Kornelimünster die Hauptreliquien des Cornelius den Pilgern.
Kunst: In der Kirche der alten Reichsabtei Kornelimünster kann man während der Kornelioktav das Kopfreliquiar des Heiligen (um 1360), eine Corneliusstatue (um 1460) und ein Armreliquiar (18. Jahrhundert) besichtigen. Die Kirche vereint Stilrichtungen von der Romanik bis zum Barock, die kleine Corneliuskapelle dagegen ist ein reines Barockschmuckstück, erbaut 1706.
Lage: Kornelimünster ist ein Vorort der Bischofsstadt Aachen und liegt rund 10 km südöstlich vom Zentrum; Anfahrt über die Autobahn A 44: Ausfahrt Aachen-Brand, weiter auf der Bundesstraße B 258 Richtung Kornelimünster; vom Aachener Hauptbahnhof bestehen Busverbindungen nach Kornelimünster (Linie 55 oder 65).
Anschrift: Katholisches Pfarramt St. Kornelius, Propstei Kornelimünster, Benediktusplatz 11, D-52076 Aachen-Kornelimünster, Tel.: 02408/21 06, Fax: 02408/93 09 42; Benediktinerabtei Kornelimünster, Oberforstbacher Straße 71, D-52076 Aachen-Kornelimünster, Tel.: 02408/30-55, Fax: 02408/30-56, E-Mail: Benediktiner@abtei-kornelimuenster.de

Kottingwörth

Name der Wallfahrt: Wallfahrt zum hl. Vitus (Veit)
Ort der Pfarrei: Kottingwörth
Kirche: Pfarrkirche St. Vitus
Bistum: Eichstätt (Deutschland)
Pilgerzeiten: Der Festtag des hl. Vitus ist der 15. Juni.
Geschichte: Kottingwörth kam durch einen Gebietstausch im Jahre 1313 zu Eichstätt. 1760 wurde die alte Pfarrkirche, deren Ursprünge bis ins 11. Jahrhundert zurückgingen, bis auf die zwei Türme aus der ersten Hälfte des 16. Jahrhunderts abgerissen und nach dem Plan des Eichstätter Dombaumeisters Dominikus Barbieri neu erbaut, wobei die Türme „Welsche Hauben" bekamen. Zum Patron des neuen, 27 Meter langen und 23 Meter breiten Gotteshauses wurde der hl. Vitus (Veit) erhoben, der über lange Zeit einer der angesehensten Heiligen des Abendlandes war und noch heute zu den Vierzehn Nothelfern zählt.
Die Legenden nennen eine Vielzahl von Martyrien, denen der vermutlich aus Sizilien stammende Vitus zur Zeit der Christenverfolgungen unter Kaiser Diokletian (284-305) in Rom ausgesetzt war und die er unbeschadet überstand: den Kessel mit siedendem Öl, der seine Haut nicht verletzte, den hungrigen Löwen, Wölfen oder Wolfshunden, die sich zahm zu seinen Füßen niederlegten oder die Folterbank,

der er durch ein Erdbeben entkam. Ein Engel soll ihn von Rom nach Süditalien geführt haben, wo er viele Jahre später eines natürlichen Todes starb. Der Überlieferung nach wurden seine Gebeine im Jahr 583 dort gefunden und 756 in das Benediktinerkloster Saint-Denis bei Paris gebracht. Teile davon sollen 836 in die Abtei Corvey (bei Höxter an der Weser) gekommen sein, und Herzog Wenzel I. von Böhmen (der Heilige; ermordet 929) soll 925 einen Arm des Vitus erworben und ihm zu Ehren den Vorgängerbau des Veitsdomes in Prag errichtet haben. Auch Kaiser Karl IV. beteiligte sich 1355 am Handel mit den Gebeinen des Heiligen, dessen angebliche Reliquien heute an über 150 Orten in ganz Europa verehrt werden.

Kunst: Das Innere der markanten Kottingwörther Pfarrkirche mit ihren zwei wuchtigen Zwiebeltürmen besticht durch mehrere Barockaltäre und prachtvolle Deckenfresken von Christian Erhardt aus Augsburg, der auch das Gemälde des Hochaltars schuf, das die Martyrien des hl. Vitus beschreibt. Der Hochaltar im Stil des Rokoko beeindruckt durch seine rötlichen Marmorsäulen und die zahlreichen vergoldeten Ornamente. Die Seitenaltäre sind der Gottesmutter und dem hl. Sebastian geweiht.

In einer Wandnische findet sich ein verwittertes Sandsteinrelief aus dem 15. Jahrhundert, das die Anbetung der Heiligen Drei Könige darstellt. Wie auch die Skulpturen der Diözesanpatrone Willibald und Walburga hatte es einst seinen Platz an der Außenwand der Kirche, wurde aber aus konservatorischen Gründen im Inneren aufgestellt.

Das kunsthistorische Prunkstück aber ist die um 1310 erbaute und gänzlich mit Fresken ausgemalte Vituskapelle im Ostturm. Die frühgotischen Malereien wurden erst 1891 entdeckt und in den folgenden Jahren restauriert.

Außerdem kann die Pfarrkirche von Kottingwörth eines der bedeutendsten Geläute im Bistum Eichstätt ihr Eigen nennen: Die Glocken des Hauptgeläutes hängen in einem historischen Glockenstuhl, der jedoch keinen geschlossenen Boden hat, sondern nur das Balkenskelett. Zwei der insgesamt vier Glocken stammen aus dem 15. Jahrhundert (beide wohl vom selben Gießer), eine aus dem 17. und eine weitere aus dem frühen 18. Jahrhundert. Aufgrund seines ganz eigenen Klangbildes ist dieses Geläute unverwechselbar. Im zweiten Weltkrieg mussten die Glocken abgeliefert werden, kamen aber unversehrt wieder nach Kottingwörth zurück. Angeblich wollte einst selbst der Bischof von Eichstätt die größte Glocke für seinen Dom haben, wie eine hübsche

Legende berichtet: Die Kottingwörther hängten sie gehorsam ab, luden sie auf ein Gespann und machten sich auf den Weg nach Eichstätt. Unweit des Ortes ging es leicht bergauf, und die Pferde wollten nicht mehr so recht. Man machte eine Pause, bedachte die Sache noch einmal und kam zu dem Schluss, der Bischof solle sich eine eigene Glocke kaufen, sie würden die ihre behalten. Erstaunlicherweise akzeptierte der Bischof die Ausrede von den faulen Pferden, und die Glocke kam wieder in den Turm von Kottingwörth. Der Hügel aber, an dem die Pferde halt gemacht hatten, hieß fortan „Glockenhügel".

Lage: Kottingwörth liegt im Naturpark Altmühltal (Radwanderweg Altmühltal!) zwischen Beilngries und Dietfurt; Anfahrt über die Autobahn A 9: Ausfahrt Altmühltal, weiter auf der Landstraße entlang der Altmühl über Kinding nach Beilngries und von dort nach Kottingwörth.

Anschrift: Katholisches Pfarramt St. Vitus Kottingwörth, Pfarrgasse 7, D-92339 Beilngries; Tel. 08461/84 35 (Touristik-Verband Beilngries)

Kranenburg

Name der Wallfahrt: Wallfahrt zum Hl. Kreuz
Ort der Pfarrei: Kranenburg
Kirche: Pfarr- und Wallfahrtskirche St. Peter und Paul
Bistum: Münster (Deutschland)
Pilgerzeiten: Offizielle Eröffnung der Wallfahrtszeit am ersten Sonntag im Juli mit der deutsch-niederländischen Schützenwallfahrt; jährlicher Höhepunkt ist das Kreuzfest mit feierlicher Prozession (Kreuztracht) am Sonntag nach dem 14. September (Fest „Kreuzerhöhung"); jeden Freitag 8.30 Uhr Kreuzamt mit Predigt und Kreuzsegen; für Pilgergruppen sind nach Absprache mit dem Pfarramt eigene Gottesdienste möglich.

Geschichte: Die Kreuzwallfahrt in Kranenburg geht auf mehrere Legenden zurück, die alle im Wesentlichen übereinstimmen: Um 1280 empfing ein Hirte die Osterkommunion, konnte die Hostie aber nicht schlucken und spie sie im Wald wieder aus. Vom schlechten Gewissen getrieben, teilte er dies dem Dorfgeistlichen mit, der die Hostie suchte, aber nicht wiederfand. Als 1308 in dem Waldstück ein Baum gefällt und zerkleinert wurde, kam ein Christuskorpus zum Vorschein, von dem man annahm, er sei aus der einst entweihten Hostie gewachsen. Auf Anweisung des Grafen Otto von Kleve nagelte man die knapp 80 Zentimeter große Figur an ein Kreuz, das in der Pfarrkirche aufgestellt und fortan als „Wundertätiges Hl. Kreuz" verehrt wurde.

Kranenburg entwickelte sich zu einem viel besuchten Pilgerziel. Die Wallfahrt wurde durch Ablässe und

Privilegien gefördert, und zur Betreuung der Gläubigen verlegte man ein Kanonikerstift von Zyfflich nach Kranenburg. (Das Kloster wurde 1802 im Zuge der Säkularisation aufgelöst.) Entsprechend der neuen Bedeutung errichtete man eine größere Kirche, die am 8. September 1436 geweiht wurde. Doch schon bald ließ der Pilgerstrom nach, nicht zuletzt durch die „Konkurrenz" neu entstandener Wallfahrtsorte wie z.B. Marienbaum, Wesel und Duisburg. Als Herzog Wilhelm von Kleve das Kreuz 1555 in reformatorischer Absicht auf die Schwanenburg nach Kleve überführen ließ, kam die Wallfahrt fast ganz zum Erliegen. Sie blühte erst wieder auf, nachdem das Kreuzheiligtum gegen Ende des Jahrhunderts wieder nach Kranenburg zurückgebracht worden war und schließlich einen mit getriebenem Silber beschlagenen Sockel erhielt. Einen weiteren Höhepunkt als Wallfahrtsort erlebte Kranenburg im 19. Jahrhundert nach dem Erhalt einer Kreuzreliquie, d.h. eines Splitters von dem Kreuz, an dem Jesus starb, zum 500-jährigen Jubiläum im Jahr 1808.

Heute kommen jährlich rund 9 000 Wallfahrer – in Gruppen oder als Einzelpilger – zum „Wundertätigen Hl. Kreuz" in die über die Jahrhunderte hinweg mehrmals vergrößerte und dem jeweiligen Zeitgeschmack entsprechend umgestaltete Kranenburger Wallfahrtskirche St. Peter und Paul (bis 1802 St. Martin), die im Zweiten Weltkrieg zerbombt und von 1946-71 wieder aufgebaut wurde.

Lage: Kranenburg liegt westlich von Kleve zwischen Maas und Niederrhein im Erholungsgebiet Reichswald nahe der Grenze zu den Niederlanden; Anfahrt über die Autobahn A 3 (Ausfahrt Emmerich, weiter über Kleve) oder A 57 (Ausfahrt Kleve, weiter auf der Bundesstraße B 9 über Kleve).
Anschrift: Katholisches Pfarramt St. Peter und Paul, Kirchplatz 1, D-47559 Kranenburg, Tel.: 02826/226, Fax: 02826/923 94, E-Mail: ST.PeterPaulKranenburg@t-online.de

Kreuzberg/Rhön
Name der Wallfahrt: Wallfahrt zum Hl. Kreuz
Ort der Pfarrei: Bischofsheim (Rhön)
Kirche: Wallfahrtskirche zum Hl. Kreuz
Bistum: Würzburg (Deutschland)
Pilgerzeiten: Mai bis Anfang Oktober; besondere Wallfahrtstage: 3. Mai (Fest „Kreuzauffindung"), 8. Juli (Festtag des hl. Kilian), 14. September (Fest „Kreuzerhöhung"), 4. Oktober (Festtag des hl. Franziskus von Assisi); Gottesdienste (ganzjährig): werktags 8.00 Uhr, sonntags 7.30, 9.30 und 11.00 Uhr; Klosterschänke täglich 8.00-21.00 Uhr geöffnet

Geschichte: Mit 928 Metern ist der Kreuzberg, der früher Aschberg hieß, die höchste Erhebung der bayerischen Rhön. (Die Wasserkuppe auf der hessischen Seite ist 22 Meter höher.) Auf dem weithin sichtbaren Gipfel steht das Ziel der Wallfahrer, eine Gruppe aus drei Kreuzen. Der Legende nach predigte und taufte hier der hl. Kilian, stürzte ein heidnisches Heiligtum und stellte im Jahr 686 ein erstes Kreuz auf, das rasch zum Ziel vieler Pilger wurde. Dieser Heilige, auch „Apostel des Frankenlands" genannt, stammte aus Irland, zog mit seinen Gefährten Kolonat und Totnan im 7. Jahrhundert als Wanderbischof durch das Frankenreich und war bis zu seiner Ermordung 689 vor allem in Würzburg und Umgebung als Missionar sehr erfolgreich.

Als der Würzburger Bischof Julius Echter von Mespelbrunn 1582 drei steinerne Kreuze auf den Kreuzberg schaffen ließ, war die Wallfahrt zum „heiligen Berg der Franken" schon voll im Gange. Rund 15 Jahre später wurden eine kleine Kapelle und notdürftige Unterkünfte für die Pilger errichtet. Die Wallfahrer wurden in den Sommermonaten von Mönchen des Franziskanerklosters in Dettelbach betreut, bis Fürstbischof Johann Philipp von Schönborn 1644 im nahegelegenen Bischofsheim ein neues Kloster für sie erbauen ließ. Nach dem Dreißigjährigen Krieg soll der Pilgerstrom sprunghaft angestiegen sein, nachdem ein Bischofsheimer Bürger einen Kreuzpartikel gestiftet hatte.

1679 wurde auf Initiative des Fürstbischofs Peter Philipp von Dernbach ein kleines Klostergebäude mit einer Kirche auf dem Kreuzberg knapp unterhalb des Gipfels erbaut, und nach der Weihe der Kirche 1692 zogen die Franziskanermönche hier ein. 1710 stellte man auf dem Gipfel drei neue Kreuze auf und legte von der Kirche zu dieser Gruppe zudem einen Kreuzweg an.

Um das Jahr 1750 wurde von jährlich bis zu 50 000 Kommunionen in der Klosterkirche auf dem Kreuzberg berichtet. Nach der Säkularisation Anfang des 19. Jahrhunderts konnten die Franziskaner jedoch erst ab den 1830er Jahren wieder als Wallfahrtsbetreuer aktiv werden.

Die Wallfahrten auf den Kreuzberg haben bis heute Bestand und ziehen den ganzen Sommer über viele Pilger an. Manche haben bereits eine lange Tradition, wie z.B. die der „Bruderschaft zum Heiligen Kreuz in Würzburg", die seit 1647 Ende Juni eine Fußwallfahrt von Würzburg zum Kreuzberg und zurück organisiert. Die Pilger sind fünf Tage unterwegs. In den Gasträumen des Klosters trifft man

auch viele Wanderer und Touristen, die weniger das Kreuzheiligtum als vielmehr das hervorragende, von den Mönchen seit 1731 hier gebraute Bier auf den Berg lockt.
Lage: Der 928 m hohe Kreuzberg (Panoramablick) liegt zwischen Wildflecken und Bischofsheim im Naturpark Bayerische Rhön (Rundwanderwege); Anfahrt über die Autobahn A 7: Ausfahrt Bad Brückenau/Wildflecken, dann auf der Landstraße nach Wildflecken und von dort weiter über Oberwildflecken zum Kreuzberg; Zufahrt bis zum Kloster möglich; vom 1. Mai bis 31. Oktober fährt der Hochrhönbus von Bischofsheim zum Kreuzberg.
Anschrift: Kloster Kreuzberg, Kreuzberg 2, D-97653 Bischofsheim/Rhön, Tel.: 09772/912 40, Fax: 09772/85 10, E-Mail: service@kreuzbergbier.de (Zimmerreservierung)

Kulubi

Name der Wallfahrt: Wallfahrt zum hl. Gabriel
Kirche: Church of Kulubi Gabriel (Kirche des hl. Gabriel)
Bistum: Kulubi (Äthiopien)
Pilgerzeiten: 26. Juli und besonders 28. Dezember (entspricht dem 19. Dezember des Julianischen Kalenders, der in Äthiopien noch verwendet wird)
Geschichte: Wohl auf keiner anderen Pilger-Website der Welt wird man als erstes gefragt, ob man zur örtlichen christlichen oder islamischen Wallfahrt weitergeleitet werden will. Äthiopien ist hierin einzigartig, wie auch in vielen anderen Aspekten: So wird das Land als „Wiege der Menschheit" bezeichnet, fand man doch hier das Skelett von „Lucy", mit 3,5 Millionen Jahren eine der ältesten Ahnen des menschlichen Stammbaums. Die rund 66 Millionen Einwohner verteilen sich auf etwa 90 Ethnien und sprechen 100 Sprachen in über 400 Dialekten. Auch die Mischung der Kulturen und Religionen (Christen, Juden, Moslems), die hier stattfand, hat nirgends ihresgleichen. Zwar ist der Islam heute mit ca. 40 Prozent vorherrschend, doch die christlichen Gemeinden (äthiopisch-orthodox ca. 35 Prozent, protestantisch ca. 10 Prozent, katholisch unter 1 Prozent) haben über Jahrhunderte das Land geprägt. Die äthiopischen Juden, die „Bete-Israeliten", haben in den 80er Jahren des 20. Jahrhunderts überwiegend das Land verlassen und sich in Israel angesiedelt.

Die christlichen Äthiopier, die sich auf die Missionstätigkeit des Apostels Matthias zurückführen, hüten angeblich an einem geheim gehaltenen Ort nahe der „Church of St. Mary of Zion" in Axum die Bundeslade. Die Kirche ist als Wallfahrtsstätte bekannt.

Die weitaus größte Wallfahrt des

Landes führt allerdings in die Nähe der Stadt Dire Dawa in der Provinz Harar zum „Feast of Saint Gabriel", zum Fest des hl. Erzengels Gabriel. Man feiert es am 19. Dezember des Julianischen Kalenders, dem 28. des Monats im Gregorianischen Kalender entsprechend. Orthodoxe Pilger, meist über 100 000, kommen aus allen Teilen des Landes, oft beladen mit Tieren, Steinen oder anderen schweren Gegenständen, mit denen sie den Hügel erklimmen, auf denen Kirche und Kloster stehen. Aus den verschiedenen Ethnien stechen besonders die orthodoxen Tewahedo-Christen mit ihren farbenprächtigen Prozessionsgewändern und expressiven Zeremonien hervor. Geschenke werden der Kirche überreicht und im Anschluss den Armen gegeben, Kinder getauft und Gelübde eingelöst. Es soll nicht ungewöhnlich sein, dass besonders fromme Pilger auf Knien aus der Hauptstadt nach Kulubi kommen, das sind immerhin 300 Kilometer. Nicht nur Äthiopier sind hier zu sehen, sondern auch Italiener, Griechen, Inder, Filipinos, Jemeniten und Afrikaner. Neben dem religiösen hat die Feier natürlich auch einen profanen Zweck, es wird ein großer Markt abgehalten, Ehen werden angebahnt usw. Wenn der Tag zu Ende geht, schicken sich die vielen Pilger an, den Ort wieder zu verlassen, zu Fuß, auf dem Fahrrad, per Maultier, in Autos und Bussen, und auf den Zufahrtstraßen bricht der Verkehr völlig zusammen.

Kinder, die während der Feierlichkeiten geboren werden, tauft man auf den Stufen der Kirche, manchmal sind es an die tausend, die dann zum großen Teil den Namen Gabriel tragen werden. Auch am 26. Juli jeden Jahres findet eine Wallfahrt statt, die allerdings nicht so prominent ist. Für Moslems ist Kulubi ebenfalls ein heiliger Ort, zu dem man an bestimmten Tagen von weit her kommt.

Die Gabrielskirche in ihrer heutigen Form geht auf die letzte Dekade des 19. Jahrhunderts zurück. Ras Mekonnen, der Vater Haile Selassies, hat ihren Bau veranlasst. Die Legende will, dass er damit ein Gelübde erfüllte, das er für den Fall des Sieges der Äthiopier über die anrückenden Italiener abgelegt hatte.

Außer der schon erwähnten Wallfahrt nach Axum (oder Aksum, im Norden des Landes) existiert in Äthiopien noch die zum hl. Aregawi in Debra Damo bei Adigrat (ca. 100 Kilometer östlich von Axum), in der Regel am 14. Oktober nach Julianischem Kalender (entsprechend unserem 24. des Monats).

Ein wichtiges christliches Fest des Landes ist „Meskel", d.h. die Auffindung des Hl. Kreuzes. Datum ist der 17. September (bzw. 27. des Monats). Die Menschen begehen es mit Tanzen, Feiern und dem Abbrennen riesiger Feuer, die in der Tradition als „Damera" bekannt sind. Meskel erinnert an die Wiederentdeckung des Hl. Kreuzes im 4. Jahrhundert durch die oströmische Kaiserin Helena, Mutter Konstantins des Großen. Diese sandte Partikel des Kreuzes an alle Kirchen, so auch an die äthiopische. Die Reliquie soll so stark geleuchtet haben, dass alle, die sich ihr näherten, wie nackt aussahen. Man entschloss sich daher sicherheitshalber, sie auf dem Gelände des Klosters Gishen Mariam in der Wollo-Region einzugraben. Hier gibt es bis zum heutigen Tag ein Buch, in dem die Geschichte des Hl. Kreuzes und seiner Auffindung beschrieben ist.

Lage: Kulubi liegt ca. 300 km östlich von Addis Abeba, der Hauptstadt Äthiopiens, und 70 km westlich von Dire Dawa. Anreise mit Ethiopean Airlines über Addis Abeba, von dort mit dem Bus, im Jeep, auf dem Maultier oder zu Fuß.

Lage

Name der Wallfahrt: Wallfahrt zum Hl. Kreuz
Ort der Pfarrei: Lage-Rieste
Kirche: Klosterkirche „St. Johannes der Täufer"
Bistum: Osnabrück (Deutschland)

Pilgerzeiten: Ganzjährig; an jedem Freitag wird abends um 20.00 Uhr das Kreuz um die Kirche getragen (Kreuztracht); besondere Wallfahrtstage in Lage sind die Sonntage nach dem 24. Juni (St. Johannes der Täufer) und dem Fest „Kreuzerhöhung" am 14. September (Bistums-Krankenwallfahrt).

Geschichte: In Lage entstand im 13. Jahrhundert eines der ältesten Klöster der Johanniter in Norddeutschland. Die Stiftung war von Graf Otto von Tecklenburg um das Jahr 1245 erfolgt und entwickelte sich zu einer bedeutenden Niederlassung der Johanniter. In einer Kapelle außerhalb der Ordensanlage wurde seit dem Beginn des 14. Jahrhunderts ein großes Kreuz verehrt, um das sich folgende Legende rankt: Zwei Ordensbrüdern der Johanniter, dem Johannes und dem Ritter Rudolf, erschien im Jahr 1300 Jesus Christus und verkündete ihnen, sie sollten ein großes Kreuz schnitzen, das in Lage aufgestellt und allen Bedrängten und Hilfesuchenden Gnade bringen sollte. Obwohl beide Männer keine bildhauerischen Erfahrungen hatten, machten sie sich an die Arbeit und fanden einen passenden Baum, von dem berichtet wird, er habe rote Blätter gehabt und keiner bekannten Baumart angehört. So entstand das Kreuz von Lage, und wie in der Erscheinung vorausgesagt, starb der Ordensbruder Johannes kurz vor der Vollendung der Figur des Gekreuzigten, worauf Ritter Rudolf das Werk vollendete.

Historisch belegt ist die Weihe des als wundertätig verehrten Kreuzes im Jahr 1315, vermutlich vorgenommen vom Osnabrücker Fürstbischof Engelbert II.

Der Wallfahrtsort Lage erfreut sich heute noch großer Beliebtheit. Das Kreuz selbst wird von den Gläubigen und Hilfesuchenden jeden Freitag um die Wallfahrtskirche getragen. Dabei wird hauptsächlich der Schmerzhafte Rosenkranz gebetet.

Kunst: Bei seiner Weihe im Jahr 1315 befand sich das Kreuz von Lage in einer Kapelle außerhalb der Ordensburg der Johanniter. Rund 100 Jahre später entstand hier eine Wallfahrtskirche, die auf einem rechteckigen Grundriss in Bruchstein errichtet und dem hl. Johannes geweiht wurde. Dieses Gebäude bildet heute den Mittelteil der Pfarrkirche Lage-Rieste. Es folgten weitere Um- und Anbauten (z.B. Vorbau im Westen der Kirche 1659; 1902-04 Querschiff mit Orgelempore und neugotischem Turm; 1960-62 umfangreiche Restaurierungen und Verlängerung der Kirche um ein Joch).

Das Kreuz von Lage ist 3,55 Meter hoch und 1,55 Meter breit und wiegt knapp 140 Kilogramm. Es besteht aus zwei achtkantig behauenen und rechtwinklig aneinandergefügten Balken. Die gotische Holzfigur des Gekreuzigten trägt tiefe Spuren des Leidens. Im Haupt der Figur sind mehr als 20 Erinnerungsstücke und Reliquien eingelassen, es handelt sich hierbei z.B. um angebliche Splitter des Kreuzes, an dem Jesus Christus starb, Steine vom Kalvarienberg und vom Berg Sinai und Reliquien von mehreren Heiligen (Apostel Andreas, Apostel Bartholomäus, Cordula, Georg, Petronilla, Regina, Barbara, Sebastian, Margarita, Erzbischof Thomas Becket von Canterbury).

Da das kunsthistorisch wertvolle Kreuz nach wie vor jede Woche von Pilgern um die Kirche getragen wird, hat man den Korpus gegen Berührungen und Beschädigungen durch eine Bretterverschalung geschützt. Das jedes Jahr vom Landesamt für Denkmalpflege in Hannover auf seinen Zustand hin überprüfte Lager Kreuz wurde bereits mehrmals restauriert, wobei man 2003 auch die Originalfarbe des Lendentuchs der Figur, nämlich rot-weiß, wieder herstellen konnte.

2002 wurde ein einfaches Holzkreuz geweiht, das den Wallfahrern bei Regen und Schnee als Ersatz für die Kreuztracht dient, damit das Original auch künftigen Generationen erhalten bleibt.

Lage: Lage gehört zur Gemeinde Rieste und liegt rund 25 km nörd-

lich von Osnabrück nahe des Alfsees (Naturpark Nördlicher Teutoburger Wald); Anfahrt über die Autobahn A 1: Ausfahrt Neuenkirchen/Vörden, weiter nach Neuenkirchen und Rieste.
Anschrift: Katholisches Pfarramt St. Johannes der Täufer, Lage 7, D-49597 Rieste, Tel.: 05464/910 81, E-Mail: info@kkg-lagerieste.de

Lamspringe

Name der Wallfahrt: Wallfahrt zum hl. Oliver Plunket
Ort der Pfarrei: Lamspringe
Kirche: Pfarr- und (ehemalige) Klosterkirche von Lamspringe
Bistum: Hildesheim (Deutschland)
Pilgerzeiten: Festtag des hl. Oliver Plunket ist der 11. Juli (Todestag); die Hauptwallfahrt findet am letzten Samstag im August statt; die Klosterkirche kann sonntags von 15.00 bis 17.00 Uhr (Mai bis September) besichtigt werden; Gottesdienst sonntags 10.00 Uhr
Geschichte: Kloster Lamspringe wurde 847 von dem sächsischen Grafen Ricdag gegründet und zunächst als Kanonissenstift geführt, später in ein Benediktinerinnenkloster umgewandelt, das im 12. und 13. Jahrhundert mit 180 Nonnen seine Blütezeit erlebte. 1229 wurde Lamspringe von der Grafengewalt frei und erwarb das Vogteirecht, d.h. die weltliche Gerichtsbarkeit.

In der zweiten Hälfte des 14. Jahrhunderts führten Fehden, Plünderungen und Großbrände zu einem Niedergang. Die Kriege Bischof Gerhards (1356-98) ließen die Ländereien ausbluten. Die Hildesheimer Stiftsfehde (1519-23) traf Lamspringe besonders hart: Der Ort wurde abgebrannt und das Kloster geplündert. Im folgenden Friedensvertrag (Quedlinburger Vertrag) musste der Bischof das Kloster Lamspringe an das Herzogtum Braunschweig abtreten, dem 1568 der lutherische Glaube verordnet wurde. Das katholische Nonnenkloster wurde aufgehoben und in ein evangelisches Damenstift umgewandelt.

Unter dem Dreißigjährigen Krieg (1618-48) hatten die Lamspringer sehr zu leiden. Nach der Schlacht bei Lutter am Barenberge 1626 besetzten Marodeure den Ort, plünderten und brannten die Häuser nieder. Die Ortsbewohner versteckten sich mit ihrer geringen Habe im Wald. Gegen Ende des Krieges war das Kloster völlig verarmt und die Einwohnerzahl erschreckend gesunken.

Nach dem Frieden von Goslar und Braunschweig 1642/43 änderten sich die politischen Machtverhältnisse, und das Große Stift Hildesheim wurde wieder dem Territorium des Fürstbistums Hildesheim angegliedert. Als englische Benediktinermönche am 2. Oktober 1643 in das leerstehende Kloster einzogen, kam es zu einem neuen

Aufschwung. 1670 konnte man mit dem Bau der heutigen dreischiffigen Hallenkirche beginnen, und nach 20-jähriger Bauzeit wurde sie am 26. Mai 1691 von Fürstbischof Edmund von Brabeck geweiht.

Lamspringe erlangte bald wieder größeren Wohlstand und hohes Ansehen unter den Abteien des Bistums und stieg schließlich zu dessen reichstem Kloster auf. Im Jahre 1803 wurde es säkularisiert und ging in das Eigentum des Königreichs Preußen über. Die Mönche mussten das Kloster verlassen und kehrten nach England zurück, wo sie fortan im Kloster Downside Bath bei London wirkten. Die Klosterkirche blieb Pfarrkirche der katholischen Pfarrgemeinde, die frei gewordenen Gebäude funktionierte man 1828 zum Behördensitz um. Auch heute noch werden sie für die Verwaltung der Samtgemeinde Lamspringe und als Wohnungen genutzt.

Seit 1920, jeweils am letzten Samstag im August, findet die Wallfahrt zu den Gebeinen des hl. Oliver Plunket(t) statt, die von englischen Benediktinern nach Lamspringe gebracht worden waren. Dieser, 1629 in Loughcrew in Meath im Osten Irlands geboren, wurde 1669 als Erzbischof von Armagh und Primas von Irland eingesetzt. Da seit den Cromwellschen Massakern von Drogheda und Wexford 1649/50 alles Katholische im Land fanatisch verfolgt wurde, war eine freie Religionsausübung in Irland lebensgefährlich geworden, und Plunket musste im Verborgenen wirken. 1679 wurde er verhaftet und des Hochverrats angeklagt. Zeugen wurden gekauft und die aberwitzigsten Beschuldigungen vorgebracht. Kein protestantischer Bischof oder sonstiger Würdenträger ließ sich herab, gegen ihn auszusagen. Als der Prozess zu platzen drohte, verlegte man ihn nach London, wo das politisch gewünschte Urteil problemlos erreicht werden konnte. Am 11. Juli 1681 schließlich wurde er aufgehängt, geköpft und geviertelt. Die Seligsprechung Oliver Plunkets, dessen Kopfreliquie seit Anfang des 18. Jahrhunderts im ostirischen Drogheda ruht, erfolgte am 23. Mai 1920 durch Papst Benedikt XV., die Heiligsprechung am 12. Oktober 1975 durch Paul VI.

Kunst: Die 66 Meter lange und 18 Meter hohe Klosterkirche mit ihrer hochbarocken Ausstattung zählt zu den herausragenden Sehenswürdigkeiten der Region, wenn auch die weißgoldenen Barockwerke im 19. Jahrhundert mit brauner Farbe überstrichen worden sind. Johann Moritz Gröninger schuf um 1700 den Hochaltar, das zentrale Altarbild mit der Anbetung der Weisen aus dem Morgenland stammt von

Hieronymus Sies aus Antwerpen, der auch die übrigen Altarbilder und die Malerei des Gewölbes gestaltet hat. Die Schnitzereien des Hochaltars, des Chorgestühls, der Kanzel und der großen Nebenaltäre sind Werke von Heinrich Lessen und seinem Sohn Jobst Heinrich aus Goslar. Unter der Platte eines neuen Altars von 1982 befindet sich der Reliquienschrein des hl. Oliver Plunket, und in der Krypta unter dem Hochaltar das Grabmal des Heiligen.

Die gesamte Klosteranlage beeindruckt durch den Dreiklang von Kirche, Abteigebäude und Klostergarten, der fünfeinhalb Hektar groß ist und zwei Teiche (Backhausteich und Meiereiteich) und die im 17. Jahrhundert erbaute, vom Wasser der Lammequelle betriebene Klostermühle aufweist. Heute dient die Klostermühle als Künstleratelier. Unter Abt Augustinus Tempest (1708-29) wurde der Garten mit einer hohen Bruchsteinmauer umgeben und die Quelle eingefasst. Die Gärtner bauten für den Bedarf der Klosterinsassen Obst und Gemüse an, züchteten neue Obst- und Beerensorten und versuchten sogar die Kultivierung von Wein. Die Heilkräuter gingen in die Klosterapotheke für die Zubereitung von Tees, Mixturen und Arzneimitteln.

Seit 1988 findet jährlich der „Lamspringer September" statt. Während des ganzen Monats sind Veranstaltungen aus den verschiedensten Bereichen der Kultur geboten. Unter anderem nahmen schon Günter Grass, Martin Walser, Ephraim Kishon, Paul Kuhn sowie das Orchester der Mailänder Scala teil.

Lage: Der staatlich anerkannte Erholungsort Lamspringe liegt zwischen Bad Gandersheim und der Bischofsstadt Hildesheim direkt am „Radweg zur Kunst" (von Bad Gandersheim bis Sarstedt nördlich von Hildesheim knapp 60 km); Anfahrt über die Autobahn A 7: Ausfahrt Rhüden (Harz), weiter auf der Landstraße über Groß Rhüden und Glashütte nach Lamspringe.

Anschrift: Katholisches Pfarramt St. Hadrian und Dionysius, Kirchweg 2, D-31195 Lamspringe, Tel.: 05183/385 oder 18 94 (Anmeldung zur Besichtigung der Klosterkirche); Verkehrsamt Lamspringe, Kloster 3, D-31195 Lamspringe, Tel.: 05183/500-0, Fax: 05183/500-10, E-Mail: samtgemeinde-lamspringe@t-online.de

Locarno/Madonna del Sasso

Name der Wallfahrt: Wallfahrt zur „Madonna del Sasso"
Ort der Pfarrei: Orselina
Kirche: Wallfahrtsbasilika „Santa Maria Assunta" (Mariä Himmelfahrt)
Bistum: Lugano (Schweiz)

Pilgerzeiten: Ganzjährig, vor allem an allen Marienfesten; die deutsche Seelsorge obliegt Pater Leopold; jeden Sonn- und Feiertag findet um 11.00 Uhr ein Gottesdienst in deutscher Sprache statt.

Geschichte: Madonna del Sasso ist der populärste Wallfahrtsort der italienischsprachigen Schweiz, auch wegen seiner exponierten Lage hoch über Locarno am Lago Maggiore, vor allem aber, weil das Marien-Gnadenbild 1949 seinen angestammten Platz in der Wallfahrtskirche verließ, während vier ganzer Monate, vom 3. März bis zum 3. Juli, selbst von Pfarrkirche zu Pfarrkirche bis ins hinterste Tal des Kantons Tessin auf „Pilgerfahrt" ging und somit in dem Gebiet als erstes den Titel einer „Wandernden Madonna" für sich in Anspruch nehmen konnte.

Kloster und Wallfahrt haben ihre Entstehung der Überlieferung nach einem Franziskanerbruder namens Bartolomeo d'Ivrea zu verdanken, der die Angewohnheit hatte, jeden Samstag und an den Vortagen von Marienfesten bei Wasser und Brot zu fasten. Zum Lohn dafür sei ihm, als er 1480 in der Nacht vor dem Fest „Mariä Himmelfahrt" in einer Laube des Klosters San Francesco in Locarno schlief, am Berghang gegenüber die Gottesmutter erschienen. An der Stelle baute man zunächst eine Kapelle für eine nach seinen Angaben geschnitzte Sitzfigur Marias mit dem Jesuskind auf dem linken Arm und bald darauf auch ein Kloster für die Wallfahrtsbetreuer.

Die heutige, 1918 zur päpstlichen „Basilika minor" erhobene Wallfahrtskirche „Santa Maria Assunta" mit ihrer reichen Barockausstattung und der Ende des 19. Jahrhunderts entstandenen Fassade im Stil der Neurenaissance wurde 1616 geweiht, und am Pfingstmontag 1617 folgte die feierliche Krönung des Gnadenbildes durch den päpstlichen Nuntius Sarego. An diesem Tag trug man die Skulptur zum ersten Mal in festlicher Prozession durch die Straßen Locarnos. 1621 wurde zum „Sacro Monte" hinauf ein Kreuzweg mit zwölf Kapellen (Via Crucis) angelegt. Am Fuß des Pilgerwegs steht das 1502 geweihte Kirchlein „Madonna dell'Annunziata", in der Fra Bartolomeo um 1513 seine letzte Ruhestätte fand.

In der Wallfahrtsbasilika finden sich zahlreiche kunsthistorisch wertvolle Werke, allen voran das Altarbild „Flucht nach Ägypten" von 1520-22, eines der berühmtesten Gemälde des Mailänders Bramantino (eigentl. Bartolomeo Suardi), das den Klosterbrüdern von Locarneser Emigranten geschenkt wurde.

Lage: Madonna del Sasso thront auf einer felsigen Anhöhe (346 m) über Locarno am Lago Maggiore (Panoramablick!); von Locarno aus kommt man am bequemsten mit dem Auto oder mit der „Funicolare", der Standseilbahn, auf den „Sacro Monte" (Nähe Bahnhof; Abfahrt im 15-Minuten-Takt); man kann an der Haltestelle Santuario aussteigen und von dort den Treppenweg zur Basilika hinaufgehen oder bis zur Endstation Orselina fahren; von hier fährt eine Gondelbahn (Funivia) weiter nach Cardada-Cimetta; auf den Spuren der Pilger gelangt man ab der Piazza Grande in Locarno auf dem alten Kreuzweg mit zwölf Kapellen (Via Crucis) in etwa 40 Minuten zur Gnadenstätte.

Anschrift: Municipio di Orselina, Via al Parco 18, CH-6644 Orselina, Tel.: 0041/91/759 13-70, Fax: 0041/91/759 13-79, E-Mail: info@orselina.ch

Lohr am Main/Maria Buchen

Name der Wallfahrt: Wallfahrt zu „Unserer Lieben Frau von den Sieben Schmerzen"
Ort der Pfarrei: Lohr
Kirche: Wallfahrts- und Klosterkirche „Maria Buchen"
Bistum: Würzburg (Deutschland)
Pilgerzeiten: Hauptwallfahrtszeit von Mai bis Mitte Oktober; große Prozessionen vor allem an Pfingsten; Gottesdienste sonntags (ganzjährig) 7.30, 9.30 und 11.00 Uhr; Übernachtungsmöglichkeit im Landgasthof Buchenmühle unterhalb der Kirche (Biergarten)
Geschichte: Ein Marienbildnis, eingewachsen in eine Buche, bildete die Grundlage für die Entstehung der Wallfahrt nach „Maria Buchen" bei Lohr: Die Legende erzählt, ein frommer Hirte habe im Wald am steilen Hang des Buchenbergs ein kleines, geschnitztes Marienfigürchen in eine Asthöhle einer mächtigen Buche gestellt. Im Laufe der Zeit wuchs es in den Stamm ein, war nicht mehr zu sehen und geriet in Vergessenheit. Doch soll es Ungläubigen nahezu unmöglich gewesen sein, diesen Baum zu passieren. Einer von ihnen, offensichtlich erzürnt über diese seltsame Kraft, die ihn zu einem Umweg zwang, soll mit einem Schwert oder Dolch auf die Buche eingestochen haben, worauf eine Stimme dreimal „o weh!" rief, und die Waffe an der Spitze blutig war. Der Übeltäter blieb wie festgenagelt stehen und konnte erst durch fromme Christen aus seiner misslichen Lage befreit werden. Als er von dem Vorfall berichtete, wurde der Baum gefällt und innen das Gnadenbild mit einer Stichwunde gefunden. In einer Aufzeichnung aus dem Jahr 1591 war es ein „doller" und „gottloser Jud", der auf den Baum einstach und „nach seinem verdienst gestraffet" wurde. Diese antijüdische Variante, die man im kulturellen Kontext der damaligen Zeit sehen muss, wurde nach dem Zweiten Weltkrieg in Maria Buchen nicht

mehr gern gesehen. Entsprechend entfernte man ein großes Legendenbild, das den zustechenden Juden zeigte, aus der Wallfahrtskirche und entschärfte den Text der Legende.

In einer Abwandlung über die Auffindung des Gnadenbilds ist es ein junger Mann, der um das Jahr 1395 die Figur entdeckt und sich hier als Einsiedler niederlässt. Bei Ausbruch einer Pestepidemie soll das Marienbildnis heilende Kräfte entwickelt haben, so dass sich daraus eine Wallfahrt entwickelte.

Unabhängig von den verschiedenen Legenden ist bekannt, dass an der Stelle der gefällten Buche im Jahr 1432 eine erste Kapelle gebaut wurde, zu der sich eine rege Wallfahrt entwickelte. Anfang des 17. Jahrhunderts wurde das Kirchlein erweitert, doch seine Kapazität reichte in der wallfahrtsfreudigen Zeit nach dem Dreißigjährigen Krieg nicht lange aus, so dass man es 1692 abriss und durch einen kompletten, 1701 geweihten Neubau ersetzte. 1726 übernahmen Kapuzinermönche die Wallfahrtspflege, die sich hier ein kleines Kloster errichteten. Im Zuge der Säkularisation wurde das Kircheninventar eingezogen, und dem Gotteshaus, das ja keine Pfarrkirche war, drohte der Abbruch. Das konnte verhindert werden, auch durften die Kapuziner bleiben, mit der Auflage, keine Novizen mehr aufzunehmen. 1825 war der letzte Pater gestorben, und nur noch ein Laienbruder hielt die Stellung. Es sollte bis 1849 dauern, bis das Kloster wieder besetzt wurde und die Wallfahrt erneut aufblühte.

Maria Buchen ist heute ein sehr beliebter Wallfahrtsort und hat sich seine idyllische Atmosphäre trotz Andenkenladen und Gaststätten erhalten können. Seit 2002 werden die Pilger von drei Patres der polnischen Franziskanerprovinz betreut. Sie lösten die bayerischen Kapuziner ab, die wegen Nachwuchsmangels nach 276 Jahren die Seelsorge in Maria Buchen aufgeben mussten.

Kunst: Als Baumeister der relativ schlicht ausgestatteten eintürmigen Wallfahrtskirche fungierte Christoph Nemich aus Steinfeld. Das Gnadenbild, eine einfach gearbeitete Pietà, wird auf Ende des 13. Jahrhunderts datiert. Die kleine Figur der Gottesmutter, die um ihren toten Sohn auf ihrem Schoß trauert, steht in einem Schrein auf dem linken Seitenaltar.

Von der ursprünglich großen Votivsammlung ist so gut wie nichts mehr vorhanden. Das älteste der heute noch erhaltenen Votivbilder stammt vom Anfang des 18. Jahrhunderts. Viele der wertvolleren Dankesgaben für Gebetserhörungen – z.B. der kostbare Degen eines Offiziers, den dieser 1777 in der Kirche aufgehängt hatte –

wurden aus der Kirche entfernt und zu Gunsten der Wallfahrt verkauft.
Lage: Maria Buchen liegt etwa 30 km östlich von Aschaffenburg (Schloss Johannisburg) bei Lohr am Main (Maintalradwanderweg) im Buchental im Naturpark Bayerischer Spessart (Wanderparadies); Anfahrt über die Autobahn A 3: Ausfahrt Marktheidenfeld, weiter auf der Landstraße nach Lohr und von dort nach Sendelbach und Maria Buchen.
Anschrift: Franziskanerkloster Maria Buchen, D-97816 Lohr-Sendelbach, Tel.: 09352/27 14, E-Mail: ppk@mariabuchen.de oder info@mariabuchen.de

Longeborgne

Name der Wallfahrt: Wallfahrt zur „Schmerzhaften Muttergottes" und zum hl. Antonius von Padua
Ort der Pfarrei: Bramois
Kirche: Wallfahrtskapelle „Mariä Schmerzen" (Notre-Dame des Sept Douleurs) und St. Antonius (Saint-Antoine)
Bistum: Sitten/Sion (Schweiz)
Pilgerzeiten: Ganzjährig; an allen Marienfesten, aber auch an den Freitagen in der Fastenzeit hat die Einsiedelei besonders starken Zulauf; die Betreuung des Wallfahrtsortes obliegt zwei Mönchen des Benediktinerklosters Le Bouveret; Pilger und Wanderer sind jederzeit willkommen.
Geschichte: Die Einsiedelei Longeborgne klebt oberhalb des Dorfes Bramois auf einem Felsvorsprung in der wilden Schlucht der Borgne und gilt als einer der am schönsten gelegenen Wallfahrtsorte der Eidgenossenschaft. Die Kapelle und ein Teil der Klause liegen in einer durch eine Steintreppe mit der Außenwelt verbundenen Felsennische. Bevor Longeborgne 1522 von dem Franziskanerpriester Jean Bossié, der mit fünf Ordensbrüdern aus Frankreich gekommen war, zur Einsiedelei ausgebaut wurde, hatten die Höhlen den Einwohnern von Bramois über Jahrhunderte hinweg als Zufluchtsort und Begräbnisstätte gedient.

Es handelt sich um eine in zwei Grotten hineingebaute Doppelkapelle, von der die eine der „Schmerzhaften Muttergottes", die andere dem hl. Antonius von Padua geweiht ist. Beide besitzen einen gemeinsamen Vorraum, unter dem sich die Gruft mit sechs leeren Gräbern der ersten hier wirkenden Franziskaner befindet. Nach ihrem Tod blieb die Einsiedelei verlassen, bis 1657 ein französischer Kleriker namens François Le Gras sie wieder besiedelte. Doch er hielt es in der Einsamkeit nicht lange aus. Schon nach einigen Jahren verließ er Longeborgne wieder, trat zum evangelischen Glauben über und starb der Überlieferung nach 1673 in Bern „im

Zustand der Verlassenheit und Verzweiflung". Bald jedoch kamen andere Eremiten, und fortan war die durch einen Kreuzgang mit den Kapellen verbundene Klause immer von einem oder zwei Mönchen bewohnt. Seit Anfang des 20. Jahrhunderts gehört Longeborgne zum Benediktinerkloster Le Bouveret, das sich seither um die Instandhaltung der Anlage bemüht und auch die Betreuung der heute wieder sehr zahlreich kommenden Wallfahrer übernommen hat.

In den Kapellen, vor allem in der Marienkapelle mit dem 1683 von Johann Grassanter aus Leuk geschnitzten Barockaltar, hängen zahlreiche alte Votivtafeln mit teils in französischer, teils in deutscher Sprache abgefassten Texten, die von vielen Gebetserhörungen erzählen.

Lage: Die Einsiedelei Longeborgne liegt nahe der Bischofsstadt Sitten/Sion (nordöstlich von Zermatt) im französischsprachigen Teil der Schweiz (Kanton Wallis/Valais) oberhalb des Dorfes Bramois, von wo ein Wanderweg zur Gnadenstätte hinauf führt (Chemin de Longeborgne).

Anschrift: Ermitage Notre-Dame de Longeborgne, Case postale 32, CH-1967 Bramois (VS), Tel.: 0041/27/203 11 08, E-Mail: frfr.huot@bluewin.ch

Lourdes

Name der Wallfahrt: Wallfahrt zu „Unserer Lieben Frau von Lourdes" (Notre Dame de Lourdes) und zur hl. Bernadette Soubirou
Ort der Pfarrei: Lourdes
Kirche: Basilika der Unbefleckten Empfängnis, Rosenkranzbasilika, (unterirdische) Basilika St. Pius X., Kirche St. Bernadette
Bistum: Tarbes et Lourdes (Frankreich)
Pilgerzeiten: Ganzjährig; die Hauptpilgersaison ist vom Sonntag vor Ostern bis zum 15. Oktober; vom 1. Juli bis 30. September tägliches „großes Pilgerprogramm" (Kreuzweg, Hl. Messe, Rosenkranz, Lichterprozession); offizieller Gedenktag „Unserer Lieben Frau von Lourdes" und Weltkrankentag (seit 1992) ist der 11. Februar; Festtag der hl. Bernadette Soubirous ist der 16. April; Massenandrang herrscht vor allem im Monat August (Schulferien).

Geschichte: Lourdes ist seit knapp 150 Jahren das größte Pilgerzentrum Frankreichs und mit jährlich rund sechs Millionen Besuchern heute die meist frequentierte (Marien-)Gnadenstätte Europas. Nach Paris ist der weltberühmte Wallfahrtsort die hotelreichste Stadt des Landes. Dabei hat das Pyrenäenstädtchen nur etwa 17 000 Einwohner, die man mühelos in der riesigen unterirdischen Betonbasilika „Basilique Souterrain Saint-Pie X." unterbringen könnte.

Bis zum Jahr 1858 war Lourdes ein wenig bekanntes Städtchen mit

Lourdes

rund 4 000 Einwohnern, in das sich nur selten ein Fremder verirrte, obwohl es schon seit dem 8. Jahrhundert bestand. Damals erhob sich dort die Festung Mirambel, die ein Sarazene namens Miratin zunächst zäh gegen Karl den Großen verteidigte. Im Jahre 778 übergab er sie der Überlieferung nach jedoch der Muttergottes von Le Puy, ließ sich taufen und nahm den Namen Lorda an, woraus sich schließlich Lourdes entwickelte. In das Licht der weiten Öffentlichkeit trat Lourdes jedoch erst dank der Visionen, die der Müllerstochter Bernadette Soubirous zuteil geworden waren:

Bernadette, 1844 in Lourdes geboren, wuchs in ärmlichen Verhältnissen auf und war von Anfang an ein kränkliches Kind. Am 11. Februar 1858 soll ihr zum ersten Mal in der Felsengrotte von Massabielle eine weibliche Gestalt in einer goldschimmernden Wolke erschienen sein, die sich später als die Gottesmutter Maria zu erkennen gab. Am 25. Februar soll bei einer weiteren Erscheinung plötzlich eine Quelle in der Grotte entsprungen sein, deren Wasser sich als heilkräftig erwies. Innerhalb der nächsten Monate habe Bernadette noch 16 oder 17 solcher Erscheinungen gehabt, die letzte am 16. Juli. Maria, die sich im regionalen Dialekt als „Immaculada Councepciou" (Unbefleckte Empfängnis) vorstellte, verlangte den Bau einer Kirche an der Felsengrotte, eine Forderung, die das Mädchen an seine Umgebung weitergab. Doch damit stieß es nur auf Unverständnis und Spott. Im gleichen Jahr soll sich aber die erste medizinisch unerklärliche Wunderheilung durch die Quelle ereignet haben, die 1862 von der katholischen Kirche auch als solche anerkannt wurde (bis heute sind es 66 bestätigte Wunder von Lourdes von insgesamt rund 6 000 angeblichen Heilungen). Immer mehr Menschen pilgerten zur Grotte in den Pyrenäen und tranken das Wasser bzw. badeten darin, und Lourdes entwickelte sich rasch zu einem bedeutenden Wallfahrtsort. Trotzdem blieb Bernadette vielen Anfeindungen ausgesetzt und stieß mit der Erzählung ihrer Visionen auf Misstrauen. Zudem litt sie offenbar sehr unter den Auswirkungen ihrer Krankheit. 1866 verließ sie ihre Heimat und trat in das Kloster der „Dames des Nevers" in Nevers-sur-Loire in Zentralfrankreich ein. Nach Ablegen des Gelübdes erhielt sie den Ordensnamen Marie-Bernard. Selbst innerhalb des Ordens sollen ihre Schilderungen von der „Dame im weißen Kleid mit blauem Gürtel", die ihr erschienen war, auf Ablehnung und Unverständnis gestoßen sein. Am 16. April 1879 starb Bernadette an den Folgen einer

Knochentuberkulose. Am 14. Juni 1925 wurde Bernadette von Papst Pius XI. selig und am 8. Dezember 1933 heilig gesprochen. Ihr Leichnam, 1925 angeblich völlig intakt gehoben und mit einer dünnen Wachsschicht überzogen, ruht in einem kostbaren Glasschrein in der Kirche des Klosters Saint Gildard in Nevers. Reliquien von ihr, u.a. eine Rippe, werden in Lourdes in der Josefskapelle verehrt und am 18. Februar in einer Prozession durch die Stadt getragen.

Schon 1872 kamen eine Million Pilger nach Lourdes, wo man über der Grotte zunächst eine Kapelle errichtet hatte, die 1876-79 durch die neugotische Basilika der Unbefleckten Empfängnis ersetzt wurde. Als auch diese die Massen nicht mehr aufnehmen konnte, baute man 1889-1901 noch die Rosenkranzbasilika. Nach dem Zweiten Weltkrieg ergänzte man den „Heiligen Bezirk" um eine 1958 dem hl. Papst Pius X. geweihte unterirdische Betonbasilika für 20 000 zusätzliche Gläubige sowie eine 1988 der hl. Bernadette geweihte Kirche am anderen Flussufer, die mit ihren Sälen – nüchtern Saal 1, 2, und 3 genannt – weiteren rund 5 000 Menschen Platz bietet.

Die Verehrung der Muttergottes von Lourdes, deren Gedenktag von Pius X. 1907 offiziell auf den 11. Februar festgesetzt und für die ganze Kirche eingeführt wurde, ist weltweit ungebrochen, und an unzähligen Orten wurden und werden „Lourdes-Grotten" mit Kopien der in Lourdes stehenden Skulptur der weißgekleideten „Dame" gebaut.

Lage: Lourdes (Château-Fort mit Pyrenäen-Museum und Übersicht über den gesamten Pilgerbezirk!, Lac de Lourdes, 948 m hoher Pic du Jer mit Seilbahn, Geburts- und Wohnhaus von Bernadette Soubirous) liegt im äußersten Süden Frankreichs (Region Midi-Pyrénées, Département Hautes-Pyrénées) südwestlich von Toulouse im Vorgebirge der Pyrenäen am Fluss Gave (Wanderparadies!); der Flughafen Tarbes-Ossun-Lourdes ist nur rund zehn Kilometer entfernt (Pendelbusverkehr); von den meisten Bistümern werden jährlich Pilgerreisen per Bahn (Sonderfahrten) oder Bus nach Lourdes organisiert; in Lourdes und Umgebung gibt es zahlreiche (ca. 400) Hotels und Pensionen sowie über zwei Dutzend Campingplätze.

Anschrift: Sanctuaires Notre-Dame de Lourdes, 1, avenue Monseigneur Théas, F-65100 Lourdes, Tel.: 0033/562/42 78 09 (deutsch), Fax: 0033/562 42 79 38; Accueil Notre-Dame (Krankenherberge), F-65108 Lourdes Cedex, Tel.: 0033/562/42 80 61, Fax: 0033/562/42 79 48; Office de Tourisme de Lourdes, Place Peyramale, BP 17, F-65101 Lourdes Cedex, Tel.: 0033/562/42 77 40, Fax: 0033/562/94 60 95, E-Mail: webmaster@ville-lourdes.fr; Deutscher Lourdes Verein Köln, Schwalbengasse 10, D-50667 Köln, Tel.: 0221/99 22 21-0, Fax: 0221/99 22 21-29, E-Mail: info@lourdes-verein.de; Bayerisches Pilgerbüro e.V., Postfach 20 05 42, D-80005 München, Tel.: 089/545 81-10, Fax: 089/545 81-169, E-Mail: bp@pilgerreisen.de

Mainburg
Name der Wallfahrt: Wallfahrt zu Christus Salvator
Ort der Pfarrei: Mainburg
Kirche: Kloster- und Wallfahrtskirche St. Salvator
Bistum: Regensburg (Deutschland)
Pilgerzeiten: Ganzjährig; besonders feierlich begangen werden der 15. Januar (Gedenktag für den hl. Paulus von Theben, den „ersten Eremiten" und Patron des Paulinerordens), der 29. Juni (Peter und Paul) und der 26. August (an diesem Tag wird im polnischen Marienwallfahrtsort Tschenstochau das Hochfest der „Schwarzen Madonna" gefeiert; von dem Hauptheiligtum Polens befindet sich eine Kopie auf dem Hochaltar der Mainburger Wallfahrtskirche); Gottesdienste (ganzjährig) sonntags 9.00 Uhr (Stadtpfarrkirche) und 19.00 Uhr (Klosterkirche)
Geschichte: Wie bei allen Salvatorwallfahrten liegt auch der in Mainburg eine Hostienwallfahrt zugrunde, und diese ist in ihrer Entstehung wie so oft mit einer Legende verknüpft: Ein Priester war zu Beginn des 14. Jahrhunderts mit einer geweihten Hostie auf dem Weg zu einer Krankenkommunion, als er mit einem Fuhrmann in Streit geriet, der ihm den Hostienbehälter aus der Hand schlug. Die Hostie fiel aber nicht zu Boden, sondern schwebte, von einem wunderlichen Licht umgeben, in der Luft. Unter dem Fuhrmann aber tat sich die Erde auf und verschlang ihn samt seinem Gespann. Dem Geistlichen indes gelang es nicht, die Hostie von der Stelle zu bewegen. Erst der eilends herbeigerufene Bischof konnte sie wieder in die Kirche bringen, nachdem er den Bau einer Sühnekapelle gelobt hatte. (In der heutigen Wallfahrtskirche stellen vier, 1905 von einem Regensburger Künstler geschaffene Deckengemälde diese Legende dar, und eine große Marmorplatte am Boden markiert die Stelle, wo der Fuhrmann einst versunken sein soll.)
1386 wurde die Existenz einer St.-Salvator-Kapelle erstmals urkundlich erwähnt. Eine Wallfahrt zum Erlöser scheint stattgefunden zu haben, die aber während der Reformation und dem Dreißigjährigen Krieg fast gänzlich erlosch. Ziel der Pilger war eine etwa 60 Zentimeter große Christus-Salvator-Figur, die heute in einem

Glasschrein auf einem der vier Seitenaltäre im Chor steht. Die Halbplastik ist aus Sandstein und stammt vermutlich aus dem 14. Jahrhundert. Es handelt sich um eine so genannte Ecce-Homo-Figur, d.h. sie zeigt Jesus Christus gefoltert und gemartert. Bei der Mainburger Figur deutet Christus mit dem Finger auf eine Wunde an der rechten Schulter.

1723 wurde unter Einbeziehung der Kapelle die heutige barocke Kirche erbaut (der spitze, neugotische Turm stammt von 1864), was zu einer Neubelebung der Wallfahrt führte. 1892 errichtete man neben dem Gotteshaus ein Kloster für Ordensbrüder der beschuhten Karmeliter, die die Betreuung der Wallfahrt übernahmen, aber 1917 Mainburg verließen. Nach dem Ersten Weltkrieg zogen Kapuzinermönche ins Kloster ein, die bis 1978 blieben. Dieses Mal dauerte es drei Jahre, bis das Mainburger Kloster wieder zu neuem Leben erwachte: 1981 wurde es von Paulinermönchen aus Polen besiedelt. Dieser Orden war nach der Säkularisation Anfang des 19. Jahrhunderts in Deutschland nicht mehr vertreten, inzwischen sind jedoch wieder rund 30 Ordensmitglieder aktiv. Die Pauliner bemühen sich um die Erhaltung der Wallfahrt nach Mainburg, zeigen allerdings eine starke Tendenz zur Marienverehrung. Entsprechend scheint die 1911 geschaffene und 1983 restaurierte Lourdesgrotte vor der Klosterkirche von Pilgern stärker frequentiert zu werden als das Gnadenbild des Erlösers im Inneren des Gotteshauses.

Lage: Mainburg (Hopfenmuseum) liegt etwa 60 km südwestlich der Bischofsstadt Regensburg am Flüsschen Abens an der Bundesstraße B 301 im Hopfenanbaugebiet Hallertau; Anfahrt über die Autobahn A 93: Ausfahrt Mainburg; Kloster und Wallfahrtskirche liegen oberhalb der Stadt und sind von Mainburg aus auch über einen durch den Wald führenden Kreuzweg (176 Stufen) zu erreichen.

Anschrift: Paulinerkloster St. Salvator, Salvatorberg 3, D-84048 Mainburg, Tel.: 08751/87 26-0, Fax: 08751/87 26-29; Katholisches Pfarramt „Zu Unserer Lieben Frau", Am Gabis 7, D-84048 Mainburg, Tel.: 08751/14 01, E-Mail: kontakt@ pfarrei-mainburg.de

Marburg

Name der Wallfahrt: Wallfahrt zur hl. Elisabeth von Thüringen
Ort der Pfarrei: Marburg-Schröck
Kirche: Kirche St. Elisabeth (evang.), Kirche St. Peter und Paul (kath.)
Bistum: Fulda (Deutschland)
Pilgerzeiten: Festtag der hl. Elisabeth von Thüringen ist der 19. November (Begräbnistag in Marburg); die evangelische

Elisabethkirche ist ganzjährig zugänglich; katholische Messfeiern für Wallfahrtsgruppen können in der nahegelegenen Kirche St. Peter und Paul (Elisabethreliquie) bzw. in der Pfarrkirche des rund 12 km südöstlich gelegenen Dörfchens Schröck (Elisabethbrunnen) abgehalten werden.

Geschichte: Wo die Lahn das Mittelgebirge verläßt und sich das Tal weitet, wachte schon früh auf einem mächtigen Bergsporn eine Burg der Landgrafen über Handelswege, Siedlung und Furt. Im Schutz der Burg gediehen Handel und Handwerk, die Stadt Marburg entstand. Hier (teilweise auch in Kassel) residierten die hessischen Landgrafen bis 1604. Aus der schlichten Burg wurde im Laufe der Jahrhunderte ein wehrhaftes Schloss. Nach 1604 war es nur noch Festung und Garnison, dann Strafanstalt, später auch Staatsarchiv. Heute betrachtet man es mit seiner permanenten Ausstellung „Zum Werden des Landes Hessen" als zentrale Informationsstätte für hessische Geschichte.

Mit dem Bau des Wahrzeichens der Stadt, der Elisabethkirche, der ersten großen Kirche Deutschlands im gotischen Stil, begann 1235 der Deutschordens-Hochmeister Hermann von Salza. Der Orden hatte das von Elisabeth hier gegründete Hospital nach ihrem Tod übernommen. 1249 überführte man die Reliquien der hl. Elisabeth, der Stammmutter des hessischen Landgrafenhauses, in die neue Kirche und barg sie in einem der schönsten Schreine des 13. Jahrhunderts. Die Weihe der Kirche erfolgte 1283, ihre Türme wurden jedoch erst in der ersten Hälfte des 14. Jahrhunderts vollendet. Sie sollte als Wallfahrtskirche und Grablege der Landgrafen dienen, natürlich auch den Machtanspruch des Deutschordens symbolisieren. Die Heiligen Georg und Elisabeth wurden neben Maria die Patrone des Ordens. Bis zur Reformationszeit war St. Elisabeth in Marburg eines der wichtigsten deutschen Wallfahrtsziele. Wenn die nach ihr benannte Kirche heute auch evangelisch ist, so ist die Wallfahrt doch immer noch lebendig, und die Pilger versammeln sich in der nahegelegenen katholischen Pfarrkirche St. Peter und Paul.

Jährlich erinnert das Geläute der vier Tonnen schweren Elisabethglocke am 30. April, dem Walpurgistag (daher Walpernläuten), um 12 Uhr an die Erhebung der Gebeine der Heiligen am 1. Mai 1236. 1207 als Tochter von König Andreas II. von Ungarn (András; 1205-35) und seiner ersten Gemahlin Gertrud von Andechs-Meran (ermordet 1213) in Nordungarn geboren, wurde Erszébet (Elisabeth) bereits im Alter von vier Jahren als Verlobte des Sohnes des Landgrafen Hermann I. von Thüringen auf die Wartburg (bei Eisenach in Thüringen) gebracht, wo sie von der frommen Landgräfin Sophie von Bayern erzogen wurde.

Die arrangierte Heirat mit Ludwig IV. von Thüringen, später „der Heilige" genannt, erfolgte 1221, wurde aber eine glückliche Ehe, aus der bis 1227 drei Kinder hervorgingen: Hermann (der spätere Landgraf von Thüringen), Sophie (die spätere Herzogin von Brabant) und Gertrud (die spätere Äbtissin von Kloster Altenberg). Bereits in dieser Zeit zeigte sich die tiefe Frömmigkeit, der starke Gerechtigkeitssinn und das große Mitleid Elisabeths, um die sich viele spätere Legenden ranken wie z.B. das „Rosenwunder": Als sie wieder einmal einen Korb voll mit Broten aus der Burg zu den Armen bringen wollte, wurde sie von ihrem Mann zur Rede gestellt. Statt der Brote fanden sich aber plötzlich Rosen im Korb.

Das eheliche Glück Elisabeths wurde jäh beendet, als ihr Mann am 11. Juli 1227 in Italien, wo er sich zum Kreuzzug Friedrichs II. eingefunden hatte, starb, vermutlich an der Pest. Elisabeth wurde von ihrem Schwager Heinrich Raspe, der die Regentschaft für ihren Sohn übernahm, mit ihren drei Kindern vom landgräflichen Hof auf der Wartburg vertrieben und litt bittere Not, bis ihr Onkel, Bischof Ekbert von Bamberg, sie aufnahm.

Nachdem sich Heinrich Raspe mit ihr ausgesöhnt und ihr auch das ihr zustehende Wittum (Witwenvermögen) hatte zukommen lassen, ging sie 1229 nach Marburg, wo sie sich in die Obhut ihres Beichtvaters Konrad (1233 von Adeligen ermordet) begab. Sie wurde in die Hospitalitergemeinschaft von Marburg aufgenommen und gründete dort selbst ein Hospital. Einen Heiratsantrag des Kaisers schlug sie aus, legte stattdessen das Gelübde der Armut ab, trat in den weltlichen Franziskanerorden (Dritter Orden/Terziarier) ein und widmete sich fortan nur noch dem Dienst an den Armen, Kranken und Aussätzigen.

Elisabeth starb am 17. November 1231 in Marburg und wurde in der Spitalkapelle bestattet. Aufgrund der vielen Wunder, die an ihrem Grab geschehen sein sollen, wurde sie bereits am 27. Mai 1235 von Papst Gregor IX. heilig gesprochen. Ihre Kopfreliquie befindet sich heute in der Elisabethinenkirche in Wien, weitere Reliquien in Stockholm. Ihr prächtiger Sarkophag in der Marburger Elisabethkirche ist leer, da Landgraf Philipp von Hessen im Zuge der Reformation 1539 ihre Gebeine an einen unbekannten Ort überführen ließ, um der Verehrung ein Ende zu setzen. Einige Kilometer östlich von

Marburg, in Schröck, existiert eine weitere Elisabethwallfahrt, die in die dortige Pfarrkirche und zum Elisabethbrunnen führt. Der Beginn der Wallfahrt ist nicht geklärt. Es war wiederum der Landgraf Philipp von Hessen, der sie im Zuge der Reformation beendete, indem er die dort bestehende Kreuzkapelle am Elisabethbrunnen 1527 abreißen ließ. Auf ihren Grundmauern errichtete man 1982 ein Kreuz aus Eichenholz, an dem sich jährlich am 14. September, dem Fest „Kreuzerhöhung", Pilger einfinden.

Kunst: Die Elisabethkirche hat innen eine Länge von 56 Metern, im Langhaus eine Breite von 21,55 Metern, sie misst im Querschiff 39 Meter und hat eine Gewölbehöhe von an die 20 Meter. Die Türme erreichen eine Höhe von 80 Metern. Das gesamte Erscheinungsbild erinnert stark an die nordfranzösischen Vorbilder.

An das dreischiffige, hallenförmige Langhaus schließt sich die Dreiergruppe von Querhausarmen und Chor an. Der Hochaltar, 1290 geweiht, wurde im 19. Jahrhundert restauriert und ergänzt. Er beeindruckt durch die in Stein geschlagene Retabelwand mit einer Gesamthöhe von 4,82 Meter. In den Nischen stehen je drei Figuren. Bemerkenswert sind auch die wertvollen Wandaltäre. Drei Chorfenster weisen ganz hervorragende, leuchtende Glasmalereien des 13. Jahrhunderts auf. Über dem Grabaltar St. Elisabeths im nördlichen Querhaus ist ein farbig gefasster, mit Blattfriesen geschmückter steinerner Baldachin aus dem dritten Viertel des 13. Jahrhunderts. Das südliche Querhaus („Landgrafenchor") diente als Grablege der Landgrafen von Hessen, die Grabmäler datieren aus dem 13. bis 16. Jahrhundert. Die Grenze zum Langhaus bildet die feingliedrige Wand des Lettners von 1343, dessen Aufsatz mit bekrönendem Bogen noch aus dem 13. Jahrhundert stammt. Davor steht der Kreuzaltar mit dem Kruzifix von Ernst Barlach von 1931.

Die farbige Ausmalung aus der Entstehungszeit der Kirche und die Wandmalereien (Anfang des 15. Jahrhunderts) sind in ungewöhnlicher Vollständigkeit erhalten. Der Elisabethschrein in der Sakristei (um 1235-49) ist ein Meisterwerk eines unbekannten Goldschmieds, über und über mit Emaillen und Edelsteinen besetzt und mit einzigartigem Filigran geschmückt. Er weist eine kirchenähnliche Gliederung mit Längs- und Querbau auf. Die vier Giebel sind Elisabeth, Maria, Christus und der Kreuzigung gewidmet. An den Längsseiten finden die Apostel Platz, die Reliefs der Dachschrägen schildern Leben und Wirken der hl. Elisabeth.

Lage: Marburg (Landgrafenschloss) liegt an der Lahn etwa 25 km nördlich von Gießen; Anfahrt über die Autobahn A 5/480 nach Gießen, weiter auf der Bundesstraße B 3 nach Marburg.
Anschrift: Katholisches Pfarramt St. Michael und St. Elisabeth, Kettelerstraße 12, D-35043 Marburg-Schröck, Tel.: 06424/922-30, Fax: 06424/922-31; Evangelische Elisabethkirchengemeinde, Schützenstraße 39, D-35039 Marburg, Tel.: 06421/655 73 (Küster)

Maria Baumgärtle

Name der Wallfahrt: Wallfahrt zur Muttergottes
Ort der Pfarrei: Breitenbrunn
Kirche: Kloster- und Wallfahrtskirche „Mariä Opferung"
Bistum: Augsburg (Deutschland)
Pilgerzeiten: Ganzjährig; Gottesdienste sonntags 7.30, 8.30 (Rosenkranz), 9.00 und 10.15 Uhr, mittwochs (Wallfahrtstag) und jeden 13. des Monats (Fatimatag) 7.30, 8.30 (Rosenkranz) und 9.00 Uhr; am Fatimatag zusätzlich 19.30 Uhr sowie in den Monaten Mai-Oktober bei guter Witterung anschließende Lichterprozession; Hochfeste: 1. Juli (Kostbar-Blut-Fest), 15. August (Mariä Himmelfahrt), 21. November (Mariä Opferung); Exerzitien, Einkehrtage oder „Kloster auf Zeit" möglich
Geschichte: In Maria Baumgärtle wird eine Kopie des Altöttinger Marien-Gnadenbildes verehrt. Die Figur befand sich ursprünglich im Besitz der Herzogin Mauritia Febronia von Bayern, die seit 1668 mit dem Wittelsbacher Herzog und Landgraf v. Leuchtenberg Maximilian Philipp Hieronymus vermählt war. Die aus Frankreich stammende, tiefgläubige Herzogin verehrte besonders die Altöttinger Madonna, für die sie selbst einen Rock anfertigte und ein silbernes Doppelherz stiftete. In ihrem Testament vermachte sie ihre Nachbildung dem Grafen Christoph von Muggenthal, Herr von Bedernau, der das Bildnis 1721 in einer Kapelle in seinen Obstgärten aufstellte. Zur Gottesmutter mit dem Jesuskind im „Baumgärtle" entwickelte sich eine rege Wallfahrt, und ab dem Jahr 1726 betreuten nach Anfrage des Grafen Muggenthal drei Franziskanermönche die Pilger. Der Graf ließ Klostergebäude und eine neue Wallfahrtskirche bauen, die 1738 geweiht wurde.
1803 folgte im Zuge der Säkularisation die Aufhebung des Klosters, und die Mönche mussten Baumgärtle verlassen. Die Kirche wurde 1827 zum Abbruch verkauft, lediglich die Gnadenkapelle mit dem Marienbildnis blieb erhalten. Der Pilgerstrom ließ nach, versiegte aber nie ganz, und ab 1871 wurden die Gläubigen wieder von Ordensbrüdern betreut, diesmal waren es Missionare vom Kostba-

ren Blut. Diese Kongregation war 1815 von Kaspar (Gaspare) del Bufalo (1786-1837; 1904 selig und 1954 heilig gesprochen) ins Leben gerufen worden, mit dem Ziel der Erneuerung des Glaubens nach den Irrungen und Wirrungen der napoleonischen Epoche. 1882 wurde die baufällige Kapelle in Baumgärtle abgebrochen und mit der Errichtung einer neuen Wallfahrtskirche begonnen. In den 1883 zu Ehren Mariens geweihten Neubau wurde der reichverzierte Hochaltar mit dem integrierten Gnadenbild aus der alten Kapelle übernommen.

Nach einem starken Rückgang der Wallfahrten in der ersten Hälfte des 20. Jahrhunderts kommen heute wieder mehr Gläubige nach Maria Baumgärtle. Von Jahr zu Jahr steigt auch die Zahl derer, die sich im Kloster einige Tage d Ruhe und der Einkehr gönnen.

Lage: Der Wallfahrtsort Maria Baumgärtle gehört zur Gemeinde Breitenbrunn und liegt knapp 15 km nordwestlich von Mindelheim (mittelalterliche Stadtbefestigung, Schloss Mindelburg); Anfahrt über die Autobahnen A 96 (aus Richtung München kommend) oder A 7 (aus Richtung Kempten bzw. Ulm kommend).

Anschrift: Kloster Maria Baumgärtle, D-87739 Breitenbrunn, Tel.: 08265/969 10, Fax: 08265/10 53, E-Mail: baumgaertle.p.josef@t-online.de oder baumgaertle@missonare-vom-kostbaren-blut.org

Maria Beinberg

Name der Wallfahrt: Wallfahrt zur Muttergottes
Ort der Pfarrei: Weilach
Kirche: Wallfahrtskirche „Mariä Geburt"
Bistum: Augsburg (Deutschland)
Pilgerzeiten: Mai bis Oktober; Hauptwallfahrtstage sind alle Marienfeste
Geschichte: Bevor im 15. Jahrhundert eine Kapelle errichtet wurde, stand auf dem 501 Meter hohen Beinberg eine Burg. Im Zusammenhang mit dem Kapellenbau und der späteren Erweiterung zur barocken Wallfahrtskirche kommen die Namen der Landespfleger am Gericht in Schrobenhausen, Ritter Bernhard und seine Nachfolger Leonhard von Gumppenberg und Eucharius von Öttingen vor. Über die Herkunft des auf dem Hochaltar stehenden, spätgotischen Marien-Gnadenbildes – die Himmelskönigin mit Krone und Zepter in kostbarem Kleid trägt das ebenfalls gekrönte Jesuskind auf dem linken Arm – und die Entstehung der Wallfahrt ist nichts bekannt.

Die Marienwallfahrtskirche erhielt im 18. Jahrhundert eine barocke Innenausstattung, daran war auch der Augsburger Hofmaler Ignaz Baldauff maßgeblich beteiligt (um 1767).

Heute ist Maria Beinberg ein eher

ruhiger Wallfahrtsort, der seit dem Ende des Zweiten Weltkriegs von Patres des Mariannhiller Missionsordens betreut wird. Dieser Orden entwickelte sich aus dem 1882 von dem Trappisten Franz Pfanner gegründeten Kloster Mariannhill in Südafrika. Von 1978 bis zu seinem Tod 2001 wirkte Bruder Waldemar in Maria Beinberg als Seelsorger. Als ein „Spätberufener", der zunächst das Metzgerhandwerk erlernt hatte, bevor er sich den Mariannhiller Missionaren anschloss, betreute er die Wallfahrer auf dem Beinberg nicht nur in der Kirche, sondern auch im Brotzeitstüberl.

Unterhalb der Wallfahrtskirche Maria Beinberg unterhält die Diözesanregion Altbayern ein Tagungshaus für Bildungsveranstaltungen und ein Zeltlager für Jugendgruppen.

Lage: Die Wallfahrtskirche gehört zur Gemeinde Gachenbach und steht etwa 20 km nordöstlich der Bischofsstadt Augsburg auf dem Beinberg im Weilachtal; Anfahrt über die Autobahn A 8: Ausfahrt Dasing, weiter auf der Bundesstraße B 300 über Aichach in Richtung Schrobenhausen bis zur Abzweigung nach Gachenbach und von dort der Beschilderung folgen; vom Parkplatz am Fuß des Berges führt ein Kreuzweg zur Kirche (mit Brotzeitstüberl und Biergarten) hinauf.

Anschrift: Katholisches Pfarramt Hl. Kreuz, Dorfstraße 61, D-86565 Gachenbach, Tel.: 08259/423 oder 541 (Filiale Maria Beinberg), Fax: 08259/17 93; Tagungshaus „Maria Beinberg", Maria Beinberg 3, D-86565 Gachenbach, Tel.: 08259/525, E-Mail: dioezesanregion.altbayern@bistum-augsburg.de

Maria Dorfen

Name der Wallfahrt: Wallfahrt zur „wundertätigen Muttergottes von Dorfen"
Ort der Pfarrei: Dorfen
Kirche: Pfarr- und Wallfahrtskirche „Mariä Himmelfahrt"
Bistum: München-Freising (Deutschland)
Pilgerzeiten: Mai bis September; Hochfest am 15. August (Mariä Himmelfahrt)
Geschichte: Die Dorfener Pfarr- und Wallfahrtskirche „Mariä Himmelfahrt" liegt auf dem Ruprechtsberg, benannt nach dem hl. Rupert, dem ersten Bischof von Salzburg, der hier auf seiner Reise durch Bayern um das Jahr 700 eine Kapelle gebaut haben soll. In einer Schenkungsurkunde des Hochstifts Freising findet sich im Jahr 773 ein erster Hinweis auf ein Gotteshaus an dieser Stelle.

Über die Ursprünge der Wallfahrt nach Maria Dorfen ist nichts bekannt, doch bereits gegen Ende des 15. Jahrhunderts scheinen zahlreiche Pilger zur Verehrung des

Marien-Gnadenbildes gekommen zu sein.

Bedingt durch den Dreißigjährigen Krieg (1632 und 1634 war Dorfen von den Schweden besetzt und wurde schwer verwüstet) ging die Zahl der Wallfahrer zurück, stieg aber dann wieder an. Ein Faktor für die Belebung der Wallfahrt war die Einführung der Rosenkranzbruderschaft in Dorfen im Jahr 1657. Im 17. und 18. Jahrhundert wurde Maria Dorfen so populär, dass es zeitweise nach Altötting der meistbesuchte Wallfahrtsort in Süddeutschland war. Es wird von bis zu 100 000 Pilgern jährlich berichtet.

Die um 1470 gebaute und mehrfach vergrößerte Kirche wurde zu Beginn des 18. Jahrhunderts erneut erweitert und im Stil des Barock umgestaltet, nicht zuletzt auf Initiative des engagierten Pfarrers Josef Sailer, der 1711 auch einen päpstlichen Ablass erwirkte und für die Prägung von so genannten Gnadenpfennigen sorgte. Auf sein Betreiben hin erhielt das wegen seiner Schönheit weithin berühmte Gnadenbild von Maria Dorfen zudem den Beisatz „wunderbar", nachdem die zahlreichen Berichte von Gebetserhörungen von einer Kommission geprüft und für echt befunden worden waren. 1719 errichtete man außerdem unweit der Kirche ein Priesterhaus für die betreuenden Geistlichen. Zwischen 1775 und 1804 war dort auch ein Teil des Freisinger Priesterseminars untergebracht.

Im letzten Drittel des 18. Jahrhunderts erreichte die Wallfahrt nach Maria Dorfen mit mehreren tausend Pilgern pro Tag ihre Blütezeit. Im Jahr 1785 wird von 5 400 Pilgermessen zwischen April und November berichtet. Von Anfang an aber war Maria Dorfen überwiegend das Ziel von so genannten Mehrortwallfahrten, d.h. eine Station der Pilger auf ihrem Weg und nicht das alleinige Ziel. Viele der bis aus Böhmen kommenden Wallfahrer zogen z.B. weiter nach Altötting bzw. kamen von dort, und auf alten Wallfahrtsmedaillen ist oft eine Abbildung der Dorfener Muttergottes gemeinsam mit jener von Altötting zu sehen. Heute hat die Wallfahrt keine überregionale Bedeutung mehr. Das ehemalige Priesterhaus ist seit 1913 im Besitz des Ordens der Armen Schulschwestern, der es als Altenheim für seine Nonnen nutzt.

Kunst: Ihr heutiges Aussehen erhielt die wegen ihres hohen Turms weithin sichtbare Wallfahrtskirche Ende des 18. Jahrhunderts, nachdem 1782 ein Teil des Gewölbes eingestürzt war.

Das Kircheninnere wird von zahlreichen Votivtafeln und vom prachtvollen Hochaltar beherrscht, einem 1740 fertig gestellten Gemeinschaftswerk der Münchner

Künstler Cosmas Damian und Egid Quirin Asam. 1868 ersetzte man ihn durch einen neuromanischen Baldachinaltar, doch auf Inititative des Dorfener Stadtpfarrers Hermann Eigner wurde der Asam'sche Altar im Zuge einer umfassenden Kirchenrenovierung 1963-71 rekonstruiert und am 19. Juni 1971 neu geweiht. In den Aufbau integriert ist das nahezu lebensgroße Gnadenbild. Die auf um 1480 datierte Holzplastik stellt die auf dem Thron sitzende Gottesmutter mit goldenem Umhang dar. Das nackte Jesuskind auf ihrem Schoß hält in seiner rechten Hand die Weltkugel mit einem Kreuz. Bei den großen, vergoldeten Heiligfiguren links und rechts des Gnadenbildes handelt es sich um Dominikus, Papst Silvester, Katharina von Siena und Rupert von Salzburg.

Maria Dorfen besitzt zudem eine der wertvollsten Barockkrippen Bayerns. Ein Teil der heute aus insgesamt 200 holzgeschnitzten Figuren bestehenden Sammlung (141 Personen in kostbaren Gewändern und 59 Tiere) stammt aus dem 18. Jahrhundert. Die Krippe ist von Weihnachten bis in den Frühsommer hinein in der Josefskapelle der Pfarrkirche aufgebaut.

Lage: Die oberbayerische Kleinstadt Dorfen liegt zwischen Landshut und Wasserburg/Inn an der Bundesstraße B 15 (Deutsche Ferienstraße Alpen-Ostsee) etwa 50 km östlich von München (mit der Bahn etwa 35 Minuten).

Anschrift: Katholisches Pfarramt Mariä Himmelfahrt, Ruprechtsberg 6, D-84405 Dorfen, Tel.: 08081/93 13-0, Fax: 08081/93 13-19, E-Mail: Mariae-Himmelfahrt.Dorfen@ erzbistum-muenchen.de

Maria Medingen

Name der Wallfahrt: Wallfahrt zur sel. Margarete Ebner
Ort der Pfarrei: Mödingen
Kirche: Klosterkirche St. Marien
Bistum: Augsburg (Deutschland)
Pilgerzeiten: Ganzjährig; Festtag der sel. Margarete Ebner ist der 20. Juni
Geschichte: Margarete Ebner wurde um 1291 in Donauwörth als Tochter einer wohlhabenden Patrizierfamilie geboren und trat 1306 in das Dominikanerinnenkloster Maria Medingen ein. Der Überlieferung nach war sie von äußerst schwacher Konstitution, häufig krank und viele Jahre ans Bett gefesselt. Ihre körperlichen Leiden ertrug sie mit heroischer Geduld. Sie war mystisch begabt und bemühte sich, „ohne Aufhören gesammelt zu bleiben", egal bei welcher Beschäftigung und in welcher Situation. Für viele ihrer Zeitgenossen, darunter ihren Beichtvater Heinrich von Nördlingen und auch Kaiser Ludwig IV.

der Bayer (1328-47), war sie aufgrund ihrer Offenbarungen und Visionen eine Art Prophetin. Margarete Ebner starb am 20. Juni 1351 und wurde in der Klosterkirche bestattet. Schon bald nach ihrem Tod wurde ihr Grab zum Pilgerziel und ist es über Jahrhunderte hinweg geblieben. Offiziell selig gesprochen wurde die Mystikerin jedoch erst am 24. Februar 1979 durch Papst Johannes Paul II. Das Kloster Maria Medingen geht auf eine Stiftung des Grafen Hartmann IV. von Dillingen und seiner Gemahlin Willibirgis zurück, die es 1246 den Dominikanerinnen übergaben. Fünf Jahre zuvor hatte das Paar bereits in Dillingen ein Haus für die Franziskanerinnen gestiftet. Während der Reformation wurde Maria Medingen aufgelöst und erst kurz vor Beginn des Dreißigjährigen Krieges (1618-48) wieder von Nonnen besiedelt. Eine erneute Aufhebung erfolgte zu Beginn des 19. Jahrhunderts im Zuge der Säkularisaton. Die Ordensschwestern durften zwar weiter im Kloster wohnen, aber keine Novizinnen mehr aufnehmen. Klostergebäude und Kirche wurden mehrmals verkauft und gelangten schließlich 1824 in den Besitz eines Dillingers namens Mack. Dieser überließ den Komplex 1843 gegen eine nur geringe Entschädigung den Dillinger Franziskanerinnen, die hier ein noch heute bestehendes Filialkloster gründeten.

Kunst: Die heutige Klosteranlage Maria Medingen entstand 1716-25 und ist das Erstlingswerk des Wessobrunner Kirchenbaumeisters, Stuckateurs und Marmorierers Dominikus Zimmermann (1685-1766). An der prachtvollen, spätbarocken Innenausstattung der 1721 geweihten Kirche wirkte auch sein Bruder Johann Baptist (1680-1758) mit. Der Hochaltar, in dessen Zentrum sich eine Figur der Gottesmutter Maria mit dem Jesuskind auf dem Arm aus dem 15. Jahrhundert befindet, entstand jedoch erst 1793 und wird Thomas Schaidhauf zugeordnet.

Die Margaretenkapelle, die Grabstätte der sel. Margarete Ebner, wurde 1753-55 im Stil des Rokoko ausgeschmückt. Den Altar schuf Johann Anwander, die Fresken von Vitus Felix Rigel zeigen Szenen aus dem Leben der Nonne. Die in der Kapelle ausgestellte kleine Jesusfigur mit Krone und festlichem Kleid stammt aus dem frühen 14. Jahrhundert und soll von Margarete Ebner ganz besonders geachtet und geliebt worden sein. In der Fasten- und Osterzeit ist in der Kapelle außerdem eine auf um 1300 datierte Nachbildung des Hl. Grabs zu sehen.

Lage: Das Kloster Maria Medingen gehört zur Gemeinde Mödingen und liegt etwa 10 km nordwestlich

von Dillingen (Schloss, Kirche Mariä Himmelfahrt; Donauradweg); Anfahrt über die Autobahn A 7: Ausfahrt Heidenheim (von Norden kommend) oder Giengen (Steiff-Museum), weiter auf der Landstraße über Wittislingen in Richtung Dillingen bis zur Abzweigung nach Mödingen; Anfahrt über die A 8 (München-Stuttgart): Ausfahrt Adelsried (Autobahnkirche), weiter über Dillingen und Donaualtheim.
Anschrift: Kloster Maria Medingen, D-89426 Mödingen, Tel.: 09076/28 00-44, Fax: 09076/28 00-47, E-Mail: dillinger-franziskanerinnen@ mariamedingen.de

Maria Taferl

Name der Wallfahrt: Wallfahrt zur „Schmerzhaften Muttergottes"
Ort der Pfarrei: Maria Taferl
Kirche: Wallfahrtsbasilika und Pfarrkirche „Mariä Schmerzen" (genannt „Maria Taferl")
Bistum: St. Pölten (Österreich)
Pilgerzeiten: Hauptwallfahrtszeit Mai bis Oktober; das Hochfest wird am 15. September (Fest „Mariä Schmerzen") bzw. am nächstliegenden Sonntag begangen; reguläre Gottesdienste sonntags 7.00, 8.30 und 10.00 (1. Mai bis 31. Oktober zusätzlich 11.00 und 19.00 Uhr); die mechanische Krippe ist sonntags 10.00-16.00 Uhr zu besichtigen (oder nach Vereinbarung; Tel.: 0043/676/730 95 13)

Geschichte: Die 1724 geweihte und 1947 von Papst Pius XII. zur „Basilika minor" erhobene imposante Wallfahrtskirche „Maria Taferl" ist nach Mariazell in der Steiermark das zweitwichtigste Marienheiligtum Österreichs und der bedeutendste Wallfahrtsort des Bundeslandes Niederösterreich. Nach Inschriften im prachtvollen barocken Kircheninneren, wo das aus dem 17. Jahrhundert stammende Marien-Gnadenbild im Zentrum des Hochaltars thront, sollte der 1660 begonnene und erst im 18. Jahrhundert fertig gestellte Bau den Menschen der von Pest, Türkenkriegen und Dreißigjährigem Krieg verheerten Region neuen Mut schenken. Außerdem waren auch gegenreformatorische Absichten im Kernland des erzkatholischen Hauses Habsburg im Spiel. Für 1760 sind 700 Bittprozessionen belegt, die von Marbach am Donauufer den mühseligen, dreiviertelstündigen „Bußweg" zur Gnadenstätte auf dem „Taferlberg" hinaufzogen, wo im selben Jahr über 19 000 Messen gelesen wurden. Im 19. Jahrhundert ließ der Pilgerstrom zwar etwas nach, versiegte jedoch nie ganz. Einer der prominentesten Wallfahrer war der österreichische Thronfolger Erzherzog Franz Ferdinand. Er lebte mit seiner Familie im nahen Schloss Artstetten und nahm bis zu seiner Ermordung am 28. Juni 1914 in Sarajevo durch einen bosnischen Serben häufig an Gottesdiensten in Maria Taferl teil.

Der Ursprung des Ortes Maria Taferl ist der „Taferlstein", ein Granitstein, dessen kultische Bedeutung weit in die Zeit vor der Entstehung der Wallfahrt zurückgeht. Er steht heute, inmitten einer Art steinernen Balustrade, auf dem Platz neben der Kirche. Man vermutet, dass es sich um einen keltischen Opferstein handelt, zumal er einst neben einer mächtigen Eiche seinen Platz hatte. Zu einem christlichen Wallfahrtsort wurde die heidnische Kultstätte, indem man in einer Höhlung des Baums ein Kruzifix anbrachte, zu dem ab dem 16. Jahrhundert alljährlich Flurumgänge und -ritte stattfanden. Überregionale Bedeutung erlangte der Ort jedoch erst in der zweiten Hälfte des 17. Jahrhunderts, nachdem der Forstaufseher und Richter Alexander Schinagl das vermoderte Kreuz in der Eiche 1642 durch eine geschnitzte Pietà, also durch eine Figur der Gottesmutter Maria mit dem Leichnam Jesu Christi auf dem Schoß, ersetzt hatte. Der Legende nach hatte er im Traum eine Stimme gehört, die ihn beauftragte, das Bildnis „in die Eichen hinauf zum Taferl" zu tragen, wenn er von seinen schweren Depressionen und Selbstmordgedanken geheilt werden wolle. Tatsächlich fühlte er sich danach wohler und wendete dann in den folgenden zwei Jahrzehnten „unverdrossenen Vleiß, Bemuehung und Eyfer" auf, um den Ort als Marienwallfahrtsstätte zu propagieren. Ob er dies aus eigenem Antrieb tat oder ob kirchliche oder weltliche Autoritäten hinter seinen Bestrebungen standen, bleibt dahingestellt. Jedenfalls wurden ab 1658 weitere Spontanheilungen und Gebetserhörungen bekannt. Außerdem ist von wunderbaren Lichterscheinungen und „Engelsprozessionen" auf dem Taferlberg die Rede, die erst nach Baubeginn für die Wallfahrtskirche allmählich nachließen.

Eine derzeitige Generalrestaurierung des Gotteshauses soll 2010 abgeschlossen sein. Dann wird in Maria Taferl ein Jubiläum gefeiert: 350 Jahre seit der Grundsteinlegung 1660.

Außer der seit 1969 von „Oblaten der makellosen Jungfrau Maria" (OMI) betreuten Wallfahrtsstätte selbst mit ihren Prunkaltären, den das Marienleben behandelnden Deckenfresken, der völlig vergoldeten Kanzel von 1727 und der Krypta an der Kirchenrückseite mit dem „Marienbründl", dessen Wasser als heilkräftig vor allem gegen Augenleiden gilt, sowie den zahlreichen Kostbarkeiten in der Schatzkammer (u.a. wertvolle Votivgaben) sind in Maria Taferl

auch ein Volksschulmuseum sowie eine erst wieder seit 2005 funktionierende mechanische Ganzjahreskrippe sehenswert. Dieses Meisterwerk der Technik stammt von 1892 und stellt, verbunden mit Szenen der Heiligen Schrift und des ländlichen Lebens, die Entstehungsgeschichte des Ortes dar.
Lage: Der Markt Maria Taferl mit der weithin sichtbaren, zweitürmigen Basilika mit dem zweitwichtigsten Marienheiligtum Österreichs liegt etwa auf halbem Weg zwischen Linz und Krems im „Nibelungengau" auf dem 443 m hohen „Taferlberg" (Fernsicht bis zu den Alpen!) über der Ortschaft Marbach am linken Donauufer (Donauradweg!); Anfahrt über die Autobahn A 1: aus Richtung Salzburg kommend Ausfahrt Ybbs, weiter nach Persenbeug und beim Kraftwerk die Donau überqueren oder (aus Richtung Wien kommend) über die Donaubrücke bei Pöchlarn (Ausfahrt Pöchlarn); danach jeweils der Beschilderung „Maria Taferl" folgen.
Anschrift: Katholisches Pfarramt Maria Taferl, A-3672 Maria Taferl, Tel.: 0043/7413/278, Fax: 0043/7413/278-24, E-Mail: info@basilika.at; Marktgemeinde Maria Taferl, A-3672 Maria Taferl, Tel.: 0043/7413/70 40, Fax: 0043/7413/70 40-14, E-Mail: gde.mariataferl@wvnet.at

Maria Weißenstein/Madonna di Pietralba

Name der Wallfahrt: Wallfahrt zur „Schmerzhaften Muttergottes"
Ort der Pfarrei: Weißenstein/Pietralba
Kirche: Wallfahrtskirche „Mariä Himmelfahrt"
Bistum: Bozen-Brixen/Diocesi Bolzano-Bressanone (Italien/Südtirol)
Pilgerzeiten: Mai bis Okober, vor allem an den Marienfesten; besonders feierlich wird das Patrozinium am 15. August (Fest „Mariä Himmelfahrt") begangen; die Kirche und alle anderen Einrichtungen sind ganzjährig geöffnet.
Geschichte: Maria Weißenstein bzw. auf italienisch Madonna di Pietralba ist der meistbesuchte Wallfahrtsort Südtirols und zugleich ein beliebtes Feriendomizil. An Hotel, Pilger- und Jugendherberge führt u.a. der berühmte Europäische Wanderweg E 5 vom Bodensee zum Gardasee vorbei, und im Winter liegen Langlaufloipe und Rodelbahn direkt vor der Haustür. Die viertürmige Kirche mit dem zu beiden Seiten angebauten Kloster und der Blick auf Schlern, Rosengarten, Latemar und die Ortlergruppe bilden eine reizvolle Kulisse für Pilger und Naturliebhaber gleichermaßen.
Eine erste Marienkapelle soll der mit Hilfe der Gottesmutter von seinen epileptischen Anfällen geheilte Bergbauer Leonhard Weißensteiner im Jahr 1553 errichtet haben. Der Legende nach

fand er bei der Aushebung für die Fundamente eine kleine Pietà, die er in dem Kirchlein aufstellte. Die Ursprungskapelle mit dem als wundertätig verehrten Gnadenbild, das Maria mit dem Leichnam Jesu auf dem Schoß darstellt, wurde sofort zum Ziel von Wallfahrern und musste schon bald erweitert werden. Nachdem der Pilgerstrom immer mehr zugenommen hatte, begann man 1673 mit dem Bau einer großen Kirche und eines Klosters für die dem Servitenorden angehörenden Wallfahrtsbetreuer, die bis Mitte des 18. Jahrhunderts auch für die barocke Ausgestaltung des Pilgerzentrums sorgten. Leider hob Kaiser Joseph II. das Kloster 1787 auf und ließ den Komplex auf Abbruch verkaufen. Die Türme wurden abgerissen, das Inventar versteigert. Als Kloster und Wallfahrt im 19. Jahrhundert wieder in Betrieb gehen durften, bemühte man sich, alles wieder instand zu setzen. Im Kircheninneren gelang es zwar, den barocken Eindruck wieder herzustellen, ein Großteil der kostbaren Kirchenausstattung war jedoch unwiederbringlich verloren. Die künstlerische Hauptattraktion sind heute die Deckenfresken, auf denen der Wiener Hofmaler Joseph Adam Mölk (1714-94) die Geschichte der Gnadenstätte überaus prächtig dargestellt hat, und Votivtafeln aus dem 19. Jahrhundert.

Obwohl es sich bei der kleinen Schnitzfigur der „Schmerzhaften Muttergottes" – sie erhielt ihren Platz in einem Glasschrein über dem Tabernakel des Hochaltars – ebenfalls nur um eine Replik handelt, kamen die Wallfahrer bald wieder in Scharen. Am 24. August 1885 wurde das Gnadenbild in Anwesenheit von 130 Priestern und 15 000 Gläubigen vom Bischof von Trient, Giovanni Giacomo della Bona, feierlich neu gekrönt. Für das fein gearbeitete, mit Brillanten verzierte Diadem hatte Papst Leo XIII. einen besonders wertvollen Edelstein gestiftet.

Zu den prominentesten Pilgern des 20. Jahrhunderts gehörten der aus Canale d'Agordo bei Belluno stammende Bischof Albino Luciano und spätere Papst Johannes Paul I. (26. August 1978 bis 28. September 1978) sowie sein Nachfolger Johannes Paul II. (16. Oktober 1978 bis 2. April 2005), der sich im Juli 1988 nach Maria Weißenstein einfliegen ließ.

Lage: Der bedeutendste Wallfahrtsort Südtirols, Maria Weißenstein/Madonna di Pietralba mit Kloster, Kirche, Pilger- und Jugendherberge, Bildungshaus und Hotel, liegt südlich von Bozen auf 1 520 m Höhe am Fuße des 2 316 m hohen Weißhorns (Wander- und Wintersportgebiet); Anfahrt über die italienische Brennerautobahn: Ausfahrt Bo-

zen/Bolzano-Nord, weiter über das Eggental in Richtung Cortina bis Birchabruck und dann über Deutschnofen und Petersberg nach Maria Weißenstein (ab Birchabruck etwa 15 km).
Anschrift: Gasthof Weißenstein, Weißenstein 10, I-39050 Petersberg-Deutschnofen, Tel.: 0039/0471/61 51 24, Fax: 0039/0471/61 13 33, E-Mail: info@pmw.it; Katholisches Pfarramt St. Petrus, I-39040 Petersberg/Monte San Pietro, Tel.: 0039/0471/61 51 51

Mariastein
Name der Wallfahrt: Wallfahrt zu „Unserer Lieben Frau im Stein"
Ort der Pfarrei: Mariastein
Kirche: Wallfahrtsbasilika St. Marien
Bistum: Basel (Schweiz)
Pilgerzeiten: Ganzjährig, vor allem an allen Marienfesten; jeden ersten Mittwoch im Monat Wallfahrtsgottesdienste in der Gnadenkapelle (6.30, 8.00, 9.00 und 10.00 Uhr) sowie um 14.30 Messe mit Predigt in der Basilika mit anschließendem Rosenkranzgebet; die Gnadenkapelle ist täglich von 5.30-19.15 Uhr zugänglich; Gottesdienste sonntags 6.30, 8.00, 9.30 und 11.15 Uhr in der Basilika; im Kloster werden u.a. Exerzitien, Einkehrtage sowie „Kloster auf Zeit" angeboten; Unterkunft: Gästehaus des Klosters und Kurhaus Kreuz; Klosterführungen für Gruppen dienstags bis samstags nach Anmeldung möglich.
Geschichte: Das Benediktinerkloster Mariastein gehört zu den meist besuchten Wallfahrtsstätten der Schweiz, nicht zuletzt wegen der Einzigartigkeit seiner Lage. Von der 1655 geweihten und inzwischen zur päpstlichen „Basilika minor" erhobenen Wallfahrtskirche mit ihrer mächtigen klassizistischen Fassade und ihrer prachtvollen neubarocken Ausstattung führt ein unterirdischer Gang und eine steile Treppe zur Höhlenkapelle hinab. Dort thront das von sechs Putten umgebene Marien-Gnadenbild, eine steinerne, in kostbare Gewänder gehüllte und gekrönte Madonna mit dem Jesuskind auf dem rechten Arm, frei an der Felswand.
Die Entstehung der Wallfahrt zu „Unserer Lieben Frau im Stein" geht zurück in die zweite Hälfte des 14. Jahrhunderts. Anlass zur Gründung des Marienheiligtums war der Überlieferung nach die Rettung eines Hirtenkindes, das in den Abgrund stürzte, während seine Mutter in einer Felsennische schlief. Die Gottesmutter habe den Knaben aufgefangen und sich an dem Ort des Wunders eine Kapelle gewünscht. Erstmals urkundlich erwähnt wird das Grottenheiligtum im Jahr 1434 im Zusammenhang mit der Anstellung eines Wallfahrtspriesters für die zahlreichen Pilger durch den Bischof von Basel. 1470 wurde die Wallfahrtsstätte Augustinermönchen übertragen,

die mit finanzieller Unterstützung der Adelsfamilie Reich von Reichenstein das vorhandene Priesterhaus erweiterten und über der Gnadenkapelle die Kapelle der „Sieben Schmerzen Mariens" erbauten.

Als 1541 Hans Thüring Reich von Reichenstein vor der Pest mit seiner Familie nach Mariastein flüchtete, stürzte auch er über die Felskante in die Tiefe. Er überlebte, und seine Brüche heilten dank der Fürbitte Mariens schnell. Das „Reichenstein'sche Wunder" gab der im Zuge der Reformation zum Erliegen gekommenen Wallfahrt neuen Auftrieb, zumal der Vater des Geretteten an der Unglücksstelle ein Kreuz aufstellen und ein großes „Mirakelbild" über das Ereignis malen ließ, das noch heute in der von den Augustinern gebauten Kapelle hängt und zu den bedeutendsten seiner Art gehört.

1636 übernahmen Patres der Benediktinerabtei Beinwil die Wallfahrtsseelsorge im Hinblick auf die geplante Verlegung dieses Klosters nach Mariastein, die 1648 vollzogen wurde. Damit wurde die Mariengnadenstätte „im Stein" Teil des nun entstehenden Klosterkomplexes und teilte fortan auch die Geschicke der Abtei.

Lage: Die viel besuchte Wallfahrtsstätte Mariastein erhebt sich wenige Kilometer südlich von Basel unweit der französischen Grenze zwischen Flüh und Laufen eindrucksvoll auf einem schroffen Felsen am Rande eines tief eingeschnittenen Juratales; vom Bahnhof in Basel kann man mit der Straßenbahn (Linie 10) bis Flüh fahren und dort den Bus nehmen oder zu Fuß nach Mariastein wandern (ca. 30 Minuten).

Anschrift: Benediktinerkloster Mariastein, CH-4115 Mariastein/Solothurn, Tel.: 0041/61/735 11-11, Fax: 0041/61/735 11-03, E-Mail: info@kloster-mariastein.ch; Kurhaus Kreuz, Paradiesstraße 1, CH-4115 Mariastein, Tel.: 0041/61/735 12-12, Fax: 0041/61/735 12-13, E-Mail: info@kurhauskreuz.ch

Mariazell

Name der Wallfahrt: Wallfahrt zu „Unserer Lieben Frau"
Ort der Pfarrei: Mariazell
Kirche: Wallfahrtsbasilika und Pfarrkirche „Mariä Geburt" (genannt „Mariazell")
Bistum: Graz-Seckau (Österreich)
Pilgerzeiten: Ganzjährig; Hauptwallfahrtszeit Mai bis Oktober, vor allem an allen Marienfesten; besonders feierlich begangen werden der Patroziniumstag (8. September, Fest „Mariä Geburt") und der 21. Dezember, der traditionelle Gründungstag von Mariazell; Gottesdienste sonntag 8.00, 9.30, 11.15 und 18.30 Uhr (1. November bis 30. April), 6.00, 8.00, 10.00, 11.15 und 18.30 Uhr (1. Mai bis 31. Oktober); 1. Mai

bis 26. Oktober jeden Samstag 20.30 Uhr (ab 7. September 20.00 Uhr) Lichterprozession (nach Vereinbarung auch an anderen Tagen); Schatzkammern 1. Mai bis 31. Oktober geöffnet (sonntgs 11.00-15.00 Uhr, werktags 10.00-15.00 Uhr)

Geschichte: Mariazell in der Steiermark steht mit über einer Million Pilgern und Besuchern pro Jahr unbestritten an der Spitze der österreichischen Wallfahrtsorte. Es war schon das Reichsheiligtum des alten Kaiserstaates und ist heute noch die berühmteste Gnadenstätte des Landes. Der Legende nach wurde sie am 21. Dezember 1157 gegründet, als ein missionierender Benediktinermönch aus der Abtei St. Lambrecht bei Murau (Steiermark) eine aus Lindenholz geschnitzte Marienfigur auf einem Baumstrunk neben seiner Zelle aufstellte. Erste große Förderer der Wallfahrt waren König Ludwig I. von Ungarn (1342-82) und seine Gemahlin Elisabeth. Nachdem er mit Hilfe der Mariazeller Madonna 1365 den Sieg gegen eine türkische Übermacht errungen hatte, ließ Ludwig ab 1380 eine große Kirche bauen, von der im barocken Umbau (1644-1704) das dreischiffige Langhaus und der markante Mittelturm erhalten blieben. Außerdem stiftete er ein wertvolles Marienbild, das noch heute am Altar der Schatzkammer vor allem von ungarischen Gläubigen verehrt wird. Das auf Holz gemalte Bild von um 1360 stellt Maria mit dem Jesuskind auf dem rechten Arm dar und wird Andrea Vanni aus Siena zugeschrieben. Die Heiligenscheine sind aus vergoldetem Silberblech und mit Edelstein und Perlen besetzt, und die Figuren von blau emaillierten Silberblechen mit goldenen Lilien des Hauses Anjou gefasst.

Das Haupt-Gnadenbild, eine holzgeschnitzte, thronende Madonna mit dem Jesuskind auf dem Schoß, das seiner Mutter einen Apfel reicht, während es aus der linken Hand Marias eine Birne in Empfang nimmt, ist knapp 50 Zentimeter hoch und wird auf die zweite Hälfte des 13. Jahrhunderts datiert. Die in Prunkgewänder gehüllte „Magna Mater Austriae" wurde 1908 durch den päpstlichen Nuntius gekrönt und hat ihren Platz im Zentrum der so genannten Gnadenkapelle aus rotem Marmor, die wiederum mitten in dem 1907 von Papst Pius X. zur „Basilika minor" erhobenen Gotteshaus steht. Ohne „Liebfrauenkleid" ist die Gnadenstatue nur am Patroziniumstag, dem 8. September (Fest „Mariä Geburt"), und am 21. Dezember, dem traditionellen Gründungstag von Mariazell, zu sehen.

Lage: Mariazell, der berühmteste Wallfahrtsort Österreichs, liegt in der Obersteiermark an der Salza

nahe der Grenze zu Niederösterreich etwa 50 km südwestlich von St. Pölten (Autobahnausfahrt St. Pölten-Süd) an der nach Bruck an der Mur führenden Straße (B 20); Mariazell ist zudem der südliche Endpunkt der Mariazellerbahn; der Bahnhof liegt jedoch einen Kilometer vom Ortszentrum entfernt im Gemeindegebiet von Sankt Sebastian; außerdem existiert seit 1981 das Mariazeller Wallfahrerwegesystem 06 (insgesamt 1 100 km); die Wege verlaufen durch die Bundesländer Wien, Niederösterreich, Oberösterreich, Burgenland, Steiermark und Kärnten und setzen sich aus mehreren traditionellen Pilgerwegen, die nach Mariazell führen, zusammen; das Wegesystem stellt gleichzeitig eine Verbindung der Landeshauptstädte Wien, St. Pölten, Linz, Eisenstadt, Klagenfurt und Graz dar.
Anschrift: Wallfahrtsbasilika Mariazell, Kardinal-E.-Tisserant-Platz 1, A-8630 Mariazell, Tel.: 0043/3882/25 95, Fax: 0043/3882/25 95-20, E-Mail: office@basilika-mariazell.at; Tourismusverband Mariazeller Land, Hauptplatz 13, A-8630 Mariazell, Tel.: 0043/3882/23 66, Fax: 0043/3882/39 45, E-Mail: tourismusverband@mariazell.at

Marienbaum

Name der Wallfahrt: Wallfahrt zu „Maria, Zuflucht der Sünder"
Ort der Pfarrei: Marienbaum
Kirche: Pfarr- und Wallfahrtskirche „St. Mariä Himmelfahrt"
Bistum: Münster (Deutschland)
Pilgerzeiten: Mai bis Ende Oktober; Haupttage sind der Sonntag nach dem 15. August (Mariä Himmelfahrt) und das Rosenkranzfest am ersten Sonntag im Oktober; an diesen Tagen wird das Gnadenbild durch die Straßen Marienbaums getragen; Gottesdienst sonntags 10.00 Uhr; größere Pilgergruppen können nach Absprache mit dem Pfarramt eigene Gottesdienste feiern; Öffnungszeiten des Wallfahrtsmuseums nach Vereinbarung
Geschichte: Wie bei vielen anderen Pilgerzielen auch, beginnt die Geschichte von Marienbaum, dem ältesten Wallfahrtsort am Niederrhein, mit einer wundersamen Begebenheit: Im Jahr 1430 erschien einem gelähmten Schafhirten im Traum eine Eiche mit treppenförmigem Stamm und einer kleinen Marienfigur im Geäst. Eine Stimme forderte ihn auf, diese zu suchen und vertrauensvoll zu verehren, dann würde er genesen. Der Schäfer tat wie ihm geheißen, fand den Baum, betete zur Gottesmutter und wurde gesund. Die wundertätige Statue brachte man daraufhin in die nächstgelegene Pfarrkirche, aus der sie aber immer wieder verschwand und zu der Eiche

zurückkehrte. So begann man dort 1438 mit Unterstützung des Herzogs Adolf I. von Kleve mit dem Bau einer Kapelle zu Ehren der Jungfrau Maria, die 1441 geweiht wurde. Nach dem Tod des Herzogs 1457 stiftete seine Witwe, Maria von Burgund, neben dem Kirchlein ein Doppelkloster nach den Ordensregeln der hl. Birgitta von Schweden, das nach nur dreijähriger Bauzeit bezogen werden konnte und den Namen Marienbaum erhielt. Fortan betreuten die Schwestern und Brüder des Klosters die zahlreichen Pilger, die aus nah und fern zur Verehrung des Gnadenbildes „Maria, Zuflucht der Sünder" kamen.

Ab 1711 wurde unter Einbeziehung der alten Kapelle eine neue Wallfahrtskirche errichtet. Nach der Aufhebung des Kloster 1802 im Zuge der Säkularisation kam das Gnadenbild nach Rees, kehrte aber schon nach etwa zwei Jahren wieder an seinen angestammten Platz in dem mittlerweile zur Pfarrkirche erhobenen Gotteshaus zurück, wo die Sandsteinfigur der gekrönten Gottesmutter mit Jesuskind und Zepter noch heute auf dem linken Seitenaltar steht.

Kunst: 1898-90 erhielt die reich ausgestattete Kirche „St. Mariä Himmelfahrt" einen neugotischen Turm mit sieben Bronzeglocken. Bei Restaurierungsarbeiten in den 1950er Jahren wurden im Chor, in den einst Teile der ersten Kapelle integriert worden waren, gotische Wandmalereien freigelegt.

Der dreistöckige Holzaufbau des Hochaltars entstand um 1600. Aus dem Jahr 1509 stammt der so genannte Schmerzensmann. Die nahezu lebensgroße Christusskulptur stand einst im Kreuzgang des Männerklosters. Vom ehemaligen Doppelkloster ist heute nur noch der zweigeschossige Kapitelsaal erhalten, der als Sakristei genutzt wird. Ein Teil der Gebäude war bereits 1811 einem Brand zum Opfer gefallen, der Rest wurde abgerissen.

Das frühere Pfarrhaus dient seit einigen Jahren als Wallfahrtsmuseum. Dort bekommt der Interessierte u.a. Kunstgegenstände verschiedener Jahrhunderte aus Kloster und Kirche zu sehen.

Lage: Das Dorf Marienbaum liegt am Niederrhein an der Bundesstraße B 57 zwischen Kleve und Xanten (Archäologischer Park); Anfahrt über die Autobahn A 57 (Ausfahrt Uedem, weiter auf der Landstraße über Uedem) oder A 3 (Ausfahrt Rees, weiter auf der B 67 über Rees bis Kehrum, von dort auf der B 47 nach Marienbaum).

Anschrift: Katholisches Pfarramt St. Mariä Himmelfahrt, Klosterstraße 23, D-46509 Xanten-Marienbaum, Tel.: 02804/370, Fax: 02804/82 89, E-Mail: pfarramtmarienbaum@t-online.de

Marienborn

Name der Wallfahrt: Wallfahrt zu „Unserer Lieben Frau"
Ort der Pfarrei: Eilsleben
Kirche: Gnadenkapelle und Stiftskirche St. Marien
Bistum: Magdeburg (Deutschland)
Pilgerzeiten: Mai bis September; die große Fußwallfahrt des Bistums von Magdeburg nach Marienborn (44 km) findet Mitte Juni statt; Gedenkstätte Deutsche Teilung Dienstag-Sonntag von 10.00-17.00 Uhr zugänglich
Geschichte: In jüngerer Vergangenheit wurde Marienborn durch den Grenzkontrollpunkt Marienborn-Helmstedt bekannt, der am 1. Juli 1945 von den Alliierten an Reichsautobahn und Eisenbahnlinie Berlin-Hannover eingerichtet wurde. 1950 übernahm die neu gegründete DDR die Aufsicht. Mit über 1 000 Bediensteten war dies die bedeutendste Grenzübergangsstelle an der innerdeutschen Grenze. Hier wurden über die Jahre Millionen von Reisenden und Fahrzeugen lückenlos kontrolliert und erfasst.
Am 30. Juni 1990 um 24.00 Uhr stellte man die Kontrollen auf der GÜSt Marienborn ein, kurz darauf wurde sie unter Denkmalschutz gestellt. 1992 beschloss das Land Sachsen-Anhalt den Aufbau der Gedenkstätte „Deutsche Teilung Marienborn", die am 13. August 1996 eröffnet wurde.
Doch die Geschichte Marienborns reicht sehr viel weiter zurück, davon zeugen prähistorische Hügelgräber, Opfersteine und Kultstätten wie der „Teufelsgrund" und die „Räuberhauptmanns-Höhle". Marienborn ist auch einer der historisch ältesten Wallfahrtsorte in ganz Deutschland: Um das Jahr 1000 soll dem frommen Hirten Conrad die Jungfrau Maria erschienen sein, die ihm eine heilige, wundertätige Quelle wies. Diese wurde bald berühmt, und viele Kranke fanden hier Heilung. Auf dem Grund des „Marienborns" wurde eine kleine, aus Holz geschnitzte Marienfigur gefunden, die zunächst an einer Eiche, aber bald darauf in einer eigens errichteten Kapelle verehrt wurde. Man baute ein geistliches Hospiz für die Wallfahrer, das der Landesherr, Erzbischof Albert von Magdeburg, urkundlich unter seinen besonderen Schutz nahm. 1191 folgte die Gründung eines Augustinerinnenklosters.
1208 soll die Gottesmutter dem todkranken ungarischen König befohlen haben, zum Marienborn zu reisen und der Kapelle heiliges Gerät zu stiften. Der König tat wie geheißen und wurde gesund. Er ließ sich taufen und beschenkte die Kirche reich. (In Wirklichkeit war das ungarische Königshaus zu dieser Zeit schon seit 200 Jahren christlich.)
Auf historisch sicheren Boden

führt eine Urkunde von 1257, in der ein Graf von Schwerin den „Konvent bei den Born der heiligen Jungfrau" erwähnt. Durch Schenkungen und Stiftungen im 14. und 15. Jahrhundert wuchsen Güter und Rechte des Klosters kontinuierlich, und zu der kleinen Kapelle errichtete man im Kloster eine Kirche. Im Jahre 1400 wurde sie nach einem Brand wieder aufgebaut und 1885 saniert, wobei wesentliche Teile der alten Bausubstanz entfernt wurden.

Die Kapelle war 1990 nur noch eine Ruine. Das Gitter um den Brunnen war verrostet, die Marienfigur verschwunden und die Wallfahrt längst zum Erliegen gekommen. 1991 begann die Gemeinde Marienborn mit den erforderlichen Restaurierungsarbeiten, die 1994 abgeschlossen wurden. Am 5. Mai 1996 konnte die neue Marienfigur, von einem polnischen Künstler aus Alabaster gefertigt, anlässlich eines ökumenischen Gottesdienstes geweiht werden. Im Oktober 2000 wurden dann auch die Quelle gesäubert und so wieder zum Sprudeln gebracht, Wasserproben entnommen und geprüft und zum Schutz eine gläserne Abdeckung aufgesetzt.

Noch in den letzten Jahren der DDR hatten Christen aus der Umgebung begonnen, den im Sperrgebiet des „Eisernen Vorhangs" gelegenen Ort als Wallfahrtsstätte aufzusuchen. Nach der Wende nahm die Wallfahrt aus Ost und West großen Aufschwung. Es kommen nicht nur katholische, sondern auch evangelische Christen, und viele, die die Gedenkstätte „Deutsche Teilung Marienborn" besuchen, machen auch der Gottesmutter mit dem Jesuskind auf dem Arm ihre Aufwartung und nehmen eine Flasche des heilkräftigen Wassers mit nach Hause.

Die große Fußwallfahrt von Magdeburg nach Marienborn, zuletzt am 18. Juni 2005 durchgeführt, wird durch Malteser betreut und geht über eine Strecke von immerhin 44 Kilometern. Für eventuelle Ausfälle gibt es deshalb einen Kleinbus als Begleitfahrzeug.

Kunst: Sehenswert ist die Klosterkirche aus der Zeit um 1200 mit ihrem Kreuzgang aus dem 15. Jahrhundert. Sie besteht aus drei Teilen, dem Kirchenschiff, der Westapsis und der Eingangshalle mit darüberliegendem Turm. Weitere Gebäude sind das Pfarrhaus, die gewaltige, in diesem Ensemble völlig deplaziert wirkende Orangerie und die Brunnenkapelle.

Im Inneren der Kirche befinden sich zwei aus Lindenholz geschnitzte und vergoldete Flügelaltäre. Im größeren von beiden ist in der Mitte Maria mit dem Kind und Zepter in der Strahlenglorie auf dem Mond dargestellt, umgeben von vier Engeln. An ihrer Seite finden sich Petrus und Katharina, Barbara und Paulus. In den Flügeln sind je vier Heilige, die durch Attribute und Beschriftungen kenntlich gemacht sind. Die Kanzel ist aus Holz geschnitzt und steht auf einer gedrehten Säule.

Das Vesperbild (Pietà) in der Vorhalle entstand um 1430 und besteht aus hellgrauem Sandstein. Das Relief zeigt die Gottesmutter mit dem gerade vom Kreuz abgenommenen Leichnam Jesu auf dem Schoß.

Die knapp 15 Zentimeter kleine Marienfigur, die der Legende nach einst im Brunnen gefunden wurde, befindet sich heute im Kirchenarchiv Hötensleben und wird nur zu besonderen Gottesdiensten nach Marienborn gebracht.

Lage: Marienborn liegt rund 8 km östlich von Helmstedt (Niedersachsen); Anfahrt über die Autobahn A 2: Ausfahrt Alleringersleben und auf der Landstraße nach Marienborn (Wallfahrtsstätte) bzw. Marienborn-Ost, weiter auf der Landstraße in Richtung Harbke und den Schildern „Gedenkstätte Deutsche Teilung" folgen.

Anschrift: Katholisches Pfarramt Herz Jesu, Ummendorfer Straße 3, D-39365 Eilsleben, Tel.: 039409/314, E-Mail: eilsleben.herz-jesu@ bistum-magdeburg.de; Förderverein „Wallfahrtsort Marienborn" e.V., Schulberg 58, D-39365 Marienborn, E-Mail: foerderverein@ wallfahrtsort-marienborn.de

Marienweiher

Name der Wallfahrt: Wallfahrt zu „Unserer Lieben Frau"
Ort der Pfarrei: Marienweiher
Kirche: Wallfahrtsbasilika „Mariä Heimsuchung"
Bistum: Bamberg (Deutschland)
Pilgerzeiten: April bis Oktober; besondere Wallfahrtstage mit großen Lichterprozessionen sind Pfingstsamstag und der Samstag nach dem 8. September (Fest „Mariä Geburt"); die Kirche ist ganzjährig tagsüber für Besucher geöffnet; Gottesdienste sonntags (ganzjährig) 7.00, 9.00 und 10.30 Uhr (1. November bis vor Palmsonntag 8.00 und 10.30 Uhr)
Geschichte: Die Basilika „Mariä Heimsuchung" in Marienweiher gilt als eine der ältesten noch lebendigen Marienwallfahrtsstätten Frankens. Der Legende nach geht die Entstehung der Wallfahrt auf den Beginn des 12. Jahrhunderts zurück: Ein sächsischer Fuhrmann kehrte im Wirtshaus am Vordersee (so die alte Bezeichnung für Marienweiher) ein, als dieses überfallen wurde. Voll Angst um sein Leben flehte der Mann die Muttergottes um Rettung vor den Räubern an und gelobte zum Dank die Errichtung einer kleinen Andachtsstätte. Nachdem seine Gebete erhört worden waren, errich-

tete er eine Kapelle und stellte eine Marienfigur auf, zu dem sich eine rege Wallfahrt entwickelte. Im Jahre 1189 wurde das Kirchlein von Bischof Otto II. zur Pfarrkirche erhoben und den Zisterziensermönchen aus Langheim (bei Vierzehnheiligen) anvertraut.

Während der Hussitenkriege fielen Kapelle und Klostergebäude 1430 in Schutt und Asche. Das Gnadenbild aber blieb unversehrt, da man es rechtzeitig in Sicherheit gebracht hatte. Man begann unverzüglich mit dem Wiederaufbau des Kirchleins, und die Wallfahrt erlangte bald überregionale Bedeutung. Um die Pilger kümmerten sich fortan Diözesangeistliche. 1619 wurde die Gnadenstätte erweitert, im Verlauf des Dreißigjährigen Krieges (1618-48) aber geplündert und beschädigt. Kurz vor Kriegsende übernahmen Franziskanerpatres die Wallfahrtsseelsorge. Eine neue Klosteranlage entstand, die um 1650 fertig gestellt war und später zum Konvent erhoben wurde. Angesichts des weiter zunehmenden Pilgerstroms baute man in der ersten Hälfte des 18. Jahrhunderts eine neue Wallfahrtskirche. Im Rahmen der Säkularisation wurde das Franziskanerkloster zwar nicht aufgelöst, aber es war den Brüdern untersagt, Novizen aufzunehmen. Offiziell bestand das Kloster Marienweiher erst wieder ab dem 18. Juli 1828.

Im weiteren Verlauf des 19. Jahrhunderts erholte sich auch die Wallfahrt wieder, und heute ist eine Pilgerfahrt nach Marienweiher für viele Pfarreien ein fester Programmpunkt. 1993 trug der Heilige Stuhl der Bedeutung der Kirche Rechnung und erhob sie zur päpstlichen „Basilika minor". Die Gläubigen schätzen die besondere andächtige Atmosphäre des Gotteshauses, die u.a. von der Darstellung des Marien-Gnadenbildes herrührt: Die Madonna ist von kerzenbeleuchteten Silberblechen umgeben, wodurch sie in ein mystisches Halbdunkel getaucht ist.

Kunst: Die Pfarr- und Wallfahrtskirche „Mariä Heimsuchung" entstand 1718-21 im Stil des späten Barock. Baumeister des vorgezogenen Westturms war Johann Michael Küchel. Die Ausstattung des Innenraums zeigt bereits den Einfluss des folgenden Rokokostils. Die Stuckarbeiten wurden von Johann Jakob Vogel aus Bamberg ausgeführt, die Fresken malte Anton Nave. Der klassizistische Hochaltar ist von 1811/12. Über dem Tabernakel steht das spätgotische Gnadenbild unter einem vergoldeten Baldachin. Die Schnitzfigur der gekrönten Gottesmutter mit Zepter und dem Jesuskind auf dem Arm ist etwa drei viertel lebensgroß und in prächtige Gewänder gehüllt.

Sehenswert ist aber auch die „Mirakelkammer" mit zahlreichen Votivgaben und -tafeln.

Lage: Marienweiher ist ein Ortsteil von Marktleugast (Landkreis Kulmbach) und liegt im Naturpark Frankenwald; Anfahrt über die Autobahn A 9: von Norden kommend Ausfahrt Münchberg-Nord, weiter auf der Bundesstraße B 289 in Richtung Kulmbach nach Marktleugast oder Ausfahrt Bad Berneck (von Süden kommend), weiter auf der Bundesstraße B 303 in Richtung Kulmbach bis Ludwigschorgast und von dort auf der B 289 nach Marktleugast.

Anschrift: Franziskanerkloster und Katholisches Pfarramt Marienweiher, Marienweiher 3, D-95352 Marktleugast, Tel.: 09255/946-0, Fax: 09255/946-47, E-Mail: marienweiher@franziskaner.de

Mindelstetten

Name der Wallfahrt: Wallfahrt zur sel. Anna Schäffer
Ort der Pfarrei: Mindelstetten
Kirche: Pfarrkirche St. Nikolaus
Bistum: Regensburg (Deutschland)
Pilgerzeiten: Ganzjährig; Gottesdienst sonntags 9.30 Uhr; der offizielle Gedenktag für die sel. Anna Schäffer ist der 5. Oktober (Todestag).
Geschichte: Ziel der Pilger in der Pfarrkirche St. Nikolaus in Mindelstetten ist das Grab der Anna Schäffer, die am 7. März 1999 im Petersdom in Rom von Papst Johannes Paul II. vor rund 30 000 Gläubigen, 3 000 davon aus der Diözese Regensburg, „als ein Beispiel für christlichen Starkmut und Geduld" selig gesprochen wurde.

Anna Schäffer wurde am 18. Februar 1882 in Mindelstetten als Tochter eines Schreiners geboren. Bereits als Kind hegte sie den Wunsch, in ein Kloster einzutreten, und ab dem 14. Lebensjahr versuchte sie, sich die für die Aufnahme in einen Missionsorden unerlässliche Aussteuer als Dienstmagd zu verdienen. Am 4. Februar 1901 erlitt sie jedoch einen Arbeitsunfall, an dessen Folgen sie bis zu ihrem Tod am 5. Oktober 1925 leiden sollte: Sie geriet mit beiden Beinen in einen Kessel mit kochender Waschlauge. Auf die Pflege ihrer verwitweten Mutter angewiesen, verbrachte sie ihr restliches Leben unter permanenten Schmerzen ans Bett gefesselt und in großer Armut. Sie nahm ihr Schicksal als den Willen Gottes und den Ruf des Gekreuzigten, ihm ähnlich zu werden, an und sah ihre Lebensaufgabe darin, ihr Leiden Gott als Sühneopfer darzubringen. Ihre Gedanken und verschiedenen Visionen schrieb sie in zwölf Heften auf. Zugleich spendete sie allen, die sich in ihren Nöten an sie wandten, in Wort und Schrift Beistand und Trost. Sie verband

das Apostolat der Tat mit dem des Betens, Opferns und Leidens in stiller Verborgenheit. Die Kraft dazu schöpfte sie aus dem Gebet und der täglichen Kommunion, die ihr der ortsansässige Pfarrer Karl Rieger ans Krankenlager brachte.
Die Verehrung der Anna Schäffer begann durch das intensive Bemühen ihres Seelsorgers. An ihrem Grab, das 1972 mit Genehmigung des Regensburger Bischofs vom Friedhof in die Mindelstettener Kirche verlegt wurde, tragen Gläubige Anliegen der unterschiedlichsten Art vor, und Votivgaben häufen sich derart, dass diese in einem Extraraum gesammelt werden müssen. Von mehreren Tausend Gebetserhörungen wird berichtet, seit Beginn ihres offiziellen Seligsprechungsprozesses 1977 stieg die Zahl sprunghaft an. Die Abteilung Selig- und Heiligsprechungsverfahren des Bistums Regensburg nennt sogar mehr als 16 000 Gebetserhörungen im Zusammenhang mit Anna Schäffer.
Im Jahr 2004 verfügte der Regensburger Bischof die Gründung einer Anna-Schäffer-Bruderschaft, die sich u.a. der Betreuung von Kranken und Notleidenden widmet.
Lage: Mindelstetten liegt im Naturpark Altmühltal etwa 15 km nordöstlich von Ingolstadt; Anfahrt über die Autobahn A 9: Ausfahrt Lenting, weiter auf der Landstraße über Kösching, Ober- und Unterdolling nach Mindelstetten.
Anschrift: Katholisches Pfarramt St. Nikolaus, Kirchplatz 2, D-93349 Mindelstetten, Tel.: 08404/449, Fax: 08404/93 93 13

Möckenlohe

Name der Wallfahrt: Wallfahrt zu „Unserer Lieben Frau"
Ort der Pfarrei: Möckenlohe
Kirche: Pfarrkirche „Mariä Himmelfahrt"
Bistum: Eichstätt (Deutschland)
Pilgerzeiten: Mai bis September; Gottesdienst sonntags 8.15 Uhr oder 9.30 Uhr (abwechselnd mit der Gemeinde Adelschlag)
Geschichte: Ziel der Wallfahrt nach Möckenlohe ist das Gnadenbild der Gottesmutter aus dem 14. Jahrhundert, das besonders im Dreißigjährigen Krieg (1618-48) und danach verehrt wurde. Die Legende berichtet, Maria sei marodierenden schwedischen Soldaten entgegen gegangen und hätte einen Schwerthieb empfangen, dessen Narbe noch heute auf ihrer linken Wange zu sehen ist.
Kunst: Das älteste Element der Pfarrkirche „Mariä Himmelfahrt" in Möckenlohe ist das untere Geschoss des Chorturmes aus dem 13. Jahrhundert. Das Langhaus entstand vor 1624, die oberen Turmgeschosse im späten 17.

Jahrhundert. Wie viele andere wurde die Kirche im 18. Jahrhundert barockisiert. Teile der Friedhofsmauer sind mittelalterlich. Beeindruckend sind die Deckenfresken der Möckenloher Pfarrkirche, die alle thematisch verbunden sind. 1735 wurden sie von Joseph Dietrich (1696-1745) entworfen und gemalt.

Finanziert wurde das Werk durch mehrere Möckenloher Bürger, unter ihnen Georg Würth, Franz Gänzberger und Jacob Mair, die zusammen 45 Gulden stifteten.

Das Zentralbild zeigt die Krönung Mariens, andere Themen sind die Steinigung des hl. Stephanus, des hl. Wendelin, Mariä Verkündigung und die Geburt Christi. Mehrere kleine Emblembilder in Grisaille-Technik nach Vorlagen aus einem mariologischen Emblembuch nehmen das Lob der Gottesmutter wieder auf. Die drei Gemälde an der Empore (Das letzte Abendmahl, Der gute Hirte und Die Erscheinung des Auferstandenen vor Maria Magdalena) haben keinen direkten Zusammenhang mit dem Marienkult.

Lage: Möckenlohe (restaurierter römischer Gutshof) liegt nordwestlich von Ingolstadt zwischen Neuburg an der Donau und Eichstätt an der Altmühl und gehört zur Gemeinde Adelschlag; Anfahrt über die Autobahn A 9: von Süden kommend Ausfahrt Ingolstadt Nord, weiter über Friedrichshofen, Buxheim, Wolkertshofen und Nassenfels; von Norden kommend Ausfahrt Altmühltal und weiter über Kipfenberg nach Eichstätt, von dort in Richtung Neuburg.
Anschrift: Katholisches Pfarramt Mariä Himmelfahrt Möckenlohe, Pfarrgasse 1, D-85111 Adelschlag, Tel.: 08424/292, Fax: 08424/88 76 13

Mönchengladbach/Münster St. Vitus

Name der Wallfahrt: Wallfahrt zum hl. Vitus (Veit)
Ort der Pfarrei: Mönchengladbach
Kirche: Münster St. Vitus
Bistum: Aachen (Deutschland)
Pilgerzeiten: Ganzjährig; alle sieben Jahre findet die „Heiligtumsfahrt" statt, das nächste Mal 2007; Festtag des hl. Vitus ist der 15. Juni; Gottesdienste sonntags 11.15 und 19.00 Uhr; Öffnungszeiten: Münster täglich außer montags 9.00 bis 18.00 Uhr, Schatzkammer dienstags bis samstags 14.00 bis 18.00 Uhr, sonntags 12.00 bis 18.00 Uhr; Führungen nach Absprache möglich
Geschichte: Der hl. Vitus, einer der Vierzehn Nothelfer, war über lange Zeit einer der angesehensten Heiligen des Abendlandes. Das unterstreicht die Vielzahl seiner Patronate, etwa der Abtei Corvey (Westfalen), Siziliens, Böhmens, Prags, Sachsens, Rügens, Niedersachsens, Krems', und auch der Jugendlichen, Kupfer- und Kesselschmiede, Bierbrauer, Apothe-

ker, Bergleute, Winzer, Schauspieler, Krüppel, Lahmen, Gehörlosen, Blinden, des Geflügels, der Haustiere, der Quellen; er hilft gegen Besessenheit, Epilepsie (sog. Veitstanz), Hysterie, Tollwut, Krämpfe, Bettnässen, Schlafkrankheit, Schlangen- und Hundebisse, Augenkrankheiten, Unwetter, Blitzschlag, Feuergefahr, Erdbeben, Unfruchtbarkeit, steht auch für eine gute Ernte und ist Helfer für die Bewahrung der Keuschheit. Seine Lebensgeschichte lässt sich nur aus der Vielzahl von Legenden schließen, die sich mit ihm beschäftigen. Geboren wurde er vermutlich auf Sizilien in der zweiten Hälfte des 3. Jahrhunderts. Sein Vater Hylas versuchte, ihm den christlichen Glauben mit Gewalt auszutreiben, worauf die Arme der Prügelknechte gelähmt wurden. Nur ein Gebet von Vitus konnte den Schaden wieder beheben.

Vitus floh mit Crescentia und Modestus nach Lukanien (Süditalien), wurde dort aber aufgegriffen und nach Rom zu Kaiser Diokletian (284-305) gebracht. Zwar heilte er dessen Sohn von seiner Besessenheit, dennoch wurde er mit seinen Gefährten in den Kerker geworfen. Die Legenden nennen eine Vielzahl von Martyrien, denen Vitus ausgesetzt war und die er unbeschadet überstand: den Kessel mit siedendem Öl, der seine Haut nicht verletzte, den hungrigen Löwen, Wölfen oder Wolfshunden, die sich zahm zu seinen Füßen niederlegten, oder die Folterbank, der er durch ein Erdbeben entkam. Ein Engel soll ihn mit Crescentia und Modestus nach Lukanien zurückgebracht haben, wo sie viele Jahre später eines natürlichen Todes starben.

Der Überlieferung nach wurden die Gebeine von Vitus und seiner Gefährten im Jahr 583 in Süditalien gefunden und 756 in das Benediktinerkloster Saint-Denis bei Paris gebracht. Teile davon sollen 836 in die Abtei Corvey (bei Höxter an der Weser) gekommen sein, und Herzog Wenzel I. von Böhmen (der Heilige; ermordet 929) soll 925 einen Arm des Vitus erworben und ihm zu Ehren den Vorgängerbau des Veitsdomes in Prag errichtet haben. Auch Kaiser Karl IV. beteiligte sich 1355 am Handel mit den Gebeinen des Heiligen, dessen angebliche Reliquien heute an über 150 Orten in ganz Europa verehrt werden, darunter auch im Münster St. Vitus, dem Wahrzeichen der Stadt Mönchengladbach.

Mitten in der Großstadt Mönchengladbach liegt, früher vom Gladbach umflossen, der Abteiberg des früheren Benediktinerklosters Gladbach, dessen Bewohner im Namen der Stadt noch vertreten sind. Es ist immer noch viel von der großartigen Wirkung des Ensembles in früherer Zeit zu spüren. Lange Zeit hindurch konnte das sumpfige Gelände rings um den Geroweiher nämlich nicht bebaut werden.

Ein Bericht aus dem späten 11. Jahrhundert gibt uns erste gesicherte Kenntnisse über eine Besiedlung des Abteiberges: Hier wird ein Balderich erwähnt, der bereits lange vor Gründung der Abtei auf dem Hügel eine Kirche gebaut habe, die bei einem Einfall der Ungarn im Jahre 954 zerstört worden sei. Grabungen haben eine Besiedlung in spätkarolingischer Zeit bestätigt. Die Entdeckung mehrerer Matronensteine verweist auf die Römerzeit. Vermutlich stand die erste Kirche auf der Spitze des Hügels, wo heute die Pfarrkirche steht. Das Kloster ist davon entfernt, was seltsam anmutet, doch durch die Gründungslegende erklärt werden kann: Als nämlich der Kölner Erzbischof Gero und der Trierer Mönch Sandrad 974 auf der Suche nach einem geeigneten Ort für die beabsichtigte Klostergründung zu den Ruinen auf dem Abteiberg kamen, der offenbar noch oder nach der Zerstörung erneut bewaldet war, hörten sie tief im Inneren des Berges eine Glocke. Sie folgten dem Klang und fanden die Reliquien der Heiligen Vitus, Cornelius, Cyprianus, Crysantus und Barbara aus der von den Ungarn zerstörten Balderichskirche in einem hohlen Stein verborgen. Damit war klar, dass die Klostergründung an diesem Ort erfolgen musste. Im Zuge der Säkularisation wurden das Kloster 1802 aufgelöst und seine berühmte Bibliothek und die übrigen Kunstschätze in alle Welt zerstreut.

Die Klosterkirche wurde im 11. Jh. um einen Westturm erweitert, um 1100 erbaute man die Krypta und den Chor. (In die dreischiffige Hallenkrypta mit dem St.-Vitus-Altar gelangt man heute über zwei schmale Treppen.) Kurze Zeit später schloss man dem Hauptbau zwei Seitenschiffe und zwei Kapellen an. In der ersten Hälfte des 13. Jahrhunderts erhielt das Langhaus des Münsters seine heutige Gestalt. Die Weihe erfolgte am 28. April 1275 durch Albertus Magnus. Ende des 17. bis Mitte des 18. Jahrhunderts wurden zunächst das Innere der Kirche, dann auch der Turm barockisiert. Der Turm erhielt eine geschweifte Haube mit Laterne, von den Gladbachern die „Pfefferbüchse" genannt. Nach der Säkularisation brachte ein Bürgerverein zur Wiederherstellung des Münsters in der Zeit von 1857 bis 1873 die erforderlichen Mittel zur Restaurierung auf. Der Kölner Dombaumeister Vincenz Statz ging dabei mit der mittelalterlichen Substanz leider nicht sehr behutsam um. 1892 beseitigte man die

Barockhaube des Turms und erhöhte diesen. Die neue Haube aus Kupfer wurde im Ersten Weltkrieg abgenommen, eingeschmolzen und für die Waffenproduktion verwendet.

Zwei schwere Luftangriffe in den Jahren 1943 und 1944 zerstörten das Münster. Wieder war es eine Bürgerinitiative, die das Bauwerk vor dem endgültigen Verfall rettete. Bis Ende der 50er Jahre war das Gotteshaus wieder aufgebaut. Zuletzt waren Restaurierungen in den Jahren 1999 und 2003 erforderlich, bedingt durch die Verwendung von Tuffstein, einem relativ empfindlichen und weichen Baumaterial.

Die oben erwähnte Auffindung der Reliquien war Anlass für die Heiligtumsfahrt nach Mönchengladbach, zunächst jährlich durchgeführt, später im siebenjährigen Rhythmus. Das nächste Mal wird sie 2007 stattfinden.

Kunst: 1795 verlor die ehemalige Benediktinerabtei St. Vitus in Mönchengladbach, die 1974 von Papst Paul VI. zur „Basilika minor" erhoben wurde, ihren gesamten Besitz an wertvollen liturgischen Gefäßen, Geräten und Reliquiaren. Im Laufe des 19. Jahrhunderts versuchte man, den Kirchenschatz wieder aufzubauen, insbesondere für die geretteten Reliquien: So entstand ein in seiner Art einmaliges Ensemble an neugotischen und neuromanischen Reliquiaren, darunter zwei lebensgroße Reliquienbüsten des hl. Vitus und des hl. Laurentius aus vergoldetem Silber, doch auch ältere Stücke fanden sich wieder ein.

Der aus romanischer Zeit stammende kostbare Tragaltar, der in Goldschmiedetechnik um 1160 in Köln entstand, vielleicht vom Kölner Goldschmied Eilbertus geschaffen wurde oder doch aus seiner Werkstatt stammt, gehört zu den ältesten Teilen der Schatzkammer. Über den Zweck dieser Tragaltäre ist bekannt, daß sie für den Gottesdienst reisender Missionare, aber auch zur Messfeier auf noch nicht geweihten Altären sowie in anderen Räumen (z. B. Krankenzimmern) bestimmt waren. Ebenfalls aus romanischer Zeit stammt ein viereckiger elfenbeinerner Reliquienkasten aus dem 12. oder 13. Jahrhundert.

Unter den Exponaten der Schatzkammer finden sich zwei geschnitzte Elfenbeintäfelchen, um 1350 in Paris entstanden und eigentlich die aufklappbaren Flügel kleiner Andachtsaltärchen. Eines enthält eine Reliefdarstellung der stehenden Muttergottes zwischen zwei Engeln, das andere zeigt eine dreifigurige Kreuzigungsgruppe unter einem dreiteiligen gegiebelten Baldachin. Ein kleines spätgotisches Tafelbild ist eine Leihgabe aus dem Nachlass der alten Benediktinerinnenkirche in Mönchengladbach-Neuwerk. 1470 am Niederrhein entstanden, zeigt das Gemälde die Geburt Christi im Mittelpunkt einer weiten Landschaft, die noch vier andere Szenen enthält.

Sehenswert ist außerdem die lederne Altarvorsatztafel, die im 16. Jahrhundert in Italien entstanden ist. Sie wurde bei besonderen Gelegenheiten als festliche Verkleidung bei Altären verwendet.

Unter den wenigen barocken Stücken finden sich neben einem Chormantel mehrere Kaseln, also Messgewänder, und einige Dalmatiken, wie sie Diakon und Subdiakon beim feierlichen Hochamt trugen. Eine Kasel aus mit floralen Motiven gewirktem Brokat, um 1700 entstanden, ist besonders farbenprächtig.

Lage: Mönchengladbach (Schlösser Wickrath und Rheydt, Jugendstilwasserturm) liegt etwa 50 km nordwestlich von Köln an der Autobahn A 61.

Anschrift: Katholisches Pfarramt St. Mariä Himmelfahrt, Abteistraße 37, D-41061 Mönchengladbach, Tel.: 02161/462 33-0, Fax: 02161/462 33-100, E-Mail: info@hauptpfarre.de

München/Bürgersaalkirche

Name der Wallfahrt: Wallfahrt zum sel. Pater Rupert Mayer
Ort der Pfarrei: München
Kirche: Bürgersaalkirche
Bistum: München-Freising (Deutschland)
Pilgerzeiten: Ganzjährig; der Gedenktag für Rupert Mayer ist der 1. November; Gottesdienste sonntags 9.30 (hl. Messe mit Predigt) und 18.00 Uhr (Gottesdienst in italienischer Sprache), montags bis samstags 11.20 Uhr Rosenkranz

Geschichte: Rupert Mayer, geboren am 23. Januar 1876 in Stuttgart, wuchs in einem frommen, aber dennoch weltoffenen Elternhaus auf. Nach dem Abitur studierte er Theologie, und drei Jahre nach seiner Weihe zum Priester trat er 1902 dem Jesuitenorden bei. Nach Aufenthalten u.a. in Österreich und den Niederlanden wirkte er während des Ersten Weltkriegs als Militärpfarrer, wobei er 1916 das linke Bein verlor.

Nach der Rückgabe der Münchner Michaelskirche an die Jesuiten im Jahr 1921 (1871 waren sie aus dem damaligen Deutschen Reich verbannt worden; dieses Gesetz wurde 1917 aufgehoben) wurde Rupert Mayer zum Präses, d.h. zum geistlichen Leiter der von den Jesuiten geführten „Marianischen Männerkongregation München" berufen. Diese existierte seit 1610 und bestand aus Männern, die sich in besonderer Weise der Marienverehrung widmeten. In diesem Amt zeigte sich Rupert Mayer nicht nur als brillianter Prediger, sondern fiel auch durch seine offenen Worte zu aktuellen Fragen auf, wobei er stets die christlichen Grundsätze betonte und verteidigte. Diese Unerschrockenheit brachte ihm im April 1937 ein Rede- und Predigtverbot ein, das er jedoch ignorierte. Im Juni wurde er verhaftet, doch nach Protesten von Klerus und Bürgern im Juli wieder freigelassen. Eine zweite, dieses Mal mehrmonatige Inhaftierung folgte bereits 1938, und eine dritte Festnahme im November 1939 endete für Rupert Mayer im Konzentrationslager Sachsenhausen, weil er sich weigerte, der Gestapo Auskunft über von ihm geführte Seelsorgegespräche zu geben. Da sich sein Gesundheitszustand rapide verschlechterte und die nationalsozialistische Führung kein Interesse daran hatte, ihn zum Märtyrer werden zu lassen, verlegte man ihn im August 1940 ins Kloster Ettal, wo er bis Kriegsende unter Hausarrest stand. Im Mai 1945 kehrte er nach München zurück und nahm seine Arbeit als Seelsorger wieder auf. Am 1. November 1945 jedoch erlitt Rupert Mayer, der sich körperlich nie mehr von den Folgen der Haft erholt hatte, während einer Predigt am Altar in der Münchner Bürgersaalkirche einen Schlaganfall, an dessen Folgen er kurz darauf starb.

Unmittelbar nach seinem Begräbnis auf dem Jesuitenfriedhof in Pullach besuchten so viele Menschen das Grab Rupert Mayers, dass man seinen Leichnam am Dreifaltigkeitssonntag 1948 (23. Mai) in die Innenstadt überführte und in der Bürgersaalkirche bestattete. Am 3. Mai 1987 wurde der „Münchner Männerapostel" von Papst Johannes Paul II. während dessen zweitem Deutschlandaufenthalt in München selig gesprochen.

Nach wie vor kommen jeden Tag Gläubige aus ganz Bayern in die Kirche, um vor dem Grab Rupert Mayers Andacht zu halten oder sich vom „15. Nothelfer Münchens" Hilfe zu erbitten, um dessen Heiligsprechung sich die Männerkongregation intensiv bemüht.

Kunst: Da turmlos, hebt sich die zweistöckige Fassade der Bürgersaalkirche kaum von dem übrigen Straßenbild der Münchner Fußgängerzone ab. Sie wurde 1710 als neuer Versammlungs- und Andachtsraum für die „Marianische Männerkongregation München" anlässlich ihres hundertjährigen Bestehens nach den Plänen von Giovanni Antonio Viscardi erbaut und 1778 zur öffentlichen Kirche geweiht.

Man betritt das Untergeschoss durch ein Barockportal, über dem hinter Glas die Gottesmutter auf einer Mondsichel thront. An den Wänden der fensterlosen, niederen „Unterkirche" sind 15 große, bunt bemalte Kreuzweggruppen aus

Holz (Ende 19. Jahrhundert) angebracht. Vor dem Altar mit einem Gnadenbild der Himmelskönigin mit dem Jesuskind befindet sich die Grabplatte Rupert Mayers. Die feinen Stuckarbeiten des barocken Betsaals in der „Oberkirche" stammen von Pietro Francesco Appiani, die farbenfrohen Fresken, darunter 14 Ansichten altbayerischer Marienwallfahrtsorte, von Franz Joachim Beich und Johann Anton Gumpp. Herausragende Arbeiten sind auch ein Verkündigungsrelief von Andreas Faistenberger und die 1762 von Ignaz Günther geschaffene Schutzengelgruppe unter der Orgelempore.

Lage: Die Bürgersaalkirche steht mitten im Herzen der bayerischen Landeshauptstadt München in der Fußgängerzone (Neuhauser Straße 14); U-Bahn bzw. S-Bahn: U4, U5, S1-S8 (Station Karlsplatz/Stachus); Autofahrern sei empfohlen, ihr Fahrzeug auf einem Park-and-Ride-Parkplatz vor den Toren der Stadt abzustellen und mit der Bahn in die Innenstadt zu fahren (Tageskarte oder Partner-Tageskarte „Gesamtbereich"; am Wochenende für die ganze Familie gültig).

Anschrift: Marianische Männerkongregation „Mariä Verkündigung" am Bürgersaal zu München, Kapellenstraße 1/II, D-80333 München, Tel.: 089/21 99 72-0, Fax: 089/21 99 72-24

München/Frauenkirche

Name der Wallfahrt: Wallfahrt zum hl. Benno von Meißen
Ort der Pfarrei: München
Kirche: Dom zu „Unserer Lieben Frau" (genannt „Frauenkirche")
Bistum: München-Freising (Deutschland)
Pilgerzeiten: Der Festtag des hl. Benno ist der 16. Juni (Todestag und Erhebung der Gebeine) und wird in München am Sonntag davor bzw. danach begangen; der Mariendom ist ganzjährig zugänglich (keine Besichtigung während der Gottesdienste); Gottesdienste sonntags 8.30 (Krypta), 10.00, 12.00 und 18.00 Uhr; Turmaussichtsplattform April-Oktober täglich außer sonntags 10.00-17.00 Uhr geöffnet

Geschichte: Der Münchner Dom zu „Unserer Lieben Frau", kurz „Frauenkirche" genannt, ist mit seinen beiden hohen Kuppeltürmen das unverwechselbare Wahrzeichen der bayerischen Landeshauptstadt und seit 1821 Metropolitankirche des Erzbistums München-Freising.

Von Anfang an war die Frauenkirche im Herzen Münchens Pilgerziel. Seit dem 13. Jahrhundert waren es unterschiedliche Gnadenbilder, die manchmal nur kurze Zeit, oft aber auch über Jahrhunderte hinweg verehrt wurden. Neben den Wallfahrten zu als wundertätig geltenden Marienbildnissen, die vor allem im 18. und 19. Jahrhundert großen Zulauf hatten, wurden hier eine Zeit lang auch die Reliquien des hl. Arsatius verehrt. Herauszuheben ist die Verehrung des hl. Benno von Meißen, seit 1580 Stadtpatron von München und Landespatron von Altbayern. Benno, geboren um 1010 in Hildesheim, entstammte einem sächsischen Grafengeschlecht. Er widmete sich der Christianisierung der Slawen, wofür er den Beinamen „Apostel der Wenden" (verschiedene Slawenstämme an Elbe und Ostsee) erhielt, und wurde 1066 zum Bischof von Meißen geweiht, wo er im Juni 1106 starb und auch begraben wurde. Der Bezug zu München wurde erst im 16. Jahrhundert hergestellt: In Sachsen, wo der Geist der Reformation besonders präsent war, wurde dem 1523 heilig gesprochenen Benno nicht nur zu wenig Verehrung zuteil, sondern man fürchtete auch um die Sicherheit seiner Gebeine. Herzog Albrecht V. von Bayern erwarb die Reliquien im Jahr 1576 und überführte sie nach München. Dort bewahrte er sie zunächst in der herzoglichen Hofkapelle auf, bevor sie 1580 zur öffentlichen Verehrung in die Frauenkirche kamen, die fortan die bedeutendste Gnadenstätte Münchens war. Nicht nur die Bürger der Stadt, sondern auch die hohe Geistlichkeit und die Mitglieder des bayerischen Herrscherhauses pilgerten zum Bennoaltar und brachten ihre Votivgaben mit. Der Höhepunkt der Bennowallfahrt lag im 18. Jahrhundert, doch auch heute noch wird alljährlich am Sonntag vor bzw. nach dem 16. Juni feierlich das Bennofest begangen.

Kunst: Ein Vorgängerbau der Münchner Frauenkirche war im 13. Jahrhundert an der Stelle eines Marienkirchleins als zweite Pfarrkirche (neben St. Peter) errichtet worden. Der Grundstein für den heutigen Mariendom wurde 1468 gelegt, die Weihe zu Ehren der Gottesmutter erfolgte 1494. Als Baumeister war bis zu seinem Tod (1488) Jörg von Halspach tätig, nach ihm Lukas Rottaler. Zur Finanzierung der größten gotischen Hallenkirche Süddeutschlands gewährte Rom allen einen vollständigen Ablass, die nach München pilgerten, dort ihre Sünden bereuten und einen Wochenlohn spendeten.

1944 bei Luftangriffen fast völlig zerstört und anschließend geplündert, wurde der Dom nach dem Krieg in mehreren Etappen originalgetreu restauriert, im Inneren jedoch z.T. modernisiert.

Der dreischiffige Backsteinbau ist 108 Meter lang und 38 Meter breit, der Gewölbescheitel liegt bei 31 Metern, und die beiden Türme, die ihre charakteristischen, „Welsche Hauben" genannten Kupferkuppeln erst 1525 aufgesetzt bekamen, sind knapp 100 Meter hoch. (Der

Südturm kann bestiegen werden und bietet einen einmaligen Blick auf München und die nahen Alpen! Ornithologisch Interessierte bewundern auch die zahlreichen Turmfalken, die elegant und pfeilschnell um die Hauben fliegen.)

Im Inneren ist das Gotteshaus durch elf engreihig angeordnete, achteckige Pfeilerpaare gegliedert, wodurch eine besondere Raumwirkung erzielt wird. Die eher schlichte Ausstattung wurde im Laufe der Jahrhunderte mehrmals im Stil der jeweiligen Epoche geändert bzw. nach altem Vorbild wieder rekonstruiert. Zahlreiche Figuren und Abbildungen, die z.T. noch aus dem Vorgängerbau stammen, bieten Hinweise auf die Marienverehrung in der Frauenkirche.

Der Bennoaltar mit den Gebeinen des Heiligen befindet sich in einer Kapelle im südlichen Seitenschiff. Das Reliquienkästchen und die Silberbüste des Heiligen werden auf das Jahr 1601 datiert. Die Entwürfe dafür stammen vielleicht von Hans Krumper oder Peter Candid. Als typisches Attribut Bennos ist ein Fisch mit einem Schlüssel zu sehen: Der Legende nach warf Benno, der sich in der Frage des Investiturstreits (Recht zur Einsetzung der Bischöfe) auf die Seite von Papst Gregor VII. geschlagen hatte und deshalb von Kaiser Heinrich IV. 1085 seines Bischofsamtes enthoben wurde und Meißen verlassen musste, die Schlüssel zum Meißener Dom in die Elbe, um den Zutritt zur Kirche unmöglich zu machen. Als er 1088 zurückkehrte, wurde ihm ein Fisch gebracht, an dessen Flosse die Schlüssel hingen (oder in dessen Bauch sie waren).

In der neben der Bennokapelle liegenden Taufkapelle steht die wohl älteste Plastik der Frauenkirche, eine Christusfigur von 1380. Alle Kriege überstanden haben wie durch ein Wunder auch die Glasgemälde der Chorfenster (14.-16. Jahrhundert).

Im Eingangsbereich der Kirche befindet sich der „Teufelstritt", ein übergroßer Fußabdruck im Boden, der folgendermaßen entstanden sein soll: Der Legende nach verbündete sich der Baumeister der Kirche mit dem Teufel, um mit seiner Hilfe den Kirchenbau voranzubringen. Der Satan forderte als Gegenleistung, dass die Kirche keinerlei Fenster erhält (andernfalls würde ihm die Seele des Baumeisters gehören). Nach der Fertigstellung führte der Meister den Teufel zu der Stelle, von der aus sämtliche Seitenfenster unsichtbar sind, weil sie durch die Achteckpfeiler des Kirchenschiffes verdeckt werden. Als der Teufel seinen Irrtum bemerkte, war es zu spät, da das Gotteshaus zu diesem Zeitpunkt bereits geweiht war. Vor

Wut, dass er den Kürzeren gezogen hatte, stampfte er so fest auf, dass sein Fußabdruck erhalten blieb.
In der Krypta unter dem Chor befinden sich die ältesten Gräber der Wittelsbacher in München. Besonders sehenswert ist das Grabmal Kaiser Ludwigs IV. des Bayern aus dem 17. Jahrhundert.
Lage: Die Münchner Frauenkirche liegt im Herzen der bayerischen Landeshauptstadt unweit des Marienplatzes; U-Bahn bzw. S-Bahn: U3, U6, S1-S8 (Station Marienplatz); Straßenbahn: Linie 19, Haltestelle Theatinerstraße; Autofahrern sei empfohlen, ihr Fahrzeug auf einem Park-and-Ride-Parkplatz vor den Toren der Stadt abzustellen und mit der Bahn in die Innenstadt zu fahren (Tageskarte oder Partner-Tageskarte „Gesamtbereich"; am Wochenende für die ganze Familie gültig).
Anschrift: Katholisches Dompfarramt, Frauenplatz 12, D-80331 München, Tel.: 089/29 00 82-0, Fax: 089/29 00 82-50, E-Mail: dompfarramt@muenchner-dom.de

München/Herzogspitalkirche

Name der Wallfahrt: Wallfahrt zur „Schmerzhaften Muttergottes"
Ort der Pfarrei: München
Kirche: Herzogspitalkirche
Bistum: München-Freising (Deutschland)

Pilgerzeiten: Ganzjährig; das Hauptfest wird am dritten Sonntag im Januar (Fest der Augenanbetung) begangen; Gottesdienste ganzjährig: werktags 9.00 und 10.00 Uhr, sonntags 8.00 und 11.30 Uhr

Geschichte: In der zweiten Hälfte des 16. Jahrhunderts gründete Herzog Albrecht V. (genannt „der Großmütige") in München ein Spital für kranke Hofbedienstete. Die dazu gehörige, nach den Plänen von Heinrich Schöttl errichtete Kirche wurde im Jahr 1572 geweiht. Beim Umbau von Spital und Kirche 1667 wurde hier bereits eine geschnitzte Darstellung der „Schmerzhaften Muttergottes" verehrt, die der Münchner Bildhauer Tobias Bader um 1651 geschaffen hatte. Ein besonderes Ereignis am 21. Januar 1690 führte dazu, dass diese Figur regelrecht berühmt wurde: Die zehnjährige Maria Franziska Schott beobachtete, wie die Madonna ihre Augen bewegte und zwischen den Betenden und dem Altar hin- und herblickte. Als auch andere behaupteten, Augenbewegungen bei der Statue gesehen zu haben, wurde auf Anordnung des Bischofs von Freising eine Befragung mit dem Ergebnis durchgeführt, dass dieses Wunder per Urkunde kirchlich beglaubigt wurde.

Das Gnadenbild in der Spitalkirche wurde nicht nur bei den Bürgern äußerst beliebt und Ziel Tausender von Pilgern, sondern auch im bayerischen Herrscherhaus der Wittelsbacher, die seine Verehrung entscheidend förderten und es mit zahlreichen Votivgaben in Form von wertvollen Mänteln und Kronen versahen. Die Anbetung ging so weit, dass sich der bayerische Kurfürst Maximilian III. Joseph im Jahr 1777 das Gnadenbild an sein Sterbebett bringen ließ. Für die Gläubigen wurden zahllose Andachtsbildchen angefertigt, und sogar auf Bierkrügen tauchte die wundertätige Madonna der Herzogspitalkirche als Abbildung auf. Man fertigte auch mehrere Kopien der Statue an und stellte sie in anderen Kirchen auf (heute noch zu sehen z.B. in Sulzbürg und Sigmartshausen).

Wallfahrer und die Kranken im Spital wurden ab 1715 von Schwestern des 1233 in Florenz gegründeten Ordens „Serve di Maria" betreut. Therese Kunigunde von Polen, Gemahlin des Kurfürsten Maximilian II. Emanuel von Bayern, hatte die Servitinnen nach München geholt und ihnen ein Kloster bauen lassen. Selbst als Spital (1800) und Kloster (1803) im Zuge der Säkularisation aufgehoben wurden, lebten die Nonnen weiterhin zusammen und unterbrachen ihre Verehrung der Marienstatue nicht, und schon in den 1820er Jahren war die Herzogspitalkirche wieder Ziel für viele Wallfahrten.

1945 wurden Kloster und Kirche fast völlig zerstört, das kostbare Gnadenbild aber blieb unversehrt. Nach zehnjährigem Exil in Schönbrunn, wohin es die Nonnen gebracht hatten, kehrte es 1955 in die inzwischen unter der Leitung des Architeken Alexander Freiherr von Branca neu errichtete Herzogspitalkirche zurück. In dem von außen kaum als Gotteshaus zu erkennenden Backsteinbau mit seiner schlichten Ausstattung erhielt die „Mater dolorosa" ihren Platz auf dem rechten Seitenaltar. Noch heute ist sie dort das Ziel von Pilgern und findet sich auch als Abbildung auf zahlreichen Gegenständen wieder, die man in dem kleinen Laden beim Eingang der Kirche erwerben kann.

Lage: Die Herzogspitalkirche liegt im Herzen der bayerischen Landeshauptstadt an der Herzogspitalstraße; U-Bahn U4, U5 (Station Karlsplatz/Stachus); Autofahrern sei empfohlen, ihr Fahrzeug auf einem Park-and-Ride-Parkplatz vor den Toren der Stadt abzustellen und mit der Bahn in die Innenstadt zu fahren (Tageskarte oder Partner-Tageskarte „Gesamtbereich"; am Wochenende für die ganze Familie gültig).

Anschrift: Kloster der Servitinnen, Herzogspitalstraße 9, D-80331 München, Tel.: 089/260 36 84; Katholisches Pfarramt St. Peter, Rindermarkt 1, D-80331 München,

Tel.: 089/260 48 28, E-Mail:
St-Peter-Muenchen@
erzbistum-muenchen.de

München/Maria Ramersdorf

Name der Wallfahrt: Wallfahrt zur Gottesmutter Maria und zum Hl. Kreuz
Ort der Pfarrei: München-Ramersdorf
Kirche: Pfarr- und Wallfahrtskirche „Mariä Himmelfahrt"
Bistum: München-Freising (Deutschland)
Pilgerzeiten: Ganzjährig; die Hauptwallfahrtszeit, der „Frauendreißiger", beginnt am 15. August (Fest „Mariä Himmelfahrt") und endet am 14. September (Fest „Kreuzerhöhung"); Gottesdienste (ganzjährig) sonntags 9.30 und 11.00 Uhr

Geschichte: Eine erste Kirche an der Stelle der heutigen Wallfahrtskirche mit ihrem hohen Zwiebelturm ist bereits für das Jahr 1020 bezeugt. Oft wird Maria Ramersdorf als eine der ältesten Mariengnadenstätten in Süddeutschland bezeichnet, doch kann aufgrund fehlender historischer Unterlagen nicht nachgewiesen werden, ob tatsächlich vor dem Spätmittelalter eine Wallfahrt zur Gottesmutter bestand. Erstmals urkundlich genannt wird das Marienpatrozinium für die Kirche im damaligen „Rumoltesdorf" 1381. Man nimmt jedoch an, dass bereits zu Beginn des 14. Jahrhunderts ein Marienbildnis das Ziel von Wallfahrern gewesen ist. Zum vielbesuchten Doppelwallfahrtsort stieg die Kirche wegen einer noch heute dort verehrten Kreuzreliquie auf. Dabei handelt es sich um ein reich geschmücktes Kreuz mit einem Splitter des Hl. Kreuzes. Kaiser Ludwig IV., genannt „der Bayer", hatte es von seinem Italienfeldzug, auf dem er sich 1328 in Rom vom Gegenpapst Nikolaus V. zum Kaiser hatte krönen lassen, mitgebracht und soll die auf um 1305 datierte römisch-byzantinische Arbeit bis zu seinem Tod 1347 an einer silbernen Kette getragen haben. Sein Sohn, Bayernherzog Otto V. (geb. um 1341, gest. 1379), vermachte die Kostbarkeit der Ramersdorfer Kirche.

Ende des 14. Jahrhunderts war die Kirche für die Menge der Pilger endgültig zu klein geworden, die Fertigstellung eines neuen Gotteshauses zog sich aber bis 1466 hin.

Ende des 15. Jahrhunderts kam das heutige Marien-Gnadenbild in die Kirche. Durch die vor allem während des Dreißigjährigen Krieges (1618-48) stark zunehmende Marienverehrung wurde die Bedeutung der Kreuzwallfahrt zurückgedrängt.

Im April 1635 wurde in der Kirche das große Votivbild angebracht, das heute an der Südwand des Chores zu sehen ist: Es war ein Geschenk der freigelassenen „Münchner Schwedengeiseln" für ihre Freilassung, die der Schwedenkönig Gustav Adolf 1632 als Pfand für ausstehende Zahlungen der Stadt München in Augsburg gefangen gehalten hatte.

1644 stellte man auf dem Wallfahrtsweg von St. Peter in München nach St. Maria in Ramersdorf 16 geschnitzte Holzsäulen auf, die später durch kleine Kapellen ersetzt wurden. Im Zuge der Säkularisation wurden sie zu Beginn des 19. Jahrhunderts zerstört, während die Kirche erhalten blieb. Nach wie vor wird hier der „Frauendreißiger" abgehalten, eine an vielen Wallfahrtsorten übliche, 30 Tage dauernde Marienverehrung, beginnend mit dem Patrozinium „Mariä Himmelfahrt" am 15. August und endend mit dem Fest „Kreuzerhöhung" am 14. September.

Kunst: Die im 17. und 18. Jahrhundert barockisierte Wallfahrtskirche erlitt im Zweiten Weltkrieg Bombenschäden, war aber bereits Ende 1945 wieder hergestellt.

Zentrum des prächtigen Hochaltars (1675) ist das Gnadenbild der hl. Maria als Himmelskönigin, das auf 1480 datiert und allgemein dem Bildhauer Erasmus Grasser (berühmt für seine für das Alte Münchner Rathaus geschnitzten Morisken) zugeordnet wird. (Vielleicht schuf es auch Ulrich Neunhauser, genannt Kriechbaum.) Die thronende Gottesmutter trägt Krone und Zepter, der rechte Arm hält das auf ihrem Schoß sitzende Jesuskind.

Wertvollster Teil der Innenausstattung ist der 1483 gestiftete Kreuzaltar, ein Flügelaltar, dessen aus Holz geschnitztes Kreuzigungsrelief Erasmus Grasser geschaffen hat. Auf der Außenseite der Altarflügel ist die Geschichte der Kreuzreliquie dargestellt.

Lage: Ramersdorf ist ein südöstlicher Stadtteil der bayerischen Landeshauptstadt München; Anfahrt über die Autobahnen und Mittlerer Ring Ost bzw. mit der U-Bahn (ab München-Hauptbahnhof mit der U-Bahn-Linie 2 in Richtung Messestadt bis Innsbrucker Ring oder Josephsburg).

Anschrift: Katholisches Pfarramt, Ramersdorfer Straße 6, D-81669 München-Ramersdorf, Tel.: 089/689 18 41, Fax: 089/689 29 34, E-Mail: info@maria-ramersdorf.de

München/Mariensäule

Name der Wallfahrt: Wallfahrt zur Mariensäule
Ort der Pfarrei: München
Bistum: München-Freising (Deutschland)
Pilgerzeiten: Ganzjährig; Turmbesteigung des Neuen Rathauses (Panoramablick) Mai-Oktober täglich bis 17.00 Uhr, November-April bis 16.00 Uhr (außer samstags, sonntags und feiertags); Glockenspiel täglich 11.00 und 12.00 Uhr (1. März bis 31. Oktober zusätzlich

17.00 Uhr)
Geschichte: Während des Dreißigjährigen Krieges gelobte Kurfürst Maximilian I. 1632, dass er bereit sei, „ein gottgefälliges Werk anzustellen, wenn die hiesige Hauptstadt und auch die Stadt Landshut vor des Feinds endlichem Ruin und Zerstörung erhalten würde". Nachdem die schwedischen Truppen die beiden Hauptstädte des Kurfürstentums wieder verlassen hatten, ohne allzuviel Schaden anzurichten, beschloss Maximilian I., nicht nur eine jährliche Dankprozession zu Ehren Gottes und Mariens abzuhalten, sondern auch ein Denkmal auf dem Münchner Marktplatz, der damals Schrannenplatz hieß, errichten zu lassen. Im Dezember 1637 wurde der Grundstein für eine über elf Meter hohe Säule gelegt, auf die eine Bronzefigur der gekrönten Gottesmutter mit dem Jesuskind gesetzt wurde, die bis zu diesem Zeitpunkt in der Münchner Frauenkirche gestanden hatte. Am 7. November 1638 wurde die Mariensäule vom Freisinger Bischof Veit Adam von Gepeckh geweiht.

Bis zur Säkularisation war die Marienstatue Ziel für viele Gläubige und zahlreiche Dankprozessionen. Naturgemäß erhöhte sich die Zahl der Betenden, wenn der Stadt Ungemach z.B. durch die Pest drohte. Zu Beginn des 19. Jahrhunderts wurden die Bittgänge zur Mariensäule verboten. Das änderte sich erst, als im Jahr 1854 in München eine Choleraepidemie ausbrach. Ein erster Bittgang zur Patronin der Bayern (Patrona Bavariae) auf der hohen Säule wurde von den Bürgern organisiert, viele weitere folgten, u.a. unter Beteiligung des Erzbischofs. Im September 1854 war die Seuche besiegt und das Ansehen der hilfreichen Muttergottes wieder so gestiegen, dass der alte Marktplatz in München vom Magistrat der Stadt in „Marienplatz" umbenannt wurde. Bis heute werden an der Mariensäule regelmäßig Andachten und Litaneien abgehalten.

Kunst: Die Mariensäule steht innerhalb einer Balustrade in einem „heiligen Bezirk". Auf dem Sockel kämpfen vier Putti erfolgreich gegen den Hunger (versinnbildlicht durch einen Drachen), den Krieg (Löwe), die Pest (Basilisk) und die Ketzerei (Schlange). Die Säule selbst ist 11,60 Meter hoch und besteht aus Marmor. Auf dem korinthischen Kapitell steht eine vergoldete Bronzefigur, die Maria mit Zepter und Krone als Herrscherin darstellt, die Mondsichel zu ihren Füßen und das segnende Christuskind mit Reichsapfel auf dem linken Arm. Die 2,25 Meter hohe Statue wurde wahrscheinlich von dem Bildhauer Hubert Gerhard um 1593 angefertigt und stand bis 1620 auf dem Hauptaltar der

Münchner Frauenkirche.
Lage: Die Mariensäule steht vor dem Neuen Rathaus (Glockenspiel) etwa in der Mitte des Münchner Marienplatzes, des zentralen Platzes der Stadt; U-Bahn bzw. S-Bahn: U3, U6, S1-S8 (Station Marienplatz); Autofahrern sei empfohlen, ihr Fahrzeug auf einem Park-and-Ride-Parkplatz vor den Toren der Stadt abzustellen und mit der Bahn in die Innenstadt zu fahren (Tageskarte oder Partner-Tageskarte „Gesamtbereich"; am Wochenende für die ganze Familie gültig).
Anschrift: Katholisches Dompfarramt, Frauenplatz 12, D-80331 München, Tel.: 089/29 00 82-0, Fax: 089/29 00 82-50, E-Mail: dompfarramt@muenchner-dom.de; Neues Rathaus, Marienplatz 8, D-80331 München, Tel.: 089/23 30-0, E-Mail: rathaus@muenchen.de

München/St. Maria-Thalkirchen

Name der Wallfahrt: Wallfahrt zu „Unserer Lieben Frau"
Ort der Pfarrei: München-Thalkirchen
Kirche: Pfarr- und Wallfahrtskirche „Mariä Himmelfahrt"
Bistum: München-Freising (Deutschland)
Pilgerzeiten: Mai bis Oktober; die Hauptwallfahrtszeit, der „Frauendreißiger", beginnt am 15. August (Fest „Mariä Himmelfahrt") und endet am 14. September (Fest „Kreuzerhöhung");
Gottesdienste (ganzjährig) sonntags 8.30 und 10.00 Uhr
Geschichte: „Mariä Himmelfahrt" im Münchner Stadtteil Thalkirchen ist eine der Marienverehrungsstätten, bei der auch heute noch traditionsgemäß am 15. August der „Frauendreißiger", die bis zum Fest „Kreuzerhöhung" am 14. September dauernde Hauptzeit der Wallfahrten, beginnt. Einen Monat lang werden jeden Tag Pilgergottesdienste mit Rosenkranzgebet, Marienandacht und Eucharistiefeier abgehalten.

Eine 1268 erstmals urkundlich erwähnte Kirche wurde in der zweiten Hälfte des 14. Jahrhunderts durch die Grafen Christian und Wilhelm von Frauenberg und Haag vergrößert. Diese sollen ein entsprechendes Gelöbnis abgelegt haben, als sie bei einer geglückten Isarüberquerung ihren Feinden entkommen konnten. Die „Kirche im Tal" war lange Zeit Pfarrkirche für die Orte am linken Isarufer. 1695-98 wurde sie erneut vergrößert, im 18. Jahrhundert folgte die Umgestaltung im Stil des Barock, und ihr heutiges Aussehen erhielt sie 1907-08 durch einen von Gabriel von Seidl errichteten Erweiterungsbau.

Das in der Kirche verehrte Gnadenbild zeigt eine in die Ferne blickende Gottesmutter, auf deren Schoß das Jesuskind steht, das sie mit ihrer rechten Hand stützt. In

ihrer linken Hand hält Maria ein Buch, in dem der Knabe blättert. Die Figur wird auf 1482 datiert und dem Bildhauer Michael Erhart zugeschrieben. Weiterer Gegenstand der Verehrung ist eine Kreuzreliquie, die Herzog Albrecht III. (1438-60) einst gestiftet hat. Nachdem die Wallfahrt nach Thalkirchen während des Dreißigjährigen Krieges (1618-48) fast erloschen war, konnte sie bald nach dessen Ende wieder belebt werden.
Lage: Thalkirchen (Tierpark Hellabrunn) ist ein südlicher Stadtteil der bayerischen Landeshauptstadt München; die Wallfahrtskirche steht am linken Isarufer; Anfahrt über die Autobahnen bis zum Mittleren Ring, weiter Beschilderung „Zoo" folgen („Elefantenschilder" an allen großen Straßen in München) bzw. mit der U-Bahn (ab München-Hauptbahnhof mit der U-Bahn-Linie 1 oder 2 bis Sendlinger Tor, dann U3 in Richtung Fürstenried bis Thalkirchen).
Anschrift: Katholisches Pfarramt St. Maria, Fraunbergplatz 5, D-81379 München-Thalkirchen, Tel.: 089/74 28 44-0, Fax: 089/74 28 44-15, E-Mail:
Maria-Thalkirchen.Muenchen@ erzbistum-muenchen.de

Naumburg

Name der Wallfahrt: Wallfahrt zur Fatima-Madonna
Ort der Pfarrei: Naumburg
Kirche: Wallfahrtsgrotte
Bistum: Fulda (Deutschland)
Pilgerzeiten: Mai bis Oktober
Geschichte: Naumburg gehörte bis 1802 zum Erzbistum Mainz, war also eine katholische Insel im sonst protestantischen Nordhessen. Seine Altstadt unterhalb der Burg gleicht einem Freilichtmuseum: In engen Gassen liegen renovierte Fachwerkhäuser. Über dem Marktplatz thront die Stadtpfarrkirche, ein gotischer Hallenbau aus dem 14./15. Jahrhundert mit der „Naumburger Madonna" aus dem Jahr 1340.
Die Wallfahrt geht jedoch zu einem Marienbild, das jugendliche Pilger 1956 aus Fatima in Portugal mitbrachten und das in einer künstlichen Grotte aufgestellt wurde. In den letzten zwanzig Jahren hat die zunächst nur regional bekannte Wallfahrt Aufschwung genommen.
Lage: Der staatlich anerkannte Kneippkurort Naumburg (Fachwerkbauten, Museumseisenbahn) liegt rund 20 km westlich von Kassel; Anfahrt über die Autobahnen A 44 (Ausfahrt Zierenberg, weiter auf der Bundesstraße B 251 [Deutsche Fachwerkstraße] bis Ippingshausen, dann auf der Landstraße nach Naumburg) oder A 49 (Ausfahrt Fritzlar, weiter auf der B 450 bis zur Abzweigung Naumburg).
Anschrift: Katholisches Pfarramt St. Crescentius, Kirchstraße 22,

D-34311 Naumburg, Tel.: 05625/340, Fax: 05625/92 59 16; Kneipp-, Kur- und Verkehrsverein Naumburg e.V., Kirschhäuser Straße 7, D-34311 Naumburg, Tel.: 05625/91 51-12, Fax: 05625/91 51-13, E-Mail: info@naumburg-hessen.de

Neukirchen beim Hl. Blut

Name der Wallfahrt: Wallfahrt zu „Unserer Lieben Frau" und zur hl. Anna
Ort der Pfarrei: Neukirchen beim Hl. Blut
Kirche: Pfarr- und Wallfahrtskirche „Mariä Geburt" und Wallfahrtskapelle St. Anna
Bistum: Regensburg (Deutschland)
Pilgerzeiten: Ganzjährig; Hauptwallfahrtszeit von Mai bis September; Festtag der hl. Anna ist der 26. Juli; Gottesdienste sonntags 9.00 und 10.30 Uhr (Wallfahrtskirche), 19.00 Uhr (Klosterkirche), 8.30 Uhr (St.-Anna-Kapelle); Kirchenführungen in den Monaten Juli, August und September jeweils freitags 10.30 Uhr (ohne Voranmeldung; nach Absprache ganzjährig); das Wallfahrtsmuseum ist dienstags bis freitags 9.00-12.00 Uhr und 13.00-17.00 Uhr sowie am Wochenende 10.00-12.00 Uhr und 13.00-16.00 Uhr geöffnet (1. November bis 15. Dezember am Wochenende geschlossen); Exerzitien und Einkehrtage mit Unterkunft im „Haus zur Aussaat" möglich
Geschichte: Neukirchen beim Hl. Blut ist heute der bedeutendste Wallfahrtsort im Bistum Regensburg. Der Ursprung der Wallfahrt geht bis ins Spätmittelalter zurück. Damals soll es bereits eine Hostienwallfahrt zu einer kleinen Kapelle gegeben haben, die im 15. Jahrhundert durch die Marienwallfahrt verdrängt wurde, von deren Entstehung die Legende Folgendes berichtet: Um sie vor den ketzerischen und brandschatzenden Hussiten zu schützen, brachte die fromme Bauersfrau Susanna Halada am Samstag vor Martini (11. November) des Jahres 1419 eine Marienfigur aus dem böhmischen Loucim über die Grenze nach Neukirchen und stellte sie zur Verehrung in der dortigen Kapelle auf. Im Jahr 1450 fielen die Hussiten jedoch auch in Neukirchen ein. Nachdem ihr Anführer die Statue entdeckt hatte, warf er sie dreimal in den Brunnen neben dem Kirchlein, doch jedes Mal kehrte sie auf wundersame Weise auf den Altar zurück. Als er wutentbrannt mit seinem Schwert auf die Madonna einhieb, floss aus deren Haupt plötzlich Blut. Der erschrockene Mann wollte den unheimlichen Ort schnellstmöglichst verlassen, doch konnte er sein Pferd nicht von der Stelle bewegen, obwohl er ihm die am Boden „festgewachsenen" Hufe abriss. Daraufhin erkannte er das Blutwunder an, kniete vor dem Marien-Gnadenbild nieder, bereute

seine Tat und schwor seinem ketzerischen Glauben ab. Der Überlieferung nach kam er später häufig als Pilger nach Neukirchen, das sich, nun mit dem Beinamen „beim Heiligen Blut", rasch zu einem überregional populären Wallfahrtsort entwickelte. Hatte schon die ältere Hostienwallfahrt gezeigt, dass hier eine besondere Gnadenstätte zu bestehen schien, stellte die Madonna nun für die Gläubigen eine Art reale Präsenz des Göttlichen dar. Zudem war ein Ketzer zum „wahren" katholischen Glauben bekehrt worden. Während die meisten Orte der Gegend bis 1628 zum protestantischen Glauben übertraten, blieb Neukirchen (als Teil des Amtes Kötzting) katholisch.

Ab 1656 übernahmen Franziskanerbrüder die Wallfahrtsseelsorge. Für sie baute man an die noch vor der Reformation unter Einbeziehung der Gnadenkapelle errichtete Kirche ein Klostergebäude. Welche Ausmaße die Wallfahrt annahm, zeigte sich 1752, als das 300-jährige Bestehen gefeiert wurde (aufgrund eines besonderen Ablasses war die Feier um ein paar Jahre verschoben worden): Eigens zu diesem Ereignis ließen die Franziskaner 26 zusätzliche Patres nach Neukirchen kommen, denn in einer einzigen Woche sollen hier an die 70 000 Kommunionen gespendet und 420 Messen gelesen worden sein. Viele der Pilger kamen auch aus dem benachbarten Böhmen, so dass die Gottesdienste teilweise zweisprachig gehalten wurden. (Seit dem Fall des „Eisernen Vorhangs" 1990 pilgern auch wieder zahlreiche Gläubige aus dem nahen Tschechien zu „ihrer" Madonna nach Neukirchen. 2003 wurde im sanierten Nordtrakt des Klosters das „Haus zur Aussaat" eröffnet, ein grenzüberschreitendes Wallfahrts-, Begegnungs- und Umweltbildungszentrum mit Gästehaus für Selbstversorger.)

Im Zuge der Säkularisation Anfang des 19. Jahrhunderts wurde das Kloster Neukirchen nicht aufgehoben, sondern zum Zentralkloster ernannt und blieb so als einziges im Bistum Regensburg bestehen. Als später auch die anderen Franziskanerklöster wieder eröffnet wurden, verlor das Kloster Neukirchen zwar an Bedeutung, die Wallfahrt erfreute sich aber weiterhin großer Beliebtheit. Aus dem Jahr 1830 ist überliefert, dass es hier 85 Gastwirtschaften gab.

Heute kann der interessierte Besucher die Geschichte der Neukirchener Wallfahrt in dem im Jahr 1992 eröffneten Wallfahrtsmuseum, dem ersten in Bayern, nachvollziehen. Zu den Exponaten gehören auch zahlreiche alte Votivgaben, darunter Hinterglasbilder, Kerzen und andere Wachsgegenstände, eiserne Opfertiere, Schmuck und Rosenkränze. Außerdem finden häufig Sonderausstellungen statt (u.a. bayerische und böhmische Krippen in der Vorweihnachtszeit).

Wer möchte, kann zur St.-Anna-Kapelle bei Rittsteig (Grenzübergang) wandern (Rund- wanderweg N8, etwa zwei Kilometer). Neben dem achteckigen, um 1700 gebauten Kirchlein gibt es einen Brunnen, dessen Wasser als heilkräftig gilt. Der Legende nach wurde einem schwer kranken böhmischen Mädchen namens Barbara im Jahre 1610 während einer Wallfahrt nach Neukirchen im Traum der Weg zu der Quelle offenbart und es gesundete, nachdem es von dem Wasser getrunken hatte.

Kunst: Die wegen ihres hohen Zwiebelturms schon von weitem zu sehende Neukirchener Pfarr- und Wallfahrtskirche „Mariä Geburt" erhielt ihre heutige Gestalt 1718-20. Marianische Themen dominieren die barocke Innenausstattung. Auf den farbenfrohen Fresken der Westempore sind die beiden Gründungslegenden (wunderbare Auffindung der Hostie und die hussitische Marienbildschändung) dargestellt.

Bei dem baldachinartigen Hochaltar, dem 1754 fertig gestellten Werk eines Augsburger Goldschmieds, handelt es sich um einen seltenen Doppelaltar, d.h. seine Rückseite weist in die angebaute Klosterkirche der Franziskaner, die heute noch die Wallfahrt betreuen. Der Altar birgt in einer Glaskuppel das auf um 1400 datierte Marien-Gnadenbild, eine knapp 80 Zentimeter hohe Schnitzfigur der Gottesmutter mit dem Jesuskind, die im Jahresverlauf mit wechselnder Bekleidung geschmückt wird. Auf alten Votivbildern ist noch das Schwert abgebildet, das einst die Kopfbedeckung spaltete, später wurde Maria gekrönt und das Schwert entfernt. Eine Art Verband ist unter der Krone an der Stelle zu sehen, an der die durch den Fanatiker verursachte „Wunde" gewesen sein soll. Rechts vom Hochaltar, hinter einer Holztür, befindet sich der Brunnen, in den der Hussit die Figur einst geworfen haben soll. Ein Gemälde über dem Eingang erzählt davon.

Lage: Der Markt Neukirchen b. Hl. Blut liegt knapp 100 km nordöstlich der Bischofsstadt Regensburg im Naturpark Oberer Bayerischer Wald am Fuß des langgestreckten Höhenzugs „Hoher Bogen" (1 079 m), einem Wander- und Wintersportgebiet (Sessellift, Sommerrodelbahn) nahe der tschechischen Grenze (Grenzübergang Rittsteig); Anfahrt von Regensburg aus auf den Bundesstraßen B 16/85/20 über Roding und Cham nach Furth i. Wald (Grenzübergang Folmava) und von

dort auf der Landstraße nach Neukirchen b. Hl. Blut.
Anschrift: Katholisches Pfarramt Mariä Geburt, Marktplatz 5, D-93453 Neukirchen b. Hl. Blut, Tel.: 09947/12 23, Fax: 09947/90 52 50, E-Mail: pfarramt-neukirchen@web.de; Franziskanerkloster, Kirchstraße 8, D-93453 Neukirchen b. Hl. Blut, Tel.: 09947/94 18-0; Touristinformation und Wallfahrtsmuseum, Marktplatz 10, D-93453 Neukirchen b. Hl. Blut, Tel.: 09947/94 08-21, Fax: 09947/94 08-44, E-Mail: tourist@neukirchen-online.de; „Haus zur Aussaat", Grenzüberschreitendes Wallfahrts-, Begegnungs- und Umweltbildungszentrum, Klosterplatz 1, D-93453 Neukirchen b. Hl. Blut, Tel.: 09947/90 28-84, Fax: 09947/90 28-87, E-Mail: post@wallfahrts-und-begegnungszentrum.de

Neumarkt/Oberpfalz

Name der Wallfahrt: Wallfahrt zu „Maria Hilf"
Ort der Pfarrei: Neumarkt
Kirche: Wallfahrtskirche „Mariahilf"
Bistum: Eichstätt (Deutschland)
Pilgerzeiten: Ganzjährig
Geschichte: Auf dem Hügel gegenüber der Burgruine Wolfstein (13. Jahrhundert), auf dem heute die Neumarkter Wallfahrtskirche „Mariahilf" steht, soll Pater Gabriel von Braunau, 1674-79 Oberer des ortsansässigen Kapuzinerkonvents, eine Vision von drei Kreuzen gehabt haben. Unter seiner Anleitung wurde auf dem ehemaligen Weinberg eine Kreuzigungsgruppe errichtet und ein Kreuzweg mit 367 Stufen angelegt. 1684 erweiterte man die Gedenkstätte um eine Nachbildung des Heiligen Grabes von Jesus Christus.

Kurz darauf erhielt der Neumarkter Berg eine weitere religiöse Bedeutung: 1687 ließ sich der Mönch Konstantin Planck in einer ärmlichen Hütte zu Füßen der Kreuzigungsgruppe als Eremit nieder. Ihm folgten weitere Eremiten, die den Neumarkter Berg zum Einsiedlerberg im Sinne des Bergs Karmel (Palästina) machten. Ein offizielles Karmeliterkloster wurde jedoch erst im Jahr 1907 gebaut.

Ebenfalls seit 1687 weiß man um die Bedeutung des Hügels als Stätte der Verehrung der Gottesmutter. Eine aus Holz erbaute Kapelle beinhaltete eine Kopie des überaus populären Mariahilf-Bildes des Künstlers Lukas Cranach. Zu Beginn des 18. Jahrhunderts wurde nach einer überstandenen Epidemie der Bau einer neuen Marienkirche beschlossen.

Kunst: Unter der Leitung hervorragender Baumeister wie Johann Kaspar Schubert und Johann Konrad Hiller entstand 1718-27 auf dem Neumarkter Berg eine ausschließlich von den Bürgern der Stadt finanzierte Marienkirche im Stil des bayerischen Hochbarock. Kennzeichnend dafür ist die klare Aufteilung der Außenfassade und die prächtige, überwiegend von heimischen Künstlern geschaffene Ausstattung. Das Kircheninnere wird dominiert vom Hochaltar, der 1755 von Ulrich Wiest gestaltet wurde. Dort findet sich das Gnadenbild von Neumarkt, das dem Kapuzinerorden durch den bayerischen Kurfürsten Max Emanuel im Jahr 1687 übergeben worden war. Die Stuckarbeiten in der Kirche wurden von dem Italiener Giovanni Bajerna ausgeführt, die Deckenfresken stammen aus dem 19. und 20. Jahrhundert. Bis 1841 zierte eine Zwiebelturmspitze den Kirchturm, nach ihrer Zerstörung durch einen Blitzschlag wurde sie durch eine neuromanische Helmturmspitze ersetzt.

Lage: Neumarkt liegt südöstlich von Nürnberg in der Oberpfalz; Anfahrt über die Autobahn A 3 (Ausfahrt Neumarkt) oder A 9 (Ausfahrten Allersberg oder Hilpoltstein); in Neumarkt beginnt der entlang des Main-Donau-Kanals bis Kelheim und weiter entlang der Donau bis Passau führende beliebte Radwanderweg „Tour de Baroque" (knapp 300 km).

Anschrift: Redemptoristenkloster, Maria-Hilf-Berg 1, D-92318 Neumarkt, Tel.: 09181/476 00; Stadtverwaltung, Rathausplatz 1, D-92318 Neumarkt, Tel.: 09181/25 50, Fax: 09181/25 51 95, E-Mail: info@neumarkt.de

Neuzelle

Name der Wallfahrt: Wallfahrt zu „Unserer Lieben Frau"
Ort der Pfarrei: Neuzelle
Kirche: Katholische Pfarr- und Stiftskirche St. Marien
Bistum: Görlitz (Deutschland)
Pilgerzeiten: Die Klosteranlage ist ganzjährig (außer Karfreitag und Karsamstag) für Besucher zugänglich; die Marienkirche ist das Ziel von Einzelpilgern sowie einer jährlichen Familien- und Jugendwallfahrt der Diözese Görlitz; Führungen nach vorheriger Anmeldung möglich; Gesamtführungen beinhalten Besichtigung der katholischen Stiftskirche St. Marien, der evangelischen Kreuzkirche, des Kreuzgangs, des Klosterparks mit Orangerie und des Weinbergs.

Geschichte: Mit ihrer ungewöhnlich reichhaltigen Barockausstattung ist die Kirche St. Marien des ehemaligen Zisterzienserklosters Neuzelle eines der schönsten Beispiele der deutschen Barockkunst und wird als „Märkisches Barockwunder" gerühmt.

Im Südosten des Landes Brandenburg, nicht weit von der Oder entfernt, erbauten nach 1300 Zisterziensermönche auf einem Bergsporn ein Kloster, das Heinrich der Erlauchte, Markgraf von Meißen und der Ostmark, am 12.

Oktober 1268 im Gedenken an seine verstorbene Ehefrau Agnes gestiftet hatte. Die dreischiffige Hallenkirche der Abtei wurde, da es in der Region keine geeigneten Steinbrüche gibt, als für die Gegend typischer Backsteinbau ausgeführt (Backsteingotik).

Im Mittelalter gehörte den Mönchen von Neuzelle umfangreicher Grundbesitz: über 30 Dörfer in der Niederlausitz und einige in der Mark Brandenburg, dazu das Städtchen Fürstenberg/Oder (heute Teil von Eisenhüttenstadt). Als einziges Kloster in der Niederlausitz war Neuzelle nach der Reformation eine katholische Insel in sonst rein protestantischer Umgebung, auch die bäuerlichen Untertanen des Stifts waren lutherisch geworden. Im Prager Frieden von 1635 traten die Habsburger die Niederlausitz an die sächsischen Wettiner ab, und der protestantische Kurfürst musste im so genannten Traditionsrezess den Fortbestand als katholisches Kloster garantieren.

Im Dreißigjährigen Krieg wurde die Klosteranlage schwer beschädigt, die Mönche flüchteten und kehrten erst zwei Jahre nach dem Westfälischen Frieden 1650 wieder zurück. Abt Bernardus ließ zwischen 1655 und 1658 die neu errichteten Gebäude von italienischen Künstlern mit Fresken und Stuckaturen versehen, sein Nachfolger gestaltete die Klosteranlage konsequent im Stil des süddeutschen Barocks um. Fast alle heute noch bestehenden Gebäude der Anlage stammen aus dieser Zeit.

1817 wurde die Neuzeller Abtei durch König Friedrich Wilhelm III. als eines der letzten Zisterzienserklöster auf deutschem Boden säkularisiert. Die ehemalige Konventskirche blieb katholisch und wurde 1947 Wallfahrtskirche zum Heiligtum Unserer Lieben Frau, die Leutekirche Zum Heiligen Kreuz ist heute evangelische Pfarrkirche. 1955 löste man das Stift Neuzelle auf, 1996 wurde es als Stiftung „Stift Neuzelle" neu gegründet. Im Jahr 2004 – zur Eröffnung der Dauerausstellung „735 Jahre Neuzelle" – wurden der barocke Klostergarten und die Orangerie nach aufwändiger Rekonstruktion wieder eröffnet. Die Klosterkirche ist nach wie vor Pfarrkirche der katholischen Gemeinde des Ortes Neuzelle, und in der Klosterbrauerei wird die Brautradition der Zisterzienser bis zum heutigen Tag fortgeführt.

Seit 1998 ist das Kloster im Sommer ein kulturelles Zentrum der Region. Zu den Höhepunkten gehört das Internationale Musikfestival „Oper Oder-Spree", das in Kooperation mit der Burg Beeskow durchführt wird. Vor allem jungen osteuropäischen Künstlern bieten sich hier Auftritts- und

Förderungsmöglichkeiten. Darüber hinaus finden in der barocken Stiftskirche St. Marien Konzerte und Lesungen statt. Auch der jährliche „Tag des offenen Denkmals" (zuletzt am Sonntag, dem 11. September 2005) fndet mit seinen kostenlosen Führungen großen Anklang.
Kunst: Die im Kern gotische Hallenkirche wurde im 17. und 18. Jahrhundert barock umgebaut und erweitert. Die Wand- und Deckengemälde des Italieners J. Vanetti mit Szenen aus der Bibel stammen aus der Zeit von 1644-58. Bei einem weiteren Umbau von 1730-41 machte sich der Einfluss böhmischer und vor allem Wessobrunner Künstler bemerkbar. Die Westfassade wurde mit geschwungenen Wänden, Uhrturm und Prunkportal dem Zeitstil entsprechend aufgewertet, der Ostseite des Kirchenschiffs fügte man einen halbrunden Raum an. Innen entstanden prachtvolle neue Altäre. Der berühmte gotische Kreuzgang befindet sich nördlich der Stiftskirche St. Marien und umgibt einen quadratischen Kreuzhof. Kreuz-, Stern- und Netzgewölbe überspannen die Räume in Kreuzgang und Klausur.
Lage: Neuzelle mit dem gleichnamigen Kloster liegt in der Niederlausitz an der polnischen Grenze am Rande des Odertals rund 10 km südlich von Eisenhüttenstadt; Anfahrt über die Autobahn A 12: Ausfahrt Frankfurt (Oder) Süd, weiter auf der Bundesstraße B 112 über Eisenhüttenstadt nach Neuzelle.
Anschrift: Stiftung Stift Neuzelle, Stiftsplatz 7, D-15898 Neuzelle, Tel.: 033652/814-0, Fax: 033652/814-19, E-Mail: info@stift-neuzelle.de; Anmeldung für Führungen: Tourismus-Information Neuzelle, Stiftsplatz 7, D-15898 Neuzelle, Tel.: 033652/61 02, Fax: 033652/80 77, E-Mail: tourismus@neuzelle.de; Katholisches Pfarramt Beata Maria Virgo, Stiftsplatz 5, D-15898 Neuzelle, Tel.: 033652/282, Fax: 033652/898 28, E-Mail: kath.pfarramt.neuzelle@t-online.de

Ophoven/Birgelen

Name der Wallfahrt: Wallfahrt zur „Lieblichen Mutter"
Ort der Pfarrei: Ophoven (Birgelen)
Kirche: Pfarr- und Wallfahrtskirche „St. Mariä Himmelfahrt" (Ophoven) und Wallfahrtskapelle „Birgelener Pützchen"
Bistum: Aachen (Deutschland)
Pilgerzeiten: Ganzjährig; Hauptpilgertage nach Ophoven um „Mariä Himmelfahrt" (15. August) und „Mariä Geburt" (8. September)
Geschichte: Die heutige Pfarr- und Wallfahrtskirche St. Mariä Himmelfahrt in Ophoven, einem Stadtteil von Wassenberg, war ursprünglich die Kirche des im

späten 12. Jahrhundert neu gegründeten Zisterzienserinnenklosters. 1571 siedelten die Nonnen nach Dalheim um, und ihre Kirche wurde Pfarrkirche.

Laut einer Urkunde soll König Konrad dem Kloster eine wertvolle Reliquie, nämlich einen Schuh der Gottesmutter Maria, geschenkt haben, zu dem sich – wie auch zum Gnadenbild der „Lieblichen Mutter" – bald eine rege Wallfahrt entwickelte. 1826 stahl jemand den Schuh, und die Wallfahrt brach fast völlig zusammen. Zwar bekam Ophoven andere Reliquien aus Rom gesandt, doch die früheren Pilgerzahlen wurden im 19. Jahrhundert nicht mehr erreicht. Erst in jüngster Zeit kommen wieder mehr Gläubige.

Das Gnadenbild der gekrönten Madonna mit dem Jesuskind ist aus Eichenholz geschnitzt und wird auf um 1350 datiert. Früher soll es wertvolle Gewänder getragen haben. Weiter sehenswert ist der Hochaltar von 1520, geschaffen von einem Antwerpener Meister.

In einem anderen Wassenberger Stadtteil liegt das „Birgelener Pützchen" mitten im Wald zwischen Birgelen und Wassenberg. Schon die Germanen sollen hier ein Kultzentrum gehabt haben, archäologisch ist das aber nicht belegt. Der Legende nach predigte der hl. Lambertus, Bischof von Maastricht (und Patron der Birgelener Pfarrkirche), hier im 7. Jahrhundert und taufte neu Bekehrte. Eine andere Geschichte berichtet von der Heilkraft der Quelle und schreibt sie dem hl. Willibrord, Erzbischof von Utrecht, zu (658-739). Jedenfalls entwickelte sich eine Marienwallfahrt, die auch heute noch besteht.

Der gedrungen wirkende Bau über der Quelle wurde 1795 als steinernes Bethaus errichtet, der achteckige Altarraum ist von 1933.

Lage: Ophoven und Birgelen sind seit 1972 Ortsteile von Wassenberg im Süden des deutsch-niederländischen Naturparks Maas-Schwalm-Nette (Wander- und Radfahrerparadies!) rund 30 km westlich von Mönchengladbach (Münster St. Vitus, Schlösser Wickrath und Rheydt, Jugendstilwasserturm); Anfahrt über die Autobahn A 46: Ausfahrt Hückelhoven-West, weiter auf der Landstraße über Wassenberg nach Ophoven bzw. Birgelen, oder Ausfahrt Heinsberg (Autobahnende) und auf der Bundesstraße B 221 über Heinsberg nach Wassenberg; nächste Bahnstation in Hückelhoven-Baal.

Anschrift: Katholisches Pfarramt St. Mariä Himmelfahrt, Kapellenstraße 1, D-41849 Wassenberg-Ophoven, Tel.: 02432/22 33, Fax: 02432/26 80; Katholisches Pfarramt St. Lambertus, Mühlenstraße 1, D-41849 Wassenberg-Birgelen, Tel.: 02432/21 73, Fax: 02432/93 44 56

Ostritz/St. Marienthal

Name der Wallfahrt: Wallfahrt zu „Unserer Lieben Frau" und zum Hl. Kreuz
Ort der Pfarrei: Ostritz
Kirche: Stiftskirche und Kreuzkapelle des Klosters St. Marienthal
Bistum: Dresden-Meißen (Deutschland)
Pilgerzeiten: Ostritzer Osterreiten am Ostersonntag; Hauptwallfahrt im September am Sonntag zwischen „Mariä Geburt" (8. September) und „Mariä Namen" (12. September); an jedem 13. des Monats Muttergottesprozession im Klosterhof oder im Kreuzgang (17.00 Uhr) mit anschließender Andacht in der Klosterkirche; Klosterführungen sowie Tage der Besinnung und Erholung (Gästehaus, Radverleih) nach Anmeldung ganzjährig möglich; Gottesdienst sonntags 9.00 Uhr
Geschichte: Die malerisch im Tal der Neiße liegende Abtei St. Marienthal ist das älteste Frauenkloster des Zisterzienserordens in Deutschland, das seit seiner Gründung 1234 durch Königin Kunigundis von Böhmen ununterbrochen besteht.

In den Wirren der Reformation hielten die Nonnen am katholischen Glauben fest und konnten eine Umwandlung in ein weltliches Damenstift verhindern. Auch den Dreißigjährigen Krieg (1618-48) überstand das Kloster relativ unbeschadet, aber 1683 fielen die meisten Gebäude einem Großbrand zum Opfer. Man machte sich unverzüglich an den Wiederaufbau im Stil des böhmischen Barock, und 1744 war der imposante Klosterkomplex in seiner heutigen Form vollendet.

In der Zeit der Säkularisation Anfang des 19. Jahrhunderts blieb St. Marienthal durch den für das Kloster verbrieften und vertraglichen Schutz des sächsischen Königshauses vor der staatlich verordneten Aufhebung bewahrt, und die Nonnen eröffneten ein Waisenhaus und eine Schule. (Beide Einrichtungen wurden 1938 von den Nationalsozialisten aufgelöst.)

1897 wurde St. Marienthal vom größten Hochwasser in der Geschichte des Klosters heimgesucht, das die Einrichtung der Kirche völlig zerstörte. Das Gotteshaus erhielt danach bis 1921 eine neue Innenausstattung, die die einst barocke Ausrichtung heute nur noch erahnen lässt.

Im Zweiten Weltkrieg war das Kloster SS-Stützpunkt sowie Lazarett für bis zu 400 von den Nonnen gepflegte Soldaten. Unmittelbar vor Kriegsende widersetzte sich der Konvent dem Befehl zur Räumung der Anlage und verhinderte damit deren geplante Sprengung. So wurde „nur" die Brücke über die Neiße,

die seither die Grenze zu Polen bildet, in die Luft gejagt.
Zu DDR-Zeiten durften die Nonnen zwar bleiben, waren aber „Internierte im eigenen Kloster". 1955 wurde auf dem Klostergelände das „St.-Josef-Pflegeheim" für geistig behinderte Frauen eröffnet – mit ein Grund für das Überleben des Konvents.
1984 feierte die Abtei St. Marienthal ihr 750-jähriges Bestehen. Höhepunkt war ein Gottesdienst unter freiem Himmel am Marienwallfahrtstag im September zusammen mit 25 000 Gläubigen – unter den Augen der sozialistischen Machthaber.
Unmittelbar nach dem Fall des „Eisernen Vorhangs" und der Wiedervereinigung Deutschlands begann man mit einer umfassenden Restaurierung der Klosteranlage, u.a. der 1756 geweihten Kreuz- und Michaliskapelle mit ihrer Rokokoausstattung und einem überlebensgroßen, auf um 1515 datierten Kruzifix. 1992 wurde zur Versöhnung und Völkerverständigung im Dreiländereck das „Internationale Begegnungszentrum St. Marienthal" (IBZ) ins Leben gerufen, wofür der Konvent leerstehende Wirtschaftsgebäude stiftete.
1999 siedelten die Bewohnerinnen des Pflegeheims in einen neu gebauten Trakt des 1979 auf dem Klostergut im nahen Schlegel gegründeten Heims für geistig behinderte Männer („Pater-Kolbe-Hof") um, und das bisherige Wohnheim in St. Marienthal wurde zum Gästehaus umgestaltet. Seit 2004 werden in St. Marienthal u.a. „Fastenwochen für Gesunde" und „Wellness-Wochen" mit Yoga und Massagen angeboten.
Religiöse Höhepunkte sind die am 13. jeden Monats auf dem Klostergelände stattfindenden Muttergottesprozessionen und die große Marienwallfahrt im September, und ein besonderer Besuchermagnet ist das traditionelle Ostritzer „Osterreiten". Am Ostersonntag 2005 jährte sich dieser Brauch zum 377. Mal: Knapp 100 Reiter, darunter der katholische und der evangelische Pfarrer von Ostritz, wurden nach dreimaligem Umreiten des Klosterhofes von der Äbtissin begrüßt. Nach dem Gottesdienst zog der Zug über die Felder, wo der Ostersegen der Saat erteilt wurde.
Lage: Das Kloster St. Marienthal liegt bei Ostritz in der Oberlausitz im Dreiländereck Deutschland-Polen-Tschechien direkt an der Neiße-Grenze zu Polen (Radwanderweg Neißetal); Anfahrt über die Autobahn A 4: Ausfahrt Görlitz, weiter auf der Bundesstraße B 99 entlang der Neiße nach Ostritz.
Anschrift: Zisterzienserinnenabtei Klosterstift St. Marienthal, St. Marienthal 1, D-02899 Ostritz, Tel.: 035823/773 00 und 772 38 (Gästeempfang), Fax: 035823/773 01,

E-Mail: kloster-marienthal@
t-online.de

Ottbergen

Name der Wallfahrt: Wallfahrt zum Hl. Kreuz
Ort der Pfarrei: Ottbergen
Kirche: Wallfahrtskapelle „Heilig Kreuz"
Bistum: Hildesheim (Deutschland)
Pilgerzeiten: Karwoche bis September; von Mai bis September ist die Kapelle sonntags von 15.00 bis 17.30 Uhr geöffnet; Diözesanwallfahrt mit Übertragung der Kreuzreliquie von der Pfarrkirche St. Nikolaus zur Wallfahrtskapelle am Sonntag nach dem Fest „Kreuzerhöhung" (14. September); Wallfahrtsgruppen sind jederzeit willkommen (für Abschluss in der Kapelle vorherige Absprache erbeten).
Geschichte: Am Sonntag nach dem 14. September kommen heute noch 2 000 bis 3 000 Wallfahrer zur Diözesanwallfahrt nach Ottbergen, im Laufe des Jahres, besonders in der Karwoche, finden sich aber auch viele kleinere Wallfahrtsgruppen ein.

Der Ort wird erstmals 1154 im Zusammenhang mit einer Schenkung Heinrichs des Löwen urkundlich erwähnt. Die Ursprünge der Kreuzkapelle, einem weithin sichtbaren Wahrzeichen Ottbergens, und der Kreuzwallfahrt gehen zurück auf das Jahr 1680: Ein Schäfer sah eines Abends über dem Berg ein großes leuchtendes Kreuz. Eine hölzerne Kapelle wurde erbaut, und die Menschen pilgerten in den folgenden Jahrzehnten dorthin, um für Rettung vor der Pest zu beten, die in diesen Jahren grassierte. Seitdem findet alljährlich am Fest „Kreuzerhöhung" eine große Wallfahrt statt.

1727 wurde eine Steinkapelle erbaut, und ab 1791 kümmerten sich Kapuziner um die Pilger. 1836 überließ Papst Gregor XVI. der Kapelle einen Partikel vom Kreuze Christi, was der Wallfahrt einen großen Aufschwung bescherte. In dieser Zeit stellte man auch auf dem Weg den Berg hinauf die 14 Kreuzwegstationen auf und pflanzte eine Lindenallee.

Der Ottberger Pfarrer und Mönch Johannes Vorwerk gründete 1852 hier ein Kloster und schenkte es dem Bischof von Hildesheim. Nach den Kapuzinern wirken seit 1868 Franziskanerpatres in diesem Kloster und übernehmen die Wallfahrer- und Pilgerbetreuung.

1905 erweiterte man die Kapelle um eine neuromanische Vorhalle mit Dreiecksgiebel und Drillingsarkade aus Sandstein, links wurde eine Kanzel errichtet und rechts ein Turm angefügt. 1911 kam neben dem Kirchlein noch eine Lourdesgrotte hinzu.

In den 1930er Jahren kamen bis zu 20 000 Wallfahrer zum Fest Kreuzerhöhung, um die kritischen „Bekenntnis-Predigten" des Hildesheimer Bischofs Josef Godehard Machens zu hören. 1941 wurden die Franziskaner aus ihrem Kloster vertrieben, konnten 1946 aber wieder zurückkehren. Die Tradition der Wallfahrt lebte nach dem Krieg mit an die 15 000 Wallfahrern wieder auf, heute hat sich die Zahl bei 2 000 bis 3 000 eingependelt.

Zum 300. Jubiläum der Ottbergener Wallfahrt 1980 wurde die Kapelle restauriert und neu gestaltet.

Lage: Die Ortschaft Ottbergen mit der weithin sichtbaren Kreuzkapelle gehört zur Gemeinde Schellerten und liegt im so genannten Vorholz etwa 10 km östlich der Bischofsstadt Hildesheim; Anfahrt über die Autobahn A 7: Ausfahrt Hildesheim, weiter auf der Bundesstraße B 1 in Richtung Hoheneggelsen bis Bettmar, dann auf der Landstraße über Farmsen nach Ottbergen; Parkplatz am Fuße des Kreuzberges am Ortsausgang in Richtung Wendhausen.

Anschrift: Franziskanerkloster Ottbergen, Klosterstraße 11, D-31174 Schellerten, Tel.: 05123/42 66, Fax: 05123/40 89 15; Katholisches Pfarramt Ottbergen, Nikolausweg 5, D-31174 Schellerten, Tel.: 05123/280 54; E-Mail: st.nikolaus-ottbergen@t-online.de

Ottobeuren

Name der Wallfahrt: Wallfahrt zu „Unserer Lieben Frau von Eldern"
Ort der Pfarrei: Ottobeuren
Kirche: Basilika zur Hl. Dreifaltigkeit, St. Alexander und St. Theodor
Bistum: Augsburg (Deutschland)
Pilgerzeiten: Ganzjährig; das Hochfest wird am Pfingstmontag begangen; an diesem Tag wird das Marien-Gnadenbild in feierlicher Prozession nach Eldern getragen, wo es bis zur Heimholung bei einer Lichterprozession am Abend in der Gedenkkapelle steht; die Basilika ist täglich von 6.15 (für Besichtigungen ab 9.00 Uhr) bis Sonnenuntergang (spätestens 20.30 Uhr) geöffnet; Gottesdienste (ganzjährig): sonntags 7.30, 9.00 und 11.00 Uhr, wochentags 6.30 und 8.00 Uhr; Kirchenführungen von April bis Oktober jeweils samstags um 14.00 Uhr oder nach vorheriger Anmeldung; in der Tagungs- und Begegnungsstätte der Abtei werden zahlreiche Seminare und Kurse sowie Einkehrtage und auch „Kloster auf Zeit" angeboten.

Geschichte: Um das Gnadenbild der „Lieben Frau von Eldern" rankt sich die folgende Legende: Eine fromme, unheilbar kranke Frau sah um 1466 im Traum inmitten eines Eldernwaldes (Erlenwaldes) eine Figur der Gottesmutter Maria, zu der sie beten sollte. Sie fand das etwa zwei Kilometer vom Marktflecken Ottobeuren entfernte Wäldchen und tatsächlich auch das Bildnis. Nach Anbetung der Madonna gesundete die Frau auf wunderbare Art und Weise. Nachdem sich dieses Ereignis rasch herumgesprochen hatte, pilgerten viele Menschen zu dem Marienbildnis und trugen ihre Anliegen vor. Ein Spötter, der sich über die Figur lustig machte und es auch noch mit einem Pfeil beschoss, soll umgehend tot zu Boden gefallen sein, was das Ansehen des Bildes noch erhöhte. Ein Bauer namens Jodok Mayer erbaute über dem Gnadenbild eine kleine Holzkapelle, die nun zum Ziel der Pilger wurde.

Tatsächlich scheint die Wallfahrt schnell an Bedeutung gewonnen zu haben, denn der Reichsabt von Ottobeuren ließ eine neue, größere Kirche errichten, die im Jahr 1487 geweiht wurde. Der Wallfahrt wurden in den Jahren 1492, 1499 und 1500 mehrere Ablässe verliehen. 1506 stiftete der Ottobeurer Abt eine ständige Kaplanstelle zu Eldern, die „dem Trost der häufigen Wallfahrer und zur Vermehrung des Marianischen Gottesdienstes an diesem gnadenreichen Ort" dienen sollte.

Wie anderswo auch, versiegte der Pilgerstrom während des Dreißigjährigen Krieges, erholte sich danach aber rasch wieder. Ende des 17. Jahrhunderts wurde das Wallfahrtskloster Eldern gegründet, das der Benediktinerabtei Ottobeuren unterstand. Von 1696 sind die Namen zahlreicher Pfarreien überliefert, die – teils „mit Kreuz und Fahne", teils ohne – nach Eldern pilgerten. Es waren so viele, dass die inzwischen baufällig gewordene Kirche an die Grenzen ihrer Kapazität gelangte. Im Mai 1702 wurde der Grundstein für eine neue Kirche gelegt, die 1710 geweiht werden konnte und lange Zeit eine der meistbesuchten Wallfahrtsstätten des Bistums Augsburgs war.

Die Säkularisation jedoch brachte das jähe Ende: Im Dezember 1803 verbot man die Eldernwallfahrt, Kloster und Kirche wurden geschlossen und wenig später versteigert und abgerissen. Der Hochaltar der Kirche kam nach Böhen (etwa 10 km südlich von Ottobeuren), wo er sich heute noch befindet, das Gnadenbild wurde von Ottobeurer Mönchen gerettet und über Umwege nach Augsburg ins Bischöfliche Ordinariat gebracht. Von dort kehrte es 1841 zurück, allerdings nicht mehr an seinen Ursprungsort, sondern in die 1834 von König Ludwig I. wieder eröffnete Benediktinerabtei Ottobeuren. Die Wallfahrtskirche in Eldern war dem Erdboden gleichgemacht worden, sogar die Fundamente hatte man ausgegraben. Hier entstand zwar 1932 eine Gedenkkapelle (1987 durch einen Vorraum und eine Sakristei erweitert), aber das Gnadenbild blieb in der Ottobeurer Kirche und wird seitdem nur einmal im Jahr am Pfingstmontag in großer Prozession nach Eldern getragen. Am 25. Januar 1926 wurde die Klosterkirche als erstes Gotteshaus im Bistum Augsburg von Papst Pius XI. zur „Basilika minor" erhoben, nicht zuletzt wegen des Gnadenbildes der „Lieben Frau von Eldern", das heute noch auf einem Altar im östlichen Seitenschiff der Basilika seinen Ehrenplatz hat und Ziel vieler Pilger ist. Die sitzende Figur der Gottesmutter mit dem nackten Jesuskind auf dem Schoß und einem Strahlenkranz über dem Haupt ist aus gebranntem Ton und wurde im Laufe der Jahrhunderte mehrmals überarbeitet, das letzte Mal 1918.

Kunst: Die Ursprünge der Benediktinerabtei Ottobeuren liegen im 8. Jahrhundert. Der Grundstein zu dem riesigen Komplex in seiner heutigen Form wurde jedoch erst 1711 gelegt. Hervorzuheben sind der Kapitel-, der Bibliotheks-, der Theater- und der Kaisersaal, wo jeden Sommer die „Ottobeurer Konzerte" stattfinden. Mit dem Bau der 1767 geweihten Abteikirche, die mit ihrer mächtigen Zweiturmfassade als das Meisterwerk des Münchners Johann Michael Fischer und als einer der bedeutendsten Bauten des Barocks in Deutschland gilt, wurde 1737 begonnen. Die prachtvollen Stuckarbeiten im Kircheninneren stammen von Johann Michael Feuchtmayer, die farbenprächtigen Deckenfresken malte Johann Jakob Zeiller, die Statuen, das Chorgestühl sowie die Altäre schuf Joseph Christian und die Orgel ist ein Werk von Karl Joseph Riepp.

Lage: Ottobeuren liegt rund 10 km südöstlich von Memmingen („Siebendächerhaus", spätgotische Pfarrkirche St. Martin); Anfahrt über die Autobahnen A 96 (aus Richtung München kommend, Ausfahrt Erkheim-Ottobeuren) oder A 7: Ausfahrt Memmingen-Süd bzw. Bad Grönenbach; vom Bahnhof Memmingen gibt es regelmäßige Busverbindungen nach Ottobeuren.

Anschrift: Katholisches Pfarramt St. Alexander und Theodor, Sebastian-Kneipp-Straße 1, D-87724 Ottobeuren, Tel. 08332/798-100, Fax 08332/798-110, E-Mail: pfarrer@pfarrei-ottobeuren.de; Tagungs- und Begegnungsstätte der Benediktinerabtei Ottobeuren, Sebastian-Kneipp-Straße 1, D-87724 Ottobeuren, Fax: 08332/798-90, Fax: 08332/798-125, E-Mail: bildungshaus@abtei-ottobeuren.de

Paderborn/Dom
Name der Wallfahrt: Wallfahrt zum hl. Liborius (Liberius)
Ort der Pfarrei: Paderborn
Kirche: Dom St. Maria, St. Liborius und St. Kilian

Bistum: Paderborn (Deutschland)
Pilgerzeiten: Das Hochfest des hl.
Liborius wird am Samstag nach dem 23.
Juli begangen; die Feierlichkeiten beginnen
mit der Erhebung des Reliquienschreins;
während der Libori-Woche finden jeden
Tag Bischofsmessen statt; regelmäßige
Gottesdienste (ganzjährig): werktags 6.30,
7.15, 8.00 und 9.00 Uhr, sonntags 7.00,
8.00, 10.00, 11.30 und 18.00 Uhr;
Domführungen (mit und ohne Schatz-
kammer) können für jeden Werktag
gebucht werden; öffentliche Führung
(Anmeldung nicht erforderlich) samstags
10.45 Uhr

Geschichte: Der hl. Liborius (oder Liberius) ist der Patron des Erzbistums Paderborn und seines Doms, und seine Hilfe wird heute noch gegen Steinleiden erbeten.

Viel weiß man nicht über ihn, außer dass er um 348 Bischof von Le Mans war und in seiner langen Amtszeit in seinem Bistum viele Kirchen gebaut und 217 Priester und 184 Diakone geweiht haben soll. Er entstammte wohl einer vornehmen gallorömischen Familie und nutzte seinen Einfluss, das Christentum im noch heidnisch geprägten Umland seiner Heimatstadt zu verbreiten. Sein enger Freund, der hl. Martin von Tours, besuchte ihn am Sterbebett und bestattete ihn auch. Als Todestag wird der 23. Juli 397 angenommen. Bischof Aldrich von Le Mans übergab 836 die Reliquien des hl. Liborius an Bischof Baduard von Paderborn, dem Erbauer des Paderborner Doms, und schloss damit eine „ewige Verbrüderung" der beiden Kirchen, die bis heute besteht. Beide Männer waren gebürtige Sachsen und hatten eine Weile am kaiserlichen Hof Ludwigs des Frommen gelebt. Die Reliquien wurden mit anderen Teilen des Domschatzes im Dreißigjährigen Krieg 1622 durch den protestantischen Herzog Christian von Braunschweig geraubt und an den Rheingrafen Philipp Otto verkauft, der ihn auf das Schloss seiner katholischen Gemahlin nach Nancy bringen ließ. Als die Paderborner davon erfuhren, gelang es ihnen, den Schrein mit den Reliquien zurückzukaufen. 1627 konnten diese wieder im Hochaltar des Doms beigesetzt werden – in einem neuen kostbaren Silberschrein, der noch heute bei der jährlichen Liboriprozession durch die Stadt mitgetragen wird.

Während der Friedensverhandlungen zur Beendigung des Dreißigjährigen Krieges fürchtete man in Paderborn, das Bistum könnte aufgelöst und Hessen zugeschlagen werden. Das Domkapitel wandte sich an das von Le Mans und bat es, sich beim französischen König Ludwig XIV. für den Erhalt des Bistums einzusetzen. Tatsächlich unterschrieb der König 1647 eine Protektionsurkunde, die den Bestand der Diözese sicherte.

Die Stadt an den Quellen der Pader, die im Domviertel aus mehr als 200 Quellen entspringt und nach nur vier Kilometern in die Lippe mündet, steht auf altem Kulturboden. Für das 3. und 4. Jahrhundert sind Siedlungen belegt, doch darf man angesichts der ungewöhnlich kräftigen Quellen mit einer weit früheren Anwesenheit von Menschen am Ort rechnen.

Karl der Große hielt 777 in Paderborn die erste fränkische Reichsversammlung auf sächsischem Boden ab, die mit einer Missionssynode verbunden war. Das Bistum Paderborn wurde 799 durch Papst Leo III. und Karl den Großen errichtet, während der Papst drei Monate lang in Paderborn weilte, um den Frankenkönig um Hilfe gegen seine Gegner in Rom zu bitten und mit ihm über die Krönung zum Kaiser, die dann an Weihnachten 800 in Rom vollzogen wurde, zu verhandeln. Kirchlich wurde das Gebiet zuerst von Würzburg aus verwaltet, bis es um 806 mit dem hl. Hathumar, der aus sächsischem Geschlecht stammte, seinen ersten eigenen Bischof erhielt.

„Ecclesia mirae magnitudinis" („eine Kirche von erhabener Größe") baute Karl der Große 799 an der Stelle, an der sich der heutige Dom befindet. Die karolingische dreischiffige Basilika, in der Papst Leo III. 799 einen Stephanusaltar weihte, wurde 836 um ein Westquerhaus mit Ringkrypta erweitert, die zur Aufnahme der Reliquien des hl. Liborius diente. Unter Bischof Meinwerk erfolgte ab 1009 ein völliger Neubau mit Westwerk und Ostquerhaus, der 1015 geweiht wurde. Im Jahr 1058 brannte die Kirche ab, den Wiederaufbau begann Bischof Imad (1051-76). Nach einer weiteren Brandkatastrophe in der ersten Hälfte des 12. Jahrhunderts entstand der romanische Vorgänger des heutigen Doms, der im Wesentlichen aus dem 13. Jahrhundert stammt und weitgehend gotisch geprägt ist, wobei der beeindruckende Westturm spätromanische Züge trägt. Die dreischiffige Hallenkirche mit zwei Querhäusern und gerade geschlossenem Ostchor hat eine bis unter die Vierung reichende Krypta, die zu den größten in Deutschland gehört.

Im Dreißigjährigen Krieg (1618-48) wurde das Gotteshaus geplündert und verwüstet, doch unmittelbar nach Kriegsende begann man mit der Instandsetzung und Umgestaltung. Die in dieser Zeit entstandene barocke Ausstattung fiel allerdings Bombenangriffen 1945 zum Opfer, und so fand der gotische Reliquienaltar seinen Platz wieder im Hochchor.

Nördlich des Doms grub man seit 1964 eine karolingische und eine ottonisch-salische Pfalz aus. Während die Mauern vom Saal der älteren als Freianlage erhalten sind, wurde die jüngere 1978 wieder aufgebaut. In diesem Jahr begannen auch mehrere Jahre dauernde Restaurierungs- und Sicherungsmaßnahmen am Dom. Dabei wurde u.a. die seit dem Krieg eingelassene Notverglasung durch neue Fenster ersetzt.

Im Vorfeld der ersten direkten Wahlen zum Europäischen Parlament 1977 stiftete Erzbischof Johannes Joachim Degenhardt die „St.-Liborius-Medaille für Einheit und Frieden". Sie wird alle fünf Jahre an bedeutende Persönlichkeiten verliehen, die sich auf christlicher Grundlage um die friedliche Einheit Europas verdient gemacht haben.

Kunst: Die Außenmaße des Doms sind gewaltig: Seine Länge beträgt 104 Meter, die Breite 52 Meter, die Höhe des Hauptschiffs ist 28 Meter und die des Turms 93 Meter. Den Außenbau gliedern die zwei- bis vierteiligen Maßwerkfenster und die reich dekorierten Giebel aus dem 19. Jahrhundert. Aus der ersten Bauperiode stammt die Nordseite mit der „Roten Pforte", einem spätromanischen Stufenportal (um 1230). Wertvollster Bestandteil des Äußeren ist der Haupteingang, die „Paradiespforte", in der Vorhalle der Südwand, ein bedeutendes, in Deutschland seltenes Figurenportal (1230-40). Es ist in der Anlage spätromanisch, zeigt jedoch auch gotische Elemente: Zwei Statuenreihen rechts und links von je drei Aposteln, sowie ein Bischof (Julian von Le Mans?) und die hl. Katharina sind noch in romanischer Tradition. Im Zentrum des Portals steht am Mittelpfosten die Hauptpatronin des Doms, Maria mit dem Kind. Sie wird hier zur „porta coeli", zur „Tür zum Himmel". Ihr zur Seite stehen die beiden Bischöfe Liborius (mit Buch) und Kilian, die Mitpatrone des Doms.

Im Inneren des Langhauses lässt sich das Fortschreiten des Baues von West nach Ost am Wandel des Kapitelldekors ablesen, das von spätromanischen stilisierten Ornamenten (z.T. mit Tieren und Masken) bis zu frühgotischem naturalistischem Laubwerk reicht. Im nordwestlichen Querschiff steht das 14 Meter hohe prunkvolle Grabmal des Fürstbischofs Dietrich von Fürstenberg (gest. 1618) aus verschiedenen Steinmaterialien mit biblischen Szenen, Heiligen und allegorischen Figuren, dazu die wichtigsten von ihm errichteten Bauten. In der Westphalenkapelle am Kreuzgang findet man das berühmte Epitaph des Domdechanten Wilhelm von Westphalen (gest. 1517). Sehenswert ist auch der zweigeschossige spätgotische Reliquienaltar im Hochchor (Ende 15. Jahrhundert). Das Hasenfenster mit den zum Rundornament gefügten drei Hasen im spätgotischen Kreuzgang ist das Wahrzeichen von Paderborn.

In der Nähe des Eingangs befindet sich im südlichen Nebenjoch des Westquerhauses das Taufbecken von 1626.

Im Joch vor der Vierung im so genannten Unterchor steht der Hauptaltar. Die Vorderseite zeigt Christus mit Maria und Johannes, die Rückseite den Hl. Geist und die beiden Mitpatrone des Doms, Liborius und Kilian. Einige Stufen über dem Boden des Kirchenschiffs an der Stirnwand des Unterchors steht der Bischofssitz (Kathedra) in einer mit einem Pfau geschmückten Nische, die deutlich an eine Apsis erinnert.

Weiter sehenswert ist die zentral „schwebende" Doppelmadonna (um 1480) und der Margarethenaltar, das einzige noch erhaltene Flügelretabel des Doms, in der Turmhalle des Westchors, geschaffen vom Geseker Maler Gerhard van Loon zu Anfang des 16. Jahrhunderts. Die mächtige Christophorusfigur über dem Osteingang (1619) ist von Heinrich Gröninger, der auch die Apostelfiguren des Langhauses und vor allem das Fürstenberg-Grabmal schuf.

Die Krypta in ihrer heutigen Form entstand wohl um 1100. Mit den Krypten in Speyer und Bamberg gilt sie als eine der größten Hallenunterkirchen auf deutschem Boden und beeindruckt durch ihre Erhabenheit und Schlichtheit. Hier sind der hl. Liborius, der Patron der Paderborner Kirche und Mitpatron des Doms, aber auch viele Paderborner Bischöfe bestattet.

Wie durch ein Wunder hat die an der Nordseite des Doms stehende Bartholomäuskapelle alle Brände und Zerstörungen im Laufe ihrer fast tausendjährigen Geschichte nahezu unbeschadet überstanden. Bischof Meinwerk ließ diese älteste bekannte Hallenkirche auf deutschem Boden um 1017 „per operarios graecos", also von griechischen Handwerkern, errichten. Seit 1963 ist sie wieder im ursprünglichen Zustand zu sehen, lediglich die kunstvoll gestaltete Bronzetür, die das Leben und Wirken des Bischofs Meinwerk darstellt, ist von 1978.

An der Südwestseite des Doms befindet sich das im Juni 1993 wieder eröffnete Diözesanmuseum mit überwiegend sakraler Kunst des 10. bis 20. Jahrhunderts. Von insgesamt etwa 10 000 Werken (Plastik, Gemälde, Goldschmiedekunst, Textilien) sind rund 1 000 ausgestellt. Die auf um 1060 datierte „Imad-Madonna" (von Bischof Imad gestiftet) gehört zu den bedeutendsten Marienfiguren der Romanik. Besonders kostbar sind zwei um 1100 von dem

Mönch Roger von Helmarshausen geschaffene Tragaltäre aus dem ehemaligen Domschatz und aus der Franziskanerkirche, deren Metallbeschläge auf byzantinischen Einfluss hinweisen.

Lage: Die Bischofsstadt Paderborn (Schloss Neuhaus) liegt südlich des Teutoburger Waldes an der Autobahn A 33 (Ausfahrt Paderborn-Zentrum).

Anschrift: Erzbischöfliches Generalvikariat Paderborn, Domplatz 3, D-33098 Paderborn, Tel.: 05251/12 51-287, Fax: 05251/12 51-558, E-Mail: info@erzbistum-paderborn.de; Diözesanmuseum, Markt 17, D-33098 Paderborn, Tel.: 05251/12 51-400, Fax: 05251/12 51-495, E-Mail: museum@erzbistum-paderborn.de

Passau/Dom

Name der Wallfahrt: Wallfahrt zu „Maria Trost", zu den Heiligen Valentinus und Maximilian und zum „großen Herrgott"
Ort der Pfarrei: Passau
Kirche: Dom St. Stephan
Bistum: Passau (Deutschland)
Pilgerzeiten: Ganzjährig; Festtag des hl. Valentinus von Rätien ist der 7. Januar, der des hl. Maximilian vom Pongau der 12. Oktober; Gottesdienste sonntags 7.30, 9.30 und 11.30 Uhr; das Dom- und Diözesanmuseum ist vom 2. Mai bis 31. Oktober werktags von 10.00-16.00 Uhr geöffnet.

Geschichte: Im Passauer Dom wurden in den letzten Jahrhunderten mehrere Gnadenbilder verehrt. Als älteste Wallfahrt gilt die zum hl. Valentin(us) von Rätien, dem Helfer vor allem gegen Kopfschmerzen und epileptische Krankheiten (Fallsucht), aber auch gegen Viehseuchen: Über das Leben des Heiligen ist so gut wie nichts bekannt, und ausnahmsweise gibt es auch kaum Legenden, die über ihn berichten. Er soll Bischof gewesen sein, entweder in Südtirol oder in Rätien (römische Provinz vom Alpenvorland zwischen Bodensee und Inn bis zu den westlichen oberitalienischen Seen und etwa vom St. Gotthard im Westen bis zum Brenner). Vermutlich wirkte er auch in Passau, aber seinen Bestrebungen als Missionar war kein großer Erfolg beschieden. Valentin starb um das Jahr 475 und wurde in der Nähe von Meran beigesetzt. Herzog Tassilo III. von Bayern brachte Reliquien des Heiligen im Jahr 764 nach Passau in den Stephansdom, wo sie zur Verehrung ausgestellt wurden. Seitdem ist Valentin Patron der Diözese.

Rund 200 Jahre später, im Jahr 985, kamen Reliquien eines weiteren Heiligen in den Dom, die Bischof Piligrim (970-91) aus Altötting mitbrachte: Maximilian vom Pongau (bzw. von Celeia) lebte im 3. Jahrhundert und soll Bischof von

Lorch (heute ein Stadtteil von Enns in Oberösterreich) gewesen sein. Neben dem hl. Valentin wurde er zweiter Patron Passaus und gemeinsam mit diesem verehrt, z.B. bei Heiligtumsschauen oder anlässlich von feierlichen Prozessionen durch die Stadt wie etwa 1634, als eine Pestepidemie wütete. Bei einem Stadtbrand im Jahr 1662 wurde ein Großteil der Reliquien der beiden Heiligen vernichtet. Die Überreste verwahrte man in einem barocken Schrein. Als der Dom wieder hergestellt war, wurden zwei überlebensgroße Statuen von Valentin und Maximilian rechts und links des Hochaltars aufgestellt.

Nach dem Wiederaufbau kam ein Gemälde in den Dom, das schon bald zum Ziel vieler Pilger wurde und es noch heute ist: Das Bild mit dem Titel „Maria Trost" oder „Maria mit der Kirsche" wurde 1678 von Georg Urtlmayer gemalt und ist die Kopie eines Madonnenbildes von Lukas Cranach d.Ä. (1472-1553), das verschollen ist. Das Gnadenbild der Gottesmutter mit dem Jesuskind, das nicht wie sonst oft üblich einen Apfel, sondern eine Kirsche in der Hand hält, hing ab 1751 in der Andreaskapelle, von wo es im 19. Jahrhundert auf den Christi-Geburts-Altar gebracht wurde.

Ein weiterer Gegenstand der Verehrung im Passauer Dom ist ein auf um 1190 datiertes romanisches Kruzifix, das seit 1962 seinen Platz in der Andreaskapelle hat. Aufgrund der überlebensgroßen Christusfigur wird es auch der „große Herrgott" genannt.

Kunst: Der kuppelgekrönte Passauer Dom gilt als der bedeutendste Barockbau italienischer Prägung in Deutschland. Die erste schriftliche Erwähnung einer Kirche in der alten Römerstadt Batavis auf der Landzunge zwischen Donau und Inn stammt von 450, und eine dem hl. Stephan geweihte Bischofskirche wird erstmals 730 genannt. Daraus entwickelte sich die Kathedrale der 739 vom hl. Bonifatius gegründeten und später größten, bis nach Ungarn reichenden Diözese des Heiligen Römischen Reiches Deutscher Nation: Ein frühgotischer Dom entstand zwischen 1280 und 1325, 1407-1530 erfolgte ein Um- bzw. Ausbau des Gotteshauses. Von diesen älteren Bauabschnitten ist allerdings heute kaum noch etwas zu sehen (bis auf Teile des spätgotischen Ostteils), denn das meiste fiel dem großen Stadtbrand von 1662 zum Opfer. Der Wiederaufbau begann 1668 unter der Leitung des italienischen Meisters Carlo Lurago und dauerte bis 1678. Das Ergebnis war ein für Deutschland beispiellos großer Kircheninnenraum, der in den folgenden Jahren durchgehend im

Stil des Hochbarock gestaltet wurde. Für die Stuckarbeiten waren Giovanni Battista Carlone und Paolo d'Aglio verantwortlich, die Fresken im Chorraum schuf Carpoforo Tencalla 1679-84, und die Deckengemälde in den Seitenschiffen werden Giuseppe Antonio Bossi zugeschrieben. Der barocke Hochaltar und acht der insgesamt zehn Nebenaltäre sind jedoch nicht mehr erhalten, der heutige moderne Hochaltar stammt von 1952 und wurde vom Münchner Bildhauer Prof. Josef Henselmann angefertigt (ebenso der Volksaltar von 1961). Der vielfigurige Hochaltar widmet sich dem Martyrium des hl. Stephan, des Kirchenpatrons, rechts und links stehen die Statuen der Bistumspatrone Valentin und Maximilian. Das Marien-Gnadenbild hängt unter der Orgelempore, und das kostbare romanische Kruzifix in der Andreaskapelle (auch: Herrenkapelle).

Eine weitere Besonderheit im Dom St. Stephan ist die Orgel, deren riesiges Gehäuse 1731 der Passauer Bildhauer Matthias Götz schnitzte, und die durch mehrmalige Erweiterungen heute die größte Kirchenorgel der Welt ist (17 774 Pfeifen bei 233 klingenden Registern und vier Glockenspielen).

In den Jahren 1972-80 erfolgte eine grundlegende Renovierung des Innenraums mit moderner Gestaltung des Presbyteriums. Der gotische Chorbau wird seit 1928 von einer Staatlichen Dombauhütte restauriert.

Im „Saalbau", dem Verbindungsglied zwischen Dom und Neuer Bischöflicher Residenz (1712-72), wurde 1989 das Domschatz- und Diözesanmuseum eröffnet. Im „Großen Hofsaal" illustrieren rund 200 Exponate – darunter liturgische Geräte, Plastiken, Reliefs und Gemälde – die Geschichte des Bistums Passau.

Keinesfalls versäumen sollte man bei einem Aufenthalt in Passau einen Besuch der Veste Oberhaus hoch über der Altstadt (Panoramablick!; zu Fuß über die Luitpoldbrücke zu erreichen): Als sichtbares Zeichen seiner Macht ließ Reichsfürst und Bischof Ulrich II. 1219 auf dem Felsenrücken zwischen Donau und Ilz (St. Georgsberg) eine Trutzburg errichten (zwischen 1674 und 1723 barockisiert). Sie war später Bollwerk der Bischöfe im Kampf um die Unabhängigkeit der Passauer Bürgerschaft. Heute befindet sich dort eine in 50 Räumen untergebrachte umfangreiche kulturgeschichtliche Sammlung. Außerdem beherbergt das Gemäuer eine Jugendherberge. Unterhalb steht auf der äußersten Landspitze die Veste Niederhaus, ein hohes Gebäude (um 14. Jahrhundert) mit Vorburg, das sich heute in Privatbesitz befindet. Der Bau ist mit der Veste Oberhaus durch einen Verteidigungsgang verbunden.

Überaus sehenswert ist auch das unweit des Alten Rathauses im historischen Patrizierhaus „Wilder Mann" (Hotel) untergebrachte Glasmuseum mit zahlreichen Exponaten bayerischer, böhmischer und österreichischer Glaskunst.

Lage: Die Dreiflüssestadt Passau (Donau, Inn, Ilz) mit ihren zahlreichen Kirchen und sonstigen Sehenswürdigkeiten liegt in Niederbayern an der Grenze zu Österreich und ist Ausgangspunkt für die Personenschiffahrt auf der Donau (stromabwärts bis zum Schwarzen Meer); Anfahrt über die Autobahn A 3 (Ausfahrten Passau-Nord oder -Mitte).

Anschrift: Dompfarramt, Domplatz 9, D-94032 Passau, Tel.: 0851/393-241, Fax: 0851/393-870, E-Mail: dompfarramt@bistum-passau.de; Dom- und Diözesanmuseum, Domplatz 3, D-94032 Passau, Tel.: 0851/393-265, Fax: 0831/393-300; Passau Tourismus e.V., Rathausplatz 3, D-94032 Passau, Tel.: 0851/955 98-0, Fax: 0851/351 07, E-Mail: tourist-info@passau.de

Passau/Mariahilf

Name der Wallfahrt: Wallfahrt zu „Maria Hilf"
Ort der Pfarrei: Passau
Kirche: Wallfahrts- und Klosterkirche „Mariahilf"
Bistum: Passau (Deutschland)
Pilgerzeiten: Ganzjährig; Hauptwallfahrtszeit von Mai bis September, vor allem an allen Marienfesten; am 12. September (Fest „Mariä Namen") findet eine große abendliche Lichterprozession statt; besonders feierlich wird auch der 15. Januar (Gedenktag für den hl. Paulus von Theben, den „ersten Eremiten" und Patron des Paulinerordens) begangen; Gottesdienst sonntags 10.00 Uhr; private Gruppenwallfahrten sind nach Anmeldung möglich.

Geschichte: Oberhalb der Passauer Innstadt, auf dem Mariahilfsberg, steht die gleichnamige Wallfahrts- und Klosterkirche, die mit ihrem eigenartig geformten Turmpaar zu den prägenden Bestandteilen des Stadtbildes gehört. In dem Gotteshaus wird seit Mitte des 17. Jahrhunderts ein Gnadenbild verehrt, das als Kopie eines Gemäldes von Lukas Cranach d.Ä. (1447-1553) entstand. Gezeigt wird eine Madonna mit dem nackten Jesuskind auf dem Arm, das sich zärtlich an seine Mutter schmiegt. Der berühmte Künstler, ein Freund Martin Luthers und Hofmaler des Herzogs von Sachsen, malte das Bild vor der Reformation für seinen Dienstherrn. 1611 schenkte es Kurfürst Johann Georg I. von Sachsen dem österreichischen Erzherzog und regierenden Fürstbischof von Passau, Leopold, und so kam es von Dresden in die Passauer Hofkapelle. 1619 ging der Erzherzog als Leopold V. an den Hof in Innsbruck und nahm das Bild mit. (Dort ist es heute noch in der Stadtpfarrkirche St. Jakob zu bewundern.) Der Passauer Domdekan, Freiherr Marquard von Schwendi, hatte es in der Zwischenzeit in (leicht vergrößertem Maßstab) als privates Andachtsbild kopieren lassen. Visionen sollen ihm den richtigen Platz für die Aufstellung des Bildes gezeigt haben, und so ließ er 1622 auf dem Schulerberg ein hölzernes Gebetshäuschen dafür bauen. Sofort begann eine Wallfahrt zu der kleinen Kapelle, die man schon bald durch eine steinerne, 1627 zu Ehren der Gottesmutter geweihte Kirche ersetzte. Die Betreuung der zahlreichen Wallfahrer wurde von den Kapuzinern des daneben errichteten Klosters übernommen. Als Passau in den 1630er Jahren von der Pest bedroht war, pilgerten noch mehr Gläubige zum „Mariahilfbild" und auch zu den mittlerweile in der Kirche aufgestellten Figuren der Pestheiligen Rochus und Sebastian.

Beim verheerenden Stadtbrand von 1662 wurde auch die Mariahilfkirche vom Feuer fast völlig vernichtet, aber bald darauf wieder aufgebaut. Ein Ereignis führte dazu, dass das zuvor aus den Flammen gerettete Madonnenbild bekannter wurde als das Original, sich zahlreiche Sekundärwallfahrten entwickelten und es hundertfach kopiert und in anderen Kirchen aufgestellt wurde: Als die Türken 1683 vor den Toren Wiens standen, flehte der nach Passau geflohene Kaiser Leopold I. das Gnadenbild an, die Stadt Wien vor den Ungläubigen zu retten. Zur letztlich entscheidenden Schlacht am Kahlenberg wurde die Parole „Maria hilf!" ausgegeben. Trotz zahlenmäßiger Unterlegenheit gelang es dem deutsch-polnischen Heer unter der Führung des polnischen Königs Jan III. Sobieski am 12. September 1683, die belagerte Stadt zu befreien und die Türken zurückzudrängen.

Nach diesem Erfolg gelangte das Passauer Mariahilfbild zu großem Ansehen, der Tag des Sieges am Kahlenberg wurde von Papst Innozenz XI. als Festtag „Mariä Namen" ausgerufen. (Eine profanere Konsequenz der Schlacht war der Beginn des Siegeszugs des Kaffees und des Croissants, ausgehend vom ersten Wiener Caféhaus Kolschitzki.) Die Wallfahrt auf den Mariahilfberg hielt unvermindert an, bis die Säkularisation auch Passau erreichte. 1803 wurde das Kapuzinerkloster aufgehoben, und der amtierende Bischof Leopold von Thun verließ die Stadt. Der Kirche drohte zwischenzeitlich der Abriss, als Passau 1809 von den Truppen Napoleons besetzt war. Erst als der Bischofsstuhl 1826 von Karl Joseph von Riccabona wieder bestiegen wurde, erwachte die Wallfahrt langsam wieder zum Leben, und 1846 ließ Bischof Heinrich Hofstätter die Kirche restaurieren. Auch die Kapuzinermönche kehrten zurück, allerdings erst 1890. Heute noch ist die Passauer Mariahilfkirche alljährlich Ziel tausender Pilger, das Gnadenbild scheint nichts von seiner Anziehungskraft verloren zu haben. Die Gläubigen werden mittlerweile von Mönchen des Paulinerordens betreut, die 2002 in das Kloster einzogen.

Kunst: Die Türme der Wallfahrtskirche Mariahilf erhielten nach dem Stadtbrand 1662 ihre heutige eigenwillige Form: Viereckige Laternen tragen kräftige Zwiebelhauben. Der Wallfahrer nähert sich der Gnadenstätte über die 321 Stufen der steilen, gedeckten Wallfahrtsstiege, deren Wände im oberen Teil von zahlreichen alten und neuen Votivtafeln geschmückt sind. Der Kircheninnenraum ist eher schlicht gehalten und konzentriert sich ganz auf den prachtvollen barocken Hochaltar von 1729. Er reicht bis zur Decke und birgt im Zentrum unter einem Baldachin das Marien-Gnadenbild. Es wird von zwei Engelsfiguren getragen und von Säulen eingerahmt. Rechts und links stehen Statuen der beiden Pestheiligen Rochus und Sebastian. Eine weitere Kostbarkeit ist die von Kaiser Leopold I. anlässlich seiner dritten, 1676 in Passau gefeierten Hochzeit mit Eleonore Magdalena von Pfalz-Neuburg gestiftete „Kaiserampel", eine Arbeit des Augsburger Goldschmieds Lukas Lang. Beachtung verdient aber auch das Wallfahrtsmuseum in der alten Sakristei (u.a. silberne liturgische Geräte).

Lage: Die Wallfahrtskirche „Mariahilf" liegt oberhalb der Passauer Innstadt auf dem gleichnamigen Berg; sie ist zu Fuß über eine überdachte Pilgertreppe (Eingang Kapuzinerplatz) von 321 Stufen oder einen Gehweg neben der Straße, aber auch per Stadtbus bzw. mit dem Auto zu erreichen (auf der Marienbrücke über den Inn, weiter den Wegweisern „Mariahilf" folgen).

Anschrift: Paulinerkloster Mariahilf, Mariahilfberg 3, D-94032 Passau, Tel.: 0851/23 56, Fax: 0851/369 98, E-Mail: wallfahrt@ mariahilf-passau.de

Pettenhofen

Name der Wallfahrt: Wallfahrt zur „Dreimal wunderbaren Mutter und Jungfrau"
Ort der Pfarrei: Ingolstadt-Pettenhofen
Kirche: Pfarr- und Wallfahrtskirche „Mariä Geburt"
Bistum: Eichstätt (Deutschland)
Pilgerzeiten: Mai bis Oktober; das

Hochfest wird am 8. September (Mariä Geburt) gefeiert; Gottesdienst sonntags 8.00 Uhr oder 9.30 Uhr (abwechselnd mit Mühlhausen)
Geschichte: 69 Stufen führen zu der Marienwallfahrtskirche in Pettenhofen hinauf, ein Weg, den auch heute immer noch gerne Hochzeitspaare nehmen.

Die Anfänge der Kirche liegen im Dunkeln, da sie mit allen Kirchenbüchern durch die Schweden 1632 niedergebrannt wurde. Urkundlich erwähnt ist ein Kirchenbau in Pettenhofen schon 1182. Nach der Zerstörung im Dreißigjährigen Krieg erweiterte man den Bau 1694-1714. Im 18. Jahrhundert wurden neue Nebenaltäre, die Kanzel und der spätbarocke Hochaltar mit der spätgotischen Madonnenfigur gestiftet.

Die Wallfahrt zum Gnadenbild der „Dreimal wunderbaren Mutter und Jungfrau" ist durch einen Ablassbrief von Papst Clemens VI. von 1350 bezeugt, der 1776 bestätigt wurde. Mit Hitzhofen und Appertshofen (später Möckenlohe) konnte die sogenannte „Dreimessenwallfahrt" unternommen und so ein vollständiger Ablass der Sünden erreicht werden. In jüngster Zeit wird versucht, diese Wallfahrt, die 1964 eingestellt wurde, wieder zu beleben.

Kunst: Neben einem Taufstein, vermutlich aus dem Frühbarock, sind imposante Deckengemälde, im barocken Stil von Johann Michael Franz im Jahr 1778 geschaffen, und der erwähnte spätbarocke Hochaltar sehenswert.

Lage: Pettenhofen liegt zwischen Neuburg an der Donau (Donauradweg!) und Ingolstadt; Anfahrt über die Autobahn A 9: Ausfahrt Ingolstadt-Nord, weiter auf der Bundesstraße B 16 in Richtung Neuburg bis zur Abzweigung in Dünzlau.

Anschrift: Katholisches Pfarramt, D-85049 Ingolstadt, Tel.: 0841/825 15, Fax: 0841/469 98

Planegg/Maria Eich

Name der Wallfahrt: Wallfahrt zu „Unserer Lieben Frau"
Ort der Pfarrei: Planegg
Kirche: Wallfahrtskirche „Maria Eich"
Bistum: München-Freising (Deutschland)
Pilgerzeiten: 1. Mai bis Oktober
Geschichte: Die Verehrung der Gottesmutter in Maria Eich begann der Überlieferung nach im Jahre 1712: Der Hirte Franz Thalmeier erwarb ein Marienbildnis und stellte es in die Höhlung einer Eiche. 1732 errichtete man um den Baum herum eine kleine Kapelle, denn Berichte von Gebetserhörungen im Zusammenhang mit der kleinen Marienfigur lockten bereits viele Gläubige an. So entwickelte sich eine Wallfahrt, die zunächst jedoch nur regionale Bedeutung hatte. Vor allem die Einheimischen

aus den umliegenden Ortschaften im Würmtal pilgerten nach „Maria Eich". Dies änderte sich durch eine Begebenheit im Oktober des Jahres 1775, in die der bayerische Kurfürst Maximilian III. Josef (1745-77) involviert war: Bei der Hetzjagd auf einen Hirsch suchte dieser bei dem Kirchlein Zuflucht vor der Meute und den Jägern. Als der Kurfürst die Marienfigur erblickte, verschonte er das Tier. Von diesem Ereignis, das das Ansehen der Gnadenstätte enorm steigerte und immer mehr Pilger aus München auf den Weg nach Maria Eich brachte, berichtet noch heute ein nach dem Tod des Regenten in der Kapelle angebrachtes Gedenkbild.

Bereits in den 1780er Jahren hatte der Pilgerstrom derart zugenommen, dass die Kapelle vergrößert werden musste. Auch die 1746 von einem Planegger Gutsherren eingerichete Eremitage, dessen Bewohner den Mesner- und Organistendienst versah und zugleich als Lehrer in der von Planegg nach Maria Eich verlegten Dorfschule tätig war, wurde erweitert.

1805 zerstörte ein Blitzschlag die Krone der großen Eiche, und man musste den verkohlten Stamm absägen. (Er ist noch heute hinter einer Glasscheibe zu sehen.) Das scheint der Wallfahrt jedoch keinen Abbruch getan zu haben, denn für das Jahr 1847 wird von einem täglichen Gottesdienst berichtet.

1866 wurde zwischen (München-)Sendling und Maria Eich ein Kreuzweg mit 14 Stationen angelegt, der ab 1930 von Lochham zur Gnadenstätte führte. Nachdem jedoch vier der Kreuzwegfiguren verschwunden waren, stellte man die verbliebenen in der Kirche auf. Nach dem Zweiten Weltkrieg übernahmen die Augustiner die Seelsorge in Maria Eich. Sie bauten die bestehende Eremitage zum Kloster aus und sorgten bis Mitte der 1960er Jahre für die Erweiterung der Wallfahrtsanlage in ihrer heutigen Form.

Kunst: Das etwa 30 Zentimeter große „Frauerl von der Aichen", wie das Gnadenbild der Gottesmutter von Maria Eich von den Einheimischen auch genannt wird, steht – umgeben von einem goldenen Strahlenkranz – in der Gnadenkapelle, dem Zentrum des Wallfahrtskomplexes. Maria und das Jesuskind tragen beide Kronen und sind in einen reichbestickten Mantel gehüllt.

Lage: Die Wallfahrtskirche steht bei Planegg südwestlich der Stadtgrenze von München im Tal der Würm; Anfahrt über die Autobahnen A 95 (Ausfahrt München-Fürstenried, weiter über Neuried nach Planegg), A 96 (Ausfahrt Germering), ab Februar 2006 A 99 (Ausfahrt Germering-Nord); vom Münchner Hauptbahnhof gelangt man mit der S-Bahn (S6 Richtung

Tutzing) in nur 20 Minuten nach Planegg.
Anschrift: Augustinerkloster Maria Eich, D-82152 Planegg, Tel.: 089/89 56 23-0, Fax: 089/89 56 23-24

Rankweil

Name der Wallfahrt: Wallfahrt zu „Unserer Lieben Frau", zum Hl. Kreuz und zum hl. Fridolin
Ort der Pfarrei: Rankweil
Kirche: Wallfahrtsbasilika und Pfarrkirche „Mariä Heimsuchung" (genannt „Liebfrauenbasilika")
Bistum: Feldkirch (Österreich)
Pilgerzeiten: Ganzjährig, vor allem an den Marien- und Kreuzfesten; Hauptwallfahrtstage sind der 1. Mai (Landeswallfahrtstag) und der zweite Sonntag im September (Wallfahrt zum „Silbernen Kreuz"); Festtag des hl. Fridolin ist der 6. März; in der Fastenzeit, im Mai und im Oktober finden regelmäßig Wallfahrtsgottesdienste statt; Gottesdienste für Pilgergruppen jederzeit nach Anmeldung möglich; Gottesdienste sonntags (ganzjährig) 9.00 und 11.00 Uhr; häufig internationale Konzerte in der Basilika
Geschichte: Die 1985 zur päpstlichen „Basilika minor" erhobene Pfarr- und Wallfahrtskirche „Mariä Heimsuchung" auf dem steilen, 50 Meter hohen „Liebfrauenberg" überragt den aus dem römischen „Vinumna" hervorgegangenen Ort Rankweil wie eine Festung. Tatsächlich folgte einer vermutlich im 6. Jahrhundert von den gerade christianisierten Alemannen errichteten Marienkapelle eine Wehranlage samt Wohnturm und neuer Kirche. Nach Aufgabe der Festung erweiterte man das Gotteshaus im 14. Jahrhundert unter Einbeziehung der vorhandenen Bauten, d.h. der einstige Palas wurde zum Langhaus, der Wehrgang zur umlaufenden Galerie und der Burghof zum Friedhof. Im 17. Jahrhundet wurde eine Kapelle nach dem Vorbild des Hl. Hauses Mariens von Loreto (heutige Gnadenkapelle) angebaut, und ihre endgültige Gestalt erhielt die „Liebfrauenbasilika" im 19. Jahrhundert.

Zunächst war ein 1,30 Meter hohes „Wundertätiges Kreuz" aus der ersten Hälfte des 13. Jahrhunderts mit einem Partikel des Hl. Kreuzes Christi alleiniges Pilgerziel. Es erhielt im 18. Jahrhundert einen silbernen Überzug und 1984 einen Engelkranz.

Seit dem 15. Jahrhundert wird außerdem ein Marien-Gnadenbild verehrt. Die auf um 1460 datierte, 1,20 Meter hohe Skulptur ist aus Lindenholz geschnitzt und stellt die Gottesmutter mit dem nackten Jesuskind auf dem linken Arm dar. An die frühe Missionszeit erinnert die kleine Fridolinkapelle im Untergeschoss: Der hl. Fridolin war ein iroschottischer Wandermönch, der im 6. Jahrhundert am Oberrhein die heidnischen Alemannen christianisierte und in der Region zahlreiche Kirchen und Klöster gründete. Der Legende nach erhielt er von einem reichen, bekehrten Alemannen namens Urso ein Stück Land geschenkt. Nach Ursos Tod wollte dessen Bruder Landolf dies vor Gericht anfechten. Fridolin erweckte Urso wieder zum Leben, führte ihn nach Rankweil vors Gaugericht, wo er zu sprechen begann und seinem Bruder sein Unrecht vorhielt. Landolf vergrößerte daraufhin die Schenkung um ein weiteres Areal.

In der Fridolinkapelle steht ein großer Feldstein, „Gebetsstein des hl. Fridolin" genannt. Der Missionar soll vor seinem Auftritt vor Gericht darauf gekniet und gebetet haben, und zwar so inbrünstig, dass sich seine Arme und Knie in dem Fels abdrückten. Noch heute wird der Stein von Gläubigen bei Arm- und Beinleiden in der Hoffnung auf Heilung benützt, indem sie sich betend darauf niederlassen.

Lage: Rankweil, der Hauptwallfahrtsort des Bundeslandes Vorarlberg, liegt unweit des Rheins zwischen Bregenz und Feldkirch; Anfahrt über die Rheintalautobahn A 96/A 14: Ausfahrt Rankweil; die Basilika thront auf dem Liebfrauenberg hoch über der Stadt.

Anschrift: Wallfahrtsamt Basilika Rankweil, Liebfrauenberg 10, A-6830 Rankweil, Tel. und Fax: 0043/5522/442 24, E-Mail: basilika.rankweil@aon.at; Katholisches Pfarramt, Hadeldorfstraße 18, A-6830 Rankweil, Tel.: 0043/5522/440 01, Fax: 0043/5522/440 01-8, E-Mail: pfarramt.rankweil@cable.vol.at; Marktgemeinde Rankweil, Am Marktplatz, A-6830 Rankweil, Tel.: 0043/5522/405-0, Fax: 405-600, E-Mail: marktgemeinde@rankweil.at

Rasdorf

Name der Wallfahrt: Wallfahrt zu den Vierzehn Heiligen Nothelfern
Ort der Pfarrei: Rasdorf
Kirche: Wallfahrtskapelle „Vierzehn Heilige Nothelfer" („Gehilfersbergkapelle")
Bistum: Fulda (Deutschland)
Pilgerzeiten: März bis Oktober
Geschichte: Auf einem 453 Meter hohen bewaldeten Basaltkegel nordwestlich von Rasdorf liegt die Wallfahrtskapelle „Vierzehn Heilige Nothelfer", „Gehilfersbergkapelle" genannt. Sie wurde während der Regierungszeit von Fürstabt Schenk von Schweinsberg (1623-32) an der Stelle eines zerstörten Vorgängerbaus errichtet. Seit dem 18. Jahrhundert ist der Gehilfersberg einer der bedeutendsten Wallfahrtsorte des Fuldaer Landes.

1996 wurde die Kapelle niedergebrannt und bis auf die Grundmauern zerstört, konnte aber in nur einem Jahr durch Spenden und tatkräftige Unterstützung der

Bevölkerung originalgetreu wieder aufgebaut und im Mai 1997 zu Ehren der Vierzehn Nothelfer (Achatius von Armenien, Ägidius, Barbara, Blasius von Sebaste, Christophorus, Cyriacus von Rom, Dionysius von Paris, Erasmus, Eustachius, Georg von Kappadokien, Katharina von Alexandria, Margareta von Antiochia, Pantaleon und Vitus/Veit) neu geweiht werden.

Sehenswert in der Region ist auch die Stiftskirche in Rasdorf, das schon vor Bonifatius besiedelt war und erstmals 780 als „Ratestorph" urkundlich erwähnt wurde. Hrabanus Maurus, der berühmte Fuldaer Abt, errichtete 831 hier eine Steinkirche. 1274 wurde sie unter Beibehaltung des Grundrisses und unter Verwendung alter romanischer Elemente neu gebaut.

Ganz einzigartig ist die gut erhaltene Anlage des Wehrfriedhofes in Rasdorf. Mit einer hohen Mauer und vier Wehrtürmen mit Schießscharten versehen bot er in kriegerischen Zeiten Schutz für die Rasdorfer Bevölkerung.

Rasdorf war bis vor wenigen Jahren durch die Zonengrenze in eine Randlage gedrängt. An diese Zeit erinnert die Mahn-, Gedenk- und Begegnungsstätte „Point Alpha". Sie befindet sich an der hessisch-thüringischen Grenze auf dem Rasdorfer Berg. Point Alpha war bis 1989 der wichtigste Beobachtungsstützpunkt der US-Armee an der ehemaligen innerdeutschen Grenze. Hier mitten im so genannten „Fulda-Gap", in dem im Ernstfall ein Angriff der Truppen des Warschauer Paktes befürchtet wurde, standen sich die Vorposten von Nato und Warschauer Pakt Jahrzehnte lang Auge in Auge gegenüber. Heute erinnert der Ort mit seinen authentischen und originalgetreuen Gebäuden und Anlagen an die tragische Teilung Deutschlands und an die Schrecken des Kalten Krieges. Point Alpha ist Station eines informativen, 17 Kilometer langen Grenzlehrpfades, der u.a. an Relikten der ehemaligen Grenzbefestigungsanlagen sowie an geschleiften Höfen vorbeiführt.

Kunst: Die Hauptsehenswürdigkeiten der Rasdorfer Stiftskirche sind die acht Säulen mit ihren Kapitellen. Sie gehen vielleicht auf eine byzantinische Künstlergruppe zurück, die am ottonischen Kaiserhof wirkte. Sechs Säulen im griechischen Stil teilen das hochstehende Langhaus von zwei niedrigeren Seitenschiffen ab. Unter der Westempore finden sich zwei gedrungene Säulen im romanischen Stil mit seltenen Tierkapitellen. Das älteste Ausstattungsstück der Kirche ist der Taufstein. Seine Form erinnert an die eines Taufsteins auf einer Darstellung des hl.

Bonifatius bei einer Heidentaufe. Die Stiftskirche in Rasdorf gilt als eine der bedeutsamsten Dorfkirchen in Hessen und die architektonisch wertvollste der Diözese Fulda.

Lage: Rasdorf liegt rund 20 km nordwestlich der Bischofsstadt Fulda (u.a. Dom St. Salvator und Bonifatius, Barockviertel, Stadtschloss) inmitten des „Hessischen Kegelspiels" unmittelbar an der hessisch-thüringischen Landesgrenze (Grenzgedenkstätte „Point Alpha") im Biosphärenreservat Rhön; Anfahrt über die Autobahn A 7: Ausfahrt Hünfeld/Schlitz, weiter auf der Bundesstraße B 27 nach Hünfeld, von dort auf der B 84 nach Rasdorf; die Wallfahrtskapelle steht auf der Kuppe eines 453 Meter hohen Basaltkegel nordwestlich des Ortes.

Anschrift: Katholisches Pfarramt, Am Anger 28, D-36169 Rasdorf, Tel.: 06651/417; Gemeindeverwaltung Rasdorf, Am Anger 32, D-36169 Rasdorf, Tel.: 06651/96 01-0, Fax: 06651/96 01-20, E-Mail: info@rasdorf.de

Ratzeburg

Name der Wallfahrt: Wallfahrt zum hl. Answer
Ort der Pfarrei: Ratzeburg
Bistum: Hamburg (Deutschland)
Pilgerzeiten: Festtag des hl. Answer ist der 18. Juli; die Wallfahrt findet jährlich am zweiten Sonntag im September statt und führt – nach einer Andacht bei der evangelischen Kirche St. Georg auf dem Berge in Ratzeburg – zum Answeruskreuz in der Gemeinde Einhaus westlich von Ratzeburg.

Geschichte: Der hl. Answer (Ansverus) wurde um das Jahr 1038 in Schleswig (früher Haithabu) geboren und entstammte einem vornehmen Haus. Ein Traum soll Answer dazu bewogen haben, nach Ratzeburg zu reisen, dort in das Benediktinerkloster St. Georg auf dem Berge einzutreten und als Missionar zu wirken. Kirche und Kloster wurden 1066 während eines Aufstands der Slawen gegen die Sachsen zerstört, und Answer erlitt zusammen mit anderen Mönchen den Märtyrertod. Seine Gebeine wurden im Jahr 1170 in den neu erbauten Ratzeburger Dom überführt, aber während der Reformationszeit vernichtet. (Seit 1566 ist der Ratzeburger Dom evangelisch.) An der Stelle, an der Answer vermutlich durch Steinigung starb, wurde Mitte des 15. Jahrhunderts ein Radkreuz aus Kalkstein als Erinnerung an ihn aufgestellt. Das Answerkreuz in der Gemeinde Einhaus westlich von Ratzeburg ist noch heute Wallfahrtsziel.

Kunst: Der von Heinrich dem Löwen (1129/30-96), dem Herzog von Sachsen und Bayern, gegründete Ratzeburger Dom ist die älteste und größte romanische

Hallenkirche in Norddeutschland. Der Baubeginn ist auf 1170 datiert, bereits Ende des 12. Jahrhunderts war der Backsteinbau weitgehend fertig gestellt. Umfangreiche Restaurierungsarbeiten gaben dem Dom, der zur letzten Ruhestätte vieler Bischöfe und Herzöge wurde, in den Jahren 1961-66 auch im Inneren sein ursprüngliches Aussehen zurück.

Lage: Ratzeburg liegt etwa 60 km östlich von Hamburg im/am Ratzeburger See südlich von Lübeck (Naturpark Lauenburgische Seen); Anfahrt über die Autobahn A 24 (Hamburg-Berlin): Ausfahrt Talkau (von Osten kommend Hornbek), weiter auf der Bundesstraße B 207 über Mölln in Richtung Lübeck.

Anschrift: Katholisches Pfarramt St. Answer, Fischerstraße 1, D-23909 Ratzeburg, Tel.: 04541/34 10, E-Mail: pfarramt@ ansveruskreuz.de

Regensburg/Maria Läng

Name der Wallfahrt: Wallfahrt zu „Unserer Lieben Frau"
Ort der Pfarrei: Regensburg
Kirche: Kapelle „Maria Läng"
Bistum: Regensburg (Deutschland)
Pilgerzeiten: Die Kapelle ist ganzjährig zugänglich.

Geschichte: Albert Ernst Graf von Wartenberg (1635-1715; ab 1662 Priester und ab 1688 Weihbischof) wurde 1661 Mitglied des Regensburger Domkapitels und kaufte im selben Jahr den Domherrenhof eines Generalvikars, der sich aus seinem Amt zurückzog. Beim Umbau des Anwesen gab er u.a. eine kleine Hauskapelle in Auftrag, die er 1675-78 zu einem marianischen Heiligtum gestalten ließ.

Ihren Namen „Maria Läng" erhielt die Gebetsstätte später von einer lebensgroßen, um 1798 von einem unbekannten Künstler geschaffenen Marienfigur, die mit ihren rund 160 Zentimetern die „wahren Maße" der Gottesmutter haben soll. Die gekrönte, weißgekleidete Madonna auf dem von Statuen der Apostel Petrus und Paulus flankierten Altar wird noch heute das ganze Jahr über von vielen Regensburgern besucht und ist auch Ziel kleiner Wallfahrtsgruppen von außerhalb.

Bis 1881 war das Kirchlein freistehend, dann wurde es mit einem Wohnhaus überbaut. Der eher unauffällige Eingang zur Maria-Läng-Kapelle liegt gegenüber dem Regensburger Dom St. Peter (Domplatz 4).

Lage: Die Kapelle Maria Läng befindet sich im Erdgeschoss eines Privathauses im Herzen der mittelalterlichen Regensburger Altstadt (vom Hauptbahnhof aus zu Fuß bzw. mit dem Stadtbus in wenigen Minuten zu erreichen) gegenüber dem Dom St. Peter.

Anschrift: Pilgerstelle, Obermünsterplatz 7, D-93047 Regensburg, Tel.: 0941/597-2242, Fax: 0941/597-2403, E-Mail: pilgerbuero@ bistum-regensburg.de

Regensburg/St. Emmeram

Name der Wallfahrt: Wallfahrt zu den hll. Emmeram und Wolfgang und zum sel. Ramwold
Ort der Pfarrei: Regensburg
Kirche: Stadtpfarrkirche St. Emmeram
Bistum: Regensburg (Deutschland)
Pilgerzeiten: Ganzjährig; Festtag des hl. Emmeram ist der 22. September, der Gedenktag des hl. Wolfgang ist der 31. Oktober, und des sel. Ramwold wird am 17. Juni gedacht; Gottesdienste (ganzjährig) sonntags 9.30, 11.00 und 19.00 Uhr; der Kreuzgang St. Emmeram ist nur im Rahmen einer Führung zugänglich (täglich 11.00, 14.00, 15.00 und 16.00 Uhr; November-April nur samstags und sonntags; für Gruppen jederzeit nach Voranmeldung).
Geschichte: Emmeram, heute zweiter Patron des Bistums Regensburg (nach Wolfgang), wurde wahrscheinlich in Pictavium (Poitiers, zentrales Westfrankreich) geboren und kam im Jahre 649 nach Regensburg, wo er beim Agilolfingerherzog Theodor I. eine gute Aufnahme erfuhr. Er gab seinen ursprünglichen Plan, bei den Awaren zu missionieren, auf und widmete sich der Gegend um Regensburg an den Flüssen Altmühl und Laaber. Sein Kontakt zur Herzogsfamilie führte dazu, dass er in Hofintrigen verwickelt wurde: Der Sohn des Herzogs, Lantfried, klagte ihn fälschlich an, seine Schwester Ota (Uta) verführt zu haben. Diese war in der Tat schwanger, der Vater des Kindes war allerdings ein Hofbeamter namens Sigibald. Ota beschuldigte nun Emmeram der Vaterschaft, vielleicht nahm er die Schuld auch auf sich, um die Liebenden zu schützen. Auf einer Pilgerreise nach Rom nahm ihn der Herzogssohn um 652 in Kleinhelfendorf südlich von München gefangen. Man band ihn an eine Leiter, hackte ihm seine Glieder Stück für Stück ab, schnitt ihm Nase und Ohren ab, blendete ihn und enthauptete ihn endlich. Am Ort seines Martyriums regnete es 40 Tage lang, woraufhin das bis dahin unfruchtbare Land eine reiche Ernte getragen haben soll. Sein Leichnam wurde in die Herzogsburg nach Aschheim, später nach Regensburg gebracht, wo er in der Kirche St. Georg bestattet wurde. Später wurden die Gebeine in der Krypta der um 739 gegründeten Benediktinerabtei beigesetzt und die Kirche St. Emmeram zu seinen Ehren errichtet. Vom damaligen Kirchenbau ist die Ringkrypta um die letzte Ruhestätte des Heiligen erhalten. Die Grabinschrift lautet: „Emmeramus, Bischof von Poitiers, kam, das Wort Gottes predi-

gend, in das Land der Bayern, wo er zu Helfendorf um Christi willen gelitten hat anno 652 den 22. Sept., und ward hier in Regensburg begraben."

Wolfgang, der Hauptpatron des Bistums Regensburg, wurde 924 (wahrscheinlich) in Pfullingen (Württemberg) geboren, trat 965 in das Benediktinerkloster Maria Einsiedeln (Schweiz) ein und wirkte nach seiner Priesterweihe u.a. als Missionar in Ungarn, bevor ihn Kaiser Otto II. im Jahr 972 zum Bischof von Regensburg erhob. In seiner Diözese reformierte Wolfgang, der auch als Bischof ein streng asketisches Leben führte, die Klöster, förderte die Bildung und das geistliche Leben in Klerus und Volk. Zudem war er mit der Erziehung der Kinder von Bayernherzog Heinrich II. betraut. 976 musste er allerdings wegen Differenzen mit Heinrich seine Residenz vorübergehend in das zum Bistum Regensburg gehörende Kloster Mondsee (Österreich) verlegen. Er starb am 31. Oktober 994 während einer Visitationsreise in Pupping an der Donau (bei Linz in Oberösterreich). Sein Leichnam wurde nach Regensburg überführt und im Kloster St. Emmeram bestattet. Nach mehreren wundersamen Heilungen an seinem Grab sprach ihn Papst Leo IX. 1052 heilig, und man bettete seine sterblichen Überreste in die neu errichtete Westkrypta um, die seither als Wolfgangskrypta bezeichnet wird. Wolfgang stieg rasch zu einem überaus populären Heiligen auf. Sein Bildnis brachte man zum Schutz des Viehs an Stalltüren an, und zahlreiche nach ihm benannte Kirchen und Orte wurden zu vielbesuchten Wallfahrtsorten.

Ramwold war Mönch im Benediktinerkloster St. Maximin in Trier und wurde im Alter von 70 Jahren von seinem Freund Wolfgang nach Regensburg berufen, um eine Reform des St.-Emmeram-Klosters durchzuführen. Im Jahr 975 von Wolfgang zum ersten selbständigen Abt ernannt, machte er das Kloster zu einem religiösen und wissenschaftlichen Zentrum und setzte sich auch gegen Wolfgangs Nachfolger Gebhard durch, der die Unabhängigkeit St. Emmerams wieder aufheben wollte. Ramwold starb am 17. Juni 1000 und wurde in der von ihm selbst erbauten Hochkrypta der Klosterkirche beigesetzt, wo sich heute noch sein Steinsarkophag befindet.

Die Abtei St. Emmeram entwickelte sich bis zum 12. Jahrhundert zu einem der bedeutendsten Klöster in Bayern (ab 1295 reichsfreie Abtei), vor allem in den Bereichen der Theologie, Philosophie, Astronomie und Kunst. Ihre zweite Blütezeit als Zentrum der Wissenschaften erlebte sie im 18. Jahrhundert, wovon die Erhebung der

Äbte in den Reichsfürstenstand im Jahr 1731 zeugt. Die Säkularisation bedeutete jedoch auch für St. Emmeram das Ende: Der ausgedehnte Gebäudekomplex kam 1812 in den Besitz des Fürstenhauses Thurn und Taxis, das hier seinen Stammsitz einrichtete und die Anlage zu einem repräsentativen Schloss mit umfangreicher Parkanlage um- und ausbaute. (Ein Teil der Prunkräume sowie der Marstall sind heute im Rahmen einer Führung zugänglich.) Die ehemalige Klosterkirche wurde Stadtpfarrkirche. 1964 erhielt sie den Titel einer päpstlichen „Basilika minor".

Kunst: Die ehemalige Kloster- und heutige Stadtpfarrkirche St. Emmeram entstand im 8. Jahrhundert auf den Überresten der bis auf die frühchristliche Zeit zurückgehenden Georgskirche. Das Gotteshaus wurde im Laufe der Zeit mehrfach erweitert und umgestaltet, durch Brände teilweise zerstört und wieder aufgebaut. Der mächtige, nach italienischem Vorbild frei stehende Glockenturm wurde 1579 fertig gestellt. Für Planung und Ausführung der 1731-33 entstandenen Rokokopracht im Kircheninneren waren die berühmten Brüder Egid Quirin und Cosmas Damian Asam aus München zuständig. Von ihnen stammen u.a. die Deckengemälde in Mittelschiff und Chor, die Kanzel, das Orgelgehäuse und das reiche Stuckdekor. Die Gebeine des hl. Emmeram ruhen seit 1659 in einem Silbersarg im Osten der Basilika unter dem Hochaltar, dessen Gemälde „Tod des hl. Emmeram" ein Werk des Augsburger Malers Joachim von Sandrat ist. Emmerams Haupt wurde extra gefasst und in der Schatzkammer aufbewahrt. In der Wolfgangsgruft liegen die Reliquien des hl. Wolfgang seit 1878 in einem Metallschrein, der Wolfgangsaltar stammt von 1613. Der Steinsarkophag des sel. Abtes Ramwold steht in der im Jahr 980 geweihten und 1775 umgebauten Ramwoldkrypta. Von den vielen Grabdenkmälern im Kreuzgang von St. Emmeram sind der im 13. Jahrhundert für die Königin Hemma (Gemahlin von König Ludwig dem Deutschen; gestorben 876) geschaffene plastische Grabstein und das um 1330 entstandene Hochgrab der sel. Reklusin Aurelia (gestorben 1027) besondes sehenswert.

Lage: Die Bischofs- und Universitätsstadt Regensburg (Dom St. Peter und zahlreiche weitere Kirchen, Patrizierhäusern aus dem 13. und 14. Jahrhundert, Schloss Thurn und Taxis, Steinerne Brücke) liegt am nördlichsten Punkt der Donau (Donauradweg!); die mittelalterliche Altstadt ist vom Hauptbahnhof aus zu Fuß bzw. mit dem Stadtbus in wenigen Minuten zu erreichen; Anfahrt über die Autobahnen A 93 (aus Richtung München bzw. Dresden kommend) oder A 3 (aus Richtung Nürnberg bzw. Passau kommend); Autofahrern sei empfohlen, ihr Fahrzeug auf einem Park-and-Ride-Parkplatz vor den Toren der Stadt abzustellen und mit der Bahn bzw. dem Bus in die Innenstadt zu fahren.

Anschrift: Katholisches Pfarramt St. Emmeram, Emmeramsplatz 3, D-93047 Regensburg, Tel.: 0941/510 30 und 599 92-54, Fax: 0941/599 92-53; Pilgerstelle, Obermünsterplatz 7, D-93047 Regensburg, Tel.: 0941/59 72-242, Fax: 0941/59 72-403, E-Mail: pilgerbuero@ bistum-regensburg.de; Fürst Thurn und Taxis Museen, Emmeramsplatz 5, D-93047 Regensburg, Tel.: 0941/50 48-242 (Kasse) oder -133 (Verwaltung), Fax: 0941/50 48-140, E-Mail: uweiss@thurnundtaxis.de; Tourist-Information, Altes Rathaus, Rathausplatz 4, D-93047 Regensburg, Tel.: 0941/507 44-10, 0941/507 44-19, E-Mail: tourismus@regensburg.de

Regensburg/St. Kassian

Name der Wallfahrt: Wallfahrt zur „Schönen Maria"
Ort der Pfarrei: Regensburg
Kirche: Pfarrkirche St. Kassian
Bistum: Regensburg (Deutschland)
Pilgerzeiten: Ganzjährig; Gottesdienst sonntags 10.45 Uhr; die „document Neupfarrplatz" ist nur im Rahmen einer Führung zugänglich (Donnerstag, Freitag, Samstag um 14.30 Uhr, im Juli und August zusätzlich sonntags und montags; für größere Gruppen Anmeldung erforderlich).

Geschichte: Der Beginn der Wallfahrt zum Gnadenbild der „Schönen Maria" in der Kirche St. Kassian ist historisch gut dokumentiert, ging ihr doch – wie bei vielen Marienwallfahrten – ein besonderes Ereignis voraus: In diesem Fall handelt es sich um die Vertreibung der Juden aus Regensburg und die Zerstörung ihres Gotteshauses am 21. Februar 1519. Auch anderswo wurden an den Standorten ehemaliger Synagogen Marienverehrungsstätten geschaffen, doch nur relativ selten entwickelte sich daraus sozusagen über Nacht eine Massenwallfahrt, wie es hier geschah.

Die jüdische Gemeinde in Regensburg war eine der ältesten in Bayern, und im Jahr 1519 lebten etwa 500 Menschen jüdischen Glaubens in der Stadt (5-10% der Gesamtbevölkerung). Als Kaiser Maximilian I., durch dessen Dekret die Juden geschützt gewesen waren, im Januar 1519 starb, ohne seine Nachfolge geregelt zu haben, bestimmte der Stadtrat von Regensburg die Zerstörung des Judenviertels nahe dem Dom samt Synagoge. Während der Abbrucharbeiten ereignete sich ein erstes

„Wunder": Ein Steinmetz wurde unter Massen von Geröll begraben und überlebte scheinbar unverletzt. (Ein Jahr später starb er dann aber doch an den Spätfolgen.) Der Domprediger namens Balthasar Hubmair, der vom Kaiser wegen seiner antijüdischen Hetzreden aus der Stadt verbannt, unmittelbar nach dem Tod des Herrschers aber vom Stadtrat nach Regensburg zurückgeholt worden war, nutzte den Unfall des Arbeiters für einen Aufruf zu einer Wunderwallfahrt und schaffte es, dass innerhalb weniger Wochen eine provisorische Holzkirche für ein Marien-Gnadenbild errichtet wurde. Die „Neue Kapelle" (im Gegensatz zur bereits bestehenden „Alten" Kapelle) erhielt nach Hubmairs Vorschlag den Namen „Zur Schönen Maria". Diese Bezeichnung wurde ebenso wie die der „Reinen Maria" oft für diejenigen Marienverehrungsstätten gewählt, die ehemalige jüdische Bauwerke ersetzten. Vor dem Kirchlein stellte man eine überlebensgroße Bildsäule der Maria auf, die dem Dombaumeister Erhard Heydenreich zugeschrieben wird. (Hubmair wandte sich später den Wiedertäufern zu und endete 1528 als Ketzer auf dem Scheiterhaufen, eine radikale, schwer zu verstehende Kehrtwende, die die allgemeine Verwirrung und religiöse Orientierungslosigkeit jener Zeit an der Wende vom Mittelalter zur Neuzeit schlaglichtartig aufzeigt.)

Wie rasant sich die Wallfahrt in Regensburg entwickelte, dokumentieren auch die überlieferten Zahlen von Wallfahrtsplaketten, von denen 1519 schon 10 000 und 1520 rund 120 000 Stück an die Gläubigen verkauft wurden. An einzelnen Tagen sollen es mehr als 20 000 Pilger gewesen sein, die zur „Schönen Maria" kamen. Schon im Juni 1519 war der Wallfahrt von Papst Leo X. ein Ablass von 100 Tagen gewährt worden, und bereits nach zwei Jahren berichteten Mirakelbücher von weit mehr als 200 Gebetserhörungen. Zeitgenossen schrieben von einer ungeheuren Massenbewegung, von hysterischen Anfällen vor dem Marienbild in der Kirche und sogar von Menschen, die nackt um die Mariensäule tanzten.

Die Bilder des Künstlers Michael Ostendorfer (um 1490-1559), der sich damals in Regensburg aufhielt und dessen Holzschnitte zum Thema „Wallfahrt zur Schönen Maria" zu seinen bedeutendsten Werken gehören, liefern eine einzigartige Momentaufnahme des Geschehens: Detailliert stellte er die riesige Pilgerschar mit ihren Weihegaben dar, das teils seltsame, ja verrückt anmutende Gebaren der Menschen vor dem Gnadenbild, die primitive, offensichtlich in aller Eile erbaute Kapelle, und die

Trümmer der Synagoge, die noch herumlagen.

So schnell die lukrative Wallfahrt entstand, so schnell schlief sie wieder ein – um 1525 war sie so gut wie erloschen. Die Mariensäule ging in den Wirren der Reformation verloren, das von dem Regensburger Bürger und Ratsherrn Albrecht Altdorfer gemalte Bild der Gottesmutter mit dem Jesuskind, das auf dem Altar stand, tauchte 1630 in der Kollegiatskirche St. Johann wieder auf. (Dort ist heute eine Kopie zu sehen; das Originial befindet sich im Diözesanmuseum.) Der Neubau einer steinernen Wallfahrtskirche, mit dem bereits 1519 begonnen worden war, blieb unvollendet stehen und wurde 1542 den Protestanten überlassen (heutige Neupfarrkirche).

Und doch war es mit der Wallfahrt zur „Schönen Maria" nicht ganz vorbei, wenn sie auch etwas abgeändert wurde: Kurz nach dem Beginn der Wallfahrt zur neuen Marienkapelle hatten die Minoriten in Regensburg in ihrer Kirche St. Salvator (heute einschließlich der ehemaligen Klostergebäude städtisches Museum) ebenfalls eine Marienstatue mit demselben Titel aufgestellt. (Die Kirche wurde 1810 profaniert und erweitert; im ehemaligen Minoritenkloser ist heute das städtische Museum mit über 100 Räumen untergebracht.) Als im 18. Jahrhundert die Marienwallfahrten wieder Aufschwung nahmen, erinnerte man sich an diese Figur und übertrug sie 1747 in die Kirche St. Kassian, wo sie noch heute das Ziel von Wallfahrern ist.

Zwischen 1995 und 1998 wurde das Areal des ehemaligen Judenviertels systematisch ausgegraben. Die sensationellen Befunde bestätigten den Abriss von etwa 40 Häusern und des Gotteshauses, sogar Brandspuren waren an den Mauerresten noch festzustellen. Auch die architektonischen Details der frühgotischen Synagoge über einem romanischen Vorgängerbau, die Altdorfer in seinen Werken genau überliefert hat, konnten nachvollzogen werden. Jahrelang diskutierte man in Regensburg, wie mit den Funden unter dem Aspekt der Neugestaltung des Platzes verfahren werden sollte. Oberirdisch ist auf dem Neupfarrplatz nun die Bodenskulptur des israelischen Künstlers Dani Karavan zu sehen, die den Verlauf der Mauern des Judenviertels genau nachzeichnet. Im Fall der Synagogen-Fundamente beschloss der Stadtrat 1997 die Anlage einer unterirdischen Stätte namens „document Neupfarrplatz", die mit dem Begriff „Museum" nur unzureichend beschrieben ist: Der Besucher steigt im Rahmen einer Führung hinab in die Überreste der 2 000-jährigen Regensburger Geschichte, die von steinzeitlichen

Funden über das keltische Rathaspona und das 179 n.Chr. angelegte römische Legionslager Castra Regina (dessen Mauerreste nun sechs Meter unter der heutigen Oberfläche liegen) bis in die Zeit des Abbruchs des Judenviertels und der Errichtung einer einfachen Kirche für die neue Marienwallfahrt und darüber hinaus reicht. Neben dem im Keller eines der ehemaligen Häuser vergraben aufgefundenen Goldschatz aus 624 Münzen ist besonders der virtuelle Rundgang durch das Judenviertel, das die Archäologen basierend auf den reichen Fund in einer Präsentation wiedererstehen ließen, absolut einzigartig und sehenswert.

Kunst: St. Kassian ist die älteste Bürgerpfarrkirche in Regensburg, da sie bereits im 9. Jahrhundert bestand. Ihre heutige Form erhielt sie in der zweiten Hälfte des 15. Jahrhunderts und ihre farbenprächtige Rokokoausstattung Mitte des 18. Jahrhunderts durch die Künstler Anton Landes (Stuckaturen) und Gottfried Bernhard Götz (Fresken).

Die um 1520 von dem berühmten Landshuter Künstler Hans Leinberger geschnitzte „Schöne Maria" hat ihren Platz auf dem südlichen Seitenaltar, während der Schrein des nördlichen Seitenaltars, der ursprünglich im Hauptchor stand, die spätgotische Figur des hl. Kassian birgt.

Lage: St. Kassian, die älteste Bürgerpfarrkirche der Bischofs- und Universitätsstadt Regensburg, steht am St.-Kassians-Platz im Herzen der mittelalterlichen Altstadt (vom Hauptbahnhof aus zu Fuß bzw. mit dem Stadtbus in wenigen Minuten zu erreichen) mit ihren zahlreichen weiteren Kirchen und Patrizierhäusern aus dem 13. und 14. Jahrhundert.

Anschrift: Katholisches Pfarramt St. Kassian, St.-Kassians-Platz 7a, D-93047 Regensburg, Tel.: 0941/552 72; Regensburg Tourismus GmbH, Altes Rathaus, Rathausplatz 3, D-93047 Regensburg, Tel.: 0941/507-3413 oder -3417, Fax: 0941/507-4419, E-Mail: document@regensburg.de; Pilgerstelle, Obermünsterplatz 7, D-93047 Regensburg, Tel.: 0941/597-2242, Fax: 0941/597-2403, E-Mail: pilgerbuero@ bistum-regensburg.de

Renshausen

Name der Wallfahrt: Wallfahrt zum hl. Joseph
Ort der Pfarrei: Krebeck-Renshausen
Kirche: Wallfahrtskapelle St. Joseph
Bistum: Hildesheim (Deutschland)
Pilgerzeiten: Festtag des hl. Joseph ist der 19. März; Hauptwallfahrtstag ist der Sonntag vor bzw. nach dem 19. März
Geschichte: Renshausen ist heute der einzige deutsche Wallfahrtsort zum hl. Joseph.

Joseph von Nazareth, der Ziehvater von Jesus, stammte laut der Heiligen Schrift aus dem Geschlecht des Königs David (Lukasevangelium 3,23-31) und war Zimmermann in Nazareth. In hohem Alter soll er sich mit der jungfräulichen Maria verlobt haben. Als diese schwanger wurde, zweifelte er zunächst an ihr, doch im Traum erschien ihm ein Engel und erklärte, dass Maria durch den Heiligen Geist empfangen hatte. So führte er mit ihr weiter eine jungfräuliche Ehe (sogenannte „Josephs-Ehe", Matthäusevangelium 1,8-25). Im Jahr 7 v.Chr. musste Joseph mit seiner Familie aufgrund einer von den Römern angeordneten Volkszählung nach Bethlehem reisen, dort wurde das Kind geboren, dem Joseph – so wie ein Engel es ihm gesagt hatte – den Namen Jesus gab (Matthäusevangelium 1,21). Mit der Namensgebung hatte er das Kind adoptiert und es zum Angehörigen des Geschlechts Davids gemacht, aus dem laut Altem Testament der Erlöser abstammen sollte.

Joseph und seine Familie flohen nach Ägypten, um den Häschern des Königs Herodes zu entgehen. Nachdem dieser im Jahr 4 n.Chr. gestorben war, kehrte Joseph mit seiner Familie wieder nach Nazareth zurück. Seine letzte Erwähnung in der Bibel findet sich im Lukasevangelium, das beschreibt, wie er mit dem nun 12-jährigen Jesus und seiner Frau das Osterfest in Jerusalem besucht. Als das Kind verloren geht, finden sie es im Tempel wieder, wo es mit Priestern diskutiert (Lukasevangelium 2,41-52). Vermutlich starb Joseph bald nach diesem Ereignis.

Er ist seit 1870 Patron der gesamten katholischen Kirche sowie u.a. der Bistümer Osnabrück und Köln, besonders aber der Arbeiter, Handwerker, Zimmerleute, Holzfäller und Schreiner.

Während Joseph in der Ostkirche schon früh verehrt wurde, war das im Westen erst ab dem 9. Jahrhundert der Fall. In Renshausen bestand schon im Jahre 1001 eine Kapelle, die durch den Hildesheimer Bischof Bernward zum Michaeliskloster kam. Der Benediktinerpater Blume brachte um 1700 ein von ihm selbst gemaltes Gnadenbild des Heiligen, das jenen mit dem Jesuskind, einem Kreuz und zwei Putten auf der Weltkugel darstellt, nach Renshausen mit, als er dorthin versetzt wurde. Ab 1723 ist dann die Josephswallfahrt bezeugt.

Lage: Renshausen liegt rund 15 km nordöstlich von Göttingen im Eichsfeld; Anfahrt über die Autobahn A 7: Ausfahrt Nörten-Hardenberg, weiter auf der Bundesstraße B 446 bis Billingshausen, von dort auf der Landstraße nach Renshausen.

Anschrift: Katholisches Pfarramt St. Mariä Geburt, Am Kirchberg 5, D-37434 Krebeck-Renshausen, Tel.: 05507/70 62 und 05528/89 26, E-Mail: pfarrerkarras@ pfarrgemeinde-bilshausen.de

Retzbach

Name der Wallfahrt: Wallfahrt zu „Unserer Lieben Frau"
Ort der Pfarrei: Retzbach
Kirche: Wallfahrtskirche „Maria im grünen Tal"
Bistum: Würzburg (Deutschland)
Pilgerzeiten: Ganzjährig; Hauptwallfahrtszeit Mai bis September; große Prozessionen vor allem an „Mariä Himmelfahrt" (15. August) sowie an den ersten drei Wochenenden im September anlässlich der Feste „Mariä Geburt" (8. September), „Mariä Namen" (12. September) und „Mariä Schmerz" (15. September); Gottesdienste sonntags (ganzjährig) 9.00 Uhr (Wallfahrtskirche) und 10.30 Uhr (Pfarrkirche St. Laurentius)

Geschichte: Bereits im Jahr 1229 gewährte der Bischof von Bamberg den Pilgern, die nach Retzbach zogen, einen Ablass, d.h. es gab hier offenbar zu dieser Zeit bereits eine bekannte Wallfahrtsstätte. Damit ist die Wallfahrt zur „Maria im grünen Tal" der älteste Wallfahrtsort des Bistums Würzburg. Weitere Ablässe sind aus den Jahren 1270 und 1285 bekannt.

Über die Entstehung der Wallfahrt weiß man nichts und ist auf Erklärungen aus der Welt der Legenden angewiesen: Ein Ritter von Rabensburg soll mit seiner Gemahlin Anfang des 13. Jahrhunderts eine kleine Kapelle für den ermordeten Bischof von Würzburg, Konrad I., gestiftet haben. Eine andere Legende berichtet, das Paar sei an der Ermordung des Bischofs selbst beteiligt gewesen. Die dritte Version wiederum besagt, der Bischof hätte gar nichts mit der Sache zu tun gehabt und das später verehrte Gnadenbild der Kirche sei in einem Kaninchenbau gefunden worden, als die jagenden Herren von Thüngen dort einen angeschossenen Hasen aufstöbern wollten. Die Schramme, die das Marienbildnis heute noch aufweist, soll die Figur beim Ausgraben erhalten haben.

Historisch dokumentiert ist, dass ab 1336 Mönche des Benediktinerklosters Neustadt am Main die Wallfahrtsseelsorge übernahmen. Bischof Otto II. hatte Retzbach in eine Propstei umgewandelt und diese dem Kloster unterstellt. 64 Jahre später wurde an der Wallfahrtskirche die Bruderschaft „Maria Retzbach im grünen Thale" unter dem Titel „Mariä Geburt" gegründet.

Die Säkularisation führte dazu, dass das Benediktinerkloster Neustadt aufgelöst wurde und die Mönche sich auch aus Retzbach zurückzogen. Dennoch schlief die

Wallfahrt offenbar nicht ganz ein, und heute ist die Gnadenstätte wieder Ziel vieler Pilger, oft im Rahmen von organisierten Gruppenreisen. Die Gläubigen aus Rieneck im Spessart kommen angeblich sogar schon seit über 500 Jahren nach Retzbach.

Kunst: Bis auf den gotischen Chor, der aus der ersten Hälfte des 14. Jahrhunderts stammt, ist die Wallfahrtskirche „Maria im grünen Tal" ein moderner Bau. Ausgrabungen haben ergeben, dass hier früher eine romanische Kirche stand. In einer Gewitternacht 1968 stürzte das Langhaus (erbaut 1622-1625) der alten Kirche ein, und das Gotteshaus wurde nach den Plänen des Würzburger Dombaumeisters Hans Schädel neu errichtet. Zur Weihe am 13. September 1969 erhielt die Kirche den erweiterten Titel „Maria im grünen Tal – Gebetsort für die Einheit der Christen", d.h. die Kirche steht allen Christen offen.

Das Retzbacher Gnadenbild ist eine Madonnenstatue aus Buntsandstein, die aus dem frühen 14. Jahrhundert stammt. Maria hält das Jesuskind auf ihrem linken Arm, in ihrem Gesicht auf der rechten Seite befindet sich eine Kerbe, die von der Schläfe bis zum Kinn verläuft. Heute steht das Gnadenbild in einer modernen, rund fünf Meter hohen Bronzestele vom Würzburger Bildhauer Otto Sonnleitner.

Lage: Retzbach liegt 16 km nordwestlich der Bischofs- und Universitätsstadt Würzburg (Festung Marienberg mit Mainfränkischem Museum, Residenz, zahlreiche Kirchen) am rechten Mainufer (Maintalradwanderweg!) an der Bundesstraße B 27 und gehört zur gegenüberliegenden Marktgemeinde Zellingen (Brückenverbindung); von Würzburg aus lässt sich die Anreise per Bahn oder Schiff gut mit einem Zwischenstopp in Veitshöchheim verbinden; das dortige Barockschloss war einst Sommersitz der Würzburger Fürstbischöfe, und der Hofgarten mit etwa 300 mythischen Figuren gilt als der besterhaltene Rokokogarten Deutschlands.

Anschrift: Katholisches Pfarramt St. Laurentius, Kapellenweg 1, D-97225 Zellingen-Retzbach, Tel.: 09364/99 30, Fax: 09364/800 08, E-Mail: pfarramt.retzbach@bistum-wuerzburg.de; Touristik GmbH Würzburger Land, Erwin-Vornberger-Platz, D-97209 Veitshöchheim, Tel.: 0931/980 27-40, Fax: 0931/980 27-42, E-Mail: info@wuerzburgerland.de

Rosenthal

Name der Wallfahrt: Wallfahrt zu „Unserer Lieben Frau von der Linde"
Ort der Pfarrei: Ralbitz
Kirche: Wallfahrtskirche „Maria in der Linde"
Bistum: Dresden-Meißen (Deutschland)

Pilgerzeiten: Mai bis Oktober; auf der Wallfahrtswiese werden jedes Jahr mehrere Wallfahrten vom Bistum Dresden-Meißen durchgeführt; Hauptwallfahrtstag ist der Pfingstmontag; vom 12 km nördlich gelegenen Wittichenau aus findet alljährlich Mitte Juni eine große Kinderwallfahrt des Bistums Görlitz nach Rosenthal statt; Gottesdienste sonntags 8.30 Uhr (in sorbischer Sprache) und 10.00 Uhr (in deutscher Sprache); Tage der Stille „Klosterleben auf Zeit" (außerhalb der Klausur) sind im Kloster Marienstern möglich; Sonntags-Gottesdienste in der Klosterkirche 7.30 Uhr (sorbische Gemeindemesse), 9.00 Uhr (Hochamt) und 10.30 Uhr (deutsche Gemeindemesse); Schatzkammer täglich außer freitags von 10.00 bzw. 12.00 Uhr (Samstag, Sonn- und Feiertage) bis 16.00 Uhr geöffnet.

Geschichte: Die bekannteste Wallfahrtsstätte des Bistums Dresden-Meißen befindet sich in der Lausitz, in Rosenthal (sorbisch Róžant). Auf der Wiese bei der schon von weitem sichtbaren Barockkirche „Maria in der Linde" werden jedes Jahr zahlreiche Wallfahrten vom Bistum Dresden-Meißen durchgeführt. Hinter dem Pfarrhaus am Kirchsteig überwölbt ein Brunnenhäuschen eine Quelle, deren Wasser heilende Kräfte für die Augen nachgesagt wird.

Ritter Lukian von Zerna soll einst einer geheimnisvollen Frau nachgeritten sein, die ihn zu einer einsamen Linde führte und danach verschwand. Im Geäst des Baumes fand der Ritter eine Marienstatuette und errichtete dort eine hölzerne Kapelle, die bald Gläubige von nah und fern anzog. Hussiten und Schweden zerstörten später den Ort. 1776-78 erbaute man die Wallfahrtskirche Rosenthal. Das Kloster St. Marienstern (s.u.), dem die ein paar Kilometer entfernte sumpfige Flur Rosenthal gehörte, unterstützte die Wallfahrt. Ziel ist bis heute eine 30 Zentimeter kleine spätgotische Figur der Gottesmutter mit dem Kind, die auf dem Kopf einen Kranz aus Rosen trägt und in der Hand eine Birne hält. Sie wurde Mitte des 15. Jahrhunderts von einem unbekannten Künstler aus Lindenholz geschnitzt.

In den letzten Kriegstagen brannte die Kirche 1945 vollständig aus, aber das Gnadenbild überstand die Zerstörung unversehrt und wird auch heute alljährlich von tausenden Pilgern aufgesucht. Zur Wallfahrtskirche gehört auch die Administratur, erbaut 1718. Zisterziensermönche betreuen und verwalten den Gnadenort und die Wallfahrten.

An den Marienfesten, an Ostermontag, Pfingstmontag und aus anderen Anlässen zogen und ziehen die katholischen Sorben alljährlich singend und betend, Figuren tragend und Fahnen schwingend, zur Madonna von

Rosenthal. Sogar aus Polen und Tschechien kommen Pilger.

Das ganz in der Nähe liegende Zisterzienserinnenkloster Sankt Marienstern (sorbisch Marijina Hwezda) hat insofern eine Sonderstellung, als es niemals säkularisiert wurde und seit seiner Gründung derselben Bestimmung dient. Im Jahre 2005 lebten und arbeiteten noch 16 Zisterzisernonnen im Kloster und widmen sich der Betreuung, Ausbildung und Beschäftigung behinderter Menschen, die in verschiedenen Heimen auf dem Klostergelände untergebracht sind.

1248 wurde das Kloster durch die Herren von Kamenz gestiftet, zwei Jahre darauf in den Zisterzienserorden aufgenommen und unter die Aufsicht des Klosters Altzella bei Nossen (Sachsen) gestellt. Als 1318 König Johann von Böhmen die Herrschaft über die Lausitz erwarb, übernahm er auch den Schutz des Klosters. In den Hussitenkriegen wurde das Kloster 1429 geplündert. Zu den ausgedehnten Besitzungen von St. Marienstern gehörten mehr als zwei Dutzend zumeist sorbische Dörfer sowie die beiden Landstädtchen Wittichenau und Bernstadt. Die Äbtissinnen ernannten jeweils für die Verwaltung und Exekutive einen Klostervogt, der dem Oberlausitzer Adel entstammte. Während des Dreißigjährigen Krieges wurde das Kloster St. Marienstern von den Schweden geplündert und beschädigt. Der Konvent floh nach Polen ins Kloster Blesen (heute Bledzow), kehrte aber nach dem Krieg zurück und beseitigte die Kriegsschäden. Der Traditionsrezess von 1635 sicherte den Fortbestand des katholischen Stifts unter der nun anbrechenden Herrschaft der protestantischen Kurfürsten von Sachsen. 1716-32 erfolgte nach erneuter Flucht und Rückkehr des Konvents der barocke Umbau der Klosteranlage.

Kurz nach Beginn der nationalsozialistischen Herrschaft wurde die Klosterschule von St. Marienstern geschlossen. Im Zweiten Weltkrieg wurden im Kloster Flüchtlinge einquartiert. Nach der Gründung der DDR 1949 bestand das Kloster weiterhin. 1973 eröffnete man im Kloster das Maria-Martha-Heim für behinderte Mädchen. Im gleichen Jahr musste die Klosterbrauerei ihre Produktion auf Weisung der DDR-Regierung leider einstellen. In den 1990er Jahren wurde die gesamte Klosteranlage umfassend saniert und mustergültig restauriert, so dass sie 1998 einen würdigen Rahmen für die 1. Sächsische Landesausstellung „Zeit und Ewigkeit" abgab.

Am frühen Nachmittag des Ostersonntags beginnt das Osterreiten in Panschwitz-Kuckau, ein alter sorbischer Brauch. Nach der Aussegnung der Reiter im Klosterhof macht sich der Zug auf den Weg in das drei Kilometer entfernte Crostwitz. Nach der Rückkehr gegen 16.00 Uhr findet wiederum eine Andacht statt. Die Osterreiter aus Crostwitz treffen ein und kehren dann dorthin zurück. Der Tradition folgend sollen sich die Reiterzüge unterwegs nicht begegnen.

Das Kloster bietet heute auch noch weitere Aktivitäten an: Im Gästehaus kann man heilfasten, sich über die Anlage eines Kräutergartens und eine gesunde Lebensweise informieren. Im Klosterstübel läßt sich nach Voranmeldung „Bechern und Tafeln wie im Mittelalter", wobei das nach alten Rezepturen im Auftrag des Konvents gebraute St. Mariensterner Schwarzbier eine prominente Rolle spielt.

Kunst: Im Bernhardhaus des Klosters wurde am 15. August 1999 die Schatzkammer eröffnet, in deren Räumen rund 150 kostbare Kunstwerke aus dem 13. bis 19. Jahrhundert gezeigt werden, darunter Meisterwerke gotischer Goldschmiedekunst, Mariendarstellungen und Jesuskindfiguren, Perlstickereien und leuchtende Buchmalereien. Im August 2002 wurden vier neue Ausstellungsräume eröffnet, die dem Kloster und seinem Land und nicht zuletzt der reichen regionalen katholisch-sorbischen Kultur gewidmet sind. Im Sebastianzimmer ist die barocke Figur der Madonna, die Jahrhunderte lang zur Wallfahrt nach Rosenthal getragen wurde, sehenswert, des weiteren bunte Fahnen und silberne Ex votos (Votivgeschenke in Form von Augen, Brüsten, Beinen, Armen, Herzen usw.) sowie eine kostbare Silbergarnitur, die Kaiser Leopold 1678 der Gottesmutter dargebracht hat.

Lage: Rosenthal gehört zur Gemeinde Ralbitz und liegt in der sächsischen Oberlausitz zwischen Bautzen (Ortenburg, kulturelles Zentrum der Sorben) und Kamenz (Lessingmuseum, Marienkirche) einige Kilometer nördlich von Panschwitz-Kuckau und des Klosters Marienstern; Anfahrt über die Autobahnen A 13 (Ausfahrt Thiendorf, weiter auf den Bundesstraßen B 97/98 nach Königsbrück und Kamenz, von dort auf der Landstraße nach Rosenthal) oder A 4 (Ausfahrt Uyst am Taucher, weiter auf der Landstraße über Panschwitz-Kuckau nach Rosenthal).

Anschrift: Katholisches Pfarramt St. Katharina, Hauptstraße 17, D-01920 Ralbitz, Tel.: 035796/957 27, Fax: 035796/968 53, E-Mail: swj-katyrna-ralbicy@t-online.de; Kloster St. Marienstern, Zisterzienserinnen-Abtei, Cisinkistraße 35, D-01920 Panschwitz-Kuckau, Tel.: 035796/994 31, Fax:

035796/994 55, E-Mail:
kloster@marienstern.de;
gaestehaus@marienstern.de

Rulle

Name der Wallfahrt: Wallfahrt zum „Kostbaren Blut", zur „Schmerzhaften Mutter" und zur hl. Hedwig
Ort der Pfarrei: Wallenhorst-Rulle
Kirche: Pfarr- und Wallfahrtskirche „St. Johannes der Evangelist und Apostel"
Bistum: Osnabrück (Deutschland)
Pilgerzeiten: Mai bis September/Oktober; Gottesdienst sonntags 9.30 Uhr
Geschichte: 1246 wurde in Rulle ein Zisterzienserinnenkloster gegründet, das aufgrund seiner Nähe zu einem alten Brunnen, dessen Wasser als heilkräftig galt, den Namen „Marienbrunn" erhielt. Als Klosterkirche diente zunächst eine um 1150 erbaute Kapelle, die nach dem Bau eines größeren, gotischen Gotteshauses zur Gnadenkapelle wurde.

Über die Entstehung der Wallfahrt zum „Kostbaren Blut" im Jahr 1347 wird Folgendes berichtet: Diebe entwendeten eine Pyxis (Dose) aus Elfenbein, in der geweihte Hostien und wertvoller, für die Herstellung einer Monstranz von frommen Gläubigen gespendeter Schmuck lagen. Ein paar Tage darauf, kurz vor Martini (11. November), wurde der Behälter mit nun fünf blutenden Hostien und einem blutbefleckten Korporale (Tüchlein) in der Nähe des Klosters wieder gefunden. Andere Berichte beschreiben eine schwebende Dose (mit den blutigen Hostien) in einem wunderbaren Licht. Aus heutiger Sicht erklärt man die Verwandlung der Hostien als einen chemischen Vorgang, der durch einen bestimmten Pilz (Serratis marcesvens) ausgelöst wurde. Damals wurde das Ereignis als „Hostienwunder" gedeutet, das Rulle zu einem bekannten Wallfahrtsort werden ließ. Die Idee der Schaffung einer (noch heute erhaltenen) „Blutmonstranz", die die Hostien und das Korporale zeigen sollte, wurde jedoch erst rund 300 Jahre später umgesetzt (1652).

Wann genau die Verehrung der „Schmerzhaften Mutter" ihren Anfang nahm, ist nicht bekannt. Ziel dieser Wallfahrten war die Figur der Schmerzensmadonna in der Gnadenkapelle, wobei die Marienverehrung bei den Zisterzienserinnen eine lange Tradition hatte.

Nach einer Blütezeit im 18. Jahrhundert führte die Säkularisation und die Aufhebung des Klosters zu einem starken Rückgang der Wallfahrten. Erst nach dem Ersten Weltkrieg stieg die Bedeutung Rulles als Pilgerstätte wieder. Nach dem Zweiten Weltkrieg und der Vertreibung vieler Deutscher aus ihrer Heimat im Osten kam noch die Wallfahrt zur hl. Hedwig hinzu, deren Bild in der Gnadenkapelle seinen Platz fand.

Kunst: Die mehrtürmige Wallfahrtskirche in Rulle vereint geschickt mehrere Baustile unter einem Dach: Der große Kirchturm stammt teilweise noch aus romanischer Zeit, links davon steht die Mitte des 12. Jahrhunderts erbaute Kapelle, in deren Chorraum sich das Gnadenbild der um 1700 vermutlich vom Künstler Johannes Wilhelm Gröninger geschaffenen „Schmerzhaften Mutter" befindet. Aus der ersten Hälfte des 14. Jahrhunderts stammt die ehemalige Schwesternkirche als Längsbau mit drei Jochen und einem polygonalen Chor (Weihe im Mai 1344). An ihrer rechten Wand finden sich Figuren des hl. Sebastian und des hl. Bernhard aus dem 18. Jahrhundert. 1928-30 wurde unter Einbeziehung der Gnadenkapelle und der alten Klosterkirche eine neue Pfarr- und Wallfahrtskirche im neugotischen Stil nach den Plänen des Kölner Dombaumeisters Renard gebaut. Sie beherbergt in einer wertvollen Turmmonstranz die Elfenbeindose mit den Hostien von Jahr 1347. An der Westseite der 1980 umfassend renovierten Kirche steht der Marienbrunnen als ältester Teil der Wallfahrtsstätte in einer kleinen Kapelle.

Lage: Rulle gehört zur Gemeinde Wallenhorst und liegt knapp 10 km nördlich von Osnabrück; Anfahrt über die Autobahn A 1: Ausfahrt Osnabrück-Nord.

Anschrift: Katholisches Pfarramt St. Johannes der Evangelist und Apostel, Klosterstraße 9, D-49134 Wallenhorst-Rulle, Tel.: 05407/61 36; Jugendbildungsstätte „Haus Maria Frieden", E-Mail: info@hmf-rulle.de

Sachseln/Flüeli-Ranft
Name der Wallfahrt: Wallfahrt zum hl. Nik(o)laus von der Flüe („Bruder Klaus")
Ort der Pfarrei: Sachseln
Kirche: Pfarr- und Wallfahrtskirche „Mariä Himmelfahrt", St. Theodul und St. Mauritius und Wallfahrtskapellen von Flüeli-Ranft
Bistum: Chur (Schweiz)
Pilgerzeiten: Ganzjährig; Festtag des Heiligen ist der 25. September; tägliche Gottesdienste in der Pfarrkirche Sachseln mit anschließendem Reliquiensegen sowie werktags 9.15 Uhr Messe in der Flüeli-Kapelle; Obere Ranftkapelle mittwochs 8.00 Uhr Hl. Messe (Ostern bis Allerheiligen), Untere Ranftkapelle montags bis freitags 20.00 Uhr Friedensmesse (1. November bis 21. Dezember)
Geschichte: In der Pfarr- und Wallfahrtskirche zu Sachseln am Sarner See in der Zentralschweiz ruhen die Gebeine eines der letzten Mystiker des Spätmittelalters, des 1487 verstorbenen Schweizer Nationalheiligen Nik(o)laus von der Flüe, der vom Volk schon zu Lebzeiten als Heiliger verehrt worden war.

Wallfahrten zur Grabstätte des „Bruder Klaus" und zu seiner Einsiedelei am Hang einer tiefen Schlucht der Melchea, im „Ranft" (= Rand), setzten unmittelbar nach seinem Tod ein (und sind bis heute lebendig geblieben), obwohl er erst 1649 von Papst Innozenz X. in den Stand der Seligen erhoben wurde, seine liturgische Verehrung Clemens IX. erst 1669 genehmigte und seine offizielle Heiligsprechung sogar erst am 15. Mai 1947 durch Papst Pius XII. erfolgte.

Niklaus, geboren 1417 auf dem „Flüeli" (Flue= Felsen) als Sohn eines wohlhabenden Bauern, zeigte schon als Kind eine starke Neigung zu Einsamkeit, Gebet und Fasten. 1446 heiratete er die Bauerstochter Dorothea Wyss, die ihm fünf Söhne und fünf Töchter schenkte. Neben seiner Arbeit auf dem Hof war er als angesehener Ratsherr und Richter der Gemeinde tätig. Im Oktober 1467 verließ er, einem inneren Ruf folgend, mit dem Einverständnis seiner Frau die Familie und zog sich nach einer kurzen Pilgerreise ganz in der Nähe seines Anwesens im „Ranft" als Einsiedler zurück. Er hauste zunächst in einem aus Ästen und Laub gebauten Unterschlupf, doch schon 1468 errichtete man ihm eine Eremitage mit angebauter Kapelle, die 1469 vom Konstanzer Bischof zu Ehren der Gottesmutter Maria, der Maria Magdalena, des Hl. Kreuzes und der 10 000 Ritter geweiht wurde. Dort soll er bis zu seinem Tod zwei Jahrzehnte lang außer der hl. Kommunion keinerlei Nahrung zu sich genommen haben, was ihn schon zu Lebzeiten berühmt machte. Dieses Wunderfasten wurde bereits 1469 von der geistlichen Behörde untersucht und in der Folge von niemandem in Frage gestellt, ebenso wenig die verschiedenen Visionen des Eremiten. Von weither kamen die Menschen, um sich vom „Bruder Klaus" Rat zu erbeten. Er hatte als Friedensmahner auch großen politischen Einfluss auf die Geschicke seines Landes, insbesondere 1481, als er von der durch seine Bemühungen zustande gekommenen Tagsatzung in Stans (am Vierwaldstätter See) als Schlichter angerufen wurde. Seine Vermittlung hat damals die Schweiz nicht nur vor einem Bürgerkrieg bewahrt, sondern auch den Weg zur Aufnahme der beiden Stadtkantone Freiburg und Solothurn in den Bund der acht Landkantone geebnet und damit den Grundstein zur alten Eidgenossenschaft, wie sie bis 1798 bestand, gelegt.

Bruder Klaus starb am 21. März 1487 und wurde auf Anordnung des Konstanzer Bischofs unter großer Anteilnahme der Bevölkerung in der Kirche von Sachseln beigesetzt. Die wachsende Pilgerzahl zu seinem Grab und zu seiner Einsiedelei erforderte 1501 die Errichtung einer zweiten Kapelle. Seither werden die beiden Kirchlein im Ranft „Untere Ranftkapelle" und „Obere Ranftkapelle" genannt. Letztere wurde 1701 durch einen Neubau ersetzt. Die erste Platte auf seinem Grab in Sachseln musste schon 1518 erneuert werden, da die Pilger sie mit Messern bearbeitet und den Staub als Heilmittel mit nach Hause genommen hatten. 1679 übertrug man seine Reliquien in die neue, 1684 geweihte Pfarrkirche. Dort liegt heute in einem schwarzen Marmorschrein eine anlässlich seiner Heiligsprechung vergoldete Figur des Bruder Klaus. Das älteste Bildnis des Eremiten, eine lebensgroße Holzplastik, stammt aus dem Jahre 1504. Auch seine braune Büßerkutte existiert noch. Der 1975 restaurierte Bruder-Klausen-Rock ist in einem Glasschrank in der Kirche zur Verehrung ausgestellt. Er war stark beschädigt, da die Gläubigen anfangs Teile davon abschnitten, um sie Kranken aufzulegen. Später durften sie den Stoff nur noch berühren.

Am 14. Juni 1984 besuchte Papst Johannes Paul II. die Heimat von Bruder Klaus. Er las im Flüeli die Messe und betete anschließend an seinem Grab in Sachseln. Dabei forderte er dazu auf, auch die „heiligmäßige" Ehefrau Dorothea zu ehren.

Lage: Sachseln und Flüeli-Ranft, die Heimat des Schweizer Nationalheiligen Nik(o)laus von der Flüe („Bruder Klaus"), liegen in der Zentralschweiz am Sarner See (Kanton Obwalden) zwischen Vierwaldstätter und Brienzer See; vom Geburts- und vom ehemaligen Wohnhaus des Heiligen und seiner Einsiedelei mit den Ranftkapellen kann man – vorbei an weiteren Gebetsstätten – auf dem „Bruder-Klausen-Weg" bzw. „Visionenweg" bis zu seinem Grab in Sachseln wandern; dort ist in einem der schönsten Häuser Obwaldens das Museum „Bruder Klaus" untergebracht (geöffnet Mitte März bis Ende Oktober, dienstags bis sonntags 9.30-12.00 und 14.00-17.00 Uhr).

Anschrift: Katholisches Pfarramt, Pilatusstraße 3, CH-6072 Sachseln, Tel.: 0041/41/660 14 24, Fax: 0041/41/662 03 88; Kaplanei Flüeli-Ranft, CH-6073 Flüeli-Ranft, Tel.: 0041/41/660 14 80, Fax: 0041/41/661 20 85; Wallfahrtssekretariat, Dorfstraße 13, CH-6072 Sachseln, Tel.: 0041/41/660 44-18, Fax: 0041/41/660 44-45, E-Mail: wallfahrt@bruderklaus.com; Tourismus-Information, CH-6072 Sachseln, Tel.: 0041/41/666 50 40, E-Mail: info@flueliranft.ch; Museum Bruder Klaus, Dorfstraße 4,

CH-6072 Sachseln, Tel.: 0041/41/660 55 83, E-Mail: info@museumbruderklaus.ch

Sankt Englmar

Name der Wallfahrt: Wallfahrt zum sel. Englmar
Ort der Pfarrei: Sankt Englmar
Kirche: Pfarrkirche St. Englmar
Bistum: Regensburg (Deutschland)
Pilgerzeiten: Der Gedenktag des sel. Englmar ist der 14. Januar; das „Englmarisuchen" findet alljährlich am Pfingstmontag statt; die Pfarrkirche ist ganzjährig zugänglich; Gottesdienst sonntags 10.00 Uhr
Geschichte: Um die Entstehung der Wallfahrt nach Sankt Englmar im Bayerischen Wald rankt sich folgende Legende: Gegen Ende des 11. Jahrhunderts lebte oberhalb der heutigen Ortschaft ein aus dem Passauer Raum stammender Bauernsohn als Einsiedler. Er hatte sich dort eine kleine Klause errichtet und wurde bald durch seine Frömmigkeit bekannt. Die Bauern aus der Umgebung baten ihn um Rat, und sogar der Graf von Bogen (an der Donau zwischen Straubing und Deggendorf) soll auf den Berg gepilgert sein, um sich vom „Englmar" (althochdeutsch „Engel" und „berühmt") Beistand zu holen.
Im Winter des Jahres 1100 wurde Englmar mit einer Axt erschlagen, von wem, kam nie ans Tageslicht. Vielleicht war es ein Fremder, der vorgab, sein Gefährte werden zu wollen, vielleicht hatte er bereits einen Gefährten, der neidisch war auf Englmars Beliebtheit, vielleicht war es aber auch der Knecht, der im Auftrag des Grafen von Bogen regelmäßige Versorgungsgänge zu dem Eremiten machen musste. Der Mörder verscharrte ihn unter Reisig und Schnee und flüchtete. Nach der Schneeschmelze soll der unverweste Leichnam an Pfingsten von einem Wanderpriester gefunden worden sein, da ein strahlendes Licht von der Stelle ausging, an der er lag. Der Geistliche meldete es dem Grafen von Bogen, der den Toten bergen und auf einem von zwei Ochsen gezogenen Wagen ins Tal bringen ließ. Als die Tiere plötzlich stehen blieben und nicht mehr von der Stelle zu bewegen waren, wurde das als Zeichen gesehen, dass der Eremit hier bestattet werden wollte. Als zu der Begräbnisstätte immer mehr Wallfahrer kamen, errichtete man zunächst eine Holzkapelle, der 1131 eine Kirche aus Stein folgte, um die sich allmählich das Dorf Sankt Englmar entwickelte. 1146 verfasste der erste Abt des Klosters Windberg (bei Bogen) die Vita des Eremiten, und 1188 wurde Englmar selig gesprochen.
Nachdem Dorf und Gotteshaus im Dreißigjährigen Krieg 1634 zerstört worden waren, entstand Mitte des 17. Jahrhunderts die heutige

Pfarrkirche St. Englmar. Aus dieser Zeit stammen auch die großen Tafelbilder, die das Leben des sel. Englmar und seinen gewaltsamen Tod darstellen. Seine Gebeine ruhen seit 1717 in einem Glasschrein am Hochaltar, der auf 1640 datiert wird, aber bis 1938 in der St.-Leonhard-Kapelle stand. Das 1480 geweihte und liebevoll restaurierte Kirchlein am Kapellenberg ist das älteste Bauwerk der Gemeinde und war früher eine bekannte Wallfahrtsstätte, wovon die Votivtafeln aus dem 18. und 19. Jahrhundert erzählen. Heute ist es eher ein Ort des stillen Gebets für Einzelpilger oder vorbeikommende Wanderer. Sehenswert ist u.a. die lebensgroße „Englmarifigur" im Schrein neben dem Altar, die alljährlich am Pfingstmontag für das „Englmarisuchen" verwendet wird. Dieses religiöse Schauspiel sorgt nicht nur dafür, dass der Ortspatron in der Erinnerung der Menschen lebendig bleibt, sondern stellt inzwischen eine überregionale Touristenattraktion dar. Ein Großteil der Bevölkerung von Sankt Englmar ist in dieses einzigartige Spektakel involviert und tritt in historischen Kostümen auf. Nachgestellt wird das Auffinden des ermordeten Eremiten (in Form der Holzfigur, die im Wald versteckt ist) und – nach einer Feldmesse am Kapellenberg – seine Überführung auf einem Ochsenkarren ins Tal. Vermutlich entstand dieser mit Pferdeumritt und Tiersegnung verbundene Brauch bereits im 18. Jahrhundert, historisch gesichert ist er aber erst seit 1850.

Seit Mitte der 1990er Jahre hat Sankt Englmar übrigens wieder einen Einsiedler: Der knapp 60-jährige Anton Meier soll in Viechtach ein guter Schreiner gewesen sein und sich nach dem Verlust des Arbeitsplatzes in die Einsamkeit zurückgezogen haben, erzählen diejenigen, die ihn von früher kennen. Wer auf den 1 024 Meter hohen Predigtstuhl hinaufwandert und von dort weiter in Richtung Hirschenstein (im Winter 16 Kilometer langer Langlaufrundkurs), trifft unterwegs vielleicht auf den „Toni", der winters wie sommers in einer selbstgezimmerten Hütte unweit des Aussichtspunkts Knogl mitten im Wald lebt. Auf Unterhaltung sollte man allerdings nicht hoffen, denn er spricht seit einiger Zeit kein Wort mehr. Fürs Fernsehen hat er sich aber schon einmal beim Kartoffelschälen filmen lassen, und auch seine handbetriebene Waschmaschine an einer Quelle führte er vor. Die Fragen des Reporters beantwortete er jedoch nur mit einem Kopfnicken bzw. -schütteln, und in seine Behausung ließ der scheue Eremit auch niemanden.

Lage: Der Luftkurort Sankt Englmar (Wander- und Wintersportgebiet) liegt im Bayerischen Wald unterhalb des Predigtstuhls (1.028 m) direkt an der Landkreisgrenze von Straubing und Regen-Viechtach; Anfahrt über die Autobahn A 3: Ausfahrt Bogen (Marienwallfahrtskirche auf dem Bogenberg mit prachtvoller Aussicht in die Donauebene), weiter auf der Landstraße in Richtung Viechtach.

Anschrift: Katholisches Pfarramt St. Englmar, Pfarrhofweg 2, D-94379 Sankt Englmar, Tel.: 09965/224; Tourist-Information St. Englmar, Rathausstraße 6, D-94379 Sankt Englmar, Tel.: 09965/84 03-21, Fax: 09965/84 03-30, E-Mail: tourist-info@sankt-englmar.de

Sankt Wolfgang bei Dorfen

Name der Wallfahrt: Wallfahrt zum hl. Wolfgang
Ort der Pfarrei: Sankt Wolfgang
Kirche: Pfarr- und Wallfahrtskirche St. Wolfgang
Bistum: München-Freising (Deutschland)
Pilgerzeiten: Ganzjährig; Festtag des hl. Wolfgang ist der 31. Oktober (Todestag).
Geschichte: Wolfgang wurde im Jahr 924 vermutlich in Württemberg geboren und war ab 972 Bischof von Regensburg. Der Überlieferung nach führte er ein streng asketisches Leben und setzte sich in seiner Diözese für die Bildung und die Einhaltung des geistlichen Lebens des Klerus ein. Im Oktober 994 starb er während einer seiner Reisen, wurde im Kloster St. Emmeram in Regensburg bestattet und bereits 1052 heilig gesprochen, nachdem sich mehrere wundersame Heilungen an seinem Grab ereignet hatten. Wolfgang stieg rasch zu einem überaus populären Heiligen auf und wurde vielerorts verehrt. Er ist ein typischer Vertreter für eine der mittelalterlichen Rastsagen, bei denen ein bestimmter Ort (oft eine Quelle oder ein besonders geformter Felsen oder Stein) mit dem irdischen Weg eines Heiligen verbunden wird.

Bei seiner Rast in der Nähe von Dorfen soll der hl. Wolfgang eine Quelle aus der Erde geschlagen haben, deren Wasser heilkräftige Wirkung hat. Die Quelle plätschert heute noch unter dem Altar der Wolfgangskapelle, und ein angebundener Becher zeigt, dass das wundertätige Wasser noch von den Gläubigen verwendet wird. Zur Quelle entwickelte sich eine Wallfahrt, und im 15. Jahrhundert ließ Graf Sigmund von Fraunberg und Haag eine Wallfahrtskirche bauen. Als die Reichsgrafen von Haag im Zuge der Reformation zum Protestantismus übertraten, ordneten sie die Schließung der Kirche an, zogen die Kirchengüter ein und verboten die Wallfahrten zum hl. Wolfgang. Erst als die (katholischen) Wittelsbacher das ausgestorbene Geschlecht derer von

Haag beerbten, wurde die Kirche wieder geöffnet und die Wallfahrt neu belebt. Doch erreichte sie nie mehr die Bedeutung, die sie vormals hatte. Das ist wohl auch der Grund, warum bei der Barockisierung der Kirche im 17. Jahrhundert viel vom gotischen Inventar übernommen und nicht durch neue Stücke ersetzt wurde.

Kunst: Die Pfarr- und Wallfahrtskirche St. Wolfgang wurde 1439-77 neben der alten Kapelle erbaut und 1484 geweiht. Betritt man heute das Gotteshaus, befindet sich links die Wolfgangskapelle mit der wundertätigen Quelle und dem Gnadenbild des hl. Wolfgang auf dem Altar, geradeaus erreicht man über ein paar Stufen das Kirchenhauptschiff. Ein Großteil der Ausstattung stammt noch aus der Zeit der Spätgotik und wird auf um 1480 datiert. Dazu gehören die meisten der Figuren und Reliefs, die auf dem früheren Hauptaltar standen und in den neuen Hochaltar von 1679 integriert wurden, wie z.B. die von den hll. Rittern Sigismund und Georg flankierte Statue des Kirchenpatrons.

Lage: St. Wolfgang liegt rund 50 km östlich der bayerischen Landeshauptstadt München im Südosten des Landkreises Erding an der Bundesstraße B 15 (Deutsche Ferienroute Alpen-Ostsee) zwischen Wasserburg am Inn und Landshut.

Anschrift: Katholisches Pfarramt St. Wolfgang, Hauptstraße 11, D-84427 Sankt Wolfgang, Tel.: 08085/704, Fax: 08085/18 95 05, E-Mail: St-Wolfgang.Sankt-Wolfgang@erzbistum-muenchen.de

Santiago de Compostela

Name der Wallfahrt: Wallfahrt zum hl. Jakobus dem Älteren (Jacobus Major)
Ort der Pfarrei: Santiago de Compostela
Kirche: Catedral de Santiago de Compostela
Bistum: Santiago de Compostela (Spanien)
Pilgerzeiten: Ganzjährig; der Festtag des hl. Jakobus d. Ä. (und Nationalfeiertag in Spanien) ist der 25. Juli (großes Feuerwerk am Vorabend); das nächste hl. Jahr (Öffnung der Hl. Pforte) ist 2010; die Kathedrale ist täglich 8.00-20.00 Uhr zugänglich (keine Besichtigung während der Gottesdienste); im Juli und August kommt es zum Massenandrang (Schulferien).

Geschichte: Santiago de Compostela (Santiago von spanisch „Sant Jago" für „Sankt Jakob", Compostela von lateinisch „campus stellae" für „Sternenfeld") im äußersten Nordwesten Spaniens, das die Römer als Ende der Welt bezeichneten (finis terrae), war einst Hauptstadt des Königreichs Galizien (1066-1480) und im Mittelalter wichtigste christliche Wallfahrtsstätte neben Rom und Jerusalem. Auch heute noch gehört das alte Pilgerzentrum am Ende des berühmten, 1987 zum ersten europäischen Kulturweg erhobenen „Jakobswegs" (Camino de Santiago) zu den bedeutendsten Wallfahrtsorten des Christentums und gilt als Symbol des christlichen Spanien. Im Mittelpunkt steht die romanische Kathedrale mit der barocken Westfassade und dem angeblich um 815 entdeckten Grab des Apostels Jakobus des Älteren, dem die Stadt sowohl ihre Berühmtheit und ihren Reichtum, der sich in zahlreichen prunkvollen Bauten zeigt, als auch ihren Namen verdankt. Von Karl dem Großen wird berichtet, er habe die Vision eines Sternenweges von Friesland über Deutschland, Italien, Frankreich, Aquitanien, die Gascogne und Navarra bis nach Galizien zum Grab des Apostels in einem Sternenfeld gehabt, und Papst Calixtus II. (1119-24) habe diese Erscheinung schließlich als Wallfahrtsweg gedeutet.

Um das Leben des Jakobus, einem der zwölf Apostel Jesu, ranken sich zahllose Legenden. Im Markusevangelium (3,17) wird erzählt, dass er der Sohn eines Fischers namens Zebedäus und dessen Frau Salome war. Jakobus soll gerade Netze ausgebessert haben, als Jesus an das Ufer trat und er – gemeinsam mit seinem jüngeren Bruder Johannes, der ebenfalls einer der zwölf Apostel wurde – ihm folgte (Matthäusevangelium 4,21 und 22). Die beiden gehörten zu den engsten Vertrauten des Heiland und begleiteten ihn bei der Erweckung der Tochter des Jairus (Markusevangelium 5,37; Lukasevangelium 8,51), bei seiner Verklärung auf dem Berg Tabor (u.a. Matth. 17,1ff.) und bei seiner Todesangst im Garten Gethsemane (Mark. 14,33; Matth. 26,37ff.).

Jesus soll die beiden Brüder als „Söhne des Donners" („Boanerges") bezeichnet haben (Mark. 3,17), vielleicht ein Hinweis auf ihren aufbrausenden Charakter. Nach dem Tode Jesu findet sich in der Bibel nur noch der Hinweis, dass Jakobus von König Herodes Agrippa um Ostern des Jahres 44 durch das Schwert hingerichtet wurde (Apostelgeschichte 12,2). Damit war er der erste Apostel, der den Märtyrertod starb. Bei der Hinrichtung soll Jakobus in letzter Minute noch einen der Henkersknechte zum christlichen Glauben bekehrt haben, worauf dieser ebenfalls enthauptet wurde. An der mutmaßlichen Stelle seines Todes in Jerusalem errichtete Kaiserin Helena im 4. Jahrhundert eine Kirche, die sie ihm weihen ließ. Im 12. Jahrhundert erbauten an der gleichen Stelle die Kreuzfahrer eine Kirche, die heutige Patriarchatskirche der Armenier in Jerusalem.

Eine der populärsten Legenden um Jakobus den Älteren kam im 7. Jahrhundert auf und berichtet, dass er nach dem Tode Jesu zunächst in Judäa und Samaria das Evangelium verkündet habe, dann nach Spanien gereist sei und dort gewirkt habe, bevor er wieder nach Jerusalem zurückkehrte. Nach seiner Hinrichtung sei sein Leib von seinen Jüngern in ein steuerloses Boot gelegt worden, das – von Engeln geleitet – an die spanische Küste trieb, genau zu der Stelle, an der Jakobus auf seiner Reise das Land betreten hatte, in Compostela in Galizien. Hier soll sein Leichnam begraben worden sein, und sogar die Mauren sollen davor zurückgeschreckt sein, sein Grab zu schänden. Eine über seinem Grab errichtete, 899 geweihte Kirche (Baubeginn der heutigen Kathedrale um 1075, Weihe 1211), wurde zur Wallfahrtsstätte für Pilger aus der ganzen Welt, die unter großen Anstrengungen und Gefahren oft monatelang unterwegs waren. Nach und nach bildete sich ein System von Pilgerstraßen, an denen weitere Wallfahrtsziele lagen, und in den spanischen Hafen Padrón liefen zahlreiche Schiffe mit Gläubigen aus England, Norddeutschland und Skandinavien ein. Die in der Bucht vorkommenden großen Muscheln nähten sich die Pilger zu Ehren des hl. Jakobus und als Pilgerzeichen an die Kleidung. Seither ist die „Jakobsmuschel" nicht nur Attribut des Apostels, sondern auch Pilgeremblem.

Die große Bedeutung des Jakobus für Spanien gründet sich auf zahlreiche Legenden wie z.B. die, dass er in der Schlacht von Clavijo gegen die Mauren im Jahr 843 persönlich in den Kampf eingegriffen und die Schlacht entschieden haben soll. So wurde Jakobus zum „Herrn Spaniens", und Spanien in den folgenden Jahrhunderten „Jakobsland" genannt. Papst Sixtus IV. erkannte im 15. Jahrhundert eine Pilgerfahrt nach Santiago de Compostela sogar als gleichwertig zu einer nach Jerusalem oder Rom an.

Auch heute noch kommen jedes Jahr Hunderttausende von Pilgern nach Compostela, viele von ihnen auf dem Jakobsweg, dessen Hauptroute von Zentralfrankreich über die Pyrenäen nach Galizien führt. Besonders groß ist der Pilgerstrom in den so genannten heiligen Jahren, wenn der offizielle Festtag des Jakobus, der 25. Juli, auf einen Sonntag fällt, denn nur dann wird das zu Beginn des 17. Jahrhunderts im römischen Stil erbaute Portal der Kathedrale, die „Heilige Pforte" oder „Gnadenpforte" (Puerta del Perdon), geöffnet.

Das erste hl. Jahr nach dem Zweiten Weltkrieg war 1948. Damals lud die katholische Jugend Spaniens die ganze katholische Welt, besonders die Lateinamerikas und Portugals, zur Wallfahrt nach Santiago ein, um die mittelalterliche, christliche Tradition wieder zu beleben. Über eine halbe Million Pilger leisteten dem Aufruf Folge. Im Jahr 2004, dem letzten hl. Jahr kamen rund 200 000. Seit der brasilianische Schriftsteller Paulo Coelho (geb. 1947) „Auf dem Jakobsweg", das Tagebuch seiner Pilgerreise nach Santiago de Compostela, herausgab und darin schrieb, dass der Weg der Erkenntnis allen Menschen offen stehe und bei den einfachen Dingen des Lebens beginne, setzen sich auch wieder vermehrt junge Wallfahrer in Marsch. Oft hört man den traditionellen Ruf der Jakobspilger: „E ultreia! E sus eia! Deus aia nos y Santiago!'" (Weiter! Auf geht's! Gott steh uns bei und Sankt Jakobus!) Ob Arm oder Reich, Jung oder Alt, ob auf Schusters Rappen oder als Pedalritter, ob auf der Suche nach Selbstfindung, aus kunsthistorischem Interesse, Abenteuerlust oder einfach aus Spaß am Wandern oder Radeln unterwegs, alle haben sie dasselbe Ziel vor Augen: Die (auf den spanischen 1-, 2- und 5-Cent-Münzen abgebildete) Kathedrale von Santiago de Compostela mit der großen Sitzfigur des Jakobus aus dem 13. Jahrhundert in der mittleren Chorkapelle (Capilla Mayor) und seinem silbernen Reliquienschrein von 1886 in der Krypta.

Lage: Santiago de Compostela mit seinen zahlreichen Kirchen und der gut erhaltenen Altstadt (seit 1985 UNESCO-Weltkulturerbe) liegt im äußersten Nordwesten Spaniens nahe der Atlantikküste (Cabo Finisterre) und ist die Hauptstadt der Provinz Galicia sowie Universitätsstadt und Erzbischofsitz; die schnellste Anreise ist per Flugzeug; für den rund 700 km langen, geschichtsträchtigen Pilgerweg von Roncesvalles über Pamplona, Burgos und León nach Santiago de Compostela sollte man mindestens einen Monat einplanen; wer in den günstigen Pilgerherbergen (refugios) übernachten will, braucht einen Pilgerausweis (kann bei den Pilgerbüros beantragt werden).

Anschrift: Catedral de Santiago de Compostela, Plaza do Obradoiro, E-15703 Santiago de Compostela; Bayerisches Pilgerbüro e.V., Postfach 20 05 42, D-80005 München, Tel.: 089/545 81-10, Fax: 089/545 81-169, E-Mail: bp@pilgerreisen.de; Deutsche St.-Jakobus-Gesellschaft e.V., Tempelhofer Straße 21, D-52068 Aachen, Tel.: 0241/47 90-127, Fax: 0241/47 90-112; St. Jakobusbruderschaft Trier, Krahnenufer 19, D-54290 Trier, Fax: 0651/945 12 17, E-Mail: frage@sjb-trier.de; Deutscher Lourdes Verein Köln, Schwalbengasse 10, D-50667 Köln, Tel.: 0221/99 22 21-0, Fax: 0221/99 22 21-29, E-Mail: info@lourdes-verein.de; Pilgerbüro Regensburg, Obermünsterplatz 7, D-93047 Regensburg, Tel.: 0941/59 72-242, Fax: 0941/59 72-403, E-Mail: pilgerbuero@bistum-regensburg.de

Sellin/Insel Rügen
Name der Wallfahrt: Wallfahrt zu „Maria Meeresstern"
Ort der Pfarrei: Bergen
Kirche: Kapelle „Maria Meeresstern"
Bistum: Berlin (Deutschland)
Pilgerzeiten: Die Marienwallfahrt findet am ersten Wochenende im September um Mariä Geburt (8. September) statt.
Geschichte: Auf einem Hügel der Granitz, einem Buchenwaldgebiet, entstand 1912 die Kapelle „Maria Meeresstern", ein neugotischer Backsteinbau mit einem nur auf der nördlichen Seite ausgebauten Querschiff einschließlich Empore. Die durch August Kaufhold umgebaute Basilika wurde am 9. Juni 1912 geweiht, die Wallfahrer waren zunächst überwiegend polnische Landarbeiter. 1937/38 renovierte man die Kirche und versah sie dabei mit einem in Oberammergau geschnitzten Holzaltar, der die Gottesmutter mit dem Jesuskind darstellt, und einem kleinen Glockenturm, der aber erst seit 1964 Glocken trägt.
Bischof Weskamm initiierte 1951 ein jährliches Treffen am Pfingstmontag, auf dem Hunderte Heimatvertriebener zusammen kamen, um ihr traditionelles und religiöses Brauchtum pflegen und erhalten zu können. 1952 stifteten die Wallfahrer einen geschnitzten Altar und das Relief „Vom reichen Fischfang". Ende der 60er Jahre wurde die Selliner Marienwallfahrt, die immer um Mariä Geburt stattfindet, aus politischen Gründen nach Bergen verlegt.
Lage: Die Wallfahrtskapelle liegt zwischen den Rügener Ostseebädern Sellin und Binz inmitten des dichten Buchenwaldes der Granitz (Jagdschloss Granitz mit Aussichtsturm; 9 km langer Hochuferweg Binz-Sellin mit Blick auf die Jasmunder Steilküste) im Osten der Insel; Anfahrt: von Stralsund auf der Bundesstraße B 96 nach Bergen (evangelische Marienkirche, der älteste Kirchenbau Rügens) und von dort weiter auf der B 196 in Richtung Binz, Sellin.
Anschrift: Kapelle „Maria Meeresstern", Waldweg, D-18586 Ostseebad Sellin; Katholisches Pfarramt St. Bonifatius, Clementstraße 1, D-18528 Bergen/Rügen, Tel.: 03838/20 93 51, Fax: 03838/20 93 50, E-Mail: kath.Kirche.Ruegen@t-online.de

Soller
Name der Wallfahrt: Wallfahrt zu „Unserer Lieben Frau"
Ort der Pfarrei: Vettweiß-Soller
Kirche: Pfarrkirche St. Gangolf
Bistum: Aachen (Deutschland)
Pilgerzeiten: Mai bis September; die

Hauptwallfahrtszeit ist die Woche nach dem Fest „Mariä Geburt" (8. September).
Geschichte: Der Ort Soller, neun Kilometer südlich von Düren gelegen, wurde erstmalig in einer Urkunde über die Schenkung an Groß St. Martin in Köln im Jahre 989 erwähnt. Allerdings ist das Dokument gefälscht, ausschlaggebend für die Erstnennung ist also dessen genaues Herstellungsdatum, das unbekannt ist. Ein Matronenstein und andere Funde aus der Römerzeit sind Belege für die frühe Besiedlung, merowingerzeitliche Reihengräber aus dem 6. und 7. Jahrhundert verweisen auf Siedlungskontinuität. Schon von weitem sieht man den hohen, schlanken Turm der St.-Gangolfus-Pfarrkirche, deren älteste Teile aus dem 11. Jahrhundert stammen. Nach dem Zweiten Weltkrieg wurde sie umfassend renoviert.
Direkt neben der Kirche baute man 1895 eine Lourdesgrotte, zu der schon bald eine Menge Gläubige kam. Auch heute noch ist die Wallfahrt attraktiv und zieht besonders in der Septemberoktav viele Pilger aus der ganzen Umgebung an.
Lage: Soller gehört zur Gemeinde Vettweiß und liegt knapp 10 km südlich von Düren (Wallfahrtskirche St. Anna, Papiermuseum, Wasserschloss Burgau im südlichen Ortsteil Niederau, Wallfahrt zum hl. Arnold im nördlichen Ortsteil Arnoldsweiler) bzw. rund 30 km östlich der Bischofsstadt Aachen (Marienmünster) am Nordrand der Rureifel; Anfahrt über die Autobahn A 1: Ausfahrt Euskirchen, weiter auf der Bundesstraße B 56 über Zülpich nach Soller.
Anschrift: Katholisches Pfarramt St. Gangolf, An der Grotte 10, D-52391 Vettweiß-Soller, Tel.: 02425/12-71, Fax: 02425/12-14

Solnhofen
Name der Wallfahrt: Wallfahrt zum hl. Sola (Sualo)
Ort der Pfarrei: Pappenheim
Kirche: Kirche St. Sola
Bistum: Eichstätt (Deutschland)
Pilgerzeiten: Das Hochfest wird um den 5. Dezember begangen; Gottesdienste samstags 18.00 Uhr, sonntags 9.00 oder 10.15 Uhr (keine Sonntagsgottesdienste während der Schulferien)
Geschichte: Der angelsächsische Benediktinermönch Sola (Sualo), ein Zeitgenosse und Landsmann der Glaubensboten Willibald, Wunibald und Walburga, wurde um 750 von Bonifatius aus dem Kloster Fulda in das fränkische Grenzgebiet entsandt und hauste einer Legende nach zuerst in der Solahöhle „am Käppeleinsberg". 793 schenkte ihm Kaiser Karl der Große „den Ort, den er bewohnte". Ein unterirdischer Gang führte von dort ins Dorf, das später seinen Namen tragen sollte. Am 3.

Dezember 794 starb Sola und vermachte seine „Cella Solae" dem Kloster Fulda, das eine Propstei errichtete. 839 wurde Sola heilig gesprochen, und der Mönch Ermanrich verfasste eine Biographie, in der von Wunderheilungen und früher Verehrung die Rede ist.

Schon am Anfang des 13. Jahrhunderts ist eine Pfarrkirche bezeugt. 1233, 1235 und 1244 wird für Solnhofen ein Plebanus (weltlicher Priester) genannt.

Das Vorhandensein einer ehemaligen Kapelle St. Sola ist aus den Urkunden zu schließen: Der Klosterverwalter Grötsch berichtet über das Einreißen der beiden Kapellen St. Veit und St. Sola. Gottfried Stieber schreibt im Jahr 1761, am Anfang des Jahrhunderts hätte die Kapelle noch gestanden, zu seiner Zeit seien aber nur noch einzelne Quader an der Stelle zu finden. Der Grund für die Zerstörung ist nicht mehr nachvollziehbar. Heute sieht man nur noch die Grundmauern der Kapelle an der Solahöhle.

Auch die alte katholische Pfarrkirche im überwiegend protestantischen Solnhofen wurde im 18. Jahrhundert abgebrochen und neu errichtet, das Grab des Heiligen allerdings erhalten. Als man es 1828 im Beisein einer Königlichen Regierungskommission öffnete, war es leer, offenbar waren die Gebeine schon in der Reformation verloren gegangen. Eine größere Reliquie war jedoch nach Fulda gelangt, dem Stammkloster der Propstei Solnhofen. Während eines Besuchs des damaligen Bischofs von Eichstätt 1867 in Fulda teilte der Bischof von Fulda die Reliquie, von der ein Teil nach Eichstätt kam. Von hier aus wurde sie mit einer Fußwallfahrt am 23. November 1991 von Pilgern aus Solnhofen und Pappenheim nach Solnhofen geholt, so dass der hl. Sola nun an seinen Wirkungsort zurückgekehrt ist.

Gegen Ende des 19. Jahrhunderts hatten sich wieder einige Katholiken in Solnhofen niedergelassen, und eine neue katholische Kirche wurde geplant. Die Grundsteinlegung erfolgte am 9. August 1903, und die Weihe am 29. Oktober 1905. Anfang der 70er Jahre führte man eine umfassende Renovierung durch.

Die jüngste Solawallfahrt fand am 29. Oktober 2005 zum 100. Jubiläum der Solnhofer Kirche statt: Die Juragemeinden Ammerfeld, Emskheim und Rohrbach pilgerten zum hl. Sola und feierten dort einen festlichen Gottesdienst.

Lage: Solnhofen mit seinen berühmten Steinbrüchen (Fossilienreichtum!) liegt im Altmühltal (Radwanderweg Altmühltal!) zwischen Pappenheim und Eichstätt; Anfahrt über die Autobahn A 9: Ausfahrt Altmühltal, weiter nach

Eichstätt und von dort entlang der Altmühl über Dollnstein in Richtung Treuchtlingen.
Anschrift: Katholische Kuratie, Schützenstraße 4, D-91783 Pappenheim, Tel.: 09143/433, Fax: 09143/837 97 00, E-Mail: Kath-Kirche-Pappenheim@t-online.de

Sonntagberg

Name der Wallfahrt: Wallfahrt zur Hl. Dreifaltigkeit
Ort der Pfarrei: Sonntagberg
Kirche: Wallfahrtsbasilika und Pfarrkirche Hl. Dreifaltigkeit und St. Michael
Bistum: St. Pölten (Österreich)
Pilgerzeiten: Ganzjährig; die Hochfeste werden am Dreifaltigkeitssonntag (Sonntag nach Pfingsten) und am Schutzengelfest begangen; Gottesdienste sonntags (ganzjährig) 8.00, 9.15 und 10.30 Uhr (ab 1. Adventssonntag bis Palmsonntag nur 9.00 Uhr); im „Haus am Sonntagberg" (Unterkunft mit Vollverpflegung) werden regelmäßig Einkehrtage und Exerzitien angeboten.
Geschichte: Die 1964 von Papst Paul VI. zur „Basilika minor" erhobene Wallfahrtskirche auf dem hoch über über dem Ybbstal nördlich von Waidhofen aufragenden Sonntagberg ist der Hl. Dreifaltigkeit und dem Erzengel Michael geweiht und gehört zu den meistbesuchten Gnadenstätten Österreichs. Der Legende nach begann die Dreifaltigkeitswallfahrt im 14. Jahrhundert: Ein Viehhirte, der auf der Suche nach seiner Herde den damals von Wildnis bedeckten Berg erklommen hatte, schlief erschöpft ein, hatte zuvor aber noch die Hl. Dreifaltigkeit um Hilfe gebeten. Als er aufwachte, fand er zunächst auf einem Felsen ein Stück Brot und wenig später auch seine Schafe wieder.
Im Jahre 1440 errichtete man auf dem Salvatorberg, wie der Sonntagberg auch genannt wurde, eine erste Dreifaltigkeitskapelle, und wiederum ein halbes Jahrhundert später ließ der Abt des nahen Benediktinerklosters Seitenstetten eine größere Kirche erbauen. Angesichts des im Zuge der Rekatholisierung stetig wachsenden Pilgerstroms entstand 1706-32 nach den Plänen des St. Pöltener Baumeisters Jakob Prandtauer (Architekt des Stifts Melk) ein stattlicher, zweitürmiger Neubau (Langhaus 59 mal 21 Meter), der bereits 1729 geweiht wurde, dessen Ausgestaltung im Stil des Hochbarock sich aber bis Mitte des Jahrhunderts hinzog. Die von Daniel Gran und Antonio Tassi in siebenjähriger Arbeit geschaffenen Deckenfresken – das riesige Kuppelgemälde zeigt den Lobpreis der Hl. Dreifaltigkeit – zählen zu den Meisterleistungen der österreichischen Barockmalerei. Der monumentale, frei stehende Hochaltar wurde 1756 fertig gestellt und stammt von dem Tiroler Künstler

Melchior Hefele. Zwölf Marmorsäulen, welche die zwölf Stämme Israels symbolisieren, tragen einen gewaltigen Baldachin. Im Zentrum steht das Gnadenbild von 1614, eine von zwei Engeln getragene so genannte Gnadenstuhldarstellung der Hl. Dreifaltigkeit (der gekrönte Gottvater hat das Kreuz mit dem Sohn auf dem Schoß und der Hl. Geist in Gestalt einer Taube darunter) auf einer Kupfertafel in prachtvollem Silberrahmen, flankiert von großen, vergoldeten Statuen von Moses, Aaron, Melchisedek und Ezechiel. In der Nähe des Hauptportals (u.a. plastische Darstellung des Gnadenbildes) stehen, umgeben von einem kunstvollen Rokokogitter, der durch die Legende bekannte „Zeichenstein" und eine Plastik des schlafenden Hirten. Viel ist von dem mirakulösen Felsen allerdings nicht mehr übrig, da sich die Gläubigen im Laufe der Jahrhunderte immer wieder Stückchen davon abgeschlagen haben. Eines dieser Bruchstücke, die als bewährtes Mittel gegen alle möglichen Gebrechen galten, hat seinen Platz neben dem Gnadenbild auf dem Hochaltar gefunden.

Das alte Pilgerhaus direkt neben der Kirche konnte 1997 nach einer Generalsanierung wieder eröffnet werden (Restaurant, Gästehaus, Tagungsräume). Dort kann man auch an Einkehrtagen oder Exerzitien teilnehmen. Der Speisesaal mit Panoramablick ins Alpenvorland kann auch für Hochzeiten o.ä. gemietet werden.

Im Wald etwas unterhalb der Kirche steht eine 1745 gebaute Kapelle mit dem „Türkenbrunnen". Die Fassade ziert der hl. Erzengel Michael, das Innere des Kirchleins ist mit Muschelwerk ausgestaltet. Über dem Wasserbecken ist der „Gnadenstuhl" dargestellt. Aus den Wunden Jesu Christi an Händen und Brust fließt das Quellwasser. Eine Legende erzählt, wie Gott im Jahre 1529 die Kirche auf dem Sonntagberg und die dorthin geflohenen Bewohner der umliegenden Ortschaften vor den Türken beschützte: Fast oben angekommen, gingen alle Pferde der Angreifer plötzlich in die Knie und waren nicht mehr weiter bergwärts zu bewegen. Die Reiter jagten in wilder Flucht ins Tal hinunter, wo sie von mutigen Schmieden mit Schwerthieben niedergestreckt wurden und so den Frevel büßten, den sie an Gottes Heiligtum verüben wollten. Seither findet sich der Sonntagberger „Gnadenstuhl" in der Region in zahlreichen Bildstöcken und Kapellen.

Lage: Der schon von der Autobahn aus zu sehende Sonntagberg mit der Wallfahrtskirche liegt im Tal der Ybbs unweit von Waidhofen (Niederösterreich); Anfahrt über

die Autobahn A 1: Ausfahrt Amstetten-West, weiter in Richtung Waidhofen (B 121) bis zur Ortschaft Gleiß, dort zum Sonntagberg abbiegen.
Anschrift: Katholisches Pfarramt Sonntagberg, Sonntagberg 1, A-3332 Rosenau, Tel.: 0043/7448/25 85; Haus am Sonntagberg, Sonntagberg 6, A-3332 Rosenau, Tel.: 0043/7448/33 39-0, Fax: 0043/7448/33 39-50, E-Mail: haus@sonntagberg.at

Speyer/Dom

Name der Wallfahrt: Wallfahrt zur „Patrona Spirensis"
Ort der Pfarrei: Speyer
Kirche: Dom St. Maria und St. Stephan
Bistum: Speyer (Deutschland)
Pilgerzeiten: Ganzjährig; Hochfest mit abendlicher Lichterprozession durch den Domgarten am 15. August (Mariä Himmelfahrt); Festtag des hl. Papstes Stephan(us) ist der 2. August; Gottesdienste Sonn- und Feiertage um 7.00, 8.30, 10.00 und 18.00 Uhr; Domöffnungszeiten: April-November 9.00 bis 19.00 Uhr, November-April 9.00 bis 17.00 Uhr, sonntags 12.00 bis 17.00 Uhr; während der Gottesdienste keine Dombesichtigung möglich; Museumsöffnungszeiten: Dienstag bis Sonntag 10.00 bis 18.00 Uhr; Dom- und Museumsführungen nach Absprache
Geschichte: Der Speyerer Kaiserdom ist eines der bedeutendsten Zeugnisse mittelalterlicher Architektur, nicht nur eines der reifsten Beispiele romanischer Baukunst, sondern auch die größte erhaltene romanische Kirche überhaupt (nach der Zerstörung von Cluny, das nach der Französischen Revolution verkauft und als Steinbruch ausgebeutet wurde). Als Grabstätte salischer, staufischer und Habsburger Herrscher (acht Kaiser und Könige sind hier bestattet) ist er geradezu das Symbol des mittelalterlichen Kaisertums. 1981 nahm ihn die UNESCO in die Liste des Kultur- und Naturerbes der Welt auf.

Speyer war schon von den Kelten besiedelt, auch wenn sich aus dieser Zeit wenig erhalten hat. Zur Römerzeit hieß die Stadt „Civitas Nemetum", im 7. Jahrhundert tauchte der Name „Spira" auf, und im selben Jahrhundert wurde Speyer erneut Bischofssitz, nachdem bereits 346 ein Bischof von Speyer erstmals urkundlich erwähnt ist. In der heutigen Form wurde das Bistum 1817 in den Grenzen des bayerischen Rheinkreises errichtet. Seit 1294 Reichsstadt, war Speyer bis 1570 mehr als 50-mal Tagungsort des Reichstages. Im 16. und 17. Jahrhundert war die Freie Reichsstadt Sitz des Reichskammergerichts, 1689 erlitt sie im Pfälzer Erbfolgekrieg schwere Zerstörungen.

Die bedeutendste Wallfahrtskirche im Bistum Speyer ist der Kaiser-

und Mariendom. Wie schon die merowingerzeitliche Vorgängerkirche hatte der salische Dom die Gottesmutter Maria zur Patronin. Um 1030 begann der Salierkaiser Konrad II. den Bau, den er bewusst zum größten Dom des ganzen christlichen Abendlandes machen wollte. 1061 schon wurde er von Bischof Gundekar von Eichstätt geweiht, 1082-1125 erfolgte unter den Kaisern Heinrich IV. und Heinrich V. ein grundlegender Umbau. Im Laufe der Jahrhunderte wurden Teile und Türme des Doms zerstört (etwa durch die verheerenden Brände 1137 und 1159) und wieder aufgebaut. Das romanische Gesamtbild blieb jedoch im Wesentlichen erhalten. Viele Umgestaltungen, die sich mit dem ersten Baubild und der Bedeutung des Doms nicht vertrugen, wurden bei der 1957 einsetzenden Restaurierung wieder beseitigt. Anlässlich der 900-Jahr-Feier im Jahr 1961 war der Dom fast wieder in dem Zustand, den ihm die Kaiser während der Entstehungszeit gegeben hatten.

Historisch bedeutend ist der Besuch des berühmten Zisterzienserabtes Bernhard von Clairvaux an Weihnachten 1146 im Speyerer Dom: In einer wortgewaltigen Predigt rief er den deutschen König Konrad III. und Tausende von Rittern zur Teilnahme am zweiten Kreuzzug auf. Konrad, der sich lange verweigert hatte, stimmte letztlich zu, doch vor allem wegen organisatorischer Mängel scheiterte die Unternehmung drei Jahre darauf kläglich.

Im pfälzischen Erbfolgekrieg verwüsteten die Truppen Ludwigs XIV. die Kurpfalz 1689 systematisch. Die Orte Heidelberg, Mannheim, Frankenthal und Dürkheim waren schon eingeäschert, bevor sie nach Speyer kamen. Im Dom brachen sie die Kaisergräber auf und plünderten sie, und das Bauwerk selbst geriet in Brand. Hundert Jahre darauf, der Dom war gerade wieder im barocken Stil restauriert, wütete im Laufe der Französischen Revolution der aufgeputschte Pöbel im Dom und zerstörte alle Altäre. Nach der Säkularisation wollte man den Dom sogar abreißen und als Steinbruch verwenden.

Als die Pfalz nach dem Wiener Kongress 1815 bayerisch geworden war, ließ König Max I. das Gebäude als Bischofskirche wiederherstellen. 1846-53 malten Johann Schraudolph und Joseph Schwarzmann den Dom im nazarenischen Stil aus, 1854-59 ließ der König durch den Karlsruher Baudirektor Heinrich Hübsch den westlichen Querbau mit den beiden Vordertürmen im neuromanischen Stil errichten. Im Frühjahr 1957 begann eine umfassende Domrestaurierung. Die Ausmalung und der

Verputz des 19. Jahrhunderts wurden entfernt, von den Fresken Schraudolphs blieb lediglich der 24-teilige Marienzyklus erhalten. Die Pfeiler bekamen zur Festigung Zementinjektionen. Zuletzt wurde der Boden auf das alte Niveau gebracht, so dass Größe und Harmonie des Raumes wieder wie ehedem zum Ausdruck kamen. Seit 1996 läuft ein neues Restaurierungsprojekt, das voraussichtlich 2010 beendet sein wird. 1995 wurde ein Dombauverein gegründet, der die Arbeiten ideell und finanziell unterstützt. Auch die „Europäische Stiftung Kaiserdom zu Speyer" betreibt die langfristige Erhaltung der Kathedrale, die der Gottesmutter Maria und dem hl. Papst Stephan(us) I. (254-57) geweiht ist, dessen Kopfreliquie Kaiser Heinrich III. 1047 von Rom nach Speyer gebracht hatte.

Das erste historisch fassbare Marien-Gnadenbild, das noch in salischer Zeit aufgestellt wurde, war eine thronende vergoldete Madonna. Zu Beginn des 14. Jahrhunderts wurde sie durch eine stehende Madonna im gotischen Stil ersetzt. Als heilbringendes Gnadenbild hochverehrt und mit Weihegaben reich beschenkt, zog sie über die Jahrhunderte hinweg Pilger aus aller Welt nach Speyer. Wie durch ein Wunder überstand sie den Dombrand 1689, doch ein Jahrhundert später, im Januar 1794, wurde sie mit dem ganzen Inventar des Domes von französischen Revolutionstruppen verbrannt, was das Ende der Wallfahrt bedeutete. Eine Kopie des alten Wallfahrtsbildes blieb im Kaisersaal des Domes erhalten, es ist die 1777 von Joachim Günther geschaffene Madonna.

Das heutige Gnadenbild hat der Münchner Bildhauer August Weckbecker (1888-1939) geschaffen. Zuvor von Papst Pius XI. in Rom persönlich geweiht, wurde es 1930 anlässlich des 900-jährigen Jubiläums der Grundsteinlegung des Kaiserdoms feierlich in die Kathedrale überführt. Damit belebte sich auch wieder die Wallfahrt zur „Patrona Spirensis". Als berühmtester Pilger kniete Papst Johannes Paul II. bei seinem Besuch in Speyer am 4. Mai 1987 vor der Madonna.

Kunst: Wie eine Insel in der Talaue sieht man schon von weitem den Dom zehn Meter über dem Rhein aufragen. Je zwei Türme im Osten und Westen begrenzen den Bau und krönen ihn zugleich. Zwischen diesen erheben sich kleinere, achteckige Türme über der Vierung und über der Vorhalle. Fenster, Arkaden und Portale sind reich geschmückt, lombardische Steinmetze waren hier wahrscheinlich die Künstler.

Im Inneren hat die mächtige Pfeilerbasilika die gewaltigen Ausmaße von 134 Metern Länge und 46 Metern Höhe (in der Kuppel). Als erste romanische Kirche ist sie durchgehend gewölbt, eine bahnbrechende architektonische Leistung, die den großartigen Raumeindruck noch erhöht. Während das Mittelschiff hochromanisch anmutet, weisen die Seitenschiffe noch ganz die Grundzüge des ersten, frühromanischen Baus auf: Einheitliche Pfeilerarkaden, deren vorgesetzte Halbsäulen die Gewölbe tragen, reihen sich zu einer über 71 Meter langen, völlig symmetrischen Raumflucht. Unter Chor und Chorschiff befindet sich die Krypta, zugänglich über Treppen, die von den östlichen Enden der Seitenschiffe in diesen Teil des Doms führen. Ungewöhnlich ist die Gewölbehöhe von sieben Metern. Die Krypta ist in drei Räume unterteilt, die jeweils annähernd quadratisch sind. Ihre frühromanischen Formen sind über die Jahrhunderte hinweg in eindrucksvoller Klarheit erhalten geblieben. Hier sind vier Kaiser, drei Kaiserinnen, vier Könige und fünf Bischöfe begraben.

Zu den schönsten Teilen des Domes gehört ohne Zweifel das Querhaus, das mit der 46 Meter hohen Kuppel über der Vierung und dem tonnengewölbten Chor eine harmonische Einheit bildet. Ganz ungewöhnlich sind die kleinen Kapellen in den Wänden von Querhaus und Chor, die sich mit jeweils zwei Rundbögen, die von einer Mittelsäule getragen werden, zum Innern des Domes hin öffnen.

Unter den Anbauten ist die Afrakapelle die architektonisch interessanteste. Der einschiffige, vierjochige Bau entstand um 1100 und wurde 1689 durch die Franzosen zerstört, ist jedoch 1850 wieder hergestellt worden. Sein besonderer Wert liegt in den ausgezeichneten Kapitellen. An das Seitenschiff wurde im 11. Jahrhundert die Emmeramskapelle angelehnt, über der man im Jahr 1857 die Katharinenkapelle errichtete.

Vor dem Dom befindet sich der „Domnapf", eine Steinschüssel von 1490, die bei der Einführung eines neuen Bischofs für das Volk mit Wein gefüllt wurde. 1314 wurde er zum ersten Mal erwähnt. Den Reif aus Bronze erhielt er 1982. Dieser trägt das Wappen des Hochstiftes Speyer und des Bischofs Ludwig von Helmstädt.

Zu besonderen feierlichen Anlässen wird der Domnapf auch heute noch mit Wein gefüllt, das Fassungsvermögen beträgt immerhin 1 580 Liter.

Auch das Historische Museum der Pfalz und die Domschatzkammer sind einen Besuch wert. Hier werden Teile der 1794 zerstörten Innenausstattung des Doms und der Kaiser-/Königsgräber gezeigt. In einer Multivisionsschau wird insbesondere auf die restauratorischen Schwierigkeiten, etwa beim Umgang mit den Schraudolphschen Fresken, aber auch auf andere künstlerische und architektonische Aspekte des Speyerer Doms eingegangen.

Lage: Die Bischofsstadt Speyer (Historisches Museum der Pfalz/Dommuseum) liegt auf der linken Seite des Rheins an der Autobahn A 61; die Anfahrt zum Dom ist auf den Bundesstraßen in Richtung Speyer ausgeschildert; Parkmöglichkeiten bestehen auf dem „Festplatz" (fünf Minuten Fußweg zum Domplatz); vom Bahnhof aus ist der Domplatz mit dem City-Shuttle-Bus zu erreichen.

Anschrift: Bischöfliches Ordinariat Speyer, Kleine Pfaffengasse 16, D-67346 Speyer, Tel.: 06232/102-118 (Führungen) oder 102-132 (Konzertinfos), Fax: 06232/102-119, E-Mail: info@bistum-speyer.de, domfuehrungen@bistum-speyer.de, dommusik@bistum-speyer.de; Dompfarramt Speyer, Edith-Stein-Platz 6, D-67346 Speyer, Tel.: 06232/102-140, Fax: 06232/102-144, E-Mail: dompfarrei@bistum-speyer.de; Historisches Museum der Pfalz, Domplatz, D-67346 Speyer, Tel.: 06232/13 25-0, Fax: 06232/13 25-40, E-Mail: info@museum.speyer.de

Speyer/Kloster St. Magdalena

Name der Wallfahrt: Wallfahrt zur hl. Edith Stein
Ort der Pfarrei: Speyer
Kirche: Klosterkirche St. Magdalena
Bistum: Speyer (Deutschland)
Pilgerzeiten: Ganzjährig; der Festtag der hl. Edith Stein ist der 9. August (Todestag); das Kloster bietet Meditationstage an.

Geschichte: Edith Stein kam am 12. Oktober 1891 im preußischen Breslau (heute Wroclaw, Polen) als elftes und jüngstes Kind einer jüdischen Kaufmannsfamilie zur Welt. Ihre Geburt fiel auf den Jom-Kippur-Tag, das große jüdische Versöhnungsfest. Als sie eineinhalb Jahre alt war, starb der Vater. Edith studierte nach dem mit Auszeichnung bestandenen Abitur ab 1911 in ihrer Heimatstadt Germanistik, Geschichte, Psychologie und Philosophie. 1913 wechselte sie nach Göttingen, wo sie ihr Philosophiestudium bei Edmund Husserl (1859-1938) fortsetzte, dessen Phänomenologie für sie zentrale Bedeutung gewann. 1915 legte sie ihr Staatsexamen wiederum mit Auszeichnung ab und folgte dann – nach einem Jahr freiwilligen Dienstes als Rot-Kreuz-Helferin in der Seuchenabteilung des Kriegslazaretts in Mährisch-Weißkirchen – Husserl nach Freiburg im Breisgau, wo sie summa cum laude promovierte. In der Dissertation beschrieb sie die

Empathie als eine spezifische Form des Wissens.

Bis 1919 war Edith Stein, unter dem Eindruck des Philosophie- und Psychologiestudiums zur Atheistin geworden, als wissenschaftliche Assistentin bei Husserl in Freiburg tätig. Während dieser Zeit beschäftigte sie sich mit politischen, sozialen und kulturellen Zeitthemen und schrieb u.a. „Einführung in die Philosophie". Nahe Verwandte bezeichneten sie inzwischen als „verstiegene und weltfremde Idealistin". Obwohl Professor Husserl sie persönlich mit einem Empfehlungsschreiben unterstützte, wurde ihr Antrag auf Habilitation sowohl in Freiburg als auch in Breslau abgelehnt – zunächst, weil sie eine Frau war, später aber auch wegen ihrer jüdischen Herkunft.

Ihre Bemühung um Selbstfindung führte Edith Stein schließlich zum christlichen Glauben. Den endgültigen Entschluss, zum Katholizismus zu konvertieren, fasste sie 1921 nach der Lektüre der Autobiographie der mittelalterlichen Heiligen Teresa von Ávila während eines mehrmonatigen Aufenthalts auf der Obstplantage ihrer Freundin und Studienkollegin Hedwig Conrad-Martius im pfälzischen Bergzabern. Am 1. Januar 1922 ließ sie sich in der Pfarrkirche St. Martin in Bergzabern auf die Namen Teresia Hedwig taufen. Einen Monat später, am Lichtmesstag (2. Februar), empfing sie das Sakrament der Firmung in der Hauskapelle des Bischofs von Speyer, auf dessen Vermittlung hin sie auch eine Anstellung als Studienrätin am Mädchengymnasium und am Lehrerinnenseminar der Dominikanerinnen von St. Magdalena in Speyer fand. Acht Jahre lang unterrichtete sie dort und lebte im Kloster, ohne jedoch Nonne zu sein. Sie hatte zwar bereits bei ihrer Taufe den Wunsch geäußert, in einen Orden eintreten zu wollen, doch hatte man ihr davon abgeraten.

Neben ihrer Tätigkeit als Lehrerin engagierte sich Edith Stein in Speyer weiterhin sehr im Bereich der Geisteswissenschaften sowie als Frauenrechtlerin. Sie verfasste u.a. die Schriften „Eine Untersuchung über den Staat" (1924) und „Das Ethos der Frauenberufe" (1930), betätigte sich als Übersetzerin christlicher Autoren (z.B. Newman, Thomas von Aquin) und hielt im In- und Ausland vielbeachtete Vorträge. Im Frühjahr 1931 wurde sie als Dozentin ans katholische Institut für Pädagogik in Münster berufen. Doch wegen ihrer jüdischen Abstammung fand ihre akademische Laufbahn schon zwei Jahre später nach der Machtübernahme der Nationalsozialisten ein abruptes Ende. Um das Institut nicht zu gefährden, gab sie als „Nicht-Arierin" im Frühjahr 1933 ihre Lehrtätigkeit auf. Aus ihrem Vorhaben, nach Rom zu fahren und Papst Piux XI. persönlich um die Veröffentlichung einer Enzyklika gegen den Antisemitismus zu bitten, wurde nichts, weil der Vatikan ihr Ersuchen um eine Audienz ablehnte. Doch sie schrieb dem Heiligen Vater einen Brief, der diesem im April 1933 versiegelt übergeben wurde.

Am 15. Oktober 1933, dem Festtag der hl. Teresa von Ávila, verwirklichte Edith Stein ihren langjährigen Traum und trat – mit dem Segen des Erzabts Raphael Walzer, aber zum großen Kummer ihrer 83-jährigen Mutter – in Köln dem Orden der Unbeschuhten Karmelitinnen bei, wo sie am 21. April 1938, im Jahr der großen Judenpogrome und am Todestag ihres Lehrers Edmund Husserl, als Schwester Teresia Benedicta a Cruce (vom Kreuz) ihr ewiges Gelübde ablegte. Während ihres Noviziats entstand neben kleineren Arbeiten ihr Hauptwerk „Endliches und Ewiges", in dem sie versuchte, die Seinslehre des Thomas von Aquin (1225-74) mit der Phänomenologie Husserls und der Metaphysik von Augustinus zu verbinden. Die Veröffentlichung der Schrift wurde jedoch von den Nazis verboten.

Am 31. Dezember 1938 musste Edith Stein wegen ihrer jüdischen Wurzeln aus Deutschland fliehen. Ein befreundeter Arzt brachte sie mit seinem Wagen über die Grenze in den niederländischen Karmel Echt. Dort beschäftigte sie sich intensiv mit Johannes vom Kreuz. Im Auftrag der Kirche sollte sie eine Abhandlung zum 400. Jahrestag seiner Geburt 1942 erarbeiten. Ihr Werk „Kreuzeswissenschaft" blieb jedoch unvollendet, da der offene Widerstand der katholischen Bischöfe in den Niederlanden gegen die Judenverfolgung ihr Verderben einleitete: Obwohl die deutsche Besatzungsmacht Anfang Juli 1942 klargemacht hatte, daß sie jeden weiteren Protest dagegen im Keim ersticken werde, ließ die katholische Kirche am 26. Juli 1942 als einzige christliche Kirche des Landes einen Hirtenbrief zu diesem Thema von den Kanzeln verlesen. Die Nazis reagierten umgehend und deportierten als erstes alle jüdischen Katholiken in Konzentrationslager.

Am Abend des 2. August 1942 wurde Edith Stein zusammen mit ihrer Schwester Rosa, die 1936 nach dem Tod der Mutter ebenfalls den katholischen Glauben angenommen und 1940 in das Kloster Echt gekommen war, von der Gestapo abgeholt und – nach kurzem Aufenthalt im Sammellager Westerbork – ins Vernichtungslager Auschwitz-Birkenau (heute

Oswiecim, Polen) verschleppt, wo beide (wahrscheinlich unmittelbar nach Ankunft des Zuges) am 9. August in der Gaskammer ermordet wurden. (Bis 1945 wurden noch drei weitere Stein-Geschwister und deren Angehörige von den Nazis umgebracht.) Auf eine mögliche Flucht in die Schweiz hatte Edith Stein verzichtet, da die Schweizer Behörden nur für sie allein eine Einreise- und Aufenthaltserlaubnis im dortigen Karmel Le Paquier erteilt hatten, sie Rosa aber nicht zurücklassen wollte.

Ein Jude aus Köln, der auch im Lager Westerbork war, aber das Glück hatte, der Deportation nach Polen zu entgehen, berichtete nach dem Krieg: „Unter den am 5. August eingelieferten Gefangenen fiel Sr. Benedicta auf durch ihre große Ruhe und Gelassenheit. Der Jammer im Lager und die Aufregung bei den Neueingetroffenen waren unbeschreiblich. Sr. Benedicta ging unter den Frauen umher, tröstend, helfend, beruhigend wie ein Engel. Viele Mütter, fast dem Wahnsinn nahe, hatten sich schon tagelang nicht um ihre Kinder gekümmert und brüteten in dumpfer Verzweiflung vor sich hin. Sr. Benedicta nahm sich sofort der armen Kleinen an, wusch und kämmte sie, sorgte für Nahrung und Pflege. Solange sie im Lager war, entwickelte sie mit Waschen und Putzen eine rege Liebestätigkeit, so daß alle darüber staunten."

Am 1. Mai 1987 wurde Edith Stein beim Deutschlandbesuch von Papst Johannes Paul II. in Köln selig gesprochen und am 11. Oktober 1998 in Rom in den Stand der Heiligen erhoben. Als Gedenktag für die Märtyrerin wurde der 9. August festgelegt.

Doch die erste Kanonisation einer Katholikin jüdischer Abstammung in der Kirchengeschichte – der Vatikan wollte die Heiligsprechung als Zeichen der Versöhnung mit dem Judentum gewertet wissen – wurde, wie schon die Seligsprechung elf Jahre zuvor, nicht ohne Widerspruch aufgenommen. Bis heute steht die Frage, ob die Ordensfrau – wie es das Kirchenrecht bei einer Heiligen fordert – als Märtyerin für den christlichen Glauben gestorben ist, oder ob sie getötet wurde, weil sie Jüdin war, wie nicht wenige Kritiker meinen.

Im Bistum Speyer wird die neue Heilige besonders geachtet. Das Zentrum der Edith-Stein-Verehrung in der Diözese ist das Kloster St. Magdalena in Speyer, das bald nach der Gründung im Jahre 1232 zum heutigen Dominikarinnen-Kloster umgewandelt wurde. Ursprünglich hatte das Kloster, das idyllisch in der Speyerer Altstadt liegt, dem Reuerinnen-Orden angehört. Die Reformationszeit, den Stadtbrand von 1689, die Französische Revolution und

Säkularisation samt Versteigerung des Klosters und die Jahre des Nationalsozialismus, all das überstand die Klostergemeinschaft. Die Schwestern schrieben nicht nur Kirchen-, sondern auch Bildungsgeschichte, indem sie sich besonders der Ausbildung von Mädchen und jungen Frauen widmeten. Bis heute ist das Kloster vor allem durch seine schulischen Einrichtungen bekannt.

Bischof Anton Schlembach erklärte es 1987 offiziell als Gedenk- und Verehrungsstätte für Edith Stein. Rund 1.500 Wallfahrer besuchen es Jahr für Jahr. In zwei ehemaligen Klassenzimmern, in denen Edith Stein unterrichtete, haben die Dominikanerinnen Schriften, Briefe, Vorträge, persönliche Aufzeichnungen und Fotos zusammengetragen. Das ehemalige Zimmer der Heiligen im Pfortenhaus des Klosters wurde zu einem Meditationsraum umgestaltet.

Lage: Die Bischofsstadt Speyer (Dom, Historisches Museum der Pfalz/Dommuseum) liegt auf der linken Seite des Rheins an der Autobahn A 61; die Anfahrt zum Dom ist auf den Bundesstraßen in Richtung Speyer ausgeschildert; Parkmöglichkeiten bestehen auf dem „Festplatz" (fünf Minuten Fußweg zum Domplatz); vom Bahnhof aus ist der Domplatz direkt vom Bahnhof mit dem City-Shuttle-Bus zu erreichen; zum Kloster St. Magdalena in der Altstadt gelangt man vom Domplatz aus in wenigen Minuten.

Anschrift: Kloster St. Magdalena, Hasenpfuhlstraße 32, D-67346 Speyer, Tel.: 06232/250 81, Fax: 06232/243 88, E-Mail: st-magd.sp@t-online.de; Dompfarramt Speyer, Edith-Stein-Platz 6, D-67346 Speyer, Tel.: 06232/102-140, Fax: 06232/102-144, E-Mail: dompfarrei@bistum-speyer.de

St. Wolfgang

Name der Wallfahrt: Wallfahrt zum hl. Wolfgang
Ort der Pfarrei: St. Wolfgang
Kirche: Pfarr- und Wallfahrtskirche St. Wolfgang
Bistum: Linz (Österreich)
Pilgerzeiten: Ganzjährig; Festtag des hl. Wolfgang ist der 31. Oktober; Gottesdienste sonntags (ganzjährig) 7.30 und 9.30 Uhr; häufig internationale Orgelkonzerte; das Benediktinerkloster Gut Aich (in Winkl zwischen Mond- und Wolfgangssee) verfügt über Gästehaus (Vollverpflegung) und Hildegardzentrum (u.a. psycho- und physiotherapeutische Angebote) sowie einen Laden, wo u.a. Likör, Kosmetikartikel und Arzneien aus eigener Herstellung verkauft werden.
Geschichte: St. Wolfgang am Wolfgangsee im Salzkammergut ist der bedeutendste Wallfahrtsort zum hl. Wolfgang im deutschsprachigen Raum.

St. Wolfgang

Wolfgang, geboren 924 (wahrscheinlich) in Pfullingen (Württemberg), besuchte die Klosterschule auf der Insel Reichenau im Bodensee und die Domschule in Würzburg. Ab 956 war er Lehrer der Domschule und Domdekan in Trier, wo sein Studienfreund Heinrich Bischof geworden war. Nach dessen Tod ging er 965 in die Schweiz und trat in das Benediktinerkloster Maria Einsiedeln ein, wo er drei Jahre später zum Priester geweiht wurde. 971 wirkte er mit mäßigem Erfolg als Glaubensbote in Ungarn, und im Jahr darauf ernannte ihn Kaiser Otto II. auf Empfehlung Bischof Pilgrims von Passau zum Bischof von Regensburg. In seiner Diözese reformierte Wolfgang, der auch als Bischof ein streng asketisches Leben führte, die Klöster, förderte die Bildung und das geistliche Leben in Klerus und Volk. Zudem war er mit der Erziehung der Kinder von Bayernherzog Heinrich II. betraut. 976 musste er allerdings wegen Differenzen mit Heinrich seine Residenz vorübergehend in das zum Bistum Regensburg gehörende Kloster Mondsee verlegen. Er starb am 31. Oktober 994 während einer Visitationsreise in Pupping an der Donau (bei Linz in Oberösterreich). Sein Leichnam wurde nach Regensburg überführt und im Kloster St. Emmeram bestattet. Nach mehreren wundersamen Heilungen an seinem Grab sprach ihn Papst Leo IX. 1052 heilig, und Wolfgang stieg rasch zu einem überaus populären Heiligen auf. Sein Bildnis brachte man zum Schutz des Viehs an Stalltüren an, und zahlreiche nach ihm benannte Kirchen und Orte wurden zu viel besuchten Wallfahrtsorten, allen voran St. Wolfgang am Abersee, dem heutigen Wolfgangsee, wo er einige Jahre als Einsiedler gelebt haben soll. Der Legende nach zog er sich von Mondsee aus zunächst in die damals wilde Gegend am Falkenstein zwischen St. Wolfgang und St. Gilgen zurück, hauste in einer Höhle, rodete den Wald, baute eine Kapelle und ließ für seine durstigen Helfer eine (noch heute sprudelnde) Quelle mit heilkräftigem Wasser entspringen. Da er dort aber immer wieder vom Teufel bedrängt wurde, beschloss er, an einen anderen Ort zu gehen. Um diesen mit Gottes Hilfe zu bestimmen, warf er seine Axt. Drei Tage lang suchte er danach, und fand sie schließlich an dem Platz, wo heute die Kirche St. Wolfgang steht. Seinem Gelöbnis gemäß errichtete er eine Kapelle und daneben seine Klause.

1183 wird in St. Wolfgang eine Kirche St. Johannes des Täufers erstmals urkundlich erwähnt, eine Wolfgangswallfahrt sowie eine große Herberge für die von weither kommenden Pilger sind für Ende des 13. Jahrhunderts historisch gesichert. Die heutige Pfarr- und Wallfahrtskirche St. Wolfgang mit ihrem mächtigen Turm entstand um 1450 unter Einbeziehung des mehrmals erweiterten Vorgängerbaus, und im Jahr 1451 gründete die Benediktinerabtei Mondsee (1791 aufgelöst) in St. Wolfgang ein kleines Nebenkloster für die Wallfahrtsbetreuer. Man erweiterte das Gotteshaus um einen eigenen, 1477 geweihten Mönchschor. Für diesen, durch eine Lettnerwand abgeriegelten Bereich schuf der Südtiroler Bildschnitzer und Maler Michael Pacher aus Bruneck in zehnjähriger Arbeit bis 1481 den Wolfgangsaltar, einen der größten und schönsten Flügelaltäre der Gotik überhaupt und heute das kunsthistorisch wertvollste Stück des Gotteshauses: Der Schrein zeigt in Schnitzfiguren die Krönung Mariens zwischen den hll. Wolfgang und Benedikt und auf den Gemälden der doppelten Flügel und der Schreinrückseite Szenen aus dem Neuen Testament, die das Wirken Wolfgangs in Regensburg und den Kirchenbau am See behandelnde Legende (ohne Teufel und Beil) und verschiedene Heilige. Erst die Entfernung des Lettners in der zweiten Hälfte des 17. Jahrhunderts ließ den Hochaltar vom Langhaus der Kirche her sichtbar werden. An Werktagen war die Wolfgangslegende zu sehen, an Sonntagen acht Bilder aus dem Neuen Testament und nur an den höchsten Feiertagen der geöffnete Schrein.

Der ursprüngliche Altar im Kirchenschiff wurde 1676 durch einen prachtvollen, vom Künstler Thomas Schwanthaler aus Ried im Innkreis geschaffenen, barocken Doppelaltar ersetzt. Die rechte Hälfte ist Sakramentsaltar, die linke birgt das Gnadenbild des hl. Wolfgang, eine Holzfigur aus dem 15. Jahrhundert. Die 1713 angebaute Wolfgangskapelle enthält dessen von rotem Marmor umkleidete „Zelle" sowie einen Felsen mit tiefen Einbuchtungen. Diese sollen entstanden sein, als sich der hl. Wolfgang büßend darauf niederlegte.

Der 1515 an der Kirchennordseite errichtete Wallfahrtsbrunnen ist aus Glockenmetall gegossen und ein kleines Kunstwerk für sich, mit reizvollen, teils heiteren Darstellungen sowie einer Inschrift, die besagt, dass jene Pilger, die kein Geld für Wein haben, bei diesem Wasser fröhlich sein sollen.

Wer auf den Spuren des hl. Wolfgang wandeln bzw. wandern möchte, kann den über den Falkenstein zu seinem Heiligtum am See führenden Pilgerweg gehen (ca. zweieinhalb Stunden; festes Schuhwerk unbedingt erforderlich!). Er beginnt beim Europakloster Gut Aich, der jüngsten Niederlassung des Benediktinerordens in Österreich, unweit von St. Gilgen (in

Richtung Mondsee, Hinweistafel „Fürberg") und fällt bald steil zum See ab. Noch viel steiler geht es zum Falkenstein mit dem 1626 zu Ehren des hl. Wolfgang errichteten Kirchlein und geheimnisvollen Höhlen hinauf, dann zur Stelle des legendären Beilwurfs, wo man für den mühevollen Aufstieg mit einer herrlichen Aussicht über den See belohnt wird, und schließlich in etwa eineinhalbstündigem Marsch hinunter zur Ortschaft Ried und von dort nach St. Wolfgang.
Lage: St. Wolfgang liegt im Salzkammergut am Nordufer des Wolfgangsee (Schifffahrt) zu Füßen des 1 783 m hohen Schafbergs (Zahnradbahn); Anfahrt über die Autobahn A 1: Ausfahrt Mondsee, weiter auf der B 154 den Mondsee entlang zum Wolfgangsee und nach St. Wolfgang.
Anschrift: Katholisches Pfarramt St. Wolfgang, Markt 18, A-5360 St. Wolfgang, Tel.: 0043/6138/23 21, Fax: 0043/6138/23 21-0, E-Mail: pfarre.stwolfgang@dioezese-linz.at; Benediktinerkloster Gut Aich, Winkl 2, A-5340 St. Gilgen, Tel.: 0043/6227/23 18-0, Fax: 0043/6227/23 18-33, E-Mail: europakloster.gutaich@aon.at oder gutaich@europakloster.com; Schafbergbahn & Wolfgangseeschifffahrt, Markt 35, A-5360 St. Wolfgang, Tel.: 0043/6138/22 32-0, Fax: 0043/6138/22 32-12, E-Mail: berg.schiff@pv.oebb.at

Stadtlohn

Name der Wallfahrt: Wallfahrt zur „Muttergottes vom Hilgenberg"
Ort der Pfarrei: Stadtlohn
Kirche: Wallfahrtskapelle St. Marien
Bistum: Münster (Deutschland)
Pilgerzeiten: Mai bis September; Hauptwallfahrtstag ist der erste Sonntag im Juli
Geschichte: Der genaue Beginn der Wallfahrten zur „Muttergottes vom Hilgenberg" lässt sich zwar nicht mehr zurückverfolgen, doch ein alter Eichenbalken mit der eingekerbten Jahreszahl 1525 in der heutigen, 1695 unter Fürstbischof Friedrich Christian von Plettenberg errichteten und 1738 erweiterten Marienkapelle, läßt darauf schließen, dass bereits zu dieser Zeit auf dem „hl. Berg" vor den Toren der Stadt Lohn ein Holzkirchlein existierte. Als „ein neu erbautes, aber nach uralten Zeugnissen als Gnadenstätte verehrtes Heiligtum zu Ehren der Jungfrau Maria" wird die Wallfahrtskapelle in einer Urkunde aus dem Jahr 1720 bezeichnet. Auch von großen Prozessionen und von Wunderheilungen bei Mensch und Vieh ist die Rede. Im 19. Jahrhundert zählte der Hilgenberg zu den populärsten Pilgerzielen des westlichen Münsterlandes.
Leider wurde das der Überlieferung nach etwa 80 Zentimeter große, aus Eichenholz geschnitzte Gnadenbild der Madonna in der Nacht

vom 13. auf den 14. September 1886 gestohlen, was das Ende der Wallfahrten und den allmählichen Verfall der Kapelle bedeutete. 1954 jedoch erhielt Stadtlohn vom Bistum Münster die „Raesfelder Madonna" als Dauerleihgabe für die kurz zuvor von Grund auf restaurierte Wallfahrtskapelle. Das neue Gnadenbild, das Maria als Himmelskönigin mit Krone und Zepter darstellt, zieht seitdem wieder Gläubige aus nah und fern auf den Hilgenberg.
Lage: Stadtlohn liegt an der Bundesstraße B 70 zwischen Borken (Wasserschloss Raesfeld) und Ahaus (Wasserschloss) im nordwestlichen Münsterland nahe der Grenze zu den Niederlanden; Anfahrt über die Autobahn A 31: Ausfahrt Gescher/Coesfeld oder Legden/Ahaus.
Anschrift: Katholisches Pfarramt St. Otger, Markt 2, D-48703 Stadtlohn, Tel.: 02563/49 13, Fax: 02563/66 30

Steingaden-Wies/Wieskirche

Name der Wallfahrt: Wallfahrt zum „Gegeißelten Heiland"
Ort der Pfarrei: Steingaden-Wies
Kirche: Wallfahrtskirche zum „Gegeißelten Heiland auf der Wies" (genannt „die Wies" bzw. Wieskirche)
Bistum: Augsburg (Deutschland)
Pilgerzeiten: Ganzjährig; Hauptwallfahrtszeit Mai bis Oktober (jeden Mittwoch allgemeiner Wallfahrtstag);
regelmäßige Gottesdienste: samstags 10.00 Uhr, Sonn- und Feiertage 8.00, 9.30 und 11.00 Uhr; Öffnungszeiten 8.00 bis 17.00 (Winterzeit) bzw. 19.00 Uhr (Sommerzeit); Führungen nach Anmeldung; eine Besichtigung während der Gottesdienste ist nicht möglich.
Geschichte: Die Geschichte der heute weltberühmten Wieskirche begann damit, dass im Jahr 1730 der damalige Abt des Prämonstratenserklosters Steingaden beschloss, eine Karfreitagsprozession einzuführen und dafür von zwei Ordensbrüdern eine Figur Christi an der Geißelsäule fertigen ließ. Diese führten den Auftrag so schnell und so gut sie konnten aus, d.h. sie fügten Teile zerbrochener Holzfiguren zusammen, überzogen sie mit Leinwand und bemalten sie. Für das Haupthaar verwendeten sie Menschenhaar, ebenso für den Bart. Die so gewonnene Statue wurde an Hals und Händen mittels schwerer Ketten an eine neu gefertigte Martersäule gebunden und vier Jahre lang bei der Prozession mitgetragen. Schon 1735 aber landete die Figur wegen ihres armseligen Aussehens auf dem Dachboden eines Steingadener Gastwirts. 1738 gelangte sie auf den rund fünf Kilometer entfernten Hof der Bauersleute Lory „auf der Wies", wo sie zur privaten Andacht diente. Dort ereignete sich am 14. Juni 1738 ein „Tränenwunder": Die fromme Wiesbäuerin

glaubte, den „Gegeißelten Heiland" weinen zu sehen und berichtete den Vorfall umgehend dem Prälaten des Klosters. Obwohl dieser zur Zurückhaltung riet, muss sich die Nachricht wie ein Lauffeuer verbreitet haben, denn sofort setzte eine Wallfahrt zum „Christus auf der Wies" ein. Die Lorys bauten auf ihrem Grund und Boden eine kleine, 1744 geweihte Feldkapelle (steht noch heute am Parkplatz), deren Kapazität aber trotz eines Holzanbaus für die immer zahlreicher werdenden Pilger bald nicht mehr ausreichte. Wie rasant sich die Wallfahrt entwickelte, verdeutlichen folgende Zahlen: Zwischen 1744 und 1746 wurden mehr als 6 000 Messen gelesen, und 1746 hingen bereits 798 Votivtafeln an den Innen- und Außenwänden der Wieskapelle. So berichtet es ein Mirakelbuch aus demselben Jahr.

Die Errichtung einer neuen, größeren Kirche mit angeschlossenem Priesterhaus schien unvermeidlich, doch zunächst wurde die Wallfahrt von Mitarbeitern des Augsburger Bischofs eingehend geprüft, mit dem Ergebnis, dass sie offiziell anerkannt wurde – nicht aber das Tränenwunder. Nach dieser Untersuchung ließ Abt Marian Mayr von Steingaden, Nachfolger des kurz zuvor verstorbenen Hyazinth Gaßner, am 10. Juli 1746 die offizielle Grundsteinlegung der „Wieskirche" vornehmen, die am 1. September 1754 „… unter Zulauf einer unzähligen Menge Volks feyerlichst eingeweihet" wurde, wie ein Chronist berichtet. Das Gnadenbild des „Gegeißelten Heilands" hatte schon fünf Jahre zuvor, am 31. August 1749, auf dem Altar des bereits fertig gestellten Chors seinen Platz erhalten.

Mit der neuen Kirche, die sicher auch wegen ihrer verschwenderischen Ausstattung bei den Pilgern sehr beliebt war, erreichte die Wallfahrt europäische Dimensionen. Pater Benno Schröfl, Wallfahrtspriester der Wieskirche, berichtet 1779 von Gläubigen aus Russland, Skandinavien, Holland, Frankreich und Spanien. Zahllos waren die Kopien des Gnadenbildes, die in Privathäusern und auch in Kirchen aufgestellt wurden.

Doch die Errichtung der Wieskirche hatte wegen ihres aufwändigen Baustils, aber auch aufgrund des abgelegenen Standorts und der damit verbundenen schwierigen Zuwege die Abtei Steingaden in große finanzielle Nöte gebracht, von denen sie sich nie mehr ganz erholte. Die Säkularisation hätte beinahe das endgültige Aus für Wallfahrt und Kirche bedeutet, denn das Kloster wurde 1803 aufgehoben und die Wieskirche zur Versteigerung und zum Abbruch ausgeschrieben. Dies konnte nur durch den Einsatz der Steingadener

Bevölkerung und der ehemaligen Klosterinsassen verhindert werden: Man einigte sich schließlich mit der zuständigen Landesdirektion in München darauf, dass freie Gottesdienste abgehalten werden durften, wenn die Opfergaben die Unterhaltskosten decken würden. Die Wallfahrt blühte erneut auf und blieb lebendig bis zum heutigen Tag.

Rund eine Million Menschen strömen jedes Jahr zur Wieskirche, sicher nicht alle zur geistigen Besinnung und Verehrung des Gegeißelten Heilands, sondern auch wegen der prachtvollen Ausstattung der Kirche und ihrer einmaligen Architektur. 1983 wurde die Wieskirche als „eines der bedeutendsten Kunstwerke des bayerischen Rokoko" von der UNESCO in die Liste des Weltkulturerbes aufgenommen und bis 1991 für 10,6 Millionen Mark restauriert. Wer die Schönheit des Gotteshauses, das der Schriftsteller Peter Dörfler in der ersten Hälfte des 20. Jahrhunderts als „ein Stück Himmel auf dieser leidvollen Erde" bezeichnete, in Ruhe genießen möchte, muss jedoch in aller Herrgottsfrüh kommen. Nur so kann man die Worte, die der letzte Abt des Klosters Steingaden mit seinem Diamantring in das Fenster des Prälatensaals ritzte, verstehen: „Hoc loco habitat fortuna, hic quiescit cor" (Hier wohnt das Glück, hier findet das Herz seine Ruhe).

Kunst: Die 1746-54 errichtete Wieskirche gilt als die schönste Rokokokirche Europas und als Meisterwerk des Wessobrunner Kirchenarchitekten, Stuckateurs und Marmorierers Dominikus Zimmermann (1685-1766), der seine letzten Lebensjahre in dem von seinem Sohn geführten Wallfahrtsgasthof verbrachte und 1757 als Dank für die gelungene Vollendung des Baus ein von ihm gemaltes Bild stiftete, das ihn kniend vor dem „Gegeißelten Heiland", den Namenspatronen seiner Familie und der Wieskirche darstellt.

Das Äußere des Gotteshauses, dessen Umrisse dem Trauchberg im Hintergrund nachgezogen sind, ist eher schlicht, im Inneren aber entfaltet sich durch eine glückliche Verbindung von Architektur – einem ovalen Schiff, in dem acht Säulenpaare eine Art Umgang bilden, schließt sich ein schmälerer, langgezogener Chor an – und Dekor eine großartige Licht- und Raumwirkung.

Großen Anteil an der Ausgestaltung hatte Dominikus' Bruder Johann Baptist Zimmermann (1680-1758). Die herrlichen Deckenfresken und Stuckaturen stammen überwiegend von ihm.

Mittelpunkt im oberen Teil des zweigeschossigen, von tiefblauem

Stuck beschirmten Hochaltars im Chor ist das Gemälde der Menschwerdung Christi des Münchner Hofmalers Balthasar August Albrecht. Es ist von rötlichen Stuckmarmorsäulen, den vier Evangelisten und zwei Propheten flankiert. Die Schnitzfiguren werden dem Antwerpener Bildhauer Ägidius Verhelst d.Ä. zugeschrieben. Darunter birgt ein kunstvoller Schrein das über einen Meter hohe, um 1730 von den beiden Prämonstratensermönchen Pater Magnus Straub und Bruder Lukas Schwaiger gefertigte Christus-Gnadenbild. Der mit schweren Ketten an die Geißelsäule gebundene Jesus ist nur mit einem Lendentuch bekleidet, und sein Körper ist mit Wunden übersät.

Lage: Wies ist ein Ortsteil von Steingaden und liegt im so genannten Pfaffenwinkel im Landkreis Weilheim-Schongau; Anfahrt über die Autobahn A 96 (Memmingen-München): Ausfahrt Landsberg am Lech, weiter auf der Bundesstraße B 17 über Schongau nach Steingaden.

Anschrift: Katholisches Pfarramt Wieskirche, Wies 12, D-86989 Steingaden, Tel. 08862/932 93-0 Fax 08862/932 93-10, E-Mail: touristinfo@schongau.de

Sterkrade

Name der Wallfahrt: Wallfahrt zur „Mutter vom guten Rat"

Ort der Pfarrei: Oberhausen-Sterkrade
Kirche: Propsteikirche St. Clemens
Bistum: Essen (Deutschland)
Pilgerzeiten: Das Hauptfest wird am Sonntag nach Mariä Geburt (8. September) gefeiert; Gottesdienst ganzjährig sonntags 11.15 Uhr

Geschichte: Die älteste Erwähnung des Ortes Sterkrade datiert aus dem 10. Jahrhundert. Eine Pfarrkirche ist erst ab 1281 belegt, als Mechtild von Holte dem dort ansässigen Zisterzienserkloster Ländereien vermachte. Als die Verehrung des Gnadenbildes im 18. Jahrhundert stark zunahm, riss man die alte Kirche St. Clemens ab und ersetzte sie 1770 durch eine größere, die wiederum hundert Jahre später abgetragen wurde. Deren Westturm integrierte man in die neue, dreischiffige Kirche im neuromanischen Stil. 1945 brannte das Gotteshaus bei einem Luftangriff ab, das Gnadenbild konnte jedoch gerettet und in die am 22. November 1953 geweihte, neu erbaute Kirche übertragen werden. Von dem einstigen Kloster, das 1809 der Säkularisation zum Opfer fiel, sind heute keinerlei Spuren mehr feststellbar.

Die Ursprünge der Marienverehrung in Sterkrade liegen im Dunkeln. Nach einem Dokument des Kölner Generalvikars de Siersdorf vom 4. September 1744 wurde die Wallfahrtsstätte im 18. Jahrhundert kirchlich anerkannt. Nach einer

Zeit des Niedergangs nach der Säkularisation gewann die Wallfahrt zum Gnadenbild der „Mutter vom guten Rat" in den 1920er Jahren wieder an Bedeutung. 1988 wurde der 250. Jahrestag der Marienverehrung an dieser Stätte feierlich begangen.

Kunst: Die im 17. Jahrhundert entstandene Kopie des berühmten Passauer Gnadenbildes „Maria hülf" entspricht der Originalfassung der Mariendarstellung von Lukas Cranach dem Älteren (1474-1553). Der Weg des in Öl auf Leinwand gemalten Bildes – es zeigt die Madonna mit dem nackten Jesuskind auf dem Arm, das ihre Wange liebkost – nach Sterkrade ist nicht mehr nachzuvollziehen.

Lage: Sterkrade (größte Straßenkirmes Europas an Fronleichnam!) liegt im Ruhrgebiet zwischen Essen und Duisburg und ist ein nördlicher Stadtbezirk von Oberhausen; Anfahrt über die Autobahnen A 2 oder A 3 bis Autobahnkreuz Oberhausen (A 2/A 3).

Anschrift: Katholisches Pfarramt St. Clement, Klosterstraße 15, D-46145 Oberhausen-Sterkrade, Tel.: 0208/66 55 15, Fax: 0208/63 37 64, E-Mail: propstei.st.clemens@gmx.de

Stromberg

Name der Wallfahrt: Wallfahrt zum Hl. Kreuz
Ort der Pfarrei: Stromberg
Kirche: Wallfahrtskirche des Hl. Kreuzes
Bistum: Münster (Deutschland)
Pilgerzeiten: Ende Juni bis Mitte September; Fest „Kreuzerhöhung" am Sonntag um den 14. September; Gottesdienste in der Kreuzkirche: Sonntag 8.00, 10.30 und 20.00 Uhr, Dienstag 17.30 Uhr, Mittwoch und Donnerstag 8.00 Uhr, Freitag 19.00 Uhr

Geschichte: Othalrich, Burgherr auf der fürstbischöflichen Höhenburg Stromberg (von keltisch Strongberge = starker bzw. heiliger Berg), erhielt der Überlieferung nach im Jahr 1177 von der Äbtissin des Klosters Herzebrock ein Kreuz, das er zunächst vor der Burg aufstellen, später aber hinunter in die Pfarrkirche St. Lambertus von Unterstromberg bringen ließ. Nachdem es mehrmals auf wundersame Weise auf die Burg zurückgekehrt war, errichtete man ihm dort eine Kapelle. Diese wurde 1207 im Zusammenhang mit einer blühenden Wallfahrt zum Hl. Kreuz erstmals urkundlich genannt. Als die Kapelle 1316 abbrannte, folgte eine größere, 1344 geweihte Kirche, die aufgrund ihrer geschützten Lage innerhalb der Burganlage keinen Turm erhielt. Doch auch sie wurde das Opfer von Brandstiftern und musste im 15. Jahrhundert wieder aufgebaut werden.

Das von den Pilgern verehrte Hl. Kreuz mit einem aus Eichenholz geschnitzten Christuskorpus, den man dank der florierenden Wallfahrt schon bald mit Silber ummanteln lassen konnte, wurde dreimal gestohlen und beschädigt (1600, 1845, 1877), jedoch jedes Mal wieder gefunden und instand gesetzt.

Auch heute noch werden jährlich rund 40 000 Wallfahrer gezählt, die zum Hl. Kreuz nach Oberstromberg pilgern, das von Kunsthistorikern in die Zeit um 1100 datiert wird und somit zu den ältesten Christusdarstellungen Westfalens gehört. Von der einst für die Entwicklung der Region bedeutenden Burganlage sind jedoch außer der dreischiffigen Kreuzkirche mit fast quadratischem Grundriss nur noch Teile der 750 Meter langen Umfassungsmauer, der nunmehr als Glockenturm genutzte Torturm („Paulusturm"), der 30 Meter tiefe Brunnen und ein spätgotisches, als Pfarrheim dienendes Burgmannshaus erhalten.

Lage: Stromberg ist ein Ortsteil von Oelde und liegt an der Autobahn A 2 (Ausfahrt Oelde) rund 50 km südöstlich der Bischofsstadt Münster; die Kreuzkirche befindet sich in Oberstromberg inmitten der Burganlage.

Anschrift: Katholisches Pfarramt St. Lambertus, Burgplatz 2, D-59302 Oelde-Stromberg, Tel.: 02529/275, Fax: 02529/89 91, E-Mail: info@lambertus-stromberg.de und st.lambertus-stromberg@kathkirchen-oelde.de

Süchteln

Name der Wallfahrt: Wallfahrt zur hl. Irmgard(is) von Köln
Ort der Pfarrei: Süchteln
Kirche: Wallfahrtskapelle St. Irmgardis
Bistum: Aachen (Deutschland)
Pilgerzeiten: Die traditionelle Irmgardisoktav findet nach dem 4. September, dem Festtag der hl. Irmgard von Köln, statt; Gottesdienst sonntags (ganzjährig) in der Pfarrkirche St. Clemens 11.15 Uhr

Geschichte: Die Gestalt der Irmgard von Köln bzw. von Süchteln ist von Legenden umrankt, so dass ihre Lebensgeschichte bis heute nicht genau bekannt ist. Vermutlich wurde sie nach 1000, vielleicht 1025, als Gräfin von Zütphen auf der Burg Aspel bei Rees am Niederrhein (nordwestlich von Wesel) geboren. Nachdem ihre Eltern früh gestorben waren, verteilte sie ihr Erbe großzügig unter Kirchen, Krankenhäusern und anderen Einrichtungen für Bedürftige. So gingen nach 1040 das Stift Rees an die Kölner Kirche, zur selben Zeit wahrscheinlich auch die Burg Aspel und der Süchteler Forst in den Kölnischen Kirchenbesitz über. Schenkungen an die Abtei St. Pantaleon, deren Abt ihr Bruder Hermann war, könnten von Irmgard stammen. Weitere Besitzungen in Süchteln vermachte sie dem Stift Mariengaarde (bei Hallum in

Friesland). Lange lebte sie als Einsiedlerin in einer kleinen Hütte im Wald von Süchteln und kümmerte sich um die Armen. Später unternahm die Gräfin drei Pilgerreisen nach Rom und verbrachte ihre letzten Lebensjahre in Köln, wo sie Stifte und Klöster unterstützte. Sie starb in hohem Alter an einem 4. September um 1085 und wurde im Kölner Dom beigesetzt. 1319 überführte man Irmgards Gebeine in den neuen Chor der Agneskapelle, wo sie bis heute in einem gotischen Sarkophag ruhen. Mitten im Süchteler Forst erbaute im Jahre 1664 Abt Aegidius Romanus eine Kapelle zu Ehren Irmgards, an der Stelle eines schon 1498 errichteten und später verlassenen Vorgängerbaus. 1864 wurden größere Restaurierungsarbeiten durchgeführt, wie man einem Gedenkstein im Kapelleneingang entnehmen kann, und hundert Jahre später kam es zur vorläufig letzten Renovierung.

Der Ursprung der Wallfahrt zur Irmgardiskapelle ist wohl im späten Mittelalter zu suchen. Seit Anfang des 18. Jahrhunderts ist sie Ziel der noch vorhandenen Stationen eines Kreuzweges („Fußfälle"). Die noch heute alljährlich stattfindende und weit über die Stadtgrenzen hinaus bekannte Irmgardisoktav nach dem 4. September erinnert an die schon zu Lebzeiten verehrte spätere Heilige.

In Süchteln ist das St.-Irmgardis-Krankenhaus nach ihr benannt, auch das ehemalige Irmgardisstift. Bereits 1856 hatten holländische Franziskanerinnen eine erste Privatschule gegründet, die sich zu einer Töchterschule und später einem Pensionat entwickelte. Im Dritten Reich wurden Schule und Pensionat geschlossen, danach verfiel das Stift zusehends. Erst vor kurzem sanierte man es, heute ist in diesem Gebäude ein Altenheim.

Lage: Süchteln ist ein Ortsteil von Viersen und liegt etwa 10 km nördlich von Mönchengladbach (Münster St. Vitus, Schlösser Wickrath und Rheydt, Jugendstilwasserturm) an der Autobahn A 61 (Ausfahrt Süchteln) zwischen Nettetal und Krefeld (romanische St.-Matthias-Kirche, Burg Linn) am Ostrand des deutsch-niederländischen Naturparks Maas-Schwalm-Nette (Wander- und Radfahrparadies!).

Anschrift: Katholisches Pfarramt St. Clemens, Ostring 22, D-41749 Viersen-Süchteln, Tel.: 02162/62-20, Fax: 02162/62-51, E-Mail: stclem@t-online.de

Südlohne

Name der Wallfahrt: Wallfahrt zur hl. Anna
Ort der Pfarrei: Lohne
Kirche: Wallfahrtskapelle St. Anna („St.-Anna-Klus")
Bistum: Münster (Deutschland)

Pilgerzeiten: Mai bis September; am 1. Mai wird um 21.00 Uhr mit einer Lichterprozession zur Lourdesgrotte auf dem Klusberg der Maimonat feierlich eröffnet; Hauptwallfahrtstag ist der Samstag nach dem 26. Juli, dem Festtag der hl. Anna; die hl. Messe wird in der Kapelle jeden Mittwoch um 8.30 Uhr gefeiert; Terminabsprachen für Wallfahrten, Hochzeiten und Kreuzwege mit dem Pfarramt möglich

Geschichte: Der Überlieferung nach war Anna die Mutter der Gottesmutter Maria und damit die Großmutter von Jesus Christus. Der byzantinische Kaiser Justinian I. (527-65) ließ für sie im Jahre 550 in Konstantinopel eine Kirche errichten, Kaiser Justinian II. (695-711) ihre Gebeine von Palästina dorthin überführen. Im 13. Jahrhundert bildeten sich überall in Europa St.-Annen-Bruder- und -Schwesterschaften, und im Spätmittelalter erreichte der Annenkult gemeinsam mit der wachsenden Marienverehrung einen seiner Höhepunkte. Ihr zu Ehren wurden zahlreiche Kirchen und Kapellen gebaut, die sich zu stark besuchten Wallfahrtsorten entwickelten. In Deutschland wurde das Anna-Wasser aus Anna-Brunnen für alle möglichen Nöte geweiht. Durch die Reformation erfuhr die Verehrung der hl. Anna eine Zeit lang einen Rückgang, blühte aber im 17. Jahrhundert wieder auf.

Über die Entstehung der Andachtsstätte in Südlohne erzählt eine Legende, ein kampfesmüder Kreuzfahrer habe sich hier einst nach seiner Heimkehr aus dem Heiligen Land niedergelassen und eine Klause nebst einer kleinen, der hl. Anna geweihten Kapelle gebaut. Historisch bezeugt ist, dass die „St.-Anna-Klus" genannte Kapelle 1543 in den Besitz der Familie von Dorgelo gelangte. Das Gnadenbild, eine schlichte Anna-Selbdritt-Holzfigur, d.h. die hl. Anna, auf deren Schoß ihre Tochter Maria und auf deren Schoß wiederum das Jesuskind sitzt („Selbdritt" stammt aus dem mittelalterlichen Deutsch und bedeutet ungefähr „selbst die dritte" oder „zu dreien"), scheint schon zu dieser Zeit ein beliebtes Pilgerziel gewesen zu sein. Ganz in der Nähe des Kirchleins gab es auch eine Quelle, deren Wasser vor allem Augenleiden lindern sollte.

1680 ersetzte man die im Dreißigjährigen Krieg verwüstete und schließlich in Vergessenheit geratene Kapelle durch einen Neubau. In der zweiten Hälfte des 19. Jahrhunderts nahm die Zahl der Wallfahrer jedoch stetig ab, und als auch noch die Heilquelle versiegte (aufgrund eines Wasserspeichers, der in der Nähe angelegt worden war), wurde es still um die kleine Betstätte. 1874 wurde die Kapelle abgerissen und das Inventar verkauft. 1949 fand ein Geistlicher das verschollene Gnadenbild der hl.

Anna auf dem Dachboden eines Pfarrhauses in Vechta und ließ es restaurieren. Die 60 Zentimeter hohe, im Rücken ausgehöhlte Holzfigur wurde von den Experten auf das 16. Jahrhundert datiert.
Pfarramt und Bevölkerung von Südlohne begannen mit dem Wiederaufbau der Wallfahrtskapelle, und am 26. Juli 1949, dem Festtag der hl. Anna (und ihres Mannes Joachim), geleitete man das Gnadenbild in einer feierlichen Prozession in die neue „St.-Anna-Klus".
Seit 1950 können die Pilger das Wasser der wieder sprudelnden Heilquelle an einer Brunnenanlage abfüllen, und seit Ende der 1950er Jahre gibt es einen Kreuzweg mit zwölf geschnitzten Stationen sowie eine Lourdesgrotte mit einem Ehrenmal für die im Ersten und Zweiten Weltkrieg gefallenen Südlohner. 1971 wurde das Kirchlein vergrößert, und 2002 erhielt die Wallfahrtsstätte noch einen frei stehenden Glockenturm mit dreifachem Geläut.
Lage: Südlohne ist ein Ortsteil von Lohne (Oldenburg) und liegt rund 40 km nordöstlich von Osnabrück; Anfahrt auf der Autobahn A 1: Ausfahrt Lohne/Dinklage, weiter auf der Landstraße über Lohne nach Südlohne.
Anschrift: Katholisches Pfarramt St. Josef, Josefstraße 9, D-49393 Lohne, Tel.: 04442/70 94-0, Fax: 04442/70 94-11, E-Mail: pastor.stjosef@ewetel.net

Telgte
Name der Wallfahrt: Wallfahrt zur „Schmerzhaften Muttergottes"
Ort der Pfarrei: Telgte
Kirche: Wallfahrtskapelle St. Marien und Propstei- und Wallfahrtskirche St. Clemens
Bistum: Münster (Deutschland)
Pilgerzeiten: Letzter Sonntag im April bis Allerheiligen (1. November); in dieser Zeit jeden Mittwoch um 15.00 Uhr Pilgermesse mit Predigt in der Propsteikirche; Gottesdienste täglich 8.00 Uhr und sonntags zusätzlich 10.00, 11.30 und 18.30 Uhr; Kapelle und Kirche sind täglich von 7.30 Uhr bis 19.30 Uhr geöffnet; besondere Tage sind die Wallfahrtseröffnung am Abend des letzten April-Samstags (Lichterprozession mit dem Gnadenbild durch die Altstadt von Telgte), das zweite Wochenende im Juli (Osnabrücker Wallfahrt), der letzte Sonntag im August (Wallfahrt der Vertriebenen aus der Stadt Glatz und dem Glatzer Bergland), der erste Sonntag im September (Wallfahrt der Stadt Münster) und der zweite September-Sonntag (Wallfahrt von Rheine und Ahlen).
Geschichte: Am Ortseingang von Telgte steht eine mehrere hundert Jahre alte Linde. Noch immer gehört es zum Brauch der Wallfahrer, sich Blätter von diesem Baum mitzunehmen, denn die

Legende berichtet, dass das verehrte Gnadenbild der „Schmerzhaften Muttergottes" aus dem Stamm dieser Linde „herausgewachsen" sein soll. Es stand zunächst wohl auf einem Friedhof und wurde bereits dort als wundertätig verehrt. Um 1470 stiftete der Pilger Heinrich to Laer ein erstes Bethäuschen. In einer Chronik aus dem Jahre 1500 wird von einer jährlichen Prozession berichtet, die durch die Straßen und Flure der Gemeinde führte. Während der Reformation und im Dreißigjährigen Krieg (1618-48) waren lange Zeit kaum organisierte Wallfahrten möglich. Dies änderte sich, als der neue Fürstbischof von Münster, Christoph Bernhard von Galen (1650-78), das katholische Leben in seinem Bistum neu beleben wollte. 1654 bestimmte er Telgte aufgrund seines „uhralten miraculösen Vesperbildes" zum Hauptwallfahrtsort des Bistums und ließ dort eine Kapelle bauen, in der das Gnadenbild heute noch seinen Platz hat. Nach der Fertigstellung und Weihe der Kapelle am 2. Juli 1657 ließ er einen Wallfahrtsweg von Münster nach Telgte mit fünf doppelseitigen Bildstöcken anlegen, die nach wie vor an der Bundesstraße zu sehen sind. (Die Wallfahrt von Münster nach Telgte führt aufgrund des starken Verkehrsaufkommens jedoch nicht mehr dort entlang). Zur Hundertjahrfeier der Grundsteinlegung der Gnadenkapelle im Jahr 1754 erhielt die Gemeinde als Weihegeschenk von Bischof Clemens August einen juwelenbesetzten Mantel, der dem Gnadenbild bei festlichen Gelegenheiten umgelegt wird.

Aus einer Laienbewegung von zwei Dutzend Katholiken entwickelte sich ab 1852 im Laufe der Zeit die Osnabrücker Telgter Wallfahrt zur zweitgrößten Fußwallfahrt im deutschsprachigen Raum. Durchschnittlich nehmen 8 000 Pilger des Bistums Osnabrück an der zweitägigen Wallfahrt am zweiten Wochenende im Juli von Osnabrück nach Telgte teil. Insgesamt kommen heute jährlich rund 80 000 Wallfahrer nach Telgte.

Kunst: Das Gnadenbild der „Schmerzhaften Muttergottes" von Telgte ist eine rund 1,50 Meter hohe, aus Lindenholz geschnitzte Madonna mit dem gerade vom Kreuz abgenommenen Leichnam Jesu auf dem Schoß. Die Skulptur wird ungefähr auf das Jahr 1370 datiert und ist somit eine der ältesten Darstellungen dieses Bildtyps. Szenen, bei denen das Leiden Christi und seiner Mutter Maria im Vordergrund stehen, werden „Vesperbilder" oder „Pietà" genannt. Ursprünglich war das Telgter Gnadenbild farbig und wurde vermutlich im Laufe der Jahrhunderte mehrmals übermalt. Heute sind nur noch Spuren von Farbe zu sehen. 1854 wurde der einst herunter hängende rechte Arm der Christusfigur, der gemäß altem Brauch von den Pilgern berührt oder geküsst wurde und wahrscheinlich abgebrochen war, durch einen neuen ersetzt, der nunmehr in seinem Schoß liegt.

Die Skulptur steht heute im Chor der Wallfahrtskapelle, die sich in unmittelbarer Nähe der Propstei- und Wallfahrtskirche St. Clemens befindet und als einer der frühesten Barockbauten im Nordwesten Deutschlands gilt. Die Kapelle wurde in den Jahren 1654-57 auf Initiative des Fürstbischofs von Münster, Christoph Bernhard von Galen, in Form eines regelmäßigen Achtecks (Oktogon) mit sieben Rundfenstern erbaut. Die Pläne stammten von Jodocus Lücke, einem Franziskaner. Durch Erweiterungen in den folgenden Jahrhunderten erhielt die Kapelle u.a. 1763 den Anbau mit Glockenturm an der Westseite. Die Kuppel des Kirchleins ist mit einer vergoldeten Strahlenmadonna gekrönt.

Die Wallfahrtsgottesdienste finden in St. Clemens statt. Diese spätgotische Hallenkirche mit ihrem 65 Meter hohen Turm wurde 1522 begonnen und im 19. Jahrhundert aus- und umgebaut. Kunsthistorisch bedeutend ist das Kreuz im Chorbogen mit einem aus Eichenholz geschnitzten und mit Silber beschlagenen Christuskorpus aus der Zeit um 1200.

Weitere Kunstwerke findet der Interessierte im Museum Heimathaus Münsterland mit Wallfahrts- und Krippenmuseum, das in der ehemaligen Scheune des Pfarrhofes bei der Gnadenkapelle und in einem Neubau untergebracht ist. Es beherbergt u.a. Exponate aus der Telgter Kirchen- und Wallfahrtsgeschichte. Als wertvollstes Stück gilt das Telgter Hungertuch von 1623. Das große Leinentuch (7,40 x 4,40 m) hat 33 gestickte Bilderfelder, die vom Leiden und von der Auferstehung Christi erzählen. Einst hing es während der Fastenzeit im Chor der Propsteikirche. Dort wird heute alljährlich eine Kopie aufgehängt.

Lage: Telgte (Museum Heimathaus Münsterland mit Wallfahrts- und Krippenmuseum) liegt an der Ems 15 km östlich der Bischofsstadt Münster; Anfahrt über die Autobahn A 1 (Ausfahrt Kreuz Münster-Süd und weiter auf der Bundesstraße B 51 nach Telgte) oder A 2 (Ausfahrt Rheda-Wiedenbrück und weiter auf der Bundesstraße B 64 über Herzebrock und Warendorf nach Telgte).

Anschrift: Propsteipfarramt St. Clemens, Kardinal-von-Galen-Platz 1, D-48291 Telgte, Tel.: 02504/17 65; E-Mail: st-clemens-telgte@t-online.de; Touristikbüro Telgte, Kapellenstraße 2, D-48291 Telgte, Tel.: 02504/690-100, Fax: 02504/690-109, E-Mail: stadttouristik@telgte.de; Museum Heimathaus Münsterland, HerrenstraßE 1-2, D-48291 Telgte, Tel.: 02504/931 20, Fax: 02504/79 19, E-Mail: museum@telgte.com

Trautmannshofen

Name der Wallfahrt: Wallfahrt zur „Unversehrten Mutter von Trautmannshofen"
Ort der Pfarrei: Trautmannshofen
Kirche: Pfarrkirche „Maria Namen"
Bistum: Eichstätt (Deutschland)
Pilgerzeiten: Die „Trautmannshofener Kirchweih", die größte Marienkirchweih der Oberpfalz, findet am Sonntag nach dem 12. September statt; jeden Sonntag um 8.45 Uhr wird in der Pfarrkirche die hl. Messe gelesen.

Geschichte: Der Ort Trautmannshofen mit seiner Pfarrkirche gehörte im 11. Jahrhundert zur Abtei St. Emmeram in Regensburg. Der Legende nach wurde die Marienfigur der Ende des 14. Jahrhunderts zu Ehren „Unserer Lieben Frau" gebauten Kirche während der Hussitenkriege 1432 dreimal ins Feuer geworfen, blieb aber jedesmal unversehrt. Bald darauf entwickelte sich die bis zur Reformation populäre Wallfahrt zur „Unversehrten Mutter von Trautmannshofen". Nach über hundert Jahren des Verfalls wurde die Kirche im 17. Jahrhundert wieder für den katholischen Gottesdienst freigegeben und restauriert. Die Wallfahrt lebte erneut auf, besonders nach Fertigstellung des Neubaus „Maria Namen" durch Georg Dientzenhofer im Jahre 1666. Noch heute kommen alljährlich Mitte September tausende Gläubige zur traditionellen „Trautmannshofener Kirchweih".

Kunst: Die prachtvolle Innenausstattung der äußerlich unscheinbar wirkenden Kirche stammt überwiegend aus dem 18. Jahrhundert, wobei das Deckenfresko das Gnadenbild als Mittelpunkt der Welt darstellt, d.h. um die Marienfigur gruppieren sich die allegorischen Darstellungen der damals vier bekannten Erdteile. Der herrliche Hochaltar mit vier gewundenen Säulen wurde von dem Jesuitenpater Josef Hörmann entworfen und entstand vermutlich in einer Amberger Werkstatt. Die beiden Seitenaltäre wurden dem Hauptaltar nachempfunden. Auf dem rechten steht in einem herzförmigen, von Engeln gehaltenen Schrein die im 14. Jahrhundert von einem unbekannten Künstler aus Holz geschnitzte Madonna mit dem Kind auf dem Arm. Seit dem Barock sind Maria und das Jesuskind festlich bekleidet.

Lage: Trautmannshofen liegt etwa 40 km östlich von Nürnberg zwischen Neumarkt in der Oberpfalz und Kastl; Anfahrt über die Auto-

bahn A 3: Ausfahrt Neumarkt, weiter auf der Bundesstraße B 299 Richtung Amberg bis zur Abzweigung nach Lauterbach und Trautmannshofen.
Anschrift: Katholisches Pfarramt Maria Namen Trautmannshofen, Marktplatz 1, D-92283 Lauterhofen, Tel.: 09186/349, Fax: 09186/16 07

Trens
Name der Wallfahrt: Wallfahrt zu „Unserer Lieben Frau"
Ort der Pfarrei: Trens
Kirche: Pfarr- und Wallfahrtskirche „Mariä Himmelfahrt" (Santa Maria Assunta)
Bistum: Bozen-Brixen/Diocesi Bolzano-Bressanone (Italien/Südtirol)
Pilgerzeiten: Hauptwallfahrtszeit Mai bis Oktober; besonders viele Gläubige pilgern am 1. Mai und am zweiten Samstag im Oktober (7. Oktober Fest „Mariä Rosenkranz") zu Fuß von Sterzing und Umgebung nach Trens; die Kirche ist täglich zugänglich; Gottesdienst sonntags (ganzjährig) 10.30 Uhr; vom Gasthof Burgfrieden zur Wallfahrtskirche wurde im Jahr 2000 ein neuer Pilgerweg mit insgesamt 14 Stationen angelegt.
Geschichte: Die spätgotische Kirche von Trens mit ihrem Spitzhelmturm ist nach Maria Weißenstein der meist besuchte Wallfahrtsort Südtirols. Das dort verehrte Marien-Gnadenbild wurde der Legende nach unter Geröll und Schutt eines über die Ufer getretenen Baches ausgegraben. Der Finder stellte die Madonna zur privaten Verehrung in seiner Wohnstube auf, doch am nächsten Tag war sie verschwunden, und man fand sie zum allgemeinen Staunen in der Dorfkapelle wieder. Das Wunder verbreitete sich rasch, und viele Gläubige aus der Umgebung pilgerten hierher.
Urkundlich erwähnt wird eine der Gottesmutter Maria geweihte Kirche und eine Wallfahrt von Trens erstmals 1345 im Zusammenhang mit einem vom Päpstlichen Hof aus Avignon gesandten Ablassbrief. Um 1470 begann man mit dem Bau einer neuen, 1498 geweihten Marienkirche. Aus dem 15. Jahrhundert stammt auch das heutige, etwa 70 Zentimeter hohe Gnadenbild im Zentrum des im italienischen Stil gehaltenen Marmoraltars in der 1727 angebauten runden Kapelle. Es handelt sich um eine schlichte, aber sehr schön gearbeitete Schnitzmadonna mit dem nackten Jesuskind auf beiden Armen. Mutter und Kind sind seit der radikalen Barockisierung des Kircheninneren durch den Wiener Hofmaler Joseph Adam Mölk (1714-94) jedoch gekrönt und in kostbare Brokatgewänder gehüllt.
Kunsthistorisch interessant sind vor allem zahlreiche Votivtafeln und ein großes Gemälde, das die feierliche Überführung des Gna-

denbildes am 29. März 1728 in die Kapelle darstellt.
Lage: Trens (Burgen Reifenstein und Sprechenstein), einer der meist besuchten Wallfahrtsorte Südtirols, ist ein Ortsteil der Gemeinde Freienfeld und liegt 9 km südöstlich von Sterzing/Vipiteno im Eisacktal; Anfahrt über die italienische Brennerautobahn: Ausfahrt Sterzing/Vipiteno.
Anschrift: Katholisches Pfarramt Trens, I-39040 Freienfeld, Tel.: 0039/0472/64 71 32; Gemeinde Freienfeld, Trens 100, I-39040 Freienfeld, Tel.: 0039/0472/64 71 15, Fax: 0039/0472/64 75 02, E-Mail: freienfeld@gvcc.net; Tourismusverein Sterzing, Stadtplatz 3, I-39049 Sterzing, Tel.: 0039/0472/765-325, Fax: 0039/0472/765-441, E-Mail: info@infosterzing.com

Trier/Dom

Name der Wallfahrt: Wallfahrt zum Hl. Rock
Ort der Pfarrei: Trier
Kirche: Dom von Trier
Bistum: Trier (Deutschland)
Pilgerzeiten: Ganzjährig; Höhepunkt sind die jährlichen Heilig-Rock-Tage; Gottesdienste (ganzjährig) sonntags 7.00, 10.00 (Hochamt) und 11.30 Uhr; Führungen durch Dom und Museum, Liebfrauenkirche und andere Kirchen in der Innenstadt (z.B. die barocke St.-Paulinus-Kirche) nach Voranmeldung; Öffnungszeiten Dommuseum: Montag-Samstag 9.00-17.00 Uhr und Sonn- und Feiertage 13.00-17.00 Uhr (November-März montags geschlossen); Öffnungszeiten Dom-Information und Pilgerbüro: April-Oktober und Dezember täglich 9.30-17.30 Uhr (Sonn- und Feiertage ab 12.00 Uhr), November und Januar-März sonntags geschlossen, samstags bis 14.00 Uhr
Geschichte: „Vor Rom stand Trier eintausend und dreihundert Jahre" besagt die Inschrift am Roten Haus am Trierer Hauptmarkt. Zwar ist diese Aussage eine mittelalterliche Erfindung, aber sie hat einen wahren Kern: Ausgrabungen belegen eine Besiedlung des Trierer Tales schon in der Zeit der Bandkeramik, also vor ca. 7 000 Jahren. Die lange danach hier siedelnden Keltenstämme machten Julius Caesar während der Eroberung Galliens stark zu schaffen. Er ist der erste, der die Treverer erwähnt, von denen die Stadt ihren Namen hat („Augusta Treverorum", später „Treveris"). 16 v.Chr. erfolgte die offizielle Gründung durch Augustus, was sich auch durch Bodenfunde zweifelsfrei nachweisen lässt. In der Mitte des 3. Jahrhunderts, auf jeden Fall aber mit der Provinzeinteilung des Römischen Reiches unter Kaiser Diokletian um 295, wurde Trier Hauptstadt der Provinz „Belgica prima" und Bischofssitz und somit unabhängig von ihrer möglichen Mutterkirche Lyon. Die Stadt war nicht nur Sitz

des „Praefectus Praetorio Galliarum", der römischen Zivilverwaltung für den Raum von Nordbritannien bis Nordafrika, später Sitz gallischer Sonderkaiser, sondern schließlich eine der Residenzen des Kaisers selbst. Kaiser Konstantin und seine Söhne (306-350) sowie die Kaiser Valentinian und Gratian (364-383) residierten hier. Konstantins Mutter Helena hinterließ vermutlich der Trierer Kirche zumindest ein Tuchbündel als Herrenreliquie (Erinnerung an Jesus Christus), aber auch weite Bereiche der kaiserlichen Wohngebäude innerhalb der Stadt. Daraus entstand nach Helenas Tod (328 oder 329) ein mächtiger Komplex mit mindestens zwei großen Basiliken, die in verbauten Teilen noch bestehende Nord- und eine Südkirche.

Nach den Wirren der Völkerwanderungszeit erreichte das Bistum 750 mit den Grenzen seiner Diözese wieder den Bereich der römischen Provinz. Triers Rolle als Sitz des Erzbischofs wurde in karolingischer Zeit erneuert (spätestens 811). Doch die Teilung des Fränkischen Reiches Karls des Großen brachte Trier in eine Randlage, und Mainz und Köln – günstiger im ostfränkischen Reich gelegen – überholten die Stadt an Bedeutung. Dennoch wurde die Diözese, die im Westen auch französischsprachige Gebiete umfasste, zur Brücke von West nach Ost, über die viele geistige Strömungen und kulturelle Bewegungen von Frankreich nach Deutschland transportiert wurden (etwa Romanik, Zisterzienser, Entwicklungen des Kirchenrechts, die Bewegung der Waldenser, Gotik).

Seit der Entdeckung des Grabes des Apostels Matthias zu Anfang des 12. Jahrhunderts hatte sich der Reliquienkult in Trier ständig gesteigert. Mit der „Auffindung" des Heiligen Rocks im Jahre 1512 fand er seinen Höhepunkt. Der Dreißigjährige Krieg richtete starke Verheerungen an, doch im Westfälischen Frieden 1648 erlaubte Frankreich dem Erzbistum Trier die Hoheit über Metz, Toul und Verdun, obwohl diese seit 1552 zu Frankreich gehörten.

Zwischen 1680 und 1714 wurde Trier mehrfach zerstört und für längere Zeit besetzt. 1801 erfolgte mit der Säkularisation die Auflösung der Kirchenprovinz (Aufhebung aller geistlichen Stiftungen wie Klöster, Stifte, Hospitäler, Bildungsstätten). Die päpstliche Bulle „De salute animarum" vom 16. Juli 1821 umschrieb das wieder geschaffene Bistum Trier in den Grenzen der preußischen Regierungsbezirke Koblenz und Trier und kleinerer Teilterritorien.

Die Wallfahrt zum Hl. Rock in Trier ist ebenso berühmt wie die zu den Aachener Heiligtümern. Die hl.

Helena, Mutter Kaiser Konstantins, soll den Leibrock des Herrn erhalten und nach Trier gebracht haben. Er gilt als die Tunika, die Christus bis zu seiner Kreuzigung getragen hat. Für den 1. Mai 1196 ist seine Übertragung in den neu errichteten Ostchor des Trierer Domes durch Erzbischof Johann I. bezeugt. Die erste feierliche Ausstellung fand im Jahre 1512 auf Bitten Kaiser Maximilians I. statt. (Albrecht Dürer hat den Vorgang in einem Holzschnitt festgehalten.) Papst Leo X. setzte sie 1515 für jedes siebte Jahr fest, doch die Abstände wurden später größer. Vom 23. Juli bis 10. September 1933 sahen fast zwei Millionen Pilger die Reliquie (und 40 wunderbare Heilungen sollen sich ereignet haben), bei der letzten Heilig-Rock-Wallfahrt 1996 waren es über 700 000.

Seit der Domrenovierung 1974 wird der Hl. Rock in seinem Holzschrein aus dem Jahre 1891 liegend unter einem klimatisierten Glasschrein aufbewahrt. Die Frage nach der Echtheit kann naturgemäß nicht eindeutig beantwortet werden. Die vielen Umlagerungen im Laufe der Jahrhunderte – zeitweise war er sogar im Altar eingemauert – und mehrere Fassungen und Umgestaltungen haben dazu geführt, dass von dem ursprünglichen Textilgewebe nicht mehr viel erhalten ist.

Ein zweites wichtiges Pilgerziel in Trier ist das Grab des Apostels Matthias in der Kirche der Abtei Sankt Matthias. Vor allem in den Wochen um Christi Himmelfahrt kommen viele Pilgergruppen, häufig in Bruderschaften organisiert, meist zu Fuß. Die Mönche der Abtei und die Mitglieder der Erzbruderschaft des Apostels Matthias versorgen die Pilger.

Seit dem Jahr 2003 kümmert sich die neu gegründete Sankt-Jakobus-Bruderschaft um Gläubige auf den Trier passierenden Pilgerstraßen nach Santiago de Compostela im äußersten Westen Spaniens und nach Rom. Im März 2004 wurde für sie ein eigenes Pilgerbüro eröffnet. Das hat Tradition: Bis zur Französischen Revolution gab es 500 Jahre lang eine Jakobusbruderschaft und ein Hospiz, in dem Pilger Aufnahme fanden.

Der Trierer Dom ist die älteste Kirche Deutschlands, fast ununterbrochen seit 1 700 Jahren Ort der Versammlung der christlichen Gemeinde. Seine Geschichte geht bis auf Kaiser Konstantin zurück, der 326 eine große Doppelkirchenanlage errichten ließ. 882 beim Normannensturm empfindlich beschädigt, erhielt er seine heutige Gestalt um 1035, doch wurde er in den folgenden Jahrhunderten immer wieder erweitert und umgestaltet. Er verfügt über einige Anbauten, unter denen der frühgotische Kreuzgang eine Vorrangstellung einnimmt. Hier findet sich die „Steinerne Madonna" (15. Jahrhundert) und einige besondere Grabmäler. Im so genannten Badischen Bau (1470), der zwischen Chor und dem Nordflügel des Kreuzgangs errichtet wurde, befindet sich heute der Domschatz mit seinen Reichtümern. Nachdem der Dom 1717 durch ein Feuer stark beschädigt worden war, erhielt unter Erzbischof und Kurfürst Franz Ludwig von Pfalz-Neuburg (1716-1729) der Kurtrierische Baumeister Johann Georg Judas den Auftrag zur Restaurierung und zur barocken Umgestaltung, wodurch das Erscheinungsbild des Doms beträchtlich verändert wurde.

Mitte des 19. Jahrhunderts wurde der Dom durch Johann Nikolaus von Wilmowsky erstmals gründlich archäologisch erforscht und restauriert, wobei u.a. die barocken Turmhelme durch neugotische Dächer und das gotische Steildach durch ein flacheres, das den frühromanischen Formen entsprach, ersetzt wurden. Die letzte große Restaurierung wurde in den Jahren 1960 bis 1974 durchgeführt. Neben einer gründlichen baulichen Sanierung gestaltete man auch das Innere des Doms neu. 1986 wurde der Trierer Dom in die Liste des UNESCO-Weltkulturerbes aufgenommen.

Direkt neben dem Dom liegt die 1235-60 gebaute Liebfrauenkirche, die erste gotische Kirche ganz Deutschlands. In ihrem Inneren sind unter den Grabmälern die für den Domherrn Karl von Metternich (gest. 1636) und für den Domkantor Johann Segensis (gest. 1564) besonders sehenswert. Auf den zwölf Pfeilern, von denen die runden Vierungspfeiler umstellt sind, sind die zwölf Apostel dargestellt (Reste von Bemalung aus der Zeit um 1500).

Kunst: Auf die hl. Helena gehen die wichtigsten Stücke des Trierer Domschatzes zurück: Neben dem Hl. Rock und den Gebeinen des Apostels Matthias brachte sie einen Zahn des hl. Petrus, den Hl. Nagel und die Sandale des hl. Andreas nach Trier. In Reliquiare, kostbare Werke der Goldschmiedekunst, eingebunden, spielten diese Reliquien in der Liturgie der Domkirche immer eine wichtige Rolle: Sie wurden auf die Altäre gelegt, bei Prozessionen mitgeführt, Kaisern und Königen bei ihrem Einzug in die Stadt entgegengetragen und bei öffentlichen Ausstellungen den Pilgern gezeigt. Die Verehrung der Reliquien manifestiert sich durch ihre Verwahrung in kostbaren Werken der Schatzkunst, aus Gold, Silber, Edelsteinen, Perlen und antiken Gemmen geschaffen.

Im 18. Jahrhundert wurden große Teile des Domschatzes für die Finanzierung des ersten Koalitionskrieges gegen die französischen Revolutionstruppen verwendet: 399 Kilogramm Edelmetall mussten 1792 an die kurfürstliche Münze abgegeben werden. Nur ein Dutzend Werke des Schatzes blieb übrig. Später kamen jedoch aus säkularisierten Kirchen, durch Schenkungen, als Leihgaben, aus dem Kunsthandel und auch durch Neuanfertigung wieder viele Stücke hinzu, und heute bewahrt die Schatzkammer des Trierer Doms eine der bedeutendsten Sammlungen kirchlicher Kunst, die bemerkenswerte Exponate von der Spätantike über die Romanik (Andreas-Tragaltar, Reliquiar Hl. Nagels, Gozbert-Rauchfass) bis hin zur Neuzeit enthält.

Besonders wertvoll sind ein im 10. Jahrhundert unter Erzbischof Egbert entstandenes Goldreliquiar mit einem der vier Nägel, mit denen angeblich Christus gekreuzigt wurde, und der zur selben Zeit geschaffene Andreas-Tragaltar, der eine Schuhsohle des Apostels birgt und überaus aufwändig mit Elfenbeinplatten, Edelsteinen und Perlen geschmückt ist. Auf dem rechteckigen Eichenholzkasten ist ein aus Goldblech getriebenes Bild des Apostelfußes befestigt, das auf die Verwahrung der Sandale des Heiligen verweist. Gleichzeitig sollte der Goldschmied einen transportablen Altar herstellen, wie ihn Kaiser, Könige und Bischöfe auf Reisen mit sich führten und an dem sie auch in ihrer Residenz die Messe lesen lassen konnten.

Ein weiteres herausragendes Stück ist das um 1100 entstandene Gozbert-Rauchfaß, das in einer Inschrift den Namen des Bronzegießers überliefert: Am unteren Rand des Fußes steht: „Du, der Du dies siehst, wer Du auch seist, bete, dass Gozbertus lebe!". Das Kunstwerk gelangte erst 1846 in den Domschatz, es ist nicht bekannt, für welche Kirche es ursprünglich angefertigt worden war. Das in der Französischen Revolution verloren gegangene Reliquiar mit der Kette des hl. Petrus wurde 1895 in Formen der Neogotik neu geschaffen. Die Reliquien des Heiligen selbst waren erhalten geblieben, hatten sie doch an sich keinen materiellen Wert. Der Trierer Goldschmied Josef Brems (1859-1912) nahm sich dabei das aus dem 14. Jahrhundert stammende Sankt-Anna-Trägerreliquiar im Domschatz zum Vorbild.

Weiter sehenswert ist das Trierer Diözesanmuseum, das sich seit 1988 im ehemaligen Gefängnis mit zusätzlichen Anbauten befindet. Seine umfangreiche archäologische Sammlung zeichnet sich besonders durch viele hervorragende Beispiele spätantiker Malerei aus.

Lage: Trier, die älteste Stadt Deutschlands (großartige Römerbauten wie das Stadttor „Porta

Nigra", die Kaiserthermen, das Amphitheater und die rekonstruierte Konstantinbasilika/heute evangelische Pfarrkirche „Zum Erlöser") und zugleich die älteste Bischofsstadt, liegt an der Mosel nahe an der Grenze zu Luxemburg; Anfahrt über die Autobahn A 1: Ausfahrt Moseltal-Dreieck.

Anschrift: Bischöfliches Generalvikariat, Postfach 1340, D-54203 Trier (Hinter dem Dom 6, D-54290 Trier), Tel.: 0651/71 05-0, Fax: 0651/71 05-498, E-Mail: bistum-trier@bistum-trier.de; Dom-Information (und Pilgerbüro) Trier, Liebfrauenstraße 12/Ecke Domfreihof, D-54290 Trier, Tel.: 0651/97 90 79-0, Fax: 0651/97 90 79-9, 0651/17 09-243 (Pilgerbüro), E-Mail: info@dominformation.de; Dom- und Diözesanmuseum Trier, Windstraße 6-8, D-54290 Trier, Tel.: 0651/71 05-255, Fax: 0651/71 05-348, E-Mail: museum@bgv-trier.de

Trier/St. Matthias

Name der Wallfahrt: Wallfahrt zum hl. Matthias
Ort der Pfarrei: Trier
Kirche: Abtei- und Pfarrkirche St. Matthias
Bistum: Trier (Deutschland)
Pilgerzeiten: Ganzjährig; Hauptwallfahrtszeit um Christi Himmelfahrt; Festtag des hl. Matthias ist der 14. Mai; die Abteikirche, seit 1920 päpstliche „Basilika minor", ist täglich von 8.00-19.00 Uhr geöffnet; Gottesdienste (ganzjährig) sonntags 7.00, 10.00 und 19.00 Uhr; am Sonntag vormittag ist keine Besichtigung möglich.

Geschichte: Das Grab des Apostels Matthias in der Kirche der Benediktinerabtei St. Matthias ist das zweite wichtige Pilgerziel in Trier (nach dem Dom). Es ist dies das einzige Apostelgrab nördlich der Alpen. Aus dem Leben des Matthias ist so gut wie nichts bekannt, außer, wie er zum Apostel wurde: Nachdem Judas Iskarioth aufgrund seines Verrats und seines Selbstmordes aus dem Kreis der Zwölf ausgeschieden war, wurde per Losverfahren bestimmt, wer seinen Platz einnehmen sollte. „Das Los fiel auf Matthias; und er ward zugeordnet zu den elf Aposteln" (Apostelgeschichte 1,15-26).

Nach der Himmelfahrt von Jesus soll Matthias zunächst in Palästina die Lehre vom Christentum verbreitet haben, später in Äthiopien, wo er um das Jahr 63 den Märtyrertod durch Steinigung, Kreuzigung oder Enthauptung erlitt. Der Verbleib seiner Gebeine ist nicht gänzlich gesichert. Diese sollen in Rom in der Kirche Santa Maria Maggiore bestattet worden sein, ein Teil davon kam aber auf Betreiben der Kaiserin Helena durch den Bischof Agritius nach Trier.

Die Pfarrkirche St. Matthias wurde 1148 geweiht, geht aber bereits auf Vorgängerbauten ab dem 4. Jahrhundert zurück. Sie ist mehrfach verändert worden, z.B. nach einem Brand im Jahr 1783 und bei der Restaurierung in den Jahren 1964-67 und zum letzten Mal in den 80er Jahren. Ausgangspunkt für den Bau der Kirche und des dazu gehörenden Benediktinerklosters war das Grab des ersten Bischofs von Trier, St. Eucharius. Er lebte vermutlich um die Mitte des 3. Jahrhunderts, auch wenn ihn eine spätere Legende zu einem Schüler des Apostel Petrus macht. Eucharius erbaute in der Nähe der heutigen St.-Matthias-Kirche ein später nach ihm benanntes Oratorium. Über seinem Grab errichtete man eine ihm und seinem Nachfolger Valerius geweihte Kapelle, die Bischof Cyrillus im 5. Jahrhundert erneuern ließ. Der hl. Gregor von Tours (538-94) bezeichnete Eucharius, dessen Verehrung als Heiliger ab 455 bezeugt ist, als den „Beschützer der Stadt Trier vor der Pest".

Von größter Bedeutung für Kirche und Kloster war die Wiederentdeckung der Reliquien des Apostels Matthias während des Baus im Jahre 1127. Man hatte die Gebeine zum Schutz vor Plünderungen sehr gut versteckt, vielleicht in der Zeit der Normannen- oder der Ungarnstürme.

Die Reformation, die in anderen Gegenden des Reiches große Umbrüche auslöste, hinterließ kaum Spuren in der Klostergeschichte. Im Dreißigjährigen Krieg und später durch die Franzosenkriege hingegen wurde die Anlage sehr mitgenommen. Nach dem Brand im Jahre 1783, der Dächer und die Turmhelme zerstörte, erhielten die Türme durch eine klassizistische Bekrönung ihre von nun an charakteristische Gestalt. Während der Französischen Revolution nahmen die Mönche, nachdem sie 1794 zunächst geflohen waren, das gemeinsame Leben im heutigen Pfarrhaus wieder auf, bis 1802 der endgültige Schlussstrich unter das Ordensleben gezogen wurde. Der gesamte Besitz und das Inventar wurden versteigert, die Anlage auf mehrere Besitzer verteilt. Durch weitere profane Nutzung, teilweise als Wohnhaus oder Stall, entgingen die Gebäude aber immerhin dem Abbruch und blieben so erhalten. Die Mönche bekamen vom Staat eine kleine Rente und wandten sich größtenteils anderen Aufgaben zu. Der letzte Mönch in St. Matthias verstarb 1837. Bemühungen, im Laufe des 19. Jahrhunderts wieder Benediktiner anzusiedeln, schlugen fehl.

Trotz des Krieges wurde in den Jahren 1914 bis 1919 die Kirche restauriert und mit einer neugotischen Ausmalung versehen. Im Oktober 1922 endlich führte Bischof Franz Rudolf Bornewasser den neuen Benediktinerkonvent feierlich in St. Matthias ein. Das Haupt des hl. Matthias, das bis dahin im Dom aufbewahrt worden war, wurde 1927 von dort in einer prächtigen Prozession nach St. Matthias übertragen.

1938 kam es zu Beschlagnahmungen und Einquartierungen durch das Militär. 1941 hob die Gestapo die Abtei auf. Unter dem Protest der Bevölkerung wurde der Konvent in einem Bus nach Maria Laach gebracht. Erst 1945 konnten sich die Mönche wieder in St. Matthias sammeln.

Die Kriegsschäden an Kirche und Gebäuden waren glücklicherweise gering, doch 1958 musste das Gotteshaus wegen Einsturzgefahr geschlossen werden. Statische Sicherung und Renovierung zogen sich bis 1967 hin. In der Mitte der 80er Jahre erfuhr die Kirche eine umfassende Außenrenovierung und erstrahlt seitdem in farbigem Glanz.

Vor allem in den Wochen um Christi Himmelfahrt kommen viele Pilgergruppen, meist in Bruderschaften organisiert, nachdem sie oft zwischen vier und neun Tagen zu Fuß unterwegs waren. Manche Teilnehmer laufen bis zu 300 Kilometer. Die Mönche der Abtei und die Mitglieder der Erzbruderschaft des Apostels Matthias betreuen die Pilger. Seit März 2004 gibt es in Kooperation mit und in den Räumen der Dom-Information (gegenüber dem Dom) das Pilgerbüro der Sankt Jakobusbruderschaft Trier, wo Pilgerausweise ausgestellt, Pilgerstempel erteilt, Unterkünfte vermittelt werden und anderes mehr.

Kunst: Die Klosteranlage wird als „Bering" bezeichnet: Er umfasst den Freihof vor der Kirche mit dem Gerichtshaus, nördlich davon das Pfarrhaus, das Pfarrzentrum und den Friedhof, südlich der Kirche das Konventsgebäude, auch Quadrum genannt, das Pfortengebäude mit dem Gästehaus und dem Klosterladen, das Park- und Gartengelände mit der weiteren Bebauung.

An der Front der Basilika kann man die lange Baugeschichte ablesen. Der Grundbau wurde etwa 1150 beendet. Um 1650 kamen Voluten im Barockstil auf die Giebel, und Anfang des 18. Jahrhunderts die Portale im französischen und italienischen Stil dazu. Das mittlere Portal zeigt die Statuen des Apostels Matthias, des Ordensgründers Benedikt und dessen Schwester Scholastika. 1786 bekrönte man die Türme. Im Inneren der Kirche beeindruckt das harmonische und klare Mittelschiff. Das spätgotische Netzgewölbe wurde in den Jahren 1496-1504 von Meister Bernhard von Trier eingebracht. Querschiff und Chor erhielten ihre Wölbungen 1505-10.

Der Chor war ursprünglich durch hohe Schranken von der übrigen Kirche abgeschlossen, heute sieht man hier eine barocke Balustrade. Unter dem Chor befindet sich die Krypta aus der Zeit um 980 (später nach Osten verlängert). Hier stehen die spätromanischen Sarkophage des hl. Eucharius und des hl. Valerius.

An die Kirche schließen sich die Klostergebäude, überwiegend aus dem 13. Jahrhundert, an. Auf dem Kirchhof steht die Quirinuskapelle, darunter sind die unterirdischen Grabkammern aus frühchristlicher Zeit mit einem sehenswerten Reliefsarkophag des 3. Jahrhunderts.

Die Schatzkammer beherbergt eine Staurothek (Kreuztafelreliquiar), in der ein Stück des Kreuzes Christi aufbewahrt wird, das durch Aussparungen hindurch zu sehen ist. Sie entstand zwischen 1230 und 1235. In weiteren zwanzig Feldern sind ebenfalls Reliquien eingearbeitet.

Lage: Das Benediktinerkloster St. Matthias liegt am Südrand von Trier.

Anschrift: Benediktinerabtei St. Matthias, Matthiasstraße 85, D-54290 Trier, Tel.: 0651/310 79, Fax: 0651/17 09-243 (Pilgerbüro), E-Mail: Benediktiner@ AbteiStMatthias.de oder Gaestempfang@ AbteiStMatthias.de

Tschenstochau (Czestochowa)

Name der Wallfahrt: Wallfahrt zu „Unserer Lieben Frau von Jasna Góra"
Ort der Pfarrei: Jasna Góra
Kirche: Wallfahrtsbasilika Hl. Kreuz und St. Maria und Marienkapelle
Bistum: Czestochowa (Polen)
Pilgerzeiten: Ganzjährig; Hauptwallfahrtszeit von April bis Oktober; besonders feierlich werden der 3. Mai und der 26. August begangen; die Klosteranlage (Kreuzweg, Basilika, Gnadenkapelle, Schatzkammer, Rittersaal, Bibliothek) ist täglich bis 21.30 Uhr zugänglich; Gottesdienste in der Gnadenkapelle 6.00, 7.00, 8.00, 9.30, 11.00, 12.00, 15.30, 17.30 und 20.00 Uhr
Geschichte: Tschenstochau/Czestochowa, genauer gesagt Jasna Góra, der „Helle Berg" mit dem festungsartigen Pauliner- kloster oberhalb der Stadt, ist seit über sechs Jahrhunderten das Nationalheiligtum Polens und seit dem Fall des „Eisernen Vorhangs" mit jährlich rund fünf Millionen Besuchern aus aller Welt auch wieder ein Wallfahrtsort von bedeutendem internationalen Rang.

Hauptziel der Pilger ist die Gnadenkapelle neben der imposanten Basilika mit ihrem 106 Meter hohen Turm, wo eine große Ikone der Gottesmutter Maria mit dem Jesuskind auf dem linken Arm das Zentrum des barocken Hochaltars bildet. Die „Königin Polens", wegen der dunklen Farbe des Gnadenbildes im Volksmund

"Schwarze Madonna" genannt, wurde 1382 von dem schlesischen Herzog Wladislaus Oplczyk (von Oppeln) den Paulinerpatres von Jasna Góra übergeben, die es in einer eigens dafür gebauten Kapelle zur Verehrung aufstellten. Zuvor war es im Besitz König Ludwigs I. von Ungarn (1342-82) gewesen, der 1370 die Kronen Ungarns und Polens auf sich vereinte und, zusammen mit seiner Gemahlin Elisabeth, auch als erster großer Förderer der Wallfahrt von Mariazell, der berühmtesten Gnadenstätte Österreichs, bekannt geworden ist.

Schon bald kamen Pilger aus ganz Europa nach Tschenstochau, nicht zuletzt, weil Papst Martin V. (1417-31) besondere Ablässe bewilligt hatte. Ab Anfang des 15. Jahrhunderts führte man ein Mirakelbuch, in dem die wunderbaren Hilfen und Gnadenbeweise der Madonna von Jasna Góra verzeichnet wurden. Im Laufe der Zeit bildete sich ein reicher Legendenkranz um das Gnadenbild, von dem Kopien in der gesamten christlichen Welt begehrt waren.

Nach einer im 14. Jahrhundert verfassten Legende malte der Evangelist Lukas, der die Mutter Jesu noch persönlich gekannt haben soll, das 1,22 Meter hohe und 82 Zentimeter breite Bild auf die Platte eines vom hl. Josef gezimmerten Tisches, der im Hause Mariens in Nazareth stand. Die hl. Helena (um 257-336) habe die „Hodegetria" (Wegweiserin), die erste Darstellung Marias mit dem Kind, in Jerusalem entdeckt und ihrem Sohn, Kaiser Konstantin dem Großen, nach Konstantinopel gesandt. Aus dem Palast sei das Gemälde auf Veranlassung von Kaiserin Pulcheria (399-453) in eine Kirche der Stadt zur öffentlichen Verehrung gebracht worden, später aber wegen der unruhigen Zeiten über Jahrhunderte hinweg versteckt gewesen, bevor es in Privatbesitz überging und schließlich nach langer Odyssee in Tschenstochau ankam. Sicher ist, dass es sich um eines der ältesten aller Marienbilder handelt, die heute noch im Mittelpunkt eines reichen und lebendigen Kultes stehen. Wissenschaftliche Untersuchungen ergaben, dass es vermutlich im 6. Jahrhundert entstand und im Laufe der Zeit abgeändert wurde, u.a. bei einer Restaurierung im 15. Jahrhundert, nachdem das Gnadenbild bei einem Hussitenüberfall auf das Kloster im Jahre 1430 beschädigt worden war. Seitdem finden sich im Antlitz Mariens sogenannte „Wundmale" von Schwerthieben an der rechten Wange.

Jasna Góra spielte in der Geschichte des polnischen Volkes auch eine politische Rolle: Als 1655 die Schweden den zur Festung ausgebauten Klosterberg belagerten und die Herausgabe der Schätze verlangten, schickte ihnen der Prior nur eine Broschüre über das Bild der Madonna. Trotz ihrer großen Übermacht gaben die Schweden nach knapp zwei Monaten auf und zogen aus Czestochowa ab. Die Verteidigung des Klosters wurde allgemein als Wunder angesehen. Der Sieg war zwar strategisch völlig unbedeutend, doch bewirkte er einen Stimmungsumschwung im demoralisierten polnischen Heer, und es gelang, die Schweden wieder aus dem Land zu jagen. 1656 erhob König Jan II. Kasimir die Gottesmutter zur „Königin Polens", und mit Zustimmung Roms wurde der Litanei in Polen die Anrufung „Königin Polens bitte für uns" hinzugefügt. Auch als der polnische König Jan III. Sobieski im Jahre 1683 dem belagerten Wien zu Hilfe kam, wurde sein Gebet von Maria erhört: Trotz zahlenmäßiger Unterlegenheit gelang es in der entscheidenden Schlacht am 12. September, die Stadt zu befreien und die Türken zurückzudrängen.

Der Pilgerstrom zur Madonna von Jasna Góra, die 1675 ein erstes, reich mit Edelsteinen verziertes „Gewand" aus Silberblech erhielt und 1717 von Papst Clemens XI. gekrönt wurde, riss nie ab, auch nicht, nachdem Preußen, Russland und Österreich die polnischen Provinzen „einvernehmlich" unter sich aufgeteilt hatten. Aus allen Teilen kamen die Gläubigen trotz Schwierigkeiten an den Grenzen, die meisten aus den von Russland besetzten Gebieten. Nachdem die Kronen des Gnadenbildes 1909 zum wiederholten Male gestohlen worden waren und Papst Pius X. einen Ersatz gestiftet hatte, nahmen an den Krönungsfeierlichkeiten am 22. Mai 1910 über 750 000 Pilger teil und sangen die damals verbotene Nationalhymne „Freiheit unserem Vaterlande gib zurück, o Gott!"

Auf Bitten der polnischen Bischöfe setzte Papst Pius XI. 1924 einen besonderen Marienfeiertag fest und genehmigte, diesen am 3. Mai, dem alten Nationalfeiertag Polens, zu begehen. Papst Johannes XXIII. erklärte 1962 die Gottesmutter Maria zur Schutzpatronin Polens, zusammen mit den Bischöfen und Märtyrern Adalbert und Stanislaus. Johannes Paul II. (1979-2005), der erste polnische Papst, kam während seines Pontifikats sechsmal nach Jasna Góra, zum ersten Mal 1979, zum letzten Mal im Jahr 2002. Im August 1991, als in Tschenstochau der Weltjugendtag stattfand, zelebrierte er vor über einer Million Gläubigen die hl. Messe unter freiem Himmel.

Lage: Die Bischofs- und Universitätsstadt Czestochowa/Tschenstochau (Dom und

Diözesanmuseum) liegt an der Warta/Warthe etwa 100 km nordwestlich von Kraków/Krakau (Internationaler Flughafen).
Anschrift: Sanktuarium Jasna Góra, ul. O. A. Kordeckiego 2, PL-42225 Czestochowa 25, Tel.: 0048/34/377 77 77, Fax: 0048/34/365 67 28, E-Mail: sanktuarium@jasnagora.pl; Tourist-Information, Aleja Najswietszej Centre Marii Panny 65, PL-42200 Czestochowa, Tel.: 0048/34/324 13 60, Fax: 0048/34/324 34 12, E-Mail: rzp@k2.pcz.czest.pl; Bayerisches Pilgerbüro e.V., Postfach 20 05 42, D-80005 München, Tel.: 089/545 81-10, Fax: 089/545 81-169, E-Mail: bp@pilgerreisen.de

Velburg

Name der Wallfahrt: Wallfahrt zum Herz-Jesu-Berg, zur hl. Anna und zum hl. Wolfgang
Ort der Pfarrei: Velburg
Kirche: Wallfahrtskirche „Herz Jesu", Kirche St. Anna, Kirche St. Wolfgang
Bistum: Eichstätt (Deutschland)
Pilgerzeiten: Der Herz-Jesu-Freitag wird jeden Monat mit einer feierlichen Messe begangen; Hauptwallfahrtstag ist das Herz-Jesu-Fest im Juni; an diesem Tag kommen zahlreiche Prozessionszüge aus der Umgebung nach Velburg; die 3 km von Velburg entfernte, 1895 entdeckte König-Otto-Tropfsteinhöhle bei St. Colomann kann von April-Oktober täglich besichtigt werden.

Geschichte: Schon vor 1700 stand auf dem Herz-Jesu-Berg eine Eremitenklause, die 1723 von den Brüdern Arsenius und Andreas Müller aus dem Rheingau gekauft und um eine Kapelle zum Hl. Grab ergänzt wurde. In den Jahren 1770 und 1792 wurde sie zu einem achteckigen Zentralbau erweitert und ein Herz-Jesu-Bild von Konrad Wild zur Verehrung aufgestellt. Georg Josef Däntl, Bügermeister von Velburg, schuf den Entwurf im Empire-Stil und gestaltete auch den Hochaltar, der 1817 überarbeitet wurde.

Der Herz-Jesu-Freitag wird jeden Monat mit einer feierlichen Messe begangen. Zum Herz-Jesu-Fest im Monat Juni sowie an anderen Tagen kommen Wallfahrtszüge aus der Umgebung nach Velburg.

Eine weitere, heute nur noch selten von größeren Gruppen durchgeführte Wallfahrt führt zur St.-Anna-Kirche am Südrand von Velburg. Sie entstammt dem Anfang des 15. Jahrhunderts und war ursprünglich der Gottesmutter geweiht. Im Inneren sind besonders die drei gotischen Flügelaltäre aus der gleichen Zeit sowie das barocke Stuckdekor sehenswert. Auf dem rechten Seitenaltar ist neben Maria ihre Mutter, die hl. Anna Selbdritt dargestellt. Der Name „Selbdritt" („selbst die dritte" oder „zu dreien") bezieht sich auf die Art der Darstellung der

Heiligen in einer Dreiergruppe: Anna, ihre Tochter Maria und das Jesuskind. Auf dem linken Seitenaltar finden sich die hl. Barbara und die hl. Katharina. Das Relief des Hauptaltars zeigt die Krönung Mariens, vielleicht eine Reminiszenz an die ehemalige Patronin der Kirche.

Der dritte Wallfahrtsort der Gemeinde, St. Wolfgang, liegt zwei Kilometer außerhalb von Velburg. Da der hl. Wolfgang (924-94) einst zu den populärsten Heiligen gehörte, war die Mitte des 15. Jahrhunderts erbaute Kirche bis zur Reformation ein viel besuchtes Pilgerziel. Erst nach dem Dreißigjährigen Krieg nahm die Wallfahrt wieder zu, ist heute allerdings bedeutungslos.

Über den Vorgängerbau ist nichts bekannt. In Bezug auf den Patron St. Wolfgang sind die Deckenfresken aus dem 18. Jahrhundert und die Bilder an der Empore zu sehen. Drei spätgotische Altäre haben sich erhalten, der Hochaltar ist ein so genannter Schreinaltar und trägt Figuren des hl. Wolfgang, des hl. Willibald und des hl. Sebastian, wie der Altar selbst aus dem späten 15. Jahrhundert stammend.

Lage: Velburg mit seiner Burgruine aus dem 12. Jahrhundert liegt etwa 40 km südöstlich von Nürnberg; Anfahrt über die Autobahn A 3: Ausfahrt Velburg.

Anschrift: Katholisches Pfarramt St. Johannes, Burgstraße 20, D-92355 Velburg, Tel.: 09182/16 10, Fax: 09182/23 39

Verne

Name der Wallfahrt: Wallfahrt zu „Maria, Trösterin der Betrübten"
Ort der Pfarrei: Verne
Kirche: Pfarr- und Wallfahrtskirche St. Bartholomäus
Bistum: Paderborn (Deutschland)
Pilgerzeiten: Hauptwallfahrtszeit ist der gesamte Marienmonat Mai (große Prozessionen an den Sonntagen); feierlich begangen werden außerdem alle Marienfeste und der erste Sonntag im Juli; Gottesdienst sonntags (ganzjährig) 10.30 Uhr; Pilgergruppen sind jederzeit willkommen; eigene Gottesdienste sind nach Absprache möglich.
Geschichte: Unweit von Paderborn liegt das zu Salzkotten gehörende Dorf Verne, in dem es eine Marienwallfahrt mit fast 250-jähriger Tradition gibt. Sie geht zum Gnadenbild der „Maria, Trösterin der Betrübten" in der Verner Kirche, mitten im Ort auf einem kleinen Hügel gelegen.

Der älteste Teil des Gotteshauses stammt aus dem 12. Jahrhundert, wobei der niedrige querschiffartige Westbau der Kirche vielleicht noch älter ist als die sich daran anschließende Basilika und aus dem 11. Jahrhundert datiert. Im 14./15. Jahrhundert erweiterte man den Bau in zwei Etappen nach Süden hin unter Abriss eines Kreuzarms des Westbaus und eines Seitenschiffs durch einen fünfjochigen Anbau im Stil einer gotischen Hallenkirche. 1355 entstanden zunächst die beiden westlichen Joche als Kapelle des Gnadenbildes, und 1431 die drei östlichen Joche zur Erweiterung der Pfarrkirche.

Die beiden westlichen Joche des Hauptschiffes waren durch einen 1861 wieder entfernten Pfeiler von der restlichen Kirche abgetrennt und bildeten so die Kapelle des Gnadenbildes. An der Westseite des Pfeilers befand sich ursprünglich der Altar mit dem Gnadenbild. Das Gewölbe dieses Raumes wurde durch den Paderborner Fürstbischof Wilhelm Anton von der Asseburg zur Hinnenburg 1768 erneuert, was sich aus der Jahreszahl im Stuck des Gurtbogens und dem fürstbischöflichen Wappen im Scheitel des Gewölbes schließen lässt. Hier hatte der „Liebfrauenhof" mit dem Gnadenaltar seinen Platz, bis er 1810 vor den südöstlichen Pfeiler verlegt wurde, um schließlich 1953 im östlichen Joch aufgestellt zu werden.

Bei Instandsetzungsmaßnahmen 1655/56 barockisierte man die Kirche durch ein von zwei ionischen Säulen auf Postamenten flankiertes Westportal, das offenbar dem Portal der Liebfrauenkapelle im Paderborner Dom nachempfunden ist. Als 1899 das Hauptschiff ein neugotisches Westportal mit einer Skulptur der Immaculata im Tympanon erhielt, wurde das alte barocke Portal als Eingang des gleichzeitig errichteten Treppenhauses im Winkel zwischen den beiden romanischen Kreuzarmen des Westbaus der Kirche wiederverwendet. Nach weiteren Umbauten dient es heute als Jubiläumspforte. 1901/02 wurde die Kirche um den heutigen neugotischen Chor mit Sakristei nach Osten hin nochmals erweitert. Der Chor mit seinem 8/12 Schluss bildet nun nahezu einen Zentralraum.

Bis zum Ersten Weltkrieg hatte die Kirche mehrere historische Glocken aus den Jahren 1681, 1686 und 1784. Sie mussten aber abgeliefert werden und wurden eingeschmolzen. Drei kleinere Glocken entgingen diesem Schicksal. Die älteste davon, 1601 gegossen, dient dem Viertelstundenschlag.

Neben den Maiprozessionen mit Wallfahrtspredigten findet seit 1763 am ersten Julisonntag eines jeden Jahres die traditionelle Paderborner Stadtwallfahrt zur „Trösterin der Betrübten" nach Verne statt. Treffpunkt ist das Paradiesportal des Hohen Doms. Von dort ziehen die Pilger zu Fuß nach Verne, wo in der Wallfahrtskirche ein Hochamt abgehalten wird. Nach der Schlussandacht fährt man mit dem Bus nach Paderborn zurück.

Südöstlich der Pfarrkirche errichtete man im frühen 17. Jahrhundert die „Brünneken-Kapelle", die ebenfalls zum Ziel von Bittprozessionen mit oft 500 bis 2 000 Pilgern wurde. Nach der Maiandacht in der Kirche bringen die „Muttergottes-Träger" das Gnadenbild auf den Kirchplatz, wo es mit Blasmusik, Fahnenschwenken und Trommelwirbel begrüßt und zum Brünneken geleitet wird. Nach einer Legende stand hier der Rosenstrauch, von dem Ritter Wilhard Zweige abschnitt und dabei die Marienfigur wiederfand, die er anlässlich einer Wallfahrt nach Rom selbst geschnitzt, in Verne aber dann verloren haben soll. 1851 war die Kapelle derart baufällig und unansehnlich geworden, dass man einen Neubau vornahm. Der Innenraum wurde zuletzt 1970/71 renoviert. Der Namen gebende Brunnen ist wegen der Boden- und Grundwasserbelastung und zum Schutz gegen Vandalismus seit einigen Jahren geschlossen. Seinem Quellwasser schrieb man heilende Wirkung zu, besonders bei Augenleiden.

Ursprünglich standen an der Straße zwischen Verne und Salzkotten sieben Bildstöcke aus dem Jahr 1679. Der Paderborner Fürstbischof Ferdinand von Fürstenberg (1661-83) hatte sie gestiftet. Sie wurden bei der „Kleinen Liebfrauentracht", einer Anfang der 70er Jahre eingestellten Prozession, besucht. Seit 1932 findet man sie südlich des Weges zur Kapelle.

Kunst: Vom Gewölbe des Hauptschiffs der Verner Kirche hängt eine fast zwei Meter hohe Doppelmadonna herab. Maria zertritt als Apokalyptisches Weib der Schlange, die die Welt umfangen hält, den Kopf. Die Figur ist mit „Bernardus Rehm, Bildhower" signiert. Einzelheiten über diesen Künstler des 18. Jahrhunderts sind nicht bekannt.

Die barocken Heiligenfiguren an den Pfeilern der Kirche stellen die hl. Luzia (in Verne als Pestpatronin verehrt), den hl. Johannes Nepomuk (in der Nähe des Beichtstuhls) und den hl. Bernhard von Clairvaux (Minnesänger der Muttergottes) dar.

Das Gnadenbild ist das älteste Stück der Kirchenausstattung und Ziel zahlreicher Pilger: Maria thront auf einem Sessel und hält auf ihrem linken Arm das Jesuskind, das sich der Mutter liebevoll zuwendet. Die seit rund 250 Jahren bekleidete und gekrönte Figur macht zunächst einen barocken Eindruck. Doch unter dem Gewand steckt eine kostbare romanische, 45 Zentimeter hohe, aus Weichholz geschnitzte thronende Madonna, deren Entstehung um 1220 angesetzt wird.

Lage: Verne ist ein Ortsteil von Salzkotten und liegt einige Kilo-

meter südwestlich der Bischofsstadt Paderborn (Dom, Schloss Neuhaus); Anfahrt von Paderborn aus: Auf der Bundesstraße B 1 bis Salzkotten, dann auf der Landstraße nach Verne.
Anschrift: Katholisches Pfarramt St. Bartholomäus, Marienplatz 4, D-33154 Salzkotten-Verne, Tel.: 05258/99 90 00, Fax: 05258/936 49 93, E-Mail: verne@t-online.de

Vierzehnheiligen

Name der Wallfahrt: Wallfahrt zu den Vierzehn Nothelfern
Ort der Pfarrei: Staffelstein
Kirche: Basilika Vierzehnheiligen
Bistum: Bamberg (Deutschland)
Pilgerzeiten: Ganzjährig; die Basilika ist täglich von 7.30 bis 17.30 Uhr geöffnet; Führungen für Gruppen ab 12 Personen nach vorheriger schriftlicher Anmeldung möglich; besondere Wallfahrtstage sind die Festtage der Vierzehn Nothelfer, der 6. Januar (Hl. Dreikönig), der 2. Februar (Fest „Mariä Lichtmess"), der Sonntag nach Fronleichnam, der 15. August (Fest „Mariä Himmelfahrt") und der Sonntag vor bzw. nach dem Fest „Mariä Geburt" (8. September).
Geschichte: Im Wallfahrtsort Vierzehnheiligen werden – wie der Name schon erahnen lässt – die Vierzehn Nothelfer verehrt. Diese Heiligen wurden vor allem in den schweren Zeiten im 13. bis 15. Jahrhundert als Helfer gegen Hunger, Krankheit oder den Krieg angerufen. Zu der Gruppe gehören: Achatius von Armenien, Ägidius, Barbara, Blasius von Sebaste, Christophorus, Cyriacus von Rom, Dionysius von Paris, Erasmus, Eustachius, Georg von Kappadokien, Katharina von Alexandria, Margareta von Antiochia, Pantaleon und Vitus (Veit).
Dass gerade hier eine Wallfahrtsstätte zu Ehren der Vierzehn Nothelfer entstand, geht auf die legendäre Überlieferung einer wunderbaren Erscheinung zurück: Ein Schafhirte des Zisterzienserklosters Langheim namens Hermann Leicht hatte im September 1445 kurz nach dem Fest Kreuzerhöhung (14. September) eine Vision, in der er ein kleines, weinendes Kind mit einem roten Kreuz auf der Brust auf dem Boden sitzen sah. Wenig später erschien ihm das Kind bei einbrechender Dämmerung mit zwei brennenden Kerzen neben sich erneut und lächelte ihn an. Beide Male verschwand es aber, als Leicht sich näherte. Im Jahr darauf, am 28. Juni, sah er das Kind an der gleichen Stelle wieder, dieses Mal im Kreis von 14 kleineren Kindern, die sprachen: „Wir sind die Vierzehn Nothelfer und wollen eine Kapelle haben und gnädiglich hier rasten. Bist du unser Diener, dann wollen wir auch deine Diener sein." Im Kloster schenkte man den Erzählungen des Hirten anfangs keine Beachtung, doch als kurz

darauf eine schwer kranke Frau nach intensivem Gebet zu den Vierzehn Nothelfern an der Stelle der Erscheinungen überraschend gesundete, ließ der Abt dort zunächst ein Kreuz und 1448 eine kleine Kapelle errichten. Durch weitere Gebetserhörungen und zahlreiche Ablässe gefördert, blühte die Wallfahrt nach „Vierzehnheiligen" schnell auf, und man gründete schließlich neben dem Kirchlein eine Propstei für die Seelsorger, die die immer zahlreicher werdenden Pilger betreuten. Wie populär die Gnadenstätte war, zeigt sich an prominenten Wallfahrern wie z.B. Kaiser Friedrich III. (1485) und Albrecht Dürer (1519).

Während des Bauernkriegs 1525 und im Dreißigjährigen Krieg (1618-48) wurden Kapelle und Propsteigebäude zerstört, aber jedes Mal in größerem Umfang wieder aufgebaut.

Im 18. Jahrhundert jedoch erwies sich die Kirche endgültig als zu klein für die Pilgerscharen, und der Abt des Zisterzienserklosters Langheim, Stephan Mösinger, wollte ein neues, größeres Gotteshaus, das sich mit der von Johann Dientzenhofer gebauten und 1719 fertig gestellten Kirche des Benediktinerklosters Banz (die schlossartige Anlage ist seit 1978 im Besitz der Hanns-Seidel-Stiftung und Bildungszentrum) am gegenüberliegenden Mainufer messen konnte.

Er beauftragte den thüringischen Meister Gottfried Heinrich Krohne mit der Planung, der Fürstbischof von Bamberg, Friedrich Karl von Schönborn, wiederum seinen Hofarchitekten Johann Jakob Michael Küchel, einen Schüler des berühmten Würzburger Baumeisters Johann Balthasar Neumann. Doch die Entwürfe fanden keinen Anklang, weder beim Abt noch beim Bischof. Erst die von Neumann selbst ausgearbeiteten Pläne gefielen beiden, und man begann 1743 unter der Leitung Krohnes mit dem Bau der Kirche, deren doppeltürmige Fassade gemäß dem ausdrücklichen Wunsch von Abt Mösinger genau auf das gegenüberliegende Kloster Banz ausgerichtet sein sollte. Krohne jedoch änderte die Pläne nach seinen eigenen Ideen in Richtung „protestantische Predigerkirche" ab und setzte die Änderungen auch sofort in die Tat um, so dass Neumann bei der Besichtigung der Baustelle 1744 vor vollendeten Tatsachen stand. Am schlimmsten war, dass Krohne den Bau um einige Meter nach Osten verschoben und damit den festgelegten Platz des Gnadenaltars (exakt an der Stelle der Erscheinungen) aus der Vierung ins Langhaus gerückt hatte. Es gelang Neumann aber, in einer später gerne als „Geniestreich" bezeichneten Maßnahme, die Eigenmächtigkeiten Krohnes so zu verwerten, dass der Kirchenbau seine heutige großartige Form erhielt: Durch Einfügen einiger ovaler und kreisförmiger Räume schuf er eine Verbindung des längsovalen Langhauses mit dem vorgegebenen massiven Vierungsbau Krohnes und stellte somit optisch die gewünschte Zentralität des Gnadenaltars wieder her.

Nach Neumanns Tod 1753 musste Küchel, dem nach der Entlassung Krohnes die Bauleitung übertragen worden war, die Arbeiten alleine fortführen, und erst nach einer durch den Siebenjährigen Krieg (1756-63) bedingten Bauunterbrechung konnte das prunkvolle Gotteshaus am 16. September 1772 vom Bamberger Fürstbischof Adam Friedrich von Seinsheim endlich geweiht werden.

Obwohl im Zuge der Säkularisation das Zisterzienserkloster Langheim 1803 aufgehoben wurde und damit die Betreuung der Pilger endete, brach die Wallfahrt nach Vierzehnheiligen nie ganz ab. 1839 übernahmen Mönche des Franziskanerordens im Auftrag von Bayernkönig Ludwig I. die Wallfahrtsstätte, die 1897 von Papst Leo XIII. zu einer päpstlichen Basilika erhoben wurde. Auch heute noch liegt die Seelsorge für die vielen tausend Pilger, die alljährlich nach Vierzehnheiligen strömen, in den Händen von Franziskanern. Sie leben im einst ebenfalls von Küchel neu errichteten Priorat der Zisterzienser. Der ehemalige Bedienstetenbau dient heute als Gästehaus des Klosters.

Kunst: Die Innenausstattung der Wallfahrtskirche, die heute als Hauptwerk des oberfränkischen Barock-Rokkoko gilt, wurde von Johann Jakob Michael Küchel entworfen und von namhaften Künstlern ausgeführt: Stuck und Altäre stammen von der aus Wessobrunn hervorgegangenen Werkstattgemeinschaft der Brüder Johann Michael und Franz Xaver Feuchtmayer sowie Johann Georg Üblher, die Deckenfresken von dem aus Mainz gekommenen kurfürstlichen Hofmaler Giuseppe Appiani.

Prunkstück und Mittelpunkt des Gotteshauses ist der frei stehende Gnadenaltar mit den auf drei Ebenen angeordneten Figuren der Vierzehn Nothelfer und dem ganz oben auf dem Baldachin thronenden Jesuskind – eine der kühnsten Altarschöpfungen des 18. Jahrhunderts.

Weitere optische Anziehungspunkte sind vor allem der an der Apsiswand des Chors aufragende Hochaltar, dessen monumentales Gemälde die Himmelfahrt Mariens darstellt, und die phantasievolle, von Putten getragenen Kanzel mit einem Schalldeckel in Form einer Kugel mit Flammen und Strahlenglorie, die Bezug nimmt auf die Sieben Gaben des Heiligen Geistes. Die kunstvollen Deckengemälde Appianis haben bei einem durch einen Blitzschlag verursachten Brand am 3. März 1835 schwer gelitten und wurden später übermalt. Erst im Rahmen einer umfassenden Kirchenrestaurierung 1982-90 konnten sie zum Teil wieder freigelegt werden. Hauptthemen sind die Verherrlichung der Nothelfer und der Gottesmutter sowie der Bamberger Bistumspatrone Heinrich und Kunigunde über dem Gnadenaltar, die Verkündigung an die Hirten im Chor und die Anbetung der Heiligen Drei Könige über der (1998 neu gebauten) Orgel.

Lage: Die Wallfahrtskirche liegt rund 30 km nordöstlich von Bamberg am oberen Main zwischen Lichtenfels und Staffelstein; Anfahrt über die Autobahnen A 70 oder A 73: Ausfahrt Kreuz Bamberg, dann auf der Bundesstraße B 173 nach Staffelstein und weiter bis zur Abzweigung zum Kloster Vierzehnheiligen.

Anschrift: Franziskanerkloster Vierzehnheiligen, D-96231 Bad Staffelstein, Tel.: 09571/95 08-0, Fax: 09571/95 08-50, E-Mail: vierzehnheiligen@franziskaner.de

Vinnenberg

Name der Wallfahrt: Wallfahrt zur „Muttergottes vom Himmelreich"
Ort der Pfarrei: Warendorf-Vinnenberg
Kirche: Kloster- und Wallfahrtskirche der „Muttergottes vom Himmelreich"
Bistum: Münster (Deutschland)
Pilgerzeiten: Ganzjährig; Patrozinium an Mariä Geburt (8. September)
Geschichte: Von der Entstehung des Klosters Vinnenberg und des Gnadenbildes der „Muttergottes vom Himmelreich" erzählt eine Legende Folgendes: Bernhard und Johann von Vinnenberg stritten sich im Jahr 1252 um das vom Vater geerbte Land. Da beobachteten sie in einer mondhellen Nacht, wie die Gottesmutter Maria und der Apostel Johannes – sie erkannten sie an der Kleidung – den Gutshof abschritten und ihn zu vermessen schienen, bevor sich Maria auf einen Eichenstamm setzte. Als die Brüder dorthin eilten, fanden sie aber nur noch einen roten Seidenfaden. Unter dem Eindruck der Vision versöhnten sie sich und überließen ihren Besitz zu Ehren Marias den Zisterzienserinnen des nahen Klosters Marienberg, die das Gut sofort besiedelten und zu einem bedeutenden religiösen und wirtschaftlichen Zentrum der Region erweiterten.

Aus dem Baumstamm, auf dem Maria geruht hatte, ließ Bernhard von Vinnenberg vier Statuen schnitzen: drei Marienbildnisse und eines von ihrer Mutter, der hl. Anna. Die kleinste, nur 17 Zentimeter hohe Marienfigur wurde das

Vinnenberger Gnadenbild. Es zeigt die Gottesmutter mit dem zu ihr aufblickenden Jesuskind auf dem Schoß in aufrechter Haltung auf einem Thron sitzend.

Die zum Kloster Vinnenberg einsetzende Wallfahrt wurde vom Klerus stark unterstützt. So weiß man um zahlreiche Ablässe für die Pilger, die z.B. 1257 von den Bischöfen von Münster, Paderborn und Osnabrück und 1290 vom Bischof von Münster gewährt wurden. Aus den folgenden Jahrhunderten wird auch wiederholt berichtet, dass Gebete an das Gnadenbild von Vinnenberg erhört worden seien.

1810 wurde das im Jahr 1466 in eine Benediktinerinnenabtei umgewandelte Kloster, das sowohl die Reformation als auch den Dreißigjährigen Krieg überstanden hatte, im Zuge der Säkularisation aufgelöst. Das verehrte Gnadenbild bewahrte man in der benachbarten Ortschaft Füchtdorf auf, bis man es 1831 in die Vinnenberger Kirche zurückbrachte. Ab 1898 war das Kloster wieder im Besitz der Benediktinerinnen, doch 1941 beschlagnahmte die Gestapo die Gebäude und vertrieb den Konvent. Ein Pfarrer vertraute die kleine Marienstatue dem Bischof von Münster, Clemens August Graf von Galen (1878-1946; am 9. Oktober 2005 selig gesprochen), an, der ihr in seiner Residenz einen Ehrenplatz gab. Bei einem Bombenangriff am 10. Oktober 1943 wurde das bischöfliche Palais in Münster jedoch zerstört, und das Gnadenbild verbrannte. Bei dem heute in der Vinnenberger Kirche verehrten Gnadenbild handelt es sich um eine nach Kriegsende angefertigte Nachbildung.

Lage: Das Kloster Vinnenberg liegt an der Bever rund 20 km östlich der Bischofsstadt Münster; Anfahrt über die Autobahn A 1 (Ausfahrt Ladbergen, weiter auf der Bundesstraße B 475 nach Glandorf und von dort auf der Landstraße in Richtung Milte) oder A 2 (Ausfahrt Beckum, weiter auf der Bundesstraße B 475 über Neu-Beckum und Ennigerloh bis Warendorf und von dort auf der Landstraße über Milte nach Vinnenberg).

Anschrift: Benediktinerinnenkloster Vinnenberg, Beverstrang 37, D-48231 Warendorf, Tel.: 02584/10 07 und 94 00 00, Fax: 02584/94 00 02, E-Mail: webmaster@hostie.de oder gemeinschaft@brot-des-lebens.de

Violau

Name der Wallfahrt: Wallfahrt zur „Schmerzhaften Muttergottes", zum „Gegeißelten Heiland" und zum hl. Johannes dem Täufer
Ort der Pfarrei: Violau
Kirche: Pfarr- und Wallfahrtskirche St. Michael
Bistum: Augsburg (Deutschland)

Pilgerzeiten: Ganzjährig (Hauptwallfahrtszeit Mai bis September); besondere Wallfahrtstage sind der 1. Mai (Eröffnung des Marienmonats), der Sonntag vor bzw. nach dem 24. Juni (Festtag des hl. Johannes des Täufers), der 15. August (Fest „Mariä Himmelfahrt" mit großer Lichterprozession am Vorabend), der letzte Sonntag im August („Schüsselfest", Gedenktag der Enthauptung Johannes des Täufers), der 8. und der 12. September (Feste „Mariä Geburt" und „Mariä Namen"), der 14. September (Fest „Kreuzerhöhung") und der dritte Adventssonntag (weitere Auflegung der „Johannesschüssel"); jeweils mittwochs um den 13. jeden Monats „Fatimatag" (8.00 Uhr Beichtgelegenheit, 8.30 Uhr Rosenkranzgebet, 9.00 Uhr Wallfahrtsgottesdienst mit Predigt); Gruppenwallfahrten können jederzeit angemeldet werden; die Kirche ist täglich von 8.00 Uhr bis zum Einbruch der Dunkelheit zugänglich; der Wallfahrtsladen ist an Sonn- und Feiertagen von 10.00 bis 12.00 Uhr und von 13.30 bis 16.30 Uhr geöffnet (für angemeldete Wallfahrten nach Vereinbarung); regelmäßige Gottesdienste: samstags 18.00 Uhr, sonntags 10.00 Uhr (ganzjährig), 14.00 Uhr (Andacht Mai-Juli), 17.00 Uhr (Andacht September-April), mittwochs 9.00 Uhr (Pilgermesse), Herz-Jesu-Freitage 18.30 Uhr

Geschichte: Das heutige Violau hieß ursprünglich Heszelinbach und ist 1281 erstmals urkundlich erwähnt. Schon zu dieser Zeit fungierten hier Benediktinermönche aus dem nahegelegenen Kloster Oberschönenfeld als Betreuer einer romanischen Kirche. Im 14. Jahrhundert taucht der Name „Violau" auf. Dafür gibt es mehrere Erklärungen, die eines gemeinsam haben: Die Ortschaft war bereits eine Stätte der Marienverehrung. Der Legende nach kommt der Name daher, dass Ende des 13. Jahrhunderts ein Marienbildnis auf einer Veilchenwiese gefunden wurde (Violau = Veilchenau). Er könnte aber auch in Anlehnung an den von den Zisterzienserinnen verwendeten Begriff für die Gottesmutter Maria als „viola clementine" = „Veilchen der Demut und Milde" entstanden sein, denn seit Ende des 13. Jahrhunderts gehörte der Ort zum Besitz des Zisterzienserinnenklosters Oberschönenfeld. Die von den Nonnen geförderte Wallfahrt zum Gnadenbild der „Schmerzhaften Muttergottes" (schriftlich erstmals 1466 bezeugt) erlebte unter der Äbtissin Susanna Willemayr ihre Blütezeit. Aufgrund des großen Pilgerandrangs beschloss sie im Jahr 1617 den Abbruch der alten Gebetsstätte und die Errichtung einer größeren Kirche samt angebautem Wohnhaus für die Wallfahrtsseelsorger. Das neue Gotteshaus wurde 1620 dem Erzengel Michael geweiht, und 1625, im Jahr der Fertigstellung des hohen Kirchturms, gewährte Papst Urban VIII. einen ersten Ablass.

Im Zeitalter der Aufklärung gingen die Wallfahrten nach Violau zurück bzw. wurden ab 1780 gänzlich verboten. Die Erlaubnis für die Wiederaufnahme erfolgte 1788 unter bestimmten Auflagen, so durften z.B. keine Frauen dabei sein, die Wallfahrer hatten einfaches Pilgerhabit zu tragen, Fahnen, Schmuck und ähnliches waren untersagt. Als dann die Kirche im Rahmen der Säkularisation abgebrochen werden sollte, drohte die Wallfahrt völlig zu erlöschen. Doch die Bürger von Violau und den umliegenden Ortschaften stellten den Antrag, das Gotteshaus käuflich erwerben zu dürfen, was mit Urkunde vom 18. Dezember 1819 auch geschah. Die Kirche erhielt einen eigenen Geistlichen, der sich bemühte, die stark geplünderte Innenausstattung wieder zu vervollständigen. Es gelang ihm auch, das zwischenzeitlich im Landgericht von Wertingen verwahrte Marien-Gnadenbild nach Violau zurückzuholen. 1844 wurde Violau eine eigenständige Pfarrei, was der Wallfahrt zu neuer Blüte verhalf.

Noch heute ist Violau einer der bedeutendsten und meistbesuchten Wallfahrtsorte im Bistum Augsburg. Es kommen nicht nur zahlreiche Einzelpilger, sondern es finden das ganze Jahr über (vor allem von Mai bis September) auch viele Gruppenwallfahrten aus der näheren und weiteren Umgebung statt. Außer der „Schmerzhaften Muttergottes" werden noch zwei weitere Gnadenbilder verehrt: Die „Johannesschüssel", eine spätgotische, etwa auf das Jahr 1520 datierte versilberte Holzschale mit dem Haupt Johannes des Täufers (am linken vorderen Seitenaltar). Nach altem Brauch wird sie den Gläubigen mehrmals im Jahr auf den Kopf aufgelegt und soll gegen Kopfschmerzen und ähnliche Beschwerden helfen. (Gesegnete Wachsbilder der „Johannesschüssel" gibt es im Wallfahrtsladen zu kaufen.) Als drittes Gnadenbild gilt eine Statue des „Gegeißelten Heilands". Die um 1750 von Johann Michael Fischer geschaffene, lebensgroße Skulptur steht in einer Kapelle am Treppenaufgang zur Wallfahrtskirche und zeigt den im Kerker an die Geißelsäule angeketteten Jesus mit Dornenkrone und entblößter Schulter.

Kunst: Will man die von den Augsburger Brüdern David und Georg Höbel und Jeremias Nägelin errichtete Wallfahrtskirche St. Michael mit ihrer im 17./18. Jahrhundert entstandenen prunkvollen Barock- und Rokokoausstattung betreten, muss man zunächst das an der Stirnseite angebaute, schlichte Pfarrhaus durchqueren.

Das herrliche Stuckdekor im Kircheninneren schuf Franz Xaver Feichtmayr d.Ä. in den Jahren

1751-57, und die farbenfrohen Fresken sind ein Werk von Johann Georg Dieffenbrunner.
Der Hochaltar sowie die Nebenaltäre und die Kanzel stammen aus der zweiten Hälfte des 17. Jahrhunderts und strahlen in Gold und Blau, weshalb die Kirche auch als „das blaue Wunder Schwabens" bezeichnet wird.
Der rechte vordere Seitenaltar ist der bekannte Gnadenaltar mit der „Schmerzhaften Muttergottes" in einem klassizistischen Schrein. Das Gnadenbild wurde 1688 geschnitzt und zeigt die gekrönte Gottesmutter Maria mit ihrem toten Sohn auf dem Schoß. Vermutlich handelt es sich um eine Nachbildung des früheren Vesperbildes, das während der Wirren des Dreißigjährigen Kriegs verloren ging. Zeugnisse von der tiefen Verehrung der Violauer Pietà sind zahlreiche alte und neue Votivbilder entlang der rechten Kirchenwand.
Sehens- und hörenswert ist auch die Violauer Orgel aus dem Jahre 1781.
Hinter der Kirche führt der „Rosenkranzweg" auf eine Anhöhe. Seine eindrucksvollen 15 Stationen wurden 1987 von dem Bildhauer Siegfried Moroder aus Mooreiche geschnitzt.
Lage: Violau gehört zur Gemeinde Altenmünster und liegt etwa 25 km westlich der Bischofsstadt Augsburg (Mariendom mit Diözesanmuseum, Basilika St. Ulrich und Afra, Heilig-Kreuz-Kirche, Renaissance-Rathaus, Schaezler-Palais, Römisches Museum, Fuggerei, Zoo, Marionettentheater „Augsburger Puppenkiste") im Naturpark Augsburg-Westliche Wälder; Anfahrt über die Bundesstraße B 10 oder die Autobahn A 8 (Ulm-Augsburg): Ausfahrt Zusmarshausen, weiter auf der Landstraße über Wörleschwang und Unterschöneberg in Richtung Altenmünster bis zur Abzweigung nach Violau; für Fuß- und Radwallfahrer führen aus mehreren Richtungen gut ausgeschilderte Pilgerwege zur Wallfahrtskirche.
Anschrift: Katholisches Pfarramt St. Michael, St. Michael-Straße 8, D-86450 Altenmünster-Violau, Tel.: 08295/608, Fax: 08295/498, E-Mail: wallfahrtskirche.violau@ bistum-augsburg.de

Volkach

Name der Wallfahrt: Wallfahrt zur „Schmerzhaften Muttergottes"
Ort der Pfarrei: Volkach
Kirche: Wallfahrtskirche „Maria im Weingarten"
Bistum: Würzburg (Deutschland)
Pilgerzeiten: Mai bis Oktober; das Wallfahrtskirchlein ist von März bis Ende November werktags 9.30-12.00 Uhr und 13.30-18.00 Uhr, sonntags 10.00-12.00 und 13.30-17.00 Uhr geöffnet; im Mai jeden Sonntag um 17.00 Uhr Maiandacht, im Oktober jeden

Sonntag um 17.00 Uhr Rosenkranzandacht; Gottesdienste sonntags (ganzjährig) 8.00 und 10.00 Uhr (Pfarrkirche St. Bartholomäus)

Geschichte: Tausende pilgern alljährlich auf die Kuppe des Volkacher Kirchbergs, vorbei an Kreuzwegstationen, zur Kirche „Maria im Weingarten". Doch es ist fraglich, ob sie in erster Linie wegen des Gnadenbildes der „Schmerzhaften Muttergottes" kommen, einer kleinen, von einem unbekannten Künstler geschnitzten, ausdrucksstarken Pietà aus dem 14. Jahrhundert, die auf dem linken Seitenaltar steht. Denn unter dem Chorbogen schwebt „Maria im Rosenkranz", ein spätes Werk des sehr berühmten Bildhauers und -schnitzers Tilman Riemenschneider (um 1460-1531). Die um 1524 geschaffene Madonna gehört zu Riemenschneiders letzten Arbeiten und ist von außerordentlich hoher Qualität. 1962 bekam die Kostbarkeit viel Publicity, als sie aus der Kirche gestohlen wurde, glücklicherweise aber wieder auftauchte und an ihren angestammten Platz zurückkehrte.

Über die Entstehung der Wallfahrt ist nur sehr wenig bekannt. Schon im 11. Jahrhundert stand hier ein Gotteshaus, das bis Mitte des 15. Jahrhunderts Pfarrkirche für Volkach und die umliegenden Siedlungen war. Die Wallfahrt zur um ihren Sohn trauernden Gottesmutter entwickelte sich vermutlich im 14. Jahrhundert, als sich hier Beginen ansiedelten. Dabei handelte es sich um eine religiöse Gemeinschaft, deren Mitglieder – oft begüterte und alleinstehende Frauen und Witwen – ein Gelübde auf Zeit ablegten, das auf Wunsch immer wieder erneuert wurde.

Die Klause der Beginen neben der Wallfahrtskirche wurde 1422 von der katholischen Obrigkeit aufgelöst. Mitte des 15. Jahrhunderts begann man mit dem Bau einer neuen Kirche, deren Vollendung sich jedoch bis etwa 1520 hinzog. Eine in der zweiten Hälfte des 15. Jahrhunderts gegründete Liebfrauenbruderschaft förderte die Marienverehrung und verhalf auch der Wallfahrt zu mehr Ansehen. In der Anfangsphase handelte es sich um eine allgemein zugängliche religiöse Vereinigung von Männern und Frauen aus allen Bevölkerungsschichten. Spätestens im 19. Jahrhundert waren als Mitglieder jedoch nur noch Männer zugelassen. Die Angehörigen der Bruderschaft in Volkach sammelten, vermutlich ebenso wie die in anderen Orten, unermüdlich Spenden und Opfergelder. Sie waren es, die die „Maria im Rosenkranz" bei Tilman Riemenschneider in Auftrag gaben und der Kirche damit ein Kunstwerk stifteten, das heute noch die Menschen in seinen Bann zieht.

Lage: Das Weinanbaustädtchen Volkach (Pfarrkirche St. Bartholomäus, Renaissance-Rathaus und Madonnenbrunnen auf dem Marktplatz) liegt etwa 20 km nordöstlich der Bischofs- und Universitätsstadt Würzburg (Festung Marienberg mit Mainfränkischem Museum, Residenz, zahlreiche Kirchen) über dem linken Ufer der Mainschleife (Maintalradweg); Anfahrt über die Autobahnen A 3 (Ausfahrt Kitzingen/Schwarzach, weiter über Münsterschwarzach nach Volkach) und A 7: Ausfahrt Würzburg/Estenfeld, weiter auf der Landstraße über Kürnach und Prosselsheim nach Volkach; die Wallfahrtskirche steht etwa einen Kilometer außerhalb auf dem von Rebhängen bedeckten Kirchberg an der Straße Richtung Fahr.
Anschrift: Katholisches Pfarramt St. Bartholomäus, Pfarrhof 1, D-97332 Volkach, Tel.: 09381/24 76, Fax: 09381/43 95; Tourist-Information und Kulturamt, Rathaus, D-97332 Volkach, Tel.: 09381/401-12, Fax: 09381/401-16, E-Mail: tourismus@volkach.de

Vorst
Name der Wallfahrt: Wallfahrt zum hl. Godehard (Gotthard)
Ort der Pfarrei: Vorst
Kirche: Pfarrkirche St. Godehard
Bistum: Aachen (Deutschland)
Pilgerzeiten: Der Festtag des hl. Godehard ist der 5. Mai (Todestag).
Geschichte: Godehard (auch Gotthard), der erste heilig gesprochene Bayer, wurde 960 in Reichersdorf bei Niederaltaich (Bistum Passau, Niederbayern) geboren und besuchte die Klosterschule von Niederaltaich, wo er seine humanistische und theologische Ausbildung erhielt. 990 wurde er dort Benediktinermönch und 993 Priester, 996 schließlich zum Abt gewählt. Ab 1005 stand er auch dem Kloster Hersfeld (südlich von Kassel), später zudem Tegernsee (südlich von München am Alpenrand) vor. Als Anhänger der Reformen von Cluny versuchte er diese in allen Klöstern, für die er verantwortlich war, durchzusetzen. Am 30. November 1022 wurde er auf Wunsch Kaiser Heinrichs II. zum 14. Bischof von Hildesheim gewählt und setzte das Werk seines Vorgängers Bernward (960-1022; Hl.), die Förderung der Kunst und des Handwerks betreffend, fort. Dreißig neue Kirchen soll er gebaut haben, außerdem errichtete er eine Schule für Schreib- und Malkunst und förderte das Schulwesen allgemein. Zeit seines Lebens war er sehr beliebt und anerkannt, und nach seinem Tod am 5. Mai 1038 im Moritzstift bei Hildesheim sprach ihn Papst Innozenz II. schon 1131 heilig. Seine Verehrung breitete sich schnell bis Skandinavien, die slawischen Länder, Nord-

italien und in die Schweiz aus, wo der St.-Gotthard-Pass nach ihm benannt wurde.

Eine seiner Reliquien gelangte schon früh nach Vorst und begründete eine Wallfahrt, die bis in unsere Tage lebendig geblieben ist. Die neugotische Kirche in Vorst mit ihrem 75 Meter hohen, spitzen Turm bewahrt diese Reliquie im linken Seitenaltar. Neben dem Hauptportal steht eine lebensgroße Statue des hl. Godehard im Bischofsornat und mit einem Modell des alten Vorster Gotteshauses in der Hand.

Lage: Vorst ist ein Ortsteil von Tönisvorst (gegründet aus St. Tönis und Vorst) und liegt zwischen Nettetal und Krefeld (romanische St.-Matthias-Kirche, Burg Linn) am Ostrand des deutsch-niederländischen Naturparks Maas-Schwalm-Nette (Wander- und Radfahrerparadies!); Anfahrt über die Autobahn A 61: Ausfahrt Süchteln, weiter über Süchteln (Wallfahrtskapelle St. Irmgardis) nach Vorst.

Anschrift: Katholisches Pfarramt St. Godehard, Kuhstraße 11, D-47918 Tönisvorst-Vorst, Tel.: 02156/97 85-70, Fax: 02156/97 85-78, E-Mail: ludwig-kamm@t-online.de

Wachstedt

Name der Wallfahrt: Wallfahrt zur „Schmerzensmutter"
Ort der Pfarrei: Büttstedt
Kirche: Wallfahrtskirche „Mariä Heimsuchung" (genannt „Klüschen Hagis")
Bistum: Erfurt (Deutschland)
Pilgerzeiten: Die traditionelle Männerwallfahrt findet am Sonntag nach dem Fest „Christi Himmelfahrt" statt; mehrere Wallfahrten im Juli (u.a. am ersten Sonntag nach „Mariä Heimsuchung"/2. Juli); Hochfest „Mariä Aufnahme in den Himmel" am 15. August; Rentnerwallfahrt im September; die Kirche ist nur an Wallfahrtstagen und während der Gottesdienste geöffnet (sonntags 8.00 oder 10.00 Uhr); am Tag der Männerwallfahrt richtet der Malteserhilfsdienst einen Pendelverkehr mit Kleinbussen von den Parkplätzen bei Wachstedt und Martinfeld zur Kirche für Gehbehinderte und Senioren ein.

Geschichte: Um das unterhalb der Burg Gleichenstein idyllisch auf einer Waldlichtung gelegene barocke Wallfahrtskirchlein „Mariä Heimsuchung", genannt „Klüschen Hagis", und das dort in einer Altarnische stehende Gnadenbild der Gottesmutter, eine Pietà aus dem 13. oder 14. Jahrhundert, rankt sich folgende Legende:

Als im 16. Jahrhundert die Reformation in Mühlhausen Einzug hielt, war eines Tages ein aus Holz geschnitztes Bildnis der um ihren Sohn trauernden Maria aus der dortigen Marienkirche verschwunden. Ein Schäfer fand die Figur später am Fuße der Burg Gleichenstein auf einer Wiese der seit langem verlassenen Siedlung Neuenhagen und brachte sie in die Dorfkirche des nahen Wachstedt. Am Tag darauf lag sie aber wieder an der Fundstelle. Dreimal wiederholte sich der merkwürdige Vorgang. Schließlich baute man auf der Wiese eine Kapelle, in der die Schmerzensmutter nun ihren gebührenden Platz erhielt und zum Pilgerziel wurde. Die Schar der Wallfahrer stieg sprunghaft an, als an der Stelle, wo der Schäfer die Skulptur zum ersten Mal gefunden hatte, plötzlich eine Heilquelle („Klüschenborn") sprudelte.

Während des Dreißigjährigen Krieges kam die Wallfahrt zur „Klüschen Hagis" fast zum Erliegen und nahm erst Ende des 17. Jahrhunderts wieder zu. 1751-71 wurde die Kapelle saniert, 1840-45 folgte ein Neubau und 1886 eine Vergrößerung.

Eine besondere Bedeutung hat die seit 1957 durchgeführte „Männerwallfahrt" erlangt, weil die weit bekanntere Wallfahrtsstätte auf dem Hülfensberg zu DDR-Zeiten wegen ihrer Grenznähe nicht zugänglich war. Doch auch nach der Wiedervereinigung ist die „Klüschen Hagis" ein beliebter Wallfahrtsort für Gruppen und Einzelpilger geblieben. Allein an der traditionellen Männerwallfahrt nehmen jährlich rund 15 000 Gläubige teil.

Lage: Wachstedt liegt im Naturpark Eichsfeld zwischen Heiligenstadt (traditionelle große Leidensprozession durch die Stadt am Palmsonntag) und Mühlhausen; die Wallfahrtskapelle steht 4 km westlich des Ortes unterhalb der ehemaligen Grafenburg Gleichenstein (Falknerei, Gaststätte); Anfahrt über die Autobahn A 7: Ausfahrt Friedland, dann über Friedland nach Heiligenstadt (auf der Bundesstraße B 80 die Leine entlang; 2006 soll die bislang nur in Teilabschnitten fertige Südharzautobahn A 38, eine wichtige mitteldeutsche West-Ost-Achse zwischen den Ballungsräumen Göttingen/Kassel und Halle/Leipzig bzw. den Autobahnen A 7 und A 9, durchgehend befahrbar sein), von dort auf der B 250 über Flinsberg bis Martinfeld, dann auf der Landstraße in Richtung Wachstedt.

Anschrift: Katholisches Pfarramt St. Margaretha, Mittelgasse 8, D-37359 Büttstedt, Tel.: 036075/641 39, Fax: 036075/541 05, E-Mail: Pfarramt.Buettstedt@ t-online.de

Waldsassen/Kappel

Name der Wallfahrt: Wallfahrt zur Hl. Dreifaltigkeit
Ort der Pfarrei: Münchenreuth
Kirche: Wallfahrtskirche zur Hl. Dreifaltigkeit (genannt „die Kappel")
Bistum: Regensburg (Deutschland)
Pilgerzeiten: Mai bis Oktober; Hauptpilgertage sind das Fest „Christi Him-

melfahrt" im Mai und der Dreifaltigkeitssonntag (erster Sonntag nach Pfingsten); die Wallfahrtskirche ist ganzjährig von 8.00 bis 18.00 Uhr geöffnet (Winterzeit von Sonnenaufgang bis -untergang); Gottesdienste von Palmsonntag bis Allerheiligen an Sonn- und Feiertagen um 9.30 Uhr; Führungen und Gottesdienste für Pilgergruppen sind nach Absprache möglich

Geschichte: Die Ursprünge der Wallfahrt zur „Kappel", wie die Kirche auf dem Glasberg zwischen Waldsassen und Münchenreuth kurz genannt wird, reichen der Überlieferung nach bis ins 12. Jahrhundert zurück und sind eng mit dem im Jahr 1133 gegründeten Kloster Waldsassen verknüpft: Die Legende berichtet, dass der 630 Meter hohe Hügel Ziel für die Schaf- und Viehherden der Laienbrüder war. Um diesen auch hier Andacht und Gebet zu ermöglichen, brachte man ein Bildnis der Heiligsten Dreifaltigkeit an einem Baum an. Schon bald setzte die Verehrung des Bildes aufgrund wundersamer Vorgänge ein. Dem Holzverschlag, der es vor Verwitterung schützen sollte, folgte bald eine kleine Kapelle für die immer zahlreicher werdenden Pilger.

In der zweiten Hälfte des 16. Jahrhunderts brach im Zuge der Reformation die 1527 erstmals urkundlich erwähnte Wallfahrt zur Kappel nahezu ganz ab, blühte aber noch vor dem Ende des Dreißigjährigen Krieges wieder auf, als sich die Nachricht von der wundersamen Heilung eines schwer kranken Waldsassener Bürgers nach einer Wallfahrt auf den Glasberg im Jahre 1644 wie ein Lauffeuer verbreitete.

Nachdem das 1645-48 errichtete Kirchlein endgültig zu klein für den Pilgerstrom geworden war, begann man auf Initiative des Münchenreuther Pfarrers Paul Eckhart 1685 mit einem Neubau nach den Plänen und unter der Leitung von Georg Dientzenhofer, der auch bei der Errichtung des neuen Zisterzienserklosters in Waldsassen maßgeblich beteiligt war. Das Ergebnis, die neue, 1711 geweihte Kappel, wird in der Literatur oft als „Geniestreich" Dientzenhofers gewürdigt, weil es ihm gelang, das theologische Motiv der Hl. Dreifaltigkeit in die Architektur des Gotteshauses umzusetzen: Dem Rundbau liegt ein zentrales, gleichschenkliges Dreieck zugrunde, in drei halbrunden Seitenschiffen befinden sich wiederum drei Seitenkapellen. Außerdem hat die Kirche drei große runde Zwiebeltürme und drei kleine auf dem zeltartigen Dach. Auch im Inneren wiederholt sich das Motiv der Dreiheit in Form von drei Hauptaltären: Der Hochaltar mit dem Gemälde der Hl. Dreifaltigkeit (und einem Bildnis des alten, eintürmigen Kirchleins) ist nach

Osten gewandt, das Bild des zweiten Hauptaltars zeigt die Hl. Familie und auf dem des dritten ist die Himmelfahrt Mariens dargestellt. Die ursprünglichen drei Deckengemälde von Anton Smichäus wurden leider bei einem Großbrand im März 1880 zerstört, die heute über den Altären zu sehenden Fresken schuf der Amorbacher Maler Oskar Martin 1934-40.

Die in den 1970er Jahren umfassend renovierte Kappel ist heute Anziehungspunkt für Besucher aus nah und fern, die allerdings eher die originelle Architektur und die prachtvolle barocke Ausstattung bewundern als einen Ort der Andacht suchen. Zweimal jährlich wird der Platz vor der Kappel, die als bedeutendster barocker Rundbau nördlich der Alpen gilt, regelrecht zum Rummelplatz: An Christi Himmelfahrt findet das kleine, am Dreifaltigkeitssonntag das große Kappelfest statt. Am ehesten an eine traditionelle Wallfahrt erinnern die jedes Jahr stattfindenden Bittgänge zur Kappel aus den umliegenden Ortschaften.

Lage: Die Wallfahrtskirche steht bei Waldsassen (Zisterzienserinnenkloster mit Barockbasilika und – vor allem wegen seiner lebensgroßen Schnitzfiguren – berühmtem Bibliothekssaal) in der Oberpfalz nur wenige Kilometer von der Grenze zu Tschechien entfernt (Beginn des 250 km langen, bis nach Regensburg führenden „Oberpfalz-Wanderwegs" des Oberpfälzer Waldvereins); Anfahrt über die Autobahn A 93: Ausfahrt Mitterteich-West, weiter auf der Bundesstraße B 299 über Waldsassen in Richtung Staatsgrenze bis zur Abzweigung „Wallfahrtskirche Kappel".

Anschrift: Katholisches Pfarramt St. Emmeram, Münchenreuth 34, D-95652 Waldsassen, Tel.: 09632/502-0 oder 502-148 (für Führungen oder Gottesdienste), Fax: 09632/502-194

Walldürn

Name der Wallfahrt: Wallfahrt „Zum Heiligen Blut"
Ort der Pfarrei: Walldürn
Kirche: Pfarr- und Wallfahrtskirche St. Georg
Bistum: Freiburg (Deutschland)
Pilgerzeiten: Walldürn wird das ganze Jahr über von Gruppen und Einzelpilgern besucht, die vierwöchige Hauptwallfahrtszeit jedoch beginnt am Sonntag nach Pfingsten mit dem Fest der Heiligsten Dreifaltigkeit. Der „Große Blutfeiertag" am Donnerstag nach Fronleichnam, der nur in Walldürn begangen wird, endet mit einem Abendgottesdienst und einer Lichterprozession durch die Stadt. Weitere besondere Wallfahrten gibt es u.a. für Erstkommunikanten (dritter Samstag im April), Motorradfahrer (Pfingstsamstag), Jugendliche (Mitte Juli), Fahrradfahrer (zweiter Samstag im September), Frauen, Senioren, Kranke,

Heimatvertriebene. Gefördert wird auch die Ökumene, u.a. mit einem Gottesdienst im byzantinischen Ritus. Anmeldung für Pilgergruppen jederzeit möglich; Gottesdienste sonntags (ganzjährig) 8.00 und 9.30 Uhr

Geschichte: Ursprung der Wallfahrt zum „Heiligen Blut" in Walldürn war ein „Blutwunder", das sich hier um 1330 ereignet haben soll: Während der Eucharistiefeier in der kleinen Kirche St. Georg stieß ein Pfarrer namens Heinrich Otto den Kelch mit dem bereits geweihten Wein um und der Inhalt floss über das so genannte Korporale, das als Unterlage für Kelch und Hostie dient. Beim Versickern entstand auf dem gestärkten Leinentüchlein ein Bild: Der Gekreuzigte, umgeben von elf „Veronicae", d.h. Abbildungen des Hauptes Jesu mit der Dornenkrone wie auf dem Schweißtuch der hl. Veronika, das diese einst dem kreuztragenden Christus in Jerusalem gereicht hatte. Der erschrockene Geistliche ließ das Korporale unauffällig unter der Altarplatte verschwinden und gab sein Geheimnis erst Jahre später auf dem Sterbebett preis. Die Nachricht vom Blutmirakel verbreitete sich rasch, und die ersten Pilger kamen zur Verehrung des Wundertuches nach Walldürn.

Als der Bischof von Würzburg, Georg von Schwarzenberg, im Jahr 1408 erstmals das Blutwunder von Walldürn offiziell bestätigte, setzten die großen Wallfahrten zur „Heiligblutkirche" ein. Überregionale Bedeutung als Pilgerziel erlangte Walldürn, nachdem Papst Eugen IV. im Jahr 1445 das Korporale begutachtet, das Wunder ebenfalls bestätigt und darüber hinaus noch eine Ablassurkunde für den achten Tag (Oktav) nach dem Fronleichnamsfest ausgestellt hatte. Die Zahl der Pilger stieg daraufhin sprunghaft an, so dass das Gotteshaus bald vergrößert werden musste. Es erhielt fünf Altäre (damit mehrere Priester an dem einen Ablasstag möglichst vielen Kommunikanten gerecht werden konnten) und wurde 1497 geweiht. Der Pilgerstrom riss sogar während Reformation, Bauernkrieg (1525) und Dreißigjährigem Krieg (1618-48) nie ganz ab, auch wenn sich die Zahl der Gläubigen stark verringerte. Einer der größten Förderer der Wallfahrt war ein Pfarrer namens Jost Hoffmann, der ab 1586 mehr als 40 Jahre lang die Kirche betreute, für eine weitere Vergrößerung sorgte und darüber hinaus drei Ablasstage erwirkte, an denen das Gotteshaus Tag und Nacht geöffnet blieb.

1698 begann man nach den Plänen des Baumeisters Lorenz Gaßner aus dem nahen Amorbach und unter der Leitung des Mainzer Hofbaudirektors Johannes Weydt mit dem Bau der heutigen großen

Barockkirche, die 1728 geweiht werden konnte. In diesem Jahr wurden der Überlieferung nach während der mittlerweile 14-tägigen Wallfahrten 116 000 Hostien an Gläubige ausgeteilt, und die Hersteller von handgemalten Miniaturen, Holzschnitten und Kupferstichen mit dem Motiv des Blutwunders hatten Hochkonjunktur.

Auch nach der Säkularisation – das Kloster des betreuenden Kapuzinerordens wurde 1830 aufgehoben und abgerissen – erholte sich die Wallfahrt nach Walldürn rasch wieder. Das lag vor allem an dem 1863 neu erteilten päpstlichen Ablass und einer Verlängerung der Hauptwallfahrtszeit von zunächst auf drei, später auf vier Wochen. 1938 übernahmen Augustinereremiten die Pfarrei und die Pilgerseelsorge. 1962 erhob Papst Johannes XXIII. die Walldürner Wallfahrtskirche zur „Basilika minor".

Walldürn gilt heute als der drittgrößte Wallfahrtsort in Deutschland (nach den Marienwallfahrtsstätten Altötting und Kevelaer), dafür sprechen auch die vielen Wachswaren- und Devotionalienläden der Stadt. Über 150 000 Pilger jährlich besuchen die Basilika, eine der schönsten Barockbauten im Rhein-Main-Gebiet, und das in einem kostbaren Silberschrein aufbewahrte Wunderkorporale.

Kunst: Die imposante, zweitürmige Pfarr- und Wallfahrtskirche ist aus rotem, unverputztem Sandstein gebaut und außen relativ schlicht. Der Innenraum dagegen ist verschwenderisch mit Bandwerkstuck, Putten und Perspektivmalerei ausgeschmückt. Allein sechs große Fresken stellen die Ursprungsgeschichte des Bluttuches dar. Prachtvoll sind auch die Kanzel und der mächtige Hochaltar aus Stuckmarmor. Er ist links vom Kirchenpatron St. Georg und rechts vom hl. Martin flankiert, und das Altarbild stellt die Abendmahlsszene dar.

Im nördlichen Querschiff der Kirche steht das Ziel der Pilger, der 1622-26 von Zacharias Juncker aus Miltenberg geschaffene „Heiligblutaltar", frei im Raum, so dass er von den Gläubigen umkreist werden kann. Der Altaraufbau (Retabel) ist aus Sandstein und Alabaster und enthält im Zentrum einen aus Silber gefertigten Schrein (Augsburg 1683, Umfassung von 1730), in dem sich das von den Wallfahrern verehrte, in einem Silberrahmen gefasste Wundertuch befindet. Etwa im Jahr 1920 wurde hinter dem verblichenen Korporale ein leinernes Schutztuch angebracht. Als man 1950 das Korporale mittels einer Quarzlampenbestrahlung (ultraviolettes Licht) untersuchte, war nichts zu sehen. Auf dem Schutztuch allerdings zeichneten sich die Umrisse des Gekreuzigten ab, was man sich durch die unterschiedliche Lichtdurchlässigkeit der durch den Wein veränderten Leinenfasern des Korporale erklärte. Die elf „Veroniken" jedoch waren nicht zu erkennen.

Lage: Walldürn (gotisches Fachwerkrathaus, Heimat- und Wallfahrtsmuseum, Römerausgrabungen, Hochseilgarten) liegt an der „Deutschen Limesstraße" im „Madonnenländchen" am Ostrand des Odenwaldes knapp 25 km westlich von Tauberbischofsheim (ehemaliges kurmainzisches Schloss); Anfahrt über die Autobahn A 81: Ausfahrt Tauberbischofsheim, weiter auf der Bundesstraße B 27 über Königheim, Hardheim und Höpfingen nach Walldürn.

Anschrift: Katholisches Pfarramt St. Georg, Burgstraße 26, D-74731 Walldürn, Tel.: 06282/92 03-0, Fax: 06282/955 33, E-Mail: info@st-georg-wallduern.de; Verkehrsamt Walldürn, Hauptstraße 26, D-74731 Walldürn, Tel.: 06282/671-06, Fax: 06282/671-03, E-Mail: tourismus@wallduern.de

Warendorf

Name der Wallfahrt: Wallfahrt zur „Glorreichen Jungfrau von Warendorf"
Ort der Pfarrei: Warendorf
Kirche: Pfarrkirche St. Laurentius
Bistum: Münster (Deutschland)
Pilgerzeiten: Ganzjährig; große Lichterprozession durch die Stadt am Samstag nach Mariä Himmelfahrt (15. August); Gottesdienste sonntags 9.00, 11.00 und 19.30 Uhr

Geschichte: Es gibt nicht viele Orte, wo so publikumswirksam und feierlich gewallfahrtet wird wie in Warendorf. Das liegt nicht nur daran, dass die Wallfahrt zur „Glorreichen Jungfrau" eine lange Tradition hat, sondern auch an der aufwändigen und beeindruckenden Dekoration, die durch die Bevölkerung Warendorfs jedes Jahr aufgestellt wird: Eigens gegründete „Bogengemeinschaften" sind für neun große, mit Lichtern geschmückte Bögen bzw. Tore verantwortlich, durch die die Prozession feierlich hindurchzieht. Zimmerleute aus Warendorf scheinen diesen Brauch Mitte des 18. Jahrhunderts aus Wien mitgebracht zu haben, wo z.B. Geburtstage des Kaiserpaares oder hohe Festtage mit entsprechenden Lichterformationen gefeiert wurden.

Die erste Prozession in Warendorf in dieser Form fand 1753 oder 1754 zu Ehren der Jungfrau Maria statt. Nicht nur aus dem 18. Jahrhundert, sondern schon aus dem vorhergehenden gab es Berichte über wundertätige Heilungen durch Anbetung des Gnadenbildes, das Maria als Himmelskönigin im goldenen Strahlenkranz mit Zepter und dem Jesuskind darstellt.

Bei den heutigen Prozessionen an

Mariä Himmelfahrt zählt Warendorf bis zu 30 000 Pilger.
Kunst: Der heutigen Pfarrkirche St. Laurentius, einer Hallenkirche im gotischen Stil, die zu Beginn des 15. Jahrhunderts nach einem verheerenden Stadtbrand errichtet und 1913 um ein Joch und den mächtigen, 61 Meter hohen Turmbau erweitert wurde, gingen eine frühe Holzkirche (Ende des 8. Jahrhunderts), ein erster Steinbau (Anfang des 9. Jahrhunderts) und ein romanischer Bau (12. Jahrhundert) voraus.

Das Gnadenbild der „Glorreichen Jungfrau", eine bewegliche und mit kostbaren Gewändern ausstaffierte Gliederpuppe, befindet sich seit dem 17. Jahrhundert in der Warendorfer St.-Laurentius-Kirche. Am Tag der jährlichen Prozession trägt die Figur zusätzlich zu den Kleidern aus venezianischem Brokat wertvollen Schmuck und Weihegaben aus über drei Jahrhunderten.

Eine weitere Kostbarkeit ist das „Sassenberger Kreuz" von um 1520, ein ursprüngliches Friedhofskreuz mit einem geschnitzten Christus.

Kunsthistorisch besonders wertvoll aber ist der um 1420 von einem unbekannten Künstler geschaffene Hochaltar, ein Meisterwerk westfälischer Tafelmalerei. Von den 16 Bildern auf den Seitenflügeln sind allerdings nur noch fünf Originale.

Lage: Warendorf (Mittelpunkt der westfälischen Pferdezucht) liegt rund 20 km östlich der Bischofsstadt Münster an der Bundesstraße B 64; Anfahrt über die Autobahn A 2: Ausfahrt Rheda-Wiedenbrück.
Anschrift: Katholisches Pfarramt St. Laurentius, Klosterstraße 15, D-48231 Warendorf, Tel.: 02581/28 89, Fax: 02581/960 88, E-Mail: St.Laurentius@t-online.de

Wechselburg
Name der Wallfahrt: Wallfahrt zum Hl. Kreuz
Ort der Pfarrei: Wechselburg
Kirche: Basilika Hl. Kreuz
Bistum: Dresden-Meißen (Deutschland)
Pilgerzeiten: Ganzjährig; Gottesdienst sonntags 10.00 Uhr
Geschichte: Die Basilika Hl. Kreuz in Wechselburg beeindruckt noch heute durch ihre Schlichtheit und romanische Strenge. Dedo von Wettin erbte 1156 das Rochlitzer Land und ließ bald eine Kirche erbauen, die der Begräbnisort der gräflichen Familie sein sollte. Am gleichen Ort stiftete er ein Kloster und siedelte Mönche vom Augustinerkloster Lauterberg bei Halle an. 1168 weihte Bischof Gerung von Meißen den Ostteil der Kirche, um 1180 dürfte sie vollendet gewesen sein, das dazugehörende Kloster etwas später.

Wegen Unruhen im Kloster übergab es Markgraf Heinrich der Erlauchte 1278 dem Deutschen

Ritterorden, der es zu einer Blütezeit führte, die bis zur Reformation anhielt. 1543 fiel es mit allen Besitzungen an den Landesherren Moritz von Sachsen. Im gleichen Jahr tauschte dieser das säkularisierte Kloster gegen die Orte Hohnstein, Lohmen und Wehlen, deren Besitzer die Herren von Schönburg waren. In der Tauschurkunde fällt zum ersten Mal der Name „Wechselburg". Bis 1570 versuchten die Mönche ohne Erfolg, das Kloster weiterzuführen. Nach dem Dreißigjährigen Krieg (1618-48) bauten die Schönburger auf seinen Ruinen ihr Schloss. Nach der Enteignung der Besitzer 1945 fiel die Kirche an das Bistum Meißen (heute Dresden-Meißen), seitdem ist sie wieder Pfarr- und Wallfahrtskirche für die Katholiken der Region. Ab 1952 fanden umfangreiche Restaurierungsarbeiten statt.

1993 ließen sich hier vier Benediktiner aus dem oberbayerischen Kloster Ettal nieder und übernahmen seelsorgerische Aufgaben, die Tradition des Klosters so wieder aufnehmend.

Im Herbst 1998 gründete man einen Förderverein.

Kunst: Die zwischen 1160 und 1180 errichtete, turmlose Klosterkirche des ehemaligen Augustinerchorherrenstiftes ist das älteste und am besten erhaltene romanische Bauwerk in Sachsen. Zum Bau verwendete man Porphyrtuff vom Rochlitzer Berg. Die Emporensäule ist aus einem Stein gehauen. Die Kirche ist als dreischiffige Pfeilerbasilika errichtet, ein hohes Mittelschiff wird von niedrigeren Seitenschiffen eingefasst. Der Grundriß ist in Kreuzform gehalten. Nur über dem Hochchor und über der Empore befand sich ein Kreuzgratgewölbe, der übrige Raum war mit einer Flachdecke versehen. Das jetzt zu sehende gotische Gewölbe wurde im 15. Jahrhundert eingezogen.

Der spätromanische Lettner (um 1230/35), eines der bedeutendsten Kunstwerke aus dieser Zeit, wurde 1683 mit Krypta und Hochchor abgebrochen und als Altarschauwand wieder verwendet. Ursprünglich trennte er den Chorraum der Mönche mit der Krypta vom Kirchenschiff, also den klerikalen Bereich vom Laienraum. 1971/72 rekonstruierte man ihn auf dem durch Ausgrabungen gesicherten Standort. Bei seinen sechs großen alttestamentlichen Figuren handelt es sich um Abraham, den Stammvater aller Gläubigen, den Priesterkönig Melchisedek, die Könige David und Salomon sowie um die Propheten Daniel und Jesaja (oder Ezechiel). Über dem Lettner erhebt sich die Triumphkreuzgruppe. Sie ist ein hervorragendes Beispiel spätromanischer Holzplastik und wurde um

1235 vermutlich von denselben Künstlern geschaffen, die die Kreuzigungsgruppe im Freiberger Dom gestalteten. Das Kruzifix mit dem Gekreuzigten reicht bis knapp unter die Kirchendecke. Darunter befinden sich Adam, der biblische Urvater der Menschheit, sowie die Gottesmutter Maria und der Evangelist Johannes.

Lage: Wechselburg liegt an der Mulde rund 25 km nordwestlich von Chemnitz; Anfahrt über die Autobahn A 4: Ausfahrt Chemnitz-Glösa, weiter auf der Bundesstraße B 107 über Glösa, Claußnitz und Wiederau in Richtung Rochlitz bis zur Abzweigung nach Wechselburg.

Anschrift: Benediktinerkloster Wechselburg, Markt 10, D-09306 Wechselburg, Tel.: 037384/808 11, Fax: 037384/808 33, E-Mail: benediktiner@kloster-wechselburg.de; Pfarrei Hl. Kreuz, Markt 12, D-09306 Wechselburg, Tel.: 037384/808 22, Fax: 037384/808 23, E-Mail: pater.gabriel@kloster-wechselburg.de (Pater Gabriel/Pfarrer, Kirchenführungen)

Weingarten

Name der Wallfahrt: Wallfahrt zum Hl. Blut
Ort der Pfarrei: Weingarten
Kirche: Klosterkirche St. Martin und St. Oswald
Bistum: Rottenburg-Stuttgart (Deutschland)
Pilgerzeiten: Ganzjährig; Hauptwallfahrtstag mit Reiterprozession ist der „Blutfreitag" (Tag nach „Christi Himmelfahrt" mit Lichterprozession am Vorabend); Gottesdienste sonntags (ganzjährig) 9.00, 11.00 Uhr und 19.00 Uhr; Kirchenführungen für Gruppen nach Anmeldung über das Pfarramt; regelmäßig Orgelkonzerte

Geschichte: Das 1956 zur Basilika erhobene Münster von Weingarten, auf dem Martinsberg über dem Schussenthal gelegen, zieht schon von weitem den Blick auf sich. Der weit ausladende Klosterkomplex mit der kuppelbedeckten Kirche im Mittelpunkt ist ein Höhepunkt auf der Hauptroute der Oberschwäbischen Barockstraße. Die nicht von ungefähr „Schwäbisch St. Peter" genannte Kirche hat nahezu exakt die Hälfte der Ausmaße des Petersdoms in Rom und ist Deutschlands größte Barockbasilika.

Schon zur Zeit der Römer verlief hier eine wichtige Straße, die das Dekumatenland (römisches Gebiet zwischen Rhein und Limes) mit dem Alpenraum und Italien verband. Um das Jahr 500 ist eine Alemannensiedlung belegt, in der nach dem Verlust der alemannischen Unabhängigkeit ein fränkischer Fiskalhof entstand. Das Benediktinerkloster wurde 1056 vom Geschlecht der Welfen gegründet und zu ihrer Grablege bestimmt. Eine Gruft birgt neun Mitglieder des Welfenhauses, darunter die Klostergründer Welf der IV. und seine Gemahlin Judith. Mönche aus Altomünster siedelte man hier an. Sie waren angesehen für ihre qualitativ hochwertige Buchmalerei. Ihr berühmtestes Werk ist das so genannte Berthold-Sakramentar von 1217. Bekannt ist auch die um 1190 geschriebene und gemalte Welfenchronik. Der Name Weingarten ist zum ersten Mal um 1123 belegt. Durch Schenkungen wurde das Kloster zu einem der wohlhabendsten Süddeutschlands, allein der Grundbesitz umfasste 306 Quadratkilometer Felder, Wälder und Weingärten. Die romanische Klosterkirche von 1124-82 wurde größtenteils abgerissen und ab 1715 an ihrer Stelle eine große, reich ausgestattete, barocke Klosterkirche erbaut, die 1724 vollendet war. (Seit 1956 hat sie den päpstlichen Ehrentitel „Basilika minor".) 1803 wurde das Kloster aufgelöst, seine Gebäude als Fabrik, Kaserne und anderes zweckentfremdet. 1922 kam es zu einer Wiederbesiedlung von Weingarten durch Benediktiner aus der Erzabtei Beuron und der von Beuron gegründeten Abtei in Erdington (heute Stadtteil von Birmingham, England). 1940 vertrieben die Nationalsozialisten die Mönche, die aber nach Kriegsende nach Weingarten zurückkehren konnten. Andere Teile der ehemaligen Klosteranlage werden heute von der Pädagogischen Hochschule Weingarten und der Akademie der Diözese Rottenburg-Stuttgart benutzt. In den Höfen des Klosters finden im Sommer die Open-Air-Aufführungen der Klosterfestspiele Weingarten statt.

Derzeit wird die Kirche außen renoviert, die Gerüste werden voraussichtlich im Laufe des Jahres 2006 entfernt werden können.

Die Wallfahrt in Weingarten geht zur Hl.-Blut-Reliquie, die Herzogin Judith dem Kloster stiftete. 1048 hatte man die Reliquie in Mantua wiederentdeckt, später erhielt sie Kaiser Heinrich III. Der Legende nach geht ihre Herkunft auf den Soldaten Longinus zurück, der das Blut Jesu auffing, nachdem er ihn mit der Lanze in die Seite gestochen und bemerkt hatte, dass das auf seine Augen tropfende Blut diesen wieder die volle Sehkraft zurückgab.

Der Anfang der Wallfahrt ist nicht geklärt. Im frühen 13. Jahrhundert ließ Abt Bertold die Reliquie in einem Kristall fassen. Ablässe wurden am Ende des 14. Jahrhunderts verliehen, Papst Clemens X. bestätigte 1671 eine Bruderschaft zum kostbaren Blut Jesu Christi, und Papst Benedikt XIV. erlaubte eine Ritterschaft gleichen Namens.

An die Übergabe der Reliquie vom Hl. Blute Christi durch Herzogin Judith erinnert die Reiterprozession am Freitag nach Christi Himmelfahrt, deren Beginn ebenfalls im Dunkeln liegt, die aber schon 1529 für sehr alt gehalten wurde. Ihren Höhepunkt hatte sie jedenfalls im 18. Jahrhundert, so zählte man etwa 1753 über 7 000 Reiter. Obwohl im Zuge der Säkularisation verboten, brach die Tradition nie ganz ab, und heute sind meist 2 000 bis 3 000 Pferde mit prächtigen Geschirren und Reitern in Frack und Zylinder dabei. Fahnen schmücken die Straßen, und tausende von Katholiken (meist oberschwäbische) kommen mit ihren Pferden, Reitern, Musikkapellen, ihren Pfarrherren und Ministranten nach Weingarten, um den Segen des Hl. Blutes Jesu Christi zu erbitten. Am Vorabend, also an Christi Himmelfahrt, zieht eine vielköpfige Pilgerschar nach dem Festgottesdienst in der Basilika in einer Lichterprozession betend und singend durch die Stadt hinauf zum Kreuzberg, wo eine Andacht stattfindet.

Eine weitere Einrichtung hebt Weingarten heraus: Die hiesige Benediktinerabtei ist eines der wenigen Klöster in Deutschland, die der Bitte von Papst Pius XI. aus dem Jahre 1924 nachkamen, den Ostkirchen im Westen ein Zuhause zu geben: Pater Lukas Weichenrieder, später Abt Lukas, hatte sich während seiner Studienjahre am Päpstlichen Kollegium Russicum in Rom mit der ostkirchlichen Liturgie vertraut gemacht. Zu ihrer in Weingarten geplanten Gestaltung gründete er 1976 einen kleinen Chor, der 1979 nach dem russischen Mönchsvater Sergius von Radonesch, Gründer des Dreifaltigkeitsklosters in Sergijew Posad Sergius-Chor genannt wurde. 1993 erfolgte die Gründung des Vereins zur Förderung ostkirchlicher Musik e.V., der ab da auch organisatorische Aufgaben für den Chor übernahm. Der Chor besteht zur Zeit aus etwa 30 Männern und einer Frau und ermöglicht einen monatlichen Gottesdienst im Byzantinischen Ritus (bei dem Instrumentalmusik nicht üblich ist), der nach Einladung durch die jeweiligen Gemeinden in Kirchen der Bodenseeregion (Deutschland, Österreich, Schweiz), meist aber in der Basilika Weingarten und in der Byzantinischen Kapelle des Klosters gefeiert wird. Enge Kontakte bestehen zur russisch-orthodoxen Kirchengemeinde St. Prokopius (Moskauer Patriarchat) in Konstanz und zu serbisch-orthodoxen Gemeinden im Bodenseeraum (Friedrichshafen, Feldkirch).

Weiter sehenswert in Weingarten sind das Alemannen-Museum (Funde aus 800 alemannischen Reihengräbern der Merowingerzeit, für den Fachmann besonders interessant zwei S-Fibeln mit Runeninschrift) und das Stadtmuseum im Schlössle (seit 2001, Informationen zur Basilika und zur Klostergeschichte).

Kunst: Die von außen schon beeindruckende Klosterkirche St. Martin und St. Oswald ist auch im Inneren überwältigend: Das Zentrum bildet die gewaltige Kuppel über der Vierung, im Verhältnis dazu stehen die mächtigen Pfeiler. Die besten Architekten und Künstler der Zeit haben an der Errichtung der Kirche mitgearbeitet. An den Plänen waren P. Thumb, E. Zuccalli, der Schweizer K. Moosbrugger, F. Beer, A. Schreck und C. Thumb sowie in der letzten Phase D.G. Frisoni beteiligt. Von Frisoni stammen u.a. die Pläne für die Kuppel, die mit ihren gewaltigen Ausmaßen damals als technische Glanzleistung angesehen wurde. Der Stuck ist das Werk des großen Wessobrunner Meisters Franz Schmuzer (1718), die Fresken hat Cosmas Damian Asam geschaffen. Innerhalb der übrigen Ausstattung nimmt der Hochaltar, Teil der Frisoni-Entwürfe, den Mittelpunkt ein. Der schöne figürliche Schmuck stammt von D. Carlone (1719-23), die Gemälde steuerten G. Benso und C. Carlone bei. Für einen der Seitenaltäre schuf F.J. Spiegler ein Altarbild (1738). Erwähnenswert ist schließlich das Chorgestühl, das J.A. Feuchtmayer skulptiert hat (um 1720). Das Chorgitter stand bis 1929 am Choreingang und trennte Laien- und Mönchskirche. Gefertigt wurde es unter Abt Alfons Jobst vom Schlosser Paul Norz, nach Ideen des Weingartner Paters Hermann Mauz. Sein Aufbau ist dreiteilig und gleicht einer großen Kuppel, flankiert von zwei tonnengewölbten Hallen in perspektivischer Verkürzung.

Die Orgel, die von Joseph Gabler (1737-50) hervorragend in den zur Verfügung stehenden Raum eingefügt wurde, besitzt 66 Register und 6 666 Pfeifen. Besonderheiten sind die Vox humana, ein Paukenregister, der Kuckucksruf, ein Nachtigallenschlag und das Glockenspiel. Es ist dies die größte Barockorgel Süddeutschlands.

Lage: Weingarten liegt rund 4 km nördlich von Ravensburg (gotische Liebfrauenkirche, Veitsburg) und etwa 25 km vom Bodensee entfernt; Anfahrt auf der Bundesstraße B 30 (von Ulm aus) über Biberach und Bad Waldsee nach Weingarten oder über die Autobahn A 96 (aus Richtung München/Memmingen kommend): Ausfahrt Wangen-West, weiter auf der Bundesstraße B 32 nach Ravensburg.

Anschrift: Katholisches Pfarramt St. Martin, Kirchplatz 6, D-88250 Weingarten, Tel.: 0751/561 27-0, Fax: 0751/561 27-22, E-Mail:

Kath.Pfarramt-St.Martin@t-online.de; Benediktinerabtei St. Martinus, Kirchplatz 3, D-88250 Weingarten, Tel.: 0751/50 96-0, Fax: 0751/50 96-201, E-Mail: info@kloster-weingarten.de; Amt für Kultur und Tourismus, Münsterplatz 1, D-88250 Weingarten, Tel.: 0751/405-125, Fax: 0751/405-268; E-Mail: akt@weingarten-online.de

Weltenburg/Frauenbergkapelle

Name der Wallfahrt: Wallfahrt zu „Unserer Lieben Frau"
Ort der Pfarrei: Weltenburg
Kirche: Wallfahrtskapelle St. Marien (genannt „Frauenbergkapelle")
Bistum: Regensburg (Deutschland)
Pilgerzeiten: Mai bis Oktober, vor allem zu den Marienfesten; u.a. Lichterprozession am 15. August (Fest „Mariä Himmelfahrt"); Gottesdienste sonntags (ganzjährig) in der Abteikirche 7.30 und 10.30 Uhr; Kirchenführungen für Gruppen jederzeit nach Anmeldung möglich; Übernachtungsmöglichkeit mit Vollverpflegung im Gästehaus des Klosters nach frühzeitiger Buchung; es werden das ganze Jahr über Einkehrtage, Kurse und Seminare angeboten.
Geschichte: Zigtausende Touristen aus aller Herren Länder besteigen alljährlich in den Sommermonaten in Kelheim ein Schiff, um sich den Anblick der über hundert Meter senkrecht aufragenden Jura-Kalkfelsen im „Donaudurchbruch" zu gönnen und nach etwa 40 Minuten Fahrt beim unmittelbar nach der romantischen Schlucht am Ufer liegenden Kloster Weltenburg an Land zu gehen. Dort angekommen, interessiert sich der Großteil der Besucher wiederum mehr für das süffige Bier der Klosterbrauerei und den Andenkenladen als für das altehrwürdige Gemäuer der Benediktinerabtei. Man bewundert zwar die prachtvolle Barockausstattung der Abteikirche St. Georg, aber den Aufstieg über die immerhin 100 Stufen zur Marienkapelle auf dem Frauenberg „sparen" sich die meisten bzw. wissen gar nichts von der Existenz des Wallfahrtskirchleins.

Kloster Weltenburg wurde der Überlieferung nach um das Jahr 600 von den iroschottischen und später als heilig verehrten Wandermönchen Eustasius und Agilus von Luxeuil (Burgund) auf den Überresten eines verlassenen Römerkastells als Missionsstation gegründet und gilt somit als die älteste klösterliche Niederlassung Bayerns. Die Legende berichtet weiter von einem Marienheiligtum auf dem markanten Bergsporn über dem heutigen Kloster, das der hl. Rupert, der erste Bischof von Salzburg, während seines mehrjährigen missionarischen Wirkens im Großraum Regensburg hier an Stelle eines römischen Minervatempels um 700 als Taufkapelle für den Bayernherzog Theodo II.

weihte. Außerdem soll der hl. Wolfgang, der von 972 bis zu seinem Tod im Jahr 994 als Bischof von Regensburg wirkte, die Kapelle erneuert haben. Historisch belegt ist die Gründung des Benediktinerklosters Weltenburg durch den hl. Bonifatius mit Unterstützung des Bayernherzogs Tassilo III. Mitte des 8. Jahrhunderts, ebenso die Förderung des Klosters durch Wolfgang sowie die Weihe eines Altars zu Ehren des hl. Achatius in der heutigen Krypta der Kapelle auf dem Frauenberg im Jahre 1358. Abt Andreas von Weltenburg bezeichnete das Marienkirchlein 1396 in einem Schreiben als „gnadenreich". In diese Zeit gehen auch die ältesten Fresken an den Seitenwänden der Altarnische zurück, die vier Bischöfe darstellen. 1520 kam ein neues Gnadenbild, eine sehr schön gearbeitete Schnitzfigur der Madonna mit dem Jesuskind, in die Kapelle, und es entwickelte sich eine rege Wallfahrt.

Der aus Rötz in der Oberpfalz stammende Abt Maurus Bächl (1713-43) ließ sozusagen als erste Amtshandlung die Marienkapelle auf dem Frauenberg neu errichten (Bau der Oberkirche sowie des Turms), um für den danach in Angriff genommenen Neubau von Kloster samt Kirche – der Komplex hatte durch Kriege und Naturkatastrophen (Hochwasser, Eisgang) schwere Schäden davongetragen und war dem Verfall nahe – eine Ausweichmöglichkeit zu haben. Die Innenausstattung entstand zum Teil erst Mitte des 18. Jahrhunderts, darunter der Rokokohochaltar, in dessen Zentrum das spätgotische Gnadenbild, flankiert von Figuren der hll. Bischöfe Rupert und Wolfgang, noch heute seinen Platz hat. Das Deckengemälde in der Mitte des Langhauses erzählt Szenen aus dem Leben des hl. Rupert.

Im Jahre 1803 fiel Kloster Weltenburg der Säkularisation zum Opfer und wurde aufgehoben, die Abteikirche 1812 zur Pfarrkirche erklärt. 1841 ließ Bayernkönig Ludwig I., der im selben Jahr den Grundstein für die „Befreiungshalle" hoch über Kelheim legte sowie die „Walhalla" bei Donaustauf einweihte, wieder ein Priorat und die Besiedlung durch Mönche des Benediktinerklosters Metten zu. Seit 1913 ist Weltenburg wieder Benediktinerabtei. Die Gemeinschaft sieht ihre Hauptaufgabe in der Pfarrseelsorge (Betreuung von vier Pfarreien) und in der Aufnahme von Gästen. Diesem Zweck dient die Begegnungsstätte St. Georg mit Unterbringungsmöglichkeiten für ca. 60 Personen. Die Heimvolkshochschule (HVHS) der Weltenburger Akademie e.V. engagiert sich mit einer Reihe von Seminaren in der Katholischen Erwachsenenbildung. Außerdem werden Exerzitien und Einkehrtage angeboten. Eine weitere pastorale Aufgabe ist, den zahlreichen Besuchern (pro Jahr 500 000) in den Kirchenführungen über Architektur und Kunst die Botschaft des christlichen Glaubens zu vermitteln. Für das leibliche Wohl der Touristen sorgen die Klosterbrauerei (gegründet 1050) und die Klosterschänke. Beide Betriebe sind verpachtet. Außerdem gehört ein landwirtschaftlicher Betrieb zum Kloster. Die neueste Errungenschaft ist seit Mai 2005 ein im historischen Felsenkeller der Brauerei untergebrachtes Informationszentrum (täglich 10.00-18.00 Uhr geöffnet) über den Donaudurchbruch sowie Geschichte und Gegenwart von Kloster und Brauerei Weltenburgs (u.a. Filmvorführungen).

Um die Welt gingen die Bilder der bis zum unteren Fensterstock im Wasser stehenden Abteigebäude während des Donauhochwassers vom 23. bis 26. August 2005. Der Schaden fiel mit 100 000 Euro zum Glück nicht so hoch aus wie befürchtet, und schon nach wenigen Tagen konnte die Klosterschänke wieder geöffnet werden.

Kunst: Während das Äußere der 2001-05 umfassend restaurierten Weltenburger Abteikirche St. Georg relativ schlicht ist, zählt das klar in Vorhalle, Hauptraum und Presbyterium aufgeteilte Innere zu den Spitzenleistungen des europäischen Hochbarock. Baubeginn war 1716 nach dem Abriss der alten Kirche, von der lediglich der Turm stehenblieb (wurde 1763 erhöht und mit einem Obeliskenschluss bekrönt). Die Weihe des neuen Gotteshauses erfolgte zwar bereits am 19. Oktober 1718, doch war zu diesem Zeitpunkt kaum mehr als der Rohbau fertig, und die Vollendung sollte sich noch fast bis Mitte des Jahrhunderts hinziehen. Das monumentale Scheinkuppelfresko von Cosmas Damian Asam, der in Weltenburg als Baumeister und Maler fungierte, ist mit der Jahreszahl 1721 signiert. Im selben Jahr stellte sein für die Stuckarbeiten zuständiger Bruder Egid Quirin auch den als „Theatrum sacrum", als heiliges Theater, gestalteten Hochaltar auf. Er zeigt den Kampf des vollplastisch dargestellten hl. Georg, der hoch zu Ross durch die Ehrenpforte des Retabels kommt und zum Kampf gegen den Drachen antritt. Der überwiegende Teil der prachtvollen Ausstattung entstand jedoch erst in den Jahren danach bis 1745. So wurde z.B. das Deckengemälde im Hochaltarraum nach dem Tod von Cosmas Damian Asam im Jahr 1739 von seinem Sohn Franz Erasmus vollendet, der 1745 auch das Fresko in der Vorhalle malte.

Lage: Kloster Weltenburg gehört zum Landkreis Kelheim (Befreiungshalle; Beginn des Radwanderwegs Altmühltal!) und liegt etwa auf halber Strecke zwischen der Bischofsstadt Regensburg und Ingolstadt direkt am rechten Ufer der Donau und unmittelbar vor dem „Donaudurchbruch"; Anfahrt von Regensburg aus auf der Bundesstraße B 16 über Bad Abbach nach Kelheim und von dort entweder per Schiff (Mitte März bis Ende Oktober; Mitnahme von Fahrrädern möglich) oder auf der Landstraße zum Kloster; es gibt zudem einen Wanderweg von der Befreiungshalle bis zu einer Stelle gegenüber dem Kloster; von dort gelangt man mit einer kleinen Fähre ans andere Ufer.

Anschrift: Benediktinerabtei Weltenburg und Begegnungsstätte St. Georg, Asamstraße 32, D-93309 Kelheim, Tel.: 09441/204-0 oder 204-136, Fax: 09441/204-137, E-Mail: abtei-weltenburg@t-online.de; gaestehaus@kloster-weltenburg.de; Klosterschänke, Tel.: 09441/36 82, Fax: 09441/67 57 26; Touristik-Information, Ludwigsplatz 16, D-93309 Kelheim, Tel.: 09441/70 12-34, Fax: 09441/70 12-07, E-Mail: Tourismus@kelheim.de

Wemding

Name der Wallfahrt: Wallfahrt „Maria Brünnlein zum Trost"
Ort der Pfarrei: Wemding
Kirche: Basilika „Maria Brünnlein"
Bistum: Eichstätt (Deutschland)
Pilgerzeiten: Ganzjährig, vor allem jedoch im Monat Mai und an den Marienfesttagen; an jedem 13. des Monats ist Fatimatag; Gottesdienste werktags täglich 9.00 Uhr, sonntags 8.00 und 10.00 Uhr, Andacht 14.00 Uhr

Geschichte: Im Jahre 1684 brachte der Wemdinger Schuhmacher Franz Forell das Gnadenbild „Unserer Lieben Frau" von Rom in seinen Heimatsort und stellte es in seinem Haus auf. Nach zahlreichen Wunderheilungen wurde für die aus Holz geschnitzte Marienfigur sechs Jahre später vor den Toren Wemdings über einer im Volksmund „Schillerbrünnl" genannten Quelle die kleine Rundkapelle „Maria Brünnlein" erbaut, die sich rasch zu einer beliebten Wallfahrtsstätte entwickelte.

Nachdem Franz Josef Roth aus Ellingen, der Baudirektor des Deutschherrenordens, sein Versprechen eingelöst hatte, bei Heilung von einer schweren Krankheit die Pläne für einen großen Kirchenbau kostenlos zu erstellen, entstand 1748-81 die heutige Rokokokirche. Diese wurde am 12. September 1998 von Papst Johannes Paul II. zur Basilika erhoben.

Die äußerlich schlichte Kirche ist heute die bekannteste Wallfahrtskirche des Bistums Eichstätt und nach Altötting die populärste Bayerns.

Bei der Wallfahrt „Maria Brünnlein zum Trost" verbinden nach wie vor viele Pilger den Besuch der auf einer Anhöhe im Nordwesten Wemdings gelegenen Kirche mit einem Trunk aus dem „Gnadenquell" oder benetzen sich die Augen mit dem Wasser, da es seit dem 18. Jahrhundert zahlreichen Augenkranken zur Wiedererlangung ihrer Sehkraft verholfen haben soll.

Kunst: Mittelpunkt der prächtig ausgestatteten und reich vergoldeten Kirche ist der von dem Tiroler Bildhauer Johann Joseph Mayer 1756 vollendete Gnadenaltar mit der Marienstatue und dem Gnadenbrunnen. Dabei handelt es sich um den einzigen Brunnen- und Quellenaltar der Welt. Die Figuren neben dem Hochaltar stellen die Heiligen Johannes den Täufer und Johannes den Evangelisten dar. Auf dem der hl. Barbara geweihten Seitenaltar ruhen in einem gläsernen Schrein die Gebeine des hl. Theodoros, der zur Zeit des römischen Kaisers Diokletian (284-305) in Pontus am Schwarzen Meer (heute Nordosttürkei) den Märtyrertod erlitt. Weitere drei Nebenaltäre sind der „Heiligen Sippe" (Joseph, Maria, Joachim, Anna und das Jesuskind), den Eichstätter Diözesanheiligen Willibald, Walpurga, Wunibald und ihrem Vater Richard sowie dem „Brückenheiligen" Johannes Nepomuk geweiht, der 1393 in Prag von einer Brücke in die Moldau geworfen und 1729 heilig gesprochen wurde. Sehenswert sind auch die Rokokokanzel mit den drei göttlichen Tugenden Glaube, Hoffnung und Liebe und die 32 Deckenfresken von Johann Baptist Zimmermann und seinem Sohn Michael, darunter zwölf Quellenmedaillons rund um das Hauptgemälde vom „Wasser des Lebens". An den Seiteneingängen stehen die Eltern der Gottesmutter, Anna und Joachim.

Lage: Der staatlich anerkannte Erholungsort Wemding liegt im Ries etwa 80 km westlich von Eichstätt und rund 20 km nördlich von Donauwörth zwischen Monheim und Nördlingen; Anfahrt über die Autobahn A 7: Ausfahrt Aalen/Westhausen, weiter auf der Bundesstraße B 29 über Lauchheim und Bopfingen nach Nördlingen und von dort nach Deiningen und Fessenheim.

Anschrift: Wallfahrtspfarramt Maria Brünnlein, Oettinger Straße 103, D-86650 Wemding, Tel.: 09092/96 88-0, Fax: 09092/96 88 88

Werder/Havel

Name der Wallfahrt: Wallfahrt zu „Maria Meeresstern"
Ort der Pfarrei: Potsdam
Kirche: Katholische Kirche „Maria Meeresstern"
Bistum: Berlin (Deutschland)
Pilgerzeiten: Die Marienwallfahrt findet

am Sonntag nach Mariä Himmelfahrt (15. August) statt; Gottesdienst sonntags 10.00 Uhr
Geschichte: Auf einem „Werder", d.h. einer Flussinsel, steht die am 19. August 1906 geweihte katholische Kirche „Maria Meeresstern". Gegen Ende des 19. Jahrhunderts hatte die katholische Bevölkerung, bedingt durch den Obstanbau, stark zugenommen. 1897 fand die erste heilige Messe auf der Insel statt. Franz Dreßler, ein Architekt aus Werder, entwarf den neuromanischen Bau mit seinem 35 Meter hohen Turm. 1942 kaufte man eine Orgel. 1944 wurde die Kirche durch eine Bombe schwer beschädigt: die Marienstatue stürzte an die zehn Meter weit vom Hochaltar herunter, blieb aber so gut wie unversehrt, das Dach wurde fast völlig abgedeckt, und die Fensterscheiben zerbrachen. Pfarrhaus und Kirche wurden nach dem Krieg umfangreich saniert, in der Zeit der Planwirtschaft ein schwieriges Unterfangen. Am 7. Juli 1973 konnte dann auch ein neuer Altar geweiht werden.

Die alljährliche Wallfahrt zur Muttergottes in Werder geht auf die Initiative des Brandenburger Buchhändlers Paul Dolata zurück: Er hatte 1941 das Versprechen abgegeben, wenn er glücklich und gesund aus dem Krieg heimkehren würde, wolle er mit seinen Angehörigen und weiteren Pfarrgemeindemitgliedern alljährlich nach Werder zur Gottesmutter in „Maria Meeresstern" pilgern. Die Wallfahrt findet immer am Sonntag nach dem Fest Mariä Himmelfahrt (15. August) statt, das nächste Mal am Sonntag, den 20. August 2006, wenn sich die Weihe der Kirche zum hundertsten Mal jährt.

Lage: Die Inselstadt Werder/Havel liegt westlich von Potsdam am Plessower See; Anfahrt über die Autobahn A 10: Ausfahrt Groß Kreutz oder Phöben; von Potsdam aus auch mit den Schiffen der „Weißen Flotte" zu erreichen.

Anschrift: Katholische Kirche „Maria Meeresstern", Uferstraße 9, D-14542 Werder, Tel.: 03327/423 75 (nicht immer besetzt), Fax: 03327/73 12 30, E-Mail: maria.meeresstern@t-online.de; Katholisches Pfarramt St. Peter und Paul, Am Bassin 2, D14467 Potsdam, Tel.: 0331/23 07 99, Fax: 0331/23 07 99-9, E-Mail: pfarramt@peter-paul-kirche.de

Werl

Name der Wallfahrt: Wallfahrt zu „Unserer Lieben Frau" und zum Hl. Kreuz
Ort der Pfarrei: Werl
Kirche: Wallfahrtsbasilika „Mariä Heimsuchung" und Propsteikirche St. Walburga
Bistum: Paderborn (Deutschland)
Pilgerzeiten: In der Hauptwallfahrtszeit (Mai bis Oktober) in der Basilika jeweils

mittwochs um 14.00 Uhr Rosenkranzgebet , mittwochs und sonntags um 15.00 Uhr Pilgerandacht; besonders feierlich werden die Marienfeste, vor allem „Mariä Himmelfahrt" (15. August) begangen; Gottesdienste sonntags (ganzjährig) 7.00, 8.30 und 10.00 Uhr; besondere Wallfahrtstage in der Propsteikirche sind die Freitage von Aschermittwoch bis Karfreitag; das Hochfest wird am 14. September (Fest „Kreuzerhöhung") gefeiert; Festtag der Kirchenpatronin Walburga ist der 25. Februar; Gottesdienste sonntags (ganzjährig) 9.00, 11.00 und 18.00 Uhr

Geschichte: Werl liegt touristisch reizvoll am Rande von Sauerland, Münsterland und Ruhrgebiet und kann auf eine lange Tradition zurückblicken. Erste Siedlungsspuren stammen von etwa 3000 v.Chr., für die Menschen der jüngeren Steinzeit waren große Eichenwälder, reichliche Vorkommen von Wasser und nicht zuletzt salzhaltige Quellen für die Wahl des Siedlungsplatzes ausschlaggebend. Die Grafen von Werl verlegten um 900 ihren Wohnsitz von Meschede nach Werl und errichteten hier eine Burg. Schon vor 1246 war Werl eine Stadt und erhielt 1272 das Soester Recht. Im Laufe der Jahrhunderte wurde Werl mehrfach zerstört und wieder aufgebaut.

Als Wallfahrtsstadt ist Werl ein Treffpunkt für viele Pilger. Ziel ist die 800 Jahre alte Madonna in der Basilika. Jahr für Jahr kommen etwa 250 000 Menschen und machen die Stadt zum größten Marienwallfahrtsort Westfalens und einem der bedeutendsten ganz Deutschlands.

Bis in die vorreformatorische Zeit wurde in Werl ein sehr altes Kreuz verehrt. In den Glaubenswirren kam es abhanden und wurde erst 1952 wiedergefunden.

Das Marien-Gnadenbild entstand um 1170 wahrscheinlich in Schweden, genauer Gotland, das im Rahmen der Hanse einen regen Handel auch mit den westfälischen Städten betrieb, und gelangte irgendwann nach Soest (Hansestadt), wo man 1370 die Wiesenkirche für den Kult erbaute. Nachdem die Stadt 1530 evangelisch geworden war, stand das Gnadenbild zunächst 130 Jahre lang auf dem Speicher der Kirche. Auf Anregung des Werler Bürgermeisters Hermann Brandis forderte Erzbischof Maximilian Heinrich von Köln, Landesherr des kurkölnischen Westfalen, diese Madonna als Sühne für einen in seinen Wäldern von den Soestern begangenen Jagdfrevel. Nach einem Beschluss des Soester Rates wurde die Figur am 1. November 1661 dem Erzbischof und Kurfürsten von Köln auf dessen Schloss in Werl ausgehändigt. Hier hatten sich schon 1649 Kapuziner angesiedelt, die nun die Wallfahrt betreuten. Schon bald kamen Pilger aus dem Sauerland, dem Ruhrgebiet, dem südlichen Münsterland, dem Paderborner Land, sogar aus Hildesheim und Much bei Siegburg. Kriege und Religionswirren konnten die Wallfahrt zwar beeinträchtigen, sie jedoch nicht zum Erliegen bringen. 1747 zählte man in Werl 65 000 Kommunionen, 1763 gewährte Papst Clemens XIII. einen vollkommenen Ablass.

1786 wurde die von den Kapuzinern gebaute Wallfahrtskirche neu errichtet. Die Mönche mussten jedoch 1835 das Kloster verlassen, und erst 14 Jahre später übernahmen die Franziskaner die Wallfahrtsleitung. 1875 vertrieb man auch sie aus Werl (Kulturkampf), doch 1887 durften sie zurückkehren. Die jetzige neuromanische Wallfahrtskirche entstand 1904, die alte Wallfahrtsbasilika blieb erhalten und dient heute vorrangig als Beichtkirche und als Gottesdienstraum für Pilgergruppen. 1953 erhob Papst Pius XII. das neue Gotteshaus zur „Basilika minor". An der Wallfahrt im gleichen Jahr nahmen neben mehr als 50 000 Schlesiern und Oberschlesiern auch der Kölner Kardinal Frings und Bundeskanzler Konrad Adenauer teil. 1962 renovierte man die Basilika, und 1969 wurde das Gnadenbild im Denkmalamt Münster restauriert. Am 16. Oktober 2003 beging man feierlich das Jubiläum „50 Jahre Päpstliche Basilika Minor".

Im Mai und Juni finden seit Kriegsende die Sonderwallfahrten der Heimatvertriebenen mit oft zehn- bis zwanzigtausend Teilnehmern statt. Hier treffen sich die ehemaligen Bewohner des Ermlandes, der Grafschaft Glatz und des Sudetenlandes, aus Nordostdeutschland, Schlesien und Oberschlesien.

Viele Wunderheilungen sind im Werler Mirakelbuch von 1661-1863 bezeugt. Eine Kopie aus dem Archiv des Werler Franziskanerklosters befindet sich im Stadtarchiv Werl und ist auch als interessante Lektüre in großen Teilen im Internet publiziert. (http://www.rudolf-fidler.de/)

Unweit der Wallfahrtsbasilika steht das zweite Werler Pilgerziel, die Propsteikirche St. Walburga, eine frühgotische Hallenkirche aus dem 14. Jahrhundert mit markantem Spitzhelmturm, wo das Hl. Kreuz verehrt wird, vor allem an den Freitagen von Aschermittwoch bis Karfreitag sowie am 14. September (Fest „Kreuzerhöhung").

Weiter sehenswert in Werl ist die historische Altstadt, das Museum „Forum der Völker" (Missionsmuseum des Franziskanerordens) und das aus dem 13. Jahrhundert stammende Haus Rykenberg, in dem sich das städtische Museum befindet. Es gibt eine Schlossruine,

Gebäude aus der Erbsälzerzeit und idyllische Gassen und Straßen mit restaurierten Fachwerkhäusern.

In enger Verbindung mit der Werler Wallfahrt steht auch die Kapelle auf der Gänsevöhde aus dem Jahr 1680. Sie hat die Form eines länglichen Oktogons, dessen drei Westseiten je eine Tür aufweisen. Gestiftet wurde sie von dem Paderborner Domherrn Johann Heinrich von Sintzig. Das Innere des kleinen Heiligtums birgt einen reich verzierten Barockaltar. Der Aufbau umrahmt ein Fresko mit einer Nachbildung des Gnadenbildes: Maria thront auf den Wolken über der Stadt Werl. An den Seitenwänden findet der Besucher barocke Figuren der hll. Franziskus und Antonius. Im Dachreiter, den ein Kreuz mit Marterwerkzeugen krönt, hängt eine Glocke aus dem Jahre 1679.

Kunst: Das Werler Gnadenbild mit einer Höhe von 68 Zentimetern zählt zu den schönsten Madonnen-Kunstwerken Europas. Marienfigur und Thron sind aus Roterlenholz, das Jesuskind ist aus Eichenholz gearbeitet. Die farbliche Fassung datiert im Wesentlichen aus der zweiten Hälfte des 13. Jahrhunderts. Teilweise sind im 14. und 15. Jahrhundert Übermalungen erfolgt, die inzwischen entfernt wurden. Die überaus reich mit Edelsteinen und Perlen verzierte Krone, die die Madonna nur zu besonderen Festtagen trägt, wurde ihr erst 1911 aufgesetzt, stammt aber aus dem Jahr 1670. Während der Blick des Kindes leicht nach oben geht, schaut die Gottesmutter die Pilger direkt an. Maria sitzt auf einem Ringpfostenstuhl, der im Mittelalter nur hohen Autoritätspersonen wie Königen, Bischöfen und Äbten zustand.

Die steinerne Pietà, die Darstellung Mariens als Schmerzensmutter, rechts hinten in der Kirche stammt aus der Hand des Werler Bildhauers August Wäscher und ist das einzige Stück, das von der ursprünglichen Ausstattung der Basilika erhalten blieb.

Lage: Werl liegt etwa 20 km westlich von Dortmund; Anfahrt: von Norden (Hamm) kommend über die Autobahn A 2/A 445 oder Bundesstraße B 63, von Südwesten (Unna, Wickede) über die Autobahn A 44/A 445; Werl ist Bahnstation der Regionalbahn Hellweg-Express.

Anschrift: Franziskanerkloster, Klosterstraße 17, D-59457 Werl, Tel.: 02922/982-0, Fax: 02922/982-144, E-Mail: info@wallfahrt-werl.de; Propsteipfarramt St. Walburga, Kirchplatz 4, D-59547 Werl, E-Mail: propst.feldmann@propstei-werl.de; Stadtinformation Werl, Steinergraben 56, D-59457 Werl, Tel.: 02922/87 03 50-0, Fax: 02922/87 03 50-16, E-Mail: info@

smg-werl.de, Mo-Do 9.00-13.00 und 14.00-17.00 Uhr, Fr 9.00-14.00 Uhr; Ursulinenkloster Werl, Neuerstr.11, D-59457 Werl, Tel.: 02922/872 10, Fax: 02922/86 14 42, E-Mail: ursulinen-werl@t-online.de

Wietmarschen

Name der Wallfahrt: Wallfahrt zu „Unserer Lieben Frau von St. Marienrode"
Ort der Pfarrei: Wietmarschen
Kirche: Wallfahrtskirche Wietmarschen
Bistum: Osnabrück (Deutschland)
Pilgerzeiten: Ganzjährig; zwei große Wallfahrten finden im Mai und im August statt.

Geschichte: 1152 wurde dem Ritter Hugo von Büren, der von einem Kreuzzug ins Heilige Land zurück gekehrt und dem Benediktinerorden beigetreten war, ein Stück Sumpfland geschenkt, damit er dort ein Kloster gründen konnte. Aus diesem Ödland („wyt in de Mersch") entwickelte sich der spätere Ort Wietmarschen. Das Benediktinerkloster erhielt den Namen „Sünte Marienrode", der erste Prior wurde Hildebrand von Utrecht. Zunächst als Doppelkloster angelegt, wurde Sünte Marienrode in der Mitte des 13. Jahrhunderts in ein Frauenkloster umgewandelt, das vor allem Töchter aus adligen Familien beherbergte.

Seit dem 17. Jahrhundert, als der Dreißigjährige Krieg Land und Menschen schwer in Mitleidenschaft zog, sind Wallfahrten nach Wietmarschen historisch belegt. Ziel ist eine Statue der Gottesmutter mit dem Jesuskind mit dem Namen „Unsere Liebe Frau von Sünte Marienrode". Vermutlich pilgerten aber schon viel früher Gläubige zu dem wundertätigen Gnadenbild.

Nach Kriegsende war das Kloster vollkommen verarmt, so dass es von Fürstbischof Christoph Bernhard von Galen in ein hochadeliges und freiweltliches Damenstift umgewandelt wurde und damit erhalten werden konnte.

In der ersten Hälfte des 19. Jahrhunderts wurde das Stift aufgehoben und kam in den Besitz des Grafen von Bentheim. Dieser überließ die ehemalige Klosteranlage der Gemeinde Wietmarschen. Nach dem Ende des Ersten Weltkrieges nahmen die Wallfahrten wieder stark zu. Auslöser war u.a. der Besuch des Bischofs Berning im August 1921, der die Marienstatue krönte und eine feierliche Prozession anleitete.

Kunst: Eine erste steinerne Kirche wurde vermutlich um das Jahr 1210 erbaut. In der ersten Hälfte des 17. Jahrhunderts wurde das Gotteshaus umgestaltet und vergrößert. Die heutige Wallfahrtskirche entstand im 20. Jahrhundert unter Einbeziehung des alten Chors. Aus

der alten Kirche wurde ein Großteil der Ausstattung wie z.B. Hochaltar (um 1680), Chorgestühl, Kanzel, Seitenaltäre usw. übernommen. Kunsthistorisch wertvoll ist auch das Ziel der Wallfahrer, die um 1220 geschnitzte und mit veredeltem Eisenblech beschlagene Madonnenfigur.
Lage: Wietmarschen liegt nahe der Grenze zu den Niederlanden im Landkreis Grafschaft Bentheim etwa zehn Kilometer nördlich von Nordhorn; Anfahrt über die Autobahn A 31: Ausfahrt Wietmarschen.
Anschrift: Katholisches Pfarramt St. Johannes, Matthias-Rosemann-Straße 2, D-49835 Wietmarschen, Tel.: 05925/226, Fax: 05925/99 98 76

Willich-Neersen

Name der Wallfahrt: Wallfahrt zur Kapelle „Klein-Jerusalem"
Ort der Pfarrei: Willich-Neersen
Kirche: Wallfahrtskapelle „Klein-Jerusalem"
Bistum: Aachen (Deutschland)
Pilgerzeiten: Ganzjährig; Gottesdienst freitags 19.00 Uhr; besondere Wallfahrtstage sind der 17. Januar (Festtag des hl. Antonius), Christi Himmelfahrt (Mai) und Mariä Geburt (8. September).
Geschichte: Neersen ist eine Gemeinde am linken Niederrhein in Nordrhein-Westfalen, seit 1970 ein Teil der Stadt Willich im Kreis Viersen. Der Ort verdankt seinen Namen dem Flüßchen Niers, das bis zu seiner Begradigung im Jahr 1930 am örtlichen Schloss vorbei führte. 1263 erstmalig als Standort einer Wasserburg im Bereich der Niers erwähnt, war Neersen im Mittelalter Zentrum einer Erbvogtei, die in jenem Jahr als kölnisches Lehen und Bestandteil der Neusser Vogtei über die Grafen von Kessel an die Herren von Neersen kam. Die Burg Neersen taucht erst in der zweiten Hälfte des 14. Jahrhunderts in den Archiven auf, ist aber schon älter.

Als die Familie derer von Neersen 1487 in der männlichen Linie ausstarb, fiel das Erbe zunächst an die von Palant und dann 1502 an die Familie von Virmond. Unter Adrian Wilhelm von Virmond baute man die mittelalterliche Burg 1661-69 in ein barockes Schloss um. 1744 starb die Besitzerfamilie wiederum aus und Neersen ging samt Schloss an das Erzbistum Köln.

Nach der Säkularisation kaufte der örtliche Amtmann Josef Lenders das Schloss. 1852 richtete der Fabrikant Felix Wilhelm Hüsgen hier eine Wattefabrik und Baumwollspinnerei ein, die 1859 durch Feuer zerstört wurde. Das beschädigte Schloss wurde mit Ausnahme des Westflügels bis 1896 wieder hergestellt. Nach dem Zweiten Weltkrieg ging der Besitz zunächst an den Kreis Kempen-Krefeld und dann an das Deutsche Rote Kreuz, das es 1971 wiederum an die Stadt Willich verkaufte. Um das Schloss als Rathaus nutzen zu können, renovierte die Stadt das Anwesen, und 1975-82 wurde aus den Ruinen der alte Westflügel wieder aufgebaut.

In der Eicker Heide baute der Geistliche Gerhard Vynhoven 1654-61 nach mehreren Reisen ins Heilige Land eine Kapelle. Die Mittel dafür hatte er geerbt und im Dreißigjährigen Krieg erworben, wo er Militärseelsorger im Reiterkorps des berühmten Reiterführers Johann von Werth gewesen war. Die als Pilgerstätte errichtete Kapelle ist im Obergeschoss die Nachbildung des Heiligen Grabes und des Kalvarienbergs, im kryptenartigen Untergeschoss stellt ein System von Kammern und Gängen die heiligen Stätten in Bethlehem und die maßstabsgetreue Nachbildung der Geburtsgrotte Jesu dar. Im 17. und 18. Jahrhundert erfreute sich die Wallfahrt nach Klein-Jerusalem am gesamten Niederrhein großer Beliebtheit. Fast hundert Jahre nach dem Tode des in ihr beigesetzten Stifters war es nicht mehr möglich, aus dem Erbe Vynhovens die Kapelle instand zu halten. Die in Neersen ansässigen Minoriten übernahmen sie und versorgten die Wallfahrer.

Eine weitere Krise erlebte Klein-Jerusalem in der Franzosenzeit von 1794 bis 1814. Beim Verkauf der kirchlichen Güter im Zuge der Säkularisation konnte der Neersener Gastwirt 1804 im Auftrag des Kirchenvorstandes die Kapelle erwerben. Die Wallfahrt blühte wieder auf. 1979-82 wurde die Kapelle einer umfassenden Restaurierung unterzogen. Der Oberkirche wurde die Fassung von 1772 wiedergegeben, in der Unterkirche die Gestaltung freigelegt, die Vynhofen der Geburtsgrotte und dem anschließenden Andachtsraum einmal gegeben hatte. Seit dieser Restaurierung erlebt die Kapelle ein ständig wachsendes Interesse sowohl von Pilgern als auch von Kunstinteressierten. Jährlich finden hier ein Schützenfest und zahlreiche Hochzeiten statt.

Weiter sehenswert in Neersen ist mit wechselnden Kunstausstellungen, Konzerten, Festspielen und einem Freilichttheater das schon erwähnte Schloss mit seinem Landschaftsgarten im englischen Stil, die St.-Konrad-Kapelle in der Siedlung Grenzweg, direkt an der Niers gelegen, und jedes Jahr im August das Badewannenrennen auf der Niers.

Kunst: Die Kapelle ist zweistöckig, außen weiß-gelb bemalt und besitzt einen kleinen Glockenturm. Im oberen Teil auf dem Altar findet man die Kreuzigungsszene Jesu Christi, eine Komposition aus verschiedenen Epochen. Die Figuren der Maria und des Johannes unter dem Kreuz sowie die beiden davor stehenden Frauenfiguren z.B. wurden im 16. Jahrhundert in Flandern gefertigt. Im hinteren Bereich steht mitten im rundherum bemalten Raum ein Kasten, in dem das verkleinerte Modell des Grabes Christi dargestellt ist. Im Inneren des Grabes sieht man Jesus Christus in Leinentüchern gewickelt liegen.

Der untere Teil der Kapelle, gestaltet wie eine Krypta, ist über Treppen links und rechts vom Altar zu erreichen, wo sich auch das Grab Vynhovens befindet.

Wesentliche Bestandteile der Unterkirche sind die Nachbildung der Geburtsgrotte und der Krippennische mit dem Dreikönigsaltar wie in der Geburtskirche in Bethlehem. Drei kleine Kapellen, teilweise mit ihrer alten Ausstattung, umrahmen die Unterkirche. In der umgebenden Grünanlage befindet sich ein Kreuzweg.

Lage: Neersen (renoviertes Schloss, als Rathaus genutzt, im Sommer Festspiele) ist ein Stadtteil von Willich und liegt wenige Kilometer nördlich von Mönchengladbach; Anfahrt über die Autobahn A 44: Ausfahrt Neersen; die Kapelle steht in einem Park am Ortsausgang von Neersen (Richtung Krefeld).

Anschrift: Katholisches Pfarramt St. Mariä Empfängnis, Minoritenplatz 4, D-47877 Willich-Neersen, Tel.: 02156/52 05, Fax: 02156/609 61, E-Mail: kath-pfarrbuero-neersen@t-online.de

Winden

Name der Wallfahrt: Wallfahrt zur „Lieben Frau vom Hörnleberg"
Ort der Pfarrei: (Ober-)Winden
Kirche: Wallfahrtskirche „Unserer Lieben Frau vom Hörnleberg"
Bistum: Freiburg (Deutschland)
Pilgerzeiten: 1. Mai bis Ende November, vor allem an den Marienfesten; Dreifaltigkeitsfest Ende Mai; Gottesdienste samstags 9.00, sonntags meist 10.00 und 11.30 Uhr; die Wallfahrtskirche ist jeden Mittwoch 13.00-17.00 Uhr geöffnet (Rosenkranzgebet 16:00 Uhr).

Geschichte: Benannt nach seinem 907 Meter hohen Gipfel, ist der Hörnleberg weithin bekannt durch seine viel besuchte Wallfahrtskirche „Unserer lieben Frau" und besonders bei sportlichen Wallfahrern sehr beliebt. Zur Kapelle führt eine Mountainbikestrecke, unweit kann man Drachen- oder Gleitschirmfliegen, und ein Wirtshaus bietet Einkehrmöglichkeit.

Wie bei vielen Wallfahrtsorten soll sich auch auf dem Hörnleberg einst eine heidnische (Sonnen-) Kultstätte befunden haben, die später von einem christlichen Gotteshaus abgelöst wurde. Erstmals urkundlich erwähnt sind sowohl Ober- als auch Niederwinden 1178. Zum

Ursprung der Wallfahrt weiß die Legende, ein blinder Mann im Elsaß hätte gelobt, auf demjenigen Berg eine Kapelle zu erbauen, den sein Auge zuerst erblicken würde, wenn er wieder sehen könnte. Sein erster Blick fiel auf den fernen Hörnleberg, wo er dann auch die erste Kapelle errichtete. Tatsächlich pilgerten schon früh auch Elsässer zum Hörnleberg.

Eine Urkunde von 1469 spricht von einer „capellam uf dem Hörnlin". Im Registrum subsidii caricativi, einem kirchlichen Sammlungsregister, war 1493 die „Capella zum Hörnlin filialis" als zur Pfarrei Oberwinden gehörig erwähnt, auch ein Eremit soll dort gewohnt haben. Spätestens seit 1513 bestand eine Bruderschaft zu Ehren der Himmelfahrt der allerseligsten Jungfrau Maria, die am 10. März 1625 vom Konstanzer Bischof Jakob Fugger von Kirchberg bestätigt wurde. Im gleichen Jahre gewährte Papst Urban VIII. der Bruderschaft reichlich Ablässe.

Der Dreißigjährige Krieg setzte der Wallfahrt stark zu. Zwischen dem 27. März und dem 4. April 1639 wurden Kapelle und Eremitage durch Söldner geplündert, niedergebrannt und das ursprüngliche Marien-Gnadenbild völlig vernichtet. Man baute aber bald die Kapelle zunächst aus Holz wieder auf, und seit 1650 war ein Eremit in einem Bruderhaus auf dem Berg. Eine Gaststätte wurde errichtet, das beste Zeichen für eine lebhafte Wallfahrt.

Ein durch einen Blitzschlag ausgelöster Brand zerstörte die Wallfahrtskirche am 26. Mai 1763, wobei das Gnadenbild, eine Schnitzfigur der gekrönten Madonna mit dem Jesuskind auf dem linken Arm, in letzter Minute von einem Bauern gerettet werden konnte. Im Jahr darauf stand schon ein neues Gotteshaus.

Kapuzinermönche aus Haslach betreuten zeitweise die Wallfahrt bis zur Aufhebung ihres Klosters 1801. Trotz der Verbote während der Säkularisation bestand sie aber mit Einschränkungen weiter, bis in der Nacht vom 4. auf den 5. September 1826 wieder ein Blitz in die Kapelle einschlug und nur rauchende Ruinen hinterließ. Wenige Wochen später verbot man den Wiederaufbau der Anlage. Die Ruine und das Wirtshaus wurden für 243 Gulden und 35 Kreuzer versteigert, das weitere Kapellenvermögen mit dem Kirchenfonds Oberwinden vereinigt. Nachdem die Zuständigkeit für den Hörnleberg von Konstanz auf das Erzbistum Freiburg übergegangen war, konnte im Mai 1851 die erste öffentliche Prozession mit Gottesdienst auf dem Berg stattfinden und der Wiederaufbau beginnen. Zum Rosenkranzfest, dem 7. Oktober 1883, übertrug man das

Gnadenbild unter großer Feierlichkeit, begleitet von. 5 000 Pilgern, von der Pfarrkirche Oberwinden in die neue Kapelle.

Zu einer erneuten Brandkatastrophe wäre es fast gekommen, als während des Zweiten Weltkriegs wenige Meter unterhalb des Berggipfels ein Flugzeug zerschellte und ausbrannte.

Am 19. September 1973 verschwand das Gnadenbild aus der Kapelle, und allen Hoffnungen zum Trotz tauchte die Madonna nicht mehr auf. Eine nach Fotos erstellte Kopie wurde am 1. Mai 1982 in einer Prozession auf den Berg getragen, als auch die langjährige Außen- und Innenrenovation endlich beendet war.

Lage: Winden liegt am Fuße des Hörnlebergs rund 25 km nordöstlich von Freiburg im Elztal; Anfahrt über die Autobahn A 5: Ausfahrt Freiburg-Nord, weiter auf den Bundesstraßen B 3 und B 294 bis Winden; mit öffentlichen Verkehrsmitteln von Freiburg mit der Breisgau-S-Bahn im Stundentakt bis Bahnhof Niederwinden oder Oberwinden; Waldparkplatz am Fuß des Hörnlebergs, Aufstieg etwa 30 Minuten (Kreuzweg).

Anschrift: Katholisches Pfarramt St. Stephan, D-79297 Winden im Elztal, Kirchberg 16, Tel.: 07682/256, Fax: 07682/84 35, E-Mail: hoernleberg@t-online.de; ZweiTälerLand Tourismus, D-79261 Gutach im Breisgau, Im Bahnhof Bleibach, Tel.: 07685/194 33, Fax.: 07685/908 89 89, E-Mail: info@zweitaelerland.de

Wingerode

Name der Wallfahrt: Wallfahrt zum hl. Ignatius
Ort der Pfarrei: Wingerode
Kirche: Wallfahrtskapelle St. Ignatius
Bistum: Erfurt (Deutschland)
Pilgerzeiten: Die Ignatiuswallfahrt findet am Sonntag nach dem Festtag des hl. Ignatius von Loyola (31. Juli) statt (9.30 Uhr Prozession von der Wingeroder Pfarrkirche St. Johannes der Täufer zur Ignatiuskapelle, 10.00 Uhr Wallfahrtshochamt, 14.00 Uhr Weihe des Ignatiuswassers und Segnung der Pilger mit der Ignatiusreliquie).

Geschichte: Wingerode wird zum ersten Mal in einer Urkunde erwähnt, die heute im Hessischen Staatsarchiv in Marburg liegt. In diesem am 24. September 1146 in Heiligenstadt ausgestellten Schriftstück bestätigt der Mainzer Erzbischof Heinrich der Erste dem Kloster der Benediktinerinnen von Lippoldsberg (Hessen) verschiedene Schenkungen durch den Erzbischof Adalbert den Ersten von Mainz sowie durch die in das Kloster eingetretene Edle Adelheid, Stieftochter des Grafen Lampert des Ersten von Gräfentonna.

Die Heiligenstädter Jesuiten begründeten Mitte des 17. Jahrhunderts eine Wallfahrt zu einer Kapelle in der Flur von Wingerode und weihten sie ihrem Ordensgründer, dem hl. Ignatius von Loyola. 1661 und 1715 wurde die Kapelle erweitert. Bis zur Säkularisation im Jahre 1803 gehörte die Pfarrstelle von Wingerode zum Zisterzienserinnenkloster Beuren, deshalb hält während der alljährlichen Ignatiuswallfahrt traditionsgemäß der Pfarrer von Beuren die Predigt. Die Wallfahrt endet nachmittags mit der Ignatiuswasser-Weihe und der Segnung der Pilger mit der Ignatiusreliquie.

Ignatius von Loyola wurde als Iñigo López Oñaz de Recalde y Loyola im Jahr 1491 als letzter Spross einer spanischen Adelsfamilie geboren. Mit etwa 15 Jahren kam er an den Hof der Königin Isabella von Kastilien, erhielt dort eine gute Ausbildung und führte ein lockeres Leben. Als er 1521 bei der Verteidigung Pamplonas gegen die Franzosen eine schwere Verletzung am Bein erlitt, die ihn monatelang aufs Krankenlager zwang, änderte sich dies: Er begab sich nach seiner Genesung im Jahr 1522 zunächst ins Benediktinerkloster „Nuestra Señora de Montserrat", gab dort symbolisch seine Waffen ab und zog sich dann für ein Jahr in ein Waldstück zurück, wo er in einer Höhle ein Eremitendasein in strenger Askese führte. In den Jahren 1523/24 pilgerte Iñigo ins Heilige Land, nach seiner Rückkehr ging der schon über 30-Jährige nach Barcelona, um dort Latein zu lernen. Anschließend begab er sich zum Studium an die Universitäten Alcalà de Henares und Salamanca. Dort geriet er mit der Inquisition in Konflikt, es wurden ihm gotteslästerliche Reden und unerlaubte Priestertätigkeit vorgeworfen, doch erfolgte keine Verurteilung. 1528 reiste er nach Paris, um seine Kenntnisse in der lateinischen Sprache, der Philosophie und der Theologie zu vertiefen. Bald hatte Iñigo, der sich in Paris erstmals Ignatius von Loyola nannte, mehrere seiner Mitstudenten zum frommen Leben bekehrt, darunter Franz Xavier und Petrus Faber. Mit sechs seiner Kommilitonen legte er am 15. August 1534 in der Marienkapelle des Montmartre ein Gelübde der Keuschheit und der Armut ab und gelobte, im Heiligen Land die Ungläubigen zu bekehren bzw. dem Papst seine Dienste zur Verfügung zu stellen. Sie nannten sich selbst „Gesellschaft (Compania de) Jesu". 1540 wurde die Gesellschaft von Papst Paul III. bestätigt, ein Jahr später wurde Ignatius zum Generalobersten der so genannten Jesuiten gewählt. Als Ordensregeln lagen die „Geistlichen Übungen" zugrunde, die Ignatius 1548 vollendete.

Der Jesuitenorden breitete sich sehr schnell über die Grenzen

Europas hin aus. Als Ignatius am 31. Juli 1556 in Rom starb, hatte er bereits über 1 000 Mitglieder, und es gab Missionsstationen in Indien, Japan, China und auf dem afrikanischen und dem amerikanischen Kontinent.

Ignatius von Loyola wurde 1622 durch Gregor XV. heilig gesprochen. Zu diesem Zeitpunkt war der Genuss von „Ignatiuswasser" – normales Trinkwasser wurde durch Gebet, Anrufen des Heiligen und Eintauchen geweihter Devotionalien gesegnet – bei Krankheiten, insbesondere bei Pestepidemien, bereits weit verbreitet. Dieser Brauch wurde 1866 von Papst Pius IX. offiziell anerkannt.

Kunst: Die heutige Ignatiuskapelle von Wingerorde mit ihrem annähernd quadratischen Grundriss und abgeschrägten Ostecken trägt über der westlichen Eingangstür die Jahreszahl 1737. Im Inneren sehenswert sind die Skulpturen des hl. Ignatius, des hl. Franz Xaver (1506-52; Jesuit und Missionar u.a. in Indien und Japan; 1927 zum Patron der Weltmission erhoben) und des Erlösers (jeweils 1735 entstanden), eine gotische Madonna mit Kind und ein Vierzehnheiligen-Bild aus dem 18. Jahrhundert mit der Krönung Mariä.

Lage: Wingerode liegt im Eichsfeld rund 10 km östlich von Heiligenstadt (traditionelle große Leidensprozession durch die Stadt am Palmsonntag); Anfahrt über die Autobahn A 7: Ausfahrt Friedland, dann über Friedland nach Heiligenstadt (auf der Bundesstraße B 80 die Leine entlang; 2006 soll die bislang nur in Teilabschnitten fertige Südharzautobahn A 38, eine wichtige mitteldeutsche West-Ost-Achse zwischen den Ballungsräumen Göttingen/Kassel und Halle/Leipzig bzw. den Autobahnen A 7 und A 9, durchgehend befahrbar sein), weiter in Richtung Leinefelde bis zur Abzweigung nach Wingerode.

Anschrift: Katholisches Pfarramt St. Johannes der Täufer, Kirchstraße 2, D-37327 Wingerode, Tel.: 03605/51 26 05, Fax: 03605/54 36 81

Winnweiler

Name der Wallfahrt: Wallfahrt zum Hl. Kreuz
Ort der Pfarrei: Winnweiler
Kirche: Wallfahrtskapelle Hl. Kreuz
Bistum: Speyer (Deutschland)
Pilgerzeiten: Hauptwallfahrtstag ist der Sonntag nach dem 14. September (Fest „Kreuzerhöhung"); Kapelle ganzjährig nach Vereinbarung zugänglich

Geschichte: Nachdem die Reichsgrafschaft Falkenstein österreichisch geworden war, residierten die neuen Verwalter im Winnweiler Schloss. Der Oberamtmann Freiherr von Langen stiftete 1728 bei Winnweiler in der Gemarkung „auf dem Kreuzberg" eine Bergkapelle. Auch eine für die Wallfahrt sehr wünschenswerte Reliquie konnte er erwerben, nämlich einen Partikel vom Hl. Kreuz. Als er in Rom auch noch einen Ablass für die Kreuzfeste erwirkte, entwickelte sich die bis heute bestehende Wallfahrt. Zur Obhut der später erweiterten Kapelle wurde ein Eremit bestellt, dessen „Eremitage" unmittelbar an den Chor angebaut war. Einer seiner Nachfolger veranlasste eine zusätzliche Wallfahrt, die zum hl. Wendelinus, die noch mehr Pilger anzog. Bald wurde das Kirchlein für die vielen Gläubigen zu klein, und 1764 vergrößerte man sie und erweiterte auch die Eremitage. 1840 wurde an der Westseite noch ein Turm angefügt.

Die Innenausstattung der Winnweiler Heilig-Kreuz-Kapelle ist überwiegend aus dem 18. Jahrhundert. Neben einer Pietà und einem Christus aus dem Jahr 1728 sticht die Barockfigur des hl. Wendelinus ins Auge, vermutlich eine österreichische Arbeit. Ob das beeindruckende Altargemälde der Hl. Familie tatsächlich von einem Rembrandtschüler geschaffen wurde, ist nicht erwiesen.

Die Kapelle wurde 1998 außen und innen renoviert. Das Haus des Einsiedlers ist heute noch bewohnt.

Im Ort Winnweiler selbst steht die Katholische Pfarrkirche Herz Jesu mit ihrem barock anmutenden Turm. Dieser repräsentative Sakralbau entstand 1912/13 nach Plänen des Dombaumeisters Ludwig Becker unweit des vormaligen Stifts Neuhausen.

Lage: Winnweiler liegt rund 20 km nördlich von Kaiserslautern im Pfälzer Bergland an der Bundesstraße B 48; Anfahrt über die Autobahn A 63: Ausfahrt Winnweiler; die 1998 umfassend renovierte Wallfahrtskapelle liegt auf dem Kreuzberg oberhalb von Winnweiler und ist schon von weitem zu sehen.

Anschrift: Katholisches Pfarramt Herz Jesu, Kirchstraße 24, D-67722 Winnweiler, Tel.: 06302/21 20, E-Mail: info@kath-kirchengemeinde-winnweiler.de

Winsen an der Luhe

Name der Wallfahrt: Wallfahrt zu „Unserer Lieben Frau vom heiligsten Herzen Jesu"
Ort der Pfarrei: Winsen
Kirche: Pfarrkirche „Guter Hirt"
Bistum: Hildesheim (Deutschland)
Pilgerzeiten: Das Hauptfest wird am letzten Sonntag im Mai gefeiert.
Geschichte: Winsen wurde 1158 zum ersten Mal urkundlich als Winhusen erwähnt. Die Nähe zu einer Heerstraße über die Luhe, die den Norden mit dem Süden verband, begünstigte die Entwicklung des Ortes. Eine Wasserburg wurde

1299 genannt, muss aber schon einige Jahrzehnte zuvor entstanden sein. Denn schon 1233 hatte sich auf Veranlassung der Herzogin Helene aufgrund der Existenz einer Burg die kleine Filialkirche von der Gemeinde St. Gertrud in Pattensen gelöst. 1371 verlegte man nach der Zerstörung der herzoglichen Burg auf dem Lüneburger Kalkberg den Sitz der Obervogtei nach Winsen. Ab 1400 erbauten Franziskaner die gotische Marienkirche. Seit 1503 war das Amt Winsen eingerichtet, ein Amtmann verwaltete damals ein Gebiet, das erheblich größer als der heutige Kreis war. Während der Reformation wurde die Stadt 1527 lutherisch. In den Jahren 1593 bis 1617 erhielt das Schloss unter Herzogin Dorothea seine heutige Gestalt.

1944 malte ein evangelischer Künstler namens Ode das heute noch verehrte Marienbild in einem Luftschutzkeller des Marienkrankenhauses Hamburg, vor dem sich Patienten und Belegschaft während der nächtlichen Bombardierungen versammelten und um Schutz beteten. Wie durch ein Wunder blieb das Gebäude erhalten, während im Umkreis von zwei Kilometern alles zerstört war. Als nach dem Krieg in Hamburg die katholische Gemeinde stark anwuchs, schenkten die Schwestern des Krankenhauses 1948 dieser das Gnadenbild. 1950 wurde es in Rom von Papst Pius XII. geweiht und die Marienverehrung in Winsen sanktioniert. Ab 1967 fand das Bild in der neu erbauten Pfarrkirche „Guter Hirt" seinen Platz, wo es noch heute das Ziel von Pilgern aus Hamburg und der Lüneburger Heide ist.

Lage: Winsen (Schloss, Marstall, Museumseisenbahn) liegt am Fluss Luhe zwischen Hamburg und Lüneburg; Anfahrt über die Autobahn A 250: Ausfahrt Winsen-West oder -Ost.

Anschrift: Katholisches Pfarramt „Guter Hirt", Winser Baum 2, D-21423 Winsen/Luhe, Tel.: 04171/65 31 21

Wollbrandshausen

Name der Wallfahrt: Wallfahrt zu den Vierzehn Nothelfern
Ort der Pfarrei: Wollbrandshausen
Kirche: Wallfahrtskapelle „Vierzehn Heilige Nothelfer"
Bistum: Hildesheim (Deutschland)
Pilgerzeiten: Mai bis September; Kleine Wallfahrt am dritten Sonntag im Juni, Große Wallfahrt am zweiten Sonntag im Juli, Pferdewallfahrt am letzten Sonntag im September
Geschichte: Auf dem Höherberg bei Wollbrandshausen, einem der schönsten Punkte des Untereichsfeldes, liegt die Wallfahrtskapelle zu den Vierzehn Heiligen Nothelfern, zu der sowohl von Wollbrandshausen als auch von Bodensee aus ein Kreuzweg führt. Vom Wall-

Wollbrandshausen

fahrtsplatz aus hat man einen herrlichen Rundblick bis hin zu den Göttinger Bergen, bei gutem Wetter sogar bis zum Harz.

Als von Juli bis September 1850 die Cholera unter der Bevölkerung der Dörfer um den Berg viele Opfer forderte, gelobte Pfarrer Vocke mit seiner Gemeinde St. Georg in Wollbrandshausen, den Vierzehn Nothelfern auf dem Höherberg eine Wallfahrtskapelle zu errichten, sollte die Seuche den Ort verschonen. Tatsächlich endete die Epidemie, und so wurde die kleine Kirche gebaut und von Bischof Eduard Jakob am 21. Juni 1856 zu Ehren der unbefleckt empfangenen Jungfrau Maria und der Vierzehn Nothelfer geweiht.

Da die Zahl der Pilger schnell stieg, war bald eine Erweiterung nötig. 1901/02 baute man ein größeres Kirchenschiff aus Ziegeln an die Sandsteinkapelle an, die somit den Altarraum bildete. 1931 folgte ein fester, überdachter Platz für den Freialtar an der Südseite.

Der schönste Schmuck des 1989 renovierten Kirchleins sind die Figuren der Vierzehn Nothelfer, die in den 90er Jahren des 19. Jahrhunderts in Tirol von Spendengeldern gekauft worden sind: Achatius von Armenien, Ägidius, Barbara, Blasius von Sebaste, Christophorus, Cyriacus von Rom, Dionysius von Paris, Erasmus, Eustachius, Georg von Kappadokien, Katharina von Alexandria, Margareta von Antiochia, Pantaleon und Vitus (Veit). Ein Oberammergauer Bildschnitzer schuf um 1900 das Vierzehn-Nothelfer-Bild, das nach seiner Restaurierung aus dem Grablegungskapellchen auf den Hochaltar gesetzt wurde.

Die Große Wallfahrt findet am zweiten Sonntag im Juli statt, darüber hinaus zieht die Pferdewallfahrt am letzten Sonntag im September viele Menschen an. Gottesdienste an den Wallfahrtstagen werden auf dem mit Linden bestandenen Areal vor der Kirche im Freien abgehalten. Seit neuestem wird sogar eine Radtour von 18 Kilometern Länge unter dem Namen „Auf Wallfahrerspuren in Deutschlands Mitte" angeboten. Die Route führt von Wollbrandshausen über Krebeck, Renshausen (der einzige deutsche Wallfahrtsort zum hl. Joseph), Thiershäuser Teiche, Bilshausen und den Höherberg zurück zum Start.

Lage: Der Höherberg (242 m; Panoramablick!) mit der Wallfahrtskapelle liegt bei Wollbrandshausen knapp 20 km östlich von Göttingen im Untereichsfeld; Anfahrt über die Autobahn A 7: Ausfahrt Göttingen-Nord, weiter auf der Bundesstraße B 27 in Richtung Gieboldehausen.

Anschrift: Katholisches Pfarramt St.

Laurentius, Mittelstraße 1, D-37434 Gieboldehausen, Tel.: 05528/92 36-0, Fax: 05528/92 36-26, E-Mail: pfarramt.gieb@t-online.de; Katholisches Pfarramt St. Georg, Kirchstraße 2, D-37434 Wollbrandshausen, Tel.: 05528/592

Worbis
Name der Wallfahrt: Wallfahrt zum hl. Antonius von Padua und zum hl. Rochus
Ort der Pfarrei: Worbis
Kirche: Wallfahrtskirche St. Antonius und Wallfahrtskapelle St. Rochus
Bistum: Erfurt (Deutschland)
Pilgerzeiten: Festtag des hl. Antonius von Padua ist der 13. Juni; an diesem Tag bzw. am darauf folgenden Sonntag findet die große Bistumswallfahrt zur Antoniuskirche in Worbis statt und am Wochenende zuvor die Kranken- und Behindertenwallfahrt der Diözese; Gottesdienste sonntags (Ostern bis Christkönig Ende November) 10.00 Uhr; die Kirche ist täglich zur Besichtigung geöffnet; Führungen nach Anmeldung möglich; Festtag des hl. Rochus ist der 16. August; die Prozession von der Pfarrkirche zur Rochuskapelle in der Nähe des Bärenparks findet am dritten oder vierten Sonntag im August statt.
Geschichte: Worbis ist eine kleine Stadt an den Quellen von Wipper und Hahle, in einem Tal des Ohmgebirges. Vermutlich schon einige Jahrhunderte früher entstanden, datiert die erste Erwähnung des Ortes in einer Schenkungsurkunde („Wurbeke", Wehr am Bach) des Erzbischofs Konrad von Mainz auf das Jahr 1162. 1234 ging der Ort an den Grafen von Beichlingen, 1336 an die thüringischen Landgrafen und 1373 an den Erzbischof von Mainz.

Ein 1311 gegründetes Zisterzienserinnenkloster wurde 1525 von den Bürgern der Stadt geplündert und von einer Abteilung des Müntzer'schen Bauernheeres niedergebrannt. 1546 erfolgte die formelle Auflösung. Nach Beendigung des Dreißigjährigen Krieges (1618-48) hatte Worbis nur noch 322 Einwohner und erholte sich nur langsam.

Am Antoniustag (13. Juni) 1668 wurde der Grundstein des Franziskanerklosters auf dem Gelände des ehemaligen Zisterzienserinnenklosters gelegt. Die dazu gehörende frühbarocke Saalkirche wurde 1765 spätbarock umgebaut (Erhöhung der Außenmauern und Bau eines Tonnengewölbes, Seitenaltäre aus Marmor) und reich ausgestattet. Ihr heutiges Erscheinungsbild erhielt die Kirche erst in der zweiten Hälfte des 18. Jahrhunderts. 1824 wurde auf Order des Preußischen Königs Friedrich Wilhelm das Worbiser Franziskanerkloster aufgehoben. Die ehemalige Klosterkirche wird heute von der katholischen Gemeinde genutzt und gilt als überregional bedeutender Wallfahrtsort.

Der Patron des Gotteshauses, der hl. Antonius von Padua, wurde als Fernando Martin de Bullone 1195 in Lissabon als Sohn einer wohlhabenden Adelsfamilie geboren. Er wurde Franziskaner und ging als Missionar nach Marokko. Auf der Rückfahrt verschlug ein Sturm sein Schiff nach Sizilien, über Süditalien und Assisi gelangte er schließlich in das Bergkloster Monte Paolo bei Forli (südöstlich von Bologna). Von dort aus setzte man ihn mit großem Erfolg als Wanderprediger gegen die ketzerischen Katharer und Albigenser ein: Von 1222-24 wirkte er im Raum Mailand und Rimini, dann drei Jahre im südlichen Frankreich und schließlich weitere drei Jahre wieder in Oberitalien, wo er zum Provinzialoberen der Emilia Romagna mit Sitz in Padua aufstieg. Franz von Assisi (1181/82-1226; Hl.) ernannte ihn zum ersten Theologieprofessor an der Ordenshochschule von Bologna. 1230 jedoch stellte Antonius, der von den anstrengenden Reisen völlig entkräftet war und sich nur noch der Predigt widmen wollte, einen Antrag auf Amtsenthebung und lebte fortan auf einem Nussbaum auf dem Landgut Camposampiero bei Padua. Im Jahr darauf starb er erst 36-jährig auf dem Weg nach Padua am 13. Juni im Klarissinnenkloster von Arcella.

Ein weiteres Wallfahrtsziel in Worbis ist die St.-Rochus-Kapelle in der Nähe des Bärenparks (für Kinder besonders attraktiv die fünf Braunbären Maika, Goliath, Laura, Samson und Mischka und der Streichelzoo): Zur Erinnerung an die 386 Todesopfer der Pest von 1682 (wie auf einer Gedenktafel zu lesen ist) entstand im folgenden Jahr dieses schlichte Kirchlein für einen der bekanntesten Pestpatrone.

Die Legende berichtet, Rochus sei um 1295 in Montpellier (Südfrankreich) geboren worden, habe früh seine Eltern verloren und das Erbe sofort an die Armen verteilt. Er pilgerte 1317 nach Rom und engagierte sich bei der Pflege der Pestkranken, wobei er sie durch Schlagen des Kreuzzeichens heilen konnte. Auf der Rückreise nach Frankreich erkrankte er bei Piacenza selbst an der Pest, und weil ihn das örtliche Spital wegen seiner Armut nicht aufnehmen wollte, verkroch er sich in eine alte Hütte im Wald. Ein Engel pflegte ihn, ein Hund brachte ihm Brot, und tatsächlich wurde er wieder gesund und konnte in die Heimat zurückgehen. Dort hielt man ihn für einen Spion und warf ihn in das Gefängnis, wo er nach fünf Jahren am 16. August 1327 starb, ohne dass er sich in seiner Bescheidenheit zu erkennen gegeben hatte. Erst nach seinem Tod fand man anhand eines kreuzförmigen Muttermals seine Identität heraus. Neben Sebastian und Anna war Rochus der populärste Pestheilige, dessen Verehrung erst seit dem Ausbleiben großer Epidemien im 17. Jahrhundert langsam nachließ.

Kunst: Nach Plänen des italienischen Baumeisters Antonio Petrini entstand das ehemalige Franziskanerkloster in den Jahren 1670 bis 1677, dem Armutsideal des Ordens entsprechend mit einfacher Ausstattung. 1765 erfolgte eine grundlegende Umgestaltung im Stil des Spätbarock, die bis heute nahezu erhalten blieb. Der Hochaltar, die vier Nebenaltäre und die Kanzel aus in Schwarz- und Rottönen gehaltenem Stuckmarmor sowie lebensgroße Heiligenfiguren bilden ein wunderbares Ensemble.

Lage: Worbis (Bärenpark) ist ein Ortsteil von Leinfelde und liegt im Eichsfeld zwischen Duderstadt und Mühlhausen; Anfahrt über die Autobahn A 7: Ausfahrt Friedland, dann über Friedland nach Heiligenstadt, Leinefelde und Worbis (auf der Bundesstraße B 80 die Leine entlang; 2006 soll die bislang nur in Teilabschnitten fertige Südharzautobahn A 38, eine wichtige mitteldeutsche West-Ost-Achse zwischen den Ballungsräumen Göttingen/Kassel und Halle/Leipzig bzw. den Autobahnen A 7 und A 9, durchgehend befahrbar sein).

Anschrift: Katholisches Pfarramt St. Nikolaus, Friedensplatz 7, D-37339 Leinefeld-Worbis, Tel.: 036074/948 20, Fax: 036074/948 22, E-Mail: Kath.Pfarramt.Worbis@t-online.de

Worms/Liebfrauenkirche

Name der Wallfahrt: Wallfahrt zu „Unserer Lieben Frau" und zum hl. Valentin(us)
Ort der Pfarrei: Worms
Kirche: Pfarrkirche „Liebfrauen"
Bistum: Mainz (Deutschland)
Pilgerzeiten: Mai bis September; Hauptwallfahrtstage sind der erste Sonntag im Marienmonat im Mai und der Sonntag nach dem 15. August (Fest „Mariä Himmelfahrt"); Festtag des hl. Valentin(us) ist der 14. Februar; Gottesdienste (ganzjährig) sonntags 11.00 und 20.00 Uhr; Wallfahrtsgottesdienste und Führungen für Gruppen nach Anmeldung möglich.

Geschichte: In der klimatisch begünstigten Gegend um Worms siedelten schon in der Stein- und Bronzezeit die Menschen. Der älteste überlieferte Name der Stadt ist keltischen Ursprungs und lautet Borbetomagus, woraus sich der heutige Name ableitet. Die Römer richteten hier die Garnisons- und Hauptstadt der „Civitas Vangionum" am hochwasserfreien Hochgestade des Rheins ein, benannt nach einem germanischen Volksstamm, der im ersten Jahrhundert n.Chr. hier siedelte. Ihr Name hat sich vielleicht in der geläufigen

Bezeichnung für die Region, „Wonnegau", erhalten. Die wichtigste römische Hinterlassenschaft ist zweifellos der Weinbau, der wohl hier seinen Anfang nahm und später die ganze Rhein-Main-Gegend, aber auch das Mosel- und Nahegebiet erreichte. Am bekanntesten ist die „Liebfrauenmilch", ein süßliches Gewächs, das den deutschen Weingeschmack jahrzehntelang prägte. Heute bekommt man mittlerweile hochklassige Weiß- und Rotweine vom spritzigen Riesling bis zum samtigen Spätburgunder.

Nach dem Zusammenbruch des Römischen Reiches besetzten die Burgunder Worms und etablierten ihr erstes Königreich, dem allerdings kein langer Bestand beschieden war. An ihrem Hof genoss man, wie das Nibelungenlied bezeugt, „... den gouten vin, den besten, den man kunde vinden umben Rin" (... den guten Wein, den besten, den man am Rhein finden konnte). Die Hunnen unter Attila machten dem ein Ende und vertrieben die Reste des germanischen Volkes in die Schweiz und nach Ostfrankreich in eine Region, die heute noch Burgund heißt. Die dramatischen Vorgänge jener Zeit fanden ihren Niederschlag in der Nibelungensage, der man in Worms auf Schritt und Tritt begegnet, sei es in Form der Nibelungenfestspiele (2002 mit Mario Adorf als finsterer Hagen, zweifellos eine Traumbesetzung; 2006 vom 11. bis 26. August unter der Regie von Dieter Wedel, mit Sonja Kirchberger, Jasmin Tabatabai und anderen), der Burgundertorte und der Nibelungentrüffel im Café Lott (mit angeschlossener Nibelungen-Bäckerei GmbH u. Co. KG), oder des beeindruckenden Hagendenkmals an der Rheinpromenade, wo der Schurke des bekannten Stücks Gold und Geschmeide mit seinem Schild in den Rhein schaufelt. Der Recke hatte ordentlich zu schaffen, waren doch schon zwölf Leiterwagen vier Tage lang dreimal hin und her gefahren, um all das Gold zu bewegen, wie wir wiederum aus dem Nibelungenlied wissen. Sogar ein Fußballverein trägt den heroischen Namen, der ASV 1950 Nibelungen Worms e.V., allerdings ist er in den vergangenen 55 Jahren über Bezirks- und Kreisklasse nicht hinausgekommen.

In Worms fanden auch fast 100 Reichstage statt (u.a. der Reichstag des Jahres 1521, zu dem Martin Luther einbestellt wurde). Der Dreißigjährige Krieg (1618-48), die Revolutionsjahre des 18. Jahrhunderts und der Zweite Weltkrieg richteten in der Stadt am linken Rheinufer erhebliche Zerstörungen an. Im weitesten Sinne auch ein berühmter Sohn der Stadt war der Räuberhauptmann Schinderhannes, der hier mehrfach über den Rhein setzte, um der französischen Militärpolizei zu entkommen.

Außerhalb der Stadt steht, inmitten von Weinbergen, die Liebfrauenkirche, deren Türme schon von Weitem zu sehen sind. Bedeutsam war immer der um die Kirche betriebene, bis heute bestehende Weinbau. Das monumentale Gotteshaus wurde namensgebend für die seit dem 19. Jahrhundert bekannt gewordene „Liebfrauenmilch": eine schon für das 17. Jahrhundert bezeugte Bezeichnung für die Weine dieser Lage.

Die lange Geschichte der Liebfrauenkirche beginnt bereits in spätrömischer Zeit: Im 5.-7. Jahrhundert bestattete die ab 346 von Bischof Viktor vertretene Christengemeinde ihre Toten in einem Gräberfeld westlich der Liebfrauenkirche. 1173 bestätigte Kaiser Friedrich Barbarossa einer Marienkirche in Worms Rechte, ob es sich um die Liebfrauenkirche handelt, ist unsicher. 1276/77 begann der Kirchenneubau mit dem heutigen Südportal. Am 31. Oktober 1298 wurde die Liebfrauenkirche zum Kollegiatstift mit zwölf Kanonikern erhoben. Der Bau war 1465/68 im Wesentlichen vollendet. Ein Ablass Papst Pius' II. sollte 1467 die Finanzierung des Kirchenbaus und der Arbeiten am Kreuzgang ermöglichen. Im Pfälzischen Erbfolgekrieg kam es im Jahr 1689 – wie überall im Rheinland – zu schweren Beschädigungen: Die Gewölbe und der Helm auf dem Südturm stürzten ein, und alle gotischen Fenster gingen zu Bruch. So musste beim Wiederaufbau (1708-32) auch für eine Neuverglasung der zahlreichen Fenster gesorgt werden.

1802 erfolgte im Zuge der Säkularisation die Versteigerung des Kreuzgangs und des seit 1630 von Kapuzinern besiedelten Klosters. Das Gotteshaus wurde bis 1810 als Pfarrkirche, danach als Scheune genutzt. Erst 1860 begann dank der Initiative von Pfarrer Nikolaus Reuß von St. Martin eine umfassende Renovierung im Stil der Neugotik, wobei u.a. die Barockfenster neugotischen Glasgemälden weichen mussten. Diese wiederum fielen fast alle der verheerenden Explosionskatastrophe im BASF-Chemiewerk von Ludwigshafen-Oppau am 21. September 1921 zum Opfer (565 Tote und über 2 000 Verletzte), und auch die im Jahr darauf neu geschaffenen Fenster sind nicht erhalten, da sie durch zwei Luftminen, die am 4. Oktober 1943 in unmittelbarer Nähe der Kirche niedergingen, zerstört wurden. Die nach Kriegsende vorgenommene Notverglasung ersetzte man ab 1966 kontinuierlich durch Glasgemälde in leuchtenden Farben, die das Kircheninnere heute in ein mystisches Licht tauchen. Die künstlerische Gestaltung übernahm der Mainzer Alois Plum (geboren 1935), der für die Liebfrauenkirche bis 1995 seinen umfangreichsten Fensterzyklus schuf.

Eine Marienwallfahrt ist erstmals für das Jahr 1478 bezeugt, doch kamen vermutlich bereits im 13. Jahrhundert viele Gläubige in die Liebfrauenkirche, um vor dem Gnadenbild von 1260, einer sehr schönen Schnitzfigur der Gottesmutter mit dem nackten Jesuskind auf dem linken Arm, zu beten. Nicht zuletzt, weil der Pilgerweg nach Santiago de Compostela bzw. nach Rom über Worms führte, und man sich Marias Fürbitte für den noch weiten und beschwerlichen Weg dorthin erhoffte. (Der an der Liebfrauenkirche liegende Jakobsweg ist inzwischen wieder ausgeschildert.)

Seit Anfang des 19. Jahrhunderts wird in der Liebfrauenkirche auch der hl. Valentinus von Terni besonders verehrt. Alljährlich an seinem Festtag, dem 14. Februar, findet eine große Wallfahrt statt, bei der eine Barockfigur und eine Kopfreliquie des Heiligen im Mittelpunkt des Interesses stehen.

Valentinus von Terni, Schutzpatron der Jugend, Reisenden, Imker, und Liebenden, aber auch der Kranken, ist historisch nicht leicht zu fassen. In den Legenden tauchen zwei Heilige gleichen Namens und Todestags auf (ein Valentin von Rom und ein Valentin von Terni), deren Geschichten aber in vielen Punkten so ähnlich sind, dass es sich entweder um die gleiche Person gehandelt hat oder sich vielleicht aus der Lebensgeschichte des einen, tatsächlich lebenden Mannes eine weitere, aber fiktive Vita entwickelte.

Valentin von Terni, der als die historische Figur gilt, lebte im 3. Jahrhundert und war Bischof von Interamna (heute Terni, nördlich von Rom). Weil er vor Kaiser Claudius II. Gothicus (268-70) die Anbetung eines heidnischen Götzenbildes verweigerte, wurde er am 14. Februar 269 enthauptet und an der Via Flaminia in Höhe des zweiten Meilensteins begraben. Papst Julius I. (337-52; Hl.) ließ dort eine Kirche bauen, die von Theodor I. (642-49) erneuert wurde. Heute ruhen Valentins Gebeine in Terni, Krumbach (Bayern) und Worms.

Der Legende nach verkündete Valentin einst auf der Straße das Evangelium und schenkte den Menschen Blumensträuße. Die von ihm geschlossenen Ehen sollen unter einem guten Stern gestanden haben. Schon früh galt der hl. Valentin deshalb als Patron der Liebenden, die sich an seinem Festtag („Valentinstag") Blumen schenken. Diese Tradition hat aber auch heidnische Wurzeln, da im alten Rom am 14. Februar die Göttin Juno als Hüterin der Ehe und Familie verehrt wurde.

Kunst: Ist man in Worms muss man auch den Dom St. Peter besuchen, der für die Stadt seit über 1 000 Jahren das überragende Wahrzeichen darstellt, und in dessen einzigartiger Atmosphäre regelmäßig viel beachtete Konzerte veranstaltet werden.

Der Dom war Grablege für die Mitglieder des salischen Königshauses, die bis ins 11. Jahrhundert in Worms eine Pfalz hatten. Zahlreiche Kaiserbesuche und große Ereignisse, teils mit politisch bedeutsamen Folgen, fanden einst im Dom und in seiner nächsten Umgebung statt.

Die ehemalige Bischofskathedrale, seit 1925 päpstliche „Basilika Minor" und Propsteipfarrkirche, gehört mit den Domen in Mainz und Speyer zu den bedeutendsten Schöpfungen romanischer Kirchenbaukunst auf deutschem Boden. An der Stelle mehrerer kleinerer Vorgängerbauten sorgte Bischof Burchard (1000-25) für die Errichtung einer imposanten viertürmigen Anlage mit zwei Chören. Der Bau hatte bereits die heutigen Ausmaße (die Osttürme des Wormser Domes sind 65 Meter hoch, die Westtürme 58 Meter), erhielt seine spätromanischen Formen aber erst bis Ende des 12. Jahrhunderts.

Sehenswert sind vor allem der reiche ornamentale Schmuck, die Plastiken, das Kaiserportal im Norden (Streit von Kriemhild und Brunhild im Nibelungenlied), das gotische Portal im Süden und die Wand des dreistöckigen romanischen Kreuzganges. Der Ostchor wurde nach den Verwüstungen von 1689 barock ausgestattet, u.a. mit einem von dem berühmten Baumeister Johann Balthasar Neumann (1687-1753) entworfenen Hochaltar.

Lage: Worms (spätromanischer Dom St. Peter, Nibelungenmuseum) liegt am Rhein an der Autobahn A 61; die weithin sichtbare gotische Liebfrauenkirche steht im nördlichen Vorstadtbereich von Worms inmitten von Weinbergen; für Reisemobile gibt es in Worms direkt am Rhein einen kostenfreien Stellplatz mit Sanitärstation; von dort sind es zu Fuß etwa 15 Minuten in die Innenstadt (auch Bus-Pendelverkehr).

Anschrift: Katholisches Pfarramt Liebfrauen, Liebfrauenring 21, D-67547 Worms, Tel.: 06241/442 67, Fax: 06241/446 13, E-Mail: info@liebfrauen-worms.de; Tourist-Info, Neumarkt 14, D-67547 Worms, Tel.: 06241/250 45, Fax: 06241/263 28, E-Mail: touristinfo@worms.de; Pilgerstelle Bischöfliches Ordinariat Mainz, Domstraße 10, D-55116 Mainz, Tel.: 06131/25 34 13, Fax:

06131/22 37 97, E-Mail:
pilgerstelle@Bistum-Mainz.de

Würzburg/Dom St. Kilian/Neumünsterkirche

Name der Wallfahrt: Wallfahrt zu den hll. Kilian, Kolonat und Totnan
Ort der Pfarrei: Würzburg
Kirche: Dom St. Kilian und Neumünsterkirche
Bistum: Würzburg (Deutschland)
Pilgerzeiten: Ganzjährig; die meisten Wallfahrten aus den benachbarten Dekanaten finden während der Kiliansfestwoche um den 8. Juli statt; Gottesdienste sonntags (ganzjährig): 8.15, 8.45, 10.00, 11.30, 18.30 und 21.00 Uhr (Dom), 7.00 Uhr (Neumünster); einstündige Domführungen von Ostermontag bis Allerheiligen täglich um 12.20 Uhr (Treffpunkt am „Siebenarmigen Leuchter" im Dom); Gruppen- und Sonderführungen nach Voranmeldung ganzjährig möglich; das Domschatzmuseum ist von dienstags bis sonntags von 14.00-17.00 Uhr sowie für Gruppen nach Voranmeldung geöffnet (montags sowie 1. Januar, Faschingssonntag u. -dienstag, Karfreitag, 24./25. Dezember und 31. Dezember geschlossen)
Geschichte: Würzburg und Umgebung wurden im 7. Jahrhundert durch den irischen Mönch und Wanderbischof Kilian und seine Gefolgsleute christianisiert. Auch der fränkische Herzog Gosbert ließ sich taufen und trennte sich auf Kilians Forderung hin sogar von Gailana, der Witwe seines Bruders – obwohl es germanischem Brauch entsprach, die Bruderwitwe zu ehelichen. Die gekränkte Gailana ließ Kilian und seine Freunde Kolonat und Totnan um das Jahr 689 ermorden, als Herzog Gosbert sich nicht in der Stadt befand. Sie selbst soll daraufhin in geistige Umnachtung gefallen und bald gestorben sein, der gedungene Mörder richtete sich selbst.

Der erste Bischof von Würzburg, der hl. Burkhard, ließ die Gebeine des Kilian und seiner Gefährten am 8. Juli 752 erheben und zunächst in die Kirche des von ihm gegründeten St.-Andreas-Klosters bringen. (Heute steht auf diesem Grund die über 950 Jahre alte Pfarrkirche St. Burkhard.) Zu Ehren der „Frankenapostel" gab Burkhard den ersten Würzburger Dom in Auftrag, der 788 in Gegenwart (des späteren Kaisers) Karls des Großen zur Kirche „Christus Salvator" geweiht wurde. Hier fanden die Reliquien der drei Heiligen zunächst ihre Ruhestätte, wurden aber nach der Zerstörung des Doms durch einen Brand im Jahr 855 in die nahe Neumünsterkirche überführt.

Von Anfang an waren die Grabstätten beliebtes Ziel für die Gläubigen, wobei die Gefährten des hl. Kilian eine etwas untergeordnete Rolle spielten. Im Würzburger Raum gehörte es zum Brauchtum, dass die Pfarreien alljährlich das Grab der Märtyrer in der Stadt besuchten. Im Juli (der 8. Juli war seit dem 8. Jahrhundert der Festtag des hl. Kilian) wurden ab 1127 acht Tage lang die Kiliansfeiern abgehalten, unterstützt durch päpstliche Ablässe (u.a. 1401 von Papst Bonifatius IX). Naturgemäß entwickelten sich neben den kirchlichen Feierlichkeiten auch weltliche Veranstaltungen, die heute noch in Form des Kilianivolksfestes und der Kilianimesse stattfinden.

Nicht zuletzt durch das Zutun von Kaiser Friedrich I. Barbarossa entwickelte sich Würzburg zu einem kulturellen Zentrum. Barbarossa hielt hier im 12. Jahrhundert fünf Reichstage ab, feierte seine Hochzeit mit Beatrix von Burgund (17. Juni 1156) und erhob die Bischöfe zu Herzögen von Franken. In einem Zeitraum von rund 200 Jahren entstanden in Würzburg etwa 20 Kirchen und 1221 das erste Franziskanerkloster nördlich der Alpen.

Das Kiliansfest wurde 1803 im Rahmen der Säkularisation abgeschafft, die Reliquien der drei Frankenapostel galten danach als verschollen. Nach ihrer Wiederauffindung 1849 kam es zu einer Neubelebung der Wallfahrt. Während des Zweiten Weltkriegs wurden die Gebeine nach Gerolzhofen ausgelagert, so blieben sie verschont, als große Teile der Stadt einschließlich des Doms im März 1945 völlig ausbrannten. 1949 holte man sie in die notdürftig instand gesetzte Neumünsterkirche zurück. Dort ruhen sie heute im Kiliansschrein in der Kiliansgruft. Die drei Häupter werden im Altar des Doms in einem Bergkristallschrein aufbewahrt, der beim Hochfest der Heiligen in einer feierlichen Prozession durch die Stadt getragen wird.

Kunst: Bischof Bruno (1034-54; Hl.) begann den Bau des heutigen Würzburger Doms. Sein Nachfolger setzte diese Aufgabe fort, und 1188 war das Gotteshaus soweit vollendet, dass drei Altarweihen stattfinden konnten.

Im Laufe der nächsten Jahrhunderte wurden am Dom immer wieder Um- bzw. Ausbauten vorgenommen (z.B. die Osttürme im Jahr 1237, Umgestaltung der Seitenschiffe um 1500), bzw. mussten verfallene Teile erneuert werden. In der zweiten Hälfte des 16. Jahrhunderts wurden Querschiff und Vierung durch den Baumeister Lazaro Augustin mit einer dünnschaligen Tonne überspannt. (Auftraggeber war Julius Echter von Mespelbrunn, 1573-1617 Fürstbischof von Würzburg, der mit allen Mitteln die Rekatholisierung betrieb.)

Auch die Ausstattung des Kircheninnenraums wurde jeweils den zeitgenössischen Strömungen angepasst bzw. durch neue Werke ergänzt. Im 18. Jahrhundert dominierte der Baumeister Johann Balthasar Neumann nicht nur die Barockisierung der Bischofskirche, sondern schuf zugleich mit der Würzburger Residenz sein bedeutendstes Werk. Im Dom ließ er u.a. den ursprünglich erhöhten Klerikerchor absenken, baute die Sakristeien beiderseits des Chors und schuf 1721-36 die „Schönbornkapelle" als Grabstätte der Fürstbischöfe des Hauses Schönborn. (Die an das nördliche Querhaus des Doms angebaute Kapelle kann nur im Rahmen einer Domführung besichtigt werden.)

Schon während der Säkularisation und der damit verbundenen Aufhebung des Fürstbistums Würzburg zu Beginn des 19. Jahrhunderts waren große Teile der Kirchenschätze verschwunden oder zerstört worden, den Domschatz hatte man eingeschmolzen. Als am 16. März 1945 Bomben den Würzburger Dom schwer beschädigten, ging nochmals vieles der Inneneinrichtung unwiederbringlich verloren. Dazu gehören u.a. der barocke Hochaltar aus dem Jahr 1704, die Altäre des Langhauses mit ihren wertvollen Gemälden von 1793 und das kunstvoll geschnitzte Chorgestühl von Lukas von der Auvera und Johann Georg Guthmann aus der Mitte des 18. Jahrhunderts.

Es dauerte 15 Jahre, bis die verbliebene Bausubstanz gesichert und die Außenmauern instand gesetzt waren. Beim Wiederaufbau, maßgeblich geplant von den Architekten Hans Schädel aus Würzburg und Prof. Hans Döllgast aus München, wurden Teile der ursprünglichen Gestaltung geändert: Der Hauptaltar wurde in die Vierung verlegt, der Chor als Presbyterium eingerichtet (d.h. er war nur noch dem Klerus zugänglich), und das Langhaus erhielt wieder eine Flachdecke. Trotz des großen Ausmaßes der Zerstörung konnten viele Kunstwerke aus über zehn Jahrhunderten restauriert werden. Dazu gehören die Grabdenkmäler der Bischöfe, wovon zwei (die für Rudolf von Scherenberg und Lorenz von Bibra) von einem der berühmtesten Bildhauer und -schnitzer geschaffen wurden: Tilman Riemenschneider (um 1460-1531), der 1483 nach Würzburg kam, nachdem er vermutlich in Straßburg und Ulm sein Handwerk erlernt hatte. Durch Heirat wurde er in die Reihen der einheimischen Handwerksmeister aufgenommen und hatte bereits um 1500 einen hervorragenden Ruf als Künstler. 1504 wurde er einer der Ratsherren der Stadt, später sogar für vier Jahre Bürgermeister. Wegen seiner Verstrickungen in den Aufstand der Bauern und Städter gegen die Fürstbischöfe wurde er inhaftiert und gefoltert, und nach seiner Entlassung zog man große

Teile seines Vermögens ein. Zudem erhielt er keine bedeutenden Aufträge mehr und geriet bald in Vergessenheit. Er starb 1531, und seine Werke bekamen erst im 19. Jahrhundert wieder die ihnen zustehende Wertschätzung. Weitere erhaltene Werke im Würzburger Dom von ihm bzw. aus seiner Werkstatt sind z.B. eine Madonna im rechten Chorpfeiler sowie Sandsteinfiguren des Christus Salvator und der Heiligen Petrus und Andreas. Auch in der Neumünsterkirche nördlich des Doms befindet sich eine Madonna und ein Kruzifix von Riemenschneider.

Mit der Fertigstellung des bronzenen, von Fritz König aus Landshut geschaffenen Hauptportals und des Kiliansportals an der Nordseite durch den Würzburger Otto Sonnleitner, war 1967 der Wiederaufbau des Würzburger Doms mit seinen beiden schlanken Turmpaaren abgeschlossen, und man weihte die Kathedrale den drei Frankenaposteln Kilian, Kolonat und Totnan, deren Häupter in einem wertvollen Bergkristallschrein im modernen Hauptaltar von Albert Schilling aus Basel ruhen.

Lage: Die Bischofs- und Universitätsstadt Würzburg (Festung Marienberg mit Mainfränkischem Museum, Residenz, zahlreiche Kirchen) liegt am Main (Ausflugsschiffahrt!) im Nordwesten Bayerns (Hauptstadt des Regierungsbezirks Unterfranken); Anfahrt über die Autobahnen A 3 (aus Richtung Nürnberg oder Frankfurt kommend), A 7 (aus Richtung Ulm oder Kassel kommend) oder A 81 (aus Richtung Stuttgart kommend) bzw. mit der Bahn; Dom, Neumünsterkirche, Marienkapelle sowie das Domschatzmuseum sind vom Hauptbahnhof aus mit der Straßenbahn (Linien 1, 3, 5) und auch zu Fuß schnell zu erreichen; Parkmöglichkeiten gibt es u.a. am Paradeplatz hinter dem Dom und vor der Residenz.

Anschrift: Katholisches Pfarramt Dom/Neumünster, Domerpfarrgasse 10, D-97070 Würzburg, Tel.: 0931/321 18 30, Fax: 0931/38 62 85, E-Mail: dompfarramt@ bistum-wuerzburg.de; Museen der Diözese Würzburg, Kiliansplatz, D-97070 Würzburg, Tel.: 0931/38 66 56-01, Fax: 0931/38 66 56-09, E-Mail: museen@ bistum-wuerzburg.de

Würzburg/Käppele

Name der Wallfahrt: Wallfahrt zur „Schmerzensmutter auf dem Nikolausberg"
Ort der Pfarrei: Würzburg
Kirche: Wallfahrtskirche „Mariä Heimsuchung" (genannt „Käppele")
Bistum: Würzburg (Deutschland)
Pilgerzeiten: Ganzjährig; Hauptwall-

fahrtszeit Mai bis September; besondere Wallfahrtstage sind der 2. Juli (Fest „Mariä Heimsuchung") und der 15. September (Fest „Dolores/Gedächtnis der Sieben Schmerzen Mariens"); Gottesdienste sonntags (ganzjährig) 9.30, 11.00 und 17.00 Uhr; werktags 9.30 Uhr Pilgermesse am Gnadenaltar; die Kirche ist ganzjährig jeden Tag zugänglich.

Geschichte: Ein „Käppele", also eine kleine Kapelle, ist sie heute nicht mehr, die weithin sichtbar auf der linken Mainseite am Nikolausberg steht, eher eine prächtige und eindrucksvolle Kirche. Der Ursprung dieses bekanntesten fränkischen Wallfahrtsortes liegt im 17. Jahrhundert: Ein Würzburger Fischerssohn stellte hier 1640 in einem Bildstock ein geschnitztes Vesperbild auf, also eine Darstellung Marias mit dem Leichnam Jesu. Rund zehn Jahre später wurde dafür ein Gebetshäuschen gebaut, denn es pilgerten immer mehr Menschen auf die Anhöhe, um vor dem Bildnis ihre Andacht zu verrichten. Bereits 1684 musste man das „Käppele" zum ersten Mal vergrößern. Der Pilgerstrom nahm in den 80er und 90er Jahren des 17. Jahrhunderts stetig zu, nachdem sich herumgesprochen hatte, dass es hier zu seltsamen nächtlichen Lichterscheinungen kam, was von vielen als Zeichen der Anwesenheit Marias bei ihrem Gnadenbild gedeutet wurde. Auch sollen die Kirchenglocken zu merkwürdigen Zeiten geläutet haben. Eine erneute Kapellenerweiterung stand an, wurde aber zunächst vom Würzburger Fürstbischof Johann Gottfried von Guttenberg nicht genehmigt. Doch die Berichte über wundersame Begebenheiten am Nikolausberg häuften sich, und die Zahl der Wallfahrer wurde so groß, dass das Gotteshaus schließlich 1690 und erneut 1713 vergrößert wurde.

Die Wallfahrt auf den Nikolausberg hatte so große Bedeutung erlangt, dass man beim Würzburger Baumeister Johann Balthasar Neumann (1687-1753) einen Entwurf für eine neue, prächtige Kirche anforderte. 1740 lagen dessen Pläne vor, doch wegen Geldmangels musste das Vorhaben auf Eis gelegt werden. Dass das neue Gotteshaus dann doch gebaut wurde, war u.a. dem Engagement der Kapuzinermönche zu verdanken, die 1615 von Fürstbischof Julius Echter nach Würzburg berufen worden waren (Kloster Neudorf) und 1747 die Betreuung der Wallfahrt am Nikolausberg übernahmen. Sie wurden in ihrem Bemühen um die Wallfahrt vom Kirchenpfleger Johann Lorenz Köstner und dem Hofkammerschreiber Kaspar Hartmann tatkräftig unterstützt, waren doch die eingesammelten Spenden und Opfergelder der Pilger für den geplanten Kirchenneubau sehr willkommen.

Die Grundsteinlegung nach Neumanns Plänen unter Einbeziehung der Gnadenkapelle erfolgte letztlich 1748, ein Jahrzehnt später ging die neue Kirche ihrer Vollendung entgegen.

Das „Käppele" überstand sämtliche politischen und kriegerischen Wirren des 18. Jahrhunderts, und sogar im März 1945, als große Teile Würzburgs durch Bomben in Schutt und Asche fielen, überlebte es fast unbeschadet. Dennoch wäre es beinahe dem Zweiten Weltkrieg zum Opfer gefallen, hätte ein mutiger Wehrmachtsgefreiter namens Ludwig Hermann am 4. April 1945 nicht den Befehl seines Vorgesetzten verweigert, der die Zerstörung der (von Amerikanern besetzten) Wallfahrtskirche angeordnet hatte.

Heute ist das Würzburger Käppele eine vielbesuchte Gnadenstätte, wenn auch nicht immer die Pietà von 1640 das Ziel der Gläubigen ist, sondern eher eine Kopie der Altöttinger Madonna.

Kunst: Zur Kirche „Mariä Heimsuchung" auf dem Nikolausberg führt einer der schönsten Wallfahrtswege Deutschlands hinauf. Die terassenartige, mit 14 Passionskapellen geschmückte Treppenanlage entstand in der zweiten Hälfte des 18. Jahrhunderts. Auf einer der Plattformen soll sich in einem Stein ein Fußabdruck der Muttergottes befinden. Die Kirche selbst wendet sich mit ihrer doppeltürmigen Fassade der Stadt Würzburg zu, der Chor ist nach Süden ausgerichtet. Die herrlichen Fresken und Stuckarbeiten im Inneren schufen Matthäus Günther und Johann Michael Feuchtmayer Mitte des 18. Jahrhunderts, während der von großen Statuen Joachims und Annas, den Eltern der Gottesmutter, flankierte Hochaltar mit dem Gemälde „Mariä Heimsuchung" von 1797/99 stammt. Im Osten des kuppelbekrönten Zentralraums schließt sich die 1778 im Stil des Rokoko umgestaltete Gnadenkapelle an. Hier steht an der Rückwand des Altars das Gnadenbild von 1640 in einem Glasschrein. In einer Nische der rechten Seitenwand befindet sich ein weiteres spätgotisches, auf um 1460 datiertes Marien-Wallfahrtsbild, das 1797 aus dem Kreuzgang des Würzburger Doms hierher gebracht wurde. Von der Gnadenkapelle aus gelangt man in den „Mirakelgang" mit unzähligen alten Votivgaben und schließlich in eine nur von Kerzen erhellte Kapelle mit einer Kopie der berühmten „Schwarzen Madonna" von Altötting.

Lage: Die Wallfahrtskirche steht hoch über dem linken Mainufer auf dem Nikolausberg (reizvolle Aussicht, vor allem abends) in Nach-

barschaft zur Festung Marienberg; vom Main aus führt ein Kreuzweg (steiler, aber schattiger Treppenaufgang) zum „Käppele" hinauf.
Anschrift: Kapuzinerkloster am Käppele, Nikolausberg, D-97082 Würzburg Tel.: 0931/726 70, Fax: 0931/784 38 72; Tourist-Information, Falkenhaus am Markt, D-97070 Würzburg, Tel.: 0931/37 23 35, Fax: 37 36 52, E-Mail: tourismus@wuerzburg.de

Xanten
Name der Wallfahrt: Wallfahrt zum hl. Viktor und seinen Gefährten
Ort der Pfarrei: Xanten
Kirche: Dom St. Viktor
Bistum: Münster (Deutschland)
Pilgerzeiten: Ganzjährig; Festtag des hl. Viktor ist der 10. Oktober
Geschichte: Die Verehrung des hl. Viktor im aus der Römersiedlung „Colonia Ulpia Traiana" (heute bedeutende Ausgrabungsstätte) hervorgegangenen Xanten geht bis ins frühe Mittelalter zurück.
Viktor soll einer der Anführer der so genannten Thebäischen Legionen gewesen sein, deren Angehörige aus Oberägypten stammten und überwiegend Christen waren. Der Legende nach waren es um die 6 000 Mann, die auf Befehl des Maximianus (285-305), römischer Kaiser und Mitregent Diokletians, zur Verstärkung seines Heeres nach Europa kamen. Diese gerieten mit ihrem Kriegsherrn in Konflikt, entweder weil ihnen dieser heidnische Opferriten abverlangte oder weil er ihnen befahl, an der Christenverfolgung teilzunehmen. (Unter Kaiser Diokletian erreichte die Christenverfolgung einen ihrer Höhepunkte.) Ähnlich wie kurz zuvor der hl. Mauritius und seine Soldaten in Agaunum (heute St. Moritz), verweigerte sich auch Viktors am Niederrhein stationierte Einheit diesen Befehlen und erlitt daraufhin den Märtyrertod.
Aus Xanten weiß man um das Martyrium von über 300 Soldaten in der frühchristlichen Zeit. Der Zusammenhang mit der Thebäischen Legion ist aber nicht gesichert. Das erste Zeugnis über diesen Vorfall stammt vom hl. Gregor von Tours (538-94).
Die hl. Helena (um 257-336), Mutter von Kaiser Konstantin dem Großen, soll zu Ehren Viktors und seiner Gefährten eine erste christliche Gedächtnisstätte errichtet haben, von der das spätere Xanten seinen Namen bekam („Zu den Heiligen", „Ad Sanctos" = Xanten). Im 8. Jahrhundert bestand bereits ein Stift, um das sich eine Kaufmannssiedlung entwickelte. Im Jahr 1228 erhielt Xanten die Stadtrechte, und 1263 begann Propst Friedrich von Hochstaden mit dem Bau des heutigen Doms, wobei Teile der 1165 vom Kölner Erzbischof Reinald von Dassel geweihten Stiftskirche St. Viktor

erhalten blieben. Vollendet wurde der Dom, der zum größten Kirchenbau nördlich von Köln werden sollte (die Gewölbe werden von 66 Pfeilern getragen), erst Mitte des 16. Jahrhunderts. 1945 zerbombt, wurde er nach dem Krieg in 20-jähriger Arbeit entsprechend dem originalen romanisch-gotischen Vorbild wieder aufgebaut.

1933 förderten Ausgrabungen unter dem Chor des St.-Viktor-Doms ein Doppelgrab zutage, in dem die Gebeine zweier gewaltsam getöteter Männer lagen. Einer von ihnen soll der hl. Viktor gewesen sein. Sein Grab befindet sich heute in der Krypta des Doms, die 1965 erweitert wurde. 1966 wurden dort Gerhard Storm, Heinz Bello und Karl Leisner (1996 von Papst Johannes Paul II. selig gesprochen), die in der Zeit des Nationalsozialismus für ihren Glauben gestorben waren, beigesetzt. Neben die Gräber stellte man Urnen mit Aschen-Erde aus den Konzentrationslagern Auschwitz, Bergen-Belsen und Dachau auf. Dadurch erhielt der Dom von Xanten zusätzlich eine Bedeutung als Sühnestätte für die Opfer im Dritten Reich.

Kunst: Die mittelalterliche Ausstattung des Doms mit seiner monumentalen Westfassade ist weitgehend erhalten geblieben (bzw. nach dem Zweiten Weltkrieg restauriert worden) und stellt einen bedeutenden historischen Kunstschatz dar.

Von den über 20 Altären ist der große Marienaltar, ein 1536 vollendetes Schnitzwerk von Henrik Douvermann, der beeindruckendste.

Der mit vergoldetem Silber beschlagene Eichenholzschrein des hl. Viktor von 1129 steht im Hochchor. Das Chorgestühl stammt aus der ersten Hälfte des 13. Jahrhunderts, die Glasfenster aus der Zeit um 1300. Auch die mehr als zwei Dutzend Steinskulpturen an den Pfeilern des Langhauses stammen aus dem späten Mittelalter. Der Domschatz, der sich heute zum großen Teil im Regionalmuseum befindet, umfasst u.a. äußerst wertvolle Elfenbein- und Goldschmiedearbeiten aus dem 5. bis 15. Jahrhundert.

Lage: Xanten (Archäologischer Park!) liegt am Niederrhein an der Bundesstraße B 57; Anfahrt über die Autobahn A 57 (Ausfahrt Alpen oder Sonsbeck) oder A 3 (Ausfahrt Wesel).

Anschrift: Katholische Propsteigemeinde St. Viktor, Kapitel 8, D-46509 Xanten, Tel.: 02801/71 31-0, Fax: 02801/71 31-14, E-Mail: dom@xanten-web.de

Zell/Zellertal

Name der Wallfahrt: Wallfahrt zum hl. Philipp von Zell

Ort der Pfarrei: Zell
Kirche: Pfarrkirche St. Philipp
Bistum: Speyer (Deutschland)
Pilgerzeiten: Hauptwallfahrtstag ist der Sonntag nach dem 3. Mai (Festtag des hl. Philipp von Zell); die Kirche ist das ganze Jahr über, jeden Tag zugänglich; Gottesdienst sonntags 10.30 Uhr
Geschichte: Philipp war Angelsachse und pilgerte nach Rom, wo er die Priesterweihe empfing. Auf der Rückreise errichtete er um 760 im Pfrimmtal westlich von Worms zusammen mit einem Gefährten eine Klause mit einer kleinen, dem Erzengel Michael geweihten Kirche. Der Legende nach ereigneten sich schon bald nach Philipps Tod an seinem Grab wundersame Heilungen und Gebetserhörungen. Aus der Einsiedelei entwickelte sich das Kloster Zell, das 1230 in das Kollegiatsstift St. Philipp umgewandelt wurde. Erstmals urkundlich belegt ist die Wallfahrt zum hl. Philipp von Zell für das Jahr 1343. Während der Reformation erlosch der Kult, und das Stift wurde zugunsten der Universität Heidelberg aufgelöst. Mitte des 18. Jahrhunderts lebte die Wallfahrt nach Zell durch die zum Katholizismus zurückgekehrten Kurfürsten der Pfalz wieder auf, die sich vom hl. Philipp von Zell vor allem Eheglück und Kindersegen erbaten und die heutige Kirche mit ihrer barocken Ausstattung errichten ließen.

Lage: Zell ist seit 1976 ein Ortsteil der Verbandsgemeinde Zellertal und liegt im Pfrimmtal (Wander- und Radfahrerparadies) knapp 15 km westlich von Worms (spätromanischer Dom St. Peter und gotische Liebfrauenkirche); Anfahrt über die Autobahn A 61: Ausfahrt Worms, weiter auf der Bundesstraße B 47 entlang der Pfrimm über Monsheim und Wachenheim.
Anschrift: Katholisches Pfarramt St. Philipp der Einsiedler, Hauptstraße 18, D-67308 Zellertal, Tel.: 06355/693

Zurzach

Name der Wallfahrt: Wallfahrt zur hl. Verena von Zurzach
Ort der Pfarrei: Zurzach
Kirche: Pfarr- und Wallfahrtskirche St. Verena (genannt „Verenamünster")
Bistum: Basel (Schweiz)
Pilgerzeiten: Ganzjährig; Festtag der hl. Verena ist der 1. September; Gottesdienst sonntags (ganzjährig) 10.30 Uhr
Geschichte: Zurzach ist der älteste Wallfahrtsort auf Schweizer Boden und einer der ältesten im gesamten deutschsprachigen Raum.
Der historische Kern ist dürftig. Mit Bestimmtheit weiß man nur, dass sich hier seit dem 9. Jahrhundert über einem römischen Gräberfeld das Grab einer Jungfrau Verena befindet, die als Heilige verehrt wurde, und dass 888 ein Benediktinerdoppelkloster exis-

tierte, das der Abtei der Bodenseeinsel Reichenau unterstand. Der zu dieser Zeit aufgezeichneten Legende nach stammte Verena aus vornehmem Hause in Ägypten. Sie sei Christin geworden und mit der Thebäischen Legion unter der Führung des hl. Mauritius bis nach Europa gezogen. Nach dem Martyrium des Mauritius und seines Gefolges in Agaunum (heute St. Moritz) Anfang des 4. Jahrhunderts sei sie nach Zurzach gekommen, habe hier bis zu ihrem Tod um 345 einem Geistlichen den Haushalt geführt, Arme versorgt und Kranke gepflegt und so durch das Beispiel ihres christlichen Lebens zur Ausbreitung des Glaubens wesentlich beigetragen.

Bereits um das Jahr 1000 baute man über Verenas Grab eine Kirche, neben der eine Quelle entsprang, die in den Verehrungskult mit einbezogen wurde. Von Beginn an galt Verena hauptsächlich als Patronin in Anliegen, die mit Fruchtbarkeit, Kindersegen und Eheglück zu tun haben, wurde (und wird) also vor allem von Frauen um Hilfe gebeten, die zwecks Erhörung ihrer Wünsche das als heilkräftig geltende Wasser der noch heute den Verenabrunnen vor dem Hauptportal der Kirche speisenden Quelle trinken.

Zurzach kann sich auch rühmen, das älteste bekannte Mirakelbuch zu besitzen. Es stammt vom Anfang des 11. Jahrhunderts und enthält Aufzeichnungen von zahlreichen wunderbaren Vorkommnissen und Gebetserhörungen.

Mitte des 13. Jahrhunderts wurde das Zurzacher Kloster in ein Chorherrenstift umgewandelt. Nach einem Brand baute man dem romanischen Langhaus der Kirche einen gotischen, 1347 der hl. Verena geweihten Chorturm an. Im 18. Jahrhundert wurde das Gotteshaus barockisiert. In der Krypta des seit der Aufhebung des Stifts im Jahre 1876 als katholische Pfarrkirche dienenden „Verenamünsters" steht, von einem schmiedeeisernen Gitter eingefasst, der Steinsarkophag der Kirchenpatronin, der nach wie vor von zahlreichen Hilfe suchenden Gläubigen besucht wird. Auf der Deckplatte des Hochgrabs ruht eine Frau, die Kamm und Krug hält, die Hauptattribute der Heiligen. Die Formen der Figur lassen Kunsthistoriker vermuten, dass hier ein gallorömischer Frauengrabstein kopiert worden ist.

Bis Mitte des 19. Jahrhunderts war der 1. September, der Festtag der hl. Verena, in Zurzach mit einer internationalen Warenmesse verbunden. Die Händler reisten bis aus England, den Niederlanden und Polen an, und unter den feilgebotenen Waren befanden sich Pferde ebenso wie Wein oder Lederwaren.

Lage: Zurzach (Thermalbad, römisches Auxiliarkastell) liegt am Hochrhein zwischen Basel und Schaffhausen nahe der Grenze zu Deutschland.
Anschrift: Katholisches Pfarramt, Hauptstraße 42, CH-5330 Zurzach, Tel.: 0041/56/249 21 00; Bad Zurzach Tourismus, Quellenstraße 1, CH-5330 Zurzach, Tel.: 0041/56/249 24 00, Fax: 0041/56/249 42 22, E-Mail: info@badzurzach.ch

Zwiefalten

Name der Wallfahrt: Wallfahrt zu „Unserer Lieben Frau" und zum „Herzen Jesu"
Ort der Pfarrei: Zwiefalten
Kirche: Münster „Unserer Lieben Frau"
Bistum: Rottenburg-Stuttgart (Deutschland)
Pilgerzeiten: Ganzjährig; Hauptwallfahrtstage sind alle Marienfeste, vor allem der Sonntag vor bzw. nach dem 8. September (Fest „Mariä Geburt") und der erste Sonntag im Oktober (Rosenkranzfest); abendliche Lichterprozession am 1. Mai; große Prozessionen am Palmsonntag, an „Christi Himmelfahrt", an Fronleichnam und am Sonntag danach (Herz-Jesu-Fest); Gottesdienst sonntags 10.00 Uhr
Geschichte: Inmitten des Regierungsbezirks Tübingen, am südlichen Rand des Landkreises Reutlingen und am Fuße der Schwäbischen Alb liegt das Städtchen Zwiefalten am Zusammenfluss zweier Bäche namens Aach, der Zwiefalter Aach und der Kesselaach. Diese zwei Bäche gaben der Gemeinde den Namen, die erstmals auf einer Urkunde König Ludwigs IV. vom 15. Juni 904 als Zwivaltum erwähnt und später Zwivalta oder Zwiefaltach (zwiegefaltetes Tal der Aach) genannt wurde. Benediktinermönche aus Hirsau gründeten hier 1089 ein Kloster. Die Grafen Liutold von Achalm und Kuno von Wülflingen sowie ihre Ministerialen ließen dem Kloster umfangreiche Stiftungen zukommen. Der Legende nach war ihnen der Ort der Klostergründung von der Jungfrau Maria gezeigt worden, indem diese im September ein bestimmtes Areal beschneien ließ, während die Umgebung weiter herbstlich braun aussah. Zunächst gab es auch ein Frauenkloster im Ort, das jedoch während des 14. Jahrhunderts aufgegeben wurde. Die heutige Friedhofskirche ist vielleicht die ehemalige Kirche des Nonnenklosters. Bis zum 15. Jahrhundert erwarb das Kloster ein großes Territorium auf der Schwäbischen Alb. Im Krieg von 1525 plünderten die aufständischen Bauern das Kloster, dabei soll es bei Tigerfeld zu einer Schlacht gekommen sein, bei der die Bauern eine Niederlage erlitten.

1750 wurde das Benediktinerkloster zur voll bestätigten Reichsabtei erhoben, indem es sich durch hohe

Geldzahlungen von der württembergischen Schirmvogtei loskaufte. Während der Säkularisation löste man das Kloster 1803 gewaltsam auf. 1812 wurde die ehemalige Klosterkirche zur Pfarrkirche bestimmt, und in den Klostergebäuden richtete man die königlich württembergische Heilanstalt ein. Heute ist dort das Zentrum für Psychiatrie der Münsterklinik in Zwiefalten.

1109 wurde die erste romanische Klosterkirche geweiht. Die Anfänge der heutigen Anlage datieren auf 1668. 1738 brach man die romanische Kirche ab und begann im Jahr darauf mit dem Neubau des spätbarocken Gotteshauses durch Josef und Martin Schneider, der ab 1741 von Johann Michael Fischer aus München fortgeführt und 1765 vollendet und geweiht wurde.

Zum ersten Mal ist die Wallfahrt nach Zwiefalten durch einen Ablassbrief des Papstes Pius II. im Jahr 1459 belegt, ob sie schon vorher bestand, ist ungewiss. Im Laufe des 18. Jahrhunderts kam zur Marienverehrung noch die Herz-Jesu-Wallfahrt hinzu, nachdem 1703 am Ort eine Herz-Jesu-Bruderschaft gegründet worden war. Nach der Auflösung der Bruderschaft im Zuge der Säkularisation konnte sie 1852 neu gegründet werden, was ein Aufleben der Wallfahrt zur Folge hatte. Ziel der Pilger ist heute vor allem das Gnadenbild der lebensgroßen Madonna mit dem Jesuskind von 1420, die auf dem Gnadenaltar im Zentrum der Kirche steht.

Auf einem Wanderweg kann man von Zwiefalten aus die Wimsener Höhle erreichen. Sie ist schon seit 1447 bekannt, von ihrer Gesamtlänge von 723 Metern sind nur 263 genau vermessen, und besichtigen kann man lediglich die ersten 77 Meter – die allerdings bequem von einem Kahn aus, denn in der Höhle entspringt die Zwiefalter Aach.

Gleichfalls unbedingt sehenswert ist die nahe gelegene Heuneburg, ein frühkeltischer Fürstensitz aus der Hallstattzeit. Hier wurde von den Archäologen die erste Befestigungsmauer aus Lehmziegeln nördlich der Alpen entdeckt, ganz offensichtlich in Nachahmung mediterraner Bauten erstellt. Heute sieht man allerdings nur noch einen Erdwall. Seit 2001 in der Südostecke des Bergplateaus das „Freilichtmuseum Keltischer Fürstensitz Heuneburg" eröffnet wurde, sind einige Abschnitte der Befestigung und mehrere Gebäude sehr anschaulich rekonstruiert. Schulklassen können hier das Leben in der Keltenzeit erforschen, und wer nach dem Museumsbesuch ausruhen möchte, setzt sich mit einer Brotzeit auf den Wall und genießt einen weiten Blick über das Donautal, wie ihn ein Keltenfürst nicht schöner haben konnte. Freilicht- und Heuneburgmuseum sind vom 1. April bis 1. November dienstags bis sonntags von 10.00-16.30 Uhr (Juli/August bis 18.00 Uhr) geöffnet (montags geschlossen).

Kunst: Das Münster „Unserer Lieben Frau", die Kirche der ehemaligen Abtei, ist eine spätbarocke Wandpfeilerkirche mit Querhaus und einschiffigem Chor. Das Querhaus in der Mitte teilt die Kirche in Langhaus und Chor, die jeweils eine Länge von 30 Metern besitzen. Die längsovalen Seitenkapellen im Hauptschiff werden von bis in den Mittelraum hineinreichenden Emporenbrüstungen begrenzt. Die Emporenbrücken sind die schönsten des deutschen Barock. Der Wessobrunner Stuckateur Johann Michael Feuchtmayer d.J. schuf 1747-58 über der Gebälkzone sehr ausgereifte Stuckornamente.

Die reiche Ausstattung der Kirche enthält zudem Deckengemälde und ein Altarblatt (1751) von Franz Joseph Spiegler sowie Fresken von Andreas Meinrad von Au überwiegend zum Thema Marienverehrung. Bei den übergroßen Figuren des Altars von Johann Joseph Christian handelt es sich um Papst Benedikt XIV., den Erzengel Gabriel, den Propheten Jesaja und den hl. Joachim, den Vater der Gottesmutter. Die drei Deckenfresken in der Vorhalle wurden von Franz Sigrist gemalt, an der Ostwand findet man ein von Jörg Syrlin d.J. 1520 geschaffenes Kruzifix. Das Chorgestühl entstand als Gemeinschaftswerk des Schreiners Martin Hermann aus Villingen mit Johann Joseph Christian, der die Schnitzarbeiten und Ausschmückungen übernahm.

Brände, Zerstörungen und jüngere Umgestaltungen blieben dem Zwiefaltener Münster erspart, deshalb erreicht kaum eine andere Kirche eine so geschlossene Barockgestaltung. In diesem Meisterwerk des deutschen Spätbarock finden alljährlich in den Sommermonaten Konzerte statt.

Lage: Zwiefalten liegt rund 50 km südwestlich von Ulm (Münster mit 161 m hohem Turm, Klosterkirche St. Martin, Rathaus) etwas abseits der Donau (Donauradweg!) am Ostrand der Schwäbischen Alb; Anfahrt von Ulm aus auf der Bundesstraße B 311 (Oberschwäbische Barockstraße) über Erbach, Ehingen und Obermarchtal bis zur Abzweigung nach Zwiefalten (Donaubrücke).

Anschrift: Katholisches Münsterpfarramt, Beda-Sommerberger-Straße 5, D-88529 Zwiefalten, Tel.: 07373/600, Fax: 07373/23 75, E-Mail: Muensterpfarramt.Zwiefalten@ drs.de; Heunebergmuseum, Ortsstraße 2, D-88518 Herbertingen-Hundersingen, Tel.:

07586/917-303 oder 16 79, Fax:
07586/917-304 oder 16 79, E-Mail:
flm.heuneburg@t-online.de

Anhang

Bistumsverzeichnis für Deutschland

Bistumsverzeichnis (Deutschland)

Aachen	Aachen/Dom
Aachen	Aldenhoven
Aachen	Arnoldsweiler
Aachen	Düren
Aachen	Eschweiler-Nothberg
Aachen	Heimbach
Aachen	Kornelimünster
Aachen	Mönchengladbach/Münster St. Vitus
Aachen	Ophoven/Birgelen
Aachen	Soller
Aachen	Süchteln
Aachen	Vorst
Aachen	Willich-Neersen
Augsburg	Andechs
Augsburg	Augsburg/Heilig Kreuz
Augsburg	Augsburg/St. Ulrich und Afra
Augsburg	Benediktbeuern
Augsburg	Biberbach
Augsburg	Dießen/Ammersee
Augsburg	Donauwörth
Augsburg	Inchenhofen
Augsburg	Kaufbeuren
Augsburg	Klosterlechfeld
Augsburg	Maria Baumgärtle
Augsburg	Maria Beinberg
Augsburg	Maria Medingen
Augsburg	Ottobeuren
Augsburg	Steingaden-Wies/Wieskirche
Augsburg	Violau
Bamberg	Bamberg/Dom

Bistumsverzeichnis (Deutschland)

Bamberg	Glosberg
Bamberg	Gößweinstein
Bamberg	Marienweiher
Bamberg	Vierzehnheiligen
Berlin	Berlin-Mariendorf
Berlin	Sellin/Insel Rügen
Berlin	Werder/Havel
Dresden-Meißen	Ostritz/St. Marienthal
Dresden-Meißen	Rosenthal
Dresden-Meißen	Wechselburg
Eichstätt	Abenberg
Eichstätt	Altendorf
Eichstätt	Batzhausen
Eichstätt	Berching
Eichstätt	Berg
Eichstätt	Bergen
Eichstätt	Breitenbrunn
Eichstätt	Buchenhüll
Eichstätt	Eichstätt/Abtei St. Walburg
Eichstätt	Eichstätt/Dom
Eichstätt	Eichstätt/Frauenbergkapelle
Eichstätt	Freystadt
Eichstätt	Gaimersheim
Eichstätt	Großlellenfeld
Eichstätt	Habsberg
Eichstätt	Hitzhofen
Eichstätt	Ingolstadt/Franziskanerkirche
Eichstätt	Ingolstadt/Liebfrauenmünster
Eichstätt	Ingolstadt/Maria vom Siege
Eichstätt	Kottingwörth

Eichstätt	Möckenlohe
Eichstätt	Neumarkt/Oberpfalz
Eichstätt	Pettenhofen
Eichstätt	Solnhofen
Eichstätt	Trautmannshofen
Eichstätt	Velburg
Eichstätt	Wemding
Erfurt	Dingelstädt
Erfurt	Erfurt/Dom
Erfurt	Etzelsbach
Erfurt	Hülfensberg/Geismar
Erfurt	Kefferhausen
Erfurt	Kerbscher Berg/Dingelstädt
Erfurt	Wachstedt
Erfurt	Wingerode
Erfurt	Worbis
Essen	Bochum-Stiepel
Essen	Essen/Münster (Dom)
Essen	Essen-Werden
Essen	Sterkrade
Freiburg	Birnau
Freiburg	Walldürn
Freiburg	Winden
Fulda	Amöneburg
Fulda	Dietershausen
Fulda	Fulda/Dom
Fulda	Fulda/Frauenberg
Fulda	Kleinlüder/Bimbach
Fulda	Kleinsassen
Fulda	Marburg

Bistumsverzeichnis (Deutschland)

Fulda	Naumburg
Fulda	Rasdorf
Görlitz	Neuzelle
Hamburg	Hamburg-Billstedt
Hamburg	Ratzeburg
Hildesheim	Bergen (Kreis Celle)
Hildesheim	Germershausen
Hildesheim	Hildesheim/Dom
Hildesheim	Lamspringe
Hildesheim	Ottbergen
Hildesheim	Renshausen
Hildesheim	Winsen an der Luhe
Hildesheim	Wollbrandshausen
Köln	Altenberg/Bergischer Dom
Köln	Köln/Dom St. Peter und Maria
Limburg	Altenberg bei Wetzlar
Limburg	Bornhofen
Magdeburg	Helfta/Eisleben
Magdeburg	Huysburg
Magdeburg	Marienborn
Mainz	Bad Wimpfen
Mainz	Bingen/Rochusberg
Mainz	Bodenheim
Mainz	Worms/Liebfrauenkirche
München-Freising	Abens
München-Freising	Ainhofen
München-Freising	Berchtesgaden/Maria Gern
München-Freising	Birkenstein
München-Freising	Ebersberg
München-Freising	Ettal

München-Freising	Freising/Dom St. Maria und St. Korbinian
München-Freising	Maria Dorfen
München-Freising	München/Bürgersaalkirche
München-Freising	München/Frauenkirche
München-Freising	München/Herzogspitalkirche
München-Freising	München/Maria Ramersdorf
München-Freising	München/Mariensäule
München-Freising	München/St. Maria-Thalkirchen
München-Freising	Planegg/Maria Eich
München-Freising	Sankt Wolfgang bei Dorfen
Münster	Aengenesch
Münster	Bethen
Münster	Billerbeck
Münster	Bocholt
Münster	Buddenbaum
Münster	Coesfeld
Münster	Eggerode
Münster	Freckenhorst
Münster	Haltern
Münster	Heek
Münster	Herzfeld
Münster	Hopsten
Münster	Kevelaer
Münster	Kranenburg
Münster	Marienbaum
Münster	Stadtlohn
Münster	Stromberg
Münster	Südlohne
Münster	Telgte
Münster	Vinnenberg

Bistumsverzeichnis (Deutschland)

Münster	Warendorf
Münster	Xanten
Osnabrück	Clemenswerth
Osnabrück	Lage
Osnabrück	Rulle
Osnabrück	Wietmarschen
Paderborn	Paderborn/Dom
Paderborn	Verne
Paderborn	Werl
Passau	Aigen am Inn
Passau	Altötting
Passau	Passau/Dom
Passau	Passau/Mariahilf
Regensburg	Allersdorf
Regensburg	Amberg
Regensburg	Ast
Regensburg	Bad Abbach
Regensburg	Bettbrunn
Regensburg	Bogen/Bogenberg
Regensburg	Deggendorf/Geiersberg
Regensburg	Dreifaltigkeitsberg/Niederbayern
Regensburg	Fuchsmühl
Regensburg	Ganacker
Regensburg	Gebrontshausen
Regensburg	Griesstetten
Regensburg	Haindling
Regensburg	Mainburg
Regensburg	Mindelstetten
Regensburg	Neukirchen beim Hl. Blut
Regensburg	Regensburg/Maria Läng

Regensburg	Regensburg/St. Emmeram
Regensburg	Regensburg/St. Kassian
Regensburg	Sankt Englmar
Regensburg	Waldsassen/Kappel
Regensburg	Weltenburg/Frauenbergkapelle
Rottenburg-Stuttgart	Weingarten
Rottenburg-Stuttgart	Zwiefalten
Speyer	Blieskastel/Gräfinthal
Speyer	Bockenheim a.d. Weinstraße
Speyer	Böllenborn
Speyer	Speyer/Dom
Speyer	Speyer/Kloster St. Magdalena
Speyer	Winnweiler
Speyer	Zell/Zellertal
Trier	Trier/Dom
Trier	Trier/St. Matthias
Würzburg	Dettelbach
Würzburg	Großheubach/Engelberg
Würzburg	Kälberau
Würzburg	Kreuzberg/Rhön
Würzburg	Lohr am Main/Maria Buchen
Würzburg	Retzbach
Würzburg	Volkach
Würzburg	Würzburg/Dom St. Kilian/Neumünsterkirche
Würzburg	Würzburg/Käppele

Wallfahrtsorte in Österreich, Schweiz u.a. Ländern

Äthiopien	Kulubi
Frankreich	Lourdes
Italien/Südtirol	Maria Weißenstein/Madonna di Pietralba
Italien/Südtirol	Trens
Mexiko	Guadalupe
Österreich	Christkindl
Österreich	Maria Taferl
Österreich	Mariazell
Österreich	Rankweil
Österreich	Sonntagberg
Österreich	St. Wolfgang
Polen	Tschenstochau (Czestochowa)
Portugal	Fátima
Schweiz	Einsiedeln
Schweiz	Locarno/Madonna del Sasso
Schweiz	Longeborgne
Schweiz	Mariastein
Schweiz	Sachseln/Flüeli-Ranft
Schweiz	Zurzach
Spanien	Santiago de Compostela

Homepages von Wallfahrtsorten

Aachen/Dom
www.aachendom.de

Abenberg
www.pfarrgemeinde-st-jakobus.de

Aengenesch
www.kirchensite.de/index.php?myELEMENT=4565
www.geldern.de

Aigen am Inn
www.leonhardimuseum.de
www.bad-fuessing.de

Ainhofen
www.kirchenundkapellen.de/kirchen/ainhofen.php

Aldenhoven
www.aldenhoven.de

Allersdorf
www.gemeinde-biburg.de
www.ingolstadt.de/stadtmuseum/scheuerer/region/allrsd01.htm
www.ingolstadt.de/stadtmuseum/scheuerer/ausstell/sj-allsd.htm

Altenberg bei Wetzlar
www.solms.de
www.koenigsbergerdiakonie.de
www.daslahntal.de
www.braunfels.de/schloss

Altenberg/Bergischer Dom
www.altenberger-dom.de
www.haus-altenberg.de/html/haus_altenberg.html

Altendorf
www.altmuehltal.de/moernsheim/maria-end.htm

Altötting
www.altoetting.de

Amberg
www.amberg-st-martin.de/nebenk/mariahil.html
www.franziskaner-amberg.de/index.php?id=2
www.amberg.de

Amöneburg
www.amoeneburg.de
www.credobox.de/r_amo.htm

Homepages

Andechs
www.andechs.de
www.andechs.de/kloster/index.html
www.historisches-franken.de/andechs_geheimnis/03heiltumschatz.htm

Arnoldsweiler
de.geocities.com/kollalex/arnold.htm

Ast
waldmuenchen2.contento.itanix.vnett.de/cms.asp?pt=-2147483586&lang=de&p=105&b=115

Augsburg/Heilig Kreuz
www.ewige-anbetung.de/Wunder/Augsburg/augsburg.html
www.bistum-augsburg.de/ba/opencms/sites/bistum/kunst/museum/index.html
www.roemisches-museum.de

Augsburg/St. Ulrich und Afra
www.ulrichsbasilika.de
www.st-ulrich-und-afra.de/Basilika
www.bistum-augsburg.de/ba/opencms/sites/bistum/kunst/museum/index.html

Bad Abbach
www.altmuehltal.de/bad-abbach/frauenbruennl.htm
www.bad-abbach.de/Bad_Abbach_1024/index.htm
www.st-nikolaus-pfarrei.de

Bad Wimpfen
www.badwimpfen.de
www.bistummainz.de/bm/dcms/sites/einrichtungen/tagungshaeuser/odenwald/
    abtei_gruessau.html
www.schutzengelmuseum.de
www.schweinemuseum.de

Bamberg/Dom
www.erzbistum-bamberg.de/kunst_kultur/domrundgang/dom.html
www.stadt.bamberg.de
www.st-martin-bamberg.de
www.pfarrei-maria-hilf-wunderburg.de

Batzhausen
www.bistum-eichstaett.de/wallfahrt/batzhausen/maria_hilf.htm
www.pfarrei-batzhausen.de

Benediktbeuern
www.kloster-benediktbeuern.de

Berching
www.bistum-eichstaett.de/wallfahrt/berching/maria_hilf.htm
www.berching.de

Berchtesgaden/Maria Gern
www.stiftskirche-berchtesgaden.de

Berg
www.dekanat-neumarkt.de/berg.html

Bergen
www.neusob.de/bergen/HlKreuz/rundgang.html

Bergen (Kreis Celle)
www.dekanat-celle.de/html/berg.html
www.bergen-belsen.de

Berlin-Mariendorf
www.gemeindemariafrieden.de

Bethen
www.bethen.de.vu
www.clopenburg.de

Bettbrunn
www.ewige-anbetung.de/Wunder/Bettbrunn/bettbrunn.html
www.altmuehltal.de/koesching/bettbrunn.htm

Biberbach
www.markt-biberbach.de

Billerbeck
www.kirchensite.de/index.php?myELEMENT=3418
www.domsite-billerbeck.de

Bingen/Rochusberg
www.bistummainz.de/bm/dcms/sites/pfarreien/dekanat-bingen/pfarr_bingen/rochuswallfahrt/index.html
www.bingen.de/tourist/index.php

Birkenstein
www.erzbistum-muenchen.de/EMF070/EMF006934.asp

Birnau
de.wikipedia.org/wiki/Birnau
www.klosterladen-birnau.de/birnau.html

Blieskastel/Gräfinthal
www.blieskastel.de
www.derbliesgau.de/attraktionen.htm
www.derbliesgau.de/Orte/Graefinthal/graefinthal.htm

Bocholt
www.st-georg-bocholt.de
www.bocholt.de

Bochum-Stiepel
www.bochum.de
www.kloster-stiepel.de/index.htm

Homepages

Bockenheim a.d. Weinstraße
www.bockenheim-historie.de/heiligenkirche.htm
www.bockenheim.de

Bogen/Bogenberg
www.kerzenwallfahrt.de
www.bogen.de

Böllenborn
www.pfalzparadies.de/bose.htm
www.birkenhoerdt.de

Bornhofen
www.wallfahrtskloster-bornhofen.de
www.kamp-bornhofen.de

Breitenbrunn
www.bistum-eichstaett.de/wallfahrt/breitenbrunn/sebastian.htm

Buchenhüll
www.bistum-eichstaett.de/wallfahrt/buchenhuell/maria_himmelfahrt.htm

Buddenbaum
www.kirchensite.de/index.php?myELEMENT=4500

Christkindl
www.pfarre-christkindl.at
www.christkindl.at

Clemenswerth
www.bistum-osnabrueck.de/s161.html
www.clemenswerth.de

Coesfeld
www.lamberti-coe.de
www.coesfeld.de

Deggendorf/Geiersberg
www.mariae-himmelfahrt.de
degnet.de/behoerden/staatl.schulamt.sekretariat/html/deg/geiersbergkirche.htm

Dettelbach
www.franziskaner-dettelbach.de
www.dettelbach.de
www.pfarreiengemeinschaft-dettelbach.de

Dießen/Ammersee
www.diessen.net

Dietershausen
www.dietershausen.de/schoenstatt/
www.dietershausen.de/

Dingelstädt
www.dingelstaedt-eichsfeld.de

Donauwörth
www.donauwoerth.de
www.schwabenmedia.de/St-wolfgang/Romantische-strasse/Donauwoerth/Heilig-kreuz.htm

Dreifaltigkeitsberg/Niederbayern
www.dingolfing.org/members/Exp.dornwang/wallfdb.htm
www.elcom-stadler.de/kirchen

Düren
www.dueren.de
www.annakirmes.de

Ebersberg
www.st-sebastian.de
www.ebersberg.de

Eggerode
www.kirchensite.de/index.php?cat_id=410
www.wallfahrt-eggerode.de

Eichstätt/Abtei St. Walburg
www.bistum-eichstaett.de/pfarrei/eichstaett-st-walburg

Eichstätt/Dom
www.bistum-eichstaett.de/dom

Eichstätt/Frauenbergkapelle
www.bistum-eichstaett.de/wallfahrt/eichstaett

Einsiedeln
www.kloster-einsiedeln.ch
www.einsiedeln.ch

Erfurt/Dom
www.dom-erfurt.de

Eschweiler-Nothberg
www.dekanat-eschweiler.de/Gemeinden/Nothberg/body_nothberg.html
www.eschweiler.de

Essen/Münster (Dom)
www.essener-dom.de
www.essen.de/stadtrundgang/view/view.asp?locationID=7

Essen-Werden
www.st.ludgerus-werden.de
www.zum.de/Faecher/G/BW/Landeskunde/rhein/staedte/niederrhein/essen/werden/index.htm
www.dbgessen.de/ein/ha/uhlig/frames.htm
www.essen-werden.de

Homepages

Ettal
www.kloster-ettal.de
www.abtei-ettal.de/klostergeschichte.html

Etzelsbach
www.heiligenstadt.de/Eichsfeld/Wallfahrtsorte/Text/etzelsbach.htm
www.th.schule.de/eic/lind/schule/orte/hund/hund_01.htm

Fátima
www.fatimavirtual.com
www.santuario-fatima.pt
www.fatima.ch
www.heiliggeist-seminar.de/Fatima.htm
www.indian-skeptic.org/html/hanauer/fatima.html
www.pilgerbuero.de/WallfahrtenStart.htm

Freckenhorst
www.kirchensite.de/index.php?myELEMENT=3400
www.bonifatius.info

Freising/Dom St. Maria und St. Korbinian
www.freising.de/tourismus/index.htm
www.schwabenmedia.de/Kirchen/Freising/Dom-st-korbinian.htm

Freystadt
www.bistum-eichstaett.de/wallfahrt/freystadt/maria_hilf.htm
www.kirche-freystadt.de

Fuchsmühl
www.tirnet.de/~sgottlie/inhalt.htm
www.augustiner.de/html/texte/tx_fuchsmuehl.htm
www.fuchsmuehl.de

Fulda/Dom
www.tourismus-fulda.de
www.bistum-fulda.de/bistum/kunst_kultur/Fuldaer-Dom/virtueller_rundgang.shtml?navid=158
www.wjt2005-fulda.de/de/fdgalerie/fd-stadt/fdgalerie2.html
www.bonifatius-route.de

Fulda/Frauenberg
www.kloster-frauenberg.de

Gaimersheim
www.bistum-eichstaett.de/wallfahrt/gaimersheim/maria_unbefl_empf.htm

Ganacker
www.pfarramt-pilsting.de
www.pilsting.de/p_geschichte_ganacker.html

Gebrontshausen
www.lupulin.de/kirche.htm
www.pfarrei-wolnzach.de/website/index.php?StoryID=705

Homepages

Germershausen
www.germershausen.de
www.augustiner.de/html/inhalt_set.htm?kloster

Glosberg
www.kronach.de

Gößweinstein
www.eo-bamberg.de/eob/dcms/sites/bistum/pfarreien/dekanate/ebermannstadt/
  dreifaltigkeit_goessweinstein/index.html

Griesstetten
www.altmuehltal.de/dietfurt/wallfahrtskirche.htm
www.dietfurt.de

Großheubach/Engelberg
www.grossheubach.de
www.kloster-engelberg.de

Großlellenfeld
www.guncity.de/grosslellenfeld.php

Guadalupe
www.adorare.de/guadalupe.html
www.virgendeguadalupe.org.mx/index.htm

Habsberg
www.bistum-eichstaett.de/habsberg

Haindling
www.marienwallfahrt-haindling.de
www.laut.de/wortlaut/artists/h/haindling/biographie

Haltern
www.st-sixtus.de

Hamburg-Billstedt
home.tiscali.de/stpaulus

Heek
www.kirchensite.de/index.php?myELEMENT=4521
www.heek.de

Heimbach
www.heimbach-eifel.de
www.kloster-mariawald.de/view.php?nid=0

Helfta/Eisleben
www.kloster-helfta.de

Herzfeld
www.st-ida-herzfeld.de

Homepages

Hildesheim/Dom
www.welterbe-hildesheim.de/intro_01.html
www.bistum-hildesheim.de

Hitzhofen
www.altmuehlnet.de/gemeinden/Hitzhofen/kirche

Hopsten
www.hopsten.de

Hülfensberg/Geismar
www.huelfensberg.de
www.Heiligenstadt.de/Eichsfeld/Wallfahrtsorte/Text/huelfensberg.htm

Huysburg
www.huysburg.de
www.raymond-faure.com/Kirchen/Romanik_14Huysburg/romanik-13huysburg.html

Inchenhofen
www.pfarrei-inchenhofen.de

Ingolstadt/Franziskanerkirche
www.bistum-eichstaett.de/wallfahrt/ingolstadt/franziskaner.htm

Ingolstadt/Liebfrauenmünster
www.bistum-eichstaett.de/pfarrei/in-muenster/kirchen/muenster

Ingolstadt/Maria vom Siege
www.ingolstadt.de

Kälberau
www.bistum-wuerzburg.de/bwo/dcms/sites/bistum/kunst/wallfahrtskirchen/kaelberau_neu.html
www.st-katharina-wasserlos.de/Gd3_Gruppen/Wallfahrten/Kaelberau/WallfKaelberau.htm

Kaufbeuren
www.crescentiakloster.de
www.kaufbeuren.de

Kefferhausen
www.eichsfeld.de/Z/hve/content/urlaubsregion/kircheglauben/wallfahrten/index_ger.html

Kerbscher Berg/Dingelstädt
www.kerbscher-berg.de
www.heiligenstadt.de/Eichsfeld/Wallfahrtsorte/Text/kerbscher_berg.htm

Kevelaer
www.wallfahrt-kevelaer.de

Kleinlüder/Bimbach
www.klein-heilig-kreuz.de
www.grossenlueder.de
www.bonifatius-route.de

Homepages

Kleinsassen
www.kleinsassen.net/
www.milseburgradweg.de

Klosterlechfeld
www.lechfeld-pfarreien.de/klosterlechfeld.html
www.klosterlechfeld.de/klosterlechfeld/geschichte.htm

Köln/Dom St. Peter und Maria
www.koelnerdom.de
www.dombau-koeln.de
www.domforum.de

Kornelimünster
www.abtei-kornelimuenster.de

Kottingwörth
home.arcor.de/armrein/Kottingwoerth.htm
www.beilngries.de/start.html

Kranenburg
www.kraneburg.de

Kreuzberg/Rhön
www.kreuzbergbier.de
www.touristinfo-bischofsheim-rhoen.de/index2.html

Kulubi
www.ethiopiantreasures.toucansurf.com/ pages/festival.htm
www.sacredsites.com/africa/ethiopia/sacred_sites_ethiopia.html

Lage
www.bistum-osnabrueck.de/s158.html
www.kkg-lagerieste.de/html/lager_kreuz.html

Lamspringe
www.lamspringe.de

Locarno/Madonna del Sasso
www.schweizerseiten.ch/madonna_del_sasso.htm
www.misch1.de/urlaub/rimini2/12_madonna-del-sasso.php

Lohr am Main/Maria Buchen
www.mariabuchen.de

Longeborgne
www.seniorinnen.ch/ph/lydia/longeborgne
www.abbaye-saint-benoit.ch

Lourdes
www.lourdes-france.com
www.lourdes-france.org

Homepages

Mainburg
www.pfarrei-mainburg.de/pfarrseite/kirchen/salvator/index.html

Marburg
www.elisabethkirche.de

Maria Baumgärtle
www.baumgaertle.de

Maria Beinberg
www.kirche-und-wirt.de
www.neu-bybarny.de/info/waldemar.htm

Maria Dorfen
www.mariadorfen.de

Maria Medingen
www.dillinger-franziskanerinnen-provinz-maria-medingen.de

Maria Taferl
www.basilika.at
www.mariataferl.at

Maria Weißenstein/Madonna di Pietralba
www.pietralba.it
www.dolomiti.it/ger/speciali/spirito/pietralba.htm
www.suedtirol-it.com/eggental/mariaweissenstein.htm

Mariastein
www.kloster-mariastein.ch
www.kurhauskreuz.ch

Mariazell
www.basilika-mariazell.at
www.mariazell.at

Marienbaum
www.kirchensite.de/index.php?myELEMENT=4738
www.marienbaum.de

Marienborn
www.wallfahrtsort-marienborn.de
www.marienborn.de

Marienweiher
www.franziskaner-marienweiher.de

Mindelstetten
www.altmuehlnet.de/gemeinden/mindelstetten

Möckenlohe
www.moeckenlohe.de/html/fresken.html

Mönchengladbach/Münster St. Vitus
www.moenchengladbach.de
www.hauptpfarre-moenchengladbach.de

München/Bürgersaalkirche
www.erzbistum-muenchen.de/EMF070/EMF006929.asp

München/Frauenkirche
www.onlinereisefuehrer.de/muenchen/frauenkirche.html

München/Herzogspitalkirche
www.alterpeter.de

München/Maria Ramersdorf
www.maria-ramersdorf.de
www.krieg.historicum.net/themen/m30jk/schwedengeiseln.htm

München/Mariensäule
www.onlinereisefuehrer.de/muenchen/marienplatz.html
www.marienplatz-muenchen.de

München/St. Maria-Thalkirchen
www.muenchen.de/verticals/Stadtteile/Thalkirchen/114228

Naumburg
www.naumburg-hessen.de/

Neukirchen beim Hl. Blut
www.neukirchen-online.de
www.haus-zur-aussaat.de

Neumarkt/Oberpfalz
www.neumarkt.de

Neuzelle
www.stift-neuzelle.de
www.neuzelle.de

Ophoven/Birgelen
www.rathaus-wassenberg.de
www.birgelen.de

Ostritz/St. Marienthal
www.kloster-marienthal.de

Ottbergen
www.st-nikolaus-ottbergen.de/Wallfahrt/homepage.htm
www.schellerten.de/ottberg.htm

Ottobeuren
www.pfarrei-ottobeuren.de
www.abtei-ottobeuren.de

Homepages

Paderborn/Dom
www.erzbistum-paderborn.de/dom
www.erzbistum-paderborn.de/museum

Passau/Dom
www.bistum-passau.de
www.passau.de

Passau/Mariahilf
www.mariahilf-passau.de
www.helmut-zenz.de/maria_hilf.html

Pettenhofen
www.bistum-eichstaett.de/pfarrei/pettenhofen

Planegg/Maria Eich
www.augustiner.de/html/texte/tx_mariaeich.htm
www.planegg.de

Rankweil
members.aon.at/basilika.rankweil
www.rankweil.at

Rasdorf
www.rasdorf.de/deutsch/index.html
www.pointalpha.com

Ratzeburg
www.ratzeburg.de

Regensburg/St. Emmeram
www.bistum-regensburg.de/borPage000388.asp
www.schwabenmedia.de/Kirchen/Regensburg/St-emmeram-regensburg.htm
www.br-online.de/land-und-leute/thema/stadt-regensburg/prominent-mittelalter.xml
www.regensburg.de

Regensburg/St. Kassian
www.regensburg.de/tourismus/online_rundgaenge/tour_2_0.shtml
www.regensburg.de/museumsportal/museen/document_neupfarrplatz.html
www.archaeologie-bayern.de/mitt/mitt084.htm

Retzbach
www.retzbach.de
www.wuerzburgerland.de

Rosenthal
www.ralbitz-rosenthal.de/index.html
www.marienstern.de

Rulle
www.bistum-osnabrueck.de/s159.html
www.rulle.de/

Homepages

Sachseln/Flüeli-Ranft
www.bruderklaus.ch
www.flueliranft.ch/index.html
www.flueliranft.ch/bruderklaus/ranftkapellen.htm
www.sachseln.ch/de/kirchenmain/kirchegemeinde
www.museumbruderklaus.ch

Sankt Englmar
www.sankt-englmar.de

Sankt Wolfgang bei Dorfen
www.st-wolfgang-ob.de

Santiago de Compostela
www.kath.de/quodlibe/santiago/santiago.htm
www.red2000.com/spain/santiago/2santia.html
www.schaetze-der-welt.de/denkmal.php?id=185
www.bayerisches-pilgerbuero.de/index.htm
www.jakobus-info.de

Sellin/Insel Rügen
www.ruegen.de

Soller
www.vettweiss.de

Solnhofen
www.pappenheim-kath.de

Sonntagberg
www.sonntagberg.at

Speyer/Dom
www.dom-speyer.de/index.html
www.bistum-speyer.de
www.museum.speyer.de/de/histmus/sammlungen/domschatz
www.dom-speyer.de/daten/domspeyer/seiten/stadtsehensw.html

Speyer/Kloster St. Magdalena
www.speyer.de/de/tourist/sehenswert/magdalena
www.dom-speyer.de/daten/domspeyer/seiten/stadtsehensw.html
www.dominikanerinnen.net/de/dominikanerinnen/de_speyer-st-magdalena/index.html

St. Wolfgang
www.dioezese-linz.at/pfarren/stwolfgang/start.htm
www.stwolfgang.at
www.schafbergbahn.at/start.htm
www.europakloster.com/europakloster

Stadtlohn
www.kirchensite.de/index.php?myELEMENT=5038
www.stadtlohn.de

Homepages

Steingaden-Wies/Wieskirche
www.wieskirche.de

Sterkrade
www.stclemens.de/html/unsere_gemeinden.html

Stromberg
www.kirchensite.de/index.php?myELEMENT=4743
www.lambertus-stromberg.de

Süchteln
www.suechteln-online.de
www.soetele.de
www.st-clemens-suechteln.de

Südlohne
www.stjosef-lohne.de

Telgte
www.telgter-wallfahrt.de
www.telgte.de

Trautmannshofen
www.trautmannshofen.de
www.bistum-eichstaett.de/wallfahrt/trautmannshofen/trautmannshofen.htm

Trens
freeweb.dnet.it/pfarreisterzing/trens.htm
www.sterzing.com
www.eisacktal.info/de/culture/guide/05.htm

Trier/Dom
www.trierer.dom.de
www.bistum-trier.de
www.museum.bistum-trier.de

Trier/St. Matthias
www.abteistmatthias.de/index2.html
www.trier.de/tourismus/sehenswertes/matthias.htm
www.matthiaswallfahrt.de

Tschenstochau (Czestochowa)
www.jasnagora.pl/deutsch
www.czestochowa.um.gov.pl
www.bayerisches-pilgerbuero.de/index.htm

Velburg
www.bistum-eichstaett.de/wallfahrt/velburg/herz_jesu.htm

Verne
www.verne.de
www.salzkotten.de/index.html?/stadtinformation_tourismus/ortschaften/verne.shtml

Homepages

Vierzehnheiligen
www.vierzehnheiligen.de
www.mgl-obermaingeschichte.de/barock/SeitenVierzehnheiligen/14Hl.htm

Vinnenberg
kloster.hostie.de

Violau
www.wallfahrtskirche-violau
www.altenmuenster.de/htm/gemeinde/violau.htm

Volkach
www.volkach.de
www.bistum-wuerzburg.de/bwo/dcms/sites/bistum/pfarreien/dekanate/kitzingen/pfr/
    volkach_bartholomaeus/index.html

Vorst
www.toenisvorst.de
www.online-club.de/~godehard

Wachstedt
www.heiligenstadt.de/Eichsfeld/Wallfahrtsorte/Text/klueschen hagis.htm
www.th.schule.de/eic/schule/wach.htm

Waldsassen/Kappel
www.kapplkirche.de

Walldürn
www.wallduern.de
www.st-georg-wallduern.de

Warendorf
www.kirchensite.de/index.php?myELEMENT=4516
www.warendorfer-kirchen.de

Wechselburg
www.kloster-wechselburg.de

Weingarten
www.st-martin-weingarten.de
www.kloster-weingarten.de
www.weingarten-online.de
www.sergiuschor-weingarten.de

Weltenburg/Frauenbergkapelle
www.kloster-weltenburg.de
www.klosterschenke-weltenburg.de
www.weltenburg.de

Wemding
www.wemding.de
www.bistum-eichstaett.de/wallfahrt/wemding/wallfahrtskirche.htm

Homepages

Werder/Havel
www.peter-paul-kirche.de/de/meeresstern
www.mariameeresstern.de

Werl
www.wallfahrt-werl.de
www.propstei-werl.de

Wietmarschen
www.bistum-osnabrueck.de/s160html
www.wietmarschen.de

Willich-Neersen
www.smb-buettgen.de/vermischtes/die_geschichte_der_kapelle_klein-jerusalem.html
www.stadt-willich.de/kommunen/willich/www-willich.nsf/index2.htm

Winden
www.hoernleberg.de/pg

Wingerode
www.vg-leinetal.de/wingerode/allgemeines/allgemeines.htm

Winnweiler
www.winnweiler.de
www.kath-kirchengemeinde-winnweiler.de

Winsen an der Luhe
www.winsen.de

Wollbrandshausen
www.wollbrandshausen.de
www.eichsfeld.de/Z/hve/content/urlaubsregion/kircheglauben/wallfahrten/index_ger.html

Worbis
www.worbis.de
www.heiligenstadt.de/Eichsfeld/Wallfahrtsorte/Text/worbis2.htm
www.heiligenstadt.de/Eichsfeld/Staedte/Text/worbis.htm

Worms/Liebfrauenkirche
www.liebfrauen-worms.de
www.bistummainz.de/bm/dcms/sites/pfarreien/dekanat-worms/liebfrauen/index.html
www.worms.de/deutsch/tourismus

Würzburg/Dom St. Kilian/Neumünsterkirche
www.dom-wuerzburg.de/index_flash.php
www.museen.bistum-wuerzburg.de/domschatz
www.dom-wuerzburg.de/fuehrungen/domhauptseite.htm

Würzburg/Käppele
uploader.wuerzburg.de/kaeppele
www.bistum-wuerzburg.de
www.fraenkischer-marienweg.de/bwo/dcms/bistum/extern/marienweg/orte/index.html

Xanten
www.kirchensite.de/index.php?myELEMENT=4519
www.xanten-dom.de

Zell/Zellertal
www.touristik-zellertal.de

Zurzach
www.zurzach.ch
www.zum.de/Faecher/G/BW/Landeskunde/rhein/staedte/zurzach/index.htm

Zwiefalten
www.zwiefalten.de
home.vr-web.de/~seyfert/bauwerke/zwiefalten/zwiefalten.htm

Glossar

Abakus: (Griech.-lat. abakus = Tischplatte) Nach oben abschließende Platte auf dem Kapitell einer Säule.

Ablass: Der Ablass ist ein Nachlass zeitlicher Strafen für Sünden, die von Gott bereits vergeben worden sind. Ablassbriefe wurden im Mittelalter zu Jubiläen, Reliquienübertragungen, Kirchenweihen usw. räumlich und/oder zeitlich begrenzt gewährt. Ihre Bedeutung für die Wallfahrer liegt darin, dass die Rückkehr in einen sündenfreien Zustand beschleunigt werden kann. Demzufolge nahmen Wallfahrtsorte nach der Gewährung eines Ablasses in der Regel großen Aufschwung. Im späten Mittelalter wurde mit Ablässen teilweise auch beträchtlicher Missbrauch getrieben, sie konnten etwa erkauft werden. Der Prediger Johannes Tetzel bringt das auf die kurze Formel „Sobald das Geld im Kasten klingt, die Seele in den Himmel springt." Das Ablassunwesen war mit ausschlaggebend für Martin Luthers Ansatz, die Kirche zu reformieren.

Abt: (Aramäisch abba, griech.-lat. Abbas = Vater) Klostervorsteher; weibl. Form Äbtissin.

Abtei: Von einem Abt/einer Äbtissin geleitetes Kloster.

Agape: (Griech. agape = Liebe) Bis ins 2. Jahrhundert Liebesmahl der frühchristlichen Familien für Arme, danach in den Gottesdienst integriert.

Akanthus: Distelart; das Blatt wurde als Vorlage für Verzierungen, insbesondere am korinthischen Kapitell verwendet, aber auch für Vasen, Bronzearbeiten usw.

Albe: (Lat. albus = weiß) Weißes, knöchellanges Untergewand des Priesters beim Gottesdienst.

Albigenser: Nach der Stadt Albi in Südfrankreich – einem ihrer vier Bischofssitze, die anderen waren Toulouse, Carcassonne und Agen – benannte christliche Gruppe, die sich selbst als wahre Christen oder „gute Menschen" sahen und ein einfaches, asketisches Leben propagierten. Teilweise identisch bzw. abgeleitet mit bzw. von den Waldensern und Katharern. Ihre Ablehnung der katholischen Kirche und des Papsttums führte 1209-29 zu den von Papst Innozenz III. initiierten Albigenserkriegen, die die fast völlige Ausrottung ihrer Mitglieder zur Folge hatten. Die Reste der Bewegung verloren mit dem Aufkommen der Franziskaner, die ähnliche Ideale verfolgten, die päpstliche Oberhoheit aber nicht anzweifelten, an Bedeutung.

Altar: (Lat. altare = erhöhen) Mittelpunkt des christlichen Gotteshauses, Ort der Eucharistiefeier; die drei wichtigsten Altarformen sind der Tisch-, der Kasten- und der Blockaltar. Ursprünglich verwendete man einen einfachen Tisch. Der Priester stand hinter dem Altar und war während der Messfeier so für die Gemeinde sichtbar. Nach dem Beginn des hohen Mittelalters rückte der Altar näher zur Wand, so dass der Priester der Gemeinde den Rücken zuwendete. Seit dem 7. Jahrhundert wurden neben dem Hauptaltar zusätzliche Altäre üblich, vor allem in Klöstern, Bischofs- und Pfarrkirchen.

Altarstein: Mittelalterliche Altäre bestehen meist aus Stein, wo nicht, ist zumindest der Altarstein bzw. die Altarplatte (mensa, lat. = Tisch) in der Regel aus gewachsenem Stein gearbeitet, der Unterbau kann aus Holz oder Bronze sein.

Ambo: Lesepult an der Chorschranke in frühchristlichen und mittelalterlichen Kirchen, Vorläufer der Kanzel.

Anna Selbdritt: (Ital. Anna metterza) Der Name „Selbdritt" („selbst die dritte" oder „zu dreien") bezieht sich auf die Art der Darstellung der Heiligen in einer Dreiergruppe: Anna, ihre Tochter Maria – die Gottesmutter – und das Jesuskind.

Antependium: Verkleidung der Vorderseite des Altartisches aus kostbarem Stoff, Metall oder Holz.

Apostel: (Griech. apostolos = Sendbote) Einer der zwölf Jünger Jesu. Im Westen stets in Tunika mit Mantel und barfüßig dargestellt.

Apostelgeschichte: Buch des Neuen Testaments; beschäftigt sich mit den Werken der Apostel nach der Auferstehung Jesu.

Apostolische Väter: Sammelname für die als heilig verehrten Schüler der Apostel, die zwischen 50 und 150 n.Chr. lebten. Ihre Schriften sind die Basis für die Entwicklung der kirchlichen Tradition. Zu ihnen gehören z.B. Barnabas, Hermas von Philippopolis, Ignatius von Antiochia, Clemens I. und Papias von Hierapolis.

Apsis: Die Apsis, für gewöhnlich Standort des (Haupt-)Altars, schließt den Chor ab, meist in Form eines Halbkreises.

Archidiakon: Erzdiakon; in der kirchlichen Hierarchie zweiter Mann nach dem Bischof bei den frühen Christen und im Mittelalter.

Arianismus: Der Presbyter Arius (um 260-336) lehnte in seiner Lehre die Wesensgleichheit Christi mit Gott dem Vater ab, was faktisch zu einer Teilung des frühen Christentums führte. Arius wurde 320 abgesetzt und der Arianismus auf den Kirchenversammlungen von Nicäa 325 und Konstantinopel 381 verdammt. Die meist arianisch getauften germanischen Völker blieben z.T. bis ins 7. Jahrhundert Arianer, ein Haupthemmnis für ihre Integration ins Römische Reich.

Arkade: (Lat. arcus = Bogen) Von Pfeilern oder Säulen getragene Bögen, aus statischen Gründen in Bauten erforderlich; wo der Bogen keinen Raum überspannt und nur dekorativen Zwecken dient, spricht man von Blendarkaden.
Askese: (Griech. askesis = Übung) Radikal einfache Lebensweise, Verzicht auf Annehmlichkeiten und Luxus jeglicher Art (in Bezug auf Essen, Behausung etc.), um religiöse Ideale zu erlangen.
Assunta: (Lat. assumptio = Aufnahme) Darstellung der Himmelfahrt Mariä; wichtigster Marien-Feiertag am 15. August.
Atrium: (Lat. ater = dunkel [da die Wände von den ursprünglich hier brennenden Herdfeuern geschwärzt waren]) In der römischen Architektur der Innenhof, der von Schlaf- und Wohnräumen umgeben ist; bei Klöstern später in der Regel ein von Säulen umgebener Vorhof.
Audition: (Lat. audire = hören, zuhören, gehorchen) Das Hören der Botschaft Gottes, ergänzt oft durch die Vision.
Augustiner: Zweitältester Orden der katholischen Kirche, um 800 gegründet und nach Augustinus von Hippo (um 354-430) benannt (Ordo Sancti Augustini/OSA).
Baldachin: Schutzdach über Altären, Statuen, Portalen usw., bei Prozessionen auch Traghimmel über der Heiligenfigur.
Baptisterium: Ursprünglich Schwimmbecken des römischen Bades; in Kirchen Taufbecken oder -kapelle.
Barett: Flache, randlose Kopfbedeckung eines Geistlichen.
Barock: Kunst- und Kulturepoche von etwa 1600 bis 1750, gefolgt vom Rokoko; kennzeichnend sind verschlungene, vegetative Formen.
Basilika minor: Ursprünglich Königshalle (griech. „basileios" = König); später mehrschiffige Kirche, deren Hauptdach die Dächer der Seitenschiffe überragt. Als Erzbasiliken („Basilika maior") werden die vier Hauptkirchen Roms betrachtet. Der Titel „Basilika minor" wird vom Papst an andere bedeutende Kirchen außerhalb Roms verliehen; in Deutschland sind das ca. 70; die bedeutendsten davon sind St. Anna in Altötting (Zuerkennung 1913), St. Maria in Kevelaer (1923), St. Ursula in Köln (1920), St. Maria und St. Stephan in Speyer (1925).
Beatifikation: Seligsprechung.
Beinhaus: Gebäude zur Aufnahme von Gebeinen aus aufgelassenen Gräbern; auch: Karner.
Benediktiner: Nach Benedikt von Nursia (um 480-547) benannter, ältester Mönchsorden der Kirche (Ordo Sancti Benedicti/OSB), 529 gegründet; Motto „Ora et labora!", „Bete und arbeite!"

Benediktion: Segnung.
Bettelordenskirchen: Schlichte Kirchen, v.a. der Franziskaner und Dominikaner im 13./14. Jahrhundert; oft ohne Querhaus und stets ohne Türme.
Biedermeier: Überwiegend deutsche Stilepoche von ca. 1815 bis 1850.
Bilderstreit: Streit über die Frage, ob die Verehrung von Bildern legitim oder unzulässig ist; entbrannte nach dem Bilderverbot der Ostkirche 730. Die Auseinandersetzung der Befürworter (Ikonolatrai) und Gegner (Ikonoklastei) der Bilderverehrung wurde erst auf der Synode von Konstantinopel 843 zugunsten der ersteren entschieden. Viele Argumente tauchten im Bildersturm der Reformation wieder auf, nachdem sich Hyldrich Zwingli (1509-64) und Johannes Calvin (1484-1531) gegen die Bilderverehrung ausgesprochen hatten. Die Zerstörung von Kirchenbildern nahm in der zweiten Hälfte des 16. Jahrhunderts solche Ausmaße an, dass selbst Martin Luther Mäßigung anmahnte.
Birett: Flache, vierkantige Mütze mit drei oder vier bogenförmigen Erhöhungen als liturgische Kopfbedeckung.
Bischof: Leiter einer Diözese/eines Bistums, in der Nachfolge der Apostel; vom Papst ernannt und nur ihm unterstellt.
Bistum: Amtsbezirk eines Bischofs.
Breve: (Lat. brevis = kurz) Kurzer Erlass des Papstes.
Brevier: Lieder, Psalmen und Texte aus der Bibel enthaltendes Gebetbuch der Geistlichen.
Campanile: Freistehender Glockenturm eines Gottshauses; v.a. in Italien üblich.
Cappa: Offener Mantel der katholischen Kirche für liturgische Anlässe.
Chor: Abschluss des Kirchenraums, meist höher und im Osten gelegen, im Mittelalter oft durch eine Schranke (Lettner, siehe dort) abgetrennt.
Chorgestühl: Sitze zu beiden Seiten des Chors für Geistliche oder Mönche und Nonnen; oft reich verziert mit Schnitzereien.
Chorumgang: Gang, der aus der Verlängerung der Seitenschiffe um den Chor herum führt.
Coemeterium: Frühchristlicher Friedhof.
Confessio: Unter dem Altar angelegte Verehrungsstätte, oft für den Kirchenpatron oder einen Märtyrer; auch Glaubensbekenntnis.
Dachreiter: Kleiner Turm, der auf dem Kirchendach aufsitzt.
Dalmatica: Obergewand der Diakone und Bischöfe mit weiten Ärmeln, aus der Tunika entstanden und nach der römischen Provinz an der östlichen Adriaküste benannt.

Deesis: (Griech. deesis = Bitte) Darstellung des thronenden Christus mit Maria und Johannes dem Täufer an der Seite.

Dendrochronologie: Archäologische Datierungsmethode für Gegenstände aus Holz; beruht auf der Zählung der Jahresringe, die im Baum eine charakteristische Abfolge aufweisen. Da sich die Abfolge in mehreren Bäumen überschneiden, entstehen – regional verschieden – oft sehr lange Reihen, die sich über Jahrhunderte erstrecken. Datiert werden kann nur das Fälldatum des entsprechenden Baumes, so dass ein Zeitpunkt „nach dem Jahr XY" angegeben wird. In der Regel wird aber etwa Bauholz sehr bald nach der Fällung verarbeitet, so dass die Datierung auf einige Jahre genau ist. Bei Sekundärverwendung des Holzes ist sie entsprechend unscharf.

Diakon: (Griech. diakonos = Diener) Weiheamt in der Kirche; auch Vorstufe zum Priester.

Diptychon: Altartafel zum Zusammenklappen aus zwei Teilen; außen oft reich verziert.

Dominikaner: 1215 von Dominikus von Calerusga (um 1170-1221) gegründeter Orden (Ordo Fratrum Praedicatorum/OP [Predigerbrüder]). Später oft fälschliche Herleitung von lat. „domini canes" = Hunde des Herrn, das ist eine Anspielung auf seine führende unrühmliche Rolle während der Inquisition.

Donatisten: Anhänger einer Sonderkirche in Nordafrika, benannt nach Donatus, in der ersten Hälfte des 4. Jahrhunderts Bischof von Karthago. Sie forderten besonders sittliche Disziplin der Gläubigen und eine entsprechend strenge Zucht der Kirche. Mehrmals im 4. und frühen 5. Jahrhundert verboten, verschwanden sie nach der Besetzung der Provinz Africa durch die Vandalen 430.

Doppelkapelle: Zweistöckige Kapelle.

Ecce Homo: (Lat. Ecce Homo = Siehe, ein Mensch) Darstellung Jesu Christi, die Dornenkrone tragend.

Empore: Zwischengeschoss; oft der Platz für Orgel und Sänger.

Englischer Gruß: Verkündung des Engels an die Gottesmutter Maria.

Epiphanie: Fest anlässlich der Erscheinung eines Gottes oder Jesu Christi.

Epitaph: Gedenktafel oder -inschrift; oft in Kirchenwände oder -böden eingelassen.

Erheben der Gebeine: Auch Elevation; Bergen der Knochen eines Märtyrers oder Heiligen, oft gefolgt von einer feierlichen Überführung (Translation).

Eucharistie: Feier des Abendmahls, eines der Sakramente.

Evangeliar: Die vier Evangelien enthaltendes liturgisches Buch.

Evangelisten/-symbole: Evangelisten sind die Verfasser der vier kanonischen Evangelien (von der Kirche anerkannte Heilsbotschaften Jesu Christi), Matthäus, Markus, Lukas und Johannes. Der Kirchenvater Hieronymus legte für jeden die Zuweisung eines Symbols fest, das sich auf eine Stelle früh im entsprechenden Evangelium bezieht: Matthäus hat als Attribut einen geflügelten Menschen oder Engel (menschliche Abstammung Jesu Christi), Markus einen geflügelten Löwen (Auftreten Johannes' des Täufers, des Rufers in der Wüste), Lukas einen geflügelten Stier (Opfer des Zacharias im Tempel zu Jerusalem), Johannes einen Adler (geistiger Höhenflug bis zum Thron des Allerhöchsten).

Ex Voto: Votivbild (oder -gegenstand), das nach einem Gelübde gestiftet wird.

Exerzitien: Geistliche Übungen nach den Vorschriften des hl. Ignatius von Loyola (1491-1556), dem Begründer des Jesuitenordens.

Exorzismus: Vertreibung von Dämonen, die Menschen, Orte oder Dinge besetzt haben, durch Gebete.

Fachwerk: Tragende Balken, die mit Mauerwerk aufgefüllt werden und so eine Wand ergeben.

Fassade: (Frz. face = Gesicht, Oberfläche) Schauseite eines Gebäudes.

Filialkirche: Untergeordnete zweite oder weitere Kirche einer Gemeinde; verwaltungstechnisch von der Hauptkirche abhängig.

Filigran: (Ital. fili e grano = Fäden und Korn) Goldschmiedetechnik, bei der dünne Drähte und Metallperlen auf eine Oberfläche gelötet werden. Später übertragen auf feine durchbrochene oder gegossene Werke.

Flügelaltar: Zwei- oder mehrteiliger Aufsatz des Altars; je nach Anlass zum Aufklappen; oft reich verziert (Schnitzwerk, Gemälde).

Franziskaner: Von Franz von Assisi 1209 gegründeter Orden (Ordo Sancti Francisci/OSF); sehr der einfachen Lebensführung und vollkommener Armut verpflichtet, deshalb dem Zeitgeist folgend schneller Aufschwung. Heute noch nach den Jesuiten der größte katholische Orden.

Fresko: Maltechnik, bei der die Farbe direkt auf den noch feuchten Kalkputz aufgetragen wird; durch das Eindringen der Farbpigmente sehr haltbar.

Fries: Schmuckzone einer Wand; kann als oberer oder seitlicher Abschluss oder zur Untergliederung eingesetzt sein; Verzierung flächig oder plastisch, figural oder rein ornamental; Beispiel: figurale Friese im Giebel griechischer Tempel.

Gaden: Architektonische Bezeichnung für Obergeschoss.

Galerie: Langgestreckter, schmaler Raum, auch Emporen.

Gaube: Fenster im Dach, als Giebelhäuschen mit Dach konstruiert.
Gesims: Vorspringender Wandabschluss.
Glorie: (Lat. gloria = Ruhm) Bei Bildern oder Figuren Lichtschein hinter dem Kopf als Ausweis der Heiligkeit.
Gnadenbild: Entsprechend den Ikonen der Ostkirche Bild eines katholischen Heiligen, das verehrt wird; auch „Andachtsbild".
Gotik: Kunstepoche von der Mitte des 12. bis teilweise ins frühe 16. Jahrhundert; in der Architektur kennzeichnend sind aufstrebende, spitz zulaufende Tür- und Fensterrahmen.
Grisaille(-malerei): Graue oder rotbraune Ton-in-Ton-Malerei (frz. gris = grau) in Büchern oder auf Glas; im späten Mittelalter in Frankreich entwickelt.
Guardian: Abt in einem Franziskaner- oder Kapuzinerkloster; in England Vertreter des Bischofs.
Habit: Kleidung des Geistlichen.
Hallenkirche: Im Gegensatz zur Basilika ohne Querhaus und mit gleich hohen Haupt- und Seitenschiffen.
Häresie: Jede von der amtlichen Kirchendoktrin abweichende Meinung; auch: Ketzerei, Irrlehre.
Herz-Jesu-Verehrung: Verehrung des leiblichen Herzen Jesu Christi als Symbol für seine Liebe zu den Menschen.
IHS: Christusmonogramm aus den ersten drei Buchstaben des griechischen Wortes für Jesus. Später auch „Jesus Hominum Salvator" = Jesus, Retter der Menschen. Daneben Kürzel für „In Hoc Signo (vinces)" (lat. = „In diesem Zeichen wirst du siegen"), bezogen auf das Zeichen, das Kaiser Konstantin vor der Schlacht an der Milvischen Brücke im Traum erblickte.
Ikone: (Griech. eikon = Bild) Bild eines Heiligen in der Ostkirche; die ältesten datieren ins 4. Jahrhundert und stehen in Zusammenhang mit der römischen Portraitmalerei.
Ikonographie: (Griech. eikon = Bild, und graphein = schreiben, deuten) Beschreibung und Analyse von Bildwerken.
Immaculata: Beiname der Gottesmutter Maria; bezieht sich auf die Unbefleckte Empfängnis.
Inkarnation: Fleischwerdung.
Inklusen: Extreme Einsiedler, die sich in Zellen oder Höhlen einsperren ließen; auch: Reklusen.
Inquisition: Im Wortsinn das geistliche Gericht zur Bekämpfung der Häresie, insbesondere seit dem 12. Jahrhundert; im modernen Sprachgebrauch auch der gesamte Komplex der von ihm vorgenommenen

Untersuchungen, Aburteilungen und Bestrafungen. Die katholische Kirche hat erst auf dem 2. Vatikanischen Konzil (1965) offiziell auf die Inquisition verzichtet, sich aber nie von der jahrhundertelangen Verfolgung mit Zehntausenden von Opfern distanziert.
Investiturstreit: Auseinandersetzungen zwischen Papst und Kaiser um die Besetzung der Bistümer im 11. Jahrhundert.
Joch/Doppeljoch: Einheit der Gliederung des Kirchenraumes durch Säulen, Bögen etc.
Josephsehe: Verbindung, in der einvernehmlich auf Beischlaf verzichtet wird; benannt nach Joseph, dem Ziehvater Christi.
Jugendstil: Nach der Münchner Zeitschrift „Die Jugend" benannte Stilrichtung um 1900, die alte Formen ablehnt und neue der Natur entnimmt; erstaunliche Parallelen zum 2 000 Jahre älteren keltischen La-Tene-Stil.
Kalvarienberg: Figürliche Darstellung der Kreuzigungsgruppe; oft in größerem räumlichen Zusammenhang.
Kanon: Die Bibel als Richtlinie des Glaubens; auch: das Eucharistische Hochgebet; ferner: die Liste aller Heiligen.
Kanonheiliger: Im Hochgebet, dem Messkanon, genannter Heiliger; nach Maria und den zwölf Aposteln finden sich dort vor allem Päpste.
Kanoniker: Mitglied eines Kapitels.
Kanonisation: Vorgang der Heiligsprechung, Aufnahme in den Kanon.
Kanzel: Erhöhter Platz, von dem aus die Predigt in der Kirche gehalten wird; oft als eigenständiges Schnitzmöbel an einen Pfeiler angelehnt und mit einem Baldachin bedeckt.
Kapelle: (Lat. cappa = Mantel) Der Mantel des hl. Martin wurde ursprünglich in einem kleinen Raum in der Königspfalz von Paris aufbewahrt. Der Name setzte sich für kleine kirchliche Gebäude ohne eigenes Pfarrrecht durch.
Kapitel: Gesamtheit der Geistlichen eines Klosters, Ordens, Kirchenbezirks oder Kirche.
Kapitell: Oberer Abschluss einer Säule; oft zeittypisch gestaltet, so dass er zur Bestimmung des Stils herangezogen wird.
Kapitelsaal: Raum, in dem sich das Kapitel, d.h. alle Geistlichen des Klosters oder des Doms, versammeln.
Kapuziner: (Ordo Fratrum Minorum Capuccinorum/OFMCap) Ein Unterorden der Franziskaner; 1528 von Matthäus von Bascio (um 1492-1552) gegründet; Hauptpatron ist Franz von Assisi.
Kardinal: Hoher, nur dem Papst unterstellter katholischer Würdenträger.

Karmeliter/Karmeliten: (Ordo Fratrum S. Mariae Virginis de Monte Carmelo/OCarm) 1247 gegründet; ursprünglich eine von Berthold v. Kalabrien (um 1150-95) auf dem Berg Karmel in Palästina gegründete Einsiedlergemeinschaft; Mönchs- und Nonnenorden sind jeweils unterteilt in Beschuhte und Unbeschuhte Karmeliter.
Kartause: (Ital. certosa) Kloster der Kartäuser mit einzelnen Wohnzellen, Garten, Kirche und Kapitelsaal.
Kartäuser: 1084 von Bruno von Köln (um 1030-1111) gegründeter Orden; Stammhaus La Chartreuse bei Grenoble.
Kasel: Lat. casula = Messgewand.
Kastell: Römischer befestigter Platz unterschiedlicher Größe; relativ klein sind die Auxiliarkastelle (für Hilfstruppen), von der Infrastruktur an Städte heranreichend die Legionskastelle. Oft entwickelte sich aus der Zivilsiedlung am gleichen Platz eine Stadt, z.B. Castra Regina = Regensburg.
Katakombe: Unterirdischer Raum für Bestattungen.
Katechet: Lehrer der christlichen Religion.
Katechismus: Lehrbuch bzw. Leitfaden für den christlichen Religionsunterricht in Frage-und-Antwort-Form.
Katechumene: Erwachsener Anwärter für die Taufe.
Katharer: Im 10. Jahrhundert im Osten entstandene Häretikerbewegung; in Südfrankreich als Albigenser bekannt (siehe dort); 1209-29 mit Feuer und Schwert ausgelöscht.
Kathedra: (Griech. kathedra = Sitz) Platz des Bischofs in der Bischofskirche (Kathedrale); oft in der Apsis; von hier aus leitet er die Liturgie, predigt und erteilt Anordnungen („ex cathedra").
Kathedrale: Hauptkirche des Bischofssitzes.
Kirchen-/Domschatz: Ensemble der wertvollen Gegenstände eines Doms (z.B. Messgewänder, Goldschmiedearbeiten, liturgisches Gerät usw.); oft über Jahrhunderte angesammelt und durch Geschenke, Stiftungen und Erbschaften fortdauernd angewachsen; heute meist in eigenen Ausstellungen präsentiert; erlaubt gut zu datierende Einblicke in die Handwerkskunst der Zeit.
Kirchenlehrer: Autoren, deren Schriften einen besonderen Beweiswert für die Lehre haben; zu ihnen zählen die Kirchenväter (siehe dort) und z.B. Thomas von Aquin, Isidor von Sevilla, Bernhard von Clairvaux, Beda Venerabilis und Albertus Magnus.
Kirchenschiff: Hauptraum der Kirche; Nebenschiffe sind oft durch Säulenreihen abgetrennt.
Kirchenväter: Acht Kirchenlehrer, deren Glaubens- und Sittenlehre als

unfehlbar angesehen wird: Ambrosius, Augustinus von Hippo, Gregor I. der Große und Hieronymus (lateinische Kirche); in der Ostkirche: Athanasius der Große, Basilius der Große, Gregor der Jüngere von Nazianz, und Johannes Chrysostomos.
Klariss(inn)en: (Ordo S. Clarae/OSCI) 1212 von Klara von Assisi (1191-1253) gegründeter weiblicher Zweig der Franziskaner.
Klassizismus: Stilrichtung zwischen etwa 1770 und 1830; beruhend auf Vorbildern der klassischen Antike.
Kloster: (Lat. claustrum = geschlossener Bereich) Gebäudekomplex mit dazugehörigen Freiflächen, in dem Mönche bzw. Nonnen nach für alle verbindlichen Regeln gemeinsam leben.
Kodex: Gesetzbuch, auch im profanen Bereich.
Kongregation: a) Versammlung von Gläubigen, b) Überbegriff für Klöster desselben Ordens, c) Zusammenschluss von Gläubigen unter einfachen Gelübden, meist ohne die strengen Regeln der Orden.
Konklave: Versammlung der Kardinäle für die Papstwahl.
Konsekration/konsekrieren: Religiöse Weihe von Personen oder Dingen (Priester, Bischof, Altar, Kirche); auch die Wandlung von Brot und Wein während des Abendmahls.
kontemplativ: Beschaulich; beschreibt Orden wie z.B. die Kartäuser, die körperliche Arbeit vermeiden.
Konvent: Versammlung der stimmberechtigten Mitglieder eines Klosters; alternativ das Kloster oder seine Mönche oder Nonnen selbst bezeichnend.
Konzil: Versammlung von Bischöfen zur Diskussion und Entscheidung über wichtige anstehende Dinge.
Kreuz: Zwei Balken (ursprünglich) im rechten Winkel; lateinisches Kreuz mit nach oben versetztem Querbalken, griechisches Kreuz mit vier gleich langen Armen, Andreaskreuz mit schräg verschobenen Balken, Papstkreuz mit drei Querbalken, und andere Sonderformen. Die Kreuzigung ist eine im römischen Recht schon lange bekannte Form der Todesstrafe, bekannt ist z.B. ihre Anwendung auf die Überlebenden des Spartakus-Aufstandes.
Kreuzgang: Oft gewölbtes Geviert, nach innen durch Arkaden geöffnet, als Umgang des Klosterhofs; an einer Seite befindet sich meist die Kirche.
Kreuzgewölbe: Kreuzung zweier Tonnengewölbe.
Kreuzstab: Der Kreuzstab mit drei Querbalken kennzeichnet Päpste, der mit zwei Querbalken Erzbischöfe, Kardinäle oder Patriarchen.
Kruzifix(us): Kreuz mit Figur Jesu Christi.
Krypta: (Griech. kryptos = verborgen) Unterirdische Grabstätte, meist unter dem Chor, oft der älteste Teil einer Kirche.

Glossar

Langhaus: Hauptraum einer Kirche, ohne Chor und Apsis, dient der Gemeinde.
Lapsi: Im frühen Christentum Bezeichnung für die vom Glauben Abgefallenen; wörtlich: die Gefallenen.
Lateran: Palast des Papstes, Residenz von 312-1308, heute Verwaltungssitz.
Laterne: Runder oder mehreckiger Aufbau auf einer Kuppel oder einem Turm; mit Fenstern versehen und deshalb an eine Hand-Laterne erinnernd.
Lawra: Für herausragende Klöster der Ostkirche verwendeter Ehrentitel, z.B. die Alexander-Newskij-Lawra in Sankt Petersburg.
Lettner: Halbhohe Abtrennung des Chors vom Kirchenraum in Form einer Balustrade oder ähnlichem; der Raum innerhalb des Lettners ist dem Klerus vorbehalten.
Lichtgaden: Oder Obergaden; obere Zone mit Fenstern im Mittelschiff einer Basilika.
Liturgie: Gottesdienst mit Feier der Sakramente.
Loretokapelle: Nachbau der Behausung der Gottesmutter Maria, der einer Legende folgend von Engeln von Nazareth nach Loreto bei Ancona in Mittelitalien gebracht worden war.
Majestas Domini: (Lat. Herrlichkeit des Herrn) Darstellung des zwischen den Evangelistensymbolen thronenden Christus mit erhobener rechter Hand und dem Lebensbuch.
Mandorla: Ovaler oder zugespitzter Heiligenschein, der die ganze Heiligenfigur umfasst.
Marienwallfahrt: Wallfahrt zu einem Gnadenbild der Maria oder zu einer Kirche bzw. Kapelle, die der Gottesmutter geweiht ist bzw. in enger Beziehung zu ihr steht.
Mariologie: Theologische Lehre von der Muttergottes.
Maroniten: Mitglieder einer Sonderkirche; in Syrien im 5. Jahrhundert gegründet, heute vor allem im Libanon verbreitet.
Marschälle Gottes: Die vier Marschälle Gottes, Antonius der Große (um 251-356), der Vater des christlichen Mönchtums, Quirinus von Neuß, der um 130 in Rom den Märtyrertod starb, Papst Cornelius (251-53) und Bischof Hubertus von Lüttich (um 655-727), gehören zu den Vierzehn Nothelfern. Man dachte sie sich – wie weltliche Hofmarschälle am Thron des Fürsten – besonders nahe bei Gott, weshalb ihre Fürbitte bei Seuchen und allen persönlichen Nöten als besonders wirksam galt. Sie wurden besonders im Rheinland vom 14. bis 17. Jahrhundert, aber auch heute wieder im Kölner Raum verehrt.

Märtyrer: (Griech. martys = Zeuge) Christen, die um ihres Glaubens willen getötet worden und als Märtyrer von der Kirche anerkannt sind. Diese für eine öffentliche Verehrung erforderliche Anerkennung ist seit 1634 dem Papst vorbehalten. Im Römischen Reich erlitten viele das Martyrium, da sie die Anbetung eines Kaiserbildes, die jedem römischen Bürger abverlangt werden konnte und im Grunde eine Pro-Forma-Angelegenheit war, für mit ihrem Glauben unvereinbar hielten. Man barg ihre Überreste (Reliquien) und errichtete später größere Bauten mit einem Altar über dem Grab, schließlich Basiliken.
Martyrologium: Verzeichnis aller Heiligen mit kurzer Lebensbeschreibung, nach Tagen geordnet.
Mauren: Sammelbegriff für berberische und arabische Stämme in Spanien und Nordwestafrika.
Mausoleum: Großes Grabmal in Form eines Tempels oder Hauses.
Medaillon: (Architektonisch) Rahmung eines Ornaments oder Freskos aus Stuck oder Stein, rund oder oval.
Menhir: (Bretonisch men = Stein und hir = lang) Aufrechtstehende, oft fein behauene Steine von beachtlicher Größe; der längste und schwerste ist der von Locmariaquer in der Bretagne (21 Meter, 350 Tonnen), der allerdings im 18. Jahrhundert umgefallen und in vier Teile zerbrochen ist. Manchmal in langen Reihen (Carnac/Bretagne) oder anderen Formen geordnet; datieren ins späte Neolithikum und die Kupferzeit.
Mensa: Altardeckplatte des Altars.
Metropolit: In der Westkirche Erzbischof, in der Ostkirche Name für alle Bischöfe.
Miniatur: Bild in kleinem Format, gerahmt oder in einer Handschrift.
Mitra: Bischofsmütze, auch der Kardinäle.
Mittelschiff: Mittleres Schiff einer Basilika oder einer mehrschiffigen Hallenkirche.
Mönchschor: Teil des Chores nur für Mönche; oft abgeschlossen oder nicht einzusehen.
Monstranz: Oft sehr wertvolles Reliquiar oder ein anderer Gegenstand, in dem, meist hinter einer Glasscheibe, eine Reliquie, Hostie usw. gezeigt wird (lat. monstrare = zeigen).
Mozetta: Von hohen Geistlichen getragener Schulterumhang mit Kapuze.
Münster: (Lat. monasterium = Kloster) Große Stifts- oder Klosterkirche; der Name ist vor allem am Rhein üblich.
Nekropole: Totenstadt, Begräbnisplatz.
Neubarock: Als Reaktion auf den Klassizismus entwickelte Stilform des

späten 19. Jahrhunderts mit plastischem Schmuck und grellen Farben.

Neugotik/Neogotik: Wiederbelebung des gotischen Stils im 19. Jahrhundert.

Neustrien: Eigentlich spätrömische Provinz in Frankreich, aber meist für den Westen des Fränkischen Reiches im Gegensatz zum Osten (Austrien) benutzt.

Nimbus: Heiligenschein, wenn er sich nur hinter dem Kopf erstreckt.

Nonnenchor: Platz für Nonnen auf der Empore während des Gottesdienstes.

Obelisk: Quadratischer Pfeiler mit Pyramidenspitze; ägyptische Säulenform.

Oblate: (Lat. oblatus = der Anvertraute) Kind, das im Kloster erzogen wurde und zum Mönch bestimmt ist; auch gebräuchlich für einen Laien, der sich einem Kloster durch ein Versprechen anschließt.

Oktav: (Lat. octavus = der Achte) Achttägige Festwoche nach hohen Kirchenfesten wie Weihnachten oder Ostern.

Oktogon: Achteck; Gebäude mit achteckigem Grundriss.

Oratorium: Kleine Kapelle oder Gebetsraum für priviligierte Gläubige; oft in der Nähe des Chors oder der Empore.

Orgelprospekt: Schauseite der Orgel.

Ornament: (Lat. ornare = schmücken) Gereihte oder sonstwie regelmäßige Zierformen.

Ornat: (Lat. ornatus = geschmückt) Amtstracht eines Geistlichen für feierliche und repräsentative Anlässe.

Ostensorium: (Lat. ostendere = zeigen) Reliquiar, das die enthaltene Reliquie ausstellt; auch Reliquien-Monstranz genannt; oft ein Schaugefäß aus Glas oder Bergkristall, oder ein mit Fenster versehenes Reliquiar, wobei das Fenster häufig nachträglich eingebaut wird, um einen Blick auf die Reliquie zu gestatten.

Pala: Altaraufsatz.

Palas: Wohnbereich der Burg.

Pallium: Weißes Schulterband mit schwarzen Kreuzchen; Teil der Pontifikalkleidung von Papst und Erzbischöfen.

Pantheon: Tempel, der allen Göttern geweiht ist, in der Regel rund.

Pantokrator: (Griech. der überall Herrschende) In der byzantinischen Kunst Darstellungsform Christi, in Übergröße, mit erhobener rechter Hand, die linke das Lebensbuch haltend.

Parament: Sakrale Textilien, z.B. Bekleidung des Priesters oder Altarschmuck.

Patene: Bei der Eucharistiefeier benutzte Schale für das Brot.
Patriarch: In der Bibel Erzvater; in der orthodoxen Kirche oberster Kleriker, z.B. in Jerusalem, Moskau und Istanbul; auch Titel einiger römisch-katholischer Bischöfe bzw. Erzbischöfe.
Patron/Patrozinium: Schutzheiliger bzw. Schutzherrschaft einer Kirche, oder eines Landes, einer Stadt, eines Bistums usw.
Paulaner: Von Francesco von Paola (1416/36-1507) gegründeter Orden, besonders in Böhmen und Bayern verbreitet.
Pestsäule: An die Pest erinnernde, geschmückte Säule.
Pfalz: Residenz eines mittelalterlichen Königs (insbesondere der Franken), von denen er mehrere an verschiedenen Orten hatte, um die örtlichen Ressourcen nicht überzustrapazieren bzw. seine Macht im ganzen Reich regelmäßig zu demonstrieren.
Pfarrei: Amts- und Seelsorgebereich eines Pfarrers.
Pfarrer: Person, die mit der Leitung der Gottesdienste, der Seelsorge und der Gemeinde generell betraut ist.
Pietà: (Ital. pietà = Gnade, Barmherzigkeit, Mitleid, Frömmigkeit) Darstellungsform der Muttergottes mit dem Leichnam ihres gerade vom Kreuz abgenommenen Sohnes auf dem Schoß.
Polyptychon: Aus mehreren Teilen zusammengesetztes Altarbild.
Portal: Repräsentativer Kircheneingang, auch im profanen Bereich angewendet.
Postament: Sockel einer Statue.
Predella: Unterbau des Altarschreins in Form eines Sockels; oft mit gemalten oder geschnitzten Szenen, im Barock manchmal als Reliquienschrein verwendet.
Presbyter: Gemeindeältester im Urchristentum; später Priester mit höherer Weihe.
Prior: Stellvertreter des Abts; bei den Dominikanern und Kartäusern Klostervorsteher.
profan: Nicht-sakral, also nicht mit dem religiösen Bereich zusammenhängend.
Propst: Höchster Würdenträger eines Dom- oder Stiftskapitels.
Propstei: Dom- oder Stiftskapitel.
Putten: Kleine unbekleidete Kinderfiguren mit Flügeln auf Fresken oder in figürlichen Darstellungen; seit der Renaissance, aber besonders im Barock und Rokoko.
Quadragesima: Eine Zeitspanne von 40 Tagen, z.B. die dem Osterfest vorausgehende.

Glossar

Querhaus/-schiff: Quer zum Langhaus angelegter Raum in der Kirche.
Rationale: Schulterschmuck bestimmter Bischöfe (Paderborn, Eichstätt).
Refektorium: Speisesaal eines Klosters.
Relief: Plastische Darstellungsform, meist figürlich, je nach Ausmaß der Erhebung Flach-, Halb- oder Hochrelief.
Reliquiar: Behälter für Reliquien; oft kunstvolle kleine Stücke, etwa Goldschmiedearbeiten mit Edelsteinschmuck, in manchmal ungewöhnlicher Gestalt oder aus seltenem oder kostbarem Material (z.B. Elfenbein). In der Ostkirche bleiben die Reliquien für den Gläubigen stets sichtbar, in der lateinischen Kirche blieben sie zunächst im Reliquiar verborgen. Ab dem frühen 13. Jahrhundert war es dann üblich, einen Einblick auf die Reliquie zu gewähren, etwa in Form kleiner Fenster etc.
Reliquiar, „redendes": Um eine dem Blick entzogene Reliquie anschaulich zu machen, bezieht sich die Form des Reliquiars unmittelbar auf die darin eingeschlossene Reliquie. Oft sind Körperteile dargestellt, z.B. in Büsten-, Kopf-, Arm-, Hand-, Finger-, Bein- oder Fußreliquiaren.
Reliquiar, architektonisch gebildetes: Bilden meist Kirchen, Kapellen oder Kirchtürme nach. Bekannt ist das Kuppelreliquiar aus dem Welfenschatz, das eine byzantinische Kreuzkuppelkirche darstellt.
Reliquiar, Bursen-: Einer der ältesten Typen des Reliquiars, besonders im frühen Mittelalter verbreitet. Meist ist es eine Tasche aus wertvollem Stoff (Burse), wie Pilger sie mit sich geführt haben. Man will damit ausdrücken, dass die enthaltenen Reliquien von weither mitgebracht worden sind, vielleicht von einer Pilgerfahrt nach Rom oder ins Heilige Land.
Reliquiar, kreuzförmiges: Für Herren- oder Christusreliquien sind Reliquiare in Form des Kreuzes sehr häufig. Als vornehmste Reliquien gelten hier Partikel vom Wahren Kreuz Christi.
Reliquiar, schreinförmiges: Ursprünglich aus der Gestalt eines Hauses für den Heiligen entwickelt. Die schönsten und bekanntesten entstammen dem 12. und 13. Jahrhundert, z.B. der Goldene Schrein für die Gebeine der Heiligen Drei Könige im Kölner Dom.
Reliquie: (Lat. reliquiae = Überrest) Gebeine eines Heiligen, ein von ihm berührter Gegenstand oder Dinge, die man mit den Gebeinen in Kontakt gebracht hat. Reliquien ermöglichen dem Gläubigen einen direkten Zugang zu dem betreffenden Heiligen und seine besondere Stellung zu Gott, die deshalb für Bitten um etwa Genesung von einer Krankheit oder Erfolg etc. in Anspruch genommen werden.
Renaissance: Kunstepoche, die das gesamte 16. Jahrhundert umfasst; kennzeichnend ist der Rückgriff auf antike Vorbilder, der radikal mit der

mittelalterlichen Weltanschauung bricht. (ital. rinascimento = Wiedergeburt).
Retabel: (Lat. = rückwärtige Tafel) Seit dem Hochmittelalter Altaraufsatz aus Stein oder Holz, oft durch Schnitzereien, Malerei oder Metallkunst verziert; später entwickelte sich das Retabel mit beweglichen Seitenflügeln, das Flügelretabel.
Rokoko: Stilepoche des ausklingenden Barock, etwa von 1720-70; typisch sind elegante, verspielte Formen und besondere Farben, etwa ein dunkles Altrosa, das oft für Stuckornamente Verwendung fand.
Romanik: (Bau-)Stil des 11. bis 13. Jahrhunderts (in manchen Gegenden, etwa der Bretagne, weit darüber hinaus); kennzeichnend sind Rundbögen und eine gewisse Erdverbundenheit.
Romantik: Kunstrichtung des frühen 19. Jahrhunderts; überwiegend in Musik, Malerei und in der Beschäftigung mit Sagen und Märchen; bewusster Widerspruch zum Rationalismus im Gefolge von Aufklärung und Französischer Revolution.
Rosarium/Rosenkranz: Schnur mit verschieden großen Holz- oder anderen Kugeln zum Abzählen von Gebeten; fünfzehn Vaterunser wechseln mit zehn Ave Maria. Auch im Islam und Buddhismus bekannt.
Rotunde: Rundbau.
Saalkirche: Einschiffiger Kirchenraum, ohne Seitenschiffe und Säulen bzw. Pfeiler.
sakral: (Lat. sacer = einer Gottheit geweiht, heilig) Eigentlich „den Gottesdienst betreffend", aber meist synonym zu „heilig, kirchlich, geistlich" gebraucht.
Sakrament: (Lat. sacramentum = Treueid) Heilige Handlung in der katholischen Kirche, die die göttliche Gnade näher bringt. Die sieben Sakramente sind Taufe, Abendmahl, Firmung, Ehe, Buße, Letzte Ölung und die Priesterweihe.
Sakramentshäuschen: Hostienbehälter, besonders in der Spätgotik als kleine Kunstwerke geschaffen.
Säkularisation: Der Vorgang der Überführung von geistlichem in weltlichen Besitz (Kirchen, Klöster, Ländereien), ausgehend von der Französischen Revolution; in Deutschland besonders in den Jahren nach 1800; in vielen Fällen in späteren Jahren durch Schenkungen, Rückkauf etc. rückgängig gemacht bzw. abgemildert.
Salesianer: 1857 von Giovanni (Don) Bosco (1815-88) gegründeter Orden (Societas Salesiana Sancti Johannis Don Bosco/SDB); Patron ist Franz von Sales (François de Sales, 1567-1622).

Glossar

Sanktuarium: Allerheiligstes in der Kirche; Altarplatz.

Sarkophag: (Griech. sarx = Fleisch, und phagein = essen, also „Fleischfresser") Steinerner Sarg, in der Regel nicht unter der Erde, sondern aufgestellt; die seltsam anmutende wörtliche Übersetzung leitet sich aus der Eigenart eines besonderen Kalksteins aus Assos in Kleinasien (der heutigen Türkei) ab, der den Verwesungsprozess beschleunigte, was erwünscht war.

Schisma: (Griech. Spaltung) Aufspaltung der Kirche, insbesondere die von Rom und Byzanz 1054, aber auch die Einsetzung mehrerer Päpste in Rom und Avignon zwischen 1378 und 1417.

Simonie: Der abzulehnende Handel mit geistlichen Ämtern.

Skapulier: Überwurf zur Schonung der Mönchskleidung, bestehend aus zwei Stoffbahnen, eine auf dem Rücken, eine auf der Brust.

Soutane: Gegürtetes Gewand unter der liturgischen Amtstracht des Geistlichen.

Stola: Schmales, zum Messgewand gehöriges Schultertuch.

Stuck: Leicht zu verarbeitender Werkstoff aus Gips, Kalk und Sand zur plastischen Verzierung von Innenräumen; besonders im Barock und Rokoko eingesetzt.

Tabernakel: Meist kunstvolles Gehäuse zur Aufbewahrung konsekrierter Hostien.

Tiara: Dreiteilige Krone des Papstes für feierliche Anlässe, heute nicht mehr gebräuchlich.

Tragaltar: Auch „altare portatile" (lat. portare = tragen) genannt; seit dem frühen Mittelalter verbreitet; kann auf Reisen mitgeführt und an jedem Ort aufgestellt werden, um die Messe zu feiern, z.B. in Krankenzimmern, im Freien usw. Eine einfache Form ist der tafelförmige Tragaltar, ein Altarstein, der in einen Rahmen oder eine Holztafel eingelassen ist. Die Größe richtet sich nach dem Platzbedarf für den eucharistischen Kelch, mindestens etwa 20 mal 20 Zentimeter. Seit dem 11. bis in das 13. Jahrhundert gibt es kasten- und altarförmige Tragaltäre, die in der Regel reich mit Goldschmiedearbeit versehen sind und Reliquien enthalten. Einer der bekanntesten Tragaltäre ist in der Schatzkammer des Münsters St. Vitus in Mönchengladbach zu bewundern. Er ist in Goldschmiedetechnik um 1160 in Köln entstanden, vielleicht vom Kölner Goldschmied Eilbertus.

Translation: Überführung von Gebeinen von Heiligen oder anderen Reliquien von einem Ort an einen anderen.

Trinität: (Lat. trinitas = Dreiheit) Dreieinigkeit von Gott Vater, Sohn und Heiliger Geist.

Tumba: Grabmal oder gebäudeartiger Aufbau eines Grabes.

Ursulinen: 1535 von Angela Merici von Brescia (um 1474-1540) gegründeter Orden (Ordo Sanctae Ursulae/OSU); Patronin ist die hl. Ursula.

Vesperbild: Pietà (siehe dort).

Vierung: Kreuzung von Lang- und Querhaus.

Vision: Erscheinung Gottes oder eines Heiligen, meist mit einer Botschaft oder Order verbunden.

Vollplastik: Komplett plastisch geformte Figur, im Gegensatz zum Relief.

Votiv-: Aufgrund eines Gelübdes gestifteter Gegenstand; je nach Art des Anlasses oder Reichtum des Stifters von der simplen Kerze bis hin zum Gebäudekomplex (z.B. Votivbild, -tafel, -kerze, -altar, -kapelle, -kirche usw.); die an Wallfahrtsorten oft sehr häufigen Votivbilder bzw. -gegenstände sind nicht nur Zeugen der Volksfrömmigkeit, sondern auch wichtige Studienobjekte der Volkskunde.

Welsche Haube: Geschwungenes Dach des Kirchturms; Vorläufer der Zwiebelhaube; häufig bei bayerischen Barockkirchen.

Zelle: Kleines Zimmer von Mönch oder Nonne bzw. Unterkunft eines Einsiedlers.

Ziborium: Auch Ciborium (lat. Becher); von Säulen getragener Baldachin über dem Altar, später der Hostienbehälter selbst.